日本十進分類法
新訂10版簡易版

もり・きよし　原編

日本図書館協会
分類委員会　改訂

東京

公益社団法人　日本図書館協会

2018

Nippon Decimal Classification：NDC
Compiled by Mori-Kiyoshi, Newly rev. 10th ed. simplified ver.
Revised by the Committee of Classification,
Japan Library Association, Tokyo, 2018

日本十進分類法 ／ もり・きよし原編. ― 新訂10版簡易版 ／
日本図書館協会分類委員会改訂. ― 東京：日本図書館協会, 2018. ― 695p ;
21cm. ― ISBN978-4-8204-1807-8

t 1. ニホン　ジッシン　ブンルイホウ　a 1. モリ，キヨシ (1906-1990)
a 2. ニホン　トショカン　キョウカイ　s 1. 図書分類法　①014.45

刊行にあたって

本書は,「日本十進分類法（NDC）」をさらにご活用いただくため,2014年に刊行した新訂10版（以下,本版）の簡易版として刊行するものです。

刊行にあたって,本版の2分冊を1冊とし,判型をB5からA5に縮小し,装丁も簡易にしました。

収録内容としては,分類表（要約表,細目表および補助表）については内容を変更せず,完全な縮刷としています。相関索引については,収録件数を本版の3分の2程度とし,編集形態も簡易にしました。対応する本版の刷は第5刷（2018年発行）です。

序説,使用法等の解説部分は,凡例を除いて割愛しました。

本書が,図書館のサービスおよび利用のあらゆる場面で,また,主題検索,図書館教育・学習等に幅広くご利用いただければ幸いです。なお,NDCの全体像,使い方等を理解するためには,本版および『NDCの手引き―「日本十進分類法」新訂10版入門』（JLA図書館実践シリーズ32,2017年刊）をご参照ください。

2018年10月

　　　　　　　　　　　　　　　　　　　　　　　　　　日本図書館協会分類委員会

目　次

刊行にあたって……………………………………………………… 3

【分類表】
　分類表の構成 ……………………………………………………… 7

　第1次区分表（類目表）…………………………………………… 9
　第2次区分表（綱目表）…………………………………………… 11
　第3次区分表（要目表）…………………………………………… 13
　　凡　　例 …………………………………………………………… 15

　細目表……………………………………………………………… 27
　　凡　　例 …………………………………………………………… 29
　　0類　総　　記 ……………………………………………………… 35
　　1類　哲　　学 ……………………………………………………… 54
　　2類　歴　　史 ……………………………………………………… 81
　　3類　社会科学 …………………………………………………… 116
　　4類　自然科学 …………………………………………………… 174
　　5類　技　　術 …………………………………………………… 232
　　6類　産　　業 …………………………………………………… 293
　　7類　芸　　術 …………………………………………………… 327
　　8類　言　　語 …………………………………………………… 356
　　9類　文　　学 …………………………………………………… 372

　一般補助表………………………………………………………… 397
　　凡　　例 ………………………………………………………… 399
　　Ⅰ　　形式区分 ………………………………………………… 401
　　Ⅰ-a　地理区分 ………………………………………………… 403
　　Ⅱ　　海洋区分 ………………………………………………… 420
　　Ⅲ　　言語区分 ………………………………………………… 421

　固有補助表………………………………………………………… 425
　　凡　　例 ………………………………………………………… 427

【相関索引】
　簡易版相関索引…………………………………………………… 439
　　凡　　例 ………………………………………………………… 441

分類表の構成

　簡易版に収録する分類表は,「日本十進分類法（NDC）」新訂10版（第5刷）本版に収載されているすべての分類表（要約表,細目表および補助表）を縮刷したものである．ここでは,要約表を中心に全体の構成を述べるにとどめ,第3次区分表（要目表）,細目表および補助表（一般補助表および固有補助表）については,各表の前に本版の凡例をそのまま収録する．

1　要約表

　要約表には,第1次区分表（類目表）＝10区分,第2次区分表（綱目表）＝100区分,第3次区分表（要目表）＝1000区分の3表があり,NDCにおける分類体系の概要を段階的に示している．

1.1　第1次区分表（類目表）

　分類記号は,0から9までの1桁の数字で表し,類（類目）の名称を表示する．また,その名称に対応する英語を付記する．
　類の名称の下には,主な分野の名称を丸括弧（（　））に入れて列挙する．

1.2　第2次区分表（綱目表）

　分類記号は,00から99までの2桁の数字で表し,綱目の名称を表示する．十進記号法に対し,分類体系における主題間の関係を調整するため,綱目の名称を字下げ（第3次区分表（要目表）凡例の「2.2　縮約項目」を参照）,字上げ（同「2.3　不均衡項目」を参照）で表す場合がある．

1.3　第3次区分表（要目表）

　分類記号は,000から999の3桁の数字で表し,要目の分類項目名を表示する．詳細は,第3次区分表（要目表）凡例を参照．

2　細目表

　1000区分（要目）以下の分類項目全体を含む最も詳細な表である．NDCの分類作業を行う際には,通常はこの表を使用する．詳細は,細目表の凡例を参照．

3　補助表

　NDCでは,共通する項目については補助表を用意し,必要に応じ分類表の記号に付加して記号の合成を行えるようにしている．補助表には,部分的にではあっても2つ以上の類で使用される一般補助表と,1つの類またはその一部分についてのみ共通に使用される固有補助表がある．詳細は,各凡例を参照．

第1次区分表（類目表）

0 　総　　記　　General works
　　（情報学，図書館，図書，百科事典，一般論文集，逐次刊行物，団体，ジャーナリズム，叢書）

1 　哲　　学　　Philosophy
　　（哲学，心理学，倫理学，宗教）

2 　歴　　史　　History
　　（歴史，伝記，地理）

3 　社会科学　　Social sciences
　　（政治，法律，経済，統計，社会，教育，風俗習慣，国防）

4 　自然科学　　Natural sciences
　　（数学，理学，医学）

5 　技　　術　　Technology
　　（工学，工業，家政学）

6 　産　　業　　Industry
　　（農林水産業，商業，運輸，通信）

7 　芸　　術　　The arts
　　（美術，音楽，演劇，スポーツ，諸芸，娯楽）

8 　言　　語　　Language

9 　文　　学　　Literature

第2次区分表（綱目表）

00	総記		50	技術．工学
01	図書館．図書館情報学		51	建設工学．土木工学
02	図書．書誌学		52	建築学
03	百科事典．用語索引		53	機械工学．原子力工学
04	一般論文集．一般講演集．雑著		54	電気工学
05	逐次刊行物．一般年鑑		55	海洋工学．船舶工学．兵器．軍事工学
06	団体．博物館		56	金属工学．鉱山工学
07	ジャーナリズム．新聞		57	化学工業
08	叢書．全集．選集		58	製造工業
09	貴重書．郷土資料．その他の特別コレクション		59	家政学．生活科学
10	哲学		60	産業
11	哲学各論		61	農業
12	東洋思想		62	園芸．造園
13	西洋哲学		63	蚕糸業
14	心理学		64	畜産業．獣医学
15	倫理学．道徳		65	林業．狩猟
16	宗教		66	水産業
17	神道		67	商業
18	仏教		68	運輸．交通．観光事業
19	キリスト教．ユダヤ教		69	通信事業
20	歴史．世界史．文化史		70	芸術．美術
21	日本史		71	彫刻．オブジェ
22	アジア史．東洋史		72	絵画．書．書道
23	ヨーロッパ史．西洋史		73	版画．印章．篆刻．印譜
24	アフリカ史		74	写真．印刷
25	北アメリカ史		75	工芸
26	南アメリカ史		76	音楽．舞踊．バレエ
27	オセアニア史．両極地方史		77	演劇．映画．大衆芸能
28	伝記		78	スポーツ．体育
29	地理．地誌．紀行		79	諸芸．娯楽
30	社会科学		80	言語
31	政治		81	日本語
32	法律		82	中国語．その他の東洋の諸言語
33	経済		83	英語
34	財政		84	ドイツ語．その他のゲルマン諸語
35	統計		85	フランス語．プロバンス語
36	社会		86	スペイン語．ポルトガル語
37	教育		87	イタリア語．その他のロマンス諸語
38	風俗習慣．民俗学．民族学		88	ロシア語．その他のスラブ諸語
39	国防．軍事		89	その他の諸言語
40	自然科学		90	文学
41	数学		91	日本文学
42	物理学		92	中国文学．その他の東洋文学
43	化学		93	英米文学
44	天文学．宇宙科学		94	ドイツ文学．その他のゲルマン文学
45	地球科学．地学		95	フランス文学．プロバンス文学
46	生物科学．一般生物学		96	スペイン文学．ポルトガル文学
47	植物学		97	イタリア文学．その他のロマンス文学
48	動物学		98	ロシア・ソビエト文学．その他のスラブ文学
49	医学．薬学		99	その他の諸言語文学

第3次区分表（要目表）

凡　　例

1　要目表の構成要素

1.1　分類記号
　新設された目にはプラス印（＋），全体が変更された目にはアステリスク（＊）をそれぞれの分類記号の右肩に付すが，10版では該当するものはない．

1.2　分類項目名
　分類記号に続けて，分類項目の意義を表す名辞を列挙してある．複数の名辞があるときは，ピリオド（．）で区切って列挙した．同義語は角括弧（[　]）で囲み付記した．
　また，10版において使用しない分類記号では，分類記号のみが表示されており，分類項目の名辞は列挙されていない．

1.3　参照
　二者択一項目（後述）では，矢印（→）で通常使用する分類記号を指示した．

2　分類項目の種類

2.1　通常項目
　下記以外の分類項目．

2.2　縮約項目
　表中において，項目の名辞が通常の位置より字下げされている分類項目．十進記号法上は，分類記号の短縮が行われ上位の階層に配置されている．
　例）016　各種の図書館
　　　017　　学校図書館　　　記号法上は「各種の図書館」と同位であるが，実際は「各種の図書館」の下位区分．

2.3　不均衡項目
　表中において，項目の名辞が通常の位置より字上げされていて，またゴシックで表示されており，分類記号と項目が接近している分類項目．十進記号法上は，下位の階層に配置されている．
　例）760　音楽
　　　761　　音楽の一般理論．音楽学
　　　　　　　　⋮
　　　769　**舞踊．バレエ**　　記号法上は「音楽」の下位区分であるが，実際は「音楽」と同位．

2.4　二者択一項目

　分類記号のみが角括弧（[　]）に囲まれている分類項目．通常は矢印（→）で指示された分類項目に分類する．

　　例）［119］　芸術哲学．美学　→701

2.5　削除項目

　分類項目全体が丸括弧（(　)）に囲まれている分類項目．9版に存在していた項目であるが，10版では削除されたことを示す．

　　例）（［647］　みつばち．昆虫　→646）

第3次区分表

000	総記		**050**	逐次刊行物
001			051	日本語
002	知識．学問．学術		052	中国語
003			053	英語
004			054	ドイツ語
005			055	フランス語
006			056	スペイン語
007	情報学．情報科学		057	イタリア語
008			058	ロシア語
009			059	一般年鑑
010	図書館．図書館情報学		**060**	団体
011	図書館政策．図書館行財政		061	学術・研究機関
012	図書館建築．図書館設備		062	
013	図書館経営・管理		063	文化交流機関
014	情報資源の収集・組織化・保存		064	
015	図書館サービス．図書館活動		065	親睦団体．その他の団体
016	各種の図書館		066	
017	学校図書館		067	
018	専門図書館		068	
019	読書．読書法		069	博物館
020	図書．書誌学		**070**	ジャーナリズム．新聞
021	著作．編集		071	日本
022	写本．刊本．造本		072	アジア
023	出版		073	ヨーロッパ
024	図書の販売		074	アフリカ
025	一般書誌．全国書誌		075	北アメリカ
026	稀書目録．善本目録		076	南アメリカ
027	特種目録		077	オセアニア．両極地方
028	選定図書目録．参考図書目録		078	
029	蔵書目録．総合目録		079	
030	百科事典		**080**	叢書．全集．選集
031	日本語		081	日本語
032	中国語		082	中国語
033	英語		083	英語
034	ドイツ語		084	ドイツ語
035	フランス語		085	フランス語
036	スペイン語		086	スペイン語
037	イタリア語		087	イタリア語
038	ロシア語		088	ロシア語
039	用語索引		089	その他の諸言語
040	一般論文集．一般講演集		**090**	貴重書．郷土資料．その他の特別コレクション
041	日本語		091	
042	中国語		092	
043	英語		093	
044	ドイツ語		094	
045	フランス語		095	
046	スペイン語		096	
047	イタリア語		097	
048	ロシア語		098	
049	雑著		099	

100	哲学		150	倫理学．道徳
101	哲学理論		151	倫理各論
102	哲学史		152	家庭倫理．性倫理
103	参考図書［レファレンスブック］		153	職業倫理
104	論文集．評論集．講演集		154	社会倫理［社会道徳］
105	逐次刊行物		155	国体論．詔勅
106	団体		156	武士道
107	研究法．指導法．哲学教育		157	報徳教．石門心学
108	叢書．全集．選集		158	その他の特定主題
109			159	人生訓．教訓
110	哲学各論		160	宗教
111	形而上学．存在論		161	宗教学．宗教思想
112	自然哲学．宇宙論		162	宗教史・事情
113	人生観．世界観		163	原始宗教．宗教民族学
114	人間学		164	神話．神話学
115	認識論		165	比較宗教
116	論理学．弁証法．方法論		166	道教
117	価値哲学		167	イスラム
118	文化哲学．技術哲学		168	ヒンズー教．ジャイナ教
[119]	芸術哲学．美学 →701		169	その他の宗教．新興宗教
120	東洋思想		170	神道
121	日本思想		171	神道思想．神道説
122	中国思想．中国哲学		172	神祇・神道史
123	経書		173	神典
124	先秦思想．諸子百家		174	信仰録．説教集
125	中世思想．近代思想		175	神社．神職
126	インド哲学．バラモン教		176	祭祀
127			177	布教．伝道
128			178	各教派．教派神道
129	その他の東洋思想．アジア哲学		179	
130	西洋哲学		180	仏教
131	古代哲学		181	仏教教理．仏教哲学
132	中世哲学		182	仏教史
133	近代哲学		183	経典
134	ドイツ・オーストリア哲学		184	法話・説教集
135	フランス・オランダ哲学		185	寺院．僧職
136	スペイン・ポルトガル哲学		186	仏会
137	イタリア哲学		187	布教．伝道
138	ロシア哲学		188	各宗
139	その他の哲学		189	
140	心理学		190	キリスト教
141	普通心理学．心理各論		191	教義．キリスト教神学
142			192	キリスト教史．迫害史
143	発達心理学		193	聖書
144			194	信仰録．説教集
145	異常心理学		195	教会．聖職
146	臨床心理学．精神分析学		196	典礼．祭式．礼拝
147	超心理学．心霊研究		197	布教．伝道
148	相法．易占		198	各教派．教会史
[149]	応用心理学 →140		199	ユダヤ教

第3次区分表

200	歴史		250	北アメリカ史
201	歴史学		251	カナダ
202	歴史補助学		252	
203	参考図書［レファレンスブック］		253	アメリカ合衆国
204	論文集，評論集，講演集		254	
205	逐次刊行物		255	ラテンアメリカ［中南米］
206	団体		256	メキシコ
207	研究法．指導法．歴史教育		257	中央アメリカ［中米諸国］
208	叢書．全集．選集		258	
209	世界史．文化史		259	西インド諸島
210	日本史		260	南アメリカ史
211	北海道地方		261	北部諸国［カリブ沿海諸国］
212	東北地方		262	ブラジル
213	関東地方		263	パラグアイ
214	北陸地方		264	ウルグアイ
215	中部地方		265	アルゼンチン
216	近畿地方		266	チリ
217	中国地方		267	ボリビア
218	四国地方		268	ペルー
219	九州地方		269	
220	アジア史．東洋史		270	オセアニア史．両極地方史
221	朝鮮		271	オーストラリア
222	中国		272	ニュージーランド
223	東南アジア		273	メラネシア
224	インドネシア		274	ミクロネシア
225	インド		275	ポリネシア
[226]	西南アジア．中東［中近東］ →227		276	ハワイ
227	西南アジア．中東［中近東］		277	両極地方
[228]	アラブ諸国 →227		278	北極．北極地方
229	アジアロシア		279	南極．南極地方
230	ヨーロッパ史．西洋史		280	伝記
231	古代ギリシア		281	日本
232	古代ローマ		282	アジア
233	イギリス．英国		283	ヨーロッパ
234	ドイツ．中欧		284	アフリカ
235	フランス		285	北アメリカ
236	スペイン［イスパニア］		286	南アメリカ
237	イタリア		287	オセアニア．両極地方
238	ロシア		288	系譜．家史．皇室
239	バルカン諸国		289	個人伝記
240	アフリカ史		290	地理．地誌．紀行
241	北アフリカ		291	日本
242	エジプト		292	アジア
243	マグレブ諸国		293	ヨーロッパ
244	西アフリカ		294	アフリカ
245	東アフリカ		295	北アメリカ
246			296	南アメリカ
247			297	オセアニア．両極地方
248	南アフリカ		298	
249	インド洋のアフリカ諸島		299	海洋

300	社会科学		350	統計	
301	理論．方法論		351	日本	
302	政治・経済・社会・文化事情		352	アジア	
303	参考図書［レファレンスブック］		353	ヨーロッパ	
304	論文集．評論集．講演集		354	アフリカ	
305	逐次刊行物		355	北アメリカ	
306	団体		356	南アメリカ	
307	研究法．指導法．社会科学教育		357	オセアニア．両極地方	
308	叢書．全集．選集		358	人口統計．国勢調査	
309	社会思想		[359]	各種の統計書	
310	政治		360	社会	
311	政治学．政治思想		361	社会学	
312	政治史・事情		362	社会史．社会体制	
313	国家の形態．政治体制		363		
314	議会		364	社会保障	
315	政党．政治結社		365	生活・消費者問題	
316	国家と個人・宗教・民族		366	労働経済．労働問題	
317	行政		367	家族問題．男性・女性問題．老人問題	
318	地方自治．地方行政		368	社会病理	
319	外交．国際問題		369	社会福祉	
320	法律		370	教育	
321	法学		371	教育学．教育思想	
322	法制史		372	教育史・事情	
323	憲法		373	教育政策．教育制度．教育行財政	
324	民法．民事法		374	学校経営・管理．学校保健	
325	商法．商事法		375	教育課程．学習指導．教科別教育	
326	刑法．刑事法		376	幼児・初等・中等教育	
327	司法．訴訟手続法		377	大学．高等・専門教育．学術行政	
[328]	諸法		378	障害児教育［特別支援教育］	
329	国際法		379	社会教育	
330	経済		380	風俗習慣．民俗学．民族学	
331	経済学．経済思想		381		
332	経済史・事情．経済体制		382	風俗史．民俗誌．民族誌	
333	経済政策．国際経済		383	衣食住の習俗	
334	人口．土地．資源		384	社会・家庭生活の習俗	
335	企業．経営		385	通過儀礼．冠婚葬祭	
336	経営管理		386	年中行事．祭礼	
337	貨幣．通貨		387	民間信仰．迷信［俗信］	
338	金融．銀行．信託		388	伝説．民話［昔話］	
339	保険		389	民族学．文化人類学	
340	財政		390	国防．軍事	
341	財政学．財政思想		391	戦争．戦略．戦術	
342	財政史・事情		392	国防史・事情．軍事史・事情	
343	財政政策．財務行政		393	国防政策・行政・法令	
344	予算．決算		394	軍事医学．兵食	
345	租税		395	軍事施設．軍需品	
346			396	陸軍	
347	公債．国債		397	海軍	
348	専売．国有財産		398	空軍	
349	地方財政		399	古代兵法．軍学	

第3次区分表

400	自然科学		450	地球科学．地学
401	科学理論．科学哲学		451	気象学
402	科学史・事情		452	海洋学
403	参考図書［レファレンスブック］		453	地震学
404	論文集．評論集．講演集		454	地形学
405	逐次刊行物		455	地質学
406	団体		456	地史学．層位学
407	研究法．指導法．科学教育		457	古生物学．化石
408	叢書．全集．選集		458	岩石学
409	科学技術政策．科学技術行政		459	鉱物学
410	数学		460	生物科学．一般生物学
411	代数学		461	理論生物学．生命論
412	数論［整数論］		462	生物地理．生物誌
413	解析学		463	細胞学
414	幾何学		464	生化学
415	位相数学		465	微生物学
416			466	
417	確率論．数理統計学		467	遺伝学
418	計算法		468	生態学
419	和算．中国算法		469	人類学
420	物理学		470	植物学
421	理論物理学		471	一般植物学
422			472	植物地理．植物誌
423	力学		473	葉状植物
424	振動学．音響学		474	藻類．菌類
425	光学		475	コケ植物［蘚苔類］
426	熱学		476	シダ植物
427	電磁気学		477	種子植物
428	物性物理学		478	裸子植物
429	原子物理学		479	被子植物
430	化学		480	動物学
431	物理化学．理論化学		481	一般動物学
432	実験化学［化学実験法］		482	動物地理．動物誌
433	分析化学［化学分析］		483	無脊椎動物
434	合成化学［化学合成］		484	軟体動物．貝類学
435	無機化学		485	節足動物
436	金属元素とその化合物		486	昆虫類
437	有機化学		487	脊椎動物
438	環式化合物の化学		488	鳥類
439	天然物質の化学		489	哺乳類
440	天文学．宇宙科学		490	医学
441	理論天文学．数理天文学		491	基礎医学
442	実地天文学．天体観測法		492	臨床医学．診断・治療
443	恒星．恒星天文学		493	内科学
444	太陽．太陽物理学		494	外科学
445	惑星．衛星		495	婦人科学．産科学
446	月		496	眼科学．耳鼻咽喉科学
447	彗星．流星		497	歯科学
448	地球．天文地理学		498	衛生学．公衆衛生．予防医学
449	時法．暦学		499	薬学

500	技術．工学		**550**	海洋工学．船舶工学
501	工業基礎学		551	理論造船学
502	技術史．工学史		552	船体構造・材料・施工
503	参考図書［レファレンスブック］		553	船体艤装．船舶設備
504	論文集．評論集．講演集		554	舶用機関［造機］
505	逐次刊行物		555	船舶修理．保守
506	団体		556	各種の船舶・艦艇
507	研究法．指導法．技術教育		557	航海．航海学
508	叢書．全集．選集		558	海洋開発
509	工業．工業経済		559	**兵器．軍事工学**
510	建設工学．土木工学		**560**	金属工学．鉱山工学
511	土木力学．建設材料		561	採鉱．選鉱
512	測量		562	各種の金属鉱床・採掘
513	土木設計・施工法		563	冶金．合金
514	道路工学		564	鉄鋼
515	橋梁工学		565	非鉄金属
516	鉄道工学		566	金属加工．製造冶金
517	河海工学．河川工学		567	石炭
518	衛生工学．都市工学		568	石油
519	環境工学．公害		569	非金属鉱物．土石採取業
520	建築学		**570**	化学工業
521	日本の建築		571	化学工学．化学機器
522	東洋の建築．アジアの建築		572	電気化学工業
523	西洋の建築．その他の様式の建築		573	セラミックス．窯業．珪酸塩化学工業
524	建築構造		574	化学薬品
525	建築計画・施工		575	燃料．爆発物
526	各種の建築		576	油脂類
527	住宅建築		577	染料
528	建築設備．設備工学		578	高分子化学工業
529	建築意匠・装飾		579	その他の化学工業
530	機械工学		**580**	製造工業
531	機械力学・材料・設計		581	金属製品
532	機械工作．工作機械		582	事務機器．家庭機器．楽器
533	熱機関．熱工学		583	木工業．木製品
534	流体機械．流体工学		584	皮革工業．皮革製品
535	精密機器．光学機器		585	パルプ・製紙工業
536	運輸工学．車両．運搬機械		586	繊維工学
537	自動車工学		587	染色加工．染色業
538	航空工学．宇宙工学		588	食品工業
539	原子力工学		589	その他の雑工業
540	電気工学		**590**	家政学．生活科学
541	電気回路・計測・材料		591	家庭経済・経営
542	電気機器		592	家庭理工学
543	発電		593	衣服．裁縫
544	送電．変電．配電		594	手芸
545	電灯．照明．電熱		595	理容．美容
(546)	電気鉄道		596	食品．料理
547	通信工学．電気通信		597	住居．家具調度
548	情報工学		598	家庭衛生
549	電子工学		599	育児

第3次区分表

600	産業		650	林業
601	産業政策・行政. 総合開発		651	林業経済・行政・経営
602	産業史・事情. 物産誌		652	森林史. 林業史・事情
603	参考図書 [レファレンスブック]		653	森林立地. 造林
604	論文集. 評論集. 講演集		654	森林保護
605	逐次刊行物		655	森林施業
606	団体		656	森林工学
607	研究法. 指導法. 産業教育		657	森林利用. 林産物. 木材学
608	叢書. 全集. 選集		658	林産製造
609	度量衡. 計量法		659	狩猟
610	農業		660	水産業
611	農業経済・行政・経営		661	水産経済・行政・経営
612	農業史・事情		662	水産業および漁業史・事情
613	農業基礎学		663	水産基礎学
614	農業工学		664	漁労. 漁業各論
615	作物栽培. 作物学		665	漁船. 漁具
616	食用作物		666	水産増殖. 養殖業
617	工芸作物		667	水産製造. 水産食品
618	繊維作物		668	水産物利用. 水産利用工業
619	農産物製造・加工		669	製塩. 塩業
620	園芸		670	商業
621	園芸経済・行政・経営		671	商業政策・行政
622	園芸史・事情		672	商業史・事情
623	園芸植物学. 病虫害		673	商業経営. 商店
624	温室. 温床. 園芸用具		674	広告. 宣伝
625	果樹園芸		675	マーケティング
626	蔬菜園芸		676	取引所
627	花卉園芸 [草花]		677	
628	園芸利用		678	貿易
629	造園		679	
630	蚕糸業		680	運輸. 交通
631	蚕糸経済・行政・経営		681	交通政策・行政・経営
632	蚕糸業史・事情		682	交通史・事情
633	蚕学. 蚕業基礎学		683	海運
634	蚕種		684	内陸水運. 運河交通
635	飼育法		685	陸運. 道路運輸
636	くわ. 栽桑		686	鉄道運輸
637	蚕室. 蚕具		687	航空運輸
638	まゆ		688	倉庫業
639	製糸. 生糸. 蚕糸利用		689	観光事業
640	畜産業		690	通信事業
641	畜産経済・行政・経営		691	通信政策・行政・法令
642	畜産史・事情		692	通信事業史・事情
643	家畜の繁殖. 家畜飼料		693	郵便. 郵政事業
644	家畜の管理. 畜舎. 用具		694	電気通信事業
645	家畜. 畜産動物. 愛玩動物		695	
646	家禽		696	
([647]	みつばち. 昆虫　→646)		697	
648	畜産製造. 畜産物		698	
649	獣医学		699	放送事業

700	芸術. 美術		750	工芸
701	芸術理論. 美学		751	陶磁工芸
702	芸術史. 美術史		752	漆工芸
703	参考図書［レファレンスブック］		753	染織工芸
704	論文集. 評論集. 講演集		754	木竹工芸
705	逐次刊行物		755	宝石・牙角・皮革工芸
706	団体		756	金工芸
707	研究法. 指導法. 芸術教育		757	デザイン. 装飾美術
708	叢書. 全集. 選集		758	美術家具
709	芸術政策. 文化財		759	人形. 玩具
710	彫刻		760	音楽
711	彫塑材料・技法		761	音楽の一般理論. 音楽学
712	彫刻史. 各国の彫刻		762	音楽史. 各国の音楽
713	木彫		763	楽器. 器楽
714	石彫		764	器楽合奏
715	金属彫刻. 鋳造		765	宗教音楽. 聖楽
716			766	劇音楽
717	粘土彫刻. 塑造		767	声楽
718	仏像		768	邦楽
719	オブジェ		769	舞踊. バレエ
720	絵画		770	演劇
721	日本画		771	劇場. 演出. 演技
722	東洋画		772	演劇史. 各国の演劇
723	洋画		773	能楽. 狂言
724	絵画材料・技法		774	歌舞伎
725	素描. 描画		775	各種の演劇
726	漫画. 挿絵. 児童画		776	
727	グラフィックデザイン. 図案		777	人形劇
728	書. 書道		778	映画
729			779	大衆演芸
730	版画		780	スポーツ. 体育
731	版画材料・技法		781	体操. 遊戯
732	版画史. 各国の版画		782	陸上競技
733	木版画		783	球技
734	石版画［リトグラフ］		784	冬季競技
735	銅版画. 鋼版画		785	水上競技
736	リノリウム版画. ゴム版画		786	戸外レクリエーション
737	写真版画. 孔版画		787	釣魚. 遊猟
738			788	相撲. 拳闘. 競馬
739	印章. 篆刻. 印譜		789	武術
740	写真		790	諸芸. 娯楽
741			791	茶道
742	写真器械・材料		792	香道
743	撮影技術		793	花道［華道］
744	現像. 印画		794	ビリヤード
745	複写技術		795	囲碁
746	特殊写真		796	将棋
747	写真の応用		797	射倖ゲーム
748	写真集		798	その他の室内娯楽
749	印刷		799	ダンス

第3次区分表

800	言語		**850**	フランス語
801	言語学		851	音声．音韻．文字
802	言語史・事情．言語政策		852	語源．意味［語義］
803	参考図書［レファレンスブック］		853	辞典
804	論文集．評論集．講演集		854	語彙
805	逐次刊行物		855	文法．語法
806	団体		856	文章．文体．作文
807	研究法．指導法．言語教育		857	読本．解釈．会話
808	叢書．全集．選集		858	方言．訛語
809	言語生活		859	プロバンス語
810	日本語		**860**	スペイン語
811	音声．音韻．文字		861	音声．音韻．文字
812	語源．意味［語義］		862	語源．意味［語義］
813	辞典		863	辞典
814	語彙		864	語彙
815	文法．語法		865	文法．語法
816	文章．文体．作文		866	文章．文体．作文
817	読本．解釈．会話		867	読本．解釈．会話
818	方言．訛語		868	方言．訛語
819			869	ポルトガル語
820	中国語		**870**	イタリア語
821	音声．音韻．文字		871	音声．音韻．文字
822	語源．意味［語義］		872	語源．意味［語義］
823	辞典		873	辞典
824	語彙		874	語彙
825	文法．語法		875	文法．語法
826	文章．文体．作文		876	文章．文体．作文
827	読本．解釈．会話		877	読本．解釈．会話
828	方言．訛語		878	方言．訛語
829	その他の東洋の諸言語		879	その他のロマンス諸語
830	英語		**880**	ロシア語
831	音声．音韻．文字		881	音声．音韻．文字
832	語源．意味［語義］		882	語源．意味［語義］
833	辞典		883	辞典
834	語彙		884	語彙
835	文法．語法		885	文法．語法
836	文章．文体．作文		886	文章．文体．作文
837	読本．解釈．会話		887	読本．解釈．会話
838	方言．訛語		888	方言．訛語
839			889	その他のスラブ諸語
840	ドイツ語		**890**	その他の諸言語
841	音声．音韻．文字		891	ギリシア語
842	語源．意味［語義］		892	ラテン語
843	辞典		893	その他のヨーロッパの諸言語
844	語彙		894	アフリカの諸言語
845	文法．語法		895	アメリカの諸言語
846	文章．文体．作文		896	
847	読本．解釈．会話		897	オーストラリアの諸言語
848	方言．訛語		898	
849	その他のゲルマン諸語		899	国際語［人工語］

900	文学		950	フランス文学
901	文学理論・作法		951	詩
902	文学史．文学思想史		952	戯曲
903	参考図書［レファレンスブック］		953	小説．物語
904	論文集．評論集．講演集		954	評論．エッセイ．随筆
905	逐次刊行物		955	日記．書簡．紀行
906	団体		956	記録．手記．ルポルタージュ
907	研究法．指導法．文学教育		957	箴言．アフォリズム．寸言
908	叢書．全集．選集		958	作品集
909	児童文学研究		959	プロバンス文学
910	日本文学		960	スペイン文学
911	詩歌		961	詩
912	戯曲		962	戯曲
913	小説．物語		963	小説．物語
914	評論．エッセイ．随筆		964	評論．エッセイ．随筆
915	日記．書簡．紀行		965	日記．書簡．紀行
916	記録．手記．ルポルタージュ		966	記録．手記．ルポルタージュ
917	箴言．アフォリズム．寸言		967	箴言．アフォリズム．寸言
918	作品集		968	作品集
919	漢詩文．日本漢文学		969	ポルトガル文学
920	中国文学		970	イタリア文学
921	詩歌．韻文．詩文		971	詩
922	戯曲		972	戯曲
923	小説．物語		973	小説．物語
924	評論．エッセイ．随筆		974	評論．エッセイ．随筆
925	日記．書簡．紀行		975	日記．書簡．紀行
926	記録．手記．ルポルタージュ		976	記録．手記．ルポルタージュ
927	箴言．アフォリズム．寸言		977	箴言．アフォリズム．寸言
928	作品集		978	作品集
929	その他の東洋文学		979	その他のロマンス文学
930	英米文学		980	ロシア・ソビエト文学
931	詩		981	詩
932	戯曲		982	戯曲
933	小説．物語		983	小説．物語
934	評論．エッセイ．随筆		984	評論．エッセイ．随筆
935	日記．書簡．紀行		985	日記．書簡．紀行
936	記録．手記．ルポルタージュ		986	記録．手記．ルポルタージュ
937	箴言．アフォリズム．寸言		987	箴言．アフォリズム．寸言
938	作品集		988	作品集
[939]	アメリカ文学 →930/938		989	その他のスラブ文学
940	ドイツ文学		990	その他の諸言語文学
941	詩		991	ギリシア文学
942	戯曲		992	ラテン文学
943	小説．物語		993	その他のヨーロッパ文学
944	評論．エッセイ．随筆		994	アフリカ文学
945	日記．書簡．紀行		995	アメリカ諸言語の文学
946	記録．手記．ルポルタージュ		996	
947	箴言．アフォリズム．寸言		997	オーストラリア諸言語の文学
948	作品集		998	
949	その他のゲルマン文学		999	国際語［人工語］による文学

細 目 表

細　目　表

凡　例

1　細目表の構成要素
　細目表の各分類項目は，以下の要素から構成される．

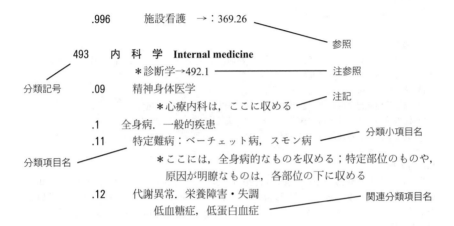

1.1　分類記号
　10版で新設された分類記号には，その右肩にプラス印（+）を付した．
　　例）007.37⁺　情報セキュリティ

1.2　分類項目名
　分類記号に続けて，分類項目の意義を表す名辞を列挙してある．複数の名辞があるときは，ピリオド（.）で区切って列挙した．

1.3　分類小項目名・関連分類項目名
　分類項目によっては，その分類項目名の下位概念を表すために，コロン（：）に続けてコンマ（,）で区切って名辞を列挙した（分類小項目名）．また，改行して，直接的下位区分とはいえないが関連性のある名辞を示した箇所もある（関連分類項目名）．

1.4　英文項目名等
　以下の分類項目には，英語または原綴等を付記した．

　1）類・綱・目の分類項目
　　　例）図書．書誌学　Books. Bibliography
　2）2類における外国地名
　　　例）カナダ　Canada

3）外国人名
　　原則として米国議会図書館が頒布するMARC21の標目形に準拠した．
　　　例）ロック　Locke, John, 1632―1704
4）動・植物の科目名
　　学名を付記した．
　　　例）無脊椎動物　Invertebrata
5）8類における言語名
　　　例）スウェーデン語　Swedish

1.5　注記

分類記号の適用にあたって特に配慮が必要な箇所には，注記を付した．注記の冒頭にはアステリスク（＊）を置き，以下の順序で列挙した．
1）分類項目の細分方法を指示する注記（細分注記）
2）当該分類項目に収めるべき事項を指示する注記（限定注記，包含注記）
3）他の分類項目に収めるべき事項を指示する注記（排除注記，分散注記）
4）別法を指示する注記（別法注記）

1.6　注参照

当該分類項目に関連する事項で他の分類項目に収めることが適切な場合は，冒頭にアステリスク（＊）を置き，その事項を表す名辞と矢印（→），分類記号を示すことにより，収めるべき分類項目を指示した．また，同様に名辞と矢印，コロン（→：），分類記号により，その事項が他の分類項目と関連性のあることも表示した．
　　例）385.9　　礼儀作法［エチケット］．社交．贈答
　　　　　　　　　＊食事マナー→596.8
　　例）425.3　　幾何光学：光の直進，影，反射，屈折
　　　　　　　　　＊プリズム→：535.87

複数種の注参照が存在するとき，その記載順序は「をみよ」参照，「をもみよ」参照の順（改行）とする．
　　例）588.58　　混成酒：味醂，白酒，リキュール
　　　　　　　　　＊カクテル→596.7
　　　　　　　　　＊屠蘇，薬酒→：499.8

1.7　参照

当該分類項目と他の分類項目との関連を示すため，矢印で分類記号を指示した．→は「をみよ」参照，→：は「をもみよ」参照の意味である．
　　例）［253.96］　ハ　ワ　イ　→276
　　例）　330　経　　済
　　　　　　　［.1→331］
　　例）　406.9　科学博物館　→：069

細　目　表

2　分類項目の種類

2.1　通常項目
下記以外の分類項目．

2.2　縮約項目
表中において，項目の名辞が通常の位置より字下げされている分類項目．十進記号法上は，分類記号の短縮が行われ上位の階層に配置されている．

　　例）849.4　　北　欧　語
　　　　　　.5　　　アイスランド語．古ノルド語
　　　　　　.6　　　ノルウェー語　　　記号法上は「北欧語」と同位であるが，実際は「北欧語」の下位区分．

2.3　不均衡項目
表中において，項目の名辞が通常の位置より字上げされており，分類記号と項目が接近している分類項目．十進記号法上は，下位の階層に配置されている．

　　例）234.8　　チェコ
　　　　　　.83　スロバキア　　　記号法上は「チェコ」の下位区分であるが，実際は「チェコ」と同位．

2.4　二者択一項目
分類記号のみが角括弧（［　］）に囲まれている分類項目．通常は矢印（→）で指示された分類項目に分類する．ただし，図書館の性格によっては，この分類項目を使用することができる．

　　例）［548.1］　情報学．情報理論　→007.1

2.5　不使用項目
分類項目全体が角括弧（［　］）に囲まれている分類項目．矢印（→）で指示された分類項目に分類する．

　　例）［.1→311］　　310.1を使用せず，参照で指示されている311に分類する．

また一部には，表の構造を明示するために，参照を持たない不使用項目を設けた箇所もある．この分類記号は使用しない．

　　例）625　　果樹園芸
　　　　　　［.1］
　　　　　　　.11　　果樹の品種
　　　　　　　.12　　果樹の育種と繁殖
　　　　　　　　　⋮
　　　　　　　.2　　仁　果　類
　　　　　　　　　⋮

2.6　削除項目
分類項目全体が丸括弧（（　））に囲まれている分類項目．9版に存在していた項目であるが，10版では削除されたことを示す．矢印（→）で分類項目が指示されているならば，その分類項目に，

特に指示されていないならば，上位のクラスの分類項目に分類する．
　　例）（546　電気鉄道　Electric railroads）
　　　　　　　　＊鉄道運輸→686；鉄道車両→536；鉄道土木・設備→516
　　　　　（.1　鉄道電化．電化計画　→516.1）
　　　　　（.2　電車線路．導軌条路．帰線　→516.23）
　　　　　　　　⋮
　　　　　（.4　電気機関車　→536.3）
　　　　　　　　⋮
　　　　　（.86　鉄道通信［鉄道電話］　→516.66）
　　例）547.45　電　　信
　　　　　（.456　印刷電信）　　547.456を使用せず，上位のクラスである547.45に分類する．

2.7　範囲項目
「分類記号／分類記号」の形式で範囲を指定している分類項目．
　　例）323.2／.7　外国の憲法

2.8　中間見出し
「分類記号／分類記号　項目の名辞」がフランスパーレン（＜　＞）で囲まれている見出し．当該項目の下位に属する分類項目の分類記号の範囲を示すことにより，階層関係を明示している．
　　例）527　住宅建築　Residential buildings
　　　　　.1　設計．敷地．間取
　　　　＜.2／.6　住宅の各部分＞
　　　　　.2　玄関．広間．廊下．階段．地下室
　　　　　　　⋮
　　　　　.6　浴室．化粧室．手洗所
　　　　＜.7／.9　各種の住宅＞
　　　　　.7　別荘．バンガロー
　　　　　　　⋮
　　　　　.9　寄宿舎．寮

3　固有補助表
固有補助表の凡例を参照．

4　名辞

4.1　名辞の選択
名辞については，各種百科事典および専門用語辞典等を参考に，基本件名標目表（BSH）および国立国会図書館件名標目表（NDLSH）との関連を考慮して選択した．

4.2　名辞の表記
1）漢字の表記
漢字は常用漢字を使用した．常用漢字外あるいは今日一般的でない表記の漢字は，今日一般的に用いられる字に改めた（例：「車輛」→「車両」；「日蝕」→「日食」）．

ただし，常用漢字外であっても専門的あるいは一般的に用いられる字については，9版以前の表記を踏襲した（例：「濾過」「浚渫」）．
2) 仮名づかい
　仮名づかいは，現代仮名づかいによった．
3) 外来語の片仮名表記
3-1) 長音（主に語尾の-erや-or，-yや-ieを含む単語等
　9版では，多くの場合長音の音引きを付さない形（例：「ブルドーザ」「エレベータ」）を項目名としていたが，各種の文献，商品名称，百科事典，その他の事典・辞典類等において，音引きを付した表記（例：「ブルドーザー」「エレベーター」）がより一般的であると確認された単語については適宜改めた．なお，「コンピュータ／コンピューター」のように，どちらの名称が一般的かの判断が困難なものについては，9版以前の表記（例：「コンピュータ」）を踏襲した．
　同様に，従来用いていた語（例：「ディジタル」）も，今日一般的な表記（例：「デジタル」）に改めた．
3-2) 発音記号［v］の音の表記
　原則として，「バ」行を使用した（例：「バイオリン」←「ヴァイオリン」；「スラブ」←「スラヴ」；「バチカン」←「ヴァチカン」）．人名には「ヴ」を使用した（例：「ヴォルテール」）．

4.3　名辞に対する付記

4.3.1　同義語・類語
　同義語・類語は角括弧（[　]）で囲み付記した．ただし，地名における角括弧は，旧名称等を示す．
　　例1）トラスト［企業合同］
　　例2）滋賀県［近江国］

4.3.2　限定語
　名辞の意味を限定する必要がある場合は，フランスパーレン（〈　〉）で囲み限定語を付記した．
　　例）音楽家〈列伝〉

4.3.3　年代
　以下の名辞には，年代を付記した．
　1) 人名の生没年
　　　例）荷田春満　1669—1736
　2) 時代名
　　　例）鎌倉時代　1185—1333
　3) 事件名
　　　例）米西戦争　1898

4.4　名辞の一部の省略
　共通の語幹を持つ名辞が並ぶ場合は，中黒（・）を挿入し名辞の一部を省略した．
　　例）絵画材料・技法　　「絵画材料．絵画技法」を意味する．

総　記

（情報学，図書館，図書，百科事典，一般論文集，逐次刊行物，団体，ジャーナリズム，叢書）

000　　総　　記　General works

002　　知識．学問．学術　Knowledge. Learning
　　　　＊各国の学術事情および知的協力は，ここに収める
　　　　＊人文科学〈一般〉は，ここに収める
　　　　＊科学方法論→116.5；学術研究奨励→377.7；自然科学→400；社会科学→300；知識の分類→116.5
　.7　　研究法．調査法
　　　　＊研究や調査に必要な一般的な知識（情報）の集め方および整理法は，ここに収める
　　　　＊コンピュータによる情報処理→007.6

007　　情報学．情報科学　Information science. Informatics　→：010；548
　　　　＊ここには，情報学・情報科学〈一般〉およびソフトウェアを収め，特定主題に関する情報学は，各主題の下に収める　例：010図書館情報学，467.3生命情報学，498医療情報学
　　　　＊情報通信産業および経営・事業に関するものは，ここに収める（別法：経営・事業に関するものは694の下に収める）；情報を処理する機器類［ハードウェア］や工学的な取扱いに関するものは，547および548に収める（別法：機器類や工学的な取扱いも，ここに収める）；観点が明確でないものは，ここに収める
　　　　＊別法：548.9；ただし，情報学，情報理論（007.1）は548.1
［.02→007.2］
　.1　　情報理論　→：007.636；361.45；801.2
　　　　情報の意味とその伝達，仮想現実［バーチャルリアリティ］，計算言語学，情報数学，認知科学
　　　　＊別法：548.1
　.11　　サイバネティックス
　.13　　人工知能．パターン認識
［.15］　エキスパートシステム　→007.632
　.2　　歴史．事情
　　　　＊地理区分
　.3　　情報と社会：情報政策，情報倫理　→：547；694.5
　　　　＊社会情報学，クラウドコンピューティング〈一般〉，ユビキタスコンピューティング〈一般〉，情報法〈一般〉は，ここに収める

000　　　　　　　　　　　総　　記

|　　　　　　　＊ウェアラブルコンピュータ→：548.2
007 .35　　情報産業．情報サービス　→：547.48；694
　.353⁺　　ソーシャルメディア：電子掲示板，ブログ，ウィキ，ソーシャルネットワーキングサービス［SNS］
　　　　　　＊画像・動画共有サイトは，ここに収める
　.37⁺　　 情報セキュリティ　→：007.609；547.48
　　　　　　＊ここには，情報セキュリティ〈一般〉を収める
　.375⁺　　不正操作：コンピュータウイルス，ハッキング，クラッキング，マルウェア，スパイウェア
［.4］　　　情　報　源　→007.1）
　.5　　　 ドキュメンテーション．情報管理
　［.52］　 主題分析　→014.4
　　　　　　＊シソーラス→014.49
　.53　　　索　引　法
　.54　　　抄　録　法
　［.55］　 クリッピング　→014.74
　.57　　　情報記述の標準化　→：014.3
　.58　　　情報検索．機械検索
　　　　　　＊データベース〈一般〉の検索，検索エンジンは，ここに収める
　　　　　　＊別法：007.68
　.6　　　 データ処理．情報処理　→：013.8；336.57
　　　　　　＊個々の主題に関するデータ処理とそのソフトウェアは，各主題の下に収める
　　　　　　　例：498医療関係のデータ処理
　　　　　　＊データベース管理システム→007.609
　.6079⁺　 情報処理技術者試験
　.609　　 データ管理：データセキュリティ，データマイニング　→：007.37；547.48
　　　　　　＊データベースの保全は，ここに収める
　　　　　　＊データベース作成用ソフトウェアは，ここに収める
　　　　　　＊個々の主題に関するデータ管理は，各主題の下に収める　例：336.17　企業のデータ管理，498.163病院のデータ管理
　.61　　　システム分析．システム設計．システム開発
　.63　　　コンピュータシステム．ソフトウェア．ミドルウェア．アプリケーション　→：548.2
　　　　　　＊パーソナルコンピュータ［パソコン］の操作方法〈一般〉は，ここに収める（別法：548.295）
　　　　　　＊オペレーティングシステム［OS］→007.634
　.632　　 エキスパートシステム
　　　　　　＊別法：007.15
　　　　　　＊人工知能→007.13
　.634　　 オペレーティングシステム［OS］
　　　　　　＊個々のオペレーティングシステムは，ここに収める
　.635　　 文字情報処理：文字コード，文字セット，漢字処理システム
　　　　　　＊日本語フロントエンドプロセッサー［FEP］，インプットメソッド［IM］は，

		ここに収める	
007	.6355⁺	書体［フォント］　→：021.49；727.8；749.41	
		＊ここには，コンピュータにおける書体に関するものを収める	
	.636	言語情報処理：機械翻訳　→：007.1；801	
	.637	画像処理：図形処理，画像認識　→：007.642；744	
		＊写真処理のためのソフトウェアは，ここに収める（別法：744）	
		＊デジタル写真処理→744	
	.638⁺	文書作成ソフトウェア	
		＊データベース作成用ソフトウェア→007.609	
	.6383⁺	プレゼンテーション用ソフトウェア	
	.6384⁺	表計算用ソフトウェア　→：417	
	.6388⁺	ワードプロセッサー［ワープロ］用ソフトウェア　→：582.33	
		＊テキストエディタは，ここに収める	
	.6389⁺	データ通信用ソフトウェア　→：547.48	
		インターネットブラウザ，電子メール	
	.639⁺	個人情報管理ソフトウェア［PIM］	
		住所録，スケジュール	
	.64	コンピュータプログラミング	
		アルゴリズム，プログラミング言語，スクリプト言語	
	.642	画像描画：コンピュータグラフィックス，アニメーション　→：007.637；727；778.77	
		＊ここには，静止画および動画の作成を収める	
		＊図形処理ソフトウェアのプログラミング〈一般〉は，ここに収める	
		＊CADなど設計・製図に用途を限定したものは，501.8に収める	
	.645⁺	マークアップ言語．ウェブサービス記述言語［WSDL］	
		HTML，SGML，XHTML，XML	
		＊ホームページ作成ソフトウェアは，ここに収める	
		＊スクリプト言語→007.64	
	.65	各種の記憶媒体　→：548.23	
	［.68］	情報検索．機械検索　→007.58	
	（.7	情報システム：UNISIST，NATIS　→007.63）	
	［.8］	情報工学　→548	
	［.82］	コンピュータ［電子計算機］　→：007.63；418.6；535.5	
	［.821］	入力装置：マウス，タッチパッド，トラックボール	
		＊入力・出力が一体となっているものは，ここに収める	
		＊ユーザインターフェース〈一般〉は，ここに収める	
	［.8211］	文字・画像入力：キーボード，ペンタブレット，タッチパネル，グラフィカルユーザーインターフェース［GUI］，キャラクターユーザーインターフェース［CUI］，バーコードリーダー	
		＊日本語フロントエンドプロセッサー［FEP］，インプットメソッド［IM］は，007.635に収める	
		＊タイピング→809.9	
	［.8212］	映像入力	

000　　　　　　　　　　　　総　　記

　　　　　　　　＊映像・音声が一体となっているものは，ここに収める
［007 .8213］　　音声入力
　　［.822］　　演算装置：CPU［中央演算装置］，MPU［マイクロプロセッサー］
　　［.823］　　記憶装置．記憶媒体　→：007.65
　　［.8232］　　半導体記憶装置：RAM，ICカード，メモリカード
　　［.8235］　　磁気記憶装置：ハードディスク，フロッピーディスク，磁気テープ装置，磁気
　　　　　　　　ドラム
　　［.8237］　　光学記憶装置：光ディスク，CD-ROM，DVD
　　［.824］　　制御装置
　　［.825］　　出力装置
　　［.8251］　　文字・画像出力：プリンター，プロッター
　　［.8252］　　映像出力：ディスプレイ，プロジェクター
　　［.8253］　　音声出力：スピーカー，音源
　　　　　　　　　　＊インターネット電話→694.6；音声合成→501.24，549.9；電子音楽
　　　　　　　　　　→763.93
　　［.827］　　端末装置　→：007.8295
　　　　　　　　ハンディターミナル，インテリジェントターミナル
　　　　　　　　　　＊特定主題に関する端末装置は，各主題の下に収める　例：014.37OPAC端末
　　［.829］　　各種のコンピュータ［電子計算機］
　　　　　　　　　　＊コンピュータを構成する各種装置は，.821／.827に収める
　　［.8291］　　スーパーコンピュータ［スパコン］．汎用大型電子計算機
　　［.8295］　　パーソナルコンピュータ［パソコン］．携帯型情報通信端末　→：007.827；023；
　　　　　　　　694.6；798.5
　　　　　　　　デスクトップパソコン，ノートパソコン，タブレット型パソコン，ポケット
　　　　　　　　コンピュータ，シンクライアント，ハンドヘルドコンピュータ［PDA］
　　　　　　　　　　＊パーソナルコンピュータの操作方法〈一般〉は，007.63に収める（別法：
　　　　　　　　　　ここに収める）
　　　　　　　　　　＊携帯電話，多機能携帯電話［スマートフォン］は694.6に，電子書籍・文
　　　　　　　　　　書閲覧を主目的とした機器は023に，携帯型ゲーム機は798.5に収める（別
　　　　　　　　　　法：各機器の汎用性や多機能性について書かれたものは，ここに収める）
　　　　　　　　　　＊携帯電話の構造，製造など工学的な観点から書かれたものは，547.464に
　　　　　　　　　　収める
　　［.83］　　自動制御工学．オートメーション．ロボット　→：509.69；531.38
　　　　　　　　　　＊ここには，電気的なフィードバック機構による機械制御に関するものを収める
　　　　　　　　　　＊別法：501.9
［.8301→007.831］
　　［.831］　　制御理論
　　［.87］　　シミュレーション　→：417
　　［.9］　　情報通信．データ通信．コンピュータネットワーク　→547.48
　　［.91］　　データ通信回路
　　［.92］　　データ通信方式．通信規約［通信プロトコル］
　　［.93］　　データ通信網
　　［.933］　　公衆データ通信網．広域データ通信網．インターネット

38

[007 .935]　　　ローカルエリアネットワーク［LAN］．イントラネット
［.94］　　　データ通信機器：モデム，PAD
［.95］　　　データ通信交換：パケット交換
［.96］　　　中継装置・機器

010　　　**図書館．図書館情報学**　Libraries. Library and information sciences
　　　　　→：007；020
　　　　　　　＊電子図書館は，ここに収める
　.1　　　図書館論．図書館の自由
　　　　　　　＊図書館の理念は，ここに収める
［.13］　　　図書館職員の倫理　→013.1
　.7　　　研究法．指導法．図書館学教育．職員の養成
　　　　　　　＊図書館利用教育・指導→015.23
　.77　　　司書課程．司書講習・研修

011　　　**図書館政策．図書館行財政**　Library policy and administration
　　　　　　　＊ここには，図書館〈一般〉および公共図書館に関するものを収める；公共図書館以外の各館種に関するものは，016／018に収める
　.1　　　図書館行政
　.2　　　図書館法令および基準
　.3　　　図書館計画．図書館相互協力
　　　　　　　＊ここには，図書館相互協力〈一般〉を収め，相互協力による個々のサービスは，015.1に収める
　　　　　　　＊図書館ネットワークシステムは，ここに収める
　　　　　　　＊書誌ユーティリティ→014.37
　.38　　　中央図書館制．分館制．配本所
　.4　　　図書館財政
　　　　　　　＊補助金，図書館税，財団は，ここに収める
　.5　　　図書館に対する特典：免税，郵送料割引，運賃割引
　.9　　　国際資料交換

012　　　**図書館建築．図書館設備**　Library buildings
　　　　　　　＊ここには，すべての館種に関するものを収める；ただし，一館の建築誌は，016／018に収める；また，文書館の建築・設備に関するものは，018.092に収める
　.1　　　建築計画：基礎調査，位置，敷地
　.2　　　建築材料および構造
　.28　　　改修・改築工事
　.29　　　維持管理．保護．防火．防水
　.3　　　建築設計・製図
　.4　　　書庫．書架
　.5　　　利用者用諸室：閲覧室，児童室，目録室
　.6　　　講堂．集会室．展示室．視聴覚室

010 総　　記

012 .7　　事務室．その他管理部門の諸室
　　.8　　図書館設備：衛生設備，機械設備，電気設備
　　.89　　　ブックモビル　→：015.5
　　.9　　図書館用品．図書館備品

013　　図書館経営・管理　Library management
　　　　＊ここには，図書館〈一般〉および公共図書館に関するものを収める；公共図書館以外の各館種に関するものは，016／018に収める
　　　　＊図書館の安全管理，危機管理は，ここに収める
　　.1　　図書館職員．人事管理
　　　　＊図書館職員の倫理は，ここに収める（別法：010.13）
　　　　＊職員の養成→010.7
　　.2　　図書館の組織．事務分掌．スタッフマニュアル
　　.3　　図書館協議会
　　.4　　図書館の予算．経理．物品会計．施設管理
　　.5　　図書館の調査．図書館の統計．評価法
　　.6　　図書館用品と様式
　　.7　　図書館の広報活動
　　.8　　図書館事務の機械化　→：007.6
　　　　＊個々の業務の機械化は，各主題の下に収める
　　　　＊機械可読目録［MARC］→014.37
　　.9　　利用規程：開館時間，休館日，入館料

014　　情報資源の収集・組織化・保存　Technical processes in libraries　→：336.55
　　　　＊ここには，すべての館種に関するものを収める；ただし，文書館における情報資源の収集・組織化・保存に関するものは，018.094に収める
　　　　＊資料組織法，書誌コントロールは，ここに収める
　　　　＊ウェブアーカイビング，図書館におけるメタデータ〈一般〉は，ここに収める
　　　　＊各種の情報資源に関するものは，目録法および主題索引法を除き，014.7／.8に収める
　　.1　　情報資源の選択・構成
　　　　　図書館資料，図書の選択，蔵書構成
　　.2　　受入と払出：購入，寄贈，登録，蔵書印，除籍，廃棄
　　.3　　目　録　法　→：007.57
　　　　＊記述目録法は，ここに収める
　　.32　　目録規則：記入，記述，標目
　　　　＊英米目録規則［AACR］，RDA，日本目録規則［NCR］などは，ここに収める
　　.33　　配列．編成
　（.34　　目録の種類．目録の形態　→014.37）
　（.35　　総合目録　→014.37）
　（.36　　目録カードの複製．印刷カード　→014.37）
　　.37　　目録の種類・形態・制度
　　　　　冊子体目録，カード目録，機械可読目録[MARC]，OPAC，総合目録ネットワーク，

　　　　　　　集中目録作業，共同目録作業，書誌ユーティリティ
　　　　　　＊個々の目録は，025／029に収める
014 .38　　特殊資料の目録法
　　.39　　目録用品
　　.4　　主題索引法：分類法，件名標目法，主題分析
　　　　　＊主題目録法は，ここに収める
　　　　　＊別法：主題分析007.52
　　.45　　一般分類表
　　　　　＊国際十進分類法［UDC］，国立国会図書館分類表［NDLC］，デューイ十進分類法［DDC］，日本十進分類法［NDC］などは，ここに収める
　　.46　　専門分類表
　　.47　　分類規程．分類作業
　　.48　　特殊資料の分類法
　　.49　　件名標目．シソーラス．件名作業
　　.495　　一般件名標目表
　　　　　＊基本件名標目表［BSH］，国立国会図書館件名標目表［NDLSH］，米国議会図書館件名標目表［LCSH］などは，ここに収める
　　.496　　専門図書館件名標目表
　　　　　＊大学図書館，法律・医学・科学技術などの各種研究機関の件名標目表は，ここに収める
　　.497　　学校図書館件名標目表
　　.5　　図書の配架法
　　.55　　図書記号法．著者記号表
　　.57　　書架目録［シェルフリスト］
　　.6　　資料保存．蔵書管理
　　.61　　資料保存
　　　　　＊保存方針，保存計画，保存協力〈一般〉は，ここに収める
　　.612　　劣化．破損
　　　　　　虫害，かび，酸化，汚損，水濡れ，光化学的劣化，物理的損傷
　　.614　　資料保護：消毒，曝書，燻蒸，脱酸，紙強化法，ドライクリーニング，補修，保存容器，中性紙
　　　　　＊資料修復は，ここに収める
　　.616⁺　　内容保存．媒体変換
　　.66　　図書館製本
　　　　　＊製本〈一般〉→022.8
　　.67　　書架管理．書庫管理
　　　　　＊蔵書点検，亡失は，ここに収める
　　.68　　保存図書館［デポジットライブラリー］．共同保存
〈.7／.8　各種の情報資源〉
　　　　　＊目録法は014.3に，主題索引法は014.4に収める
　　.7　　非図書資料．特殊資料
　　　　　＊電子情報資源〈一般〉→：023
　　.71　　文書．記録．書写資料．貴重書　→：018.094

014	.72	郷土資料．博物資料
	.73	パンフレット．リーフレット
	.74	インフォメーションファイル．小資料．クリッピング

   ＊別法：クリッピング007.55
- .75 継続資料：逐次刊行物，更新資料
   ＊電子ジャーナルは，ここに収める
- .76 マイクロ資料
   ＊マイクロ化資料に関するものは，すべてここに収める
- .77 視聴覚資料：映画フィルム，スライド，レコード［音盤］，録音テープ，ビデオテープ，レーザーディスク［LD］，コンパクトディスク［CD］，DVD →：375.19
- .78 地図資料．図表．楽譜．絵画．写真
- .79 視覚障害者用資料：点字資料，録音資料，大活字資料 →：016.58；369.275；378.18；801.91
- .8 政府刊行物
   ＊ここには，目録法，分類法以外に関するものを収める
   ＊分類法→014.48；目録法→014.38

015　図書館サービス．図書館活動　Library activities
   ＊ここには，図書館〈一般〉および公共図書館に関するものを収める；公共図書館以外の各館種に関するものは，016／018に収める
   ＊利用者研究，図書館利用法，課題解決支援サービス〈一般〉は，ここに収める
   ＊広報活動→013.7
- .1 資料提供サービス：閲覧，貸出
   ＊リクエストサービス，予約サービスは，ここに収める
- .12⁺ 複写サービス
   ＊別法：015.29
- .13⁺ 図書館間相互貸借［ILL］
   ＊別法：015.38
- ［.17］ 障害者に対するサービス →015.97
- .2 情報提供サービス：レファレンスサービス［参考業務］
   ＊レフェラルサービス，遡及探索サービス，読書相談は，ここに収める
- .23⁺ 利用教育
   ＊参考図書の利用法は，ここに収める（別法：019.4）
- ［.29］ 複写サービス →015.12
- (.3) 図書の貸出．貸出記録法 →015.1）
- ［.38］ 図書館間相互貸借［ILL］ →015.13
- (.4) 貸出文庫．団体貸出 →015.1）
- .5 移動図書館．ブックモビル →：012.89
- .6 読書会．読書運動 →：019.25
   ＊別法：019.23
- .7 図書館と他の文化機関との協力活動
- .8 集会．行事活動
   講演会，お話会，郷土研究会，展示会，映画会，音楽鑑賞会

図書館. 図書館情報学　　010

015 .9⁺　利用対象別サービス
　.91⁺　乳幼児に対するサービス
　　　　　＊ブックスタート→019.53
　.93⁺　児童・青少年に対するサービス. ヤングアダルトサービス
　.95⁺　高齢者に対するサービス
　.97⁺　障害者に対するサービス　→：369.275
　　　　　点訳，朗読，録音
　　　　　＊別法：015.17
　.98⁺　多文化サービス
　.99⁺　アウトリーチサービス

〈016／018　各種の図書館〉
　　　　　＊ここには，公共図書館を除く館種別の経営・管理を含む各種の問題を収める
　　　　　＊図書館〈一般〉および公共図書館〈一般〉に関する政策・行財政は011に，経営・管理は013に，サービス・活動は015に収める　例：011.4公共図書館の財政，013.1図書館の人事管理，015.2公共図書館のレファレンスサービス
　　　　　＊建築・設備に関するものは，館種の別なく012に収める；ただし，一館ごとの建築誌は，ここに収める　例：012.1大学図書館の建築計画；また，文書館の建築・設備に関するものは，018.092に収める
　　　　　＊情報資源の収集・組織化・保存に関するものは，館種の別なく，個々の館を含めて，すべて014に収める　例：014.1学校図書館の資料収集；ただし，文書館における情報資源の収集・組織化・保存に関するものは，018.094に収める
　　　　　＊一館ごと（公共図書館を含む）の沿革，要覧，統計，報告書などは，ここに収める；ただし，近世以前の文庫史は，010.2に収める
　　　　　＊対象となる館種をより特定するところに収める　例：016.281国立国会図書館国際子ども図書館，018.49米国国立医学図書館

016　　各種の図書館　Specific kinds of institutions
　.1　　国立図書館
　　　　　＊地理区分
　.2　　公共図書館
　　　　　＊地理区分
　　　　　＊公共図書館〈一般〉に関しては，政策・行財政を011に，建築・設備は一館ごとの建築誌を除いて012に，経営・管理を013に，図書館サービスおよび活動を015に収める；なお，012, 014の注記をも参照
　.28　　児童図書館
　　　　　＊地理区分
　　　　　＊青少年図書館は，ここに収める
　　　　　＊公共図書館における児童サービス，ヤングアダルトサービスは，015.93に収める
　.29　　地域文庫などの読書施設
　　　　　＊家庭文庫は，ここに収める
　.3　　官公庁図書館. 議会図書館
　　　　　＊地理区分

010　　　　　　　　　　　総　　記

　　　　　　　＊地方議会図書室は，ここに収める
016 .4　　団体・企業内の図書館
　　　　　　　＊福利施設としてのものは，ここに収める
　　　　　　　＊専門図書館→018
　　.5　　その他の図書館
　　.53　　　刑務所図書館
　　.54　　　病院患者図書館
　　　　　　　＊医師などの専門職を対象とする病院図書室は，018.49に収める
　　.55　　　船員文庫
　　.58　　　点字図書館　→：014.79；369.275；378.18；801.91
　　.59　　　会員制図書館
　　.7　　メディアセンター．視聴覚ライブラリー
　　.9　　貸　本　屋

017　　　　学校図書館　School libraries
　　　　　　　＊学校図書館の利用指導は，ここに収める
　　.2　　小学校．学級文庫
　　.3　　中　学　校
　　.4　　高等学校
（.6　　短期大学図書館　→017.8）
　　.7　　大学図書館．学術図書館
　　　　　　　＊地理区分
　　.8⁺　短期大学図書館．高等専門学校図書館

018　　　　専門図書館　Special libraries
　　　　　　　＊綱目表に準じて細分　例：018.37教育図書館，018.49医学図書館，018.74印刷図書館
　　　　　　　＊会社，研究所などに付置された専門分野の図書館・情報センター・資料室も，ここに収める
　　.09　　　文書館．史料館
　　　　　　　＊ここには，文書館，公文書館，史料館〈一般〉を収め，個々の文書館に関するものは，018.096／.098に収める
　　　　　　　＊文書館学，文書管理論，記録管理論は，ここに収める
　　　　　　　＊貴重書，郷土資料，その他の特別コレクションの専門図書館に関するものは，018.098に収める
　　.091⁺　　文書管理政策．文書館行財政・法令
　　.092⁺　　文書館建築．文書館設備
　　.093⁺　　文書館経営・管理．文書館職員
　　.094⁺　　資料の収集・組織化・保存　→：014.71
　　.095⁺　　資料の展示．資料の利用．資料・展示の広報
＜.096／.098　各種の文書館＞
　　.096⁺　　文　書　館
　　.097⁺　　学校文書館．大学文書館

図書．書誌学　　　　　　　　　　　　　　　　　020

＊学校史など，歴史的文書に限定した文書館は，各学校の歴史・事情に収める
（別法：ここに収める）
018 .098⁺　　専門文書館
＊専門文書館論など一般的なものを収める；特定主題の文書館は，各主題の下に収める　例：335.48企業アーカイブ
＊別法：ここに集め，綱目表に準じて細分　例：018.09833企業文書館
.099⁺　　文書館収蔵文書目録
＊特定主題に関するものは，各主題の下に収める　例：121.59031吉田松陰関係資料目録，218.20031香川家文書目録，318.231031茨城県行政文書目録

019　　読書．読書法　Reading of books．Book review
＊読書〈一般〉は，ここに収める
.1　　読書の心理．読書の生理
.12　　読　書　法
.13　　速　読　法
.2　　読書指導
＊特定主題のものは，各主題の下に収める　例：107哲学書の読み方
＊児童・青少年の読書指導〈一般〉は，ここに収める
＊読書記録→019.25；読解（国語科）→375.85
[.23]　　読書会．読書運動　→015.6
.25　　読書感想文．読書記録　→：015.6
＊図書館や読書サークルなどが主催する読書会やコンクールでの感想文集や読書記録・日誌そのものは，ここに収める；また小中高生の読書感想文も，ここに収める
＊作文（国語科）→375.86；読書会の記録→015.6；読書所感集〈一般〉→019.9
.3　　読書調査
[.4]　　参考図書の利用法　→015.23
.5　　児童・青少年図書．児童・青少年と読書
＊児童と絵本→019.53；児童文学研究→909
.53　　絵本・漫画と読書　→：726.101；726.601
＊絵本，漫画に関する一般的著作は，726.1および726.6に収める
.9　　書評．書評集
＊読書所感集〈一般〉は，ここに収める
＊児童・青少年および読書サークルなどでの読書感想文集は，019.25に収める

020　　図書．書誌学　Books．Bibliography　→：010
.2　　図書および書誌学史　→：749.2
.21　　日　　　　本
.22　　東洋：朝鮮，中国
.23　　西洋．その他
.28　　書誌学者〈列伝〉

020　　　　　　　　　総　　記

　　　　　　＊個人伝記→289

〈021／024〉　図書・書誌学の各論〉

021　　著作．編集　Authorship and editorial techniques
.2　　　著作権．著作権法：版権，翻訳権　→：507.2
.23　　　音楽著作権
.25　　　ソフトウェアに関する著作権
.27　　　映像・映画に関する著作権
.3　　　著述．著作家
.4　　　編集．編纂
　　　　　＊編集実務〈一般〉は，雑誌編集も含めてここに収める
　　　　　＊新聞編集→070.163
.43　　　編　集　者
.49　　　コンピュータによる編集　→：007.6355
　　　　　＊DTPは，ここに収める
　　　　　＊電子出版の事情は，023に収める
.5　　　偽作．剽窃
.6　　　筆　　禍
　　　　　＊禁書目録→027.6

022　　写本．刊本．造本　Manuscripts and printed books
　　　　　＊ここには，研究を収め，書誌は026に収める
.2　　　写本：様式，書風　→：202.9；728
.21　　　日　　　本
.22　　　東洋：朝鮮，中国
.23　　　西洋．その他
.3　　　刊本：版式　→：749.2
.31　　　日本：春日版，高野版，浄土教版，五山版，古活字版
.32　　　東洋：朝鮮，中国
　　　　　　宋版，元版，明版
.33　　　西洋：インキュナブラ．その他
.39　　　絵　入　本　→：726.5
.4　　　複製：翻刻，影印，覆刻，模刻
.5　　　図書の形態．装丁：巻子本，折本，旋風葉，胡蝶装
.57　　　装本．ブックデザイン
.6　　　図書の材料：紙，墨，インク　→：576.9；585；728；749.3
.68　　　図書の付属品：帙，草子挟，筒，筥，箱
.7　　　印　　　刷
　　　　　＊印刷業→749.09；印刷術→749
.8　　　製本：製本史，製本材料，製本技術，修理技術，製本機械，製本器具
.809　　　製　本　業

46

| 図書．書誌学 | 020 |

```
023   出      版  Publishing   →：014.7；548.295
          ＊地理区分
          ＊電子出版〈一般〉，電子書籍〈一般〉は，ここに収める；ただし，特定主題に関す
           る電子出版，電子書籍は，各主題の下に収める
          ＊電子書籍閲覧用ソフトウェア・端末は，ここに収める（別法：閲覧用ソフトウェア
           007.63；閲覧用端末548.295）
          ＊電子書籍の編集→021.49
   .8    出版と自由．出版倫理．発禁本．検閲
   .89   自費出版
   .9    納  本  制


024   図書の販売  Bookselling
          ＊地理区分
          ＊小売店，販売取次店は，ここに収める
   .8    古本．古書店
             ＊古書目録→025.9
   .9    図書の収集．愛書家．蔵書記．蔵書票．蔵書印譜


〈025／029  書誌．目録〉

025   一般書誌．全国書誌  General and national bibliographies
          ＊地理区分
          ＊各種の書籍総目録は，ここに収める
          ＊解題目録，書誌の書誌，地方出版書目も，ここに収める
   .8    地方書誌．郷土資料目録
             ＊地理区分
   .9    書店出版目録．古本販売目録
             ＊販売目録，古書展目録などは，ここに収める
             ＊出版社別目録，文庫本・新書判など形態別目録も，ここに収める
             ＊蔵書目録→029


026   稀書目録．善本目録  Bibliographies of rare books
             ＊図録，書影集も，ここに収める；ただし，研究書は022に収める
   .2    古写本．自筆本
   .3    刊本：古刊本，インキュナブラ
             ＊近世以前に刊行された出版目録は，ここに収める；ただし，特定主題に関する刊
              本目録は，各主題の下に収める
   .4    初版本．限定本
   .5    手沢本．書入本
   .7    珍奇本：珍奇材料本，珍奇挿画本，珍奇装丁本，豆本
  (.9    刊本目録  →026.3)
```

020　　　　　　　　　　総　記

027　　特種目録　Special bibliographies
　　　　　＊特定主題に関するものは，各主題の下に収める
　.1　　勅版目録．官版目録．藩版目録
　.2　　政府刊行物および団体出版物目録
　　　　　＊地理区分
　.3　　諸家著述目録
　.32　　地方別著述目録．郷土人著述目録
　.33　　階層別著述目録．集団別著述目録
　　　　　＊学校出身者，女流，皇室などの目録を収める；ただし，大学の卒業論文目録は，
　　　　　　377.2に収める
　.34　　翻訳書目録
　.35　　無著者名および匿名著作目録
　.38　　個人著述目録．個人著作年譜
　　　　　＊289に分類される個人の著述目録・著作年譜は，ここに収める
　　　　　＊個人伝記→289
　.4　　叢書類目録および索引．論文集の目録および索引
　　　　　＊個々の叢書あるいは論文集の索引は，その叢書あるいは論文集の下に収める
　.5　　逐次刊行物目録および索引　→：050
　　　　　＊出版・販売・所蔵目録などは，ここに収める
　　　　　＊雑誌記事索引は，ここに収める；ただし，個々の雑誌に関する索引は，その雑誌
　　　　　　の下に収める
　.6　　禁止図書目録．散佚図書目録．焼失図書目録
　.7　　図書展示目録
　　　　　＊古書展目録→025.9
　.8　　その他：点本書目，舶載書目
　.9　　非図書資料目録：視聴覚資料目録，地図目録
　　　　　＊ビデオ・オーディオ目録は，ここに収める
　.92　　点字図書目録．録音資料目録
　.93　　点字図書目録
　.95　　録音資料目録
　　　　　＊録音テープ目録は，ここに収める
　.97　　フィルム目録．マイクロ資料目録

028　　選定図書目録．参考図書目録　Catalogs of selected books．Catalogs of reference books
　　　　　＊基本図書目録は，ここに収める
　　　　　＊特定主題の書誌は，各主題の下に収める
　　　　　＊別法：書誌をすべてここに集め，綱目表に準じて細分　例：028.32法律書誌，
　　　　　　028.92中国文学書誌
　.09　　児童・青少年向けの図書目録
　　　　　＊絵本・漫画の目録も，ここに収める
　.093　　女性向けの図書目録

029	蔵書目録．総合目録　Library catalogs. Union catalogs

＊特定主題の蔵書目録は，各主題の下に収め，郷土資料目録，善本書目，逐次刊行物目録などは，025／028に収める

- .1　国立図書館
  - ＊地理区分
- .2　公共図書館
  - ＊地理区分
- .3　官公庁図書館．地方議会図書館
  - ＊地理区分
- .4　団体・企業内の図書館
- .5　刑務所図書館．病院患者図書館
- .6　専門図書館．研究所・調査機関の図書館
  - ＊地理区分
- .7　大学図書館．学校図書館
  - ＊地理区分
- .8　社寺文庫．旧藩文庫
- .9　個人文庫．家蔵
  - ＊当該文庫の所在地による日本地方区分
  - ＊個人の旧蔵にかかる文庫で，現在図書館等の蔵書となっているものも，ここに収める

030　百科事典　General encyclopedias

＊原著の言語による言語区分；ただし，邦訳されたもので，日本の事象に合わせて翻案している場合などは，日本語のものと同じ扱いにする
＊百科事典に関する著作は，ここに収め，当該百科事典の言語によって言語区分
＊問答集，クイズ集も，各言語の下に収める

〈031／038　各言語の百科事典〉

031　日　本　語　Japanese
- .2　類　　書
- .3　日用便覧
- .4　事物起原
- .5　名数．番付
  - ＊数値による比較などを集めたものも，ここに収める
  - ＊数え方に関する辞典，数量呼称一覧などは，815.2に収める
- .7　クイズ集．なぞなぞ集
  - ＊言葉だけによる出題・解答集は，ここに収める；動作・音声を伴うものは，798.3に収め，回文や語呂合わせなどは，807.9に収める
- .8　簡易百科事典
  - ＊雑多な知識を百科事典風に編纂したもの，いわゆる雑学百科，面白百科は，ここに収める

032　中　国　語　Chinese
　.2　類　　書
　.3　日用便覧
　.4　事物起原
　.5　名数．番付
　.9　東洋の諸言語
　　　　＊829のように言語区分　例：032.936タイ語の百科事典

033　英　　　語　English

034　ドイツ語　German
　.9　その他のゲルマン諸語
　　　　＊849のように言語区分　例：034.93オランダ語の百科事典

035　フランス語　French

036　スペイン語　Spanish
　.9　ポルトガル語

037　イタリア語　Italian

038　ロシア語　Russian
　.9　その他のスラブ諸語
　　　　＊889のように言語区分　例：038.98ポーランド語の百科事典
　.999　その他の諸言語
　　　　＊891／899のように言語区分　例：038.99932アイルランド語の百科事典

039　用語索引　General concordances
　　　＊ここには，主題を特定しない語句索引を収め，特定主題の語句索引は，各主題の下に収める　例：193.5033新約聖書コンコーダンス

040　一般論文集．一般講演集　General collected essays
　　　＊原著の言語による言語区分；ただし，041に限り下記のように細分；042／048は，032／038のように言語区分
　　　＊ここには，一人または数人の論集で，多くの主題にわたるものを収める；080の注記を参照

041　日　本　語　Japanese
　.3　記念論文集
　　　　＊個人を顕彰したもの，また大学など団体の記念論文集は，ここに収める
　　　　＊特定主題のものは，各主題の下に収める

| 049 | 雑　　著　General miscellanies
| | ＊原著の言語によって言語区分してもよい

| 050 | 逐次刊行物　General serial publications　→：027.5
| | ＊原著の言語による言語区分；ただし，051に限り下記のように細分し，各種別の歴史・事情，あるいは個々の雑誌に関する歴史・事情は，051.1／.9に収める；052／058は，032／038のように言語区分
| | ＊雑誌に関するものはここに収め，当該雑誌の言語によって言語区分
| | ＊雑誌編集〈一般〉→021.4；新聞→070

| 051 | 日　本　語　Japanese serial publications
| | ＊ここには，日本語で書かれた雑誌〈一般〉を収め，特定主題に関する雑誌およびその歴史・編集は，各主題の下に収める　例：010.5図書館雑誌；外国で刊行された日本語の雑誌に関するものも，ここに収める
| .1 | 学術雑誌．紀要
| .3 | 総合雑誌
| .4 | グラフィック報道誌
| .6 | 大衆誌．娯楽誌
| | ＊週刊誌〈一般〉は，ここに収める
| .7 | 女性誌．家庭誌
| .8 | 幼児誌．青少年誌
| .9 | 情　報　誌
| | ＊タウン情報誌は，ここに収める

| 059 | 一般年鑑　General yearbooks
| | ＊地理区分
| | ＊ここには，総合年鑑および一地域に関する総合年鑑を収める
| | ＊特定主題の年鑑は，各主題の下に収める　例：010.59図書館年鑑
| | ＊統計を主とした年鑑は，350／357に収める

| 060 | 団体：学会，協会，会議　General societies
| | ＊ここには，アカデミー，学会，団体などの歴史・記事・会議録などを収め，学会の紀要報告（逐次刊行物）は051／058に収める

〈061／065　各種の団体〉

| 061 | 学術・研究機関　Academies
| | ＊日本学術会議などは，ここに収める

| 063 | 文化交流機関　Cultural exchange organizations
| | ＊国際交流基金などは，ここに収める

065	親睦団体．その他の団体　Service clubs and other societies

＊ロータリークラブ，県人会などは，ここに収める

069	博　物　館　Museums　→：406.9

＊博物館〈一般〉の歴史や各地域の博物館事情は，.02の下に地理区分し，個々の博物館に関するものは，.6／.8の下に収める　例：069.02164兵庫県における博物館，069.6164神戸市立博物館

.1　博物館行財政・法令
.2　博物館建築．博物館設備　→：526.06
.3　博物館経営・管理．博物館職員
.4　資料の収集・組織化・保存
.5　資料の展示．資料の利用．資料・展示の広報
.6　一般博物館
　　　＊地理区分
.7　学校博物館．大学博物館
.8　専門博物館
　　　＊専門博物館案内など一般的なものを収める；特定の専門博物館は，各主題の下に収める　例：406.9科学博物館，686鉄道博物館
　　　＊別法：ここに集め，綱目表に準じて細分　例：069.868鉄道博物館
.9　博物館収集品目録・図録　→：703.8；708.7

070	ジャーナリズム．新聞　Journalism．Newspapers　→：361.45

＊新聞，テレビ，ラジオなど総合的なマスコミ事情・報道〈一般〉は，ここに収める
＊各国の新聞〈一般〉，個々の新聞社の経営事情は，ここに収める　例：070.235フランスの新聞事情；ただし，社誌は070.67に収める
＊雑誌に関するものは，050に収める
＊テレビ・ラジオ報道の社会への影響；放送と社会→699.8

.1　ジャーナリズム・新聞の理論：新聞学
.12　報道・新聞に関する法令．検閲
.13　報道の自由．新聞と自由　→：316.1
.14　ジャーナリズムと社会．報道・新聞と世論．新聞と読者　→：699.8
.15　報道・新聞の倫理．プレスコード
.16　ジャーナリスト．新聞記者．記者と取材倫理
　　　＊取材方法〈一般〉→070.163
.163　新聞の編集・整理
　　　＊新聞製作〈一般〉は，ここに収める
.17　報道写真．新聞写真．新聞印刷
　　　＊報道・新聞写真の撮影技術は，743.8に収める
　　　＊報道写真集〈一般〉は，748に収める；特定主題の報道写真集は，各主題の下に収める
.18　営業．広告．販売．新聞料金
.19　通　信　社

071／077　新　聞　紙
　　　　＊発行地による地理区分　例：071日本発行の新聞紙，072.2中国発行の新聞紙，073.4ドイツ発行の新聞紙
　　　　＊新聞に関するものは，070に収める

080　　叢書．全集．選集　General collections
　　　　＊原著の言語による言語区分；ただし，081および082に限り下記のように細分
　　　　＊ここには，体系的に編纂され，その結果，主題が多岐にわたる多巻ものや叢書類，および上述の意図によって1冊にまとめられた著作集を収める　例：世界の名著や多岐にわたる論文集，思想家の著作などを体系的に編纂したもの
　　　　＊非体系的なもので主題が多岐にわたる論文集，シンポジウムの記録集，講演集，随筆集，遺稿集などは，040に収める

081　　日　本　語　Japanese
　　　　＊ここには，一般の叢書を収める
　.2　　地方叢書
　.5　　江戸時代以前の個人著作集：全集，選集
　.6　　明治時代以後の個人著作集：全集，選集
　.7　　影印本の叢書
　.9　　児童図書の叢書

082　　中　国　語　Chinese
　　　　＊漢文の一般叢書は，ここに収める
　.2　　地方叢書
　.5　　清朝以前の一人，一姓の著作集：全集，選集
　.6　　民国以後の一人，一姓の著作集：全集，選集
　.7　　影印本の叢書．散佚書の叢書
　.9+　東洋の諸言語
　　　　＊829のように言語区分　例：082.936タイ語の全集

090　　貴重書．郷土資料．その他の特別コレクション　Rare books. Local collections. Special collections

哲　学

（哲学，心理学，倫理学，宗教）

100　　哲　　学　Philosophy
　　　　＊特定主題についての哲学は，各主題の下に収める　例：161.1宗教哲学，321.1法哲学
　　　　＊芸術哲学，美学→701.1

101　　哲学理論　Theory of philosophy
　　　　＊哲学概論→100

102　　哲　学　史　General history of philosophy
　　　　＊ここには，一般的著作を収め，東洋，西洋，日本，ドイツなど各地域や国の哲学・思想史は，120／139に収める　例：130.2西洋哲学史
　.8　　哲学者〈列伝〉

103　　参考図書［レファレンスブック］　Reference books

104　　論文集．評論集．講演集　Essays and lectures

105　　逐次刊行物　Serial publications

106　　団体：学会，協会，会議　Organizations

107　　研究法．指導法．哲学教育　Study and teaching

108　　叢書．全集．選集　Collected works. Collections
　　　　＊個々の哲学者の全集，著作集は，121／139に収める　例：134.208カント全集

〈110／130 哲　　学〉
　　　＊哲学各論は，111／118に収める
　　　＊各国の哲学・思想は，120／139に収める

110　　哲学各論　Special treatises on philosophy
　　　＊111／118には，包括的な著作・概論・歴史などを収め，個々の哲学者・思想家の著作で111／118の主題に関するものは，120／139に収める　例：135.54サルトル著「実存主義とは何か」；111／118に収まらないものは，各主題の下に収める　例：951.6サルトル著「マラルメ論」

111　　形而上学．存在論　Metaphysics. Ontology
　　　　　一元論，二元論，多元論，モナド論
　.5　　唯　心　論
　.6　　唯　物　論
　　　　　＊弁証法的唯物論→116.4
　.7　　唯名論．名目論
　.8　　実在論．実念論

112　　自然哲学．宇宙論　Philosophy of nature. Cosmology　→：401
　　　　　因果関係，蓋然論，機械論，空間論，偶然論，時間論，物質論，目的論

113　　人生観．世界観　View of life. World view
　　　　　＊実践的人生論→159；文学者の人生論→9□4
　.1　　楽　天　観
　.2　　厭世観．運命論
　.3　　ヒューマニズム
　.4　　理想主義
　.5　　自然主義
　.6　　プラグマティズム　→：133.9
　.7　　ニヒリズム

114　　人　間　学　Philosophic anthropology　→：151；469
　.2　　心身論．人性論．生死
　.3　　生の哲学　→：134.9
　.5　　実存主義．実存哲学　→：134.9

115　　認　識　論　Epistemology
　.1　　観　念　論
　.2　　批判主義．先験的観念論
　　　　　＊カント哲学→134.2
　.3　　合理主義［理性論．唯理論］．理性
　.4　　実在論．模写説．反映論

115 .5　経験論．感覚論
　　　　　　＊イギリス経験論→133.1
　　.6　新実在論
　.7　神秘主義．直観主義　→：151.3
　.8　懐疑論．不可知論

116　　論理学．弁証法．方法論　Logics. Dialectics. Methodology
　.1　形式論理学：三段論法，演繹法，帰納法，類推法
　.3　記号論理学．論理実証主義．分析哲学　→：410.96
　.4　唯物弁証法［弁証法的唯物論］．マルクス主義哲学
　　　　　　＊弁証法〈一般〉→116；マルクス経済学派→331.6；マルクス主義〈一般〉
　　　　　　→309.3；マルクスの哲学的著作→134.53；マルクスの伝記→289；唯物史観［史的唯物論］→201.1
　.5　科学方法論
　　　　　　＊知識の分類は，ここに収める
　　　　　　＊学問論→002；自然科学方法論→401
　.6　実証的方法論
　.7　現象学的方法論
　.8　解釈学的方法論
　.9　構造主義

117　　価値哲学　Philosophy of value　→：151.1；331.84

118　　文化哲学．技術哲学　Philosophy of culture and technics

［119］　芸術哲学．美学　Philosophy of art. Aesthetics　→701.1

〈120／130　各国の哲学・思想〉

120　　東洋思想　Oriental thought　→：150.22
　.2　東洋思想史

121　　日本思想　Japanese thought　→：150.21
　.02　日本思想史
　.3　　古　代
　.4　　中　世
　.5　　近　世
　.52　　国学［和学］　→：171；210.01；810.1；910
　　　　　　荷田春満 1669—1736，賀茂真淵 1697—1769，契沖 1640—1701，伴信友
　　　　　　1772—1846，平田篤胤 1776—1843，本居宣長 1730—1801
　.53　　日本の儒学　→：123
　.54　　朱子学派

　　　　　　　　　浅見絅斎 1652—1711, 芦東山 1696—1776, 雨森芳洲 1668—1755,
　　　　　　　　　新井白石 1657—1725, 池田草庵 1812—1878, 貝原益軒 1630—1714,
　　　　　　　　　木下順庵 1621—1698, 古賀精里 1750—1817, 佐藤直方 1650—1719,
　　　　　　　　　柴野栗山 1736—1807, 谷時中 1598—1649, 中井竹山 1730—1804,
　　　　　　　　　中村惕斎 1629—1702, 野中兼山 1615—1663, 林羅山 1583—1657,
　　　　　　　　　藤原惺窩 1561—1619, 帆足万里 1778—1852, 室鳩巣 1658—1734,
　　　　　　　　　山崎闇斎 1618—1682, 横井小楠 1809—1869
121 .55　　陽明学派
　　　　　　　　　大塩中斎 1793—1837, 熊沢蕃山 1619—1691, 佐久間象山 1811—1864,
　　　　　　　　　佐藤一斎 1772—1859, 中江藤樹 1608—1648, 三輪執斎 1669—1744
　　　.56　　古　学　派
　　　　　　　　　伊藤仁斎 1627—1705, 荻生徂徠 1666—1728, 太宰春台 1680—1747,
　　　　　　　　　服部南郭 1683—1759, 山鹿素行 1622—1685
　　　.57　　折衷学派
　　　　　　　　　井上金峨 1732—1784, 大田錦城 1765—1825, 片山兼山 1730—1782,
　　　　　　　　　広瀬淡窓 1782—1856
　　　.58　　水　戸　学
　　　　　　　　　会沢正志斎 1782—1863, 安積澹泊 1656—1737, 栗山潜峰 1671—1706,
　　　　　　　　　藤田東湖 1806—1855, 藤田幽谷 1774—1826, 三宅観瀾 1674—1718
　　　.59　　その他の思想家
　　　　　　　　　安藤昌益 1703—1762, 富永仲基 1715—1746, 三浦梅園 1723—1789
　　　　　　　　　＊石田梅岩→157.9；二宮尊徳→157.2
　　　.6　　近　　　代
　　　　　　　　　高橋里美 1886—1964, 田辺元 1885—1962, 谷川徹三 1895—1989,
　　　　　　　　　戸坂潤 1900—1945, 中村正直 1832—1891, 西周 1829—1897
　　　　　　　　　＊ここには明治以後の，(1) 思想家，哲学者およびその学説に関する包括的な著
　　　　　　　　　作，(2) 個々の哲学者の哲学的著作，(3) 思想家，哲学者としての伝記，評伝
　　　　　　　　　を収める；ただし，.63／.67 に関するものは，各々の下に収める
　　　.63　　西田幾多郎 1870—1945
　　　.65　　和辻哲郎 1889—1960
　　　.67　　三木清 1897—1945

122　　中国思想. 中国哲学　Chinese thought
　　　.02　　中国思想史

〈123／125　時代別の中国思想・哲学〉

123　　経　　　書　Chinese classics　→：121.53；124.1
　　　.01　　経　　　学
　　　.1　　易経. 周易　　→：148.4
　　　.2　　書経. 尚書　　→：222.03
　　　.3　　詩経［毛詩］　→：921.32
　　　.4　　礼類：周礼，儀礼，礼記，大戴礼

120　　　　　　　　哲　　学

123 .5　　楽　　　類　→：762.22
　　.6　　春　秋　類　→：222.03
　　.65　　左　氏　伝
　　.66　　公　羊　伝
　　.67　　穀　梁　伝
　　.7　　孝　　　経
　　.8　　四　　　書
　　.81　　大学．学庸
　　.82　　中　　　庸
　　.83　　論語．論孟
　　.84　　孟　　　子

124　　先秦思想．諸子百家　Sages of Pre-Chin
　　　　＊古代思想史は，ここに収める
　　　　＊農家→610.1222；兵家→399.2
　　.1　　儒家．儒教　→：123
　　.12　　孔子［孔丘］
　　.13　　孔子の門下
　　.14　　曽子［曽参］
　　.15　　子思［孔伋］
　　.16　　孟子［孟軻］
　　.17　　荀子［荀況］
　　.2　　道家．老荘思想　→：166.1
　　.22　　老子［李耳］
　　.23　　列子［列禦寇］
　　.24　　楊　　　朱
　　.25　　荘子［荘周］
　　.3　　墨家．墨子［墨翟］
　　.4　　名　　　家
　　.42　　鄧　　　析
　　.43　　尹　　　文
　　.44　　恵　　　施
　　.45　　公　孫　龍
　　.5　　法　　　家
　　.52　　管子［管仲］
　　.53　　商子［商鞅］
　　.54　　申子［申不害］
　　.55　　慎子［慎到］
　　.57　　韓非．李斯
　　.6　　縦横家：蘇秦．張儀．陰陽家
　　.7　　雑家：鬻子，尸佼，鬼谷子，晏嬰，呂不韋，子華子

58

125	中世思想．近代思想　Medieval and modern thought
.1	両漢時代：董仲舒，劉向，揚雄，桓譚，王充
.2	魏晋南北朝時代：何晏，王弼，葛洪
.3	隋唐時代：王通
.4	宋元時代：周敦頤，邵雍，張載，程顥，程頤，李侗，朱熹，陸九淵
	＊朱子学，性理学は，ここに収める
.5	明時代：王守仁
	＊陽明学は，ここに収める
.6	清時代：黄宗羲，顧炎武，康有為
	＊考証学は，ここに収める
.9	中華民国時代以後：孫文
	＊毛沢東の伝記・評伝→289

126	インド哲学．バラモン教　Indian philosophy. Brahmanism　→：168；180；183.89
.2	ベ　ー　ダ　Veda　→：829.88
.3	ウパニシャッド　Upanishad　→：829.88
.6	六派哲学
	バイシェーシカ派［勝論派］，ベーダーンタ学派，サーンキャ学派［数論学派］，ニャーヤ学派［正理学派］，ミーマンサー学派，ヨーガ学派［瑜伽学派］
[.7]	ジャイナ教　→168
.8	順　世　派
.9	近代：ヴィヴェーカーナンダ Vivekananda, Swami, 1863―1902, ガンジー Gandhi, Mahatma, 1869―1948, クリシュナムルティ Krishnamurti, J.(Jiddu), 1895―1986, タゴール Tagore, Rabindranath, 1861―1941, ラジニーシ Rajneesh, Bhagwan Shree, 1931―1990, ラーマクリシュナ Ramakrishna, 1836―1886

129	その他の東洋思想．アジア哲学　Other Oriental thought
.1	朝鮮思想
.3	その他のアジア諸国の哲学
	＊日本，中国，インド，朝鮮以外のアジア諸国の哲学者・思想家は，ここに収める
.7	イスラム哲学［アラビア哲学］
	＊近代，およびイスラム哲学〈一般〉は，ここに収める；アヴィケンナ，アヴェロエスなどのイスラム中世哲学は，132.28に収める
[.8]	ユダヤ哲学　→139.7

130	西洋哲学　Western philosophy　→：150.23
	＊個々の哲学者の著作集・全集，その思想に関する研究および伝記評論は，ここに収める
	＊個々の哲学者の著作で，111／118の範囲に属するもの，およびその哲学者の哲学体系を形成するものは，ここに収める；110の注記をも参照
.2	西洋哲学史
[.23]	古　　　代　→131

[130 .24] 中　　世　→132
[　.26] 近　　代　→133

131　　古代哲学　Ancient philosophy
　　　　　＊ギリシア・ローマ哲学は，ここに収める
　　　　　＊別法：130.23
　.1　　ギリシア初期哲学
　　　　　ミレトス派，ピュタゴラス派，エレア派；アナクシメネス Anaximenes, of Lampsacus, エンペドクレス Empedocles, デモクリトス Democritus, ヘラクレイトス Heraclitus, of Ephesus, レウキッポス Leucippos
　.2　　ソフィストおよびソクラテス派
　　　　　ソフィスト：ゴルギアス Gorgias, of Leontini, ヒッピアス Hippias, of Elis, 5th cent. BC, プロタゴラス Protagoras, プロディコス Prodicus, 5th cent. BC, ソクラテス Socrates. 小ソクラテス派：エリス派，エレトリア派，キニク派，キュレネ派，メガラ派
　.3　　プラトン Plato. 古アカデミー派
　.4　　アリストテレス Aristoteles. ペリパトス派
　.5　　ストア派．ストア哲学
　　　　　エピクテトス Epictetus, クリュシッポス Chrysippus, ca.280―207 or 6BC, ゼノン〈キプロスの〉 Zenon, of Cyprus, セネカ Seneca, Lucius Annaeus, ca. 4BC―65AD, マルクス・アウレリウス Marcus Aurelius, Emperor of Rome, 121―180
　.6　　エピクロス Epicurus. エピクロス派
　.7　　懐疑派：古懐疑派，中アカデミー，新懐疑派
　.8　　折衷学派：キケロ Cicero, Marcus Tullius
　.9　　新ピュタゴラス派．フィロン〈アレクサンドリアの〉 Philon, of Alexandria.
　　　　　新アカデミー派：フィロン〈ラリッサの〉 Philon, of Larissa. 新プラトン派：プロティノス Plotinus

132　　中世哲学　Medieval philosophy　→：191
　　　　　＊別法：130.24
　.1　　教父哲学［護教家］：アウグスティヌス Augustine, Saint, Bishop of Hippo
　.2　　スコラ哲学
　　　　　アベラルドゥス Abelard, Peter, 1079―1142, アンセルムス Anselm, Saint, Archbishop of Canterbury, エリウゲナ Eriugena, アルベルトゥス・マグヌス Albertus, Magnus, Saint, 1193?―1280, エックハルト Eckhart, Meister, d.1327, オッカム William, of Ockham, ca.1285―ca.1349, ドゥンス・スコトゥス Duns Scotus, John, ca.1266―1308, トマス・ア・ケンピス Thomas, a Kempis, 1380―1471, トマス・アクイナス Thomas, Aquinas, Saint, 1225?―1274, ベーコン, R. Bacon, Roger, 1214?―1294, ボナヴェントゥラ Bonaventure, Saint, Cardinal, ca. 1217―1274
　.28　　イスラム中世哲学
　　　　　アヴィケンナ Avicenna, 980―1037, アヴェロエス Averrôes, 1126―1198

西洋哲学

132 .29 　ユダヤ中世哲学
　　　　　　　イブン・マイムーン　Maimonides, Moses, 1135—1204
　.3　ルネサンス哲学〈一般〉
　.4　神秘主義者：アグリッパ　Agrippa von Nettesheim, Heinrich Cornelius, 1486?—1535, ヴァイゲル　Weigel, Valentin, 1533—1588, ニコラウス・クサヌス　Nicolaus Cusanus, 1401—1464, ベーメ　Böhme, Jakob, 1575—1624
　.5　自然哲学者：カルダーノ　Cardano, Girolamo, 1501—1576, カンパネラ　Campanella, Tommaso, 1568—1639, テレジオ　Telesio, Bernardino, 1508—1588, ブルーノ　Bruno, Giordano, 1548—1600
　.6　人文主義者：エラスムス　Erasmus, Desiderius, d.1536
　.7　懐疑思想家：モンテーニュ　Montaigne, Michel Eyqueme de, 1533—1592
　　　　　　　＊随想録→954.5

〈133／139　西洋近代哲学〉

133　　近代哲学　Modern philosophy
　　　　　　　＊西洋近代哲学〈一般〉は，ここに収める
　　　　　　　＊別法：130.26
　　　　　　　＊ルネサンス哲学→132.3
　.1　イギリス哲学
　.2　17世紀：ベーコン，F. Bacon, Francis, 1561—1626, ホッブス　Hobbes, Thomas, 1588—1679, ロック　Locke, John, 1632—1704
　.3　18世紀：バークリ　Berkeley, George, 1685—1753, ヒューム　Hume, David, 1711—1776
　　　　　　　スコットランド学派：リード　Reid, Thomas, 1710—1796；道徳哲学者：シャフツベリ　Shaftesbury, Anthony Ashley Cooper, 1671—1713, ハチソン　Hutcheson, Francis, 1694—1746
　.4　19世紀：グリーン　Green, Thomas Hill, 1836—1882, スペンサー　Spencer, Herbert, 1820—1903, ベンサム　Bentham, Jeremy, 1748—1832, ミル　Mill, John Stuart, 1806—1873
　.5　20世紀—：アレクサンダー　Alexander, Samuel, 1859—1938, ホワイトヘッド　Whitehead, Alfred North, 1861—1947, ムーア　Moore, George Edward, 1873—1958, ラッセル　Russell, Bertrand, 1872—1970
　.9　アメリカ哲学　→：113.6
　　　　　　　サンタヤナ　Santayana, George, 1863—1952, ジェームズ　James, William, 1842—1910, デューイ　Dewey, John, 1859—1952, パース　Peirce, Charles Santiago Sanders, 1839—1914, ロイス　Royce, Josiah, 1855—1916, ランガー　Langer, Susanne Katherina Knauth, 1895—1985

134　　ドイツ・オーストリア哲学　German and Austrian philosophy
　.1　啓蒙期の哲学．ライプニッツ・ヴォルフ派
　　　　　　　ヴォルフ　Wolff, Christian, 1679—1754, バウムガルテン　Baumgarten, Alexander Gottlieb, 1714—1762, ヤコービ　Jacobi, Friedrich Heinrich, 1743—1819,

130　　　　　　　　　　哲　　学

	ライプニッツ Leibniz, Gottfried Wilhelm, 1646―1716
134.2	カント Kant, Immanuel, 1724―1804
.3	ドイツ観念論

　　　　　シェリング Schelling, Friedrich Wilhelm Joseph von, 1775―1854,
　　　　　シュライエルマッハー Schleiermacher, Friedrich Ernst Daniel, 1768―1834,
　　　　　フィヒテ Fichte, Johann Gottlieb, 1762―1814, フンボルト Humboldt, Karl
　　　　　Wilhelm, 1767―1835

.4　　ヘーゲル Hegel, Georg Wilhelm Friedrich, 1770―1831

.5　　ヘーゲル派

　　　　　シュティルナー Stirner, Max, 1806―1856, シュトラウス Strauss, David
　　　　　Friedrich, 1808―1874, フォイエルバハ Feuerbach, Ludwig, 1804―1872

.53　　マルクス Marx, Karl, 1818―1883

　　　　　＊マルクスの思想〈一般〉を扱った著作は，ここに収める
　　　　　＊マルクス経済学派→331.6；マルクス主義〈一般〉→309.3；マルクスの伝記→289；
　　　　　唯物史観［史的唯物論］→201.1；唯物弁証法［弁証法的唯物論］，マルクス主義
　　　　　哲学→116.4

.6　　19世紀

　　　　　オイケン Eucken, Rudolf, 1846―1926, ショーペンハウアー Schopenhauer,
　　　　　Arthur, 1788―1860, ヘルバルト Herbart, Johann Friedrich, 1776―1841
　　　　　＊ヘーゲル以後の各学派で，.7／.9に収められない哲学者は，ここに収める
　　　　　＊ニーチェ→134.94

.7　　唯物論者．実証主義

　　　　　アヴェナリウス Avenarius, Richard, 1843―1896, ヴント Wundt, Wilhelm Max,
　　　　　1832―1920, デューリング Düring, Eugen Karl, 1833―1921, ハルトマン
　　　　　Hartmann, Eduard von, 1842―1906, ファイヒンガー Vaihinger, Hans, 1852―
　　　　　1933, フェヒナー Fechner, Gustav Theodor, 1801―1887, マッハ Mach, Ernst,
　　　　　1838―1916, ロッツェ Lotze, Hermann, 1817―1881

.8　　新カント派：バーデン学派，マールブルク学派

　　　　　ヴィンデルバント Windelband, W., 1848―1915, カッシーラー Cassirer,
　　　　　Ernst, 1874―1945, コーエン Cohen, Hermann, 1842―1918, ナトルプ Natorp,
　　　　　Paul Gerhard, 1854―1924, ハルトマン Hartmann, Nicolai, 1882―1950,
　　　　　ランゲ Lange, Friedrich Albert, 1828―1875, リッケルト Rickert, Heinrich,
　　　　　1863―1936, リープマン Liebmann, Otto, 1840―1912

.9　　生の哲学．現象学．実存主義　→：114.3；114.5

　　　　　シュプランガー Spranger, Eduard, 1882―1963, ジンメル Simmel, Georg,
　　　　　1858―1918, ディルタイ Dilthey, Wilhelm, 1833―1911, シェーラー Scheler,
　　　　　Max, 1874―1928, ブレンターノ Brentano, Franz Clemens, 1838―1917,
　　　　　レーヴィット Löwith, Karl, 1897―1973, ヤスパース Jaspers, Karl, 1883―1969
　　　　　＊.95／.97以外の20世紀以後の哲学者も，ここに収める

.94　　ニーチェ Nietzsche, Friedrich Wilhelm, 1844―1900

.95　　フッサール Husserl, Edmund, 1859―1938

.96　　ハイデッガー Heidegger, Martin, 1889―1976

.97　　ヴィトゲンシュタイン Wittgenstein, Ludwig, 1889―1951

135 フランス・オランダ哲学　French and Dutch philosophy

.2　17世紀：スピノザ Spinoza, Benedictus de, 1632―1677, ベイル Bayle, Pierre, 1647―1706, マルブランシュ Malebranche, Nicolas, 1638―1715
　　＊.23／.25以外の個々の哲学者は、ここに収める
.23　デカルト Descartes, René, 1596―1650
.25　パスカル Pascal, Blaise, 1623―1662
.3　18世紀：ヴォルテール Voltaire, 1694―1778, コンディヤック Condillac, Etienne Bonnot de, 1715―1780, コンドルセ Condorcet, Jean-Antoine-Nicolas de Caritat, 1743―1794, ディドロ Diderot, Denis, 1713―1784, ドルバック Holbach, Paul Henri Thiry d', 1723―1789, ラ・メトリ La Mettrie, Julien Offroy de, 1709―1751
.34　ルソー Rousseau, Jean-Jacques, 1712―1778
.4　19世紀：クーザン Cousin, Victor, 1792―1867, コント Comte, Auguste, 1798―1857, ベルクソン Bergson, Henri, 1859―1941, メヌ・ド・ビラン Maine de Biran, François Pierre, 1766―1824, ラムネ Lamennais, Félicité Robert de, 1782―1854
.5　20世紀―：アラン Alain, 1868―1951, マリタン Maritain, Jacques, 1882―1973
　　＊.53／.57以外の個々の哲学者は、ここに収める
.53　マルセル Marcel, Gabriel, 1889―1973
.54　サルトル Sartre, Jean Paul, 1905―1980
.55　メルロ・ポンティ Merleau-Ponty, Maurice, 1908―1961
.56　アルチュセール Althusser, Louis, 1918―1990
.57　フーコー Foucault, Michel, 1926―1984

136 スペイン・ポルトガル哲学　Spanish and Portuguese philosophy

オルテガ・イ・ガセット Ortega y Gasset, José, 1883―1955

137 イタリア哲学　Italian philosophy

ヴィーコ Vico, Giambattista, 1668―1744, クローチェ Croce, Benedetto, 1866―1952, ジェンティーレ Gentile, Giovanni, 1875―1944

138 ロシア哲学　Russian philosophy

シェストフ Shestov, Lev, 1866―1938, ソロヴィヨフ Solovyov, Vladimir Sergeyevich, 1853―1900, チェルヌイシェフスキー Chernyshevsky, Nikolai Gavrilovich, 1828―1889, ブハーリン Bukharin, Nikolai Ivanovich, 1888―1938, ベルジャーエフ Berdiaev, Nikolai, 1874―1948, レーニン Lenin, Vladimir Il'ich, 1870―1924
　＊レーニンの経済学関係の著作→331.6；レーニンの伝記・評伝→289

139 その他の哲学　Other philosophy

.3　その他の西洋諸国の哲学
キェルケゴール Kierkegaard, Søren, 1813―1855, ルカーチ Lukács, György, 1885―1971
　＊133／138以外の西洋哲学者は、ここに収める

哲　学

139	.4	アフリカ諸国の哲学　→：150.24
		ファノン Fanon, Frantz, 1925―1961
	.6	中南米諸国の哲学　→：150.24
	.7	その他の諸国の哲学　→：150.24

　　　　＊近代，およびユダヤ哲学〈一般〉は，ここに収める；イブン・マイムーンなど
　　　　のユダヤ中世哲学は，132.29に収める
　　　＊別法：ユダヤ哲学129.8

140　　心　理　学　Psychology
　　　＊応用心理学〈一般〉は，ここに収め，特定主題についての心理学は，各主題の下に
　　　収める　例：321.4法心理学，490.14医学と心理（別法：149）
　.1　　理論．心理学体系［学派］
　.16　　心理学方法論
　.17　　ゲシュタルト心理学
　.18　　機能心理学．行動心理学
［.19］　精神分析学　→146.1
　.7　　研究法．指導法．心理学的検査
　　　　＊心理測定，精神検査，ロールシャッハ検査は，ここに収める；臨床としての精神
　　　　検査は，146.3に収める
　.75　　実験心理学

〈141／146　各種の心理学〉

141　　普通心理学．心理各論　General psychology
　.1　　知　　　能
　　　　＊知能検定・測定→371.7
　.18　　天　　　才　→：371.5
　.2　　感覚．知覚　→：491.37
　　　　＊感覚（知覚も含む）に関する包括的著作は，ここに収める；生理学的心理学も，
　　　　ここに収める
　　　　＊知覚→141.27
　.21　　視　　覚　→：425.8；491.374；496.1／.4
　.22　　聴　　覚　→：424.8；491.375；496.6；761.14
　.23　　嗅覚．味覚　→：491.376／.377；496.7／.8
　.24　　皮膚感覚：触覚，圧覚，痛覚，温度感覚
　.25　　運動感覚．平衡感覚．有機感覚
　.26　　共感覚．残像．直観像
　.27　　知　　覚　→：141.51
　.28　　精神物理学：ウェーバーの法則，フェヒナーの法則
　.3　　学習．記憶
　.33　　学習．練習
　.34　　記憶．記憶術

141	.36	忘　　却
	.4	注意．統覚
	.5	思考．想像．創造性
	.51	認知．認識．認知心理学　→：141.27
	.6	情動：情緒，感情，情操
	.62	愛　　情
		＊恋愛心理学は，ここに収める
	.67	表　　情
	.7	行動．衝動
	.72	動機づけ
	.73	条件反射
	.74	欲求．本能：性，食欲
	.75	習慣．態度
	.76	作業．疲労
	.8	意志．意欲
	.9	個性．差異心理学
	.92	遺伝．環境
	.93	人格［パーソナリティ］．性格：性格学，性格検査
		＊相性→148；個性→141.9
	.939	性格判断
		＊血液型による性格判断は，ここに収める
	.94	気質：神経質，多血質，胆汁質，粘液質
	.97	類　型　学
	.98	筆跡学．書相学　→：148.3；728
		＊筆跡と性格との関係は，ここに収める
143		発達心理学　**Developmental psychology**
		＊発生心理学は，ここに収める
	.1	両性の心理
		＊性差の発達心理学は，ここに収める
		＊差異心理学→141.9；恋愛→141.62
［.2］	幼児心理　→376.11
［.3］	児童心理　→371.45
［.4］	青年心理　→371.47
	.5	女性心理
	.6	壮年心理
		＊男性心理は，ここに収める
	.7	老年心理．中高年心理　→：367.7
	.8	比較心理学
		＊動物心理学→481.78
	.9	民族心理学

1 哲学

哲　学

145　異常心理学　Abnormal psychology　→：493.7
　.1　潜在意識．無意識
　.2　　睡眠．夢．寝言
　.3　　夢遊病
　.4　催眠術．暗示
　.5　知覚の異常：幻覚，錯覚
　.6　記憶の異常．思考の異常
　　　　　妄想，健忘症，失語症
　.7　意欲の異常
　.71[+]　自殺．自傷行為　→：368.3
　.72[+]　摂食障害：不食，過食，異食　→：493.745
　.73[+]　性的異常．性的倒錯：近親相姦，ナルシシズム
　.8　知能の異常：知能遅滞．人格の異常：多重人格，人格分裂，ヒステリー　→：378.6；493.77

146　臨床心理学．精神分析学　Clinical psychology. Psychoanalysis
　　　＊精神分析→146.1
　.1　精神分析学．深層心理学
　　　＊.13／.15には，フロイト，ユングの精神分析学に関する著作，およびフロイト，ユングに関する一般的研究の著作を収める　例：146.13「フロイト心理学入門」；ただし特定主題は，各主題の下に収める　例：145.8C.G.ユング著「分裂病の心理」
　　　＊別法：140.19
　　　＊個人伝記→289；精神分析療法→146.815
　.13　フロイト　Freud, Sigmund, 1856—1939
　.15　ユング　Jung, Carl Gustav, 1875—1961
　.2　適応．不適応
　.3　臨床診断法：面接法．観察法
　　　＊臨床としての精神検査・診断法は，ここに収める
　　　＊治療法は，.8／.82に収める
　.8　カウンセリング．精神療法［心理療法］
　　　＊カウンセリングの一般理論は，ここに収める；ただし，教育相談としてのカウンセリングは，371.43に収める
　　　＊医学としての精神療法は，医学の各主題の下に収める
　　　＊森田療法→493.72
［.81］
　.811[+]　精神療法：ゲシュタルト療法，行動療法，交流分析，認知療法
　　　　　＊.812／.816に収められないものは，ここに収める
　.812[+]　集団精神療法：家族療法，サイコドラマ［心理劇療法］
　.813[+]　芸術療法：音楽療法，絵画療法，箱庭療法
　　　　　＊アニマルセラピー，ダンスセラピー，読書療法は，ここに収める
　.814[+]　催眠療法
　.815[+]　精神分析療法

146 .816⁺ 東洋的精神療法：自律訓練法，内観療法
　　.82　　児童の精神療法［心理療法］
　　　　　　　＊ここには，児童の精神分析，精神療法，カウンセリングを収める
　　　　　　　＊親子関係も，ここに収める
　　　　　　　＊心身障害児も，ここに収める
　　　　　　　＊児童心理〈一般〉→371.45
　　.89　　カウンセラー
　　　　　　　＊ここには，カウンセラー養成あるいはカウンセリングの指導法などを収める

147　超心理学．心霊研究　**Parapsychology**　→：387
　　　　　　　＊141／146に収められない心理的現象の研究およびその現象（超常現象）についての著作は，ここに収める　例：超感覚的知覚（Extrasensory perception=ESP）あるいは霊感，また外界に物理的効果を及ぼす精神の働きである念力（Psychokinesis=PK）など
　　.1　　呪術．幻術　→：163.8
　　.2　　テレパシー．精神感応
　　.3　　自動書記・言語．降神術．つきもの．霊媒術　→：163.9
　　.4　　予知．予言．透視．透聴
　　.42　　　ノストラダムス Nostradamus, 1502―1566
　　.45　　　エドガー・ケーシー Cayce, Edgar, 1877―1945
　　　　　　　＊.42／.45には，予知・予言以外の著作で147に関するものも収める
　　.5　　念力．心霊写真．念写
　　.6　　妖怪．幽霊
　　　　　　　＊伝説・民話としての妖怪は，388に収める
　　.7　　心霊療法
　　.8　　霊能者．超能力者
　　　　　　　＊.1／.7および.9に関する霊能者・超能力者は，各々の下に収める
　　　　　　　＊霊媒→147.3
　　.9⁺　その他の超常現象
　　　　　　　＊未確認飛行物体［UFO］は，440.9に収める（別法：ここに収める）

148　相法．易占　**Divination**　→：176.8
　　.1　　性相学
　　.12　　人相
　　.14　　手相
　　.16　　骨相
　　.3　　姓名判断．墨色判断　→：141.98
　　　　　　　＊文字による占いは，ここに収める
　　.4　　陰陽道［五行．九星］．易　→：123.1；166.1
　　.5　　方位：家相，地相，墓相
　　　　　　　＊風水は，ここに収める
　　.6　　幹枝術［干支］．四柱推命
　（.7　　幹枝術．相性）

148	.8	占星術．宿曜道．天文道
		＊別法：449.39
	.9	その他の占い：夢占い，トランプ占い，水晶占い

[149]　応用心理学　Applied psychology　→140
　　　　　＊綱目表に準じて細分　例：149.32法心理，149.49医学と心理

150		倫理学．道徳　Ethics. Morals
	.2	倫理学史．倫理思想史　→：110／159
	.21	日　　本　→：121
	.22	東　　洋　→：120
	.23	西　　洋　→：130
	.24	その他の地域　→：139.4／.7

151		倫理各論　Systems and doctrines　→：114
	.1	価値論．徳論．品性　→：117
	.2	当為．意志の自由．行為．定言命法
	.3	良心．標準．直観主義　→：115.7
	.4	個人主義．利己主義．人格主義
	.5	人道主義．利他主義．博愛主義
	.6	幸福主義．快楽主義
	.7	功利主義
	.8	全体主義．国家主義

152		家庭倫理．性倫理　Family and sexual ethics
	.1	性倫理［性道徳］　→：367.9；384.7
	.2	結婚．離婚　→：367.4
	.4	夫婦のモラル
	.6	孝　　行

153		職業倫理　Professional and occupational ethics　→：335.15
		＊特定の職業倫理は，各職業または各主題の下に収める　例：327.14弁護士の倫理，490.15医療倫理
		＊別法：ここに集め，綱目表に準じて細分　例：153.32弁護士の倫理，153.49医師の倫理

154		社会倫理［社会道徳］　Social ethics
		＊公民道徳，公徳心，愛国心などは，ここに収める

155		国体論．詔勅　National polity　→：313.61
		皇室論，尊王論，日本国体論，日本国民道徳，教育勅語，戊申詔書
	.9	外国の国体論

| 156 | 武　士　道　Bushido　→：399.1；789
| | ＊大和魂，君臣道は，ここに収める
| .4 | 武家の家憲・家訓　→：159.3
| .9 | 騎　士　道

| 157 | 報徳教．石門心学　Hotokukyo．Shingaku
| .2 | 報徳教：二宮尊徳，報徳仕法，報徳講
| .9 | 石門心学：石田梅岩，柴田鳩翁，手島堵庵，中沢道二

| 158 | その他の特定主題　Other ethical topics
| | ＊ここには，仁愛，信義，正義，節制，知恵，忍耐，勇気など，個々の主題を収める

| 159 | 人生訓．教訓　Practical ethics
| | ＊哲学者の人生論は哲学の下に収め，文学者の人生論は文学の下に収める
| | ＊処世法は，ここに収める
| .2 | 美談．事跡．徳行録　→：280.8
| .3 | 家憲．家訓　→：156.4；288.3
| .4 | 経　営　訓
| | ＊経営者・ビジネスパーソン［ビジネスマン］のための教訓は，性別・年齢の別なく，ここに収める
| | ＊経営論，経営者論→335／336

〈.5／.79　対　象　別〉
| .5 | 児童のための教訓
| .6 | 女性のための人生訓
| | ＊ここには，159.5，159.7／.79に該当しないものを収める
| .7 | 青年・学生のための人生訓
| .79 | 老人・中高年齢者のための人生訓
| .8 | 金言．格言．箴言
| | ＊文学者のものは，9□7に収める
| .84 | ビジネス・経営に関する金言・格言
| .89 | 中国の金言・格言
| | ＊ビジネス・経営に関するものは，.84に収める
| .9 | 道　　歌

〈160／190　宗　　教〉

| 160 | 宗　　　教　Religion
| | ［.1→161］
| | ［.2→162］

| 161 | 宗教学．宗教思想　Science of religion
| | ＊無神論，汎神論は，ここに収める

哲　学

　　　　　　＊自然神学→190.9
[161 .02→161.2]
　　.1　宗教哲学
　　.2　宗教学史．宗教思想史
　　.3　宗教社会学
　　　　　　＊宗教民族学→163
　　.4　宗教心理学

162　　宗教史・事情　History and conditions of religions
　　　　　　＊地理区分
　　.8　宗教家〈列伝〉

163　　原始宗教．宗教民族学　Primitive religions
　　　　　　＊民間信仰→387
　　.1　自然崇拝
　　　　　　星辰崇拝．太陽崇拝．山岳崇拝．水の崇拝．火の崇拝．風の崇拝．樹木崇拝．動物崇拝
　　.2　トーテミズム．タブー　→：389
　　.3　アニマチズム．アニミズム
　　.4　呪物崇拝．偶像崇拝．性器崇拝
　　.5　聖者崇拝．生祠
　　.8　呪　　　詛　→：147.1
　　.9　シャーマニズム［巫術］　→：147.3

164　　神話．神話学　Myths. Mythology　→：388
　　　　　　＊地理区分
　　.31　ギリシア神話
　　.32　ローマ神話

165　　比較宗教　Comparative religion
　　.1　教義．教条
　　.3　教　　典
　　.4　宗教生活．道徳．禁欲．祈祷．礼拝
　　.5　社寺．教団．教職
　　.6　儀式．礼典
　　.7　布教．伝道
　　.9　宗教政策．宗教行政．宗教法令　→：316.2
　　　　　　＊宗教法人に関する法的な著作は，ここに収める

〈166／199　各　宗　教〉

166　　道　　教　Taoism
　　［.02→166.2］

166	.1	教義．神仙思想　→：124.2；148.4
	.2	道教史．教祖．開祖：張道陵
	.3	教典．道蔵
	.5	道院．道士
	.6	行事．法術
	.7	布　　　教
	.8	教派：正一教，真大道教，太乙教，全真教

167　イスラム　Islam
［.02→167.2］
- .1 　教義．神学
- .2 　イスラム史
    ＊地理区分
- .28 　ムハンマド［マホメット］
- .3 　教典：コーラン
- .4 　信仰録．説教集
- .5 　モ　ス　ク
- .6 　勤行：告白，祈祷，喜捨，断食，巡礼，戒律
- .7 　布教．伝道
- .8 　教派：スンニ派，シーア派
- .9 　バハイズム［バーブ教］

168　ヒンズー教．ジャイナ教　Hinduism．Jainism
　　　＊タントラは，ここに収める
　　　＊別法：ジャイナ教126.7
　　　＊インド哲学，バラモン教→126
- .9 　ゾロアスター教［祆教］．マニ教．ミトラ教

169　その他の宗教．新興宗教　Other religions
　　　＊発祥国による地理区分　例：169.1天理教，169.1PL教団，169.21巫覡教
　　　＊創価学会→188.98

170　神　　　道　Shinto
［.1→171］
［.2→172］

171　神道思想．神道説　Shinto theology　→：121.52
- .1 　両部神道：天台神道，真言神道，三輪神道
- .2 　伊勢神道［度会神道］
- .3 　吉田神道．弓矢神道
- .4 　伯家神道［白川神道］
- .5 　吉川神道［理学神道］

170　　　　　　　哲　　学

171 .6　　垂加神道．儒家神道
　　.7　　土御門神道［安倍神道］
　　.8　　復古神道
　　.9　　その他の神道説

172　　神祇・神道史　History and conditions of Shinto
　　　　　　＊宮司など神職の列伝は172.8に，個人の伝記は各教派の下に収める
　　.9　　三種の神器．十種の神宝

173　　神　　典　Shinto sacred classics
　　　　　　＊延喜式，古語拾遺，神名式，宣命，中臣祓などをまとめたものは，ここに収める
　　　　　　＊延喜式→322.135；古語拾遺→210.3；宣命→210.088
　　.9　　神託．神異
　　　　　　＊一社の霊験記→175.9

174　　信仰録．説教集　Priestly memoirs. Sermons

175　　神社．神職　Shrines. Shinto priests　→：521.817
　　.1　　神社と国家．国家神道．神社行政．神社法令．社格
　　.2　　神格．神位［神階］．神名
　　.5　　神殿．鳥居．神像．神札
　　.6　　神領［社領］
　　.7　　神職．服制．触穢
　　.8　　伊勢神宮
　　　　　　＊参宮案内記は，ここに収める
　　.9　　神社誌．神社縁起
　　　　　　＊ここには，個々の社誌を収める
　　　　　　＊地方神社誌は日本地方区分　例：175.962京都府神社誌
　　　　　　＊日本以外の神社誌，神社縁起も，ここに収める；ただし，地理区分はしない　例：175.9台湾神社誌

176　　祭　　祀　Shinto festivals　→：386
　　.3　　祈　　祷
　　.4　　祝詞．祓詞
　　.5　　神饌．幣帛
　　.6　　祭　　具
　　.7　　歌舞音曲　→：768.2
　　.8　　神籤［おみくじ］．禁厭［まじない］　→：148
　　.9　　葬　　祭　→：385.6

177　　布教．伝道　Shinto missions

178	各教派．教派神道　Sectarian Shinto
.1	神道大教
.19	出雲大社教
.2	神道大成教
.29	神道修成派
.3	神理教
.4	神習教
.49	禊教
.5	扶桑教
.58	実行教
.59	御岳教
.6	黒住教
.7	金光教
.9	その他各派

＊各教派とも，次のように細分することができる　例：178.62黒住宗忠伝

−1	教義
−2	教史．教祖．伝記
−3	教典
−4	信仰・説教集．霊験．神佑
−5	教会．教団．教職
−6	祭祀．行事
−7	布教．伝道

180　仏教　Buddhism　→：126

＊180／187には包括的な著作を収め，各宗派に属するものは各項目の下に収める

[.1→181]
[.2→182]
.9　　チベット仏教［ラマ教］

181　仏教教理．仏教哲学　Buddhist doctrines

.02	教理史：原始，部派，大乗，秘密
.2	教相判釈［教判論］
.3	実相論．真如．法性．無為
.4	縁起論．十二因縁．業．輪廻
.5	機根論．菩薩論
.6	修行論．仏教道徳．戒律
.7	証果論．涅槃論
.8	仏陀論：仏性，仏身，仏土

182　仏　教　史　History and conditions of Buddhism
＊地理区分
- .8　釈迦. 仏弟子
- .88　名　僧　伝
    ＊日本の名僧伝などの列伝はここに収め，各宗派の列伝および個人伝は，各宗派の下に収める
- .9　仏　　　跡
    ＊ここには，釈尊の遺跡を収める

183　経　典　Buddhist scriptures
- .1　阿含部：阿含経，玉耶経，六方礼経
- .19　本縁部：因果経，賢愚経，出曜経，仏所行讃，法句経，本生経
- .2　般若部：金剛経，心経，大般若経，仁王経
- .3　法華部：観音経，観普賢経，法華経，無量義経
- .4　華厳部：華厳経
- .5　宝積部：阿弥陀経，観無量寿経，勝鬘経，宝積経，無量寿経
- .58　大集部：大集経
- .59　涅槃部：遺教経，涅槃経
- .6　経集部：円覚経，解深密経，金光明経，維摩経，楞伽経
- .7　秘密部：金剛頂経，首楞厳経，大日経，理趣経
- .79　偽　　　経
- .8　律部. 律疏
- .81　　パーリ律. 有部律
- .83　　四　分　律
- .84　　摩訶僧祇律
- .85　　五　分　律
- .86　　大乗律. 梵網経
- .87　　瓔　珞　律
- .88　　雑　　　律
- .89　　因　　　明　→：126
- .9　論部. 論疏
- .91　　釈経論部：大智度論
- .92　　毘曇部：倶舎論
- .93　　中観部：十二門論，中論，百論
- .94　　瑜伽部：摂大乗論，唯識論
- .95　　論集部：起信論，成実論

184　法話・説教集　Sermons. Preaching
- .9　仏教説話　→：388；913.37；913.47

185　寺院. 僧職　Temples. Buddhist priests　→：521.818
- .1　寺院と国家. 寺院行政・法令
- .2　寺号. 寺格. 宗規

185 .5　伽藍. 仏塔. 梵鐘. 卒塔婆. 板碑　→：756.4
　　.6　寺院経済. 寺領
　　.7　僧職. 僧位. 僧服
　　.9　寺誌. 縁起
　　　　　＊地理区分
　　　　　＊各宗共有寺院，単立寺院は，ここに収める
　　　　　＊個々の寺誌は，各宗派の下に収める

186　仏　　会　Buddhist services and customs
　　.1　行持作法. 法式. 勤行
　　.2　講式：讃文
　　.3　表白起請
　　.4　仏　　具
　　.5　声明. 諷誦. 仏教音楽　→：768.28
　　.6　懺　　悔
　　.7　仏教美術　→：702.098
　　.8　仏像. 菩薩：観世音菩薩　→：718
　　　　　＊観音信仰は，ここに収める
　　.81　曼　陀　羅
　　.9　巡　　礼
　　　　　＊地理区分

187　布教. 伝道　Buddhist missions
　　.6　仏教の社会事業　→：369
　　.7　仏教の教育事業. 日曜学校

188　各　　宗　Buddhist sects
　　　　　＊中国，インドの諸宗も，ここに収める
　　.1　律　　宗
　　.2　論　　宗
　　.21　法相宗［唯識宗］
　　.22　倶舎宗［毘曇宗］
　　.23　三　論　宗
　　.24　成　実　宗
　　.3　華　厳　宗
　　.4　天　台　宗
　　　　　＊円頓宗，台密は，ここに収める
　　.5　真言宗［密教］
　　.59　修験道. 山伏
　　.6　浄土教. 浄土宗
　　.69　融通念仏宗. 時宗［遊行宗］
　　.7　真宗［浄土真宗］
　　.8　禅宗：臨済宗，曹洞宗，黄檗宗

哲　学

188.9　　日蓮宗
　　.98　　創価学会. 中山妙宗. 立正佼成会
　　.99⁺　その他の宗派

＊各宗とも，次のように細分することができる　例：188.73真宗聖典，188.85永平寺史，188.92日蓮伝
＊宗典には，その宗派のために編集されたものを収め，所依の個々の経典およびその注疏は，183に収める
－1　　教義. 宗学
－2　　宗史. 宗祖. 伝記
－3　　宗　　典
－4　　法話. 語録. 説教集
－5　　寺院. 僧職. 宗規
－6　　仏会. 行持作法. 法会
－7　　布教. 伝道

190　　キリスト教　Christianity
　［.1→191］
　［.2→192］
　　.6　　団体：学会，協会，会議，YMCA，YWCA
　　.9　　自然神学　→：161

191　　教義. キリスト教神学　Christian theology　→：132
　　　　　　＊各教派の教義は各々の教派の下に収めるが，神学としての著作はここに収める
　　　　　　　例：20世紀のプロテスタント神学
　　.1　　神. 三位一体
　　.15　　神のみわざ：摂理，創造
　　.17　　神の法：奇跡，啓示，預言
　　.2　　キリスト論：犠牲，再来，贖罪，神性，審判，復活，メシア，ロゴス　→：192.8
　　.3　　人間. キリスト教人間学. 原罪
　　.4　　救済論：恩寵，懺悔，宿命と自由意志，信仰
　　.5　　天使. 悪魔. 聖者
　　.6　　終末論：死，地獄，審判，天国，来世，煉獄，霊魂不滅
　　.7　　キリスト教道徳
　　.8　　信条［信仰箇条］
　　.9　　弁証法神学［危機神学. バルト神学］
　　.98　　解放の神学
　　　　　　＊別法：198.29

192　　キリスト教史. 迫害史　History and conditions of Christianity
　　　　　＊地理区分

192	.8	キリストの生涯［イエス伝］：誕生，東方の三博士，割礼，洗礼，断食，誘惑，奇跡，山上の垂訓，変貌，最後の晩餐，受難，十字架，復活，昇天，使徒　→：191.2
	.85	聖母マリア．無垢受胎
	.88	聖職者〈列伝〉

193		聖　　書　Bible
	.01	聖書神学
	.02	聖書史．聖書考古学．地理（聖書）
	.09	聖書語学．聖書解釈学．聖書の注釈
	.1	旧約聖書
	.2	歴　史　書
	.21	モーゼの五書．律法書．ペンタテューク
	.211	創　世　記
	.212	出エジプト記
	.213	レ　ビ　記
	.214	民　数　記
	.215	申　命　記
	.216	十　　戒
	.22	ヨシュア記
	.23	士師記．ルツ記
	.24	サムエル記
	.25	列　王　記
	.26	歴　代　志
	.27	エズラ記
	.28	ネヘミア記
	.29	エステル記
	.3	詩　歌　書
	.32	ヨ　ブ　記
	.33	詩　　篇
	.34	箴　　言
	.35	伝道の書
	.36	雅　　歌
	.37	知恵の書
	.4	預　言　書
	.41	イザヤ書
	.42	エレミヤ書
	.43	エレミヤの哀歌
	.44	エゼキエル書
	.45	ダニエル書
	.46	小預言書［12人の書］
	.5	新約聖書
	.6	福　音　書
	.61	マタイによる福音書

193 .62　　マルコによる福音書
　　.63　　ルカによる福音書
　　.64　　ヨハネによる福音書
　　.69　　使徒行伝
　　.7　　使徒の書簡
　　.71　　パウロの書簡．パウロ神学
　　　　　　ローマ人への手紙，コリント人への手紙，ガラテヤ人への手紙，エペソ人への手紙，ピリピ人への手紙，コロサイ人への手紙，テサロニケ人への手紙
　　.72　　牧会書簡：テモテへの手紙，テトスへの手紙
　　.73　　ピレモンへの手紙
　　.74　　ヘブライ人［ヘブル人］への手紙
　　.76　　ヤコブの手紙
　　.77　　ペテロの手紙
　　.78　　ヨハネの手紙
　　.79　　ユダの手紙
　　.8　　ヨハネの黙示録
　　.9　　聖書外典．偽典

194　　信仰録．説教集　Priestly memoirs. Sermons
　　　　＊懺悔録，福音録，瞑想録などは，ここに収める

195　　教会．聖職　Christian church. Holy orders
　　.1　　教会と国家　→：316.2
　　.2　　教会政治．教区．教会法
　　.3　　教会．礼拝堂
　　.6　　教会経済．教会財政．教会管理
　　.7　　司教．司祭．神父．牧師
　　.8　　修道院

196　　典礼．祭式．礼拝　Ritual and liturgy
　　.1　　ミサ．礼拝．祈祷書
　　.2　　安息日．日曜日
　　.3　　サクラメント［秘跡］．聖礼典
　　.31　　洗　礼
　　.32　　堅振礼［按手礼］
　　.33　　聖体拝領［聖餐］
　　.34　　叙　品　式
　　.35　　結　婚　式
　　.36　　悔悛．懺悔
　　.37　　終　　油
　　.39　　そ　の　他
　　.4　　聖具．聖器
　　.5　　讃　美　歌　→：765.6

196	.7	キリスト教芸術　→：702.099
	.8	信心行．禁欲苦行．巡礼
	.9	家族礼拝．家庭的信行

197　布教．伝道　Missions
　　.6　キリスト教の社会事業　→：369
　　.7　キリスト教の教育事業．日曜学校

198　各教派．教会史　Denominations of Christian churches
　　.1　原始キリスト教会．使徒教会
　　.15　東洋の教会
　　.16　アルメニア教会
　　.17　コプト教会．アビシニア教会
　　.18　ネストリウス派［景教］
　　.19　正教会：ロシア正教会，ギリシア正教会［東方教会］
　　.2　カトリック教会．ローマカトリック教会
　［.202→198.22］
　　　.21　教義．信条．教理問答書
　　　.22　歴史．伝記．迫害史
　　　　　　＊地理区分
　　　　　　＊生地と活躍地が異なる場合の伝記は，198.22にとどめる
　　　.24　信仰録．説教集
　　　.25　教会組織．聖職者．修道院．修道士．神父
　　　　　　ベネディクト会，ドミニコ会，フランチェスコ会，イエズス会
　　　.26　秘跡．祈祷
　　　.27　布教．伝道
　［.29］　解放の神学　→191.98
　　.3　プロテスタント．新教
　　　　　＊プロテスタント各教派のものは，その教派の下に収める
　　　　　＊別法：教派別にせず，ここに収める
　［.302→198.32］
　　　.31　教義．信条
　　　.32　歴史．列伝
　　　　　　＊地理区分
　　　　　　＊ここにはプロテスタント各教派にわたる列伝を収め，各教派に属する伝記はそれぞれの教派の下に収める
　　　.33　聖　　典
　　　.34　信仰録．説教集
　　　.35　教会．聖職．牧師
　　　.36　典礼．儀式
　　　.37　布教．伝道
　　　.38　教派：カルヴァン派教会［改革派教会］，モラビア教会，ルター派教会
　　　.385　　　ルター派教会

190　　　　　　　　　　哲　　学

198.386　　カルヴァン派教会［改革派教会］
　　.387　　アルミニウス教会
　　.388　　敬　虔　派
　　.4　　監督教会［聖公会］．英国国教会．アングリカン教会
　　.5　　長老派．清教徒．会衆派．組合教会
　　.6　　バプティスト［浸礼派］
　　.69　　アドベンティスト［再臨派］
　　.7　　メソジスト教会
　　.8　　ユニテリアン協会
　　.9　　そ の 他
　　.92　　シェーカー教徒
　　.93　　メ ノ 教
　　.94　　クェーカー派
　　.95　　新エルサレム教会
　　.96　　アーヴィング教会
　　.97　　クリスチャンサイエンス
　　.979　　モルモン宗
　　.98　　救　世　軍
　　.99　　その他：神智教，無教会主義

＊各教派とも，次のように細分することができる　例：198.74メソジスト説教集，198.982救世軍史
－1　　教義．信条
－2　　教会史．伝記
－3　　聖　　　典
－4　　信仰録．説教集
－5　　教会．聖職
－6　　典礼．儀式
－7　　布教．伝道

199　　ユダヤ教　　Judaism
　　［.01→199.1］
　　［.02→199.2］
　　.1⁺　　教　　義
　　.2⁺　　ユダヤ教史．伝記
　　.3⁺　　聖　　　典
　　　　　　　＊ここには，ミシュナ，タルムードなどを収める
　　　　　　　＊旧約聖書→：193.1
　　.4⁺　　信仰録．説教集
　　.5⁺　　会堂：シナゴーグ
　　.6⁺　　典礼．儀式．戒律
　　.7⁺　　布教．伝道
　　.8⁺　　教　　派

歴 史

(歴史，伝記，地理)

200　歴　　史　General history

⟨201／208　総　　記⟩

201　歴　史　学　Historical science
.1　　　歴史理論．歴史哲学
　　　　　＊唯物史観［史的唯物論］は，ここに収める（別法：309.301）
.16　　　史学方法論
.2　　　史　学　史
.28　　　史家．歴史学者〈列伝〉
　　　　　＊個人伝記→289

202　歴史補助学　Auxiliary sciences of history
　　　　　＊系譜→288.2；紋章→288.6
［.2］　　歴史地理学　→290.18
.3　　　年代学．紀年法　→：449.4
.5　　　考　古　学　→：209.2；751.4；756.5
　　　　　＊ここには，(1)考古学それ自身に関するもの，および(2)遺跡・遺物に関する著作で，地域も時代も特定できないものを収める
　　　　　＊特定の地域・時代の遺跡・遺物に関するものは，その地域・時代の歴史に収める；ただし，個々の遺跡・遺物に関するものでも一国の歴史に関係ある遺跡・遺物は，それが所属する国の歴史に収める　例：222.17甘粛省の考古遺跡一覧
　　　　　＊先史学，史前学，原史学は，ここに収める（別法：469.7）
　　　　　＊原人→469.2；産業考古学→602；聖書考古学→193.02；美術考古学→702.02
.7　　　古　銭　学　→：337.2；739.9
.8　　　金石学：金石文，金石誌　→：728
.9　　　古文書学　→：022.2

203　参考図書［レファレンスブック］　Reference books
.8　　　歴史地図

204　論文集．評論集．講演集　Essays and lectures

205　逐次刊行物　Serial publications

歴 史

206	団体:学会,協会,会議　Organizations	
207	研究法.指導法.歴史教育　Study and teaching	
	＊歴史教育（小・中・高等学校）→375.32	
208	叢書.全集.選集　Collected works. Collections	
209	世界史.文化史　World history　→：230；312	
.2	先史時代：石器時代,金属器時代　→：202.5	
.3	古代　―476	
	＊ギリシア,ローマを含む地中海世界の古代文明〈一般〉は,ここに収める	
	＊古代エジプト→242.03；古代ギリシア→231；古代ローマ→232；メソポタミア文明→227.3	
.32	伝説神話時代	
	＊アトランティス,レムリア大陸は,ここに収める	
.33	古代オリエント	
	＊オリエント学は,ここに収める	
.36	エーゲ文明	
	＊クレタ文明［ミノス文明］,トロヤ文明,ミケーネ文明は,ここに収める	
.4	中世　476―1453	
	＊ビザンチン帝国［東ローマ帝国］,イスラム帝国［サラセン帝国］は,ここに収める	
	＊オスマン帝国→227.4；十字軍→230.45；百年戦争→230.46	
.5	近代　1453―	
	＊革命時代→230.54；三十年戦争,宗教改革→230.52；絶対主義時代→230.53；ルネサンス→230.51	
.6	19世紀	
.7	20世紀	
.71	第1次世界大戦　1914―1918　→：391.2071	
	＊日独戦争→210.69	
.74	第2次世界大戦　1939―1945　→：210.75；391.2074	
.75	1945―2000	
.8[+]	21世紀―	

〈210/270　各国・各地域の歴史〉　→：291／297；302；312

210	日　本　史　General history of Japan	
	＊日本学は,ここに収める	
.01	国史学.日本史観　→：121.52	
.02	歴史補助学	
	＊系譜→288.2；紋章→288.6	
.023	年代学.紀年法	

日 本 史　210

	＊年号，国号は，ここに収める
210 .025	考　古　学
	＊ここには，日本全般に関するもので時代を特定しないものを収める
	＊特定の地域全般に関するものおよび個々の遺跡・遺物に関するものは，211／219に収める；ただし，個々の遺跡・遺物に関するものでも一国の歴史に関係ある遺跡・遺物は，日本史の特定の時代に収める　例：215.4静岡県の考古遺跡一覧
.027	古　銭　学
.028	金石学：金石文，金石誌
.029	古文書学．花押　→：210.088
.03	参考図書［レファレンスブック］
.038	歴史地図
.08	叢書．全集．選集
.088	史料．日記．古文書　→：210.029
.09	有職故実．儀式典例　→：288.4；322.1；385／386
	＊時代を問わず，ここに収める
.091	譲位．践祚．即位．大嘗祭
.092	元服．年賀
.093	立太子．立后．女御入内．御産
.094	大喪．服忌．触穢
.095	改　　元
.096	節会．朝賀
.097	親王・将軍宣下．任大臣．除目
.098	供御．膳部．装束．服色．調度．輿車
.099	御幸啓．御成
	＊明治以後の御幸啓は，288.48に収める
.1	通　　史
	＊法制史→322.1
.12	文　化　史
.17	災　異　史
.18	対外交渉史
	＊相手国による地理区分
.19	戦　争　史　→：391.2
〈.2／.7	時　代　史〉
.2	原始時代
.23	旧石器時代［先土器時代］
.25	縄文時代［新石器時代］　紀元前約1万年―紀元前4世紀
.27	弥生時代　紀元前3世紀―紀元後3世紀
.273	邪馬台国
.3	古代　4世紀―1185
	古代国家の成立，氏族社会，奴隷制社会
	＊古事記，日本書紀→：913.2
.32	古墳時代　4世紀―591

210	.33	＊大和時代は，ここに収める
		飛鳥時代 592—645
		推古・舒明・皇極紀，聖徳太子
	.34	大化改新時代 645—710
		孝徳から文武紀，壬申の乱 672
	.35	奈良時代 710—784
		元明から光仁紀，律令制
		＊天平時代は，ここに収める
	.36	平安時代 784—1185. 平安初期 784—876
		桓武から清和紀，弘仁・貞観時代，薬子の変 810
	.37	平安中期 876—1068. 摂関時代 [藤原時代]
		陽成から後冷泉紀，延喜天暦の治，承平天慶の乱 935—941
	.38	平安後期 1068—1185. 院政時代. 源平時代
		後三条から二条紀，前九年の役 1051—1062，後三年の役 1083—1087，保元の乱 1156，平治の乱 1159
	.39	六波羅時代 [平氏時代] 1166—1185
		六条・高倉・安徳紀
	.4	中世 1185—1600. 前期封建時代
		守護制
	.42	鎌倉時代 1185—1333
		後鳥羽から後醍醐紀，承久の乱 1221
	.43	元寇：文永の役 1274，弘安の役 1281
	.44	正中の変 1324. 元弘の変 1331
	.45	建武新政. 南北朝時代 1333—1392
		後村上・長慶・後亀山紀，光厳から後小松紀
	.46	室町時代 [足利時代] 1392—1573
		後小松・称光・後花園紀，応永の乱 1399，永享の乱 1438—1439，嘉吉の乱 1441
	.47	戦国時代 1467—1573
		後土御門・後柏原・後奈良紀，応仁の乱 1467—1477
	.48	安土桃山時代 1573—1600
		正親町・後陽成紀，関ヶ原の戦い 1600
	.49	朝鮮出兵：文禄の役 1592—1593，慶長の役 1597—1598
	.5	近世 1600—1867. 後期封建時代. 江戸時代
		幕藩体制
	.52	江戸初期 1600—1709
		後水尾から東山紀，家康・秀忠・家光・家綱・綱吉時代，琉球征服 1609，大坂の陣 1614—1615，島原の乱 1637—1638，慶安の乱 1651，赤穂事件 1702
	.55	江戸中期 1709—1830
		中御門から光格紀，家宣・家継・吉宗・家重・家治・家斉時代
	.58	江戸末期 1830—1867. 幕末史
		仁孝・孝明紀，家慶・家定・家茂・慶喜時代，ペリー来航 1853，安政の大地震 1854，1855，安政の大獄 1858，桜田門外の変 1860，坂下門外の変 1862，

		寺田屋騒動 1862，生麦事件 1862，下関戦争 1863—1864，薩英戦争 1863，長州征討 1864，1865—1866
210	.59	幕末の対外関係
		＊相手国による地理区分
	.6	近代 1868—．明治時代 1868—1912
	.61	明治維新 1868—1872
		戊辰戦争：鳥羽・伏見の戦い，上野戦争，会津戦争，函館戦争 1868—1869，版籍奉還 1869，廃藩置県 1871
	.62	士族の反乱と台湾出兵 1873—1877
	.621	征韓論
	.622	佐賀の乱 1874
	.623	江華島事件 1875
	.624	神風連・秋月・萩の乱 1876
	.627	西南戦争 1877
	.629	台湾出兵 1874
	.63	京城事変と自由民権運動 1877—1885
	.632	壬午軍乱 1882．甲申事変 1884
	.635	自由民権諸事件：福島事件 1882，加波山事件 1884，秩父事件 1884
	.64	憲法発布前後 1885—1892
		大津事件 1891
	.65	日清戦争前後 1892—1898．条約改正
		三国干渉 1895
	.66	北清事変前後 1898—1902
	.67	日露戦争前後 1902—1908
		日英同盟締結 1902
	.68	韓国併合前後 1908—1912
		大逆事件 1910
	.69	大正時代 1912—1926
		日独戦争 1914，シベリア出兵 1918—1922，米騒動 1918，尼港事件 1920，関東大震災 1923
	.7	昭和・平成時代 1926—
		済南事件 1928，満州事変 1931，上海事変 1932，五・一五事件 1932，二・二六事件 1936，ノモンハン事件 1939
	.74	日中戦争 1937—1945
		盧溝橋事件 1937，南京事件 1937
	.75	太平洋戦争 1941—1945　→：209.74
	.76	太平洋戦争後の昭和時代 1945—1989
	.762⁺	占領軍統治時代 1945—1952
	.77⁺	平成時代 1989—

210　　　　　　　　　　　　歴　　史

〈211/219　各　　　地〉

＊沖縄県を除く各地域とも，次のように細分することができる　例：213.603古代の東京都
＊形式区分記号を付加する場合は，時代による区分と抵触するので，0を重ねる　例：213.6003東京都の参考図書；ただし，時代区分の後に形式区分を重ねる場合はその必要はない　例：213.60303古代の東京都の参考図書
-02　　原始時代
-03　　古　　代
-04　　中　　世
-05　　近　　世
-06　　近　　代

211　　北海道地方　Hokkaido
　　　　＊蝦夷は，ここに収める
　.1　　道北：宗谷総合振興局，オホーツク総合振興局［北見国］
　　　　　　網走，北見，紋別，稚内
　.2　　道東：根室振興局，釧路総合振興局［根室国．釧路国］
　　　　　　釧路，根室
　.3　　十勝総合振興局［十勝国］
　　　　　　帯広
　.4　　上川総合振興局．日高振興局［日高国］
　　　　　　旭川，士別，名寄，富良野
　.5　　道央：石狩振興局，空知総合振興局［石狩国］
　　　　　　札幌，赤平，芦別，石狩，岩見沢，歌志内，恵庭，江別，北広島，砂川，滝川，
　　　　　　千歳，美唄，深川，三笠，夕張
　.6　　道西：留萌振興局［天塩国］
　　　　　　留萌
　.7　　後志総合振興局．胆振総合振興局［後志国．胆振国］
　　　　　　小樽，伊達，苫小牧，登別，室蘭
　.8　　道南：渡島総合振興局，檜山振興局［渡島国］
　　　　　　函館，北斗
　.9　　千島列島［千島国］
　　　　　　＊北方四島は，ここに収める
　　　　　　＊樺太→229.2

212　　東北地方　Tohoku
　　　　＊奥羽は，ここに収める
　.1　　青森県［陸奥国］
　　　　　　青森，黒石，五所川原，つがる，十和田，八戸，平川，弘前，三沢，むつ
　.2　　岩手県［陸中国］
　　　　　　盛岡，一関，奥州，大船渡，釜石，北上，久慈，滝沢，遠野，二戸，八幡平，

　　　　　　　花巻，宮古，陸前高田
212 .3　宮城県［陸前国］
　　　　　　　仙台，石巻，岩沼，大崎，角田，栗原，気仙沼，塩竈，白石，多賀城，登米，名取，東松島
　　.4　秋田県［羽後国］
　　　　　　　秋田，大館，男鹿，潟上，鹿角，北秋田，仙北，大仙，にかほ，能代，湯沢，由利本荘，横手
　　.5　山形県［羽前国］
　　　　　　　山形，尾花沢，上山，寒河江，酒田，新庄，鶴岡，天童，長井，南陽，東根，村山，米沢
　　.6　福島県［岩代国．磐城国］
　　　　　　　福島，会津若松，いわき，喜多方，郡山，白河，須賀川，相馬，伊達，田村，二本松，南相馬，本宮

213　　関東地方　　Kanto
　　　　　　　＊坂東は，ここに収める
　　.1　茨城県［常陸国］
　　　　　　　水戸，石岡，潮来，稲敷，牛久，小美玉，笠間，鹿嶋，かすみがうら，神栖，北茨城，古河，桜川，下妻，常総，高萩，筑西，つくば，つくばみらい，土浦，取手，那珂，行方，坂東，日立，常陸太田，常陸大宮，ひたちなか，鉾田，守谷，結城，龍ケ崎
　　　　　　　＊常総は，ここに収める
　　.2　栃木県［下野国］
　　　　　　　宇都宮，足利，大田原，小山，鹿沼，さくら，佐野，下野，栃木，那須烏山，那須塩原，日光，真岡，矢板
　　.3　群馬県［上野国］
　　　　　　　前橋，安中，伊勢崎，太田，桐生，渋川，高崎，館林，富岡，沼田，藤岡，みどり
　　.4　埼玉県［武蔵国］
　　　　　　　さいたま，上尾，朝霞，入間，桶川，春日部，加須，川口，川越，北本，行田，久喜，熊谷，鴻巣，越谷，坂戸，幸手，狭山，志木，白岡，草加，秩父，鶴ヶ島，所沢，戸田，新座，蓮田，羽生，飯能，東松山，日高，深谷，富士見，ふじみ野，本庄，三郷，八潮，吉川，和光，蕨
　　　　　　　＊武相地方→213.7
　　.5　千葉県［上総国．下総国．安房国］
　　　　　　　千葉，旭，我孫子，いすみ，市川，市原，印西，浦安，大網白里，柏，勝浦，香取，鎌ケ谷，鴨川，木更津，君津，佐倉，山武，白井，匝瑳，袖ケ浦，館山，銚子，東金，富里，流山，習志野，成田，野田，富津，船橋，松戸，南房総，茂原，八街，八千代，四街道
　　　　　　　＊常総→213.1
　　.6　東　京　都
　　　　　　　＊武相地方→213.7；武蔵国→213.4
　　.61　　区　　部
　　.65　市部．郡部

歴　史

　　　　　　　昭島, あきる野, 稲城, 青梅, 清瀬, 国立, 小金井, 国分寺, 小平, 狛江, 立川,
　　　　　　　多摩, 調布, 西東京, 八王子, 羽村, 東久留米, 東村山, 東大和, 日野, 府中,
　　　　　　　福生, 町田, 三鷹, 武蔵野, 武蔵村山

213.69　　島部：小笠原諸島, 伊豆諸島
　　.7　神奈川県［相模国］
　　　　　　　横浜, 厚木, 綾瀬, 伊勢原, 海老名, 小田原, 鎌倉, 川崎, 相模原, 座間, 逗子,
　　　　　　　茅ヶ崎, 秦野, 平塚, 藤沢, 三浦, 南足柄, 大和, 横須賀
　　　　　　　＊武相地方は, ここに収める
　　　　　　　＊武蔵国→213.4

214　　北陸地方　　Hokuriku
　　.1　新潟県［越後国. 佐渡国］
　　　　　　　新潟, 阿賀野, 糸魚川, 魚沼, 小千谷, 柏崎, 加茂, 五泉, 佐渡, 三条, 新発田,
　　　　　　　上越, 胎内, 燕, 十日町, 長岡, 見附, 南魚沼, 妙高, 村上
　　.2　富山県［越中国］
　　　　　　　富山, 射水, 魚津, 小矢部, 黒部, 高岡, 砺波, 滑川, 南砺, 氷見
　　.3　石川県［加賀国. 能登国］
　　　　　　　金沢, 加賀, かほく, 小松, 珠洲, 七尾, 野々市, 能美, 羽咋, 白山, 輪島
　　.4　福井県［越前国. 若狭国］
　　　　　　　福井, あわら, 越前, 大野, 小浜, 勝山, 坂井, 鯖江, 敦賀

215　　中部地方：東山・東海地方　　Chubu
　　　　　　　＊北陸→214
　　.1　山梨県［甲斐国］
　　　　　　　甲府, 上野原, 大月, 甲斐, 甲州, 中央, 都留, 韮崎, 笛吹, 富士吉田, 北杜,
　　　　　　　南アルプス, 山梨
　　.2　長野県［信濃国］
　　　　　　　長野, 安曇野, 飯田, 飯山, 伊那, 上田, 大町, 岡谷, 駒ヶ根, 小諸, 佐久, 塩尻,
　　　　　　　須坂, 諏訪, 千曲, 茅野, 東御, 中野, 松本
　　.3　岐阜県［飛騨国. 美濃国］
　　　　　　　岐阜, 恵那, 大垣, 海津, 各務原, 可児, 郡上, 下呂, 関, 高山, 多治見, 土岐,
　　　　　　　中津川, 羽島, 飛騨, 瑞浪, 瑞穂, 美濃, 美濃加茂, 本巣, 山県
　　.4　静岡県［伊豆国. 駿河国. 遠江国］
　　　　　　　静岡, 熱海, 伊豆, 伊豆の国, 伊東, 磐田, 御前崎, 掛川, 菊川, 湖西, 御殿場,
　　　　　　　島田, 下田, 裾野, 沼津, 浜松, 袋井, 富士, 藤枝, 富士宮, 牧之原, 三島, 焼津
　　.5　愛知県［尾張国. 三河国］
　　　　　　　名古屋, 愛西, あま, 安城, 一宮, 稲沢, 犬山, 岩倉, 大府, 岡崎, 尾張旭, 春日
　　　　　　　井, 蒲郡, 刈谷, 北名古屋, 清須, 江南, 小牧, 新城, 瀬戸, 高浜, 田原, 知多,
　　　　　　　知立, 津島, 東海, 常滑, 豊明, 豊川, 豊田, 豊橋, 長久手, 西尾, 日進, 半田,
　　　　　　　碧南, みよし, 弥富
　　.6　三重県［伊勢国. 伊賀国. 志摩国］
　　　　　　　津, 伊賀, 伊勢, いなべ, 尾鷲, 亀山, 熊野, 桑名, 志摩, 鈴鹿, 鳥羽, 名張,
　　　　　　　松阪, 四日市

216 近畿地方　**Kinki**
　　　＊畿内，上方，関西は，ここに収める
.1　　滋賀県［近江国］
　　　　　大津，近江八幡，草津，甲賀，湖南，高島，長浜，東近江，彦根，米原，守山，野洲，栗東
.2　　京都府［山城国．丹波国．丹後国］
　　　　　京都，綾部，宇治，亀岡，木津川，京田辺，京丹後，城陽，長岡京，南丹，福知山，舞鶴，宮津，向日，八幡
.3　　大阪府［和泉国．河内国．摂津国］
　　　　　大阪，池田，和泉，泉大津，泉佐野，茨木，大阪狭山，貝塚，柏原，交野，門真，河内長野，岸和田，堺，四條畷，吹田，摂津，泉南，大東，高石，高槻，豊中，富田林，寝屋川，羽曳野，阪南，東大阪，枚方，藤井寺，松原，箕面，守口，八尾
.4　　兵庫県［播磨国．但馬国．淡路国．西摂．西丹］
　　　　　神戸，相生，明石，赤穂，朝来，芦屋，尼崎，淡路，伊丹，小野，加古川，加西，加東，川西，篠山，三田，宍粟，洲本，高砂，宝塚，たつの，丹波，豊岡，西宮，西脇，姫路，三木，南あわじ，養父
.5　　奈良県［大和国］
　　　　　奈良，生駒，宇陀，香芝，橿原，葛城，五條，御所，桜井，天理，大和郡山，大和高田
.6　　和歌山県［紀伊国］
　　　　　和歌山，有田，岩出，海南，紀の川，御坊，新宮，田辺，橋本

217 中国地方　**Chugoku**
.1　　山陰地方
.2　　鳥取県［因幡国．伯耆国］
　　　　　鳥取，倉吉，境港，米子
.3　　島根県［出雲国．石見国．隠岐国］
　　　　　松江，出雲，雲南，大田，江津，浜田，益田，安来
.4　　山陽地方
　　　＊瀬戸内地方は，ここに収める
.5　　岡山県［備前国．備中国．美作国］
　　　　　岡山，赤磐，浅口，井原，笠岡，倉敷，瀬戸内，総社，高梁，玉野，津山，新見，備前，真庭，美作
.6　　広島県［安芸国．備後国］
　　　　　広島，安芸高田，江田島，大竹，尾道，呉，庄原，竹原，廿日市，東広島，福山，府中，三原，三次
.7　　山口県［周防国．長門国］
　　　　　山口，岩国，宇部，下松，山陽小野田，下関，周南，長門，萩，光，防府，美祢，柳井

218 四国地方　**Shikoku**
　　　＊南海道は，ここに収める
.1　　徳島県［阿波国］

210　　　　　　　　　　　　　　歴　　史

　　　　　徳島, 阿南, 阿波, 小松島, 鳴門, 美馬, 三好, 吉野川
218.2　香川県［讃岐国］
　　　　　高松, 観音寺, 坂出, さぬき, 善通寺, 東かがわ, 丸亀, 三豊
　　.3　愛媛県［伊予国］
　　　　　松山, 今治, 伊予, 宇和島, 大洲, 西条, 四国中央, 西予, 東温, 新居浜, 八幡浜
　　.4　高知県［土佐国］
　　　　　高知, 安芸, 香美, 香南, 四万十, 宿毛, 須崎, 土佐, 土佐清水, 南国, 室戸

219　九州地方　Kyushu
　　　　＊西海道は, ここに収める
　　.1　福岡県［筑前国. 筑後国. 豊前国］
　　　　　福岡, 朝倉, 飯塚, 糸島, うきは, 大川, 大野城, 大牟田, 小郡, 春日, 嘉麻,
　　　　　北九州, 久留米, 古賀, 田川, 太宰府, 筑後, 筑紫野, 中間, 直方, 福津, 豊前,
　　　　　みやま, 宮若, 宗像, 柳川, 八女, 行橋
　　.2　佐賀県［肥前国］
　　　　　佐賀, 伊万里, 嬉野, 小城, 鹿島, 唐津, 神埼, 多久, 武雄, 鳥栖
　　.3　長崎県［壱岐国. 対馬国. 西肥］
　　　　　長崎, 壱岐, 諫早, 雲仙, 大村, 五島, 西海, 佐世保, 島原, 対馬, 平戸, 松浦,
　　　　　南島原
　　.4　熊本県［肥後国］
　　　　　熊本, 阿蘇, 天草, 荒尾, 宇城, 宇土, 上天草, 菊池, 合志, 玉名, 人吉, 水俣,
　　　　　八代, 山鹿
　　.5　大分県［豊後国. 北豊］
　　　　　大分, 宇佐, 臼杵, 杵築, 国東, 佐伯, 竹田, 津久見, 中津, 日田, 豊後大野,
　　　　　豊後高田, 別府, 由布
　　.6　宮崎県［日向国］
　　　　　宮崎, えびの, 串間, 小林, 西都, 日南, 延岡, 日向, 都城
　　.7　鹿児島県［薩摩国. 大隅国］
　　　　　鹿児島, 姶良, 阿久根, 奄美, 伊佐, 出水, いちき串木野, 指宿, 鹿屋, 霧島,
　　　　　薩摩川内, 志布志, 曽於, 垂水, 西之表, 日置, 枕崎, 南九州, 南さつま
　　.9　沖縄県［琉球国］
　　　　　那覇, 石垣, 糸満, 浦添, うるま, 沖縄, 宜野湾, 豊見城, 名護, 南城, 宮古島
　　　　　＊次のように細分することができる
　　　　　　　.902　原始時代. 貝塚時代　—12世紀頃
　　　　　　　.903　古琉球. グスク時代 12世紀頃—1609
　　　　　　　.905　近世 1609—1879
　　　　　　　.906　近代 1879—
　　　　　　　.907　　太平洋戦争後 1945—
　　　　　　　.9072　アメリカ統治時代. 琉球政府時代 1945—1972
　　　　　　　.9076　日本復帰以後 1972—

| 220 | アジア史．東洋史　General history of Asia |

＊東洋学は，ここに収める
＊東アジア，ユーラシア大陸，シルクロード全域は，ここに収める

.6 　19世紀
.7 　20世紀
.8⁺ 　21世紀―

| 221 | 朝　　　鮮　Korea |

＊朝鮮研究は，ここに収める
.002⁺ 　　歴史補助学
.0025⁺ 　　　考　古　学
.01 　　通史：興亡史，文化史，民族史，災異史，対外交渉史
<.02／.07　時　代　史>
.02 　　原始時代
.03 　　古代 ―918
.031 　　　古朝鮮：檀君，箕子，衛氏
.032 　　　漢の4郡：楽浪，臨屯，真番，玄菟 108BC―204AD
.033 　　　楽浪郡．帯方郡 204―311
.034 　　　三韓国：辰韓，馬韓，弁韓
.035 　　　三国時代：高句麗 37BC―668AD，新羅 4c.―676，百済 4c.―660
.036 　　　　加羅諸国［任那］ ―562
.037⁺ 　　　統一新羅 677―918
.04 　　高麗時代 918―1392
.05 　　李朝時代 1392―1910
　　　　　　壬午軍乱 1882，甲申事変 1884，甲午農民戦争 1894
.06 　　日本統治時代 1910―1945
.07 　　独立以後 1945―
　　　　　　大韓民国 1948―，朝鮮民主主義人民共和国 1948―，朝鮮戦争 1950―1953
<.1／.9　各　　　　地>
.1 　　関北地方：咸鏡道，両江道
.2 　　西北地方：平安道，慈江道，平壌
.3 　　黄　海　道
.4 　　京畿地方：京畿道，ソウル
.5 　　江原地方：江原道
.6 　　湖西地方：忠清道
.7 　　湖南地方：全羅道
.8 　　嶺南地方：慶尚道
.9 　　済　州　島

| 222 | 中　　　国　China |

.002⁺ 　　歴史補助学
.0025⁺ 　　　考　古　学
.01 　　通史：興亡史，文化史，民族史，災異史，対外交渉史

<222.02／.07 時代史>

- .02　　原始時代
- .03　　古代 ―221BC　→：123.2；123.6
- .032⁺　殷時代 紀元前16世紀頃―紀元前11世紀
- .033⁺　西周時代 紀元前11世紀―770BC
- .034⁺　東周時代：春秋時代 770―403BC，戦国時代 403―221BC
- .04　　秦漢・魏晋南北朝・隋唐時代
- .041　　秦時代 221―206BC
   　　　　　＊秦漢時代は，ここに収める
- .042　　漢時代 202BC―220AD：前漢，新，後漢
- .043　　三国時代 220―280：魏，蜀，呉
- .044　　晋時代 265―420：西晋，東晋
- .045　　五胡十六国時代 304―439：匈奴，羯，鮮卑，氐，羌
- .046　　南北朝時代 439―589
   　　　　北 386―581：北・東・西魏，北斉，北周；南 420―589：宋，斉，梁，陳，呉，東晋
   　　　　　＊六朝史は，ここに収める
- .047　　隋時代 581―618
   　　　　　＊隋唐時代は，ここに収める
- .048　　唐時代 618―907
   　　　　安史の乱 755―763
- .05　　五代・宋元明時代 907―1644
- .051　　五代十国 907―960
- .052　　遼．契丹 916―1125　→：222.5
- .053　　宋時代 960―1279：北宋 960―1127
- .054　　　南宋 1127―1279
- .055　　　西夏［大夏］ 1038―1227
- .056　　　金［女真］ 1115―1234　→：222.5
- .057　　元時代 1279―1368．蒙古時代　→：222.6
- .058　　明時代 1368―1644
- .06　　清時代 1644―1912
   　　　　三藩の乱 1673―1681，白蓮教の乱 1796―1804
- .064⁺　清時代末期 1840―1912
- .065　　アヘン戦争 1840―1842．回匪の乱 1847
- .066　　太平天国 1850―1864．アロー戦争 1856―1860
- .068　　清仏戦争 1884―1885．日清戦争 1894―1895．戊戌政変 1898．義和団の乱 1899―1900
- .07　　中華民国時代 1911―1949
- .071　　辛亥革命 1911―1912．第二革命 1913．袁世凱政権 1913―1916．広東軍政府 1917―1923．南北戦争 1918―1928
- .072　　五・四運動 1919―1923
- .073　　第1次国内戦争 1924―1927
   　　　　奉直戦争 1922, 1924，広州国民政府 1925―1926，五・三〇運動 1925,

222	.074	北伐 1926—1928，武漢政府 1927，南京事件 1927 第2次国内戦争 1927—1936 済南事件 1928，満州建国 1932，長征 1934—1936
	.075	抗日戦争期 1936—1945 西安事件 1936，南京事件 1937，維新政府 1938—1940，蒙古連合自治政府 1939—1945，汪兆銘政権 1940—1945
	.076	国共内戦期 1945—1949
	.077	中華人民共和国時代 1949— 文化大革命 1966—1977

<.1／.9　各　　　地>

.1	華北．黄河流域
.11	河北省［冀］．北京．天津
.12	山東省［魯］
.13	山西省［晋］
.14	河南省［予］
.15	西北地区
.16	陝西省［秦］
.17	甘粛省［隴］
	＊寧夏回族自治区は，ここに収める
.18	青海省［青］
.2	華中．長江流域
	＊華東は，ここに収める
.21	江蘇省［蘇］．上海
.22	浙江省［浙］
.23	安徽省［皖］
.24	江西省［贛］
.25	湖北省［鄂］
.26	湖南省［湘］
.3	華南．珠江流域
.31	福建省［閩］
.32	広東省［粤］．海南省［瓊］：海南島
.33	広西省［桂］．広西壮族自治区
.34	西南地区
.35	四川省［蜀］．重慶
	＊西康省は，ここに収める
.36	貴州省［黔］
.37	雲南省［滇］
.38	マ　カ　オ　Macao
.39	香港．九竜　Hong Kong. Kowloon
.4	台　　　湾　Formosa

<.406／.407　時　代　史>

.406	日本統治時代 1895—1945
.407	1945—

222 .48　　澎湖列島
　　.5　　東北地区　→：222.052；222.056
　　　　　　＊満州国は，ここに収める
　　.53　　黒龍江省［黒］
　　.55　　吉林省［吉］
　　.57　　遼寧省［遼］
　　.6　　蒙古：内モンゴル自治区　Mongolia　→：222.057
　　　　　　＊内蒙古および外蒙古を合わせた地域は，ここに収める
　　　　　　＊モンゴル帝国は，ここに収める
　　.7　　外蒙古：モンゴル国　Mongolia
　　.8　　新疆：新疆ウイグル自治区　Sinkiang
　　　　　　天山北路［ズンガリア］，天山南路［東トルキスタン］
　　　　　　＊西域，突厥は，ここに収める
　　　　　　＊シルクロード→220
　　.9　　チベット　Tibet
　　　　　　＊チベット自治区は，ここに収める

〈223／224　東南アジア〉

223　　東南アジア　Southeast Asia
　　.1　　ベトナム［越南］　Vietnam
　　　　　　アンナン，コーチシナ，トンキン
　　　　　　＊旧仏印は，ここに収める
　　.107　　20世紀—
　　　　　　インドシナ戦争 1946—1954，ベトナム戦争 1961—1975
　　.5　　カンボジア　Cambodia
　　.507⁺　独立以後 1949—
　　.6　　ラオス　Laos
　　.7　　タイ［シャム］　Thailand
　　.8　　ミャンマー［ビルマ］　Myanmar
　　.806　　イギリス統治時代 1885—1947
　　.807　　独立以後 1948—
　　.9　　マレーシア．マライ半島．クアラルンプール　Malaysia. Kuala Lumpur
　　　　　　＊サバ，サラワク→224.35
　　.99　　シンガポール　Singapore

224　　インドネシア　Indonesia
　　　　　　＊南洋，マレー群島，旧蘭印は，ここに収める
　　　　　　＊内南洋［裏南洋］→274
　　.1　　スマトラ　Sumatra
　　.2　　ジャワ．ジャカルタ　Java. Jakarta
　　.3　　ボルネオ［カリマンタン］　Borneo
　　.35　　サバ．サラワク　Sabah. Sarawak

224	.37	ブルネイ　Brunei
	.4	スラウェシ［セレベス］　Sulawesi
	.5	モルッカ［マルク］　Moluccas
	.6	小スンダ列島．ティモール　Lesser Sunda. Timor
	.62⁺	東ティモール　Timor-Leste
	.7	イリアンジャヤ［西イリアン］　Irian Jaya　→：273.6
	.8	フィリピン　Philippines
	.81	ルソン．マニラ　Luzon. Manila
	.82	サマル　Samar
	.83	パラワン　Palawan
	.84	ミンダナオ　Mindanao
	.85	スールー諸島　Sulu Is.

225 　イ　ン　ド　India
　　　　＊南アジアは，ここに収める
〈.02／.06　時　代　史〉
　　.02　原始時代
　　　　　　＊インダス文明は，ここに収める
　　.03　古代 ―13世紀初頭
　　　　　　マウリヤ朝 317―180BC，グプタ朝 320―550
　　.04　中世 13世紀初頭―18世紀中頃
　　　　　　ムガール帝国 1526―1858
　　.05　近代 18世紀中頃―1947
　　　　　　ヨーロッパ人の進入，イギリスの支配，インド帝国 1877―1947
　　.06　独立以後 1947―
〈.1／.6　各　　　地〉
　　.1　東インド
　　　　　　アッサム州　Assam，ナガランド州　Nagaland，マニプル州　Manipur，アルナチャルプラデシュ州　Arunachal Pradesh，ミゾラム州　Mizoram，トリプラ州　Tripura，メガラヤ州　Meghalaya，西ベンガル州　West Bengal
　　.2　ビハール州．オディシャ州［オリッサ州］．ジャルカンド州　Bihar. Odisha. Jharkhand
　　.3　中央インド
　　　　　　ウッタルプラデシュ州　Uttar Pradesh，デリー　Delhi，ハリヤナ州　Haryana，マディヤプラデシュ州　Madhya Pradesh，チャッティースガル州　Chhattisgarh
　　.4　北インド
　　　　　　ジャンム・カシミール州　Jammu and Kashmir，ヒマチャルプラデシュ州　Himachal Pradesh，ウッタラカンド州　Uttarakhand，パンジャーブ州　Punjab
　　.5　西インド
　　　　　　ラージャスターン州　Rajasthan，グジャラート州　Gujarat，マハラシュトラ州　Maharashtra
　　.6　南インド
　　　　　　ゴア州　Goa，アンドラプラデシュ州　Andhra Pradesh，タミルナド州　Tamil Nadu，カルナータカ州　Karnataka，ケララ州　Kerala

225 .7 パキスタン　Pakistan
　　　　　パンジャーブ州　Punjab，ハイバルパフトゥンハー州［北西辺境州］　Khyber Pakhtunkhwa，シンド州　Sindh，バルチスタン州　Balochistan
　　　　　＊別法：バルチスタン州226.1
　　.76　バングラデシュ　Bangladesh
　　.8　ヒマラヤ地方　Himalayan regions
　　　　　シッキム　Sikkim
　　.87　ネパール　Nepal
　　.88　ブータン　Bhutan
　　.9　スリランカ［セイロン］．インド洋諸島　Sri Lanka
　　　　　アンダマン諸島　Andaman Is.，ニコバル諸島　Nicobar Is.，ラッカジブ諸島　Laccadive Is.
　　.97　モルディブ　Maldives

〈226／228　西南アジア．中東［中近東］．アラブ諸国〉

[226]　西南アジア．中東［中近東］　Southwest Asia. Middle East　→227
　　[.1]　バルチスタン州　Balochistan　→225.7
　　[.2]　アフガニスタン　Afghanistan　→227.1
　　[.3]　イラン［ペルシア］　Iran　→227.2
　　[.6]　トルコ　Turkey　→227.4
　　[.7]　キプロス．ロードス島　Cyprus. Rhodes　→227.47

227　西南アジア．中東［中近東］　Southwest Asia. Middle East
　　　　＊イスラム圏〈一般〉は，ここに収める
　　　　＊別法：226
　　　　＊イスラム帝国［サラセン帝国］→209.4
　　　　＊イスラム史→：167.2
　.07⁺　　20世紀―
　　　　　　＊中東戦争［アラブ・イスラエル紛争］は，ここに収める
　〈.1／.8　アラブ諸国〉
　　　　＊別法：228
　.1　アフガニスタン　Afghanistan
　　　　＊別法：226.2
　.107⁺　　20世紀―
　.2　イラン［ペルシア］　Iran
　　　　＊別法：226.3
　.207⁺　　20世紀―
　　　　　　イラン革命 1978―1979，イラン・イラク戦争 1980―1988
　.3　イラク［メソポタミア］　Iraq
　　　　＊メソポタミア文明，シュメール文明は，ここに収める
　　　　＊別法：228.1
　.307⁺　　20世紀―

　　　　　　　湾岸戦争 1991，イラク戦争 2003—2011
227 .4　　ト　ル　コ　　Turkey
　　　　　＊小アジア，アナトリア半島は，ここに収める
　　　　　＊ヒッタイト，オスマン帝国は，ここに収める
　　　　　＊別法：226.6
　　　　　＊トロヤ文明→209.36；ビザンチン帝国［東ローマ帝国］→209.4
　　.47　　キプロス．ロードス島　Cyprus. Rhodes
　　　　　＊別法：226.7
　　.5　　シ　リ　ア　　Syria
　　　　　＊別法：228.2
　　.6　　レバノン　　Lebanon
　　　　　＊別法：228.3
　　.7　　ヨルダン　　Jordan
　　　　　＊別法：228.4
　　.8　　アラビア半島　Arabia
　　　　　＊別法：228.6
　　.81　　サウジアラビア　Saudi Arabia
　　　　　　＊別法：228.61
　　.82　　ク ウ ェ ー ト　Kuwait
　　　　　　＊別法：228.62
　　.83　　カ タ ー ル　Qatar
　　　　　　＊別法：228.63
　　.84　　アラブ首長国連邦　United Arab Emirates
　　　　　　＊別法：228.63
　　.85　　オ マ ー ン　Oman
　　　　　　＊別法：228.64
　　.86　　イエメン．アデン　Yemen. Aden
　　　　　　＊旧南イエメン［南アラビア連邦］は，ここに収める
　　　　　　＊別法：228.65
　　.89　　バ ー レ ー ン　Bahrain
　　　　　　＊別法：228.9
　　.9　　イスラエル　Israel
　　　　　＊ユダヤ人の歴史〈一般〉は，ここに収める
　　　　　＊別法：228.5
　　　　　＊ユダヤ人問題〈一般〉→316.98
　　.99⁺　パレスチナ　Palestine
　　　　　＊別法：228.59

[228]　　アラブ諸国　Arab states　→227.1／.8
　［.1］　　イラク［メソポタミア］　Iraq　→227.3
　［.2］　　シ　リ　ア　　Syria　→227.5
　［.3］　　レバノン　　Lebanon　→227.6
　［.4］　　ヨルダン　　Jordan　→227.7

[228.5]	イスラエル Israel	→227.9
[.59]	パレスチナ Palestine	→227.99
[.6]	アラビア半島 Arabia	→227.8
[.61]	サウジアラビア Saudi Arabia	→227.81
[.62]	クウェート Kuwait	→227.82
[.63]	カタール．アラブ首長国連邦 Qatar. United Arab Emirates	→227.83／.84
[.64]	オマーン Oman	→227.85
[.65]	イエメン．アデン Yemen. Aden	→227.86
[.9]	バーレーン Bahrain	→227.89

229　アジアロシア　Asiatic Russia
　　　　　＊ヨーロッパロシア→238.1
.1　北アジア．シベリア　Northern Asia. Siberia
.2　極東地方　Russian Far East
　　　　　カムチャツカ半島　Kamchatka, サハリン［樺太］　Sakhalin
.3　東シベリア地方
　　　　　サハ［ヤクーチア］共和国　Sakha, ブリヤート共和国　Buryat, トゥバ共和国 Tuva, ハカシア共和国　Khakassia
.4　西シベリア地方
　　　　　アルタイ共和国　Altai
[.5]　ウラル地区　→238.1
.6　中央アジア　Central Asia
　　　　　＊独立国家共同体［CIS］→238.076；東トルキスタン→222.8
.61　カザフスタン　Kazakhstan
.62　キルギス［キルギスタン］　Kyrgyz
.63　タジキスタン　Tajikistan
.64　ウズベキスタン　Uzbekistan
.65　トルクメニスタン　Turkmenistan
.7　コーカサス　Caucasas
.8　北コーカサス　North Caucasas
　　　　　アディゲ共和国　Adygeya, カラチャイ・チェルケス共和国　Karachay-Cherkessia, カバルディノ・バルカル共和国　Kabardino-Balkaria, 北オセチア・アラニア共和国　North Ossetia-Alania, チェチェン共和国　Chechnya, イングーシ共和国 Ingushetia, ダゲスタン共和国　Dagestan
.9　南コーカサス［外コーカサス］　Transcaucasas
.91　ジョージア［グルジア］　Georgia
.92　アルメニア　Armenia
.93　アゼルバイジャン　Azerbaijan

230	ヨーロッパ史．西洋史　General history of Europe　→：209	
.2	原始時代	
.3	古代　—476	
	＊ギリシア・ローマを含む地中海世界の古代文明〈一般〉は，209.3に収める	
.4	中世　476—1453	
	民族大移動，封建制度，荘園，フランク王国，ギルド	
.45	十字軍　1096—1270	
.46	百年戦争　1339—1453	
.5	近代　1453—	
.51	ルネサンス　1453—1517	
.52	宗教改革．三十年戦争　1517—1648	
.53	絶対主義時代　1648—1776	
.54	革命時代　1776—1815	
.6	19世紀	
.7	20世紀	
.8+	21世紀—	

231　古代ギリシア　Ancient Greece　→：239.5
　　　　＊クレタ文明［ミノス文明］，ミケーネ文明→209.36
　.1　伝説神話時代
　.2　僭主時代．ペルシア戦争　500—444BC
　.3　ペリクレス時代　443—429BC
　.4　ペロポネソス戦争　431—404BC
　.5　スパルタ・テーベの制覇．コリント戦争　404—360BC
　.6　マケドニア時代．神聖戦争　359—336BC
　.7　アレクサンドロス大王　336—323BC
　.8　ヘレニズム時代　323—146BC
　.9　ローマの支配　146BC—476AD

232　古代ローマ　Ancient Rome　→：237
　.3　王政時代．エトルリア人の支配　753—509BC
　.4　共和政時代　509—27BC
　　　　ポエニ戦争　264—146BC，マケドニア戦争　215—148BC，ミトリダテス戦争　88—63BC
　.8　帝政時代　27BC—476AD

233　イギリス．英国　United Kingdom of Great Britain and Northern Ireland
　　　　＊イギリス連邦は，ここに収める
　〈.03／.07　時　代　史〉
　.03　古代　—1066
　　　　ブリテンの誕生，ローマの支配　55BC—410AD
　.035　アングロサクソン時代　449—1066
　　　　七王国時代　449—829，デーン人の侵入

233	.04	中世　1066—1485
		ノルマン王朝 1066—1154，プランタジネット王朝 1154—1399，ランカスター家とヨーク家 1399—1485，薔薇戦争時代 1455—1485
	.05	近代　1485—
	.051	テューダー王朝　1485—1603
		エリザベス1世
	.052	ステュアート王朝　1603—1714
		清教徒革命 1642—1649，共和政治 1649—1660
	.054	後期ステュアート王朝　1660—1714
		王政復古 1660，名誉革命 1688—1689，権利宣言 1689
	.06	18—19世紀
		ハノーヴァー王朝 1714—1901，ヴィクトリア女王
	.07	20世紀—
		ウィンザー王朝 1917—

<.2／.8　各　　　地>
- .2 スコットランド　Scotland
- .3 イングランド　England
- .33 ロンドン　London
- .5 ウェールズ　Wales
- .6 マン島．チャンネル諸島　Isle of Man. Channel Is.
- .8 北アイルランド　Northern Ireland
- .9 アイルランド［エール］　Ireland

234　ドイツ．中欧　Germany. Central Europe
　　　＊東欧→239

<.03／.07　時　代　史>

	.03	古代　—843
		フランク王国：メロヴィング王朝 481—751，カロリング王朝 751—843
	.04	中世　843—1519
		神聖ローマ帝国，カロリング家，コンラート家，ザクセン家，ザリエル家，ホーエンシュタウフェン家，大空位時代 1256—1273，諸王家時代
	.05	近代　1519—
		宗教改革時代 1519—1618，農民戦争 1524—1525，三十年戦争 1618—1648，七年戦争 1756—1763
	.06	19世紀
	.061	ナポレオン戦争 1790—1815．ライン連邦 1806—1813
	.062	ドイツ統一時代 1815—1866
		三月革命 1848
	.063	北ドイツ連邦 1867—1871
		＊普仏戦争→235.067
	.065	ドイツ帝国 1871—1918
	.07	20世紀—
	.071	第1次世界大戦 1914—1918

ヨーロッパ史．西洋史

234 .072 　　　ドイツ革命 1918―1919．ワイマール共和国 1919―1933
　　.074 　　　ナチス・ドイツ［第三帝国］ 1933―1945．第2次世界大戦 1939―1945
　　.075 　　　第2次世界大戦後
　　　　　　　　　ドイツ民主共和国 1949―1990，ドイツ連邦共和国 1949―
　　.076 　　　統一以後 1990―
　　.3 　　ベルリン　Berlin
<.5／.9 中欧諸国>
　　.5 　　スイス　Switzerland
　　　　　　＊アルプスは，ここに収める
　　.6 　　オーストリア　Austria
　　　　　　＊オーストリア・ハンガリー帝国は，ここに収める
　　.69 　　リヒテンシュタイン　Liechtenstein
　　.7 　　ハンガリー　Hungary
　　　　　　＊オーストリア・ハンガリー帝国→234.6
　　.8 　　チェコ　Czech Rep.
　　　　　　＊チェコスロバキアは，ここに収める
　　.83 　　スロバキア　Slovakia
　　　　　　＊チェコスロバキア→234.8
　　.9 　　ポーランド　Poland

235 　フランス　France
<.03／.07 時代史>
　　.03 　　古代 ―987
　　　　　　　古代ケルト，ローマ支配，フランク王国 481―843
　　.04 　　中世 987―1515
　　　　　　　カペー王朝 987―1328，ヴァロワ王朝 1328―1515，百年戦争 1337―1453
　　.05 　　近代 1515―
　　　　　　　ヴァロワ王朝 1515―1589，ブルボン王朝 1589―1789
　　.06 　　フランス革命 1789―1799．第1共和政 1792―1804
　　　　　　　国民議会 1789―1791，立法議会 1791―1792，国民公会 1792―1795，恐怖政治 1793―1794，総裁政府 1795―1799，ブリュメール18日のクーデター 1799，統領政府 1799―1804
　　.064 　　第1帝政 1804―1814
　　　　　　　ナポレオン1世
　　.065 　　王政復古 1815―1830．七月革命 1830．七月王政 1830―1848
　　.066 　　二月革命 1848．第2共和政 1848―1852．第2帝政 1852―1870
　　.067 　　普仏戦争 1870―1871
　　.068 　　第3共和政 1870―1940．ヴィシー政府 1940―1944．臨時政府 1944―1946
　　　　　　　パリコミューン 1871
　　.07 　　第2次世界大戦後 1945―
　　　　　　　第4共和政 1946―1958，第5共和政 1958―
　　.3 　　パリ　Paris
　　.7+ 　　モナコ　Monaco

230　　　　　　　　　　　歴　　史

(235　.78　モ　ナ　コ　→235.7)
　　　　.8　ベネルックス．ベルギー　Benelux. Belgium
　　　　.89　ルクセンブルク　Luxembourg
　　　　.9　オランダ　Netherlands

236　　スペイン［イスパニア］　Spain
　　　　＊南欧は，ここに収める
　　＜.03／.07　時　代　史＞
　　　　.03　　古代　—711
　　　　　　　　　西ゴート王国　415—711
　　　　.04　　中世　711—1492
　　　　　　　　　イスラム支配，レコンキスタ
　　　　.05　　近代　1492—
　　　　　　　　　スペイン統一，ハプスブルグ家支配，絶対王政時代
　　　　.06　　18—19世紀
　　　　　　　　　スペイン継承戦争　1701—1714，スペイン独立戦争　1808—1813，スペイン革命　1868，第1共和政　1873—1874，王政復古　1875，米西戦争　1898
　　　　.07　　20世紀—
　　　　　　　　　第2共和政　1931，スペイン内戦　1936—1939，フランコ体制　1940—1975
　　　　.8　アンドラ　Andorra
　　　　.9　ポルトガル　Portugal

237　　イタリア　Italy　→：232
　　＜.03／.07　時　代　史＞
　　　　.03　　古代イタリア
　　　　　　　　　神聖ローマ帝国，フランク王国
　　　　.04　　コムーネ時代．専制時代　1100—1492
　　　　.05　　近代　1492—
　　　　.06　　統一イタリア　1870—1946
　　　　.07　　第2次世界大戦後　1945—
　　　　　　　　　共和政　1946—
　　　　.7　サンマリノ　San Marino
　　　　.8　バチカン　Vatican
　　　　.9　マルタ　Malta

238　　ロ　シ　ア　Russia
　　＜.03／.07　時　代　史＞
　　　　.03　　古代　—1240
　　　　　　　　　キエフ時代　882—1240
　　　　.04　　タタール時代　1240—1462．モスクワ時代　1462—1613
　　　　.05　　ペテルブルク時代．ロマノフ王朝　1613—1917
　　　　.07　　ロシア革命以後　1917—
　　　　　　　　　二月革命　1917，ケレンスキー政府　1917，十月革命　1917

ヨーロッパ史．西洋史   230

238 .075	第2次世界大戦後 1945—
.076	ソビエト連邦の崩壊以後 1991—

＊ソビエト連邦は，ここに収める

238 .075　第2次世界大戦後 1945—
　 .076　ソビエト連邦の崩壊以後 1991—
　　　　　＊独立国家共同体［CIS］は，ここに収める
　 .1　ヨーロッパロシア　European Russia
　　　　　モスクワ　Moscow，コミ共和国　Komi，カレリア共和国　Kareliya，チュバシ共和国　Chuvash，マリエル共和国　Marii El，モルドビア共和国　Mordoviya，タタールスタン共和国　Tatarstan，ウドムルト共和国　Udmurtiya，バシコルトスタン共和国　Bashkortostan，カルムイク共和国　Kalmykiya
　　　　　＊別法：ウラル地区229.5
　　　　　＊アジアロシア→229
　 .5　ベラルーシ　Belarus
　 .6　ウクライナ　Ukraine
　 .7　モルドバ　Moldova
　 .8　バルト3国　Baltic states
　 .82　エストニア　Estonia
　 .83　ラトビア　Latvia
　 .84　リトアニア　Lithuania
　 .9　北ヨーロッパ
　　　　　＊スカンジナビア　Scandinavia は，ここに収める
　 .92　フィンランド　Finland
　 .93　スウェーデン　Sweden
　 .94　ノルウェー　Norway
　 .95　デンマーク　Denmark
　　　　　＊フェロー諸島　Faeroes Is. は，ここに収める
　 .97　アイスランド　Iceland

239　バルカン諸国　Balkan States
　　　　　＊東欧は，ここに収める
　 .1　ルーマニア　Romania
　　　　　トランシルバニア　Transylvania，ワラキア　Walachia
　 .2　ブルガリア　Bulgaria
　 .3　セルビア．コソボ．モンテネグロ　Serbia．Kosovo．Montenegro
　　　　　＊ユーゴスラビアは，ここに収める
　 .31　セルビア　Serbia
　 .311⁺　コ　ソ　ボ　Kosovo
　 .32　モンテネグロ　Montenegro
　 .33　マケドニア　Macedonia
　 .34　ボスニア・ヘルツェゴビナ　Bosnia and Herzegovina
　 .35　クロアチア　Croatia
　 .36　スロベニア　Slovenia
　 .4　アルバニア　Albania
　 .5　ギリシア　Greece

2 歴史

```
                    ＊古代ギリシア→231
（[239.6]   ヨーロッパトルコ   →227.4）
```

240　アフリカ史　General history of Africa

〈241／243　北アフリカ〉

241　北アフリカ　North Africa

242　エジプト　Egypt
　〈.03／.07　時　代　史〉
　.03　　古代 ―641
　　　　　　　エジプト王国 ―30BC
　　　　　　　＊エジプト学は，ここに収める
　.04⁺　イスラム王朝時代 641―1798
　　　　　　　トゥルーン朝，イフシード朝，ファーティマ朝，アイユーブ朝，マムルーク朝
　.06　　19世紀
　　　　　　　＊ナポレオン遠征 1798―1801は，ここに収める
　.07　　20世紀―
　.8　　スエズ運河　Suez Canal
　.9　　スーダン　Sudan
　.92⁺南スーダン　South Sudan

243　マグレブ諸国　Maghreb States
　.1　　リ　ビ　ア　Libya
　.2　　チュニジア　Tunisia
　.3　　アルジェリア　Algeria
　.4　　モロッコ　Morocco
　　　　　　　＊スペイン領メリリャ　Melilla，セウタ　Ceuta は，ここに収める
　.5　　西サハラ［旧スペイン領サハラ］　Western Sahara
　.6　　カナリア諸島　Canary Is.

244　西アフリカ　West Africa
　.1　　旧フランス領西アフリカ　French West Africa
　.12　　ニジェール　Niger
　.13　　ブルキナファソ［旧オートボルタ］　Burkina Faso
　.14　　マリ［旧フランス領スーダン］　Mali
　.15　　モーリタニア　Mauritania
　.16　　セネガル　Senegal
　.18　　カーボベルデ　Cabo Verde
　.2　　上ギニア地方　Upper Guinea
　.21　　ガンビア　Gambia

244 .22　ギニアビサウ　Guinea-Bissau
　　.23　ギ ニ ア　Guinea
　　.24　シエラレオネ　Sierra Leone
　　.3　リベリア　Liberia
　　.35　コートジボワール［象牙海岸］　Côte d'Ivoire
　　.4　ガーナ［黄金海岸］　Ghana
　　.45　ト ー ゴ　Togo
　　.47　ベナン［ダホメ］　Benin
　　.5　ナイジェリア　Nigeria
　　.6　カメルーン　Cameroon
　　.69　赤道ギニア　Equatorial Guinea
　　.7　旧フランス領赤道アフリカ　French Equatorial Africa
　　.72　チ ャ ド　Chad
　　.73　中央アフリカ［ウバンギシャリ］　Central African Rep.
　　.74　コンゴ共和国　Republic of Congo
　　.75　ガ ボ ン　Gabon
　　.76　サントメ・プリンシペ　São Tomé and Principe
　　.8　コンゴ民主共和国［ザイール］　Democratic Republic of Congo
　　.9　アンゴラ．カビンダ　Angola. Cabinda
　　　　＊セントヘレナ島　St. Helena は，ここに収める

245　東アフリカ　East Africa
　　.1　エチオピア［アビシニア］　Ethiopia
　　.13　エリトリア　Eritrea
　　.2　ジブチ［アファル・イッサ］　Djibouti
　　.3　ソマリア　Somalia
　　.4　ケ ニ ア　Kenya
　　.5　ウガンダ　Uganda
　　.55　ルワンダ　Rwanda
　　.56　ブルンジ　Burundi
　　.6　タンザニア［タンガニーカ．ザンジバル］　Tanzania
　　.8　モザンビーク　Mozambique

248　南アフリカ　South Africa
　　.1　マラウイ［ニアサランド］　Malawi
　　.2　ザンビア［北ローデシア］　Zambia
　　.3　ジンバブエ［旧ローデシア］　Zimbabwe
　　.4　ボツワナ［ベチュアナランド］　Botswana
　　.6　ナミビア［南西アフリカ］　Namibia
　　.7　南アフリカ共和国　Republic of South Africa
　　.8　スワジランド　Swaziland
　　.9　レソト［バストランド］　Lesotho

250　歴　史

249　インド洋のアフリカ諸島　Islands of Indian Ocean
　.1　　マダガスカル　Madagascar
　.2　　モーリシャス　Mauritius
　　　　　＊レユニオン島　Réunion は，ここに収める
　.3　　セイシェル　Seychelles
　.4　　コ　モ　ロ　Comoros

〈250／260　アメリカ大陸〉

250　北アメリカ史　General history of North America
　　　　＊アメリカ大陸全般に関するものは，ここに収める

251　カ　ナ　ダ　Canada
　.1　　北西地方．ユーコン地方　Northwest territories. Yukon
　.2　　ニューファンドランド・ラブラドール州　Newfoundland and Labrador
　.3　　東部沿岸諸州　Maritime provinces
　.31　　プリンスエドワードアイランド州　Prince Edward Island
　.32　　ノバスコシア州　Nova Scotia
　.33　　ニューブランズウィック州　New Brunswick
　.4　　ケベック州　Quebec
　.5　　オンタリオ州．オタワ　Ontario. Ottawa
　.6　　西部諸州　Western prairie provinces
　.61　　マニトバ州　Manitoba
　.62　　サスカチュワン州　Saskatchewan
　.63　　アルバータ州　Alberta
　.7　　ブリティッシュコロンビア州　British Columbia

253　アメリカ合衆国　United States of America
　.01　　通　　史
　〈.03／.07　時　代　史〉
　.03　　アメリカ発見 —1607．植民地時代 1607—1775
　.04　　アメリカ独立戦争と植民地同盟 1775—1789．憲法時代 1789—1809
　　　　　ワシントン—ジェファソン大統領
　.05　　19世紀前半 1809—1861
　　　　　マディソン—ブキャナン大統領
　　　　　＊メキシコ戦争→256.06
　.06　　南北戦争 1861—1865
　　　　　リンカーン大統領
　.065　　19世紀後半 1865—1901
　　　　　ジョンソン—マッキンリー大統領．米西戦争 1898
　.07　　20世紀—
　.073　　1945—

北アメリカ史　　　250

<253 .1／.9　各　　　地＞
.1 　　ニューイングランド諸州　New England
.11　　メ　イ　ン　Maine
.12　　ニューハンプシャー　New Hampshire
.13　　バーモント　Vermont
.14　　マサチューセッツ　Massachusetts
.15　　ロードアイランド　Rhode Island
.16　　コネティカット　Connecticut
.2 　　大西洋岸中部諸州　Middle Atlantic states
.21　　ニューヨーク　New York
.22　　ニュージャージー　New Jersey
.23　　ペンシルバニア　Pennsylvania
.3 　　大西洋南部諸州　South Atlantic states
.31　　デラウェア　Delaware
.32　　メリーランド　Maryland
.33　　コロンビア特別区　District of Columbia
.34　　ウェストバージニア　West Virginia
.35　　バージニア　Virginia
.36　　ノースカロライナ　North Carolina
.37　　サウスカロライナ　South Carolina
.38　　ジョージア　Georgia
.39　　フロリダ　Florida
.4 　　中央北東部諸州　Northeast central states
.41　　オハイオ　Ohio
.42　　インディアナ　Indiana
.43　　イリノイ　Illinois
.44　　ミシガン　Michigan
.45　　ウィスコンシン　Wisconsin
.5 　　中央北西部諸州　Northwest central states
.51　　ミネソタ　Minnesota
.52　　アイオワ　Iowa
.53　　ミズーリ　Missouri
.54　　ノースダコタ　North Dakota
.55　　サウスダコタ　South Dakota
.56　　ネブラスカ　Nebraska
.57　　カンサス　Kansas
.6 　　中央南部諸州　South central states
.61　　ケンタッキー　Kentucky
.62　　テネシー　Tennessee
.63　　アラバマ　Alabama
.64　　ミシッピー　Mississippi
.65　　アーカンソー　Arkansas
.66　　ルイジアナ　Louisiana

2 歴史

```
253 .67    オクラホマ  Oklahoma
    .68    テキサス  Texas
    .8     山岳諸州  Rocky mountains states
    .81    モンタナ  Montana
    .82    アイダホ  Idaho
    .83    ワイオミング  Wyoming
    .84    コロラド  Colorado
    .85    ニューメキシコ  New Mexico
    .86    アリゾナ  Arizona
    .87    ユ  タ  Utah
    .88    ネ バ ダ  Nevada
    .9     太平洋岸諸州  Pacific states
    .91    ワシントン  Washington
    .92    オレゴン  Oregon
    .93    カリフォルニア  California
    .94    アラスカ  Alaska
             ＊アリューシャン列島  Aleutian Is. は，ここに収める
 [ .96]    ハ ワ イ  →276
```

〈255／268 ラテンアメリカ［中南米］〉

255   ラテンアメリカ［中南米］ Latin America

256   メキシコ Mexico
  .03   古   代
           ＊オルメカ文明，テオティワカン文明，マヤ文明，トルテカ文明，サポテカ文明，
             ミシュテカ文明は，ここに収める
  .04   アステカ帝国時代 1325—1521
           ＊アステカ文明は，ここに収める
  .05   植民地時代 1521—1821
  .06   19世紀
  .07⁺   20世紀—

257   中央アメリカ［中米諸国］ Central America
  .1   グアテマラ Guatemala
  .2   エルサルバドル El Salvador
  .3   ホンジュラス Honduras
  .4   ベリーズ［旧イギリス領ホンジュラス］ Belize
  .5   ニカラグア Nicaragua
  .6   コスタリカ Costa Rica
  .8   パナマ．運河地帯 Panama and Canal zone

259	西インド諸島　West Indies. Antilles	
.1	キューバ　Cuba	
.2	ジャマイカ　Jamaica	
.3	ハ　イ　チ　Haiti	
.4	ドミニカ共和国　Dominican Rep.	
.6	プエルトリコ　Puerto Rico	
.63	バ　ハ　マ　Bahamas	
.7	小アンティル諸島　Lesser Antilles	
	＊マルティニク島　Martiniqueは，ここに収める	
.72	セントクリストファー・ネイビス　Saint Christopher and Nevis	
.73	アンティグア・バーブーダ　Antigua and Barbuda	
.74	ドミニカ国［旧イギリス領ドミニカ］　Commonwealth of Dominica	
.76	セントルシア　Saint Lucia	
.77	セントビンセントおよびグレナディーン諸島　Saint Vincent and the Grenadines	
.78	バルバドス　Barbados	
.8	グレナダ　Grenada	
.9	トリニダード・トバゴ　Trinidad and Tobago	

260　南アメリカ史　General history of South America

261　北部諸国［カリブ沿海諸国］　Northern South America
　.2　仏領ギアナ　Guianas
　.22⁺　スリナム　Suriname
　.23⁺　ガイアナ　Guyana
　.3　ベネズエラ　Venezuela
　.4　コロンビア　Colombia
　.5　エクアドル　Ecuador

262　ブラジル　Brazil
　　　＊アマゾン　Amazonは，ここに収める

263　パラグアイ　Paraguay

264　ウルグアイ　Uruguay

265　アルゼンチン　Argentina
　.9　フォークランド諸島［マルビナス諸島］　Falkland Is.

266　チ　リ　Chile
　　　＊イースター島→275.9

267　ボリビア　Bolivia

268 ペルー Peru

- .04 インカ帝国時代 1230—1535
  - *インカ文明は，ここに収める
- .05+ 植民地時代 1535—1824
- .06 19世紀
- .07 20世紀—

270 オセアニア史．両極地方史 General history of Oceania. General history of Polar regions

⟨271／276 オセアニア⟩

271 オーストラリア Australia
- .1 クイーンズランド州 Queensland
- .2 北部地方 Northern territory
- .3 西オーストラリア州 West Australia
- .4 南オーストラリア州 South Australia
- .5 ニューサウスウェールズ州 New South Wales
- .6 連邦首都地区．キャンベラ Capital territory. Canberra
- .7 ビクトリア州 Victoria
- .8 タスマニア州 Tasmania

272 ニュージーランド New Zealand

273 メラネシア Melanesia
- .2 ソロモン諸島 Solomon Is.
  - ガダルカナル Guadalcanal，ブーゲンビル Bougainville，サンタクルーズ諸島 Santa Cruz Is.
- .3 バヌアツ Vanuatu
  - ニューヘブリデス諸島 New Hebrides Is.
- .4 フィジー Fiji
- .5 ニューカレドニア．ローヤルティ諸島 New Caledonia. Loyalty Is.
- .6 パプアニューギニア Papua New Guinea →：224.7
  - ビスマーク諸島 Bismarck Arch., アドミラルティ諸島 Admiralty Is.

274 ミクロネシア Micronesia
  - *内南洋［裏南洋］は，ここに収める
- .1 北マリアナ諸島 Northern Mariana Is.
  - サイパン Saipan，テニアン Tinian
- .2 グアム Guam
- .3 ミクロネシア連邦 Federated States of Micronesia
  - ヤップ Yap，トラック Truk，ポナペ Ponape

274 .4 　パ　ラ　オ　Palau
　　.5 　マーシャル諸島　Marshall Is.
　　　　　　ビキニ　Bikini, タラワ　Tarawa, ウェーク　Wake
　　.6 　ナ　ウ　ル　Nauru
　　.7 　キリバス　Kiribati

275 　ポリネシア　Polynesia
　　　　　＊トケラウ諸島　Tokelau Is., ニウエ　Niue, ピトケアン　Pitcairn, 仏領ポリネシア
　　　　　French Polynesia, 米領サモア　American Samoaは、ここに収める
　　.2+　ツ　バ　ル　Tuvalu
　　.3+　サモア［西サモア］　Samoa
　　.4+　ト　ン　ガ　Tonga
　　.5+　クック諸島　Cook Is.
　　.9+　イースター島［パスクワ島］　Easter

276 　ハ　ワ　イ　Hawaii
　　　　　＊別法：253.96
　　.9 　ミッドウェー諸島　Midway Is.

〈277／279　両極地方〉

277 　両極地方　Polar regions

278 　北極. 北極地方　North pole. Arctic regions
　　　　　グリーンランド　Greenland, スバールバル諸島［スピッツベルゲン諸島］　Svalbard Is.

279 　南極. 南極地方　South pole. Antarctic regions

280 　伝　　記　General biography
　　　　　＊地理区分　例：281.41越佐人物志, 282.2中国人の伝記, 285.3033Who's who in
　　　　　U.S.A.
　　　　　＊ここには、多数人（3人以上）の伝記（列伝、叢伝）、および日記、書簡、語録、逸
　　　　　話、追悼録、伝記書誌、年譜など伝記資料一切を収める；ただし、特定主題に関す
　　　　　る列伝は、その主題の下に収める　例：102.8哲学者, 312.8政治家
　　　　　＊個人伝記→289
　　.2 　墓誌. 墓銘
　　.3 　参考図書［レファレンスブック］
　　.31　人物書誌
　　.33　人名辞典
　　.35　人　名　録
　（.36　職員録. 役員録　→280.35）
　　.38　肖　像　集

280 .7　研究法．指導法．伝記作法
　　　　　＊自叙伝の書き方は，ここに収める
　　.8　叢書．全集．選集．逸話集　→：159.2

〈281／287　各国・各地域の列伝〉

281　　日　　　本　Japan
　　.02　　忌辰録．墓誌
　　.03　　参考図書［レファレンスブック］
　　.035　　人名録．公卿名鑑．武鑑

282　　ア　ジ　ア　Asia

283　　ヨーロッパ　Europe

284　　アフリカ　Africa

285　　北アメリカ　North America

286　　南アメリカ　South America

287　　オセアニア．両極地方　Oceania．Polar regions

288　　系譜．家史．皇室　Genealogy．Family history
　　.1　　姓　　　氏
　　.12　　人名：諱，通称，号，諡
　　　　　　＊人名辞典→280.33
　　.2　　系譜［家系図］
　　　　　　＊ここには，血縁関係や系統関係を図式的に記したものを収める
　　　　　　＊系譜学も，ここに収める
　　.3　　家史［家伝］　→：159.3
　　　　　　＊特定の姓氏の系統に関するものも，ここに収める
　　.4　　皇　　　室　→：210.09
　　　　　　＊日本の皇室の列伝はここに収め，個人伝記は.41／.44に収める
　　　　　　＊外国の皇室・王室の列伝は.49に収め，個人伝記は289に収める
　　　　　　＊皇室法→323.15
　　.41　　天　　　皇
　　.44　　皇族．皇族譜
　　.45　　皇　　　居　→：521.825
　　.46　　陵　　　墓
　　.48　　行　幸　啓　→：210.099
　　　　　　＊ここには，明治以後の行幸啓を収める
　　.49　　外国の皇室・王室

| 地理．地誌．紀行 |

[288 .5] 華族．爵位　→361.81
　　.6　　紋章［家紋］
　　.9　　旗：国旗，団体旗，徽章　→：329.19

289　　個人伝記　Individual biography
　　　　＊ここには，個人（2人をも含む）の伝記および伝記資料一切を収める；ただし，哲学者，宗教家，芸術家，スポーツ選手［スポーツマン］，諸芸に携わる者および文学者（文学研究者を除く）の伝記は，その思想，作品，技能などと不可分の関係にあるので，その主題の下に収める　例：134.4ヘーゲル，188.42最澄，762.346シューベルト
　　　　＊出身国，もしくは主な活動の場と認められる国により，地理区分してもよい；または，次のように三分してもよい－.1日本人，.2東洋人，.3西洋人およびその他
　　　　＊個人著述目録，個人著作年譜→027.38；列伝，叢伝→280／287

290　　地理．地誌．紀行　General geography. Description and travel　→：382
　　　　＊地理区分　例：291.97鹿児島県の地誌
　　.1　　地理学．人文地理学．地誌学
　　　　　＊自然地理学→450
　　.12　　地理学史
　　.13　　環境論．景観地理学　→：629.1
　　.14　　気候順化．地心理学．民族地理学
　［.15］　政治地理学．地政学　→312.9
　［.16］　経済地理学．産業地理学　→332.9
　　.17　　集落地理学
　　.173　　都市地理
　　.176　　村落地理
　　.18　　歴史地理学
　　　　　＊各地域・各時代の歴史地理は，歴史に収める
　　　　　＊別法：202.2
　　.189　　地　　名
　　　　　＊地名辞典→29△033
　　.2　　史跡．名勝
　　　　　＊天然記念物→462.9；文化財→709
　　.3　　参考図書［レファレンスブック］
　　.38　　地　　図
　　　　　＊ここには，一般図を収め，主題図は，各々の下に収める　例：203.8歴史地図，454.9地形図，613.59土性図
　　　　　＊道路地図［ロードマップ］は，685.78に収める（別法：29△038）
　　　　　＊地図学→448.9；地図目録→027.9
　　.8⁺　叢書．全集．選集
　　.87　写　真　集

歴史　290

```
290 .9    紀　行
    .91     探検記
    .92     漂流記
    .93     旅行案内記
```

〈291／297　各国・各地域の地理・地誌・紀行〉　→：210／270；302

＊各国・各地域とも，形式区分の他に，次のように細分することができる　例：293.4087ドイツ写真帖，294.09アフリカ紀行

```
-013      景観地理
-017      集落地理
-0173     都市地理
-0176     村落地理
-0189     地　名
-02       史跡. 名勝
-087      写真集
-09       紀　行
-091      探検記
-092      漂流記
-093      案内記
```

291　日　本　Japan
　　　＊風土記→：913.2

292　ア　ジ　ア　Asia

293　ヨーロッパ　Europe

294　アフリカ　Africa

295　北アメリカ　North America

296　南アメリカ　South America

297　オセアニア. 両極地方　Oceania. Polar regions

299　海　洋　Oceans. Sea
　　　＊海洋誌→452.2
　.1　　太　平　洋　Pacific Ocean
　.2　　北太平洋　North Pacific Ocean
　.21　　ベーリング海　Bering Sea

地理. 地誌. 紀行

299 .22　オホーツク海　Sea of Okhotsk
　　.23　日　本　海　Sea of Japan
　　.24　黄　　　海　Yellow Sea
　　.25　東シナ海　East China Sea
　　.26　南シナ海　South China Sea
　　.28　カリフォルニア湾　Gulf of California
　　.3　南太平洋　South Pacific Ocean
　　.31　ス　ル　海　Sulu Sea
　　.32　セレベス海　Celebes Sea
　　.33　ジャワ海　Java Sea
　　.34　バンダ海　Banda Sea
　　.35　アラフラ海　Arafura Sea
　　.36　珊　瑚　海　Coral Sea
　　.37　タスマン海　Tasman Sea
　　.4　インド洋　Indian Ocean
　　.41　ベンガル湾　Bay of Bengal
　　.42　アラビア海　Arabian Sea
　　.45　ペルシア湾　Persian Gulf
　　.46　紅　　　海　Red Sea
　　.5　大　西　洋　Atlantic Ocean
　　.51　北大西洋　North Atlantic Ocean
　　.52　北　　　海　North Sea
　　.53　バルト海　Baltic Sea
　　.55　ハドソン湾　Hudson Bay
　　.56　メキシコ湾．カリブ海　Gulf of Mexico. Caribbean Sea
　　.57　南大西洋：ギニア湾　South Atlantic Ocean：Gulf of Guinea
　　.6　地　中　海　Mediterranean Sea
　　.61　リグリア海　Ligurian Sea
　　.62　チレニア海　Tyrrhenian Sea
　　.63　イオニア海　Ionian Sea
　　.64　アドリア海　Adriatic Sea
　　.65　エーゲ海　Aegean Sea
　　.67　黒　　　海　Black Sea
　　.68　カスピ海［裏海］　Caspian Sea
　　.69　アラル海　Aral Sea
　　.7　北極海［北氷洋］　Arctic Sea
　　　　グリーンランド海　Greenland Sea，バレンツ海　Barent Sea，白海　White Sea，
　　　　カラ海　Kara Sea，バフィン湾　Baffin Bay
　　.8　南極海［南氷洋］　Antarctic Sea
　　.9　地球以外の世界

社会科学

(政治，法律，経済，統計，社会，教育，風俗習慣，国防)

300 　社会科学　Social sciences
　　　　＊ここには，政治学，法律学，経済学，社会学などを含む総合的なものを収める
　　　　＊社会学→361

301 　理論．方法論　Theory and methodology
　　　　＊政策学は，ここに収める
　.2　　社会科学史
　.6　　社会科学方法論

302 　政治・経済・社会・文化事情　Social situation and conditions　→：210／270；291／297
　　　　＊地理区分
　　　　＊ここには，政治，経済，文化，教育，国民性，風俗などを含む各国の事情を収める

303 　参考図書［レファレンスブック］　Reference books

304 　論文集．評論集．講演集　Essays and lectures

305 　逐次刊行物　Serial publications

306 　団体：学会，協会，会議　Organizations

307 　研究法．指導法．社会科学教育　Study and teaching
　　　　＊社会科教育→375.3
　.8　　就職試験問題集〈一般〉
　　　　　＊特定職業の試験問題集は，各主題の下に収める
　　　　　＊別法：336.42または366.29

308 　叢書．全集．選集　Series. Collected works. Collections

309 　社会思想　Social thought
　　　　＊309.2／.7などを含む広義の社会主義は，ここに収める
　.02　　社会思想・運動史
　　　　　＊地理区分
　.028　社会思想家〈列伝〉

		＊個人伝記→289
309	.1	自由主義．民主主義　→：311.7；313.7
	.2	空想的社会主義

309
- .1 自由主義．民主主義　→：311.7；313.7
- .2 空想的社会主義
  - オーエン Owen, Robert, 1771—1858, カンパネラ Campanella, Tommaso, 1568—1639, サン・シモン Saint-Simon, Claude Henri de Rouvroy, 1760—1825, フーリエ Fourier, François Marie Charles, 1772—1837, モア More, Sir Thomas, Saint, 1478—1535
  - ＊ユートピア思想は，ここに収める
- .29 キリスト教社会主義
  - キングズリ Kingsley, Charles, 1819—1875, モーリス Maurice, John Frederick Denison, 1805—1872
- .3 社会主義．マルクス主義．共産主義　→：311.9；313.9
  - エンゲルス Engels, Friedrich, 1820—1895, バブーフ Babeuf, François Emile, 1760—1797, マルクス Marx, Karl, 1818—1883
  - ＊地理区分
  - ＊マルクス主義的社会主義は，ここに収め，309.2／.7などを含む広義の社会主義は，309に収める
  - ＊マルクス主義哲学，弁証法的唯物論→116.4
- ［.301］ 唯物史観［史的唯物論］　→201.1
- .4 社会民主主義．社会改良主義．フェビアン社会主義
  - ウェッブ，B. Webb, Beatrice, 1858—1943, ウェッブ, S. Webb, Sidney James, 1859—1947, カウツキー Kautsky, Karl Johann, 1854—1938, ヒルファーディング Hilferding, Rudolf, 1877—1941, ラサール Lassalle, Ferdinand Johann Gottlieb, 1825—1864
- .49 修正主義
  - ベルンシュタイン Bernstein, Eduard, 1850—1932
- .5 サンジカリズム
- .56 ギルド社会主義
- .6 国家社会主義
- .7 無政府主義
  - 大杉栄 1885—1923, クロポトキン Kropotkin, Pyotr Alexeevich, 1842—1921, 幸徳秋水 1871—1911, バクーニン Bakunin, Mikhail Alexandrovich, 1814—1876
- ［.8］ 全体主義．ファシズム　→311.8
- ［.9］ 国粋主義．ナショナリズム．民族主義　→311.3

310　政　　治　Political science
- ［.1→311］
- ［.2→312］
- .4 政治論集．政治評論集．政治演説・講演集

311　政治学．政治思想　Political theory and thought
- ＊国家学，国家理論は，ここに収める

社会科学

311 .1 政治哲学
　.13　　政治社会学
　.14　　政治心理学
　.15　　政治道徳．政治倫理
　.16　　政治学方法論
　.19　　計量政治学
　.2　　政治学史．政治思想史
　　　　＊地理区分
　〈.3／.9　各種の政治思想〉
　.3　　国粋主義．ナショナリズム．民族主義
　　　　＊別法：309.9
　.4　　保守主義
　.5　　絶対主義　→：313.6
　.6　　立憲君主主義　→：313.6
　.7　　民主主義　→：309.1；313.7
　.8　　全体主義．ファシズム　→：313.8
　　　　＊別法：309.8
　.9　　社会主義．共産主義　→：309.3；313.9

312　　政治史・事情　Political history and conditions　→：209／270
　　　　＊地理区分
　　　　＊ここには，政治的観点から扱ったものおよび政治機構，制度などを収める
　.8　　政治家〈列伝〉
　　　　＊個人伝記→289
　.9　　政治地理．地政学
　　　　＊別法：290.15
　　　　＊各国の政治地理→312.1／.7

313　　国家の形態．政治体制　Forms of states. Political systems　→：329.1
　　　　＊ここには，国家の歴史，国体，政体〈一般〉を収め，各国の政治体制は，312.1／.7
　　　　　に収める
　〈.1／.2　国家の形態・歴史〉
　.1　　国家の形態：単一国家，連邦制，国家連合，付庸国
　.16　　世界国家
　.2　　国家の歴史：原始国家，古代国家，中世国家
　〈.4／.9　政治体制〉
　.4　　貴族政治
　.5　　封　建　制
　.6　　君主制．絶対君主制．立憲君主制　→：311.5；311.6
　.61　　天　　皇　　制　→：155；323.1
　.7　　民主制：共和制，議会政治　→：309.1；311.7
　.8　　独裁政治．ファシスト国家　→：311.8
　.9　　社会主義国家．ソビエト国家　→：309.3；311.9

政　治

314　議　　会　Legislature. Parliaments
　　　　＊地理区分
　　　　＊地方議会→318.4
　.1　日本国の議会：帝国議会，国会　→：323.144
［.102→314.12］
　.12　　国会の歴史・事情
　.13　　国会法および関係法令
　.14　　衆　議　院
　.141　　　要覧．彙報
　.142　　　沿　　革
　.143　　　構成．組織．手続法
　.144　　　制度．本会議．委員会
　.145　　　議事総覧
　.147　　　事　務　局
　.148　　　法　制　局
　.149　　　専門委員制度
　.15　　参　議　院
　　　　　　＊314.14のように区分
　.16　　貴　族　院
　.18　　議員：資格の得喪，地位，待遇，特権
　.19　　国政調査権　→：323.14
　.2／.7　外国の議会
　.8　選挙．選挙制度
　　　　＊地方選挙→318.4
　.82　　選　挙　権
　.83　　選挙方式：大選挙区制，中選挙区制，小選挙区制，比例代表制，選挙区
　.84　　選挙管理：立候補，投票，開票
　.85　　選挙運動．明正選挙．棄権防止
　.86　　選挙費用
　.87　　選挙違反．選挙干渉
　.88　　選挙争訟
　.89　　外国の選挙・選挙制度
　　　　＊地理区分
　　　　＊314.8に属する主題で外国に関するものは，ここに収める
　.9　直接参政制度［直接民主制］：イニシアチブ，リコール，レファレンダム

315　政党．政治結社　Political parties
　　　＊地理区分
　　　＊ここには，各政党の組織，綱領，活動，政策などを収め，特定主題に関する政策は，各主題の下に収める
　　　＊政治資金は，ここに収める

社会科学

316 国家と個人・宗教・民族　State and individuals

.1　国家と個人：基本的人権，自由と平等，知る権利，プライバシー，思想・信教の自由，言論・出版の自由，集会・結社の自由　→：070.13
　　　＊人権〈一般〉は，ここに収める
　　　＊憲法→323；国際人権法→329.21；人権擁護→327.7

.2　国家と宗教　→：165.9；195.1

.4　政治闘争：テロリズム，政治ストライキ，ボイコット
　　　＊平和運動→319.8

.5　革命．反革命
　　　＊一国の革命史は，その国の歴史の下に収める

.8　民族・人種問題．民族運動．民族政策
　　　＊問題が発生した国による地理区分　例：316.81在日朝鮮人問題，316.8487アパルトヘイト
　　　＊別法：人種集団361.67

.88　ユダヤ人．シオニズム
　　　＊ユダヤ人問題〈一般〉は，ここに収める
　　　＊ユダヤ人の歴史〈一般〉→227.9

317　行　　政　Public administration　→：318

　　　＊行政法→323.9

.1　行政学．行政管理

.2　行政組織．行政機構　→：323.145
　　　＊ここには，行政組織に関するもののみを収め，各官庁の行政に関するものは，各主題の下に収める　例：519.1環境白書
　　　＊別法：323.92

.209　行政改革

.21　内閣．人事院．宮内庁．総務省．内閣府
　　　＊復興庁は，ここに収める

.211　内閣．内閣官房

.212　内閣法制局

.213　人　事　院

.214　宮　内　庁

.215　総務省．総庁［行政管理庁］

.216　内閣府．総理府

.217[+]　金　融　庁
　　　＊金融再生委員会は，ここに収める

.218[+]　消費者庁

.22　外交関係：外務省

.23　司法関係：法務省

.24　財政関係：財務省［大蔵省］

.245　国　税　庁

.249　会計検査院

.25　産業・経済関係

317	.251	農林水産省
	.252	食　糧　庁
	.253	林　野　庁
	.254	水　産　庁
	.255	経済産業省［通商産業省］
	.256	資源エネルギー庁
	.257	特　許　庁
	.258	中小企業庁
	.259	経済企画庁
	.2599	公正取引委員会
	.26	国土・交通関係：国土交通省
	.261	運　輸　省
	.262	海上保安庁
	.263	気　象　庁
	.264	郵　政　省
	.265	建　設　省
	.266	国　土　庁
	.267	北海道開発庁
	.268	沖縄開発庁
	.269	環境省［環境庁］
	.2699+	観　光　庁
	.27	教育・学術関係：文部科学省
	.271	文　部　省
	.273	文　化　庁
	.276	科学技術庁
	.28	社会・労働関係：厚生労働省
	.281	自　治　省
	.283	厚　生　省
	.284	社会保険庁
	.285	労　働　省
	.29	防衛・公安関係
	.291	防衛省［防衛庁］
	.293	防衛施設庁
	.294	公安調査庁
	.295	国家公安委員会
		＊警察庁→317.72
	.3	公務員．国家公務員．人事行政
		＊別法：323.93
		＊地方公務員→318.3
	.32	職階制．職務分析．官職
	.33	任　　　免
	.34	給与．手当．旅費
	.35	共済制度．共済年金．恩給　→：364.6

317 .36 分限．懲戒
　　.37 能率．研修．勤務評定．表彰
　　.38 服　　務
　　.39 人事行政判例
　　.4 国家試験
　　　　＊ここには，行政的公務員の試験を収め，その他の職業に関する個々の資格試験は，関連主題の下に収める　例：327.079司法試験，490.79医師国家試験
　　　　＊国家公務員採用試験の問題集・受験参考書は，ここに収める
　　　　＊職業に関する資格試験〈一般〉→366.29
　　.5 栄典制度：位階，勲章，褒章，国葬
　　.6 行政事務．行政能率．行政監察．情報公開．オンブズマン．公文書　→：318.5；816.4
　　　　＊行政事務・手続の機械化・電子化は，ここに収める
　　　　＊行政における情報公開は，ここに収める
　　.7 警察．公安
　　.72 警察法．警察制度：国家警察，自治体警察
　　　　＊警察庁は，ここに収める
　　.73 営業・衛生・交通警察　→：498.1；681.3
　　.734 危険物取締：爆発物，銃砲，刀剣
　　.74 保安警察．風俗警察．治安維持
　　.75 司法警察．犯罪捜査．科学捜査　→：327.6；498.9
　　［.76］ 指紋．声紋　→498.92
　　.77 水上警察
　　　　＊海上保安→557.8
　　.78 防　　犯
　　.79 防災行政（消防）：消火，防火，消防庁　→：524.94；528.6
　　　　＊日本地方区分
　　　　＊消防団は，ここに収める
　　　　＊全般的な防災行政→369.3
　　.8 植民地行政　→：334.5
　　　　＊統治国による地理区分
　　.9 外国の中央行政
　　　　＊地理区分
　　　　＊317.2／.7に属する主題で外国に関するものは，ここに収める　例：317.933イギリスの公務員制度，317.935フランスの警察，317.953米国国務省

318　地方自治．地方行政　Local governments. Local administration　→：317；323.148；349
　　　　＊行政法→323.9
　　［.02→318.2］
　　.1 地方制度
　　　　＊ここには，地方制度〈一般〉を収め，特定の地域に関するものは，318.2の下に収める
　　　　＊条例〈一般〉は，ここに収め，個々の地方自治体の条例集は，318.2 の下に収める；特定主題に関する条例は，各主題の下に収める

政 治

		＊古代の地方制→322.13
318	.11	地方公共団体：種類，組織，機構
	.12	区域：市町村の廃置分合・境界変更
	.13	住　　民
	.18	広域行政：道州制，市町村の連合
	.2	地方行政史・事情
		＊日本地方区分
	.3	地方公務員．人事行政
		＊317.3のように区分　例：318.34地方公務員の給与
		＊別法：323.93
		＊国家公務員→317.3
	.4	地方議会．地方選挙　→：314
		＊日本地方区分
	.5	地方行政事務・広報・文書・改善・監査．情報公開．オンブズマン　→：317.6
		＊日本地方区分
		＊地方行政事務・手続の機械化・電子化は，ここに収める
		＊地方自治・行政における情報公開は，ここに収める
	.6	地方開発行政　→：601；611.91
		＊日本地方区分
		＊過疎，離島，孤島問題は，ここに収める
	.7	都市問題．都市政策　→：361.78；518；518.8；681.8
		＊日本地方区分
	.8	住民運動．民間自治組織［自治会］
		＊日本地方区分
		＊地区会，町内会は，ここに収める
	.9	外国の地方行政
		＊地理区分
		＊318.1／.8に属する主題で外国に関するものは，ここに収める　例：318.93333ロンドン市議会，318.9353パリの都市問題
319		外交．国際問題　International relations　→：329
		＊地理区分
		＊2国間の外交関係は，地理区分のうえゼロを付し，相手国によって地理区分　例：319.1053日米関係，319.33038英露関係
		＊国際法→329
	.8	戦争と平和　→：329.48；391.1；393.1；395.39
		平和問題，軍縮問題，反戦運動，核問題，原水爆禁止運動，安全保障
	.9	国際連合．国際連盟．国際会議　→：329.3
	.99	同盟．協商　→：329.4

320　法　　律　Law

＊法律に関する基礎知識は，ここに収める
＊法律相談〈一般〉は，ここに収める；特定主題に関する法律相談は，各主題の下に収める

[.1→321]
[.2→322]

.9　法　令　集
＊地理区分　例：320.91日本法令集
＊特定主題に関する法令集は，各主題の下に収める

.98　判　例　集
＊地理区分
＊判例解釈（コンメンタール）は，ここに収める
＊特定主題に関する判例集は，各主題の下に収める

321　法　　学　Jurisprudence

＊法解釈学は，ここに収める

.1　法哲学［法理学］．自然法学
.16　　法学方法論
.2　法学史．法思想史
　　　＊地理区分
.3　法社会学
.4　法心理学
.9　比較法学

322　法　制　史　Legal history　→：611.22

＊法史学，慣習法〈一般〉は，ここに収める

.1　日本法制史　→：210.09
.13　　古代：公家法，荘園制度，県主制度
.133　　十七条憲法
.134　　律令：大宝律令，養老律令
.135　　格式：弘仁格式，貞観格式，延喜格式
.14　　中世：前期武家法，守護制度，御成敗式目［貞永式目］，建武式目，戦国諸家法
.15　　近世：後期武家法，封建制度，藩政，五人組
.16　　近　　代
.18　　慣例．慣行
.19　　地方法制史．各藩の法制
　　　＊日本地方区分
.2　東洋法制史
.21　　朝　　鮮
.22　　中　　国
.23　　インドシナ
.24　　インドネシア
.25　　インド：マヌ法典

322	.27	イラン．イラク：ハムラビ法典．トルコ
	.28	アラビア：イスラム法
	.29	アジアロシア
	.3	西洋法制史
	.32	ローマ法
	.33	イギリス：アングロサクソンコモンロー
	.34	ド イ ツ
	.35	フランス
	.36	スペイン．ポルトガル
	.37	イタリア
	.38	ロシア．スラブ
	.39	バルカン
	.4	アフリカ
	.5	北アメリカ
	.6	南アメリカ
	.7	オセアニア
	.8	法律家：法律学者，法曹〈列伝〉
		＊個人伝記→289
	.9	外　国　法
		＊地理区分
		＊ここには各国の法律〈一般〉に関するものを収め，一国の法令集は320.9の下に，外国の各種の法律は，各々323.2／.7，323.99，324.9，325.9，326.9，327.9の下に収める

323 　憲　　　法　Constitutional law
　　　　＊地理区分
　　　　＊公法〈一般〉は，ここに収める
　　　　＊憲法裁判→327.01

	.01	憲法学．国法学．比較憲法
		国家，国民，領土，主権，国家権力，国民の権利と義務
	.02⁺	憲法史〈一般〉
	.1	日本の憲法
	［.102→323.12］	
	.12	日本憲法史
	.13	帝国憲法
	.131	天皇．緊急勅令．統帥権．戒厳　→：313.61；393.4
	.134	枢密顧問．元老
	.14	日本国憲法　→：314.19
	.141	天　　　皇
	.142	戦争の放棄
	.143	国民の権利と義務
	.144	立　法　権　→：314.1
	.145	行　政　権　→：317.2

323.146	司法権 →：327.1	
.147	財　　政 →：343	
.148	地方自治 →：318	
.149	憲法の改正	
.15	皇室法．皇室典範．皇室制度 →：288.4	
.151	皇位の継承	
.152	皇　族	
.153	摂　政	
.158	皇室会議	
.159	皇室経済法．皇室財産	
.2／.7	外国の憲法	
.9	行　政　法	
[.92]	行政組織 →317.2	
[.93]	公　務　員 →317.3；318.3	
.94	公物．営造物	
.95	行政作用：自由裁量，行政行為，行政手続，行政上の強制執行，行政罰	
.96	行政救済：損害賠償，損失補償，行政争訟，国家賠償法，行政裁判，訴願法 →：324.55	
.97	公用徴収．公用負担	
	＊土地収用法は，ここに収める	
.99	外国の行政法	
	＊地理区分	
	＊外国の行政法は，323.94／.97にあたる個々の法律についても，すべてここに収める　例：323.99369ポルトガルの損害賠償法	

324	民法．民事法　Civil law →：329.84	
	＊私法〈一般〉は，ここに収める	
.01	民法理論．民法学．私法学	
.02	民法史．立法資料	
.1	民法総則	
	＊権利濫用は，ここに収める	
.11	人．自然人：行為能力，成年被後見人，住所，失踪	
	＊成年後見制度→324.65	
.12	法人．法人格：設立，管理，解散	
.13	物：動産，不動産	
	＊不動産〈一般〉→324.2	
.14	法律行為：意思表示，代理，無効，条件および期限	
.16	時　　効	
<.2／5	財　産　法>	
.2	物権法．財産法	
	＊不動産〈一般〉は，ここに収める	
.22	占　有　権	
.23	所有権．共有権	

324.24	用益物権. 土地利用権	
.25	地　上　権	
	＊借地借家法→324.81	
.26	永小作権	
	＊小作制度→611.26	
.27	地　役　権	
.28	入　会　権　→：651.15；661.12	
.29	水利権. 水法　→：517.091；611.29	
.3	担保物権法	
.31	留　置　権	
.32	先取特権	
.33	質　　　権　→：611.2	
.34	抵　当　権	
	＊財団抵当法→324.83	
.35	譲渡担保［売渡担保］	
.4	債権法. 債権総論	
.5	債権各論	
.52	契約法：贈与，売買，交換，貸借，雇用，請負，委任，寄託，組合，終身定期金，和解	
.53	事務管理	
.54	不当利得	
.55	不法行為. 権利侵害. 損害賠償　→：323.96	
	＊製造物責任は，ここに収める	

＜.6／.7　身　分　法＞

.6	親族法. 家族法. 身分法　→：361.63	
	＊家事事件手続法→327.4；家族関係→367.3；家族制度史→362	
.61	親族：血族，姻族	
.62	婚姻. 夫婦財産制. 離婚. 内縁	
	＊結婚・離婚問題→367.4；婚姻制度史→362	
.63	親子：実子，婚外子，父性推定，認知，養子	
.64	親　　　権	
.65	後見. 保佐	
	＊成年後見制度は，ここに収める	
.66	扶　　　養	
.67	親　族　会	
.69	家：氏，戸主，隠居，家督相続	
	＊戸籍法→324.87	
.7	相　続　法	
.77	遺言. 遺贈	
.78	遺　留　分	
.8	民事特別法	
.81	借地借家法　→：365.34	
.82	信　託　法　→：338.8	

324	.83	財団抵当法

　　　　　　＊抵当権→324.34

	.84	利息制限法
	.85	供　託　法
	.86	登記法．不動産登記法　→：325.13

　　　　　　＊土地家屋台帳法は，ここに収める

	.87	戸籍法．戸籍行政．住民基本台帳法．印鑑
	.88	身元保証法
	.89	遺失物法
	.9	外国の民法

　　　　　　＊地理区分
　　　　　　＊外国の民法は，324.1／.8にあたる個々の法律についても，すべてここに収める
　　　　　　　例：324.934ドイツ債権法，324.935フランス婚姻法

325		商法．商事法　Commercial law　→：335

　　　　　　＊企業法〈一般〉は，ここに収める

	.01	商法理論．商法学
	.02	商法史．立法資料
	.1	商法総則
	.11	法例．商慣習
	.12	商人．営業
	.13	商業登記　→：324.86
	.14	商　　　号
	.15	商業簿記
	.16	商業使用人
	.17	代　理　商
	.2	会　社　法　→：335.4
	.21	会社総則
	.22	持分会社
	.222⁺	合名会社
	.223⁺	合資会社
	.224⁺	合同会社
(.23	合資会社　→325.223)
	.24	株式会社　→：327.38
	.241	会社の設立と定款
	.242	株　　　式
	.243	会社の機関：株主，株主総会，重役，取締役，取締役会，監査役，監査役会，会計参与
	.244	会社の計算：利益配当，資本準備金　→：336.9

　　　　　　＊会社の経理不正は，ここに収める
　　　　　　＊資産再評価法→336.94

［.245］		社　債　法　→325.25
	.246	資本の増減

325	.247	会社の解散・清算

　　　　　　＊会社更生法→327.38；破産法→327.36；民事再生法→327.37
　　.25⁺　　社　債　法　→：335.44；338.154
　　　　　　＊別法：株式会社の社債325.245
　　　　　　＊社債信託→324.82；有価証券法→325.6
　　.258⁺　組織変更. 合併. 会社分割. 株式交換. 株式移転
　　.26　　　外国会社法
　　.28　　　有限会社
　　　　　　＊特例有限会社は，ここに収める
　　.3　　　商行為法
　　.32　　　商事売買
　　.33　　　交互計算
　　.34　　　匿名組合
　　.35　　　仲立営業
　　.36　　　問屋営業
　　.37　　　運送営業：運送取扱営業，物品運送，旅客運送，荷為替　→：681.2
　　.39　　　寄託. 倉庫営業. 倉庫法　→：688.1
　　.4　　　保　険　法　→：339.32
　　.41　　　保険契約
　　.42　　　損害保険：信用保険，火災保険，運送保険
　　.45　　　責任保険. 再保険
　　.46　　　生命保険
　　.5　　　海商法. 海法　→：329.85；550.91；683.1
　　.51　　　船舶. 公船. 船主
　　.52　　　海員：船長，船員　→：683.8
　　.53　　　海上運送：傭船契約，船荷証券，海上売買，CIF　→：683.6
　　.54　　　海損. 共同海損
　　.55　　　海難救助　→：557.8
　　.56　　　海上保険　→：339.8
　　.57　　　船舶債権
　　.6　　　有価証券法　→：338.15
　　　　　　＊手形・小切手法は，ここに収める
　　.61　　　手形法：為替手形，約束手形
　　　　　　　　振出，裏書，支払，不渡，訴訟
　　.62　　　小切手法
　　.8　　　商事特別法
　　.9　　　外国の商法
　　　　　　＊地理区分
　　　　　　＊外国の商法は，325.1／.8にあたる個々の法律についても，すべてここに収める
　　　　　　　例：325.933イギリス手形法，325.937イタリア会社法

326　刑法. 刑事法　Criminal law　→：327.6；329.7
　　.01　　　刑法理論：刑法思想，罪刑法定主義

326	.02	刑法史．立法資料
	.1	刑法総論．犯罪理論．行為論．限時法
	.12	構成要件
	.13	違法性：正当防衛，緊急避難
	.14	刑事責任：責任能力，期待可能性，過失，故意，錯誤
	.15	犯罪の態様：未遂犯，不能犯，正犯，同時犯，共犯，従犯
	.17	犯罪の数：連続犯，併合犯，累犯，常習犯
	.2	刑法各論．犯罪の類型
	.21	国家の法益に対する罪：内乱，外患，公務執行妨害，犯人蔵匿，証拠隠滅，偽証，虚偽告訴，賄賂，談合
	.22	公共の法益に対する罪：騒乱，放火，失火，出水，偽造，わいせつ，賭博，業務妨害　→：337.34
	.23	生命身体に対する罪：殺人，傷害，堕胎，遺棄
	.24	自由に対する罪：逮捕監禁，脅迫，略取誘拐，住居侵入
	.25	名誉・信用および秘密に対する罪：名誉毀損，信用毀損，秘密漏示
	.26	財産に対する罪．財産犯：窃盗，強盗，詐欺，恐喝，横領，背任，盗品等，コンピュータ犯罪
	.3	刑事政策．犯罪学　→：368.6
		＊犯罪被害者，犯罪被害者救済は，ここに収める
	.33	犯罪人類学．犯罪生物学
	.34	犯罪心理学
［.35］		犯罪社会学　→368.6
［.36］		犯罪現象　→368.6
	.39	犯罪統計
	.4	刑罰：刑の量定，減刑，刑期
	.41	死刑．体刑
	.42	自由刑：懲役，禁固，拘留，流刑
	.43	財産刑：罰金，科料，没収
	.44	名誉刑：公権の剥奪
	.45	仮釈放．仮出獄
	.46	執行猶予．起訴猶予
	.47	恩　　赦
	.48	保安処分
	.5	行刑．矯正
	.52	刑事収容施設法．刑務所．受刑者
	.53	矯正保護・教育．累進制．分類処遇
	.54	医療矯正．矯正医学
［.55］		少年鑑別所．少年院　→327.85
	.56	犯罪者予防更生．保護観察．更生保護
［.7］		法医学．裁判医学　→498.9
	.8	刑事特別法［特別刑法］
	.81	治安立法：治安維持法，暴力行為等処罰法，破壊活動防止法，公安条例，団体等規正令，秘密保護法

326	.82	売春防止法．軽犯罪法．警察犯処罰令．違警罪即決例
	.83	経済刑法
	.86	労働刑法
		＊労働判例→366.18
	.88	行政刑法：選挙刑法，租税刑法
	.89	軍　刑　法
	.9	外国の刑法
		＊地理区分
		＊外国の刑法は，326.1／.8にあたる個々の法律についても，すべてここに収める
		例：326.936スペインの行刑法，326.938ロシアの労働刑法

327		司法．訴訟手続法　Judicial system and proceedings
	.01	司法・裁判・訴訟理論
		＊憲法裁判は，ここに収める
	.014	裁判心理学．供述心理学
	.02	司法史・事情．法曹界
	.03	書　式　集
		＊特定の法律に関する書式集は，関係法の下に収める
	.07	研究法．指導法．司法教育
	.079	司法試験
	.1	司法制度．司法行政［法務］　→：323.146
	.12	裁判所法．裁判所制度
	.122	最高裁判所［大審院］
	.123	下級裁判所：高等・地方・家庭・簡易裁判所
		＊控訴院は，ここに収める
	.124	裁判官．弾劾裁判．国民審査
	.125	法廷．法廷技術．法廷秩序．裁判所侮辱
	.13	検察庁法．検察制度．検察審査法
	.14	弁護士法．弁護士制度．弁護技術
	.15	公証人法．公証事務．公正証書
	.16	執　行　官
	.17	司法書士
		＊行政書士は，ここに収める
	.19	訴訟手続〈一般〉
		挙証責任，自由心証，証拠，証人，尋問，訴訟促進
		＊ここには，民事と刑事にわたるものを収める
	.2	民事訴訟法
	.209	民事訴訟記録
		＊ここには，弁護士等の訴訟記録集を収める
		＊個々の民事事件は，324.2／.8または325.2／.8に収める
	.21	総則：当事者，共同訴訟，訴訟費用，口頭弁論
	.22	証拠：鑑定，検証，尋問
	.23	上訴：控訴，抗告，上告

327	.24	再　　審
	.26	督促手続
	.3	強制執行法

　　　　　　＊民事執行法は，ここに収める

	.34	保全訴訟［保全処分］：仮差押, 仮処分

　　　　　　＊民事保全法は，ここに収める

	.35	公示催告
	.36	破　産　法
	.37	民事再生法
	.38	会社更生法　→：325.24
	.39	競　　売　→：673.35
	.4	家事事件手続法. 人事訴訟. 人事調停　→：367.4
	.47	非訟事件手続法：民事, 刑事
	.5	民事調停法：調停制度

　　　　　　金銭債務調停法, 借地借家調停法, 商事調停法, 農事調停法
　　　　　　＊裁判外紛争処理は，ここに収める
　　　　　　＊人事調停法→327.4

	.6	刑事訴訟法　→：317.75；326
	.609	刑事訴訟記録

　　　　　　＊ここには，弁護士等の訴訟記録集を収める
　　　　　　＊個々の刑事事件は，326.21／.26に収める

	.61	総則：期間, 除斥, 忌避, 書類, 送達, 被告人, 弁護人, 補佐人
	.62	強制執行. 証拠法：押収, 鑑定, 検証, 勾引, 拷問, 勾留, 自白, 召喚, 証言, 証拠保全, 証人, 尋問, 捜索, 保釈
	.63	捜査手続. 公訴
	.64	第一審公判：訴因, 弁論, 求刑, 論告
	.65	上訴：控訴, 上告, 抗告, 再審, 非常上告
	.66	特別裁判手続［略式手続］. 即決裁判
	.67	陪審法. 陪審制度

　　　　　　＊裁判員制度は，ここに収める

	.7	人権擁護
	.71	刑事補償法
	.72	人身保護法
	.8	少年法. 少年審判法. 非行少年. 少年犯罪　→：367.6；368.7
	.85	少年の矯正・保護：少年院. 少年鑑別所

　　　　　　＊別法：326.55

	.9	外国の司法制度・訴訟制度

　　　　　　＊地理区分
　　　　　　＊外国の司法制度・訴訟制度は，327.1／.8にあたる個々の法律についても，すべて
　　　　　　　ここに収める　例：327.922中国の少年法，327.934ドイツの司法制度

[328]	諸　　法　Special law	

　　　　　　＊諸法は，関連主題の下に収める　例：366.14労働法，560.91鉱業法

　　　　　　　　　　　　　法　　律　　　　　　　　　　　320

　　　　＊別法：ここに集め，下記のように区分するか，または関連主題によって区分する
　　　　　　例：328.366労働法，328.37教育法，328.56鉱業法
[328 .1]　経済産業法：経済統制，企業，金融，財政，商業
　[.2]　農林水産法
　[.3]　鉱工業法．建設法．公害法
　[.4]　交通・通信法
　[.5]　無体財産法
　[.6]　労　働　法
　[.7]　社会・厚生法：社会福祉・保険，医事衛生，薬事
　[.8]　文化・教育法：宗教，教育，出版，新聞，興業，文化財
　[.9]　国　防　法

329　　国　際　法　International law　→：319
　.01　　基礎理論：法源，国内法との関係
　.09　　条　約　集
　　　　　　　＊特定の条約は，関連主題の下に収める　例：661.12漁業条約
　.098+　国際判例集
　　　　　　　＊特定主題に関する判例集は，各主題の下に収める
　.1　　国際法の主体．国家．国際人格法　→：313
　.11　　国家の成立・承認．政府・交戦団体の承認
　.12　　国家の基本権・責任：領土権，主権，自衛権，平等権，内政不干渉
　.14　　保護国．従属国
　.15　　国家連合．連合国家
　.16　　永世中立国．非武装地帯
　.17　　自　治　領
　.18　　法　王　庁
　.19　　国　　　旗　→：288.9
　.2　　国際法の客体．人．領域．公海．国際管轄法
　.21　　自然人：外国人の法的地位，出入国，犯罪人引渡
　.22　　船舶．航空機．外国財産
　.23　　国際領域：領土，領海，領空
　.24　　国際地役．租借地．軍事基地．国際運河．国際河川
　.25　　委任統治．信託統治
　.26　　公海．公空．大陸棚．海賊
　.269　　海洋法．航空法．宇宙法
　.27　　外交機関：外交使節，領事，外国にある軍隊，軍艦
　.28　　治外法権．租界．領事裁判所
　.3　　国際団体法．国際機関法　→：319.9
　.32　　国際連盟
　.33　　国際連合
　　　　　　　＊ここには，組織・憲章・機構など法的観点から扱ったものを収め，政治的なも
　　　　　　　のは，319.9に収める
　.34　　専門機関

3 社会科学

133

> ＊国際連合教育科学文化機関［UNESCO］は，ここに収める
> ＊一般には，関連主題の下に収める
> ＊国際海事機関［IMO］→557；国際開発協会［第2世界銀行 IDA］→338.9；国際金融公社［IFC］→338.9；国際通貨基金［IMF］→338.97；国際電気通信連合［ITU］→694.1；国際農業開発基金［IFAD］→611.5；国際復興開発銀行［世界銀行 IBRD］→338.98；国際民間航空機関［ICAO］→687；国際連合工業開発機関［UNIDO］→509.1；国際連合食糧農業機関［FAO］→611.38；国際労働機関［ILO］→366.12；世界気象機関［WMO］→451；世界知的所有権機関［WIPO］→507.2；世界保健機関［WHO］→498.1；万国郵便連合［UPU］→693.1

329 .35 政府間国際機関
  経済協力開発機構［OECD］，国際エネルギー機関［IEA］
.36 民間国際機関
  国際航空運送協会［IATA］，ノーベル財団，国際アムネスティー
.37 地域的国際機関
  欧州連合［EU］，北大西洋条約機構［NATO］
.38 国際委員会．国際会議
  国際オリンピック委員会［IOC］，先進国首脳会議
.39 国際的協力：経済的，社会的，文化的
.4 国際条約　→：319.99
> ＊最恵国条款は，ここに収める
.47 国際法上の不法行為．国際責任の成立
.48 国際安全保障　→：319.8
.5 国際紛争の処理：交渉，周旋，仲介，調停
.56 国際裁判：仲裁裁判，司法裁判
.58 報復．干渉．復仇
.6 戦時国際法．戦争法　→：391.1
.61 戦争の開始．戦争宣言
.62 陸戦法規：占領，占領地行政，捕虜，抑留，スパイ
.63 海戦法規：拿捕，封鎖
.64 空戦法規
.65 戦争中の協定：軍使，カーテル船，休戦，降伏
.66 戦争の終結：講和条約
> ＊ポツダム宣言，司令部覚書などによる日本管理政策および関係法令集は，ここに収める
.67 戦争犯罪．国際軍事裁判所
.69 中立法：封鎖，捕獲審検，敵産管理，戦時禁制品
.7 国際刑法．国際警察　→：326
.8 国際私法
.81 自然人．法人．法律行為
.84 国際民法：物権，債権，契約　→：324
.846 　親族．相続．遺言
.85 国際商法：会社，商行為，海商　→：325.5

329	.856	手形. 小切手
	.86	無体財産法：国際商標法
	.87	国際民事訴訟法. 破産. 仲裁
	.9	国籍法. 外国人法
	.91	国　籍　法
	.94	在留管理制度. 出入国管理法
		＊指紋押捺問題は，ここに収める
	.98	外　地　法
		＊日本の旧植民地法の法令は，ここに収める

330　経　　　済　Economics
　　　　　＊特定産業の生産・流通経済は，各主題の下に収める　例：564.09鉄鋼経済，611農業経済
　[.1→331]
　[.2→332]
　.6　　団体：学会，協会，会議
　.66　　商工会議所. 経営者団体

331　経済学. 経済思想　Economic theory and thought
　　　　　＊経営経済学→335.1；公共経済学→341；労働経済学→366
　.1　　経済哲学
　　　　　＊経済倫理は，ここに収める
　.16　　経済学方法論
　.19　　経済数学. 経済統計. 計量経済学　→：417
　　　　　くもの巣理論，ゲームの理論，産業連関分析，乗数理論，線型計画法，投入産出分析
　　　　　＊ここには一般的なものを収め，学説は.77に収める
　.2　　経済学説史. 経済思想史
　　　　　＊地理区分
　<.3／.7　学　派　別>
　　　　　＊個々の経済学者の学説・体系を形成する著作およびその著作集は，ここに収める
　　　　　例：331.6マルクス著「資本論」
　　　　　＊掲出されていない経済学者の学説は，該当する学派の下に収める
　.3　　古典学派前史
　.33　　古代. 中世
　.34　　重商主義
　　　　　スチュアート　Steuart, Sir James Denham, 1712―1780，ダヴェナント　Davenant, Charles, 1656―1714，タッカー　Tucker, Josiah, 1712―1799，チャイルド　Child, Josiah, 1630―1699，バーボン　Barbon, Nicholas, ca.1640―1698，ペティ　Petty, William, 1623―1687，マン　Mun, Thomas, 1571―1641
　.35　　重農主義
　　　　　カンティヨン　Cantilon, Richard, 1680―1734，ケネー　Quesnay, François,

1694―1774, テュルゴ Turgot, Ann Robert Jacques, 1727―1781, デュポン・ド・ヌムール Du Pont de Nemours, Pierre Samuel, 1739―1817, ボアギュベール Boisguillebert, Pierre le Pesant de, 1646―1714, ボードー Baudeau, Nicholas, 1730―1792, ミラボー Mirabeau, Marquis de, 1715―1789, メルシェ・ド・ラ・リヴィエール Mercier de la Rivière, Paul Pierre, 1720―1793, ル・トローヌ Le Trosne, 1728―1780

331 .4 古典学派 [正統学派]
　.42 スミス Smith, Adam, 1723―1790
　.43 マルサス Malthus, Thomas Robert, 1766―1834
　.44 リカード Ricardo, David, 1772―1823
　.45 ミル, J. S. Mill, John Stuart, 1806―1873
　.46 その他
　　　ケアリ Carey, Henry Charles, 1793―1879, ケアンズ Cairnes, John Elliott, 1823―1875, シスモンディ Sismondi, Jean Charles Leonardo Simonde de, 1773―1842, シーニア Senior, Nassau William, 1790―1864, ジョーンズ Jones, Richard, 1790―1855, セー Say, Jean Baptiste, 1767―1832, チューネン Thünen, Johann Heinrich von, 1783―1850, マカロック McCullock, John Ramsay, 1789―1864, ミル, J. Mill, James, 1773―1836
　.5 歴史学派
　　　ヴァグナー Wagner, Adolf Heinrich, 1835―1917, ヴェーバー Weber, Max, 1864―1920, クナップ Knapp, Georg Friedrich, 1842―1926, クニース Knies, Karl Gustav Adolf, 1821―1898, ゴットル・オットリリエンフェルト Gottl-Ottlilienfeld, Friedrich von, 1868―1958, シュモラー Schmoller, Gustav von, 1838―1917, ゾンバルト Sombart, Werner, 1863―1941, ビューハー Bücher, Karl, 1847―1930, ヒルデブラント Hildebrand, Bruno, 1812―1878, ブレンターノ Brentano, Lujo, 1844―1931, リスト List, Friedrich, 1789―1846, ロッシャー Roscher, Wilhelm Georg Friedrich, 1817―1894
　.6 社会主義学派. マルクス経済学派
　　　エンゲルス Engels, Friedrich, 1820―1895, カウツキー Kautsky, Karl Johann, 1854―1938, スウィージー Sweezy, Paul Marlor, 1910―2004, ドッブ Dobb, Maurice Herbert, 1900―1976, ヒルファーディング Hilferding, Rudolf, 1877―1941, マルクス Marx, Karl, 1818―1883, ルクセンブルク Luxemburg, Rosa, 1870―1919, レーニン Lenin, Vladimir Il'ich, 1870―1924
　.7 近代経済学派. 近代理論
　.71 限界効用学派 [オーストリア学派]
　　　ヴィーザー Wieser, Friedrich von, 1851―1926, ゴッセン Gossen, Hermann Heinrich, 1810―1858, ジェヴォンズ Jevons, William Stanley, 1835―1882, ボェーム・バヴェルク Böhm-Bawerk, Eugen von, 1851―1914, メンガー Menger, Carl, 1840―1921
　.72 ウィーン学派 [新オーストリア学派]
　　　シュンペーター Schumpeter, Joseph Alois, 1883―1950, ハイエク Hayek, Friedrich August von, 1899―1992, ハーバラー Haberler, Gottfried, 1900―1995, ミーゼス Mises, Ludwig Edler von, 1881―1973

331 .73	ローザンヌ学派［数理学派．均衡学派］	

　　　　　　　クールノー Cournot, Antoine Augustin, 1801—1877，パレート Pareto, Vilfredo, 1848—1923，バローネ Barone, Enrico, 1859—1924，パンタレオーニ Pantaleoni, Maffeo, 1857—1924，ワルラス Walras, Marie Esprit Léon, 1834—1910

.74　　　ケンブリッジ学派［新古典学派］．ケインズ学派．ロンドン学派

　　　　　　　ウィックスティード Wicksteed, P. H., 1844—1927，エッジワース Edgeworth, Francis Ysido, 1845—1926，カルドア Kaldor, Nicholas, 1908—1986，ケインズ Keynes, Sir John Maynard, 1883—1946，サミュエルソン Samuelson, Paul Anthony, 1915—2009，ハロッド Harrod, Roy Forbes, 1900—1978，ハンセン Hansen, Alvin Harvey, 1887—1975，ピグー Pigou, Arthur Cecil, 1877—1959，ヒックス Hicks, John Richard, 1904—1989，マーシャル Marshall, Alfred, 1842—1924，ラーナー Lerner, Abba, 1903—1982，ロバートソン Robertson, Sir Dennis Holme, 1890—1963，ロビンズ Robbins, Lionel Charles, 1898—1984，ロビンソン Robinson, Joan Violet, 1903—1983

.75　　　北欧学派［ストックホルム学派］

　　　　　　　ウィクセル Wicksell, Johan Gustaf Knut, 1851—1926，カッセル Cassel, Gustav, 1866—1945，ダヴィッドソン Davidson, David 1854—1942，ミュルダール Myrdal, Karl Gunnar, 1898—1987，リンダール Lindhahl, E., 1891—1960

.76　　　制度学派

　　　　　　　ヴェブレン Veblen, Thorstein Bunde, 1857—1929，クラーク Clark, John Bates, 1847—1938，コモンズ Commons, John Rogers, 1862—1945，ミッチェル Mitchell, Wesley Clair, 1874—1946

.77　　　計量経済学派

　　　　　　　カレツキ Kalecki, Michal, 1899—1970，クライン Klein, Lawrence R., 1920—，フィッシャー Fisher, Irving, 1867—1947

.8　　　経済各論

　　　　　＊.81／.88には，経済各論の包括的な著作・概論・歴史などを収め，個々の経済学者の学説・体系を形成する著作は，.3／.7に収める　例：331.6 マルクス著「資本論」

　　　　　＊貨幣理論→337.1；金融理論→338.01；人口理論→334.1；物価理論→337.81；保険理論→339.1

.81　　　生産の理論：協業と分業，生産性，技術進歩

　　　　　　　＊企業→335；労働→366

.82　　　資本の理論

.83　　　自　然　力　→：611.2

.84　　　交換の理論：流通，価値，価格　→：117；337.8；673；675

.842　　　需要と供給

　　　　　　　＊くもの巣理論→331.19

.844　　　独占と競争

.845　　　市場の理論

.85　　　分配の理論：地代，賃金，利潤，利子　→：338.12；366.4；611.21

.86　　　国富．国民所得．国民経済計算［社会会計］．GNP．GDP

.87　　　消費．貯蓄．投資．奢侈．貧困　→：338.12

331 .88	雇用理論　→：336.42；366.2	

332　　経済史・事情. 経済体制　Economic history and conditions
　　　　　＊地理区分
.01　　経済史学
.02　　原始経済
　　　　　＊原始共産制→362.02
.03　　古代経済史：アジア的生産様式，奴隷制経済
.04　　中世経済史：封建制，荘園制，農奴制，ギルド
.06　　近代経済史：資本主義，独占資本主義
.07　　　社会主義経済
.1　　　日本経済史・事情
　　　　　＊日本地方区分
.102　　原始時代
.103　　古代　―1185
.104　　中世　1185―1600
.105　　近世　1600―1867
.106　　近代：明治・大正時代，昭和時代前期　1868―1945
.107　　　昭和時代後期. 平成時代　1945―
.11／.19　地域別日本経済史・事情
.2／.7　外国経済史・事情
.8　　　経済人. 実業家. 財界人. 経営者〈列伝〉
　　　　　＊個人伝記→289
.9　　　経済地理　→：335.29；509.29
　　　　　＊別法：290.16
　　　　　＊各国・各地域の経済地理→332.1／.7

333　　経済政策. 国際経済　Economic policy. International economy
　　　　　＊各国・各地域の経済政策→332.1／.7
.09　　経済法. 経済行政
〈.1／.5　経済政策・理論〉
　　　　　＊ここには，理論のみを収める
.1　　経済計画. 計画経済
.2　　統制経済. 管理経済
.3　　戦争経済：戦時経済，賠償，戦債
　　　　　＊経済動員・復員は，ここに収める
　　　　　＊別法：賠償338.99
.4　　アウタルキー［自給自足経済］
.5　　国土計画. 地域計画［総合開発］　→：601
.6　　国際経済
　　　　　＊国際経済会議は，ここに収める
　　　　　＊別法：678.01
　　　　　＊国際金融→338.9；貿易→678

経済　　　　　　　　　　　330

333 .7　経済統合．経済ブロック
　　.8　経済協力．経済援助
　　　　＊地理区分
　　　　＊1国の経済援助に関するものは援助を行う国によって，2国間および多数国の1国に対する経済援助に関するものは受入国によって地理区分（別法：経済援助に関するものは，受入国によって地理区分）
　　　　＊技術移転：国レベルの経済協力は，ここに収め，他のレベルの経済協力は，509.2に収める；特定産業に関するものは，各主題の産業の下に収める
　　　　＊経済協力開発機構［OECD］は，ここに収める
　［.9］貿　　　易　　→678

334　人口．土地．資源　Population. Land. Resources
　［.01→334.1］
　［.02→334.2］
　＜.1／.5　人　　　口＞
　　.1　人口理論：マルサス主義，新マルサス主義
　　　　＊マルサスの人口論→331.43
　　.2　人口史．人口統計．人口構成．人口密度　→：358.01
　　　　年齢・職業・性別などの構成，出生・死亡・移動などの動態
　　　　＊人口統計〈一般〉→358
　　.3　人口問題．人口政策
　　　　＊地理区分
　　　　＊少子高齢化は，ここに収める
　　　　＊高齢化社会〈一般〉→367.7
　　.38　家族計画．産児制限・調節　→：498.2
　　.39　人口と食糧　→：611.3
　　.4　移民［来住民］・難民問題．移民［来住民］・難民政策　→：368.28；369.38
　　　　＊受入国による地理区分
　　　　＊ここには，他の国または他の地方からの移民［来住民］・難民問題を収める
　　　　＊一国の移民［来住民］（定住難民を含む）政策は，ここに収める
　　　　＊難民の一般的・一時的保護と援助→369.38
　　.5　移民［流出民］・植民問題．植民政策　→：317.8
　　　　＊母国［発生国］による地理区分
　　　　＊ここには，一国または一地方からの移民［流出民］・植民問題を収める
　　　　＊一国の植民政策は，ここに収める
　　.6　土地．土地経済．地価．土地行政．土地法　→：611.2
　　　　＊土地問題〈一般〉は，ここに収める
　　　　＊宅地→365.33
　　.7　資源．資源行政．資源法
　　　　＊資源問題〈一般〉は，ここに収める

＜335／336　企業．経営＞
　　　　＊特定産業，各種団体の経営管理は，各主題の下に収める　例：498.163病院経営，

139

520.95 建築業経営

335 　企業. 経営　Enterprise. Management　→：325
　　　　　＊特定産業の経営は，各産業の下に収める
［.01→335.1］
［.02→335.2］
.1 　経　営　学
　　　　　＊経営経済学は，ここに収める
.12 　経営学史
.13 　経営者・企業者論. 企業と社会. 産業社会
.14 　経営心理　→：336.4；366.94
.15 　経営倫理. 企業の社会的責任　→：153
.2 　経営史・事情
　　　　　＊地理区分
.202 　手　工　業
.203 　ギルド. 職人組合
.204 　家内工業. 問屋制家内工業
.205 　マニュファクチュア［工場制手工業］
.206 　工場制度
.207 　下請工場. 下請企業
　　　　　＊別法：509.56
.29 　経営立地　→：332.9
.3 　企業構造. 産業組織. 企業形態
　　　　　＊別法：509.4
.33 　企業政策. 企業整備
.35 　中小企業
　　　　　＊別法：509.15；671.4
　　　　　＊ベンチャービジネス〈一般〉→335
.36 　合弁企業
.4 　私企業. 会社　→：325.2
　　　　　＊総合商社は，ここに収める
　　　　　＊個々の総合商社→335.48
.43 　株主総会. 重役：取締役，監査役，会計参与
.44 　株式. 社債　→：325.25
.45 　配　　　当
.46 　合併. 清算. 第二会社
　　　　　＊企業買収は，ここに収める
.47 　外国会社
.48 　社史［社誌］
　　　　　＊総合商社以外の個々の社史・誌は，その企業内容によって，関連主題の下に収める
　　　　　＊別法：すべての企業の社史・誌を，ここに収める
.49 　特殊会社. 国策会社

経　　済　　　　　　　　　　　　330

335 .5　　企業集中［企業結合］．独占
　　　　　　　＊世界企業，多国籍企業は，ここに収める
　　.53　　カルテル．シンジケート
　　.54　　トラスト［企業合同］
　　.55　　コンツェルン
　　.56　　持株会社：支配会社，保全会社
　　.57　　独占禁止．公正取引委員会
　　　　　　　＊財閥解体は，ここに収める
　　.58　　財　閥　誌
　　　　　　　＊個々のものは，ここに収める
　　.6　　協同組合．産業組合　→：509.16；611.6
　　　　　　　＊各種の協同組合は，関連主題の下に収める　例：335.35中小企業等協同組合，
　　　　　　　　338.73信用組合
［.66］　　消費者協同組合．生活協同組合　→365.85
　　.7　　官業．公企業：公共企業体，公社，公団，統制会，独立行政法人
　　　　　　　＊地理区分
　　　　　　　＊公私混合企業，国有化，国営化，国家管理，第三セクター，公企業の民営化は，
　　　　　　　　ここに収める
　　　　　　　＊個々の企業体は，関連主題の下に収める　例：338.63中小企業金融公庫
　　.8　　公益企業
　　　　　　　＊特定の公益事業は，各主題の下に収める
　　.89⁺　ＮＰＯ
　　.9　　社会主義企業

336　　経営管理　Business management
　　　　　　　＊会社実務は，ここに収める
　　　　　　　＊各種団体の経営管理は，関連主題の下に収める　例：498.163病院経営
　　.1　　経営政策．経営計画
　　　　　　　＊意思決定，オペレーションズリサーチは，ここに収める
　　.17　　研究開発．企業情報管理．企業調査．産業スパイ　→：509.63
　　.2　　合理化．生産性．能率
　　　　　　標準化．単純化．専門化
　　　　　　　＊科学的管理法は，ここに収める
　　.3　　経営組織．管理組織
　　　　　　トップマネージメント，ライン組織，稟議制度
　　.38　　社規．社則．業務規程．経理規程
　　.4　　人事管理．労務管理．人間関係．ビジネスマナー．提案制度　→：335.14；366.94
　　　　　　　＊別法：人事管理509.7
　　　　　　　＊新入社員教育→336.47
　　.41　　職務分析．職階制．人事配置．定員制．適性検査
　　.42　　雇用．退職．定年制．中高年問題　→：331.88；366.2；366.46
　　　　　　　＊就職試験問題集〈一般〉は，307.8に収める（別法：ここまたは366.29に収める）
　　.43　　職務評価．人事考課

336 .44	就業規則. 労働時間. 時間外勤務 →：366.32／.33	
.45	賃金管理. 職務給. 成果配分 →：366.4	
.46	労使関係 →：366.5	
.47	企業内教育・訓練 →：366.7	
	再就職者訓練，職場教育，職長制度，新入社員教育，徒弟制度，OJT，TWI	
.48	福利厚生. 安全. 衛生 →：366.34；366.36；366.99	
.49	職場の人間関係. ビジネスマナー	
.5	事務管理	
	＊事務管理組織，秘書は，ここに収める	
.51	事務分析	
.55	文書整理. ファイリングシステム →：014	
.56	事務機器 →：582.3	
.57	事務の機械化. コンピュータシステム →：007.6	
[.6]	生産管理. 生産工学. 管理工学 →509.6	
	＊システム監査→：336.57	
[.61]	生産計画	
	テーラーシステム，フォードシステム，ガントチャート，ジャストインタイム生産システム［JIT］，カンバンシステム	
[.62]	工場計画：立地，機械の設備・配置	
[.63]	設計管理. 技術管理	
[.64]	作業研究：時間管理，動作研究，課業管理	
[.65]	工程管理：日程計画，手順計画，進捗管理，出来高管理，運搬管理	
[.66]	品質管理. 社内規格. 外注管理	
[.67]	資材管理：材料管理，購買管理，在庫管理，倉庫管理	
[.68]	設備管理. 色彩管理. 動力・熱管理. 工具管理. 計量・計測管理	
[.69]	オートメーション	
[.7]	営業管理［業務管理］. 商業経営. 商店 →673／676	
[.71]	商品管理. 商品仕入. 商品学. 商品包装	
[.72]	販売. 販売管理. 販売促進. セールスマンシップ	
	自動販売機	
	＊接客技術〈一般〉は，ここに収める	
[.722]	販売契約：フランチャイズ契約 →：336.738	
	＊フランチャイズチェーン〈一般〉は，ここに収め，各種のフランチャイズチェーンは，関連主題の下に収める	
[.724]	訪問販売. 無店舗販売. 委託販売	
	＊連鎖販売取引［マルチ商法］は，ここに収める	
[.725]	競　　売	
	＊インターネットオークションは，ここに収める	
	＊各物品に関する競売は，各々の下に収める　例：720.67絵画の競売	
[.726]	通信販売：インターネット，テレビ	
[.727]	信用販売［割賦販売］	
[.73]	商店. 商店経営. 商店街	
[.731]	商店員. 店則	

| | | 経　済 | 330 |

[336.732]　　店舗設計．商品陳列法：ウィンドウディスプレイ
　　＜.735／.739　各種の商店＞
　[.735]　　卸売業．問屋
　[.736]　　仲買業．ブローカー
　　　　　　　　＊買弁→672
　[.737]　　小売業：小売市場，専門店，よろず屋，露店商，行商
　　　　　　　　＊商店街〈一般〉はここに収め，特定地域の商店街に関するものは，672の下に収める
　[.738]　　デパート［百貨店］．スーパーマーケット．チェーンストア．ショッピングセンター．ショッピングモール　→：336.722
　　　　　　　　＊大規模小売店舗に関するものは，ここに収める
　[.739]　　サービス産業
　　　　　　　　＊ここにはサービス産業〈一般〉を収め，各種のサービス産業は，関連主題の下に収める
　　　　　　　　＊音楽・演劇・映画産業→760／779；観光事業→689；スポーツ産業→780.9
　[.7393]　　リース業．人材派遣業．民営職業紹介所．警備保障業．結婚式場．葬儀場．貸会議場．興信所
　　　　　　　　　＊.7394／.7399に収められないものは，ここに収める
　　　　　　　　　＊イベント施設，展示施設→689.7
　[.7394]　　遊技場：パチンコ店，ゲームセンター，カラオケボックス，レンタルビデオショップ
　　　　　　　　＊いわゆる風俗遊戯場の経営も，ここに収める
　[.7395]　　シルバー産業．福祉産業
　[.7396]　　理髪店．美容院．公衆浴場．クリーニング店
　[.7397]　　飲食店：食堂，レストラン
　　　　　　　　＊外食産業は，ここに収める
　[.73971]　　日本料理店：すし屋，うどん屋，そば屋
　　　　　　　　　＊料亭は，ここに収める
　[.73972]　　アジア料理店：中国料理店，朝鮮料理店，インド料理店
　[.73973]　　西洋料理店
　[.73974]　　その他の料理店
　[.7398]　　喫茶店．酒場：スナック，バー，キャバレー，ビアホール．しるこ屋．あんみつ屋
　[.7399]　　不動産業：アパート経営，貸家，貸事務所
　　　　　　　　＊不動産鑑定評価，宅地建物取引業法，不動産投資も，ここに収める
　[.74]　　広告．宣伝
　[.7401→336.741]
　[.7402→336.742]
　[.741]　　広告理論・心理・倫理
　[.742]　　広告史・事情
　[.743]　　商業美術・写真．商業デザイン．宣伝・広告の企画・調査．宣伝・広告費．宣伝・広告文：キャッチフレーズ
　　　　　　　　＊ネーミングは，ここに収める

［336.744］　　広告業［広告代理業］
　［.745］　　直接広告：ダイレクトメール，サンプル配布．店頭広告
　　　　　　　　　＊宣伝のための店内展示・実演［イベント］，POP〈一般〉は，ここに収める
　［.746］　　広告媒体
　　　　　　　　新聞，雑誌，ラジオ，テレビ，宣伝映画，スライド，インターネット
　［.747］　　宣伝広告用印刷物
　　　　　　　　PR誌，広告カレンダー，ちらし，ポスター
　［.748］　　屋外広告．交通広告
　　　　　　　　看板，広告塔，電光広告，アドバルーン，車内広告，花火広告
　［.749］　　各商品・各企業の広告
　　　　　　　　＊特定商品・企業の宣伝・広告は，.741／.748ではなく，ここに収める　例：
　　　　　　　　336.749自転車店のPOP広告
　［.75］　　マーケティング
　　　　　　　　＊ここにはマーケティング〈一般〉を収め，個々のマーケティングや商品の流通
　　　　　　　　などは，各主題の下に収める　例：336.737小売業のマーケティング
　［.752］　　市場調査．市場予測
　　　　　　　　＊個々の企業の市場調査は，その主題の下に，また海外市場調査は678に収める
　［.76］　　商品化．商品計画
　［.77］　　販売経路．商品流通機構．配給組織
　　　　　　　　＊流通産業〈一般〉は670に，流通政策〈一般〉は671に収める（別法：ここに収
　　　　　　　　める）
　［.78］　　卸売市場［中央卸売市場］：青果市場，魚市場
　［.79］　　取引所．商品取引所：穀物，繊維，生糸，まゆ，木材，砂糖，海産物
　　　　　　　　＊投機，相場，買占，とみくじは，ここに収める
　　　　　　　　＊証券取引所→338.16
〈.8／.9　企業会計〉
　　　　　　　　＊企業会計〈一般〉は，336.9に収める
　.8　　　財務管理．経営財務
　.82　　資金管理．財務計画
　.83　　経営比較．経営分析
　.84　　管理会計．内部統制
　　　　　　　　コントローラーシステム，内部監査制度
　.85　　原価管理．原価計算．標準原価計算
　　　　　　　　直接費，間接費，原価差異分析，経営費用，操業度
　.86　　予算統制．損益分岐点
　.87　　利益計画．利益管理
　.9　　　財務会計［企業会計］．会計学　→：325.244
　.901　　　会計数理
　.91　　簿記．勘定科目．帳簿組織．商業簿記
　.918　　　各種簿記：銀行簿記，工業簿記
　.919　　　伝票会計．機械化会計
　.92　　企業会計原則．財務諸表

| 経　済 | 330

336 .93　　損益計算：費用，収益
　　.94　　資産評価．貸借対照表．資産会計
　　.95　　　減価償却．耐用年数
　　.97　　会計監査．公認会計士
　　.98　　税務会計．申告納税．税理士　→：345
　　.982　　　再評価税
　　.983　　　収得税：所得税，法人税
　　.984　　　収　益　税
　　.985　　　財産税：相続税，贈与税，地価税
　　.986　　　流　通　税
　　.987　　　消費税．間接税．物品税
　　.988　　　地　方　税
　　.989　　　税　理　士
　[.99]　　各種会計・簿記
　　　　　　＊特定の会計簿記は，各主題の下に収める　例：686.34鉄道会計

337　　貨幣．通貨　Money and currency
　[.01→337.1]
　[.02→337.2]
　　.1　　貨幣理論・学説・思想
　　.2　　貨幣史・事情．貨幣制度．各国の通貨　→：202.7；739.9
　　　　　　＊地理区分
　[.29]　　世界貨幣．国際通貨．国際通貨体制　→338.97
　　.3　　通貨政策．通貨問題．幣制改革　→：338.3
　　.31　　金．金政策．金本位制．金市場取引．金市場相場．在外正貨．管理通貨制度
　　.32　　銀．銀政策．銀本位制．銀塊相場
　　.33　　補助貨幣：銅貨，ニッケル貨
　　.34　　造幣．贋造　→：326.22；739.9
　　.35　　通貨安定．デノミネーション
　　.36　　金輸出禁止・解禁
　　.37　　平価切下げ
　　.4　　紙幣．銀行券：発行・準備・兌換制度
　　.8　　物　　価　→：331.84
　　　　　　＊ここには，生産財・消費財・卸売・小売・消費者物価などを収め，各種の商品価格
　　　　　　は，関連主題の下に収める
　[.801→337.81]
　[.802→337.82]
　　.81　　物価理論
　　.82　　物価史・事情
　　　　　　＊地理区分
　　.83　　物価政策・問題
　　　　　　物価行政・法令，物価統制，統制価格，闇価格
　　.85　　物価指数．物価統計

337 .9　景気変動：インフレーション，デフレーション
　　　　　＊地理区分
　　.99　　恐　　　慌　→：338.19
　　　　　　　＊ここには，恐慌〈一般〉および世界的なものを収め，個々の国のものは，
　　　　　　　　332.1／.7に収める

338　　金融．銀行．信託　Financial economics. Banks and trusts
　　.01　　金融理論・学説．信用理論・学説
　［.02→338.2］
　　.1　　金融市場．資金
　　.11　　国家資金計画．政府資金．財政資金　→：343.7
　　.12　　金利．利子．利回り　→：331.85；331.87
　　.13　　貨幣市場［短期金融市場］
　　　　　　　　割引市場，コール市場，引受市場，預金市場
　　.14　　資本市場［長期金融市場］
　　.15　　証券市場．株式市場．有価証券．証券金融　→：325.6
　　　　　　　　起債市場，シンジケート
　　.154　　債券．公社債．国債　→：325.25；347
　　.155　　株式理論
　　　　　　　　＊株式投資理論は，ここに収める
　　　　　　　　＊株式投資による利殖→338.183
　　.156　　手形．小切手
　　.16　　証券取引所．株式取引所　→：676.7
　　.17　　証　券　業
　　.18　　利　　　殖
　　　　　　　　＊金儲法〈一般〉は，ここに収める
　　　　　　　　＊株式投資理論→338.155；国際投資→338.92；証券投資理論→338.15
　　.183　　株式投資による利殖
　　.19　　金融恐慌［信用恐慌］．銀行恐慌．モラトリアム　→：337.99
　　.2　　金融史・事情．銀行史・事情
　　　　　　　＊地理区分
　　　　　　　＊個々の銀行誌→338.6
　［.29］　　国際金融　→338.9
　　.3　　金融・銀行政策．金融統制　→：337.3
　　　　　　　金利政策［割引政策］，公開市場政策，支払準備制度
　　　　　　　＊.33／.35および.5は，各種の金融機関についても適用する
　　.32　　金融・銀行行政．金融・銀行法令
　　　　　　　＊不正金融は，ここに収める
　　.33　　金融検査［銀行検査］
　　.34　　銀行の国有・国営
　　.35　　銀行の集中・合同
　　.4　　発券銀行．中央銀行
　　　　　　＊地理区分

338	.5	銀行経営．銀行業務
	.51	銀行員．出納事務．銀行組織
	.52	交互計算．検査．審査
	.53	預金．預金者保護制度
		当座預金，普通預金，定期預金
	.54	貸付．手形割引．当座貸越
	.55	信用調査．担保問題
	.56	信託業務
	.57	為替．手形交換
		＊外国為替→338.95
	.58	代金取立．保護預
＜ .6／.8		各種の金融機関＞
		＊各種の金融機関の特定主題は，.33／.35，.5に収める
	.6	各種の金融機関・銀行 →：509.3
	.61	普通銀行：都市銀行，地方銀行，商業銀行
	.62	貿易金融．外国為替銀行 →：678.4
	.63	中小企業金融
		＊信用金庫，信用組合→338.73；相互銀行→338.76；労働金庫→338.75
	.64	長期信用銀行
	.65	不動産金融：不動産銀行，抵当銀行
	[.66]	農林水産金融 →611.5；651.5；661.5
	.67	起業銀行．復興金融銀行
	.7	庶民金融．消費金融．消費者金融．クレジット
	.71	貯蓄銀行
		＊子供銀行は，ここに収める
	.72	郵便貯金．郵便年金
	.73	信用組合．信用金庫．信用協同組合
	.74	住宅金融公庫．国民金融公庫
		＊住宅金融〈一般〉は，ここに収める
	.75	労働銀行．労働金庫
	.76	相互銀行．無尽
		＊頼母子講は，ここに収める
	.77	質屋．金貸業 →：369.5
	.8	信託業．信託銀行 →：324.82
	.9	国際金融
		＊別法：338.29
	.92	国際投資．国際資本移動．外資導入
		＊受入国による地理区分
		＊経済協力・援助の面から行われた国際投資は，333.8に収める
	.93	国際収支［国際貸借］
	.95	外国為替 →：678.1
	.952	外国為替相場
	.953	為替管理．為替統制

338 .954		取引.市場
	.97	国際通貨

　　　　　　　　国際通貨体制，通貨圏，通貨協定
　　　　　　　　＊別法：337.29
　　　.98　　国際決済銀行.国際復興開発銀行［世界銀行］
　［.99］　　賠　　　償　→333.3

339		保　　　険　Insurance

　　　　　　　　＊各種の産業保険は，関連主題の下に収める　　例：611.59農業保険
　　　　　　　　＊社会保険→364.3
　［.01→339.1］
　［.02→339.2］
　　　.1　　保険理論.保険数学.アクチュアリー
　　　.2　　保険業史・事情
　　　　　　　　＊地理区分
　　　.3　　保険政策・行政
　　　.32　　　保険法令　→：325.4
　　　.35　　　保険経営・業務
　〈.4／.9　各種の保険〉
　　　.4　　生命保険
　　　.43　　　経営.会計.保険約款.外交員
　　　.431　　　生　命　表
　　　.44　　　保険料.責任準備金.配当
　　　.45　　　簡易保険
　　　.46　　　団体保険
　　　.47　　　医療保険.疾病保険.介護保険.傷害保険
　　　　　　　　医療保障保険，医療費用保険，がん保険
　　　　　　　　＊ここには，生命保険と損害保険との中間に位置する第三分野の保険を収める
　　　　　　　　＊別法：339.57
　　　　　　　　＊公的医療保険→364.4；公的介護保険→364.48
　　　.5　　損害保険
　［.57］　　医療保険.疾病保険.介護保険.傷害保険　→339.47
　　　.6　　火災保険
　　　.7　　運送保険
　　　.8　　海上保険：船舶保険，貨物保険　→：325.56
　　　.9　　その他の損害保険
　　　　　　　　ガラス保険，機械保険，原子力保険，建設工事保険，航空保険，地震保険，自動車損害賠償責任保険，自動車保険，信用保険，船客傷害賠償責任保険，動産総合保険，盗難保険，動物保険，賠償責任保険，費用・利益保険，風水害保険，ボイラーターボセット保険，保証保険，労働者災害補償責任保険

財　政

340　財　　　政　Public finance
　　［.1→341］
　　［.2→342］

341　財政学．財政思想　Theory of public finance
　　　　　＊公共経済学は，ここに収める
　.2　　財政学説史．財政思想史
　.7　　収　入　論

342　財政史・事情　Fiscal history and conditions
　　　　　＊地理区分

343　財政政策．財務行政　Fiscal policy and administration　→：323.147
　.2　　財政法．会計法
　.7　　経費．財政支出　→：338.11
　　　　　＊公共投資，財政投融資は，ここに収める；特定の経費は，各主題の下に収める
　.8　　会計検査
　.9　　会計制度．官庁会計・簿記
　　　　収入・支出負担行為
　.94　 国の契約・検収．入札
　　　　　＊調達業務は，ここに収める
　.95　 物品会計．物品管理法

344　予算．決算　Budgets and settlements
　　　　　＊地理区分

345　租　　　税　Taxations　→：678.3
　　　　　＊税務会計→336.98；地方税→349.5
　［.02→345.2］
　.1　　租税政策・行政．税制改革
　　　　　徴税，滞納処分，源泉課税，青色申告制度
　.12　 税　　　法
　.19　 税務訴訟．税務判例
　.2　　租税史・事情
　　　　　＊地理区分
　<.3／.7　各種の租税>
　.3　　収　得　税
　.33　 所　得　税
　.35　 法　人　税
　.4　　収　益　税
　.43　 地租．土地台帳．家屋税．家屋台帳　→：349.5
　［.45］事　業　税　→349.53
　.5　　財　産　税

3 社会科学

149

345 .53　　相　続　税
　　.54　　贈　与　税
　　.55　　地　価　税
　　.6　　流　通　税
　　.63　　印紙税．登録税
　　.64　　増価税．利得税
　　.65　　取引税．売上税
　　.66　　通　行　税
　　.7　　間接税：物品税
　　　　　　＊関税→678.3
　　.71　　消　費　税
　　.73　　酒税．たばこ専売課税
　　.75　　砂糖消費税

347　　公債．国債　Public debts　→：338.154
　　　　　＊地方債→349.7
　　［.02→347.2］
　　.1　　公債政策．公債計画
　　.2　　公債史・事情
　　　　　　＊地理区分
　　.5　　公債管理．償還・減債基金
　　.6　　財務省証券
　　.7　　外　国　債
　　　　　　＊戦債→333.3

348　　専売．国有財産　Public monopolies. National property
　　.3　　国有財産
　　.4　　専売事業
　　　　　　＊個々の事業は，関連主題の下に収める

349　　地方財政　Local finance　→：318
　　［.02→349.2］
　　.2　　地方財政史・事情
　　　　　　＊地理区分
　　.3　　地方財政政策・財務行政
　　.38　　自治監査
　　.4　　地方経費．地方費．予算・決算
　　　　　　＊地理区分
　　.5　　地方税．地方交付税　→：345.43
　　　　　　＊地方税法は，ここに収める
　　.53　　都道府県税
　　　　　　＊別法：事業税345.45
　　.55　　市町村税

349 .7　地　方　債
　　 .73　　都道府県債
　　 .75　　市町村債
　　 .8　　公有財産
　　　　　　＊地方公営事業→335.7
　　 .9　　都市財政問題

350　　統　　　計　Statistics
　　　　　　＊地理区分
　　 .1　　統計理論．統計学．製表
　　　　　　＊一般統計学は，ここに収め，近代統計学は，417に収める
　　　　　　＊確率論，数理統計学→417
　　 .12　　統計学史
　　 .19　　統計行政・法令
　　 .192　 統計法令
　　 .2　　統計史・事情
　　　　　　＊地理区分
　　 .28　　統計学者〈列伝〉
　　　　　　＊個人伝記→289
　　 .9　　世界統計書

351／357　　一般統計書　General statistics

358　　人口統計．国勢調査　Population statistics
　　　　　　＊地理区分
　　 .01　　人口統計学　→：334.2

[359]　　各種の統計書　Statistics of specific subjects
　　　　　　＊特定主題の統計書は，各主題の下に収める　例：338.059金融統計，610.59農業統計
　　　　　　＊別法：ここに集め，関連主題によって細分　例：359.338金融統計，359.61農業統計

360　　社　　　会　Society
　　　　　　＊ここには，364／369を含む社会問題〈一般〉を収める
　［.1→361］
　［.2→362］

361　　社　会　学　Sociology
　　　　　　＊特定主題の社会学は，各主題の下に収める　例：161.3宗教社会学，321.3法社会学
　　 .1　　社会哲学
　　 .16　　社会学方法論
　　 .2　　社会学説史

社会科学

＊地理区分
＊個々の社会学者の学説・体系を形成する著作および著作集は，ここに収める

361.21　日本社会学
有賀喜左衛門 1897—1979，磯村英一 1903—1997，作田啓一 1922—，清水幾太郎 1907—1988，鈴木栄太郎 1894—1966，高田保馬 1883—1972，田辺寿利 1894—1962

.233　イギリス社会学
スペンサー Spencer, Herbert, 1820—1903

.234　ドイツ社会学
アドルノ Adorno, Theodor Wisengrund, 1903—1969，ヴィーゼ Wiese, Leopold von, 1876—1969，ヴェーバー，A. Weber, Alfred, 1868—1958，ヴェーバー，M. Weber, Max, 1864—1920，オッペンハイマー Oppenheimer, Franz, 1864—1943，ケーニヒ König, René, 1906—1992，シェッフレ Schäflle, Albert, 1831—1903，シェーラー Scheler, Max, 1874—1928，ジンメル Simmel, Georg, 1858—1918，ゾンバルト Sombart, Werner, 1863—1941，テンニース Tönnies, Ferdinand, 1855—1936，トレルチ Troeltsch, Ernst, 1865—1923，ハーバマス Habermas, Jürgen, 1929—，ホルクハイマー Horkheimer, Max, 1895—1973，マルクーゼ Marcuse, Herbert, 1898—1979，マンハイム Mannheim, Karl, 1893—1947，リット Litt, Theodor, 1880—1962，リュストウ Rüstow, Alexander, 1885—1963

.235　フランス社会学
アルヴァクス Halbwachs, Maurice, 1877—1945，ギュルヴィッチ Gurvitch, Georges, 1894—1965，コント Comte, Auguste, 1798—1857，タルド Tarde, Jean Gabriel, 1843—1904，デュルケーム Durkheim, Emile, 1858—1917，ブーグレ Bouglé, Célestin, 1870—1940，ブルデュー Bourdieu, Pierre, 1930—2002，メルロ・ポンティ Merleau-Ponty, Maurice, 1908—1961，モース Mauss, Marcel, 1872—1950，レヴィ・ストロース Lévi-Strauss, Claude, 1908—，レヴィ・ブリュール Lévy-Bruhl, Lucien, 1857—1939

.253　アメリカ社会学
ウォード Ward, Lester Frank, 1841—1913，ギディングス Giddings, Franklin Henry, 1855—1931，クーリー Cooley, Charles Horton, 1864—1929，グールドナー Gouldner, Alvin Ward, 1920—1980，ゴッフマン Goffman, Erving, 1922—1982，サムナー Sumner, William Graham, 1840—1910，シュッツ Schütz, Alfred, 1899—1959，ズナニエツキ Znaniecki, Florian Witold, 1882—1958，ソローキン Sorokin, Pitirim Alexandrovitch, 1889—1968，トマス Thomas, William Isaac, 1863—1947，バーガー Berger, Peter L., 1929—，パーク Park, Robert Ezra, 1864—1944，パーソンズ Parsons, Talcott, 1902—1979，ブラウ Blau, Peter Michael, 1918—，ブルーマー Blumer, Herbert, 1900—1987，フロム Fromm, Erich, 1900—1980，ベッカー Becker, Howard Saul, 1928—，ベネディクト Benedict, Ruth Fulton, 1887—1948，マッキーヴァー MacIver, Robert Morrison, 1882—1970，マートン Merton, Robert King, 1910—2003，ミード，G. H. Mead, George Herbert, 1863—1931，ミード，M. Mead, Margaret, 1901—1978，ミルズ Mills, Charles Wright,

1916—1962
361	.3	社会関係．社会過程
	.4	社会心理学　→：140
	.41	社会規範
	.42	地方性．国民性．民族性
	.43	リーダーシップ
	.44	グループダイナミックス

＊パニック，暴動，モッブ，群集心理は，ここに収める

	.45	コミュニケーション．コミュニケーション理論　→：007.1；070；801.9
	.453	マスコミュニケーション．マスメディア
	.454	パーソナルコミュニケーション
	.46	宣伝．広報　→：674.1
	.47	世論．世論調査

＊特定の目的をもった調査は，各主題の下に収める

	.48	パーソナリティ
	.5	文化．文化社会学：文化変容，社会進歩，社会解体
	.6	社会集団
	.61	小　集　団
	.62	無組織集団：群集，公衆，大衆
	.63	血縁集団．家族　→：324.6；367.3
	.64	世代．年齢集団

＊青少年→367.68；老年→367.7

	.65	機能集団

＊愛国団体，圧力団体，秘密結社は，ここに収める

[	.67]	人種集団　→316.8
	.7	地域社会

＊人間生態学は，ここに収める

＊人口学→334.1

	.76	農村．山村．漁村　→：611.9；651.9；661.9
	.78	都　　市　→：318.7
	.785	近　　郊
	.8	社会的成層：階級，階層，身分
	.81	社会的地位

＊貴族，華族は，ここに収める（別法：288.5）

	.83	資本家階級［ブルジョアジー］．上流階級．特権階級
	.84	中間階級：インテリゲンチア，サラリーマン
	.85	労働者階級［プロレタリアート］
	.86	同和問題［部落解放］　→：371.56
	.9	社会測定．社会調査．社会統計

＊地理区分

	.98	社会計画［社会工学］．社会開発

362	社会史．社会体制　Social history. Social system	
	＊地理区分	
	＊ここには，社会体制史，社会構造・組織史を収め，一般社会史は，歴史の下に収める	
.02	原始社会．原始共産制	
	＊未開社会→389	
.03	古代社会．奴隷制社会	
.04	中世社会．封建制社会．農奴制社会	
.06	近代社会．市民社会．資本主義体制	
.07	社会主義体制	
364	社会保障　Social security　→：366.11	
	＊福祉国家論は，ここに収める	
	＊社会福祉→369	
.1	社会政策	
.3	社会保険	
	＊私保険→339	
.4	健康保険．国民健康保険	
	＊薬価点数表，レセプト［社会保険診療報酬明細書］は，ここに収める	
	＊私的医療保険→339.47	
.48[+]	介護保険　→：369.26	
	＊私的介護保険→339.47	
.5	労働者災害補償保険	
	＊別法：366.35	
	＊公務員→317.35	
.6	国民年金．厚生年金．共済年金　→：317.35	
	＊年金〈一般〉は，ここに収める	
	＊企業年金→366.46；公務員共済制度→317.35；個人年金→339.4；郵便年金→338.72	
.7	雇用保険．失業保険	

365　生活・消費者問題　Living and consumer's problems　→：519；611.98
［.1］　衣料問題　→586；593
［.2］　食糧問題　→611.3
　.3　住宅問題　→：527；597；673.99
　.31　住宅政策・行政・法令　→：520.91
　.33　宅　　　地
　.34　借地．借家．地代．家賃　→：324.81
　.35　集合住宅：公団住宅，公営住宅，団地，アパート，マンション　→：591.8
　.36　集合住宅管理組合
　.37　貸間．下宿　→：591.7
　.4　生計費．家計調査　→：591.8
　.5　生活実態調査．生活時間調査
　.6　生活改善．合理化．新生活運動　→：591

365 .7	余　　暇
	＊特定主題による余暇の利用法に関するものは，各主題の下に収める
.8	消費者運動
.85	消費者協同組合．生活協同組合
	＊別法：335.66
.89	消費者問題苦情処理機関

366　労働経済．労働問題　Labor economics. Labor problems
- .1　労働政策・行政・法令
- .11　労働政策　→：364
- .12　労働行政．国際労働機関
  - ＊労働委員会→366.67
- .14　労働法〈一般〉
  - 労働権，団結権，不当労働行為，労働協約
  - ＊労働刑法→326.86
- .15　労働基準法
  - ＊工場法は，ここに収める
- .16　労働組合法
- .17　労働関係調整法．公労法．地労法　→：366.67
- .18　労働判例
  - ＊ここには，労働判例〈一般〉を収め，特定主題に関する労働判例は，各主題の下に収める　例：366.33就業規則判例
- .19　外国の労働法
  - ＊地理区分
  - ＊外国の労働法は，.15／.18にあたる個々の法律についても，すべてここに収める
- .2　労働力．雇用．労働市場：就業人口，労働移動　→：331.88；336.42
  - ＊地理区分
- .28　失業．失業対策．身障者・中高年雇用問題
- .29　職業．職種．職業紹介．職業訓練．就職　→：307.8
  - ＊職業に関する資格試験〈一般〉は，ここに収める
  - ＊就職試験問題集〈一般〉は，307.8に収める（別法：ここまたは336.42に収める）
  - ＊国家試験→317.4
- .3　労働条件．労働者の保護　→：367.93
  - ＊職場におけるセクシャルハラスメントは，ここに収める
- .31　男女雇用機会均等法
- .32　労働時間．休日．週休二日制．有給休暇．帰休制度．レイオフ　→：336.44
- .33　就業規則　→：336.44
- .34　安全衛生　→：336.48；366.99
- [.35]　労働災害補償　→364.5
- .36　労働者福祉　→：336.48
- .366　福利施設．厚生施設
- .38　労働者の保護：女性労働，年少労働　→：369.25

366.4	賃　　　金　→：331.85；336.45	
.42	賃金体系・形態	
.44	最低賃金制	
.45	手当．賞与	
.46	退職金．企業年金．定年制［停年制］　→：336.42	
	＊財形貯蓄は，ここに収める	
.5	労使関係．労資協調　→：336.46	
	＊産業民主主義は，ここに収める	
.51	労働契約	
.56	労使協議制：工場委員会，経営参加	
.57	利益分配制度．従業員持株制度	
.6	労働組合．労働運動	

[.602→366.62]

.62	歴史・事情	
	＊地理区分	
.628	個々の組合誌	
	＊1企業，1組織体（単組）の活動報告は，ここに収める	
.629	労働組合の連合組織：産業別労働組合	
	＊連合組織の運動史誌は，ここに収める	
	＊教員組合→374.37	
.63	団体交渉	
	＊労働協約→366.14	
.65	苦情処理機関	
.66	労働争議：ストライキ，サボタージュ，ロックアウト	
.67	争議調整：斡旋，調停，仲裁，労働委員会　→：366.17	
.7	労働者生活・教育．技能者養成　→：336.47	
.8	各種の労働・労働者	
	親方制度，家内労働，季節労働［出稼人］，強制労働，熟練工，徒弟制度，年季奉公，派遣社員，パートタイマー，日雇［自由労働者］，不熟練労働者，フリーター［フリーアルバイター］，見習工，臨時工，臨時職員	
.89	外国人労働・労働者	
.9	労働科学．産業社会学	
.94	労働心理学．産業心理学　→：335.14；336.4	
.99	労働衛生．産業衛生　→：336.48；366.34；492.995；498.8；509.8	
	＊職業病→498.87	

367	家族問題．男性・女性問題．老人問題　Family. Man and woman. Aged people	
.1	女性．女性論	
	女性運動，女性解放，フェミニズム，男女同権	
	＊ここには，理論的な扱いに関するものを収める	
	＊女性問題〈一般〉は，ここに収める	
	＊女性訓→159.6；女性参政権→314.82；女性労働→366.38	
.2	女性史・事情　→：384.6	

		＊地理区分
		＊ここには，歴史的な扱いに関するものを収める
		＊女性問題〈一般〉→367.1；伝記→280
367 .3		家．家族関係　→：324.6；361.63；591
		主婦，嫁と姑，親子関係，夫婦関係
		＊家族問題〈一般〉は，ここに収める
		＊シングルペアレント，父親論，母親論は，ここに収める
		＊夫婦〈一般〉は，ここに収める；夫婦関係でも，婚姻関係の発生，解消に関係するものは，367.4に収める
.4		婚姻・離婚問題　→：152.2；324.62；327.4
		独身，結婚，夫婦別姓，未亡人，離婚，再婚
		＊同性婚は，367.97に収める（別法：ここに収める）
.5		男性．男性論
		＊男性問題〈一般〉は，ここに収める
		＊人生訓→159
.6		児童・青少年問題　→：327.8；368.7；369.4；371.42；371.45；371.47
		＊地理区分
		＊児童・青少年問題〈一般〉は，ここに収める
.68		青少年［若者．ヤングアダルト］
		＊青年訓→159.7
.7		老人．老人問題　→：143.7；369.26
		＊老年学は，ここに収める
		＊中高年齢者問題〈一般〉は，ここに収める
		＊高齢化社会〈一般〉は，ここに収める
		＊少子高齢化→334.3；老人訓→159.79；老年医学→493.185
.75		独居老人．老人世帯
［.76］		高齢者教育．老人クラブ．老人学級・大学　→379.47
.9		性問題．性教育　→：152.1；384.7；491.35；598.2
.93		性的いやがらせ［セクシャルハラスメント］　→：366.3
.97		同性愛：ホモセクシャル，レズビアン．両性愛［バイセクシャル］
		＊同性婚は，ここに収める（別法：367.4）
.98[+]		性同一性
		＊ここには，体と心の性の不一致に関するものを収める
		＊性同一性障害は，ここに収める
.99		性　教　育　→：375.49
		＊ここには，家庭等学校以外での性教育を収める

368		社会病理　Social pathology
.2		貧困．スラム．どや街．浮浪者．ホームレス
.28		難民問題：戦争孤児，経済難民　→：334.4；369.38
.3		自殺．自殺防止　→：145.71
.33		情死．心中
.4		人身売買．売買春．公私娼　→：384.7

368	.5	反社会集団
	.51	侠客．極道．博徒．暴力団．やくざ
	.53	マフィア
	.6	犯罪．犯罪人．組織犯罪　→：326.3

    ＊別法：犯罪現象326.36；犯罪社会学326.35
    ＊犯罪被害者，犯罪被害者救済→326.3

	.61	殺人．暗殺

    ＊決闘は，ここに収める

	.62	誘　　拐
	.63	賭博［ギャンブル］
	.64	性犯罪．わいせつ
	.65	窃盗．強盗
	.66	コンピュータ犯罪
	.7	青少年犯罪　→：327.8；367.6
	.71	少年非行．非行防止
	.8	中　毒　者　→：493.15
	.81	薬物・薬剤中毒者　→：493.155
	.83	麻薬中毒者．麻薬密売
	.85	覚醒剤中毒者
	.86	アルコール中毒者　→：493.156
369		社会福祉　Social welfare　→：187.6；197.6

   ＊介護福祉〈一般〉は，ここに収める
   ＊別法：障害者の学校教育以外の教育・訓練378.9

	.1	福祉政策・行財政・法令
	.11	福祉政策．福祉行政．福祉財政
	.12	福祉法令・法規
	.13	社会福祉施設
	.14	共同募金．慈善事業．民間社会福祉事業
	.15	赤十字事業
	.16	ケースワーク．グループワーク

    ＊特定主題に関するものは，各主題の下に収める

	.17	福祉従事者：民生委員，社会福祉士，介護福祉士，精神保健福祉士，介護支援専門員［ケアマネジャー］

    ＊訪問介護員［ホームヘルパー］は，ここに収める

	.18	福祉機器．補装具

    ＊福祉車両は，ここに収める

	.2	公的扶助．生活保護．救貧制度

    ＊行路病死人救助は，ここに収める

〈.25／.28		対象別福祉〉

    ＊児童福祉→369.4

	.25	女性福祉　→：366.38
	.26	老人福祉［高齢者福祉］　→：364.48；367.7；492.996；493.185

369	.261	家庭老人福祉：在宅老人福祉ケア，訪問介護　→：492.993
	.263	老人福祉施設：老人ホーム，在宅介護支援センター，デイケアセンター
	.27	障害者福祉：身体障害者福祉，肢体不自由者福祉
		＊心身障害者福祉は，ここに収める
	.275	視覚障害者福祉　→：014.79；015.97；016.58；801.91
	.276	聴覚障害者福祉．言語障害者福祉　→：801.92
	.28	精神障害者福祉
	.3	災害．災害救助
		＊全般的な防災行政は，ここに収める
		＊防災行政（消防）→317.79
	.31	震災．火山災害
	.32	火災．ガス爆発による火災
	.33	風水害
	.34	水難救助
	.35	工場災害．周辺被害者
	.36	放射能被曝．放射能汚染　→：539.99；543.5
		＊広島，長崎の原爆による被爆→369.37
	.37	戦災者・被災者・引揚者保護
	.38	難民救済　→：334.4；368.28
	.39	軍事保護
	.4	児童福祉　→：367.6
		＊少年保護→327.85
	.41	母子福祉．母子保護．母子寮．単親家庭
	.42	保育所．託児所．学童保育　→：376.1
	.43	児童養護施設．児童相談所．里親制度
	.44	孤児．婚外児
		＊中国残留孤児→369.37
	.49	心身障害児福祉・施設　→：378
	.5	経済保護：授産事業，簡易宿泊所，公益質屋　→：338.77
	.7	地域福祉．セツルメント［隣保事業］
		＊ボランティア活動〈一般〉は，ここに収める；ただし特定の対象の場合は，各主題の下に収める
	.75	司法福祉．更生保護
	.8	矯風事業
	.81	禁酒・禁煙運動
	.83	廃娼運動
	.9	医療社会福祉．医療保護　→：498.1
	.91	医療行政・制度・施設
	.92	医療ケースワーク

370 教　　育　Education

[.1→371]
[.2→372]
.8 　　叢書. 全集. 選集
　　　　＊教育実践記録集はここに収め，個々の実践記録は関連主題の下に収める

371 教育学. 教育思想　Theory of education
.1 　　教育哲学
.16 　　教育学方法論
.2 　　教育学史. 教育思想史
　　　　＊地理区分
　　　　＊個々の教育学者の学説・体系を形成する著作および著作集は，ここに収める
.21 　　日　　　本
　　　　　伊沢修二 1851—1917, 石山脩平 1899—1960, 長田新 1887—1961,
　　　　　沢柳政太郎 1865—1888, 篠原助市 1876—1957, 谷本富 1867—1946,
　　　　　矢川徳光 1900—1982, 吉田熊次 1874—1964
.233 　　イギリス
　　　　　ニイル Neil, Alexander Sutherland, 1883—1973
.234 　　ド　イ　ツ
　　　　　シュプランガー Spranger, Eduard, 1882—1963, ナトルプ Natorp, Paul,
　　　　　1854—1924, フレーベル Fröbel, Friedrich, 1782—1852, ヘルバルト
　　　　　Herbart, Johann Friedrich, 1776—1841
.2345 　　ス　イ　ス
　　　　　ペスタロッチ Pestalozzi, Johann Heinrich, 1746—1827
.2348 　　チ　ェ　コ
　　　　　コメニウス Comenius, Johann Amos, 1592—1670
.235 　　フランス
　　　　　デュルケーム Durkheim, Emile, 1858—1917, ルソー Rousseau, Jean-Jacques,
　　　　　1712—1778
.237 　　イタリア
　　　　　モンテッソリー Montessori, Maria, 1870—1952
.238 　　ロシア．ソビエト
　　　　　クルプスカヤ Krupskaya, Nadezhda, 1869—1939
.253 　　アメリカ合衆国
　　　　　デューイ Dewey, John, 1859—1952
.3 　　教育社会学. 教育と文化
.31 　　地域社会と学校：農山漁村の教育，都市と教育，僻地教育
[.33] 　　家族と教育　→374.6
.35 　　学校・学級社会
.37 　　マスコミュニケーションと教育. テレビによる影響
.4 　　教育心理学. 教育的環境学
　　　　発達，人格と適応
.41 　　学習：学習適応，学習障害，学習恐怖症

371.42	問題行動：不登校［登校拒否］，引きこもり，校内暴力，いじめ，子供の自殺，家庭内暴力，思春期暴力　→：367.6	
	＊少年非行，非行心理学→368.71	
.43	教育診断．カウンセリング．精神衛生	
[.44]	幼児心理　→376.11	
.45	児童心理．児童研究　→：367.6	
	＊別法：143.3	
.47	青年心理．青年研究　→：367.6	
	＊別法：143.4	
.5	各種の教育論・類型　→：141.18	
	英才教育，オープン教育，海外帰国子女教育，個性教育，個別化教育，児童中心学校，自由教育，植民地教育，人格主義教育，進歩主義教育，生活教育，生産教育，創造教育，地域社会学校，労作教育	
.56	同和教育　→：361.86	
.6	道徳教育．宗教教育．情操教育．公民教育　→：375.35	
.7	教育測定．教育評価　→：375.17	
	知能測定，性格測定，適性検査	
.8	教育調査法．教育統計法	

372　教育史・事情　History and conditions of education
　　　　＊地理区分
　　　　＊教育運動史は，ここに収める
.1　　日本教育史・事情
.103　　古　　代
.104　　中　　世
.105　　近　　世
　　　　＊藩学校，寺子屋は，ここに収める
.106　　近代：明治・大正時代，昭和時代前期　1868－1945
.107　　昭和時代後期．平成時代　1945―
.8　　教育家〈列伝〉
　　　　＊個人伝記→289

373　教育政策．教育制度．教育行財政　Educational policy and system
.1　　教育政策．教育制度．学校制度
　　　　義務教育，学区制，不就学，公教育，私立学校
　　　　＊比較教育は，ここに収める
　　　　＊各国の教育制度史・事情は，372.1／.7に収める
.2　　教育行政．教育委員会．教育視察
.22　　教育法令．設置基準
.4　　教育財政．教育費．私学助成．奨学制度．育英会
.7　　教員の養成・資格．教員検定　→：374.3
.78　　人事行政．勤務評定．共済組合
　　　　＊教員組合→374.37

374		学校経営・管理. 学校保健　School administration
		＊ここには，小中高等学校に関するものを収め，大学の管理は377.1に収める
	.1	学級経営・編成. 指導要録. 成績管理
		＊学級文庫→017.2
	.12	小　学　校
	.13	中　学　校
	.14	高等学校
	.2	生徒論：男女共学，共学問題
	.3	教　職　員　→：373.7
	.35	教職：教職実務，教職技術，教職教養，教案［指導案］の書き方，板書
	.37	教員労働. 教員組合
	.4	学校行事：学校儀式
	.43	学校講話［教育講話］
	.46	遠足. 修学旅行　→：786.4
	.47	学芸会. 学校祭
	.48	運　動　会
	.5	学校事務. 学校会計
	.6	家庭と学校との関係：PTA，学校父母会，後援会，同窓会
		＊別法：家族と教育371.33
	.7	学校施設・設備　→：526.37
		校地，校舎，運動場，学校園，学校環境，学校植林，学校防災
	.79	教具. 教育機器. コンピュータ　→：375.19
	.8	校外教育：林間学校，臨海学校
	.9	学校保健
	.91	環境衛生
	.92	安全教育
	.93	身体検査. 健康管理. 健康相談. 学校看護　→：492.994
		＊肥満児の教育指導は，ここに収める
	.94	学校給食
	.96	学校疾病対策：学童結核，トラコーマ，インフルエンザ
	.97	健康教育
	.98	学校体育. 学校遊戯　→：375.49；781
375		教育課程. 学習指導. 教科別教育　Curriculums. Methods of instruction and study
		＊ここには，わが国の小・中・高等学校に関するものを収め，幼稚園は376.15，大学は377.15に収める
		＊教育方法・技術・工学は，ここに収める
		＊学校教育における環境教育〈一般〉は，375に収め，特定教科の環境教育は，各教科の下に収める
		＊外国の教科別教育，教科書→372.2／.7；公害教育→375.3
	.08	叢書. 全集. 選集
	.082	小　学　校
	.083	中　学　校

375 .084	高等学校

- .1 学習指導〈一般〉. 学習指導要領
  - 授業設計, 授業評価・分析, 授業改造, 授業の受け方・学び方・学ばせ方
  - ＊生活指導を含む指導〈一般〉は，ここに収める
- .11 教育工学
- .12 教材研究. 教材選択
- <.13／.16 学習形態>
  - ＊特定の教科に関するものは，.3／.8に収める
- .13 グループ学習
- .14 校外研究. 見学. 調査
- .16 宿題. 予習と復習
- .17 学習評価. 学力調査. テスト［考査. 試験］. 学習不振 →：371.7
- .18 特別活動：ホームルーム，クラブ活動，話し合い
- .182 小　学　校
- .183 中　学　校
- .184 高等学校
- .189+ 総合的学習［総合学習］
- .1892+ 小　学　校
- .1893+ 中　学　校
- .1894+ 高等学校
- .19 視聴覚教育：教材，資料，機器　→：014.77；374.79；779.8
  - 放送教育，テレビ教育，展示・掲示
  - ＊ここには，視聴覚教育〈一般〉を収め，特定教科の視聴覚教育は，各教科の下に収める
- .199 情報教育：コンピュータ教育，CAI
  - ＊ここには，情報教育〈一般〉を収め，特定教科への情報技術の活用は，各教科の下に収める
  - ＊情報科は，ここに収める
- .2 生活指導. 生徒指導
- .23 教育相談. 個別指導
- .25 進路指導. 職業指導
- .27 校外指導. 余暇指導
- <.3／.8　各　教　科>
  - .3 社会科教育　→：307
  - .31 社会：倫理，社会，政治，経済
  - .312 小　学　校
    - ＊生活科（小学校低学年）は，ここに収める
  - .313 中　学　校
  - .314 高等学校
  - .32 歴　　史　→：207
  - .322 小　学　校
  - .323 中　学　校
  - .324 高等学校

375	.33	地理．人文地理
	.332	小　学　校
	.333	中　学　校
	.334	高等学校
	.35	道　　徳　→：371.6
	.352	小　学　校
	.353	中　学　校
	.4	科学教育　→：407
	.41	数学．算数．数学教育　→：410.7
	.412	小　学　校
	.413	中　学　校
	.414	高等学校
	.42	理科教育
	.422	小学理科
	.423	中学理科
	.424	高校物理
	.434	高校化学
	.454	高校地学
	.464	高校生物
	.49	保健．体育科　→：367.99；374.98；498；780.7
	.492	小　学　校
	.493	中　学　校
	.494	高等学校
	.5	技術・家庭科
	.52	小　学　校
	.53	中　学　校
	.54	高等学校
	.6	職業科．高校職業課程．職業教育．産業教育　→：507.7；607
	.7	芸　術　科　→：707
	.72	図画・工作．美術教育．造形美術　→：720.7；726.7
	.73	習字．書道　→：728
	.76	音楽．音楽教育　→：760.7
	.762	小　学　校
	.763	中　学　校
	.764	高等学校
	.8	国語科．国語教育　→：810.7；817.5；817.7
		＊文学教育は，ここに収める
	.82	小　学　校
	.83	中　学　校
	.84	高等学校
	.85	読方教育．読解指導
	.852	小　学　校
	.853	中　学　校

375	.86	作文教育．文法教育
	.862	小　学　校
	.863	中　学　校
	.87	漢字教育
	.88	ローマ字教育
	.89	外国語教育
	.892	中　国　語
	.893	英　　　語
	.8932[+]	小　学　校
	.8933[+]	中　学　校
	.8934[+]	高等学校
	.894	ドイツ語
	.895	フランス語
	.898	その他の外国語
	.9	教　科　書

＊375.3／.8のように区分　例：375.9893英語教科書
＊情報科の教科書は，375.9199に収める
＊往来物〈一般〉は，ここに収める
＊外国の教科書→372.2／.7

376		幼児・初等・中等教育　Pre-school. Elementary and secondary education
	.1	幼児教育．保育．就学前教育．幼稚園．保育園　→：369.42；599

＊幼児教育〈一般〉は，ここに収める

［.101→376.11］
［.102→376.12］

	.11	理論．方法．幼児心理

＊別法：幼児心理143.2または371.44

	.12	幼児教育史・事情

＊地理区分

	.128[+]	個々の幼稚園誌
	.14	経営．管理．施設．幼稚園教諭．保育士
	.15	教育課程．保育内容
	.153	人間関係：社会
	.154	環境：自然観察
	.156	表現：絵画，製作，遊戯，音楽，リズム　→：726.7
	.157	健康：運動，衛生
	.158	言葉：言語，物語，お話

＊別法：物語．お話376.159

［	.159］	物語．お話　→376.158
	.2	初等教育．小学校

＊地理区分

	.28	個々の小学校誌

＊個々の小学校・同窓会の文集，歴史，写真集は，ここに収める

376	.3	中等教育．中学校
		＊地理区分
	.38	個々の中学校誌
		＊個々の中学校・同窓会の文集，歴史，写真集は，ここに収める
	.4	高等学校．高校生活
		＊地理区分
		＊旧制中学校，女学校は，ここに収める
	.48	個々の高等学校誌
		＊個々の高等学校・同窓会の文集，歴史，写真集は，ここに収める
	.489	海外留学．ホームステイ　→：377.6
		＊ここには，高校生までのものを収める
	.7	各種学校．専修学校．専門学校
		＊個々の学校誌は，関連主題の下に収める
	.8	予備教育．塾教育．入学試験．受験．学習塾
	.81[+]	幼稚園入試
	.82[+]	小学入試
	.83[+]	中学入試
	.84[+]	高校入試
	.87[+]	大学入試
		＊高等学校卒業程度認定試験は，ここに収める
	[.88]	大学院入試　→377.8
	.9	外国人学校．在外邦人学校

377		大学．高等・専門教育．学術行政　Higher education
		＊放送大学は，ここに収める
	[.02→377.2]	
	.1	大学の管理・組織・運営．法令．基準．大学の自治
	.13	大学教職員
	.15	教育課程．講座．教授理論・教授法［教授学］
	.17	大学の施設・設備
	.2	大学の歴史・事情
		＊地理区分
	.28	個々の大学誌：総合大学，単科大学，大学院
		＊学部の歴史は，ここに収める
	.3	短期大学．高等専門学校
		＊旧制高等学校・専門学校は，ここに収める
		＊大学校の研究，高等職業教育は，ここに収める
	.5	学　　位
		＊名簿，学位論文目録は，ここに収める
	.6	海外留学．交換教授．国際学術交流　→：376.489
		＊留学案内は，ここに収める
	.7	学術研究奨励
		＊科学研究費は，ここに収める

377 .8+	大学院入試
	＊各専門職大学院の入試は，関連主題の下に収める
	＊別法：376.88
.9	学生．学生生活．学生問題
	学生アルバイト，学生祭，学生寮，同窓会
	＊個々の大学の同窓会名簿，同窓会文集→377.28
.95+	就職問題
.96	学生組織．学生運動

＊ノーベル賞は，ここに収める （冒頭行）

378	障害児教育［特別支援教育］　Education for the handicapped children. Special needs education　→：369.49
	＊障害児心理，障害児保育，心身障害児教育は，ここに収める
	＊特別支援学校〈一般〉は，ここに収める
	＊養護教育，養護学校〈一般〉は，ここに収める
	＊学校教育における障害者教育は，ここに収める
	＊成人後の障害者の学校教育以外の教育・訓練は，369の下に収める
.1	視覚障害児．弱視児．盲教育
.18	点　字　法　→：014.79；016.58
	＊点字は，801.91に収める（別法：ここに収める）
.2	聴覚障害児．難聴児．聾教育
.28	手話法．口話法
	＊手話は，801.92に収める（別法：ここに収める）
.3	肢体不自由児
.4	病弱・身体虚弱児
.5	言語障害児．吃音矯正　→：496.9
.6	知的障害［精神遅滞］児　→：145.8
.7	脳性麻痺児
.8	発達障害児：学習障害，自閉症，注意欠陥多動性障害．情緒障害児
［.9］	障害者の学校教育以外の教育・訓練　→369

379	社会教育　Social education　→：611.97
	＊生涯教育は，ここに収める
	＊社会体育→780
.1	社会教育行財政・法令
.2	社会教育施設：公民館，公会堂，コミュニティセンター
	＊図書館→010；博物館→069
.3	青少年教育・団体．児童文化活動
.31	子　供　会
.32	少　年　団
.33	ボーイスカウト．ガールスカウト
.35	青年学級．青年団
.4	成人教育

379 .46　女性教育
　　.47　高齢者教育
　　　　　　＊別法：367.76
　　.5　集会学習．視聴覚教育
　　　　　大学公開講座，講演・講習会，討論会
　　.6　集団学習．サークル活動
　　.7　通信教育．独学
　　.8　教化運動
　　.9　家庭教育
　　.91　家庭におけるしつけ
　　.911　幼児期　→：599.9
　　.915　少年・少女期
　　.917　青年期
　　.93　早教育
　　.95　家庭教師
　　.98　両親再教育

380　　風俗習慣．民俗学．民族学　Customs, folklore and ethnology
　　　　　＊文化人類学の理論に関するものは，389に収める
　　.1　民間伝承論．民俗学
　［.2→382］
　　.9　比較民俗学

382　　風俗史．民俗誌．民族誌　History and descriptions of customs, folklore and ethnology　→：290
　　　　　＊地理区分
　　.1／.7　各地の風俗・習慣，民俗，民族
　　　　　　＊特定民族の民族誌は，ここに収める（別法：389.1／.7）
　　.8　民俗（族）学者〈列伝〉
　　　　　　＊個人伝記→289
　　.9　地理区分できない民族

〈383／387　各種の風俗・習慣〉

383　　衣食住の習俗　Costumes. Eating and drinking. Housing
　　.1　服装．服飾史　→：589.2；593
　　.14　男性
　　.15　女性
　　.16　子供
　　.2　冠帽．履物
　　.3　装身具［アクセサリー］　→：593.8；755.3
　　.4　手袋．襟巻．ショール．扇子．ステッキ

| | | 風俗習慣．民俗学．民族学 | |

383 .5　結髪史．髪型．髪飾り．化粧史　→：595
　.6　沐　浴　史　→：498.37
　.7　身体変工：刺青［入墨］，御歯黒，耳朶穿孔，纏足，抜歯
　.8　飲食史［食制］　→：498.5；596
　　　　＊地理区分
　.88　道具：箸，茶碗
　.885　飲　酒　史
　.889　喫　茶　史
　.89　喫　煙　史
　.9　住生活史　→：521.86；527
　.91　民　　　家　→：521.86
　.93　民　　　具　→：614.84
　.95　灯　　　火　→：545.4；576.4

384　社会・家庭生活の習俗　Customs of social and domestic life
　.1　村制民俗：垣内，組，宮座，講，氏子，族制
　.2　都　　　市
　.3　生業．交通儀礼
　.31　農耕儀礼：雨乞，稲刈，案山子，田植
　.34⁺　畜産儀礼
　.35　林業・狩猟儀礼．またぎ
　.36　漁労．海女　→：661.9
　.37　交易．交通．旅行．運搬．市と店
　.38　諸職：遊行人，行者，山伏，侠客，瞽女，香具師，木地屋，的屋
　.39　建築儀礼．船下し
　.4　家構成．家庭生活：名字，家号，家柄，分家．親族
　.5　子供の生活
　.55　遊び．遊戯　→：781.9
　.6　女性の生活　→：367.2
　.7　性風俗：接吻，交接，妾，恋愛，同性愛　→：152.1；367.9；368.4；598.2
　.8　趣味娯楽
　　　　＊特定の風俗は，各主題の下に収める
　.9　芸者．遊里．遊女．幇間

385　通過儀礼．冠婚葬祭　Customs of life cycle　→：210.09
　.2　産育習俗［誕生儀礼］：出産，産湯，命名，七夜，宮参り，七五三
　.3　元服．成年式
　.4　婚姻習俗［婚姻儀礼］：見合い，婚約，結納，結婚式，里帰り，水祝
　　　　＊結婚式披露宴における式辞は，809.4に収め，その式辞例は，8□6または8□67に
　　　　　収める
　.5　厄年．算賀：還暦，古稀，喜寿，米寿，白寿
　.6　葬送儀礼：葬送，葬制，墓，殉死，服忌　→：176.9
　.7　法要．年忌

385　.9　礼儀作法［エチケット］．社交．贈答
　　　　　＊小笠原流礼法などの各流派は，ここに収める
　　　　　＊特定主題の作法は，各主題の下に収める
　　　　　＊食事マナー→596.8
　　.93　社交．つきあい
　　.95　応接．接客〈一般〉
　　　　　＊ビジネスに関するもの→336.49
　　.97　贈答．つつみ方［ラッピング］

386　　年中行事．祭礼　Annual events. Festivals　→：176；210.09
　　　　　＊地理区分
　　.8　民俗芸能［郷土芸能］．民俗舞踊［郷土舞踊］　→：768.8；769；773.29；774.29
　　　　　＊地理区分
　　.9　祝　祭　日

387　　民間信仰．迷信［俗信］　Popular beliefs　→：147；163
　　　　　＊産土神，荒神，七福神は，ここに収める
〈.3／.7　民間信仰〉
　　.3　稲荷信仰
　　.4　地蔵信仰
　　.5　道　祖　神
　　.6　庚申信仰
　　.7　絵　　　馬
　　.9　迷信［俗信］
　　　　　＊地理区分

388　　伝説．民話［昔話］　Legends. Folk tales　→：164；184.9；901.8
　　　　　＊地理区分
　　　　　＊創作民話→9□3
　　.8　ことわざ［俚諺］
　　　　　＊地理区分
　　　　　＊特定主題に関することわざは，各主題の下に収める
　　.9　民謡．わらべ唄　→：909.1；911.5
　　　　　＊地理区分
　　　　　＊ここには，郷土民謡の研究および民謡集を収め，単なる歌集は767.5，歌謡集は
　　　　　　文学の下に収める

389　　民族学．文化人類学　Ethnology. Cultural anthropology　→：163.2；469；702.02
　　　　　＊ここには，民族学・文化人類学〈一般〉および理論に関するものを収める
　　　　　＊特定民族の民族誌は382.1／.7に，地理区分できない民族誌は382.9に収める；特定
　　　　　　民族の特定の風俗・習慣は，383／387に収める
　　　　　＊別法：特定民族の民族誌は，ここに収め地理区分
　　　　　＊形態人類学→469.4；自然人類学→469；宗教人類学→163；体質人類学→469.4

390	国防. 軍事　National defence. Military science　→：559	
	.1	国防思想. 軍国主義
[.2→392]		
	.7	研究法. 指導法. 軍人教育：軍事教練
		＊防衛大学校は，ここに収める
	.9	軍隊生活：軍規，制服，軍旗，祭典，儀式

391	戦争. 戦略. 戦術　War. Strategy. Tactics	
		＊兵法，軍学→399
[.02→391.2]		
	.1	戦争：哲学，心理学　→：319.8；329.6
	.2	戦史. 戦記　→：210.19
		＊ここには，軍事的見地からの著作を収め，一般の戦争史は歴史の下に，また従軍記などは文学の下に収める
	.207	20世紀—
	.2071	第1次世界大戦 1914—1918　→：209.71
	.2074	第2次世界大戦 1939—1945　→：209.74
	.3	戦略. 戦術. 戦闘. 心理戦争
	.38	国土防衛. 要塞. 防空
	.4	占領地行政. 軍政. 宣撫工作
	.6	軍事情報. 軍機保護. スパイ活動
		＊地理区分
		＊スパイ活動の地域や国が限られているものは，その地域や国で地理区分
	.9	戦争地理［兵要地誌］

392	国防史・事情. 軍事史・事情　History and conditions	
		＊地理区分
	.1	日本の国防史・事情
	.106	明治時代 1868—1912
	.1069	大正時代 1912—1926
	.107	昭和時代— 1926—
	.1075	太平洋戦争 1941—1945
	.1076	1945—
		＊自衛隊〈一般〉は，ここに収める
		＊海上自衛隊→397.21；航空自衛隊→398.21；陸上自衛隊→396.21
	.2／.7	外国の国防史・事情
	.8	軍人〈列伝〉
		＊個人伝記→289

393	国防政策・行政・法令　Policy and administration of national defence	
	.1	軍備制限・拡張. 軍縮問題. 再軍備　→：319.8
	.2	軍事・国防行政. 軍事・国防法. 軍制
		＊シビリアンコントロールは，ここに収める

393 .21　軍事・国防法
　　.25　軍制：徴兵，志願兵，傭兵
　　.3　　軍事司法．軍法会議．憲兵
　　.4　　戒　　　厳　→：323.131
　　.5　　軍の編成・配置
　　.6　　動員と復員．民間防衛
　　.7　　国防費［軍事費］．軍の経理・管理

394　　軍事医学．兵食　Military health services
　　　　　＊ここには，軍隊の保健衛生，食事，診療，防疫などを収める
　　　　　＊医学的な著作は，490に収める

395　　軍事施設．軍需品　Military installations. War supplies
　　　　　＊兵器→559
　　.3　　軍事基地
　　.39　　基地対策　→：319.8
　　　　　　＊反基地闘争は，ここに収める
　　.5　　軍需品：軍服，食糧
　　.8　　軍用動物：軍馬，軍用犬，軍用鳩　→：645；646
　　.9　　兵站．軍事輸送

396　　陸　　　軍　Armies
　［.02→396.2］
　　.1　　部隊の編成・経理・管理
　　.2　　陸軍史．各国の陸軍
　　　　　　＊地理区分
　　　　　　＊個々の部隊史は，それぞれの兵科の下に収める
　　.21　　日本の陸軍史・事情
　　　　　　＊陸上自衛隊は，ここに収める
　　　　　　＊各連隊・師団史は，ここに収める
　　.3　　陸戦．戦闘
　　.4　　演習．閲兵式
　　.5　　歩兵．騎兵
　　.59　　部　　隊　　史
　　.6　　砲　　　兵
　　.7　　工兵．戦車兵．自動車兵．通信兵．輸送兵
　　.8　　航空部隊
　　.9　　陸軍生活．酒保

397　　海　　　軍　Navies　→：556.9
　［.02→397.2］
　　.1　　部隊の編成・経理・管理
　　.2　　海軍史．各国の海軍

　　　　　　＊地理区分
　　　　　　＊個々の部隊史は，各兵科の下に収める
397 .21　　日本の海軍史・事情
　　　　　　＊海上自衛隊は，ここに収める
　　.3　　海戦．海上作戦．船団護衛
　　.4　　艦隊演習．観艦式
　　.5　　海軍兵科
　　.6　　陸　戦　隊
　　.8　　海軍航空隊
　　.9　　艦隊生活

398　　空　　　軍　Air forces and warfare
　［.02→398.2］
　　.1　　部隊の編成・経理・管理
　　.2　　空軍史．各国の空軍
　　　　　　＊地理区分
　　.21　　日本の航空隊史・事情
　　　　　　＊航空自衛隊は，ここに収める
　　.3　　空中戦．航空作戦

399　　古代兵法．軍学　Antiquated arts of war　→：756.7
　　　　　　＊戦略，戦術→391；武道→789
　　.1　　日本の兵法　→：156
　　.2　　中国の兵法
　　　　　　呉子，司馬法，六韜，三略，尉繚子，李衛公問対
　　.23　　孫　　　子
　　　　　　＊孫臏兵法→399.2

自然科学

(数学，理学，医学)

400	自然科学　Natural sciences	
401	科学理論．科学哲学　Theory and philosophy　→：112	
.6	自然弁証法	
402	科学史・事情　History and conditions	
	＊地理区分	
.1	日本科学史	
.102	原始時代	
.103	古　　代	
.104	中　　世	
.105	近　　世	
	＊蘭学，洋学は，ここに収める	
	＊古方→490.9	
.106	近　　代	
.8	科学者〈列伝〉	
	＊個人伝記→289	
.9	科学探検・調査	
	＊地理区分	
	＊内容が人文・自然両面にわたるものは，地誌に収める	
	＊博物誌，自然誌は，462に収める（別法：ここに収める）	
403	参考図書［レファレンスブック］　Reference books	
404	論文集．評論集．講演集　Essays and lectures	
405	逐次刊行物　Serial publications	
406	団体：学会，協会，会議　Organizations	
.9	科学博物館　→：069	
407	研究法．指導法．科学教育　Study and teaching	
	＊科学教育（小・中・高等学校）→375.4	

408　叢書．全集．選集　Collected works. Collections

409　科学技術政策．科学技術行政　Science and technology policy
　　　　＊地理区分

410　数　　　学　Mathematics
　　　　＊応用数学〈一般〉は，ここに収める
　　　　＊各種の応用数学は，関連主題の下に収める　例：007.1情報数学，336.901会計数学，501.1工業数学
　.1　　数理哲学
　.3　　参考図書［レファレンスブック］
　.38　 数表．数学公式集
　.7　　研究法．指導法．数学教育　→：375.41
　.79　 数学遊戯．魔方陣
　　　　　　＊パズル→798.3
　.9　　集合論．数学基礎論
　.96　 記号論理学［論理計算］　→：116.3

411　代　数　学　Algebra
　.1　　算術［算数］　→：418
　　　　暗算，記数法，四則算法，省略算，比例，分数
　　　　　　＊そろばん→418.9
　.2　　初等代数学
　　　　開法［開平，開立］，四則，初等級数，比，比例，方程式
　.22　 順列と組合せ
　.3　　線型代数学
　.35　 行列．行列式．多項式
　.4　　方程式論
　.5　　形式論：一次形式，二次形式，エルミート形式
〈.6／.7　現代代数学〉
　.6　　現代代数学．抽象代数学．群論
　.62　 表現論．群指標
　.63　 有限群論
　.64　 アーベル群
　.65　 特殊群：置換群，変換群
　.66　 不変式論．保型関数
　.67　 連続群論［位相群論］
　.68　 リー群．リー代数
　.69　 その他の群論
　.7　　環　と　体
　.72　 環論．多元環
　.73　 体　　論

	可換体，ガロア理論，賦値体，ブール代数
411 .74	束　　論
.75	イデアル論
.76	ホモロジー代数
.8	代数幾何学：代数多様体

412　　数論［整数論］　　Theory of numbers
.1　　初等整数論
.2　　代数的整数論：フェルマーの問題，類体論
.3　　解析的整数論：虚数乗法論
.4　　ディオファントス解析
　　　　　ディオファントスの近似値，ディオファントス方程式
.5　　連　分　数
.6　　実　数　論
.7　　超　越　数

413　　解　析　学　Analysis
.1　　解析学の一般的基礎．極限論
.2　　級数論：テイラー級数
.3　　微積分学．微分学
.4　　積分論．ルベーグ積分
.5　　関数論．解析的多様体：ベータ関数，ゼータ関数
.51　　実関数論
.52　　複素関数論．オイラー関数
.53　　等角写像．リーマン面
.54　　ポテンシャル論．調和関数
.56　　ラプラス変換
.57　　特殊関数：楕円関数，アーベル関数，ベッセル関数，テータ関数
.58　　多変数複素関数論
.59　　代数関数論：指数関数，三角関数，フーリエ級数，双曲線関数
.6　　微分方程式
.61　　微分方程式論
.62　　常微分方程式
.63　　偏微分方程式．グリーン関数
.64　　線型微分方程式
.65　　非線型微分方程式
.66　　フーリエ変換
.67　　境界値問題．固有値問題
.7　　積分方程式
.71　　特殊関数方程式
.72　　線型積分方程式
.73　　非線型積分方程式
.75　　作用素方程式［演算子法］　　→：415.53

413	.8	定差法．差分方程式
	.9	変　分　法

414		幾　何　学　Geometry
	⟨.1／.7	ユークリッド幾何学⟩
	.1	初等幾何学［総合幾何学］
	.12	平面幾何学
		三角形，四角形，多角形，円，円周率，作図，軌跡
	.13	立体幾何学
		点，直線，平面，三面体，四面体，多面体，直円柱，直円錐，作図
	.2	球面幾何学
	.3	三　角　法
	.32	平面三角法
	.33	球面三角法
	.4	射影幾何学［近世総合幾何学］
		円錐曲線，双曲線，放物線，アフィン幾何学
	.5	解析幾何学［座標幾何学］
	.52	平面解析幾何学
	.53	立体解析幾何学
	.6	画法幾何学［図学］　→：501.8
	.62	平　　　　面
	.63	立　　　　体
	.64	球　　　　面
	.65	正投象法
	.66	斜投象法
	.67	中心投象法［透視図法］
	.68	軸測投象法．等測投象法
	.7	微分幾何学　→：421.5
		＊ベクトル，テンソルは，ここに収める
	.73	複素多様体
	.75	接続幾何学
	.8	非ユークリッド幾何学
	.81	リーマン幾何学

415		位相数学　Topological mathematics
	.2	抽象空間論：位相空間論，次元論
	.3	測　度　論
	.5	位相解析．関数解析
		バナッハ空間，ヒルベルト空間，線型作用素，エルゴード理論，微分作用素，非線型関数解析
	.52	スペクトル論
	.53	関数方程式　→：413.75
	.6	超関数論．一般関数論

自然科学

415 .7 位相幾何学 [トポロジー]
グラフ理論, 不動点定理, ファイバー空間

417 確率論. 数理統計学　Probabilities. Mathematical statistics　→：007.6384；331.19；350.1；501.19；548.7
回帰分析, クラスタ分析, 数理計画法, 線型計画, オペレーションズリサーチ
＊近代統計学は, ここに収める
.1 確率論：マルコフ過程
.2 ゲームの理論
.6 推計学. 標本分布論：時系列
.7 実験計画法
.8 誤差論. 最小自乗法

418 計　算　法　Numerical calculations　→：411.1
＊各種の計算法は, 関連主題の下に収める
.1 近似計算 [数値計算]
.15 　有限要素法　→：501.34
.2 補間法 [内挿法]
.4 計算表：関数表, 対数表
.5 図式計算. 計算図表
.6 器械計算. 計算器
＊コンピュータ→007.63, 548.2
.7 計　算　尺
.9 そろばん. 珠算
＊別法：419.9

419 和算. 中国算法　Mathematics of Japan and China
.1 和算：天元術, 点竄術, 円理, 算額
.2 中国算法
[.9] 珠　　　算　→418.9

420 物　理　学　Physics　→：501.2；592.2；613.2
＊各種の応用物理学は, 関連主題の下に収める　例：501.2工業物理学, 613.2農業物理学
[.1→421]
.7 研究法. 指導法. 物理学教育
.75 物理実験法 [実験物理学]
方法, 操作, 器具, 測定, 単位, 定数, ディメンション

421 理論物理学　Theoretical physics
.1 基礎理論. エーテル理論
.2 相対性理論　→：429

物　理　学　　　　　　　　　　　　　　　420

　　　　　　＊ローレンツ群は，ここに収める
421　.3　　量子力学．量子論　→：429.6
　　　　　　　マトリックス力学，波動力学，場の量子論
　　　.4　　統計力学　→：426.5
　　　　　　　＊カオス，フラクタルは，ここに収める
　　　.5　　数理物理学．物理数学　→：414.7
　　　　　　　固有値・境界値問題，物理計算法，ベクトル，テンソル，ポテンシャル

423　　力　　　学　Mechanics
　　　　　　一般力学，質点・剛体の力学
　　　　　　＊応用力学→501.3
　　　.1　　理論的・数理的運動学．運動の幾何学
　　　.3　　静力学：力，平衡，モーメント，引力
　　　.35　　図式静力学．解析力学
　　　.4　　動力学：力学的エネルギー
　　　.5　　仕事．摩擦．質量．抵抗
　　　.6　　重力．振り子．落体．万有引力　→：450.12
　　　.7　　弾性体力学．塑性力学　→：501.33
　　　.8　　流体力学．液体力学　→：501.23；517.1；534.1
　　　.83　　流体静力学：圧力，粘性，平衡，浮力
　　　.84　　流体動力学：噴流，乱流，渦，波動
　　　.86　　表面張力．毛管現象
　　　.88　　気体の力学：真空，稀薄気体　→：534.93；538.1
　　　.9　　力学の応用．機械　→：530

424　　振動学．音響学　Vibrations. Acoustics　→：501.24；519.6
　　　.2　　音響測定．振動測定
　　　.3　　物体の振動．発音体：音波，弾性波
　　　.4　　振動の伝播
　　　　　　　音波，反響，共振［共鳴］，屈折，回折，偏り
　　　.5　　超　音　波
　　　.6　　楽音．音響感覚　→：761.12
　　　.8　　生理音響学　→：141.22；491.375
　　　.9　　応用音響学
　　　　　　＊建築音響学→524.96；騒音と防音→519.6；電気音響学→547.3；録音と再生
　　　　　　　→547.33

425　　光　　　学　Optics　→：431.5
　　［.01→425.1］
　　　.1　　光の理論：粒子説，波動説，電磁説，量子説
　　　.2　　測　　　光　→：545.3
　　　.3　　幾何光学：光の直進，影，反射，屈折
　　　　　　＊プリズム→：535.87

179

自然科学

425 .4 物理光学. 波動光学
　　　　　光の分散, 散乱, 吸収, 干渉, 回折, 偏光, 複屈折
　　.5　分光学. スペクトル：赤外線, 紫外線, X線　→：431.51；433.5
　　.6　ルミネッセンス. 蛍光. 燐光. 蛍光とそのスペクトル. 燐光とそのスペクトル
　　.7　色. 色彩学　→：724.7；757.3
　　.8　生理光学　→：141.21；491.374
　[.9]　応用光学. 光学機器　→535.8；740.12

426　熱　　学　Heat. Thermotics　→：501.26
　[.01→426.1]
　　.1　熱の一般理論
　　.2　温度・熱量測定. 比熱
　　.3　熱伝導. 熱交換. 熱放射. 対流
　　.4　熱による状態変化
　　　　　気化, 凝結, 凝縮, 昇華, 蒸発, 沸騰, 融解
　　.5　熱　力　学　→：421.4；431.6
　　.55　　エントロピー
　　.56　　統計熱力学
　　.7　低温物理学. 極低温
　　　　　＊低温技術→：533.8
　　.8　高温物理学
　　.9　応用熱学
　　　　　＊熱工学→533

427　電磁気学　Electricity and magnetism　→：540
　[.01→427.1]
　　.1　電磁気の理論：陰電気, 電子, 陽電気　→：549
　[.2]　電気磁気測定　→541.5
　　.3　静電気学：電荷, 誘電体, パイロ電気, ピエゾ電気
　　.4　動電気学. 電気力学：電流, 熱電気, 界面動電現象
　　.45　　超　電　導
　　.5　電子とイオンの現象. 放電. 放射線
　　.53　　空中放電
　　.54　　真空放電
　　.55　　X線［レントゲン線］　→：492.4；549.96
　　.56　　電子線［陰極線］. 電子光学
　　.57　　陽極線. イオン光学
　　.6　電磁流体力学
　　　　　プラズマ. 気体電離
　　.7　電気振動. 電磁波　→：547
　　.8　磁気学：磁化現象, 磁気共鳴
　　　　　＊磁石→：428.9；541.66
　[.9]　地　磁　気　→450.12

| | | 化　　学 | 430 |

428　物性物理学　Physical properties of matter
　　　　　＊化学物理学は，ここに収める
　.1　　分子論．分子物理学．高分子物理学　→：431.9
　.2　　気体論．気体の分子運動論
　.3　　液体論．レオロジー．溶液論　→：501.33
　.35　　液　　　晶
　.4　　固体論：電子論，原子論
［.41］　結晶物理．格子論　→459.93
　.8　　誘電体．半導体
　.9　　磁性体．強磁性体．磁石　→：427.8；541.66

429　原子物理学　Atomic and nuclear physics　→：421.2；539
　　　　　＊高エネルギー物理学は，ここに収める
［.01→429.1］
　.1　　原子の理論．原子模型
　.2　　実験装置・測定．計数管．粒子加速器　→：539.62；549.52
　.4　　放　射　能
　　　　　アルファ線，ベータ線，ガンマ線，メスバウアー効果
　　　　　＊同位元素→：539.6
　.45　　人工放射能．超ウラン元素
　.5　　原子核．核エネルギー．核模型　→：539.37
　　　　　＊別法：539.1
　.55　　核反応：核分裂，連鎖反応
　　　　　＊別法：539.12
　.56　　核　融　合
　　　　　＊別法：539.13
　.6　　素　粒　子　→：421.3
　　　　　中間子，中性子，陽子，核子，クオーク
　.65　　宇　宙　線

430　化　　　学　Chemistry　→：570；592.3；613.3
　　　　　＊化学工業は570に収める；その他の各種の応用に関するものは，関連主題の下に収める　例：613.3農芸化学

431　物理化学．理論化学　Physical and theoretical chemistry
　.1　　化学構造．分子構造
　.11　　原子論：原子量，分子量，元素，周期律
　.12　　化学結合．化合物．原子価
　.13　　化合物の型：酸，塩基，塩，配位化合物［錯体］
　.14　　異性体．立体化学．共鳴
　.18　　電子化学
　.19　　量子化学

431	.2	化学量論
	.3	化学反応
	.31	化学力学．反応力学．親和力
	.32	化学平衡．相律
	.34	反応速度
	.35	触媒反応．触媒化学　→：572.8
	.36	イオン反応．ラジカル反応　→：435.01
	.37	酸化．還元
	.38	非水溶液反応
	.39	高圧反応
	.5	光化学．放射線化学　→：425；740.13
	.51	分光化学．ラマン効果　→：425.5
	.52	レーザー化学
	.53	光化学反応．光合成
	.54	蛍光．燐光．化学発光．生物発光
	.56	赤外線化学．ラマン線吸収
	.57	紫外線化学
	.58	X線化学
	.59	放射線化学
		＊別法：539.18
	.6	熱化学．化学熱力学　→：426.5
	.62	分子熱．原子熱
	.63	化学反応熱．発熱・吸熱反応
	.67	低温化学
	.68	高温化学
	.7	電気化学　→：572
		＊電気泳動→：433.4
	.71	電解質．電離．イオン化
	.72	水素イオン濃度［pH］
		＊測定法も，ここに収める
	.73	電気化学反応：電解酸化，電解還元
	.75	電気分解［電解］．電解分極
	.77	起電力．電池
	.79	磁気化学
	.8	コロイド化学．界面化学．吸着現象　→：549.8
	.81	分散相．分散媒
	.82	コロイド溶液の性質
	.83	液体を分散媒質とするコロイド：あわ，ゾル，ゲル，懸濁液
	.84	固体を分散媒質とするコロイド
	.85	気体を分散媒質とするコロイド：煙霧質
	.86	界面化学：吸着，薄膜
	.9	高分子化学　→：428.1；437；578

化　　学　　　　　　　　　　　　430

432　実験化学［化学実験法］　**Experimental chemistry**
　　　＊ここには，各分野共通の基本的な実験操作を収め，個々の実験はその下に収める
.1　　化学実験室．実験操作
　　　　　設備，配置，実験器具，容器，ガラス細工，事故
.12　　重量・体積の測定
.2　　物理的操作
　　　　　加熱，冷却，乾燥，蒸留，分留，分離，超音波処理
.3　　化学的操作：乾留
.4　　物理化学実験
[.5]　　無機化学実験　→435.075
[.7]　　有機化学実験　→437.075

433　分析化学［化学分析］　**Analytical chemistry**
　　　＊試料，微量分析，試薬，指示薬は，ここに収める
.07⁺　　研究法．指導法．分析化学教育
.075⁺　　分析化学実験法
〈.1／.6　各種の分析法〉
.1　　定性分析
.2　　定量分析：重量分析，容量分析
.4　　分離分析：毛管分析，イオン交換分離
　　　　＊電気泳動分析→：431.7
.45　　クロマトグラフ分析［色層分析法］：ガスクロマトグラフィー，ペーパークロマトグラフィー
.5　　光　分　析　→：425.5
.53　　比色分析．比濁分析
.55　　屈折計分析
.57　　偏光計分析．分光分析．発光分光分析．赤外線分析．紫外線分析．X線分析．ラマン分光分析
.59　　放射化分析
.6　　電気分析
.61　　電解分析
.62　　電気滴定法
.63　　伝導度滴定法
.64　　電位差滴定法
.65　　高周波滴定法
.66　　ポーラログラフ分析
.67　　電流滴定
.68　　電気透析
.69　　磁気分析
〈.7／.9　各種物質の分析法〉
.7　　ガス分析
.8　　無機物質の分析
.9　　有機物質の分析

4　自然科学

183

434　合成化学［化学合成］　Synthetical chemistry
　　　　＊個々の化合物は，435／439に収める
- .1　反応条件・環境：高温，低温，高圧
- .2　置換反応
- .3　転位反応．転位理論
- .4　付加反応．脱離反応
- .5　縮合反応．重合反応
- .6　特殊合成：ハロゲン化，ニトロ化，アミノ化，酸化，還元

〈435／436　無機化学〉

435　無機化学　Inorganic chemistry
　　　　＊無機化合物は，それに含まれる元素の内で，435／436の元素表のあとに示されている元素のところに収める　例：H_2SO_4硫酸は，S硫黄に；Na_2CO_3炭酸ナトリウムは，Naナトリウムに
- .01　無機化合物の構造　→：431.36
- .07　研究法．指導法．無機化学教育
- .075　無機化学実験法
　　　　＊別法：432.5
- .1　非金属元素
- .11　　水　　素　H
- .12　　重 水 素　D
- .13　　トリチウム　Tr
- .2　稀ガス元素
- .23　　ヘリウム　He
- .24　　ネ　オ　ン　Ne
- .25　　アルゴン　Ar
- .26　　クリプトン　Kr
- .27　　キセノン　Xe
- .28　　ラ　ド　ン　Rn
- .3　ハロゲン元素とその化合物
- .33　　フ　ッ　素　F
- .34　　塩　　素　Cl
- .35　　臭　　素　Br
- .36　　ヨ　ウ　素　I
- .37　　アスタチン　At
- .4　酸素族元素とその化合物
- .43　　酸　　素　O
- .44　　水．重水
- .45　　オ　ゾ　ン
- .46　　硫　　黄　S
- .47　　セ レ ン　Se
- .48　　テ ル ル　Te

化 学   430

435 .5　窒素族元素とその化合物
　.53　窒　　　素　N
　.54　リン［燐］　P
　.55　ヒ　　　素　As
　.6　炭素とその化合物　C
　.7　ケイ素とその化合物　Si
　.8　ホウ素とその化合物　B

436　　金属元素とその化合物　Metallic elements, their compounds
　.1　第1族元素：アルカリ金属. 第11族元素：銅族元素
　.11　リチウム　Li
　.12　ナトリウム　Na
　.13　カリウム　K
　.14　ルビジウム　Rb
　.15　セシウム　Cs
　.17　銅　Cu
　.18　銀　Ag
　.19　金　Au
　.2　第2族元素：アルカリ土類金属. 第12族元素：亜鉛族元素
　.21　ベリリウム　Be
　.22　マグネシウム　Mg
　.23　カルシウム　Ca
　.24　ストロンチウム　Sr
　.25　バリウム　Ba
　.26　ラジウム　Ra
　.27　亜　　　鉛　Zn
　.28　カドミウム　Cd
　.29　水　　　銀　Hg
　.3　第3族元素：土類金属. 第13族元素：希土類元素
　.31　スカンジウム　Sc
　.32　イットリウム　Y
　.33　ランタノイド元素 57—71番
　.34　アクチノイド元素 89—103番
　.36　アルミニウム　Al
　.37　ガリウム　Ga
　.38　インジウム　In
　.39　タリウム　Tl
　.4　第4族元素. 第14族元素
　.41　チ　タ　ン　Ti
　.42　ジルコニウム　Zr
　.43　ハフニウム　Hf
　.45　ゲルマニウム　Ge
　.46　錫　Sn

436	.47	鉛　Pb
	.5	第5族元素．第15族元素
	.51	バナジウム　V
	.52	ニ　オ　ブ　Nb
	.53	タンタル　Ta
	.54	アンチモン　Sb
	.55	ビスマス　Bi
	.6	第6族元素．第16族元素
	.61	ク　ロ　ム　Cr
	.62	モリブデン　Mo
	.63	タングステン　W
	.64	ポロニウム　Po
	.7	第7族元素：マンガン族
	.71	マンガン　Mn
	.72	テクネチウム　Tc
	.73	レニウム　Re
	.8	第8・9族元素：鉄族．第10族元素：白金族元素
	.81	鉄　Fe
	.82	コバルト　Co
	.83	ニッケル　Ni
	.84	ルテニウム　Ru
	.85	ロジウム　Rh
	.86	パラジウム　Pd
	.87	オスミウム　Os
	.88	イリジウム　Ir
	.89	白　　金　Pt

〈437／439　有機化学〉

437		有機化学　Organic chemistry　→：431.9
		＊鎖式化合物と炭素環式化合物との結合は，438に収める
	.01	有機化合物の理論・構造・反応
	.07	研究法．指導法．有機化学教育
	.075	有機化学実験法
		＊別法：432.7
	.1	鎖式化合物［脂肪族化合物．非環式化合物］
	.2	炭化水素
		メタン，エタン，プロパン，エチレン，アセチレン
	.3	オキシ化合物．アルコール．エーテル
		メチル，エチル，ブチル，グリセリン
	.4	オキソ化合物．アルデヒド．ケトン
	.5	カルボン酸：蟻酸，酢酸，酪酸
	.6	硫黄化合物：スルフィン酸，スルフォン酸

437	.7	窒素化合物：アミン，アミド
	.8	有機金属化合物とその類似化合物

438		環式化合物の化学　Chemistry of cyclic compounds
	.1	炭素環式化合物［単素環式化合物］：脂環式化合物，芳香族化合物
	.2	炭化水素．ハロゲン化物
	.3	オキシ化合物．ナフトール
	.4	オキソ化合物．アルデヒド．ケトン
	.5	カルボン酸
	.6	硫黄化合物
	.7	窒素化合物
	.8	その他の炭素環式化合物
	.9	複素環式化合物

439		天然物質の化学　Chemistry of natural products　→：464
		＊ここには一般的な著作を収め，工業的なもの，生化学的なものは，各主題の下に収める
	.1	炭水化物．配糖体．精油．テルペン　→：464.3；576.6
	.2	ステロイド　→：464.4
	.3	アルカロイド　→：471.4
	.4	蛋　白　質　→：464.2
	.5	天然色素　→：464.7
	.6	タンニン　→：658.9
	.7	ビタミン　→：464.57
	.8	酵　　素　→：464.5

440		天文学．宇宙科学　Astronomy．Space sciences
		＊宇宙工学→538.9；航海天文学→557.34
	［.1→441］	
	.12	宇宙物理学．天体物理学
	.13	宇宙化学．天体化学
	.14	電波天文学．Ｘ線天文学
	.19	記述天文学
	.7	研究法．指導法．天文学教育
	.76	プラネタリウム
	.8	叢書．全集．選集
	.87	天体写真集　→：442.7
	.9	未確認飛行物体［UFO］
		＊別法：147.9

441		理論天文学．数理天文学　Theoretical astronomy
	.1	天体力学：三体問題，多体問題

```
441 .2    軌　道　論
    .3    摂　動　論
    .4    歳差論．章動論
    .7    食　　　論
          ＊月食→446.7；日食→444.7


442      実地天文学．天体観測法　Practical astronomy
    .1    天文台．天体観測所
    .2    天測機械
    .3        天体望遠鏡．反射望遠鏡　→：535.82
    .4        六分儀．経緯儀．子午儀．天頂儀．赤道儀
    .6    天体測光学．天体分光学
    .7    天体写真術　→：440.87
    .8    球面天文学
    .9    位置天文学


〈443／448　各種の天体〉


443      恒星．恒星天文学　Fixed stars
          ＊太陽→444
    .1    統計天文学
    .2    恒星物理学．恒星スペクトル
    .4    連星．重星
    .5    新星．変光星．超新星
    .6    銀河．銀河系
    .7    星団．星雲．クェーサー
    .8    星図．星表．星座
    .9    宇宙論．宇宙進化論


444      太陽．太陽物理学　Sun
    .1    太陽の定数：大きさ，質量，太陽の電磁気現象
    .2    太　陽　熱
    .3    太陽の運動と自転
    .4    太陽表面．光球．太陽黒点．太陽周縁
    .5    彩層．紅炎．コロナ
    .6    太陽スペクトル
    .7    日　　　食
    .8    太陽面図．太陽の写真
    .9    太陽・太陽系生成論


445      惑星．衛星　Planets. Satellites
          ＊地球→448；月→446
    .1    水　　　星
```

天文学．宇宙科学　　　　　　　　　　440

445 .2　　金　　　星
　　.3　　火　　　星
　　.4　　小　惑　星
　　.5　　木　　　星
　　.6　　土　　　星
　　.7　　天　王　星
　　.8　　海　王　星
　　.9　　冥　王　星

446　　月　Moon
　　.1　　月の定数．距離．視差
　　.2　　月の温度．月光．月相
　　.3　　月の軌道．月の運動
　　.4　　月面：月の山．月の平原
　　.5　　月の大気
　　.6　　月のスペクトル
　　.7　　月　　　食
　　.8　　月面図．月の写真

447　　彗星．流星　Comets. Meteors
　　.1　　彗　　　星
　　.3　　隕石．流星群．宇宙塵　→：459.8
　　.4　　黄道光．対日照

448　　地球．天文地理学　Earth. Astronomical geography
　　　　　＊ここには，天文学的にみた地球を収める
　　　　　＊地球科学→450
　　.1　　地球の定数：太陽からの距離・視差
　［.2］　地熱．重力　→450.12
　　.3　　地球の軌道．地球の自転
　　.4　　地球座標．経緯度
　［.5］　季　　　節　→451.8
　　.6　　潮　　　汐　→：452.6
　　.9　　測地学．地図学
　　　　　＊数理地理学，地理情報システム［GIS］は，ここに収める
　　　　　＊測量→512；地図→290.38；リモートセンシング→512.75

449　　時法．暦学　Horology. Calendars
　　.1　　時刻測定．時差．天文時．太陽時　→：535.2
　　.2　　恒星時．恒星日．恒星月．恒星年
　　.3　　暦　　　書
　　.33　純太陰暦：ヒジュラ暦［イスラム暦］
　　.34　太陰太陽暦：ユダヤ暦，ギリシア暦，中国暦，旧暦

189

449　.35　　太陽暦：エジプト暦，ユリウス暦，グレゴリオ暦
　　　.38　　改　暦　法
　　［.39］　暦と迷信　→148.8
　　　.4　　天文学的年代学　→：202.3
　　　.5　　天体暦．天体位置表　→：557.38
　　　.8　　各国の暦
　　　　　　　　＊地理区分

450　　地球科学．地学　Earth sciences
　　　　　　　＊自然地理学は，ここに収める
　　　　　　　＊地理学→290.1
　　［.1］
　　　.12　　地球物理学
　　　　　　　　＊力学の観点から扱われた重力は，423.6に収める
　　　　　　　　＊別法：地磁気427.9；地熱，重力448.2
　　　.13　　地球化学
　　　.9　　自然地理
　　　　　　　　＊地理区分
　　　.98　　自然災害誌
　　　　　　　　＊地理区分

451　　気　象　学　Meteorology
　　　　　　　＊応用気象は，関連主題の下に収める　例：517.15水理気象，613.1農業気象，
　　　　　　　663.2漁業気象
　　［.01→451.1］
　　　.1　　理論気象学．気象力学．気象熱力学
　　　.2　　気象観測．気象測器．気象台．測候所
　　　.24　　海洋気象．海洋気象誌　→：557.35；663.2
　　　　　　　　＊海洋区分
　　　.25　　高層気象：ラジオゾンデ，気象衛星　→：538.93／.94
　　　.28　　天気予報．天気図．気象警報
　　　.3　　大気現象
　　　.32　　対　流　圏
　　　.33　　成層圏：オゾン層
　　　　　　　　＊電離層→450.12
　　　.34　　日射．日照
　　　.35　　気温．温度．湿度
　　　.36　　地中温度．水中温度
　　　.37　　大気環流．気圧．気団．前線．晴雨計
　　　.4　　風：風向，風速，風力
　　　.5　　大気の擾乱：台風，旋風
　　　.6　　凝結現象

451	.61	雲：雲形．雲向．雲速．雲高．雲量
	.62	霧．かすみ．もや
	.63	露．霜
	.64	雨：人工降雨
		＊酸性雨→519.3
	.65	雹．あられ．みぞれ
	.66	雪．降雪誌：吹雪．積雪．雪崩
		＊地理区分
	.67	霧氷．樹氷．雨氷．樹霜
	.68	氷
	.69	降水量．蒸発量．雨量計
		＊地理区分
	.7	大気中の光・電気・音響現象
	.75	気象光学
		夕焼．朝焼．青空．暈．光環．虹．蜃気楼．不知火．オーロラ［極光］
	.76	気象音響学
	.77	空中電気学
	.8	気　候　学　→：468.5
		＊別法：季節448.5
	.85	気候変化．気候変動：温暖化．温室現象
		＊地球温暖化のメカニズムはここに収め，温暖化の環境に及ぼす影響や温暖化対策は，519の下に収める
	.9	気象図誌．気象統計．気候誌
		＊地理区分
	.98	気象災害誌
		＊地理区分

452		海　洋　学　**Oceanography**　→：519.4；550；558.3
	［.1］	
	.12	海洋物理学
	.13	海洋化学
	.15	海洋地質学
	［.16］	海洋生物学　→468.8
	.2	海　洋　誌
		＊海洋区分
	.3	海　　　水　→：663.1
	.4	海氷．氷山
	.5	波浪．波浪誌．風浪．うねり．津波　→：453
		＊地理区分
	.6	潮汐．潮流：潮時，流速，海嘯　→：448.6
	.7	海　　　流
	.8	海底地形．海溝．海淵．大陸棚
	.9	陸水学．水文学

自然科学

452 .93　湖沼．湖沼学：沼沢，潟，池
　　　　　　　＊地理区分
　　.94　河川．河川学：奔流，早瀬，滝　→：517.1
　　　　　　　＊河川誌→517.2
　　.95　地下水．湧水：泉，オアシス，井戸
　　　　　　　＊温泉→453.9
　　.96　雪氷．雪氷学．氷河．氷河学
　　　　　　　＊地理区分

453　　地　震　学　Seismology　→：452.5
　［.1］
　　.11　数理地震学
　　.12　物理地震学
　　.15　統計地震学
　　.2　地震誌．地震調査
　　　　　　　＊地理区分
　　.3　地震観測．地震計
　　.38　地震予知
　＜.4／.6　各種の地震＞
　　.4　断層地震．地震津波
　　.5　火山地震
　　.6　陥落地震
　　.8　火　山　学　→：458.15
　　　　　　火山形態，岩漿移動，噴火，溶岩，火山ガス，噴出物，火山灰
　　.82　火　山　誌
　　　　　　　＊地理区分
　　.9　温泉学．間歇泉
　　　　　　　＊温泉案内→29△093

454　　地　形　学　Geomorphology
　　.2　地形輪廻
　　.3　侵食地形［小地形］
　　.4　構造地形．断層．褶曲
　　.5　山岳．山脈．山塊．山地
　　.54　谷．段丘．分水界
　　.55　高原．盆地．丘陵
　　.6　平原．扇状地．デルタ
　　.64　砂漠．砂丘
　　.65　ステップ．草原．ツンドラ．ジャングル
　　.66　洞窟．鐘乳洞［石灰洞］
　　.7　大陸．島嶼．海岸線．潟．湾．岬
　　.9　地形図誌．地形写真
　　　　　　　＊地理区分

455	地　質　学　Geology　→：511.2；613.5

455　　地　質　学　Geology　→：511.2；613.5
　　　　　　動力地質学，構造地質学
　　　　　　　　＊地理区分
　.1／.7　　地質図誌．地質構造
　.8　　　　内因的地質営力
　　　　　　　　降起，沈降，造陸運動，断層，褶曲，造山運動
　　　　　　　　　　＊大陸移動説，プレートテクトニクスは，ここに収める
　.89　　　　　地滑り．山崩れ
　.9　　　　外因的地質営力
　　　　　　　　風化，侵食，堆積

456　　地史学．層位学　Historical geology. Stratigraphy
　.2　　　　先カンブリア紀：始生代，原生代
　.3　　　　古　生　代
　.32　　　　カンブリア紀
　.33　　　　オルドビス紀
　.34　　　　シルル紀［ゴトランド紀］
　.36　　　　デボン紀
　.37　　　　石　炭　紀
　.38　　　　ペルム紀［二畳紀］
　.5　　　　中　生　代
　.52　　　　三　畳　紀
　.55　　　　ジュラ紀
　.57　　　　白　亜　紀
　.6　　　　新　生　代
　.7　　　　第　三　紀
　.71　　　　古第三紀
　.72　　　　　暁　新　世
　.73　　　　　始　新　世
　.74　　　　　漸　新　世
　.75　　　　新第三紀
　.76　　　　　中　新　世
　.77　　　　　鮮　新　世
　.8　　　　第　四　紀
　.82　　　　更新世［洪積世］．氷河時代
　.83　　　　完新世［沖積世］．後氷期
　.89　　　　古地理学
　.9　　　　各地の地層
　　　　　　　　＊地理区分

457　　古生物学．化石　Paleontology
　.2　　　　化　石　誌
　　　　　　　　＊地理区分

自然科学

457 .3 　層位古生物学
　　　　　　　＊456のように区分
　　.7 　古植物学．植物化石
　　.8 　古動物学．動物化石
　＜.83／.85　無脊椎動物の化石＞
　　.83 　　有孔虫．腔腸動物
　　.84 　　棘皮動物．腕足類．腹足類．弁鰓類．頭足類
　　.85 　　節足動物
　＜.87／.89　脊椎動物の化石＞
　　.87 　　魚類．両生類．爬虫類
　　　　　　　＊恐竜は，ここに収める
　　.88 　　鳥　　　類
　　.89 　　哺乳類．化石人類　→：469.2

458 　岩　石　学　Petrology
　　.1 　一般岩石学
　　.12 　　岩石の構造・組織・節理
　　.13 　　岩石化学．岩石分析
　　.14 　　岩石成因論
　　.15 　　岩　漿　論　→：453.8
　　.17 　　岩石顕微鏡
　　.2 　岩　石　誌
　　　　　　　＊地理区分
　＜.6／.8　成因別の岩石＞
　　.6 　火　成　岩
　　.63 　　深　成　岩
　　　　　　　花崗岩，閃長岩，閃緑岩，斑糲岩
　　.64 　　半深成岩
　　　　　　　輝緑岩，斑岩，玢岩
　　.65 　　火　山　岩
　　　　　　　安山岩，玄武岩，粗面岩，流紋岩
　　.7 　堆積岩［水成岩］
　　　　　　　岩塩，砂岩，石膏，泥岩
　　.8 　変成岩：結晶片岩，珪岩，大理石
　　[.9] 　応用地質学．鉱床学　→561.1

459 　鉱　物　学　Mineralogy　→：561
　　.1 　一般鉱物学
　　.12 　　鉱物物理学
　　.13 　　鉱物化学．鉱物分析
　　.14 　　鉱物の生成・変化
　　.17 　　鉱石顕微鏡
　　.2 　鉱　物　誌

　　　　　＊地理区分
<459.3／.8　各種の鉱物>
　.3　　元素鉱物
　.4　　硫化鉱物
　.45　　　ハロゲン化鉱物：岩塩，蛍石，氷晶石
　.5　　酸化鉱物：石英，ボーキサイト，鉄鉱
　.6　　複化合鉱物．酸塩類鉱物
　.61　　　炭酸塩鉱物：あられ石，白雲石，方解石
　.62　　　珪酸塩鉱物：雲母，輝石，黄玉，長石
　.65　　　燐酸塩鉱物：燐灰石
　.66　　　硝酸塩鉱物：チリ硝石
　.67　　　硫酸塩鉱物：重晶石，石膏，明ばん石
　.68　　　有機化合物：アスファルト，琥珀，石炭，石油
　.7　　宝　　　石
　.8　　隕鉄．隕石　→：447.3
　.9　　結　晶　学
　.91　　　数理結晶学．結晶系
　.92　　　結晶形態学．結晶構造．微細構造
　.93　　　結晶物理学
　　　　　　　＊別法：428.41
　.94　　　結晶力学
　.95　　　結晶光学
　.96　　　結晶化学
　.97　　　結晶の成長・溶解

460　　生物科学．一般生物学　Biology
　　　　　＊博物学は，ここに収める
　　　　　＊古生物→457；生物工業［バイオテクノロジー］→579.9；本草学→499.9
［.1→461］
　.7　　研究法．指導法．生物学教育
　.73　　　標本の採集と製作
　.75　　　実験法．顕微鏡技術．生体染色．電子顕微鏡
　.8　　叢書．全集．選集
　.87　　　図集．写真集
　　　　　　＊生物の顕微鏡写真は，ここに収める

461　　理論生物学．生命論　Theoretical biology
　.1　　生物哲学．生命の本質．生と死
　.15　　　生命倫理　→：490.15
　.6　　生命の起原．生気説
　.9　　数理生物学
　　　　　　生物数学，生物統計学，生物測定学

462　生物地理．生物誌　Biogeography
　　　　＊地理区分
　　　　＊博物誌，自然誌は，ここに収める（別法：402.9）
.9　天然記念物
　　　　＊地理区分
　　　　＊個々の天然記念物は，各主題の下に収める
　　　　＊天然記念物〈植物〉→472.9；天然記念物〈動物〉→482.9

463　細　胞　学　Cytology　→：491.11
.2　原　形　質
.3　細胞質．中心体
.4　細胞核．染色体
.5　細胞分裂．増殖．倍数性
.6　細胞生理学
.7　形態学．組織学
.8　発　生　学
.9　生　理　学

464　生　化　学　Biochemistry　→：439；471.4；481.4；491.4；579.9；613.3
.1　分子生物学．放射線生物学
.2　蛋　白　質　→：439.4
.25　アミノ酸．ペプチド
.26　コラーゲン
.27　核酸：RNA，DNA
.3　糖質．炭水化物　→：439.1
.4　脂質．リポイド［糖脂質］　→：439.2
.5　酵　　素　→：439.8
　　　　＊生体触媒は，ここに収める
.55　ホルモン
.57　ビタミン　→：439.7
[.6]　アルカロイド［植物塩基］　→471.4
.7　その他の有機成分　→：439.5
　　　　カロチノイド，天然色素，芳香物質
.8　無機成分
.9　生物物理学

465　微生物学　Microbes. Microbiology　→：473.2；491.7；613.65
　　　　＊工業微生物→588.51；病原体としての微生物→491.7
.1　形態学：胞子，色素
.3　生　理　学
.4　化　　学
.5　抗原．抗体．抗毒素
　　　　＊抗生物質→491.79

<465 .7／.8　各種の微生物>
   .7　　発光微生物
   .8　　各論：かび，酵母，細菌，リケッチア，ウイルス

467　遺　伝　学　Genetics. Evolution
   .1　　理論遺伝学．統計遺伝学
        　メンデルの法則，ルイセンコの学説
   .2　　実験遺伝学．遺伝子
        ＊育種学→615.21；家畜改良学→643.1；優生学→498.2
   .21　　分子遺伝学
   .25　　遺伝子組み換え　→：579.93
        ＊遺伝子工学→：579.93
   .3　　細胞遺伝学．性染色体
        　性の決定，性の遺伝，ゲノム分析，倍数性，異数性
   .4　　変異：自然変異，人為的変異，突然変異
   .5　　進化論：自然淘汰，人為淘汰

468　生　態　学　General ecology　→：471.7；481.7；519
        　生物と環境との関係，生活圏
        ＊個々の植物の生態→473／479；個々の動物の生態→483／489；人間生態学
        　→361.7
   .2　　環境要素：空気，湿度，水，土壌，光
   .3　　生物の適応
   .4　　群落．群生．群棲．共生．寄生
   .5　　生物季節　→：451.8；613.1
   .6　　プランクトン［浮遊生物］　→：663.68
   .8　　海洋生物学
        ＊別法：452.16

469　人　類　学　Anthropology
        ＊人類の歴史→209；人間学→114；文化人類学，民族学→389
   .2　　人類の起原．化石人類．原人．原始人類　→：457.89
        　ピテカントロプス，北京原人，ネアンデルタール人
   .3　　人類の移動と接触
   .4　　形質人類学
        ＊人体解剖学→491.1；人体生理学→491.3
   .41　　一般体形：身長，巨人，矮人
   .42　　皮膚．毛髪．爪．色素
   .43　　頭部．顔面．眼．歯
 ［.44］　血液型　→491.321
   .45　　頭蓋学
   .46　　胴骨．四肢骨
   .5　　人体測定学

469 .6　人種学. 人種系統. 人種分類学
　　　　　ヨーロッパ型［白色］・モンゴル型［黄色］・ニグロ型［黒色］人種
　　　　　＊混血人種は, ここに収める
［.7］　先　史　学　→202.5
　.8　地理区分できない人種
　　　　　＊地理区分できない個々の民族・国民を収め, 言語区分　例：469.8936ウラル民族
　　　　　＊人種・民族問題→316.8；地理的分布→469.9
　.9　人　種　誌
　　　　　＊地理区分

470　　植　物　学　Botany
　　　　　＊栽培植物→610／620；650
　.7　研究法. 指導法. 植物学教育
　.73　植物採集. 乾腊法
　.75　実験法. 実験植物学
　.76　植　物　園
　.9　植物保護

471　一般植物学　General botany
　.1　植物形態学. 植物解剖学
　　　　　表皮, コルク, 気孔, 樹皮, 中心柱, 根, 茎, 葉, 花, 果実, 種子, 胚芽
　.2　植物発生学
　.3　植物生理学
　　　　　異化, 呼吸, 同化, 栄養, 物質代謝, 分泌, 排出, 発芽, 発育, 生長, 変異, 生殖,
　　　　　世代交番, 花粉, 運動
　　　　　＊育種学→615.21
　.4　植物化学. 光合成　→：464
　　　　　＊別法：アルカロイド464.6
［.6］　植物病理学　→615.81
　.7　植物生態学　→：468
　.71　植物と環境. 個生態学. 群生態学
　　　　　天性, 適応, 順化, 移動, 共生, 冬眠, 越冬, 落葉, 紅葉, 光, 水, 風, 気象,
　　　　　土壌, 季節
　.72　高山植物
　.73　海浜植物
　.74　湿生植物
　.75　乾生植物
　.76　寄生植物. 着生植物. 腐生植物. 食虫植物
　.77　熱帯植物
　.78　寒帯植物
　.8　植物分類学
　.9　応用植物学. 有毒植物　→：613.7

472	植物地理．植物誌	Phytogeography. Flora	

　　　　＊地理区分
　.8　　植物区系．フロラ
　.9　　天然記念物

〈473／479　各種の植物〉

〈473／476　葉状植物〉

|473|葉状植物|Thallophyta|

　　　　＊隠花植物は，ここに収める
　.2　　分裂植物　Schizophyta　→：465
　.23　　細　菌　類　Schizomycetes
　.25　　藍　藻　類　Schizophyceae
　.253　　球　子　目　Chroococcales
　.255　　紐　子　目　Nostocales
　.3　　変形菌類［粘菌植物］　Myxomycetes
　.35　　無遊子目　Acrasiomycetes
　.37　　真正粘菌類　Myxogastromycetidae
　.4　　鞭毛藻類［鞭毛植物］　Flagellatae　→：483.13
　.43　　鞭　毛　類　Subphylum Mastigophora
　.45　　ミドリムシ類　Euglenales
　.5　　双鞭毛藻類　Dinoflagellatae
　.6　　珪鞭毛藻類　Silicoflagellatae
　.7　　珪藻植物　Bacillriophyta
　.73　　羽　状　目　Pennales
　.75　　中　心　目　Centricae
　.8　　接合藻類［接合植物］　Conjugatae
　.83　　チリモ目　Desmidineae
　.85　　ホシミドリ目　Zygnematales

|474|藻類．菌類|Algae and fungi|

〈.2／.5　藻　　類〉
　.2　　緑藻植物　Chlorophyta
　.23　　ボルボックス目　Volvocales
　.24　　原　藻　目　Chlorococcales
　.25　　ヒビミドロ目　Ulotrichales
　.26　　ミドリケ目　Siphonocladales
　.27　　ミ　ル　目　Siphonales
　.3　　輪藻植物　Charophyta
　.35　　シャジクモ科　Charophyta
　.4　　褐藻植物　Phaeophyta
　.41　　シオミドロ目　Ectocarpales

474 .42　　ムチモ目　Cutleriales
　　.43　　アミジグサ目　Dictyotales
　　.44　　ナガマツモ目　Chordariales
　　.45　　ウルシグサ目　Desmarestiales
　　.46　　ハバモドキ目　Scytosiphonales
　　.47　　コンブ目　Laminariales
　　.48　　チロプテリス目　Tilopteridales
　　.49　　ヒバマタ目　Fucales
　　.5　　紅藻植物　Rhodophyceas
　　.51　　ウシケノリ目　Bangiophyceae
　　.52　　ウミゾウメン目　Nemaliales
　　.53　　テングサ目　Gelidiales
　　.54　　ムカデノリ目　Grateloupia
　　.55　　スギノリ目　Gigartinales
　　.56　　ダルス目　Rhodymeniales
　　.57　　イギス目　Ceramiales
＜.6／.9　菌　　類＞
　　.6　　藻菌植物　Phycomycetes
　　.63　　卵菌目：ミズカビ　Oomycetes
　　.65　　接合菌目：ケカビ，ハエカビ　Zygomycetes
　　.7　　子嚢菌植物　Ascomycetes
　　　　　＊菌類〈一般〉は，ここに収める
　　.73　　コウジカビ目：アオカビ　Plectascineae
　　.75　　盤　菌　目　Discomycetidae
　　.77　　核　菌　目　Pyrenomycetineae
　　.8　　担子菌植物　Basidiomycetes
　　.83　　半担子菌類　Hemibasidii
　　.85　　真正担子菌類［きのこ類］　Eubasidii
　　.89　　不完全菌類　Fungi imperfecti
　　.9　　地　衣　類　Lichenes

475　　コケ植物［蘚苔類］　**Bryophyta**
　　.2　　タイ類［ゼニゴケ類］　Hepaticae
　　.3　　ゼニゴケ目　Marchantiales
　　.4　　ツノゴケ目　Anthocerotales
　　.5　　ウロコゴケ目　Jungermanniales
　　.6　　セン類［スギゴケ類］　Musci
　　.7　　ミズゴケ類　Sphagnales
　　.8　　クロゴケ類　Andreaeles
　　.9　　カサゴケ類　Bryales

476　　シダ植物　**Pteridophyta**
　　.3　　トクサ類　Articulatae

476	.4	ヒカゲノカズラ類［石松子］	Lycopodiales
	.5	マツバラン類	Psilotales
	.6	ミズニラ類	Isoetales
	.7	真嚢シダ類	Euspororangiates
	.8	真正シダ類	Eufilicales
	.81	ゼンマイ科	Osmundaceae
	.82	フサシダ科	Schizaeales
	.83	ウラジロ科	Gleichenia
	.84	コケシノブ科	Mecodium Wrightii
	.85	ヘゴ科	Cyatheaceae
	.86	ウラボシ科	Polypodiaceae
	.87	ミズワラビ科	Parkeriales
	.9	水生シダ類	Hydropteridales

〈477／479 種子植物〉

477	種子植物	Spermatophyta	
	＊顕花植物〈一般〉は，ここに収める		
478	裸子植物	Gymnospermae	
	.3	ソテツ類	Cycadales
	.4	ベネチテス類	Bennettitales
	.5	イチョウ類	Ginkgoales
	.6	松柏類．針葉類．毬果類	Coniferae
	.61	イチイ科	Taxaceae
	.62	マキ科	Podocarpaceae
	.63	ナンヨウスギ科	Araucariaceae
	.64	イヌガヤ科	Cephalotaxus
	.65	マツ科	Pinaceae
	.66	スギ科	Taxodiaceae
	.67	ヒノキ科	Cupressaceae
	.7	マオウ類	Gnetales
	.73	マオウ科	Ephedraceae
	.75	グネツム科	Gnetales
479	被子植物	Angiospermae	
	.3	単子葉植物	Monocotyledonae
	.32	アダン目［タコノキ目］	Pandanales
	.323	ガマ科	Typhaceae
	.325	ミクリ科	Sparganiaceae
	.33	沼生目．ホンゴウソウ目	Helobiae. Triuridales
	.331	ヒルムシロ科	Potamogetonuceae
	.333	イバラモ科	Helobiae

479 .335	オモダカ科	Alismataceae
.337	トチカガミ科，ホンゴウソウ科	Hydrocharitaceae．Triuridales
.34	イネ目［穎花目］	Glumiflorae
.343	イネ科：竹類，いね，麦類，あわ，ひえ，しば	Gramineae
.345	カヤツリグサ科	Cyperaceae
.35	ヤシ．パナマソウ目．サトイモ目	Principes．Synanthae．Spathiflorae
.351	ヤシ科：しゅろ	Palmae
.353	パナマソウ科	Synanthae
.355	サトイモ科：しょうぶ，こんにゃく	Spathiflorae
.357	ウキクサ科	Lemanaceae
.36	ホシクサ目	Farinosae
.361	ホシクサ科	Eriocaulaceae
.363	パイナップル科	Bromeliaceae
.365	ツユクサ科	Commerinineae
.367	ミズアオイ科	Pontederiaceae
.37	ユ リ 目	Liliiflorae
.371	イグサ科	Juncineae
.372	ビャクブ科	Stemonaceae
.373	ユリ科：ヒヤシンス，アスパラガス，にんにく，たまねぎ，らっきょう，にら，ねぎ，ゆり，おもと	Liliaceae
.374	ヒガンバナ科	Amaryllidaceae
.375	タシロイモ科	Taccaceae
.376	ヤマノイモ科	Dioscorea Japonica
.377	アヤメ科	Iridaceae
.38	ショウガ目［子衣目］	Scitamineae
.381	バショウ科	Musaceae
.382	ショウガ科	Zingiberaceae
.383	カンナ科	Cannaceae
.384	クズウコン科	Marantaceae
.39	ラン目［細子目］	Microspermae
.393	ヒナノシャクジョウ科	Burmanniineae
.395	ラ ン 科	Orchidaceae
.4	双子葉植物	Dicotyledoneae
.5	離弁花類［古生花被類］	Archichlamydeae
.51	輪 生 目	Verticillatae
.515	モクマオウ科	Casauarinaceae
.52	コショウ目	Piperales
.523	ドクダミ科	Saururaceae
.525	センリョウ科	Chloranthus glaber
.53	ヤナギ目	Salicales
.54	ヤマモモ目	Myricales
.55	クルミ目	Juglandales
.56	ブ ナ 目	Fagales

479 .563	カバノキ科	Betulaceae
.565	ブナ科：くり，かし	Fagaceae
.57	イラクサ目	Urticales
.573	ニレ科：けやき，えのき	Ulmaceae
.575	クワ科	Moraceae
.577	アサ科	Cannabis
.61	ヤマモガシ目	Proteales
.62	ビャクダン目	Santalales
.623	ツチトリモチ科	Balanophorales
.625	ヤドリギ科	Loranthineae
.63	ウマノスズクサ目	Aristolochiales
.64	タデ目	Polygonales
	そば，あい	
.65	中心子目［アカザ目］	Centrospermae
.651	ヒユ科	Amarantaceae
.652	オシロイバナ科	Nyctaginaceae
.653	ヤマゴボウ科	Phytolaccaceae
.654	ツルナ科	Alizoaceae
.655	ナデシコ科	Caryophyllineae
.71	キンポウゲ目［ウマノアシガタ目］	Ranales
.711	スイレン科	Nymphaeineae
.712	ハス科	Nelumbo
.713	マツモ科	Ceratophyllaceae
.714	ヤマグルマ科	Trochodendraceae
.715	カツラ科	Cercidiphyllaceae
.716	アケビ科	Lardizabalaceae
.717	メギ科	Berberidaceae
.718	モクレン科	Magnoliaceae
.719	クスノキ科	Lauraceae
.72	ケシ目	Rhoeadales
.721	ケシ科	Papaveraceae
.722	アブラナ科	Cruciferae
.723	モクセイソウ科	Resedineae
.74	サラセニア目	Sarraceniales
.743	ウツボカズラ科	Nepenthaceae
.745	モウセンゴケ科	Droseraceae
.75	バラ目	Rosales
	あじさい，うめ，あんず，さくら，なし，びわ，ぼけ，まんさく，もも，やまぶき，りんご	
.78	マメ目	Leguminosae
.79	パンダ目	Pandales
.81	フウロソウ目	Geraniales
.811	アマ科	Linaceae

479	.812	ミカン科	Rutaceae
	.813	カンラン科	Burseraceae
	.814	センダン科	Meliaceae
	.815	トウダイグサ科	Tricoccae
	.82	ムクロジ目	Sapindales
	.821	ツ ゲ 科	Buxineae
	.822	ウルシ科	Anacardiineae
	.823	トチノキ科	Hippocastanaceae
	.824	カエデ科	Aceraceae
	.83	クロウメモドキ目	Rhamnales
		ぶどう，なつめ，つた	
	.84	アオイ目　Malvales	
		あおい，あおぎり，わた	
	.85	ツバキ目　Parietales	
		茶，すみれ，パパイア	
	.86	サボテン目　Opuntiales	
	.87	テンニンカ目　Myrtiflorae	
	.873	ジンチョウゲ科	Thymelaeaceae
	.875	グ ミ 科	Elaeagnaceae
	.877	ザクロ科	Punicaceae
	.88	繖形花目［セリ目］	Umbelliflorae
	.883	ウコギ科	Araliaceae
	.885	セ リ 科	Umbelliferae
	.887	ミズキ科	Cornaceae
	.9	合弁花類［後生花被類］	Metachlamydeae
	.91	ツツジ目　Ericales	
		いわうめ，しゃくなげ	
	.92	サクラソウ目　Primulales	
	.93	カ キ 目　Ebenales	
	.94	モクセイ目［四旋花目］	Contortae
		オリーブ，りんどう，夾竹桃	
	.95	シソ目［筒状花目］	Tubiflorae
	.951	ヒルガオ科	Convolvulaceae
	.953	ムラサキ科	Borraginineae
	.955	クマツヅラ科	Verbenaceae
	.957	シ ソ 科	Labiatae
	.96	ナス目［仮面花目］	Personates
	.961	ナ ス 科	Solanaceae
	.963	ゴマノハグサ科	Scrophulariaceae
	.965	ノウゼンカズラ科	Bignoniaceae
	.967	ゴ マ 科	Pedaliaceae
	.97	オオバコ目．アカネ目	Plantaginales. Rubiales
	.98	ウ リ 目	Cucurbitales

479	.99	キキョウ目　Campanulatae
	.993	キキョウ科　Campanulaceae
	.995	キ　ク　科　Compositae

480　動　物　学　Zoology

＊蚕糸業→630；水産業→660；畜産業→640

.7	研究法．指導法．動物学教育
.73	動物採集．剥製法
.75	実験法．実験動物学　→：490.769
.76	動物園．水族館．飼育法
.9	動物保護

481　一般動物学　General zoology

.1	動物形態学．動物解剖学
	比較解剖学，動物細胞学，動物組織学，動物奇形学
.12	循環系．血管系
.13	呼吸器官
.14	消化器官．栄養器官
.15	泌尿生殖器系
.16	運動器官
.17	神経系．感覚器官
.18	外　　　皮
.19	体　形　学
.2	動物発生学：個体発生，卵生，胎生，幼虫と変態
.3	動物生理学
.32	血液．循環
.33	呼　　　吸
.34	栄養．反芻．分泌．排出
.35	生殖．繁殖．発育
.36	運動．体温．発光．発音．屈性．走行性
.37	神経．感覚
.39	変異．遺伝
.4	動物化学　→：464
.7	動物生態学　→：468
.71	動物社会：群落，共同体，共生，寄生
.72	海洋動物
.73	浮遊動物
.74	深海動物．海底動物
.75	淡水動物
.76	陸棲動物
.77	動物と環境：水，光，気候，温度
.78	動物の行動・心理．攻撃・防御．保護色．擬態

481	.8	動物分類学
	.9	応用動物学　→：613.8

482		動物地理．動物誌　Zoogeography．Fauna
		＊地理区分
	.8	動物区系
	.9	天然記念物

〈483／489　各種の動物〉

〈483／486　無脊椎動物〉

483		無脊椎動物　Invertebrata
	.1	原生動物　Protozoa
	.13	鞭毛虫類　Mastigophora　→：473.4
		夜光虫，緑虫
	.14	根足虫類　Sarcodina
	.141	アメーバ類　Amoebozoa
	.142	有孔虫目　Foraminifera
	.143	太陽虫目　Heliozoa
	.144	放散虫目　Radiolaria
	.15	胞子虫類　Sporozoa
	.16	繊毛虫類　Ciliophora
		ぞうりむし
	.19	中生動物　Mesozoa
	.2	海綿動物　Porifera
	.3	腔腸動物　Coelenterata
	.31	ヒドロ虫類　Hyolrozoa
	.33	鉢虫類　Scyphozoa
	.35	花虫類：さんご，いそぎんちゃく　Actinozoa
	.37	クシクラゲ類　Ctenophora
	.4	扁形動物　Plathelminthes
	.41	ウズ虫類　Scolecidla
	.43	切頭類　Temnocephalida
	.45	吸虫類：ジストマ，住血吸虫　Trematodes
	.47	条虫類　Cestodes
	.5	紐形動物　Nemertinea
		ひもむし
	.6	輪形動物　Trochelminthes
	.63	ワムシ類　Rotatoria
	.65	腹毛類　Gastrotricha
	.67	動吻類　Kinorhyncha
	.7	線形動物　Nemathelminthes

483 .73	線虫類：回虫，十二指腸虫	Nematoda
.75	針金虫類	Gordioidea
.77	鉤頭虫類	Acanthocephali
.8	毛顎動物	Chaetognatha
	やむし	
.9	環形動物	Annelida
.91	原環虫類	Archiannelida
.92	多毛類：ごかい	Polychaeta
.93	貧毛類：みみず	Oligochaeta
.94	ヒル類	Hirudinea
.95	ユムシ類	Echiuroidea
.96	星虫類	Stpunculoidea
.99	疣脚動物	Stelechopoda
.993	緩歩類	Tardigrada
.995	舌虫類	Linguatulidae
.997	吸口虫類	Myzostomida

484	軟体動物．貝類学	**Mollusca**
.3	双神経類［ひざらがい類］	Amphineura
.4	斧足類［二枚貝類］	Pelecypoda
	あさり，かき，からすがい，しじみ，はまぐり	
.5	掘足類	Scaphopoda
	つのがい	
.6	腹足類［巻貝の類］	Gastropoda
	あわび，かたつむり，さざえ，たにし，ほらがい	
.7	頭足類	Cephalopoda
	いか，たこ，おうむ貝	
.8	前肛動物［擬軟体動物，触手動物］	Prosopygii
.83	コケムシ類	Scydlmaenidae
.85	腕足類：しゃみせんがい，ほうづきがい	Brochipoda
.87	ホウキムシ類	Phoronidea
.9	棘皮動物	Echinodermata
.91	ウミユリ類	Crinoideae
.93	ヒトデ類	Asteroidea
.95	クモヒトデ類	Ophiuroidea
.96	ウニ類	Echinoidea
.97	ナマコ類	Holothuroidea

485	節足動物	**Arthropoda**
	＊昆虫類→486	
.3	甲殻類	Crustacea
	えび，かに，ふじつぼ，みじんこ	
.4	原気管類［軟脚類］	Protracheata

		かぎむし
485	.5	皆　脚　類　Pantopoda
		うみぐも
	.6	剣　尾　類　Xiphosura
		かぶとがに
	.7	蛛　形　類　Arachnoida
	.73	ク　モ　類　Arachnoida
	.75	サソリ類　Scorpionidea
	.77	ダ　ニ　類　Acarina
	.8	多　足　類　Myriapoda
		むかで，やすで
	.9	原索動物　Prochordata
	.93	擬索類：きぼしむし　Tholiacea
	.95	尾索類：ほや　Ascidiacea
	.97	頭索類：なめくじうお　Asymmetrom

486　昆　虫　類　Insecta. Entomology　→：613.86；654.86
　　.1　　一般昆虫学
　　　　　　＊ここには，昆虫の形態・生理・遺伝・生態などを収め，応用昆虫学は，関連主題の下に収める
　　.2　　無　翅　類　Apterygota
　　.23　　総尾目［シミ目］　　Zygentoma
　　.25　　原　尾　目　Anamerentoma
　　.27　　粘管目［トビムシ目］　　Amphipoda
　　.3　　有翅類〈一般〉　Pterygota
　　.31　　カワゲラ目［襀翅目］　　Plecoptera
　　.32　　シロアリ目［等翅目］　　Isoptera
　　.33　　シロアリモドキ目［紡脚目］　　Embioptera
　　.34　　チャタテムシ目［噛虫目］　　Psocoptera
　　.35　　ハジラミ目［食毛目］　　Mallophaga
　　.36　　シラミ目　Anoplura
　　.37　　カゲロウ目　Ephemeroptera
　　.38　　アザミウマ目［総翅目］　　Thysanoptera
　　.39　　トンボ目　Odonata
　　.4　　直翅目［バッタ目］　　Orthoptera
　　.41　　コオロギモドキ科　Galloisiana
　　.42　　ゴキブリ科　Blattodea
　　.43　　カマキリ科　Mantodea
　　.44　　ナナフシ科　Phasmodea
　　.45　　バッタ科　Acridiidae
　　.46　　キリギリス科　Tettigonioidea
　　.47　　ケ　ラ　科　Gryllotalpa
　　.48　　コオロギ科　Grylloidea

486.49 革翅目［ハサミムシ目］ Dermaptera
　　.5 カメムシ目［半翅目］ Hemiptera
　　　　　あぶらむし，うんか，かいがらむし，せみ
　　.6 甲虫類［鞘翅目］ Coleoptera
　　　　　げんごろう，こがねむし，たまむし，ほたる
　　.69 ネジレバネ目 Strepsiptera
　　.7 ハチ目［膜翅目］ Hymenoptera →：646.9
　　　　　あり，はち
　　.76 ウスバカゲロウ目［脈翅目］ Neuroptera
　　.77 シリアゲムシ目［長翅目］ Mecoptera
　　.78 トビケラ目［毛翅目］ Trichoptera
　　.8 チョウ目［鱗翅目，蝶蛾目］ Lepidoptera →：633
　　.9 ハエ目［双翅目］ Diptera
　　　　　あぶ，か，はえ
　　.98 ノミ目［隠翅目］ Aphaniptera

〈487／489 脊椎動物〉

487 脊椎動物 Vertebrata
　　.4 円口類 Cyclostomata
　　.43 ヌタウナギ目 Myxiniformes
　　.45 ヤツメウナギ目 Petromyzoniformes
　　.5 魚類 Pisces, Ichthyology
　　　　　＊円口類→487.4
　　.51 一般魚学：形態，生理，生態
　　.52 魚類誌．分布
　　　　　＊地理区分
　　.53 板鰓類．軟骨魚類 Elasmobranchii
　　.54 横口目［サメ類］ Plagiostomi
　　.55 下裂目［エイ類］ Batoidea
　　.56 全頭目［ギンザメ類］ Holocephali
　　.57 硬鱗魚類 Ganoidei
　　.58 肺魚類 Dipnoi
　　.59 チョウザメ目 Chondrostei
　　.6 硬骨魚類 Teleostei
　　.61 ニシン目［等椎目］ Clupeida
　　　　　あゆ，いわし，きす，さけ，しらうお，ます，わかさぎ
　　.62 ハダカイワシ目［項肩目］ Myctophida
　　　　　えそ
　　.63 緩鰓蓋目 Lyopomi
　　　　　とかげぎす
　　.64 ソコギス目［異肩目］ Heteromi
　　.65 タウナギ目［合鰓目］．トゲウナギ目 Symbranchia. Opisthomi

487.66	ウナギ目［無足目］	Apodes
	あなご，うつぼ，うみへび，はも	
.67	コイ目［内顎目］	Eventograthi
	こい，どじょう，ふな	
.68	糸顎目［下口目］	Nematograthi
	ごんずい，なまず	
.71	メダカ目	Cyprinodontes
.72	胸　骨　目	Thoracestei
	いとよ，やがら	
.73	ウミテング目［下口目］	Hypostomi
.74	ダツ目［合内顎目］	Synentognathi
	さより，さんま，とびうお	
.75	アカマンボウ目［異顎目］	Allotriognati
.76	棘　鰭　目	Acanthoptergii
.761	ア　ジ　類	Carangidae
.762	カジキ類	Histiophoridae
.763	サ　バ　類	Scombridae
.764	シイラ類	Coryphaena
.765	スズキ類	Percidae
.766	タ　イ　類	Sparidae
.767	ハ　ゼ　類	Gobiidae
.768	フ　グ　類	Plectognathi
.769	ベラ類．ボラ類	Labridae
.77	カレイ目［異体目］	Heterosomata
	ひらめ	
.78	タラ目［無棘目］	Anacanthini
.79	アンコウ目［有柄目］	Pediculati
.8	両　生　類	Amphibia
.83	裸ヘビ目	Gymnophiona
.84	有　尾　目	Urodera
	いもり，さんしょううお	
.85	無尾目［カエル類］	Anura
.9	爬　虫　類	Reptilia
.93	トカゲ類	Lacertilia
	カメレオン，やもり	
.94	ヘ　ビ　目	Ophidia
.95	カ　メ　目	Chelonia
.96	ワ　ニ　目	Crocodilia
488	鳥　　類　Aves.　Ornithology　→：646	
.1	一般鳥学：形態，生理，生態，繁殖	
.2	鳥　類　誌	
	＊地理区分	

488 .3	ダチョウ目［平胸目］. 走禽類	Struthiones
	エミュー，キウイ，ひくいどり	
.4	ニワトリ目［鶉鶏目］	Galli
	うずら，きじ，孔雀，七面鳥，雷鳥	
.45	ハト目［鳩鴿目］	Columbae
.5	ツル目. 渉禽類	Alectorides
.55	シ ギ 目	Limicolae
	しぎ，ちどり	
.58	サ ギ 目	Gressores
	こうのとり，とき	
.6	ウミスズメ目. 游禽類	Alcae
	水鳥	
.64	カモメ目	Lari
	うみねこ	
.65	ア ビ 目	Pygopodes
.66	ペンギン目	Sphenisci
.67	管 鼻 目	Tubinares
	あほうどり，うみつばめ	
.68	ウ目［全蹼目］	Steganopodes
.69	カモ目［雁鴨目］	Anseres
	あひる，おしどり，がん，はくちょう	
.7	ワシタカ目. 猛禽類	Accipitres
	たか，とび，はやぶさ，わし	
.75	フクロウ目	Striges
	みみずく	
.8	オウム目. 攀禽類	Psittaci
	インコ	
.84	ホトトギス目	Cuculi
	かっこう，つつどり	
.86	キツツキ目	Pici
.87	攀木鳥目	Scansores
.9	ブッポウソウ目	Coraciae
	＊鳴禽〈一般〉は，ここに収める	
.93	カワセミ目	Halcyones
.94	サイチョウ目	Bucerotes
.95	蜂 喰 目	Meropes
.96	ハチドリ目	Trochili
.97	ヨタカ目	Caprimulgi
.98	アマツバメ目	Cypseli
.99	スズメ目［燕雀目］	Passercers
	うぐいす，からす，こまどり，しじゅうから，せきれい，つばめ，ひばり，ひよどり，むくどり，めじろ，もず，れんじゃく	

489　哺乳類 Mammalia
　.2　　単　孔　目　Monotremata
　.23　　カモノハシ科　Ornithorhynchus
　.25　　ハリモグラ科　Tachyglossus
　.3　　有　袋　目　Marsupialia
　　　　　カンガルー
　　　　　＊コアラは，ここに収める
　.41　　食　虫　目　Insectivora
　　　　　はりねずみ，もぐら
　.42　　コウモリ目［翼手目］　Chiroptera
　.43　　皮　翼　目　Dermoptera
　　　　　ひよけざる
　.44　　有鱗目［センザンコウ目］　Pholidota
　.45　　異関節目［貧歯目］　Xenarthra
　　　　　ありくい，なまけもの
　.46　　管歯目［ツチブタ目］　Tublidentata
　.47　　齧　歯　目　Rodentia
　.473　　ネズミ科　Myomorpha
　.475　　リ　ス　科　Sciuromorpha
　.48　　ウサギ目　Lagomorpha
　.5　　食　肉　目　Carnivora
　.53　　ネ　コ　科　Felidae　→：645.7
　　　　　とら，ひょう，ライオン
　.54　　ジャコウネコ科　Viverridae
　　　　　マングース
　.55　　ハイエナ科　Hyaenidae
　.56　　イ　ヌ　科　Canidae　→：645.6
　　　　　おおかみ，きつね，たぬき
　.57　　ク　マ　科　Ursidae
　　　　　＊パンダは，ここに収める
　.58　　イタチ科　Mustelidae
　　　　　あなぐま，かわうそ，てん，ミンク，らっこ
　.59　　アシカ科．アザラシ科　Otariidae．Phoeidae
　.6　　クジラ目　Cetacea
　　　　　いるか
　.67　　海　牛　目　Sirenia
　　　　　じゅごん
　.7　　ゾウ目［長鼻目］　Proboscidea
　.75　　ヒラックス目　Hyracoidae
　.8　　奇　蹄　目　Perissodactyla　→：645.2
　　　　　うま，さい，ばく
　.82　　偶　蹄　目　Artiodactyla
　.83　　イノシシ科　Suidae　→：645.5

　　　　　　　　　　　　　　医　　学　　　　　　　　　　　　　490

　　　　　　　　ぶた
489.84　　カ　バ　科　Hippopotamidae
　　.85　　ウ　シ　科　Bovidae　→：645.3；645.4
　　　　　　　かもしか，ひつじ，やぎ
　　.86　　シ　カ　科　Cervidae
　　　　　　　トナカイ
　　.87　　キリン科　Pellicornia
　　.88　　ラクダ科　Camelidae　→：645.49
　　.9　　霊　長　目　Primates
　　.93　　キツネザル科　Lemuriformes
　　.95　　サ　ル　科　Anthropoidea
　　.97　　類人猿科：オランウータン，チンパンジー，ゴリラ，てながざる　Simiae

490　　医　　　学　Medical sciences
　　　　　　　＊家庭衛生→598；獣医学→649
　　.1　　医学哲学
　　.14　　医学と心理
　　.145　　　患者心理
　　.15　　医学と倫理　→：461.15
　　　　　　　＊医療倫理は，ここに収める
　　.154　　　安楽死．尊厳死．脳死
　　.16　　医学と宗教
　　.7　　研究法．指導法．医学教育
　　.76　　実験・研究施設
　　.769　　　実験動物　→：480.75
　　.79　　医師国家試験
　　.9　　東洋医学．漢方医学．古方．蘭方　→：402.105
　　　　　　　＊特定の疾病については，各々の下に収める
　　　　　　　＊漢方薬→499.8

〈491／498　医学各論〉

491　　基礎医学　Fundamental medicine
　　.1　　解　剖　学
　　　　　　　＊病理解剖学→491.6
　　.103　　　参考図書［レファレンスブック］
　　.1038　　　解　剖　図
　　.11　　組織学．細胞学．組織培養．顕微解剖　→：463
　　.112　　　上皮組織
　　.113　　　結合組織
　　.114　　　軟骨組織．骨組織
　　.115　　　筋　組　織

491 .116 　　　造血組織
　　.117 　　　神経組織
　　〈.12／.18 臓　器　別〉
　　.12 　　　循環器［脈管系］．造血器
　　.123 　　　心臓：心膜，心房，心室，心筋
　　.124 　　　血管系：動脈，静脈，毛細血管
　　.129 　　　リンパ管．造血器：骨髄，脾臓，リンパ節
　　.13 　　　呼　吸　器
　　.134 　　　鼻．副鼻腔
　　.135 　　　喉頭．声帯
　　.136 　　　気管．気管支
　　.138 　　　肺
　　.139 　　　胸膜．胸膜腔．横隔膜
　　.14 　　　消　化　器
　　　　　　　　＊内臓〈一般〉は，ここに収める
　　.143 　　　口．舌．歯．口蓋．唇
　　.144 　　　咽頭．食道
　　.145 　　　胃
　　.146 　　　腸：小腸，十二指腸，空腸，回腸，大腸，盲腸，虫垂，結腸，直腸，肛門
　　.147 　　　肝臓．胆嚢．膵臓
　　.148 　　　腹　　膜
　　.149 　　　内分泌器官［内分泌腺］
　　　　　　　　脳下垂体，胸腺，甲状腺，上皮小体，副腎
　　.15 　　　泌尿・生殖器
　　.153 　　　泌　尿　器
　　　　　　　　腎臓，腎盂，尿管，膀胱，尿道
　　.154 　　　男性生殖器
　　　　　　　　睾丸，精管，前立腺，陰嚢，陰茎
　　.155 　　　女性生殖器
　　　　　　　　卵巣，卵管，子宮，膣，外陰部，女子尿道
　　.158 　　　乳房．乳腺
　　.16 　　　骨格．骨学．運動器官
　　.162 　　　頭蓋骨．顔面骨
　　.163 　　　脊　　椎
　　.164 　　　胸郭．肋骨．胸骨
　　.166 　　　上　肢　骨
　　.167 　　　下　肢　骨
　　.168 　　　骨の連結．関節．靭帯
　　.169 　　　筋系．筋学．腱
　　.17 　　　神経系．神経学．感覚器
　　.171 　　　中枢神経系．脳．脊髄
　　.172 　　　末梢神経系．脳神経．脊髄神経．神経叢
　　.173 　　　自律神経系：交感神経，副交感神経

491	.174	視覚器．眼
	.175	平衡感覚器．聴覚器．耳
	.176	嗅覚器
	.177	味覚器
	.178	触覚器
	.179	深部感覚器
	.18	外皮．皮膚
	.183	脂腺．汗腺
	.185	毛．毛髪．爪
	.19	局所解剖学．体形学
	.192	頭部．脳部．顔部
	.193	頸部
	.194	胸部：胸腔，背部
	.195	腹部．腹腔．腰部
	.196	骨盤．尾骨部
	.197	上肢部：腕，手，指
	.198	下肢部：臀，膝，足
	.2	発生学．胎生学
	.21	胚葉発生
	.22／.28	器官発生

　　　　　　＊491.12／.18のように区分　例：491.245胃の発生

	.29	異常発生．奇形発生．奇形学
	.3	生理学

　　　　　　＊別法：生体工学548.6

	.31	細胞生理学．組織生理学．解剖生理学
	.317	刺激生理学．電気生理学

＜.32／.37　各系の生理＞

	.32	血液．循環
	.321	血液．血液学．血液化学．血液型
		血漿，血清

　　　　　　＊別法：血液型469.44

	.322	血小板．赤血球．白血球．ヘモグロビン
	.323	心臓．心音．心内圧．心筋．心臓の神経支配
	.324	血液循環．血行の力学：動脈・静脈・毛細管循環
	.325	血圧．血液循環速度
	.326	脈拍
	.328	胎児循環
	.329	リンパ．造血器
	.33	呼吸
	.331	呼吸の化学．呼吸のガス交換．血液のガス交換．窒息
	.332	組織呼吸［内呼吸］
	.333	呼吸運動．呼吸力学

　　　　　　＊くしゃみ，あくびは，ここに収める

491	.334	呼吸の神経支配．呼吸反射
	.335	喉頭の生理
	.336	気管支の生理
	.338	肺の生理．肺活量
	.339	胸膜の生理
	.34	消化．栄養
	.341	吸収作用．代謝

＊飢餓，渇は，ここに収める

[.342]	栄養生理　→498.56	
	.343	口．歯．唾液腺．そしゃく
	.344	食道．嚥下
	.345	胃．胃の分泌．おくび．嘔吐．胃の神経支配
	.346	腸．腸液．腸内ガス．腸の分泌．排便．糞便．腸の神経支配
	.347	肝臓．胆汁．膵臓．膵液
	.348	分泌．排出．腎臓．尿
	.349	内分泌腺．ストレス学説．ホルモン

　　　　　　脳下垂体，胸腺，甲状腺，上皮小体，副腎

	.35	生殖．性学．発育　→：367.9；598.2

　　　　　　＊通俗的な性知識については，598.2に収める

	.351	男性生殖機能
	.352	女性生殖機能
	.354	性交．受精．人工受精．妊娠．出産　→：495
	.355	胎児の生理・発育
	.356	生後の発育．生長
	.357	青春期．月経．乳汁．乳汁分泌．乳腺
	.358	更年．老化．死
	.36	体温．運動器官の生理
	.361	体温．発熱
	.363	筋の生理：平滑筋，横紋筋，筋化学
	.366	骨・関節・腱の生理
	.367	運動生理　→：780.193
	.368	声．発音　→：496.9；801.1
	.369	皮膚．皮膚呼吸．汗．爪．毛髪
	.37	神経系・感覚器の生理　→：141.2
	.371	中枢神経：脳・脊髄の生理，心理学的生理学

　　　　　　神経細胞，大脳，大脳皮質，小脳，延髄，条件反射

	.372	末梢神経．神経筋生理学
	.373	自律神経
	.374	視覚．光覚．色覚．生理光学　→：141.21；425.8；496.1
	.375	平衡感覚：酔．めまい．聴覚　→：141.22；424.8；496.6；496.9；761.12
	.376	嗅　覚　→：141.23；496.7
	.377	味　覚　→：141.23；496.8
	.378	皮膚感覚．触覚．痛覚

```
491 .379        深部感覚［筋覚］
    .4      生 化 学  →：464；579.9
                医化学，組織化学，細胞化学
                  ＊一般生化学→464
    .41         生物物理化学．生体成分．生体膠質．pH測定法
  <.42／.46 各種の生体物質>
    .42         蛋白質．アミノ酸
    .43         糖   質
    .44         脂   質
    .45         酵   素
    .455        ビタミン
    .457        ホルモン．プロスタグランジン
    .46         無機成分
    .47         代謝・栄養の化学  →：498.55
    .49         臨床生化学．異常生化学
    .5      薬理学［薬物学］
                  ＊ここには，薬物の生理学的・治療学的作用を収め，薬化学，薬剤学は，499に収
                    める
                  ＊致死量は，ここに収める
                  ＊処方学→：499.2
    .59         毒 物 学  →：493.15
    .6      病 理 学
                病理解剖学，病態生理学，病理化学，組織病理学
                  ＊各器官の疾患病理は，493／497の下に収める
    .61         疾病．症候学．病因学．発病
  <.62／.68 各種の病理現象>
    .62         循環障害
                    出血，充血，うっ血，貧血，血栓，梗塞，軟化，浮腫，水腫
    .63         外   傷
                    創傷，骨折，脱臼，捻挫，その他物理的作用による傷害
    .64         炎   症
                    急性炎，慢性炎，化膿性炎，壊死，潰瘍，結核，梅毒，ハンセン病，結節状炎症
    .65         腫瘍．癌
                  ＊癌〈一般〉は，ここに収める
    .658        癌の予防
    .66         奇   形
    .67         器官機能の障害
    .68         進行性・退行性病変．硬化症
                    萎縮，変性，肥大，増殖，再生，化生，移植
    .69         体質学．素質
                  ＊遺伝病は，ここに収める
    .7      細菌学．病理微生物学  →：465；493.8
    .71         形態．生理．細菌化学
```

491 .72　　検査法．培養法．消毒．滅菌
　　.73　　球　　菌
　　.74　　桿菌．糸状菌．放射菌．分芽菌
　　.75　　スピロヘータ
　　.76　　リケッチア
　　.77　　ウイルス［濾過性病原体］
　　.78　　原虫類［動物性病原体］
　　.79　　抗生物質　→：492.31；499.1
　　.8　　免　疫　学　→：493.8
　　.83　　血　清　学
　　.85　　抗　　体
　　.9　　寄生虫学　→：493.16
　　.92　　条　虫　類
　　.93　　吸虫類：住血吸虫，肺ジストマ，肝ジストマ
　　.94　　線虫類：回虫，蟯虫，十二指腸虫

492　　臨床医学．診断・治療　Clinical medicine　→：598
　　　　＊各科，各疾患の診断・治療は，493／497に収める；ただし，内科診断学は，492.1
　　　　　に収める
　　.1　　診断学．臨床検査法
　　　　　＊画像診断法〈一般〉は，ここに収める
　　.11　　一般検査法：病歴，症候，局所所見
　　　　　　　　視診，聴診，打診，触診，圧診，体温・体温計
　　.12　　心臓・脈管系の診断・検査法
　　.123　　心　電　図
　　.125　　血管・血圧測定．不整脈
　　.13　　胸部の診断・検査法
　　　　　　　　気管支・食道鏡，肺機能，肺活量測定
　　.14　　腹部の診断・検査法
　　　　　　　　胃カメラ，直腸鏡，胃・肝・膵・内分泌機能，胃液，吐物，腸液，膵液
［.15］　　泌尿・生殖器の検査法　→494.92
　　.16　　脳脊髄液検査．脳波．筋電図．電気診断法
　　.17　　生化学的検査法
　　　　　　　　基礎代謝，血液検査，検尿，検便，検痰
　　.18　　細菌学・血清学的検査法
　　.19　　組織学的検査法．病理組織検査法
　　.2　　対症療法．技術療法．処置と予後
　　.21　　注　射　法
　　.22　　穿　刺　法
　　.23　　浣　腸　法
　　.24　　吸入療法．酸素吸入
　　.25　　洗浄法：胃，腸
　　.26　　輸血．輸液

	＊血液銀行は，ここに収める
492.269	献　　血
.27	瀉血法．血液浄化法
.28	人工呼吸法
.29	救急処置
.3	化学療法．薬物療法
.31	化学療法剤．抗生物質　→：491.79
	サルファ剤，サルバルサン，ペニシリン療法
.32	強心剤．興奮剤．血管拡張剤
.33	去痰剤．鎮咳剤
.34	強壮剤．消化剤．下剤．駆虫剤．解毒剤．利胆剤
.35	利　尿　剤
.36	造　血　剤
.37	催眠剤．鎮静剤．鎮痛剤．鎮痙剤
.38	臓器療法．ホルモン剤
.39	血清療法．殺菌性製剤．ワクチン
.4	放射線医学　→：427.55；549.96
	＊核医学は，ここに収める
.42	X線発生装置・測定
.43	X線診断学．X線撮影法・読影法
	＊各科，各疾患のX線診断は，493／497に収める　例：493.455胃癌のレントゲン診断
.432／.438	各器官の造影法
	＊491.12／.18のように区分　例：492.4345胃のレントゲン診断
.44	X線療法
.47	ラジウム療法
.48	アイソトープ
	＊別法：539.64
.5	理学療法［物理療法］．自然療法　→：494.78
	＊放射線療法→492.4
	＊運動療法，作業療法→：494.78
.51	光線療法：紫外線，可視線，赤外線，日光浴
.52	電気療法：高周波，超短波，ジアテルミー
.53	温熱療法：熱気浴，罨法，寒冷療法，人工冬眠
.54	温泉療法．水治療法．海水浴
.55	気候療法．大気療法．酸素療法
.56	超音波療法
[.6]	食事療法　→498.583
.7	マッサージ．機械療法
.75	あんま．指圧療法．鍼灸
.79	民間療法：触手療法
	＊心霊療法→147.7
.8	医療機器・装置　→：535.4

自然科学

```
            ＊各科専用の器具は，493／497の下に収める
492 .89    人工臓器．衛生材料
     .9     看護学．各科看護法．看護師試験
            ＊家庭看護→598.4
     .901      看護思想・哲学
     .9014       看護心理学
     .9015       看護倫理
     .9019       看護統計学
     .907      研究法．指導法．看護教育
     .9079       看護師試験
     .91     基礎看護科学
     .911      基礎看護技術
                ＊臨床検査における看護は，ここに収める
     .912      看護記録・監査
     .913      看護診断
     .914      看護過程
     .915      看護業務・計画
  <.916／.919　状態別看護>
     .916      救命救急・集中看護．ICU・CCU 看護
     .9163       手術看護
     .9165       麻酔看護
     .9169       放射線看護
     .917      慢性期疾患看護
     .9175       回復期看護．退院指導
     .9179       リハビリテーション看護
     .918      臨死期看護．ターミナルケア．ホスピスケア
     .919      外来看護
     .92     対象別看護
            ＊特定の対象についての各疾患の看護は，その対象の看護に収める　例：492.925
              小児癌看護；特定の対象に限らない各疾患の看護は，492.926の下に収める
     .921      母子看護
     .923      産科看護：周産期看護
     .924      母性看護
     .925      小児看護
     .926      成人看護
                ＊各疾患の看護は，493／497のように区分　例：492.9263455胃癌看護
                ＊特定の対象に限らない各疾患の看護も，ここに収める
     .927      精神科看護
     .928      婦人科看護
     .929      老年看護
     .98     看護行政・管理
     .981      看護行政
     .983      看護管理
```

492	.984	専門職としての看護・資質管理
	.985	看護方式
	.99	地域看護. 公衆衛生看護
	.993	訪問看護. 在宅ケア　→：369.261
	.994	学校看護　→：374.93
	.995	産業衛生看護　→：366.99
	.996	施設看護　→：369.26

493　内　科　学　Internal medicine
　　　　＊診断学→492.1
　.09　精神身体医学
　　　　＊心療内科は，ここに収める
　.1　全身病．一般的疾患
　.11　特定難病：ベーチェット病，スモン病
　　　　＊ここには，全身病的なものを収める；特定部位のものや，原因が明瞭なものは，各部位の下に収める
　.12　代謝異常．栄養障害・失調
　　　　低血糖症，低蛋白血症
　.123　糖　尿　病
　.125　肥　満　症
　.13　ビタミン欠乏症：脚気，壊血病
　.14　アレルギー性疾患．膠原病．体質異常
　　　　蕁麻疹，食物・薬品アレルギー，血清病
　.15　中　毒　症　→：368.8；491.59
　.152　金属中毒：亜鉛，水銀，鉛，ベリリウム，ラジウム
　.153　非金属中毒：ガス，窒素，臭素，農薬，ヒ素
　.155　覚醒剤・睡眠剤中毒．麻薬中毒．医薬品中毒　→：368.81
　.156　アルコール中毒　→：368.86
　.157　食　中　毒　→：498.54
　.158　毒蛇中毒
　.159　自家中毒
　.16　寄生虫病．地方病［風土病］　→：491.9
　　　　吸虫症，条虫症，線虫症，羔虫症，フィラリア症，片山病
　.17　血液疾患
　　　　萎黄病，血友病，紫斑病，出血性疾患，血色素血症，尿毒症
　.173　白血病．血液成分異常
　.175　貧　血
　.18　成人医学．生活習慣病　→：498.38
　　　　＊更年期障害は，ここに収める
　　　　＊女性の更年期障害→495.13
　.185　老年医学．老年病　→：367.7；369.26
　.19　物理的原因による疾患
　　　　感電，寒冷障害，ケーソン病［潜函病］，熱中症

493	.195	放射線障害　→：539.68
	.2	循環器疾患
	.23	心臓：心筋梗塞症，心臓神経症，心臓弁膜症，心膜炎
	.231	狭　心　症
	.235	心　不　全
	.24	血管：静脈炎，動脈硬化症
	.25	血圧：高血圧症，低血圧症
	.29	造血器疾患．リンパ系疾患
		骨髄炎，骨髄腫，ホジキン病，脾腫，リンパ腺腫
	.3	呼吸器疾患
		＊インフルエンザ→493.87
	.36	気管支：気管支炎，気管支喘息
	.38	肺：肺炎，肺化膿症，肺気腫，肺塞栓症
		＊肺結核→493.89
	.385	肺　　癌
	.39	胸膜．胸壁：胸膜炎，膿胸，縦隔炎
	.4	消化器疾患
	.43	口腔：口内炎，舌炎，唾液腺炎
	.44	食道：食道炎，食道潰瘍，食道狭窄
	.445	食　道　癌
	.45	胃：胃アトニー，胃炎，胃拡張，胃下垂，胃神経症
	.454	胃　潰　瘍
	.455	胃　　癌
	.46	腸：腸炎，腸結核，腸捻転，腸閉塞症，十二指腸潰瘍，虫垂炎，下痢，便秘
	.465	腸　　癌
	.47	肝臓．膵臓．胆道：黄疸，肝炎，肝臓膿瘍，肝不全，膵石症，膵嚢腫，胆石症，胆道膿瘍，胆嚢炎
	.475	肝臓癌．膵臓癌
	.477	肝硬変症
	.48	腹膜：腹水，腹膜炎
	.49	内分泌疾患．適応症候群
	[.5]	泌尿・生殖器疾患　→494.9
	.6	運動器疾患：骨，関節，筋　→：494.7
		筋炎，骨炎，骨軟化症，骨膜炎，痛風，リウマチ，五十肩
	.63	関　節　炎
	.64	筋萎縮症
	.65	く　る　病
	.7	神経科学．精神医学　→：145
	.71	病理解剖学．病態生理学．精神病理学
	.72	症候．病因．診断．治療
	.73	脳・脊髄・神経系の疾患
		脳外傷，脳出血，脳腫瘍，脳軟化症，髄膜炎，神経炎，神経痛
	.731	骨髄炎．脊髄腫瘍．脊髄癆

493	.733	自律神経症
	.74	機能的神経疾患

　　　　　　車酔，痙攣，振顫麻痺，頭痛，テタニー，てんかん，舞踏病，めまい

	.743⁺	神　経　症

　　　　　　強迫神経症，神経衰弱，ヒステリー

	.745⁺	摂食障害　→：145.72
	.75	器質的精神病．外因性精神病
	.758	認　知　症
	.76	機能的精神病．内因性精神病．心因性精神病

　　　　　　パラノイア［偏執病］

	.763	統合失調症
	.764	気分障害：躁病，鬱病，躁鬱病
	.77	知的障害［精神遅滞］　→：145.8
	.79	精神衛生　→：498.39
	.8	感染症．伝染病学　→：491.7；491.8；498.6
	.82	予防接種：種痘，ワクチン
	.83	球菌による感染症：敗血症
	.84	桿菌による感染症

　　　　　　疫痢，コレラ，ジフテリア，赤痢，腸チフス，破傷風，パラチフス，百日咳，
　　　　　　ペスト，野兎病

	.85	スピロヘータ症：回帰熱，ワイル病

　　　　　　＊梅毒→494.99

	.86	リケッチア症：発疹チフス，Q熱
	.87	ウイルス感染症

　　　　　　泉熱，インフルエンザ，狂犬病［恐水病］，猩紅熱，デング熱，痘瘡，風疹，
　　　　　　麻疹，流行性脳炎

	.878	エイズ［後天性免疫不全症候群］
	.88	原虫による疾患：アメーバ赤痢，マラリア
	.89	結核症．肺結核

　　　　　　＊肺以外の各器官の結核は，その器官の下に収める
　　　　　　＊肺外科→494.645

	.891	病理．感染
	.892	症候．診断
	.893	治療．予後療法
	.894	化学療法
	.895	光線療法
	.896	対症療法
	.897	虚脱療法．人工気胸
	.9	小児科学　→：599
	.91	解剖．発育．生理．病理
	.92	診断．治療
	.93	内科的疾患
	.931	全　身　病

493	.932	循環器．造血器
	.933	呼吸器
	.934	消化器．内分泌系
	.935	泌尿・生殖器
	.936	運動器
	.937	神経・精神系
	.9375	自閉症
	.938	感染症．結核
	.94	外科的・皮膚科的疾患．奇形
	.95	新生児
	.96	未熟児．多胎児　→：495.8
	.98	育児

　　　　　　　　＊家庭育児→599

	.983	小児栄養

494　外　科　学　Surgery

［.1］
.11	外科解剖学
.16	外科病理学
.18	外科細菌学
.2	診断．治療．手術〈一般〉

　　　　　＊別法：局所外科学494.6

.21	外科診断学
.22	治療法一般．術前・術中・術後処置．手術後療法
.23	制腐法．消毒．無菌法
.24	麻酔

　　　　　＊ペインクリニック〈一般〉は，ここに収める

.25	包帯法
.26	損傷療法：湿布
.27	救急外科．救急手術．輸血．輸液．瀉血
.28	一般外科手技
.281	皮膚切開法
.282	皮膚縫合法
.283	止血法
.284	血管縫合法．血管外科
.285	腱の手術
.287	神経縫合法
.288	皮膚形成術．植皮術．形成外科

　　　　　＊美容整形外科学→494.79

.289	膿瘍の切開術
.3	損傷［外傷］
.33	開放性損傷［創傷］
.34	非開放性損傷：挫傷，皮下損傷

494 .35		非機械的損傷：火傷，凍傷，放射線損傷
.36		蛇咬症．昆虫刺咬症
.39		外傷性損傷の全身反応：虚脱，失神，貧血，ショック
.4		炎　　　症
.43		化膿性感染症：蜂窩織炎
.44		腐敗性感染症：ガス壊疽，ガス水腫症
.45		特異性感染症：炭疽，野兎病
.5		腫瘍．肉腫．癌
		＊各器官の癌の治療法は，各部位の下に収める
.53		化学療法
.54		放射線療法
［.6］		局所外科学　→494.2
.62		頭部外科
.627		脳外科．神経外科
.63		頚部外科
.64		胸部外科
.643		心臓外科
.644		気管支外科．食道外科
.645		肺外科．結核外科：肺切除，空洞切開法
.65		腹部外科
.655		胃
.656		腸．盲腸．虫垂．ヘルニア
.657		肝臓．膵臓．脾臓
.658		直腸．肛門：痔疾，痔瘻
.66		脊髄外科．脊椎外科
.67		四肢外科
.7		整形外科学　→：493.6
.72		診断．矯正．義肢．義手
.73		先天性奇形．後天性変形．歩行異常
.74		骨　　　折
.75		脱　　　臼
.76		捻　　　挫
.77		骨・関節の炎症．障害．麻痺
.78		リハビリテーション　→：492.5
.79		美容整形外科学
.8		皮膚科学．皮膚・脂腺・毛髪・爪の疾患
.83		ハンセン病
.9		泌尿器科学．男性性器疾患
		＊別法：493.5
.91		解剖．病理
.92		診断．治療．手術
		＊別法：検査法492.15
.93		腎：腎炎，腎腫瘍，腎石症，ネフローゼ，人工腎

494 .94 尿管．尿細管
　 .95 膀胱．尿道：膀胱炎，夜尿症，尿毒症
　 .96 男性性器の疾患
　　　　　　睾丸，睾上体，精管，前立腺，陰茎，陰嚢
　 .97 男性性器の機能障害：性交不能症
　 .98 男性ホルモン
　 .99 性病［花柳病］
　　　　　　梅毒，淋疾，軟性下疳，鼠径リンパ肉芽腫［第四性病］

495 　婦人科学．産科学　Gynecology. Obstetrics　→：491.354；598.2
　〈.1／.4　婦人科学〉
　 .1　解剖．生理．病理
　 .12　　性　　　徴
　 .13　　婦人の生理：排卵，月経，春機発動期，更年期
　 .2　診断．治療
　 .24　　婦人科手術
　 .3　婦人の衛生．女子性病
　 .4　女性性器の疾患［婦人病］
　 .42　　月経異常．性器の奇形・発育不全
　 .43　　子宮．卵巣．卵管
　 .44　　膣．白帯下
　 .45　　外　陰　部
　 .46　　乳腺．乳房
　 .47　　女子泌尿器
　 .48　　機能障害：不妊症，人工避妊，人工受精
　 .5　産　科　学
　　　　　　妊婦の診断
　 .52　　産科手術：帝王切開術，不妊手術，人工妊娠中絶手術
　 .6　妊娠の生理・衛生・病理
　　　　　　受胎，つわり，胎児，多胎妊娠，妊娠中毒症，子宮外妊娠，胎盤，流産，早産
　 .7　出産．難産．異常分娩．無痛分娩
　 .8　産褥．産褥熱　→：493.96
　 .9　助産学．助産師

496 　眼科学．耳鼻咽喉科学　Ophthalmology. Otorhinolaryngology
　〈.1／.4　眼　科　学〉
　 .1　眼の解剖・生理・病理　→：141.21；491.374
　 .2　眼の診断・治療．眼科検査法〈一般〉
　 .24　　眼科手術．眼球摘出．義眼．アイバンク
　 .29　　眼の衛生
　 .3　眼の疾患
　 .32　　結膜．角膜．鞏膜：トラコーマ
　 .33　　虹彩．毛様体．脈絡膜．瞳孔

496	.34	網膜．視神経
	.35	水晶体．硝子体．眼房水：白内障
	.36	眼窩．眼球．眼瞼．眼圧：緑内障
	.37	眼筋．涙器
	.38	眼の外傷・中毒．眼の腫瘍．奇形
	.4	視機能とその異常・検査
	.41	視力．弱視．失明．盲目
	.42	眼屈折・調節作用．屈折異常：遠視．近視．乱視．めがね　→：535.89
	.43	視　　　野
	.44	両眼視．周辺視
	.45	色覚．色弱．色盲
	.46	光覚．夜盲症
	.47	斜視．複視．斜位
	.5	耳鼻咽喉科学
	.6	耳科学．聴器疾患　→：141.22；491.375
		内耳．迷路．中耳．鼓室．鼓膜．外耳．聴神経．耳漏．めまい．耳鳴．難聴．ろう唖
	.7	鼻科学．鼻疾患　→：141.23；491.376
	.8	咽頭．喉頭．口腔　→：141.23；491.377
		舌，唇，口蓋，扁桃腺
	.9	音声・言語障害．吃音　→：378.5；491.368；491.375

497		歯　科　学　**Dentistry**
	.07	研究法．指導法．歯科学教育
	.079	歯科医師国家試験
	.1	歯の解剖・生理・病理
	.11+	口腔解剖学
	.12+	口腔発生学
	.13+	口腔生理学
	.14+	口腔生化学
	.15+	歯科薬理学
	.16+	口腔病理学
	.17+	口腔細菌学
	.2	歯の疾患・診断・検査・治療
		歯髄炎
	.24	齲蝕症［むしば］
	.26	歯周疾患：歯槽膿漏症
	.3	歯科外科学．口腔外科
		＊歯科麻酔学〈一般〉は，ここに収める
	.4	歯科保存学．歯牙充填法．抜歯術
	.5	歯科補綴学
	.56	義歯［入れ歯］
	.6	歯科矯正学

497	.69	美容歯科
	.7	小児歯科
	.8	歯科材料・器械．歯科理工学
	.9	口腔衛生．歯の衛生

498　衛生学．公衆衛生．予防医学　Hygienics. Public health. Preventive medicine
　　　　→：375.49；611.99
　　　　　　＊衛生工学→518；軍隊の保健衛生，食事，防疫→394；建築衛生→528

.07	研究法．指導法．衛生教育
.079	衛生管理者・技術者試験．保健師試験
.1	衛生行政．厚生行政　→：317.73；369.9

　　　　　　＊環境行政→519.1；福祉行政→369.11；薬事行政→499.091

.12	医療・衛生法令．医療紛争　→：499.15

　　　　　　＊麻薬・毒物・劇物取締法は，ここに収める

.13	医療制度

　　　　　　＊健康保険→364.4

.14	医療関係職員の資格・任務

　　　　　　医師，歯科医師，看護師，保健師，助産師，栄養士，衛生技術者，X線技師，あんま師，はり師，きゅう師，柔道整復師
　　　　　　＊各資格試験問題は，各主題の下に収める　例：497.079歯科医師国家試験

.15	衛生試験
.158	水質試験
.16	医療施設

　　　　　　病院，医院，診療所，保健所，産院，サナトリウム

.163	病院経営・会計
.2	民族衛生．優生学．家族計画．産児制限　→：334.38

　　　　　　＊遺伝学→467

.25	断種．優生保護法
.28	国民体力管理
.3	個人衛生．健康法　→：598
.32	禁煙．禁酒
.33	冷水浴．冷水摩擦
.34	静座法．自彊術．ヨガ
.35	休養．レクリエーション．ウォーキング

　　　　　　＊体育→780

.36	睡眠．安眠
.37	沐　　浴　→：383.6
.38	長　生　法　→：493.18
.39	精神衛生．健脳法　→：493.79
.4	環境衛生　→：519；611.99
.41	気候・大気・水・土地の衛生
.42	熱帯医学．寒帯医学
.43	高山病．高山医学

498.44		航空病．航空医学．宇宙医学
		*別法：538.87
	.45	ケーソン病［潜函病］．潜水医学
	.48	公害病〈一般〉
	.5	食品．栄養　→：383.8；588；596
	.51	食品学
		食品と成分，加工食品，貯蔵，調味料
	.517	インスタント食品
	.518	強化食品
	.519	食品添加物
	.52	食品材料．食品商品：食用植物，食用動物
	.53	食品化学
	.54	食品衛生
		*食中毒→：493.157
	.55	栄養学．栄養化学　→：491.47
		栄養所要量，蛋白質，糖類，脂質，酵素，ホルモン，ビタミン，無機分，カロリー
	.56	栄養生理学
		*別法：491.342
	.57	栄養病理学
	.58	治療栄養学．病態栄養学
	.583	保健食．食事療法　→：595.6
		*痩身のための食事は，ここに収める
		*各疾患の食事療法は，493／497の下に収める
		*別法：食事療法492.6
	.59	特殊栄養学：母性，乳児，老人，労働，集団給食
	.6	疫学．防疫．感染症対策　→：493.8
		インフルエンザ，エイズ，結核，ハンセン病
	.67	検　　疫
	.69	衛生動物学．衛生昆虫学
		蚊，ハエ，蚤，虱，ダニ，ねずみ族
		*原虫学，蠕虫学→491.6
	.7	小児衛生．母子衛生
		*学校衛生→374.9；小児科学→493.9
	.8	労働衛生．産業衛生　→：366.99
	.81	健康診断．健康管理
	.82	労働環境衛生：粉塵，有害ガス，騒音，振動
	.84	産業疲労．労働生理
	.87	職業病：珪肺，工業中毒，鉱山病　→：561.98
［.88］		産業災害・安全　→509.8
	.89	災害医学
	.9	法医学　→：317.75；649.89
		*別法：326.7
	.91	法医解剖学

498	.92	個人識別．親子鑑別
		血液型，指紋，声紋，足跡，写真，人相書
		＊別法：指紋，声紋317.76
	.93	法医学的検査：血痕，精液，毛髪
	.94	死体現象．死体検査
	.95	傷害．殺人．窒息死その他の変死
	.96	嬰児殺し．堕胎．妊娠．分娩
	.97	性法医学：強姦，わいせつ
	.98	裁判化学．法医毒物学
	.99	法医精神医学．精神鑑定

499		薬　　学　**Pharmaceutics**　→：519.79；598.5
		＊薬理学→491.5
	.07	研究法．指導法．薬学教育
	.079	薬剤師国家試験
	.09	薬業経済・行政・法令．薬の生産と流通
		＊薬剤師は，ここに収める
	.091	薬事行政・法令
	.093	薬　　価
	.095	薬局．薬店
	.1	医　薬　品　→：491.79
		＊化学薬品→574；化粧品→576.7；農薬→615.87
	.12	公定書．薬局方
		＊地理区分
	.13	国民医薬品．準薬局方
	.14	公定書外薬品．新医薬品
	.15	毒薬．劇薬．麻薬．覚醒剤　→：498.12
	.17	化粧品〈薬事法による〉
	.2	薬効学．化学的薬理学．処方学　→：491.5
	.3	薬　化　学
	.31	薬品構造
	.32	薬化学実験法
	.33	薬品分析．薬品鑑定
	.34	薬品合成化学
	.35	無機薬化学
	.37	有機薬化学
	.39	天然物質
	.4	薬品試験．毒物試験
	.5	薬品製造．薬工学．製薬学
	.6	薬剤学．調剤．製剤
	.7	一般用医薬品［OTC薬］．家庭薬．民間薬．売薬
	.8	生薬学．和漢薬
		＊生薬・和漢薬療法→490.9

499 .86　　薬用鉱物
　　.87　　薬用植物．薬草園　→：617.7
　　.88　　薬用動物
　　.9　　本　草　学

技術

(工学,工業,家政学)

500　技術．工学　Technology. Engineering

501　工業基礎学　Basic engineering
.1　　工業数学　→：410
.19　　工業統計学　→：417
.2　　工業物理学［応用物理学］　→：420
.22　　計測工学：工業測定・測定器，センサー技術　→：501.52；532.8；535.3；609
　　　　＊特定の測定・測定器は，関連主題の下に収める
　　　　＊化学計測→571.1；通信測定→547.18；電気測定→541.5；放射線計測→539.62
.23　　応用流体力学　→：423.8；534.1；538.1
.24　　振動工学．音響工学．超音波工学　→：424；547.3
.26　　工業熱学．工業熱力学．伝熱工学　→：426；533.1；571
.3　　応用力学　→：531.3
.31　　静力学．図式力学
.32　　材料力学　→：531.1
.321　　計算材料力学
.322　　応力．歪
.323　　引張．圧縮
.324　　剪　　断
.325　　ね じ り
.326　　座　　屈
.327　　疲　　労
.33　　弾性．塑性．レオロジー．光弾性　→：423.7；428.3
.34　　構造力学　→：418.15；524.1
.341　　計算構造力学
.35　　梁．柱
.36　　ト ラ ス
.37　　ア ー チ
.38　　ラーメン
.4　　工業材料．材料科学　→：511.4；531.2
.41　　金属材料　→：563
.42　　鉄．鋼
.43　　非鉄金属
.48　　非金属材料

技術．工学　　　　　　　　　　　　　　　　500

501 .49　複合材料
　　.5　材料試験・試験機
　　.52　物理的試験法　→：501.22
　　.53　機械的試験法
　　　　　　圧縮試験，クリープ試験，硬度試験，衝撃試験，疲れ試験，ねじり試験，引張試験，曲げ試験，摩耗試験
　　.54　材料の加工性試験法　→：566
　　　　　　鋳造性，溶接性，焼入性，塑性加工，切削性，研削性
　　.55　組織・欠陥検査法．非破壊試験法．超音波探傷法
　　.56　簡易識別法
　　.57　化学的試験法．工業分析
　　.6　工業動力．エネルギー
　　.8　工業デザイン．計装．製図．人間工学　→：414.6
　　.83　工業デザイン
　　.84　人間工学
　　　　　　＊別法：548.5
　[.9]　自動制御工学．オートメーション．ロボット　→548.3

502　技術史．工学史　History of technology
　　　　＊地理区分

503　参考図書［レファレンスブック］　Reference books

504　論文集．評論集．講演集　Essays and lectures

505　逐次刊行物　Serial publications

506　団体：学会，協会，会議　Organizations

507　研究法．指導法．技術教育　Study and teaching
　　.1　特許．発明．考案
　　　　　　＊発明家列伝は，ここに収める
　　.2　産業財産権
　　　　　　＊無体財産権〈一般〉は，ここに収める
　　　　　　＊著作権→021.2
　　.23　特　　許
　　.24　実用新案
　　.25　意　　匠
　　.26　商　　標　→：674.35
　　.27　審　　決
　　.28　判　　決
　　.29　弁　理　士
　　.3　技　術　士

5 技

500　　　　　　　　　技　　術

507 .6　　研究・実験施設
　　 .7　　研究法. 教育法. 技術教育. 工業教育　→：375.6
　　 .9　　科学玩具. 模型工作　→：589.77；759

508　　叢書. 全集. 選集　Collected works. Collections

509　　工業. 工業経済　Industries. Manufacturing industry
　［.02→509.2］
　　 .1　　工業政策. 工業行政・法令
　　 .11　 工業行政. 技術行政
　　 .12　 工業法令
　　 .13　 工業規格・標準化
　［.15］　中小工業　→335.35
　　 .16　 工業協同組合　→：335.6
　　 .18　 工業原料・資材問題
　　 .2　　工業史・事情
　　　　　　　＊地理区分
　　 .29　 工業地理. 工業立地　→：332.9
　　　　　　　＊各国の工業地理→509.21／.27
　　 .3　　工業金融. 工業資金. 設備資金　→：338.6
　［.4］　 経営形態　→335.3
　　 .5　　工業経営. 工場経営
　　　　　　　＊工場名簿→503.5
　［.56］　下請工業　→335.207
　　 .6　　生産管理. 生産工学. 管理工学
　　　　　　　＊システム監査→：336.57
　　　　　　　＊別法：336.6
　　 .61　 生産計画
　　　　　　　テーラーシステム, フォードシステム, ガントチャート, ジャストインタイム生産システム［JIT］, カンバンシステム
　　 .62　 工場計画：立地, 機械の設備・配置
　　 .63　 設計管理. 技術管理　→：336.17
　　 .64　 作業研究：時間管理, 動作研究, 課業管理
　　 .65　 工程管理：日程計画, 手順計画, 進捗管理, 出来高管理, 運搬管理
　　 .66　 品質管理. 社内規格. 外注管理
　　 .67　 資材管理：材料管理, 購買管理, 倉庫管理, 在庫管理
　　 .68　 設備管理. 色彩管理. 工具管理. 動力・熱管理. 計量・計測管理
　　 .69　 オートメーション　→：548.3
　［.7］　 人事管理　→336.4
　　 .8　　工業災害. 労働災害. 工場安全　→：366.99
　　　　　　　＊別法：498.88

建設工学．土木工学　510

〈510／580　各種の技術・工学〉

＊各技術・工学とも，次のように細分することができる　例：537.09253アメリカの自動車産業史・事情，549.809半導体産業
- −09　　経済的・経営的観点
- −091　　政策．行政．法令
- −092　　歴史・事情
  　　　　＊地理区分
- −093　　金融．市場．生産費
- −095　　経営．会計
- −096　　労　　働

510　　建設工学．土木工学　Construction. Civil engineering
.9　　建設工業．土木事業
　　　　＊建築業→520.9
.91　　建設・土木行政．建設法令
.92　　建設・土木事業史・事情
　　　　＊地理区分
.93　　建設経済・財政・投資
.94　　災害復旧工事〈一般〉
.95　　建設業経営・会計
.96　　建設労働

511　　土木力学．建設材料　Mechanics and materials
.2　　土木地質学．地質工学　→：455；516.11
.25　　地盤沈下　→：519.65
.27　　地質調査．物理探査法
.3　　土質力学．土質工学
.33　　土圧．擁壁
.34　　法面保護
.35　　地　耐　力
.36　　土壌の安定化
.37　　土質調査・試験
.4　　建設材料．土木材料　→：501.4；524.2
.41　　木　　　材
.42　　石　　　材
.43　　セメント．モルタル
.44　　コンクリート製品
.45　　瀝青材料
.47　　煉瓦．粘土製品

5 技術

510　　　　　　　　　技　　　術

511 .48　　金属材料
　　.49　　その他の材料
　　.5　　石構造：煉瓦積工，石積工
　　.6　　木　構　造
　　.7　　コンクリート．コンクリート工学　→：573.8
　　.71　　セメント．混和材．骨材
　　.72　　配合．練混ぜ．水量
　　.73　　コンクリート打ち．養生．継目
　　.74　　寒中コンクリート加工．暑中コンクリート加工．水密コンクリート加工．水中コンクリート加工
　　.75　　表面仕上
　　.76　　型枠．支保工
　　.77　　プレストレストコンクリート
　　.78　　設計．計算．維持管理
　　.79　　コンクリート試験

512　　測　　　量　Surveying　→：535.84
　　　　＊ここには，地籍測量，地形測量など一般的なものを収め，道路，森林などの各測量は，各主題の下に収める
　　　　＊測地学→448.9
　　.07　　研究法．指導法
　　.079　　測量士試験
　　.1　　距離測量：チェーン測量，略測量
　　.2　　平板測量
　　.3　　コンパス測量
　　.4　　トランシット測量
　　.48　　経緯儀測量
　　.49　　トラバース測量．折測法．多角測量
　　.5　　水準測量．高低測量
　　.6　　三角測量
　　.69　　スタジア測量
　　.7　　航空測量．写真測量
　　.75　　リモートセンシング〈一般〉
　　.8　　面積と体積の計算法．曲線設定．製図

513　　土木設計・施工法　Designs and executions
　　.1　　土木設計．土木計算．土木製図
　　.13　　土木積算．仕様
　　.3　　土工：切土，盛土，地均，法面保護工，地盤改良工法
　　.4　　基　礎　工
　　.41　　締切工．根伐工
　　.42　　杭　打　工
　　.43　　井　筒　工

236

建設工学．土木工学　　　510

513	.44	ケーソン工
	.45	捨石工．沈床工
	.46	矢板工
	.6	伏樋．下水渠．溝
	.7	擁壁工．アーチ工
	.8	建設機械．土木機械　→：525.6

　　　　　　運搬機，杭打機，コンクリート工事機，砕石機，浚渫機，ブルドーザー，ポンプ，パワーショベル
　　　　　　＊別法：517.18

〈514/518　各種の土木工学〉

514　道路工学　Engineering of roads and highways
　　　　＊道路交通→685；道路照明→545.63
.09　道路事業
.091+　道路政策・行政・法令
.092　道路事業史・事情
　　　＊地理区分
.1　道路設計・計画　→：518.84
.11　交通量調査
.12　道路測量
.13　路線の設定：曲線，勾配，線形，幅員，交差点，交通信号灯
.15　街路の設計：街路系統，歩道，遊歩道，安全地帯，ロータリー
.2　道路の構造・材料・施工法
.29　道路関連施設：道標，里程石，道路標示，マンホール
.3　砂利道．砕石道．マカダム道
.4　道路の舗装．舗装工学
.44　アスファルト舗装
.45　コンクリート舗装
.46　ブロック舗装：煉瓦，敷石，木塊
.6　高速道路．自動車専用路
.7　地下道．高架道路［歩道橋］
.8　道路の維持・管理
.9　トンネル工学．隧道
.91　地質．測量．設計
.92　防水．排水．通風
.93　坑門．待避所．照明
.94　切崩．爆破
.95　支保工．支柱
.96　掘削：ケーソン，シールド，沈埋法
.97　覆工
.98　トンネルの維持・管理
.99　水底トンネル

技　術

515　　橋梁工学　Bridge engineering　→：516.24
　.02　　橋梁史．古橋
　.1　　橋梁力学．設計．材料．計算．製図
　.2　　基礎工．橋台．橋脚
　.3　　上部構造：主ケタ，主構，床組，対風構，橋床，高欄，支承
　.4　　上部構造の主材による橋梁
　　　　　　　＊特定の構造形式・用途のものは，各々.5，.7の下に収める
　.41　　木　　　橋
　.42　　石橋．煉瓦橋
　.44　　コンクリート橋：鉄筋コンクリート橋，PS橋
　.45　　鋼橋：リベット橋，溶接橋
　.46　　アルミニウム橋
　.5　　構造形式による各種の橋梁
　　　　　　　＊特定の用途のものは，.7の下に収める
　.51　　けた橋：木桁橋，鋼桁橋，プレートガーダー橋
　.52　　トラス橋［構橋］
　.53　　連続橋．ゲルバー橋
　.55　　アーチ橋［拱橋］．ランガー橋．ローゼ橋
　.56　　ラーメン橋
　.57　　吊　　　橋
　.58　　可動橋：旋開橋，跳開橋，昇開橋
　.7　　用途による各種の橋梁
　　　　　　　＊水道橋→518.16；鉄道橋→516.24
　.8　　橋梁の維持・管理

516　　鉄道工学　Railroad engineering
　　　　　　　＊ここには，設計・施工など土木工事に関するものおよび電気設備に関するものを収める
　　　　　　　＊鉄道運輸→686；鉄道車両→536；トンネル→514.9
　.1　　線路選定・建設
　.11　　鉄道地質学　→：511.2
　.12　　鉄道測量
　.13　　線路選定・踏査．曲線．勾配．車両・建築限界
　.14　　鉄道土工：路盤，基礎工，排水
　.15　　土工以外の工作物：伏樋，溝，石垣，擁壁
　.17　　建設工事
　　　　　　　＊個々の建設誌は，ここに収める
　.18　　改良計画・工事
　.2　　軌道力学．軌道構造・材料
　.21　　道　　　床
　.22　　枕　　　木
　.23　　レール：軌間，カント，継目，ボンド
　.231[+]　電車線：架空電車線，第三軌条，電柱

建設工学．土木工学

516 .24 鉄　道　橋　→：515
　　.25 線路付帯施設．防護設備
　　　　　　境界設備，車止め，交差，線路諸標，法面保護，踏切，防風・防雪・防波工，落石防護
　　.3 分岐器：転轍機，轍差，閉塞装置
　　.4 保線．保線作業
　　.5 鉄道駅．駅舎付帯施設
　　　　　　＊建築→526.68
　　.52 旅　客　駅
　　.53 貨　物　駅
　　.54 客車操車場
　　.55 貨車操車場
　　.56 信　号　場
　　.57+ 配電．変電所
　　.58 水陸連絡設備　→：517.86
　　.59 臨　港　線
　　.6 鉄道信号．保安装置
　　.61+ 信号方式．信号機．信号回路
　　.64+ 踏切警報装置
　　.65+ 車両制御装置：自動列車制御装置［ATC］，自動列車停止装置［ATS］，自動列車運転装置［ATO］
　　.66+ 鉄道通信［鉄道電話］．鉄道無線
　　.7 高速鉄道
　　　　　　新幹線，鉄輪式高速鉄道
　　　　　　＊リニアモーターカー→516.86
　　.71 計画．建設費
　　.72 地下鉄道
　　.73 高架鉄道
　　.79+ 新交通システム：案内軌条式鉄道，自動運転軌道交通機関［AGT］
　　　　　　＊ガイドウェイバスは，ここに収める
　　.8 特殊構造の鉄道
　　.81 ケーブルカー［鋼索鉄道］．アプト式鉄道
　［.84］ ロープウェー［索道］　→536.76
　　.85 モノレール
　　.86 リニアモーターカー

517　河海工学．河川工学　Hydraulic engineering　→：550
　　　　　＊水資源〈一般〉は，ここに収める
　　.09 河川事業
　　.091 河川行政．河川法　→：324.29
　　.1 水理学：河相論，水位，水量　→：423.8；452.94
　　.12 河川測量．水理計算
　　.13 水路計画・設計

510 技 術

517 .15 水理気象
 [.18] 工事材料・機械 →513.8
 .2 河川誌. 治水誌. 調査工事報告
   ＊地理区分
 .3 浚渫. 埋立. 干拓 →：614.5
 .33 浚　　渫
 .35 埋立. 干拓
 .4 洪水. 水害誌
 .5 治水工学. 高水工事. 砂防工事 →：656.5
 .56 捷水路. 放水路. 分水路. 閘門
 .57 堤防. 洪水予防工事. 水防
 .58 河川工作物：護岸，水制，床固
 .6 運河. 河口改良. 疏水. 低水工事. 水利工学 →：611.29；614.3
 .7 ダム［堰堤］. ダム付帯施設. 発電水力 →：543.3
 .72 ダム：重力ダム，アーチダム，フィルダム，可動ダム
 .73 貯　水　池
 .74 発電計画：水量，落差，水力経済
 .75 取水設備：取水ダム，取水口，沈砂池
 .76 導水設備：水路トンネル，水槽，水圧管路
 .8 海岸. 港湾 →：661.9；683.9
 .81 測量. 計画. 設計
 .82 築　港　誌
 .83 泊地. 防波堤. 護岸. 突堤
 .85 埠頭. 岸壁. 桟橋. 上屋
 .86 荷役・陸上設備. 船車連絡設備 →：516.58
 .88 航路標識. 灯台. 信号・照明設備 →：557.5
 .9 空　　港 →：558.5；687.9

518 衛生工学. 都市工学　Sanitary and municipal engineering →：318.7；558.5
 .1 上水道. 水道工学. 水道事業
 .11 計画. 設計
 .12 水源. 水質. 地表水. 地下水. 井戸
 .13 取水. 導水. 集水工
 .14 貯水工. 水塔. 貯水池
 .15 浄水工. 成分分析. 濾過沈澱. 薬品処理
 .16 送水. 送水路. 水路橋
 .17 配水工. 給水法
 .18 水管. 水栓. 量水器
 .19 水道料金. 法規. 水の消費
 .2 下水道. 下水工学. 都市排水
 .21 計画. 設計
 .22 下水水質. 下水量. 下水検査
 .23 下水渠. マンホール

518 .24　下水・汚泥の処理・処理場
　　.5　都市衛生
　　　　　＊公害→519
　　.51　公衆便所
　　.52　ごみ．ごみ処理　→：519.7
　　　　　＊ごみ問題〈一般〉は，ここに収める
　　　　　＊産業廃棄物→519.7
　　.523　ごみの再利用［リサイクリング］
　　.54　清掃事業．街路散水
　　.8　都市計画　→：318.7
　　.83　地域制：住居地域，防水地域，空地地区
　　.84　街路・交通計画　→：514.1；681.8
　　.85　緑地計画：公園，墓苑，広場　→：629；629.3；629.8
　　.86　土地区画整理
　　.87　防災計画　→：519.9
　　.88　衛星都市・田園都市計画

519　環境工学．公害　Environmental engineering. Pollution　→：365；468；498.4
　　　　＊環境問題〈一般〉，環境経済学は，ここに収める
　　　　＊地球温暖化→：451.85
［.02→519.2］
　　.1　環境政策．環境行政・法令
　　.12　環　境　法
　　　　　＊公害法，公害訴訟は，ここに収める
　　.13　環境と企業．環境と社会
　　　　　＊排出権取引は，ここに収める
　　.15　環境アセスメント．公害測定
　　.19　環境ビジネス．環境装置・機器
　　.2　環境問題史・事情．公害史・事情
　　　　　＊地理区分
　　　　　＊ここには，具体的に生じた問題に関するものを収め，自然環境の回復を中心にしたものは，519.8に収める
　　.3　大気汚染：光化学スモッグ，亜硫酸ガス，煤煙，浮遊粉塵，フロン，アスベスト
　　.4　水質汚濁．海洋汚染　→：452；571.9；663.96
　　.5　土壌汚染　→：613.5
　　.6　騒音．振動　→：424
　　.65　地盤沈下　→：511.25
　　.7　産業廃棄物
　　　　　＊産業廃棄物の再利用［リサイクリング］は，ここに収める
　　　　　＊一般廃棄物（家庭廃棄物）→518.52
　　.75　悪　　臭
　　.79　化学物質汚染：農薬，内分泌攪乱化学物質［環境ホルモン］　→：499；588；615.87
　　　　　＊食品公害〈一般〉，薬害〈一般〉は，ここに収める

519	.8	環境保全．自然保護
		＊地理区分
	.9	防災科学．防災工学〈一般〉 →：518.87

520　建　築　学　Architecture. Building

＊建築美術は，ここに収める
＊個人作品集は，520.87に収める

- .7　　研究法．指導法．建築教育
- .79　　建築士試験
- .8　　叢書．全集．選集
- .87　　建築図集
- .9　　建築業．建築経済　→：510.9
  　　　　＊住宅産業は，ここに収める
- .91　　建築行政・法令．建築事故　→：365.31
- .92　　建築業史・事情
  　　　　＊地理区分
  　　　　＊建築史〈一般〉→520.2
- .93　　建築資金
- .95　　建築業経営・会計．入札と契約．請負
- .96　　建築労働

〈521／523　様式別の建築〉

＊日本，東洋，西洋およびその他の様式にわたる建築史は，520.2の下に収める

＊521／523においては，図集を次のように細分することができる　例：521.34087白鳳時代の建築図集

－087　　建築図集

521　日本の建築　Japanese architecture

＊ここには，歴史，様式，図集を収める；歴史上の個々の建造物は，各時代に収めず521.8に収める

〈.2／.6　各　時　代〉

- .2　　原始時代　―551
- .3　　古代：大和時代，奈良時代，平安時代
- .33　　飛鳥時代　552―645
- .34　　白鳳時代　645―710
- .35　　天平時代　710―794
- .36　　弘仁時代　794―897
- .37　　藤原時代　897―1185
- .4　　中　　世
- .42　　鎌倉時代　1185―1392

建築学　　　　　　　　　　　　　520

521.46　　室町時代 1392―1572
　　.48　　桃山時代 1572―1615
　　.5　　近世：江戸時代 1615―1867
　　.6　　近代：明治・大正・昭和・平成時代 1868―
　　　　　　＊日本の和洋建築史は，ここに収める
　　　　　　＊日本の洋風建築史→523.1
　　.8　　各種の日本建築．国宝・重要文化財の建造物
　　　　　　＊ここには，歴史的建造物を収める
　　.81　　宗教建築
　　.817　　神社建築　→：175
　　.818　　寺院建築　→：185
　　.82　　城郭．宮殿
　　.823　　城　　　郭
　　.825　　宮　　　殿　→：288.45
　　.85　　住宅建築
　　.853　　武家住宅．公家住宅
　　.86　　民家．町家　→：383.9；383.91
　　.863　　茶　　　室　→：791.6
　[.9]　　洋　　　館　→523.1

522　　東洋の建築．アジアの建築　Oriental architecture
　　　　　＊ここには，歴史，様式，図集を収める
　　.1　　朝　　　鮮
　　.2　　中　　　国
　　.24　　台　　　湾
　　.26　　蒙　　　古
　　.28　　西　　　域
　　.29　　チベット
　　.3　　東南アジア
　　.5　　イ　ン　ド
　[.6]　　西南アジア　→522.7
　　.7　　西南アジア
　　　　　　＊別法：522.6
　　.9　　中央アジア．北アジア

523　　西洋の建築．その他の様式の建築　Occidental architecture. Others
　　　　　＊地理区分
　　　　　＊ここには，歴史，様式，図集を収める
　＜.02／.07　各　時　代＞
　　.02　　原始時代
　　.03　　古代：ギリシア，ローマ
　　.04　　中　　　世
　　.041　　初期キリスト教

5
技
術

243

523	.042	ビザンチン
	.043	サラセン
	.044	ロマネスク
	.045	ゴシック
	.05	近　　代
	.051	ルネサンス
	.052	バロック．ロココ
	.053	古典主義
	.054	ロマン主義．折衷主義
	.06	19世紀
	.07	20世紀―
	.1／.7	各国の建築

　　　　　　＊別法：日本の歴史的建造物は，すべて521.8／.9の下に収める

524		建築構造　Construction
	.1	構造力学．建築力学　→：501.34
	.2	建築材料　→：511.4
	.21	木材．竹材．プラスチック
	.22	石　　材
	.23	セメント．モルタル
	.24	コンクリート製品
	.25	瀝青材料
	.26	ガ ラ ス
	.27	煉瓦．瓦．粘土製品．建築陶器
	.28	金属．合金．建築金物
	.29	特殊材料
	.292	防 腐 材
	.293	防水材．防湿材
	.294	耐 火 材
	.295	断熱材．保温材
	.296	吸音材．防音材
	.297	床・壁・天井材料
	.298	屋根・外装材料
	.299	接着剤．シーリング材
	.3	基礎．地業

　　　　　　地盤と地耐力，杭打・井筒・ピア・ケーソン基礎，根伐工
　　　　　　　　＊別法：524.81

	.4	ブロック構造．組積構造
	.41	組積法．化粧目地
	.42	壁体．迫持
	.43	柱．柱形．控壁
	.44	窓．出口回り
	.45	蛇腹．扶欄．扶壁．切妻

建 築 学 520

524 .46 煉 瓦 造
 .47 石 造
 .48 コンクリートブロック造
 ＜.5／.7 建築材料別の構造＞
 .5 木構造．木造建築．架構式構造
 .51 継手．手口．接合法
 .52 軸組：壁体，胴差，台輪，敷桁，筋かい，方杖，間壁
 .53 柱．土台．脚固
 .54 小屋根．大スパン構造．梁．束．母屋
 .55 床組．木造床
 .56 和風構造．真壁造
 .57 洋風構造．大壁造
 .58 大張間木構造．び式構造
 .59 土蔵造．木骨煉瓦造．木骨石造
 .6 鉄骨構造
 .7 鉄骨コンクリート構造．鉄筋コンクリート構造．一体式構造
    梁，床板，壁体，無梁板構造，ラーメン構造
 .77 鉄筋鉄骨コンクリート構造
 .79 無筋コンクリート構造．軽量コンクリート構造
 .8 各部構造．構造部分と構造要素
 [.81] 建築基礎　→524.3
 .82 壁［壁体］．拱廊．アーチ．ドーム
 .83 柱．束
 .84 床．床組
 .85 屋根：雨仕舞法，小屋根，庇，棟，樋，天窓，切妻
 .86 天　　井
 .87 階段．勾欄［手摺］
 .88 その他の内部雑作：壁付暖炉　→：528.2
 .89 その他の外部雑作：戸，窓，バルコニー，格子，シャッター，門，囲障，垣，塀，車庫
 .9 防災構造
 .91 耐震構造
 .92 耐風構造．耐寒構造．耐雪構造
 .93 防水構造．防湿構造
 .94 耐火構造．不燃構造．火災．防火工学
      ＊消火設備→528.6；消防→317.79
 .95 防空構造．防弾構造
      ＊防空壕，核シェルターは，ここに収める
 .96 防音構造．遮音．建築音響学

525　建築計画・施工　Planning. Design. Practices
     ＊各種建築の計画・設計・施工→526／527
 .1 建築計画・設計
 .18 建築製図

5 技術

525	.2	規矩術
	.3	仕様．積算．建築費
	.5	建築工事．施工各論
		＊地鎮祭，棟上式などは，ここに収める
	.51	仮設工事．土工事．地業・基礎工事
	.52	鉄骨工事．コンクリート工事
	.53	組積工事．煉瓦工事．石工．タイル工事
	.54	木工事．大工
	.55	屋根工事．防水・防湿工事
	.56	金属工事．板金工事．ブリキ工事
	.57	建具工事．ガラス工事．プラスチック工事
	.58	左官工事．塗装工事．内装工事
	.59	経師工事．その他の雑工事
	.6	施工機械 →：513.8
	.8	建物の維持・管理

〈526／527　各種の建築〉
　　　　＊ここには，現代の建築計画および工事誌を収め，歴史的建造物は521／523に収める

526　　各種の建築　Specific buildings
　　　　＊綱目表に準じて区分　例：.06博物館，.07新聞社，.18寺院，.31官公署，.37学校・大学，.45気象台，.49病院，.5工場
　　　　＊学校施設・設備→374.7；図書館建築→012, 016／018
　　.9　高層建築．ビルディング〈一般〉

527　　住宅建築　Residential buildings　→：365.3；383.9；597；614.7
　　　　＊住宅産業→520.9
　　.1　設計．敷地．間取
　〈.2／.6　住宅の各部分〉
　　.2　玄関．広間．廊下．階段．地下室
　　.3　台所．食堂．納戸
　　.4　居間．床の間．寝室．書斎．応接室
　　.5　子供室．老人室
　　.6　浴室．化粧室．手洗所
　〈.7／.9　各種の住宅〉
　　.7　別荘．バンガロー
　　.8　共同住宅．集合住宅．アパート　→：591.6
　　　　＊集合住宅の管理→365.35
　　.9　寄宿舎．寮

528　　建築設備．設備工学　Building utilities
　　.1　衛生設備：給水・排水，給湯，便所，衛生器具
　　.18　配管工事

528	.2	空気調和. 暖房. 冷房. 換気設備　→：524.88；592.4
	.3	煙突. 煙道
	.4	エネルギー設備　→：544.49；545.6
	.43	電気設備
	.45	ガス設備
	.47	太陽熱利用設備
	.5	機械・運搬設備：リフト，エレベーター，エスカレーター，気送管　→：536.7
	.6	消火設備・機器. 盗難防止施設　→：317.79；524.94
	.7	厨房設備
	.8	色彩調節　→：757.3

529		建築意匠・装飾　Architectural design and decoration　→：597；757.8
		＊ここには，室内意匠・装飾［インテリア］，天井，床，屋外意匠・装飾［エクステリア］などの装飾を収める

530		機械工学　Mechanical engineering　→：423.9
		＊各種の産業機械については，その産業の下に収める　例：586.28紡績機械
	.9	機械工業：生産と流通
	.91	機械工業政策・行政・法令
	.92	歴史・事情
		＊地理区分
	.93	金融. 市場. 生産費
	.95	経営. 会計
	.96	機械労働

531		機械力学・材料・設計　Mechanics, materials and design
	.1	材料力学　→：501.32
	.11	応力と歪
	.12	塑性変形
	.13	梁
	.14	板. 平面板
	.15	柱
	.16	軸. ねじり
	.17	円筒. 球. 円板
	.18	振　　動
	.19	ば　　ね
	.2	機械材料. 金属材料　→：501.4
	.21	鉄. 鋼
	.22	炭 素 鋼
	.23	特殊鋼. 耐熱鋼
	.24	工 具 鋼
	.25	鋳　　鉄

531 .26　　合　金　鉄
　　.27　　非鉄金属
　　.28　　非金属材料
　　.29　　測定試験法
　　.3　　機械の要素．機構学．機械力学　→：501.3
　　　　　　＊機械振動学→531.18
　　.38　　制御装置．調速機．変速機
　　　　　　＊自動制御工学→548.3
　　.4　　機械部分の締結法
　　.41　　くさび．くさび継手：キー，コッター，スプライン，ピン
　　.44　　ねじ．ボルト．ナット
　　.46　　リベット．リベット継手
　　.5　　軸．軸継手．軸受
　　.6　　歯車．歯車伝動装置
　　.66　　爪　　　車
　　.67　　リンク・カム装置
　　.69　　摩擦車．摩擦伝動装置
　　.7　　巻掛伝動装置．可撓体による伝動
　　.71　　ベルト．ベルト伝動
　　.77　　ロープ．ロープ伝動
　　.78　　鎖車．鎖伝動
　　.8　　潤滑技術．トライボロジー　→：538.39
　　.83　　潤滑材．潤滑油
　　　　　　＊別法：潤滑油575.575
　　.9　　機械設計
　　.98　　機械製図

532　　機械工作．工作機械　Machine-shop practice. Machine tools
　　　　　＊ここには，切削・研削加工を収め，塑性加工，溶接，鋳造は566に収める
　　.1　　旋盤：ターレット旋盤，自動旋盤，旋盤作業
　　.2　　ボール盤．中ぐり盤．穿孔加工
　　.3　　平削盤．形削盤．立て削盤
　　.4　　フライス盤．ブローチ盤．リーマ盤
　　.48　　歯切盤．歯車仕上盤．ホブ盤．歯切加工
　　.49　　ねじ切盤．タップ盤
　　.5　　研削盤．研削加工．砥石．ホーニング．ラップ盤．超仕上　→：573.69
　　.6　　切削工具：バイト，ドリル，フライス，リーマー，タップ，ダイス，ブローチ，ダイヤ
　　　　　モンド工具
　　.69　　治具．取付具
　　.7　　手仕上．製缶．組立作業
　　.8　　測定工具．ゲージ．マイクロメーター　→：501.22；535.3
　　.9　　工作機械の据付・運転・保守

機械工学　　　　　　　　530

533　　熱機関．熱工学　Heat engines　→：543.4；554
［.01→533.1］
.1　　理論．伝熱工学．断熱．断熱材．蒸気表　→：501.26
.3　　蒸気原動力．蒸気工学
.33　　ボイラー［蒸気缶］
.34　　蒸気機関
　　　　＊蒸気機関車→536.1；舶用汽機→554.4
.35　　蒸気タービン
　　　　＊タービン〈一般〉は，ここに収める
.36　　復　水　器
.38　　蒸気配管．廃熱の利用
.4　　内燃機関　→：554.8
.42　　ガス機関
.43　　ガソリン機関．気化器
.44　　石油発動機
.45　　ディーゼル機関．焼玉機関
.46　　ガスタービン
［.5］　ジェットエンジン．ロケットエンジン　→538.3
.6　　太陽熱利用．地熱利用　→：543.7；614.823
.8　　冷凍工学．低温技術．冷凍機　→：426.7
　　　　＊食品の冷凍・冷蔵→588.9；製氷→588.8；冷房→528.2

534　　流体機械．流体工学　Hydraulic and pneumatic machinery
.1　　水力学．流体力学．空洞現象　→：423.8；501.23；551
.3　　水車．水タービン．水力原動機
.32　　水　　　車　→：614.823
.34　　衝動タービン．ペルトン水車
.35　　反動タービン．フランシス水車
.36　　プロペラタービン
.37　　カプランタービン
.39　　水力エネルギーの応用　→：543.3
.4　　ポンプ［揚水機］
.43　　渦巻ポンプ．遠心ポンプ
.44　　タービンポンプ
.45　　軸流ポンプ
.46　　往復ポンプ
.47　　回転ポンプ
.48　　噴流ポンプ
.49　　ポンプ以外の揚水装置：つるべ，サイフォン
.5　　油圧機．水圧機
.6　　流体輸送：パイプライン，弁，コック，パッキング，ホース
.66　　散水・噴水装置：シャワー，放水器
.7　　風車．風力機関．風力の利用　→：614.823

5 技術

249

530 技　術

534 .8 　　送風機．扇風機
　　　　　　＊ふいごは，ここに収める
　　.83　　遠心送風機．渦巻送風機
　　.86　　ピストン送風機．軸流送風機
　　.88　　噴射式送風機
　　.9　　 空気機械．空気工学
　　.92　　気体の圧縮．圧縮機
　　.93　　気体の減圧・排気．真空ポンプ．真空技術　→：423.88
　　.94　　圧力容器：ガスタンク，ボンベ
　　.95　　圧縮空気機関
　　.96　　圧縮空気工具．空気ハンマー
　[.97]　 気　送　管　→536.75

535　　精密機器．光学機器　Precision and optical instruments
　　.2　　 時計．クロノメーター　→：449.1
　　.3　　 計器．計測器　→：501.22；532.8；609
　　　　　　圧力計，温度計，ガス分析計，屈折計，振動計，動力計，濃度計，歪計，流量計
　　.4　　 理化学器械．試験機．医療機器　→：492.8
　　.5　　 計算機械．統計機械
　　　　　　＊コンピュータ［電子計算機］→548.2
　　.8　　 光学機器　→：573.575
　　　　　　＊別法：425.9
　　.82　　望遠鏡．双眼鏡．観測機器　→：442.3
　　.83　　顕　微　鏡
　　.84　　測量機器　→：512
　　.85　　カメラ［写真機］．プロジェクター［映写機］　→：742.5；778
　　.87　　レンズ．レンズ研磨．反射鏡．プリズム　→：425.3；742.6
　　.89　　め　が　ね　→：496.42

〈536／538　運輸工学〉

536　　運輸工学．車両．運搬機械　Transportation engineering
　　.09　　車両工業：生産と流通
　　.1　　 機関車工学．蒸気機関車
　　.2　　 内燃機関車．気動車：ディーゼルカー，ガソリンカー
　　.3　　 電気機関車．その他の機関車
　　　　　　＊ハイブリッド気動車は，ここに収める
　　.4　　 客貨車．車両付属装置．艤装
　　.41⁺　 客　　車
　　.42⁺　 貨　　車
　　.47　　車両の修理・保守
　　.5⁺　 電　　車
　　.6⁺　 運転：運転ダイヤ，速度，牽引力

機械工学　　　　　　　　　　　　　　　　530

536 .7　荷役・運搬機械　→：528.5
　　.71　ウィンチ．ホイスト
　　　　　＊てこは，ここに収める
　　.72　クレーン．ジャッキ
　　.73　リフト．エレベーター
　　.74　エスカレーター
　　.75　コンベヤー．気送管
　　　　　＊別法：気送管534.97
　　.76　ロープウェー［索道］．インクライン
　　　　　＊別法：ロープウェー516.84
　　.79　荷造機械．包装機械
　　.8　　軽　車　両
　　.83　小形：手押車，手車，猫車，乳母車
　　.84　人力牽引車：荷車，人力車，車椅子
　　.85　畜力車：四輪，三輪，橇
　　.86　自　転　車
　　　　　＊電動アシスト自転車は，ここに収める
　　　　　＊原動機付自転車→537.98
　　.87　三輪車．リヤカー
　　.9　　ホバークラフト

537　自動車工学　Automobile engineering　→：559.4；685
　　.09　自動車産業：生産と流通
　　.1　　自動車の設計・製図．自動車材料・部品
　＜.2／.6　自動車の各部分＞
　　.2　　自動車機関
　　.22　ガソリンエンジン
　　.23　ディーゼルエンジン
　　.24　ガスエンジン
　　.25　電気自動車
　　　　　＊燃料電池車，ハイブリッド自動車は，ここに収める
　　.26　蒸気自動車
　　.27　各部の設計・構造
　　.28　付属装置：気化器，潤滑装置，消音器，点火装置，燃料供給装置
　　.29　自動車燃料
　　.3　　伝動装置：クラッチ，推進軸，歯車，変速機
　　.4　　走行装置．車軸．車輪．タイヤ．ブレーキ
　　.5　　車体．台枠．シャーシー．付属部品
　　.6　　電気装置．電子装置
　　.7　　自動車の整備・修理・保守
　　　　　＊自動車検査登録制度［車検］は，ここに収める
　　.8　　操縦法．運転　→：786.6
　　.807　指導法．運転教習

5 技術

251

技　術

```
537 .8079    自動車運転免許試験
    .9       自動車の種類
    .92      乗用車．小型自動車．マイクロバス
    .93      バス［乗合自動車］
                ＊ガイドウェイバス→516.79
    .94      トラック［貨物自動車］
    .95      トラクター．トレーラー　→：614.89
    .96      レーシングカー　→：788.7
    .98      オートバイ．スクーター　→：786.5
    .99      その他の自動車
                ＊特種用途自動車は，ここに収める；ただし，兵器としての車両は，559.4に収
                 める
                ＊福祉車両→369.18；ブックモビル→015.5

538     航空工学．宇宙工学　Aeronautical engineering. Space engineering
            ＊軍事航空→398；航空運輸→687
［.01→538.1］
    .09      航空機工業：生産と流通
    .1       航空理論．航空力学　→：423.88；501.23
                風洞，翼・プロペラの理論，強度と振動
    .2       機体構造・設計
    .21      設計．製図
    .22      航空機材
    .23      主翼．尾翼
    .24      胴　　体
    .25      操縦装置
    .26      降着・滑走装置
    .28      整備．工作
    .3       航空発動機．プロペラ．ジェット推進．ロケット推進
                ＊別法：533.5
    .39      航空燃料．航空潤滑油　→：575.571；531.8
    .4       航空機器［補機］．艤装．航空計器
＜.5／.7　各種の航空機＞
    .5       軽航空機：気球，飛行船
                ＊気球競技→782.9
    .6       重航空機
    .62      滑空機：グライダー，ハンググライダー，モーターグライダー
                ＊グライダー競技→782.9
    .63      プロペラ機
    .64      回転翼航空機：ヘリコプター，オートジャイロ
    .65      水上機．飛行艇
    .68      ジェット機．ロケット機
                ＊宇宙ロケット→538.94；ミサイル→559.5
```

		機械工学	

538 .7 　軍　用　機
　　　　　　＊軍事用に用いられる航空機は，機種を問わずここに収める
　　.8 　航空術．運航技術
　　　　　　＊個別機種の航空術・運航技術は，個々の機種に収める　例：538.64ヘリコプターの操縦
　　.82 　航空気象．航空地図
　　.84 　成層圏飛行
　　.85 　計器飛行．電波航法．航空無線．航空電子技術
　　.86 　空港．地上取扱法．航空標識．航空交通管制
［.87］　航空医学．航空病　→498.44
　　.88 　航空事故
　　.89 　落　下　傘
　　.9 　宇宙工学：宇宙飛行，宇宙開発，人工衛星　→：440
　　.93 　推進装置．多段ロケット　→：451.25
　　.94 　科学衛星．通信衛星．人工惑星　→：451.25
　　.95 　有人衛星．宇宙ステーション．宇宙遊泳
　　.97 　宇宙食．宇宙服
　　　　　　＊宇宙医学→498.44

539 　　原子力工学　Nuclear engineering　→：429；543.5
　　　　　　＊ここには，原子力の平和的利用，すなわち動力源とアイソトープに関するものを収め，各産業への利用は，その下に収める　例：543.5原子力発電
　　　　　　＊核兵器→559.7
　　.09 　原子力産業．原子力経済
　　.091 　　原子力政策・行政
　　.0912 　　原子力法・協定
　　　　　　＊国際管理→319.8
　　.093 　　原子力の社会経済的観点
［.1］　核物理．核化学　→429.5
［.12］　核　分　裂　→429.55
［.13］　核　融　合　→429.56
［.18］　放射線化学　→431.59
　　.2 　原　子　炉
［.201→539.21］
　　.21 　原子炉システムの一般的理論
　　.22 　物理的設計
　　.23 　機械的設計
　　.24 　伝熱理論
　　.25 　遮蔽理論
　　.26 　計装．安全性
　　.3 　各種の原子炉
　　.32 　実験用原子炉
　　.33 　天然ウラン炉

540　技　術

539 .34　トリウム炉
　　.35　プルトニウム炉
　　.36　濃縮ウラン炉
　　.37　核融合炉　→：429.5
　　.4　核　燃　料
　　.43　ウ　ラ　ン
　　.44　ト リ ウ ム
　　.45　プルトニウム
　　.46　核融合燃料
　　.48　使用済燃料の処理
　　.5　原子炉材料
　　.51　燃　料　体
　　.52　減　速　材
　　.53　冷　却　材
　　.54　反　射　材
　　.55　遮　蔽　材
　　.56　制　御　材
　　.6　放射線．放射性同位元素　→：429.4
　　.62　計測法．ガイガー計数管　→：429.2；549.52
　　.63　同位元素の生産［分離］
　［.64］　アイソトープの医学的利用　→492.48
　　.65　アイソトープの工業的利用
　［.66］　アイソトープの農業的利用　→615.7
　　.68　放射線障害と防御．放射線の損傷　→：493.195
　　.69　放射性廃棄物の処理
　［.7］　原子力発電．原子力発電炉　→543.5
　　.8　各種の原子力利用
　　　　　＊原子力航空機→538.6；原子力船→552.76
　　.9　保守．安全
　　.99　原子力災害　→：369.36；543.5
　　　　　＊ここには，原子力災害〈一般〉を収める
　　　　　＊原子力発電所の事故・災害→543.5

540　電気工学　Electrical engineering　→：427

　　.7　研究法．指導法
　　.79　電気技術者検定［電検］．電気主任技術者試験［電験］
　　.9　電気事業．電力事業
　　.91　電気行政・法令
　　.92　電気事業史・事情
　　　　　＊地理区分
　　.93　電力問題
　　.94　報償契約

| 540.95 | 電気事業経営・会計. 電気料 |
| .96 | 電気労働 |

541　電気回路・計測・材料　Electric circuits, measurements and materials
.1　電気回路. 回路理論
.11　直流理論
.12　交流理論：歪波交流，多相交流
.13　共振回路
.14　回　路　網
.15　分布定数回路
.17　過渡現象
.19　磁気回路
.2　電気数学. 電気計算. 回路計算
.24　円　線　図
.25　対称座標法
.26　演算子法
.27　マトリックス計算法
.3　電　　圧
.32　低　電　圧
.33　高電圧. 高圧現象
.34　絶縁現象
.5　電気測定・制御
　　　＊別法：427.2
.51　電気単位・標準器：CGS，実用，MKS，絶対単位
.52　測定室・試験室・検査室の設備
.53　電気計器：材料，設計
　　　　指示計器，記録計器，オシログラフ，積算計器，遠隔計器，回路試験器
.54　電流・電圧測定：電流計，検流計，電圧計，電位計，電位差計
.55　抵抗・伝送量測定：オーム計，インダクタンス計
.56　電力・電力量測定：電力計，アンペア計，トルク計，動力計
.57　波形・周波数測定：波長計
.58　磁気測定法
.59　電気応用測定. 電気制御
.6　電気材料. 部品
.62　導電材料. 電線類：裸線，絶縁電線，ケーブル　→：544.1
.623　　電極材料. 炭素質材料. 刷子材料
.624　　接点材料. ヒューズ. 熱電対材料　→：544.6
.63　抵抗材料. 電熱材料
[.64]　半導体材料　→549.8
.65　絶縁材料. 誘電体：絶縁油・塗料，プラスチック，石綿
　　　＊別法：絶縁油575.576
.66　磁性材料：永久磁石，電磁石，コイル［線輪］　→：427.8；428.9
.67　構成材料

540 技　術

541 .68　　特殊材料

542　　電気機器　Electrical machinery
　　　　　　＊ここには，電力機器を収める
　　　　　　＊家庭電器→545.88；通信機器→547
　.09　　電機工業：生産と流通
［.1］
　.11　　設計．製図．工作
　.12　　発　電　機　→：614.824
　.13　　電動機［モーター］　→：614.824
　.14　　調　相　機
　.16　　部品：電機子，ブラシ，鉄心
　.17　　故障．修理
　.18　　運転．取扱
　.19　　試　　験
＜.2／.9　各種の電気機器＞
　.2　　直流機．回転機〈一般〉
　.22　　　直流発電機
　.23　　　直流電動機
　.3　　交流機．同期機
　.32　　　同期発電機
　.33　　　同期電動機
　.34　　　同期調相機
　.4　　誘導機．非同期機
　.42　　　誘導発電機
　.43　　　誘導電動機
　.44　　　非同期調相機
　.5　　回転変流機．整流子電動機
　.6　　交流整流子機
　.7　　変圧器．電圧調整器
　.8　　整　流　器
　　　　　水銀，セレン，酸化銅，ゲルマニウム，シリコン
　　　　　＊充電器は，ここに収める
　.9　　特殊機器．コンデンサー　→：544.5／.6
　　　　　開閉器，遮断器，継電器，静電機器

543　　発　　　電　Generation of electric power
　.1　　電力計画．電力系統
＜.3／.8　各種の発電＞
　.3　　水力発電　→：517.7；534.39
　.4　　火力発電．内燃力発電．ガス発電　→：533
　.5　　原子力発電　→：369.36；539
　　　　　＊原子力発電問題，原子力発電所の事故・災害は，ここに収める

電気工学　　　　　　　　　　　　540

　　　　　　＊別法：539.7
　　　　　　＊原子力災害→539.99
543 .6　　風力発電．潮力発電．波力発電　→：558.6
　　.7　　太陽熱発電．地熱発電　→：533.6
　　.8　　太陽光発電
　[.9]　　電　　池　→572.1

544　　送電．変電．配電　Transmission. Transformation. Distribution
　.079⁺　　電気工事士試験
　.1　　電　線　路　→：541.62
　.13　　碍子．碍管
　.15　　電柱．架線金具：木柱，コンクリート柱，鉄柱，鉄塔
　.16　　架空電線路の建設・保守．保安施設
　.17　　地中電線路：ケーブル敷設法，分岐函，マンホール
　.2　　送電：送電方式・電圧，電路定数，異常現象，故障計算法
　.3　　変電：変電所，電圧調整所
　.4　　配　　　電
　.41　　配電系統．配電方式．電圧．配電網．配電図
　.42　　施設と負荷：電圧降下，電力損失，力率改善
　.48　　屋内配線［配線工事］
　.49　　電力設備　→：528.4
　.5　　開閉器．遮断器．接続器．接触器　→：542.9
　.6　　保護装置．ヒューズ．継電器　→：541.624；542.9
　.7　　避雷器．避雷針．消弧リアクトル
　.8　　配電盤．制御器

545　　電灯．照明．電熱　Electric lighting and heating　→：592.4
　　　　　＊電力応用〈一般〉は，ここに収めるが，特定産業への応用は，その産業の下に収める
　.2　　電灯．電球
　　　　　LED照明［発光ダイオード照明］，白熱電灯，放電灯：アーク灯，ネオン灯，水銀灯，蛍光灯
　.28　　電灯支持具．電球付属品
　.3　　測光．光束．照明計算　→：425.2
　.4　　照明器具［灯具］　→：383.95
　.6　　各種の照明　→：528.4
　.61　　室内照明
　.62　　工場照明
　.63　　街路照明．街灯
　.64　　投光［溢光］照明
　.65　　サーチライト
　.66　　店飾・広告照明．電気サイン
　.67　　舞台照明　→：771.55

540　　　　　　　　　　　技　　術

545 .69　　その他の照明
　　.7　　遮　　　光
　　.8　　電熱. 電熱計算. 電気炉. 高周波加熱
　　.88　　家庭用電化製品
　　　　　　　アイロン, こたつ, コンロ, ストーブ, 洗濯機, 扇風機, 掃除機, エアコン, 冷蔵庫,
　　　　　　　レンジ

(546　　電気鉄道　Electric railroads)
　　　　　　　＊鉄道運輸→686；鉄道車両→536；鉄道土木・設備→516
(.1　　鉄道電化. 電化計画　→516.1)
(.2　　電車線路. 導軌条路. 帰線　→516.231)
(.23　　架空電車線. 電柱　→516.231)
(.24　　導軌条路. 暗渠集電式　→516.231)
(.26　　帰線. レールボンド　→516.231)
(.27　　饋線. 電食防止　→516.231)
(.3　　配電. 変電所　→516.57)
(.4　　電気機関車　→536.3)
(.49　　小型機関車：電気運搬車, 牽引車, 除雪車　→536.3)
(.5　　電気車. 電動車と付属車　→536.4／.5)
(.52　　車　　体　→536.4／.5)
(.53　　台　　枠　→536.4／.5)
(.54　　車台. 車輪. 車軸　→536.4／.5)
(.55　　電車用電動機　→536.4／.5)
(.56　　連　結　器　→536.4／.5)
(.58　　車内の付属装置　→536.4／.5)
(.59　　トロリーバス　→536.5)
　　　　　　　＊電気自動車→537.25
(.6　　集電装置. 制御・ブレーキ装置　→536.4／.5)
　　　　　　　パンタグラフ, トロリーポール, 集電靴
(.7　　運転：運転ダイヤ, 速度, 牽引力　→536.6)
(.8　　信号保安装置. 鉄道通信　→516.56, 516.6)
(.81　　信号方式. 信号機. 信号回路　→516.61)
(.82　　転轍装置. 連動装置. 閉塞装置　→516.3)
(.84　　踏切警報装置　→516.64)
(.85　　自動列車制御装置　→516.65)
(.86　　鉄道通信［鉄道電話］　→516.66)

547　　通信工学. 電気通信　Communication engineering　→：007.3；427.7；694
　　　　　　　＊ここには, 工学的な取扱いに関するものを収め, 情報ネットワークは007.3の下に,
　　　　　　　電気通信産業は694の下に収める；観点が明確でないものは007.3の下に収める
　　.09　　通信機器・材料工業：生産と流通
　　.1　　通信回路・測定
　　.11　　回路網. 伝送理論

電気工学　　　　　　　　　　　　　　　　540

547.13	立体回路
.14	増幅回路
.15	発振回路
.16	変調・復調回路
.17	パルス回路．開閉回路
.18	通信測定・測定器
.19	通話品質．混信．フェーディング．ひずみ
.2	通信方式．通信線路．通信網
.21	通信網計画．トラフィック．線路設計
.22	裸線路：電線，電柱，支線，腕，碍子
.23	ケーブル線路：架空，地中，海底，水中
.27	通信障害．電食
.28	線路の建設・保守
.3	通信機器．電気音響工学．通信材料・部品　→：501.24
.31	送受話器：マイクロフォン，集音器，スピーカー，高声器
.33	オーディオ機器［音響再生装置．音響録音装置］
.333	磁気録音：テープレコーダー
.335	レコード［音盤］
.336	光学録音：デジタルオーディオディスク
.337	アンプ［増幅装置］
［.338］	チューナー［ラジオ受信機］　→547.76
.36	回路部品：コイル，変成器，コンデンサー，抵抗器，プリント回路［印刷回路］，振動素子
.37	機構部品：通信用継電器，回路開閉器，接続器
.39	通信用材料：導電材料，線材，絶縁材料，誘電材料，磁性材料，構成材料
.4	有線通信
	＊有線伝送路→547.2
.45	電　　　信
.451	電信回路
.452	電信方式．電信符号
.454	電信機器
.455	集信．中継．交換
(.456)	印刷電信）
.457	ファクシミリ［模写電送．写真電送］
(.458)	テレックス）
.459	電信局舎
.46	電　　　話　→：694.6
.461	電話回路．混信
.462	電話方式．電話網
.464	電話機器
	＊携帯電話の機器は，ここに収める（別法：機器の汎用性や多機能性について書かれたものは，548.295に収める）
	＊携帯電話サービス→694.6

5 技術

259

547	.465	電話交換．自動電話
	.466	中継装置・機器
	.467	私設電話．専用電話
	.468	指令電話．インターホン
	.469	電話局舎
	.47	搬送通信．有線放送
	.48	情報通信．データ通信．コンピュータネットワーク　→：007.35；007.37；007.609；007.6389；548；694.5
		＊別法：007.9
	.481	データ通信回路
	.482	データ通信方式．通信規約［通信プロトコル］
	.483	データ通信網
	.4833	公衆データ通信網．広域データ通信網．インターネット
	.4835	ローカルエリアネットワーク［LAN］．イントラネット
	.484	データ通信機器：モデム，PAD
	.485	データ通信交換：パケット交換
	.486	中継装置・機器
	.5	無線通信．電波工学．高周波工学
	.507	研究法．指導法．無線技術教育
	.5079	無線通信士・無線従事者検定
	.509	電波行政・法令．電波監理．標準電波
	.51	電波伝播．無線回路・測定
	.514	長波．中波
	.515	短　　　波
	.516	超短波．極超短波
	.517	無線妨害．混信
	.518	無線測定．高周波測定
	.519	無線数学
	.52	無線通信方式
	.53	アンテナ［空中線］．接地
	.54	無線機器
	.541	配　線　図
	.542	送　信　機
	.543	受　信　機
	.544	増　幅　器
	.545	発　振　器
	.546	変　調　器
	.547	検　波　器
	.549	電源装置
	.6	各種無線．無線局　→：665.25
	.61	アマチュア無線［ハム］
	.62	移動無線：航空機局，車両局，船舶局
	.63	固定無線：陸上局，海岸局，航空局，基地局

電気工学   540

547	.65	方向無線：方向探知器，レーダー，ロラン，デッカ →：557.37
	.66	航法無線．無線標識．宇宙通信
	.67	遠隔制御．無線操縦
	.68	特殊無線：水中通信，測深器，電波高度計，ラジオゾンデ，光通信

<.7／.8 放送無線>

	.7	放送無線
	.73	放送網．中継
	.74	放送所．放送機
	.75	スタジオ［演奏所］
	.76	受信装置．ラジオ受信機
		＊別法：547.338
	.78	超短波放送．FM放送
	.8	画像工学．テレビジョン
	.81	テレビ回路・測定
	.82	伝送方式．走査方式
	.83	テレビ放送網．中継
	.84	画像入力．画像送信：撮像，画像センサー，送信機
	.85	スタジオ［演奏所］
	.86	画像出力．受像：テレビ受信機
	.88	画像記録．録画 →：746.7
	.883	磁気録画：ビデオテープレコーダー
	.886	光学録画：ビデオディスク
	.89	特殊テレビ．テレビの応用
	.9	高周波応用．超音波応用

548	**情報工学**　Information engineering　→：007；547.48；694

　　　　＊ここには，工学的な取扱いに関するものを収め，情報科学およびシステムに関するものは007の下に，電気通信産業に関するものは，694の下に収める；一般論・全体的なものや観点が明確でないものは007.3の下に収める（別法：情報科学およびシステムに関するものは548.1および548.9の下に収める）

　　　　＊別法：007.8

［.1］	情報学．情報理論　→007.1
		情報の意味とその伝達，仮想現実［バーチャルリアリティ］，計算言語学，情報数学，認知科学
［.11］	サイバネティックス
［.13］	人工知能．パターン認識
.2	コンピュータ［電子計算機］　→：007.63；418.6；535.5
.21	入力装置：マウス，タッチパッド，トラックボール
		＊入力・出力が一体となっているものは，ここに収める
		＊ユーザーインターフェース〈一般〉は，ここに収める
.211[+]	文字・画像入力：キーボード，ペンタブレット，タッチパネル，グラフィカルユーザーインターフェース［GUI］，キャラクタユーザーインターフェース［CUI］，バーコードリーダー

5 技術

261

　　　　　　　　　　＊日本語フロントエンドプロセッサー［FEP］，インプットメソッド［IM］は，007.635 に収める（別法：548.9635）
　　　　　　　　　　＊タイピング→809.9
548 .212+　　映像入力
　　　　　　　　　　＊映像・音声が一体となっているものは，ここに収める
　　　.213+　　音声入力
　　　.22　　演算装置：CPU［中央演算装置］，MPU［マイクロプロセッサー］
　　　.23　　記憶装置．記憶媒体　→：007.65
　　　.232　　半導体記憶装置：RAM，ICカード，メモリカード
　　　.235　　磁気記憶装置：ハードディスク，フロッピーディスク，磁気テープ装置，磁気ドラム
　　　.237　　光学記憶装置：光ディスク，CD-ROM，DVD
　　　.24　　制御装置
　　　.25　　出力装置
　　　.251+　　文字・画像出力：プリンター，プロッター
　　　.252+　　映像出力：ディスプレイ，プロジェクター
　　　.253+　　音声出力：スピーカー，音源
　　　　　　　　　　＊インターネット電話→694.6；音声合成→501.24, 549.9；電子音楽→763.93
　　　.27　　端末装置　→：548.295
　　　　　　　　　　ハンディターミナル，インテリジェントターミナル
　　　　　　　　　　＊特定主題に関する端末装置は，各主題の下に収める　例：014.37OPAC端末
　　　.29　　各種のコンピュータ［電子計算機］
　　　　　　　　　　＊コンピュータを構成する各種装置は，.21／.27に収める
　　　　　　　　　　＊デジタル家電は，個々の製品の下に収める
　　　.291　　スーパーコンピュータ［スパコン］．汎用大型電子計算機
（　　.293　　中型電子計算機　→548.291）
　　　.295　　パーソナルコンピュータ［パソコン］．携帯型情報通信端末　→：023；548.27；694.6；798.5
　　　　　　　　　　デスクトップパソコン，ノートパソコン，タブレット型パソコン，ポケットコンピュータ，シンクライアント，ハンドヘルドコンピュータ［PDA］
　　　　　　　　　　＊パーソナルコンピュータの操作方法〈一般〉は，007.63に収める（別法：ここに収める）
　　　　　　　　　　＊携帯電話，多機能携帯電話［スマートフォン］は694.6に，電子書籍・文書閲覧を主目的とした機器は023に，携帯型ゲーム機は798.5に収める（別法：各機器の汎用性や多機能性について書かれたものは，ここに収める）
　　　　　　　　　　＊携帯電話の構造，製造など工学的な観点から書かれたものは，547.464に収める
　　　.3　　自動制御工学．オートメーション．ロボット　→：509.69；531.38
　　　　　　　　　　＊ここには，電気的なフィードバック機構による機械制御に関するものを収める
　　　　　　　　　　＊別法：501.9
［.301→548.31］
　　　.31　　制御理論
［.5］　　人間工学　→501.84
［.6］　　生体工学　→491.3

電気工学

548 .7	シミュレーション →：417	
［.9］	情報学・情報科学各論　→007	
	＊この別法を採用する場合，理論としての情報学・情報科学（007.1）は548.1に収め，各論（007.2／.6）を548.92／.96に収める	
［.902→548.92］		
［.92］	歴史・事情	
	＊地理区分	
［.93］	情報と社会：情報政策，情報倫理　→：547；694.5	
	＊社会情報学，クラウドコンピューティング〈一般〉，ユビキタスコンピューティング〈一般〉，情報法〈一般〉は，ここに収める	
	＊ウェアラブルコンピュータ→548.2	
［.935］	情報産業．情報サービス　→：547.48；694	
［.9353］	ソーシャルメディア：電子掲示板，ブログ，ウィキ，ソーシャルネットワーキングサービス［SNS］	
	＊画像・動画共有サイトは，ここに収める	
［.937］	情報セキュリティ　→：547.48；548.9609	
	＊ここには，情報セキュリティ〈一般〉を収める	
［.9375］	不正操作：コンピュータウイルス，ハッキング，クラッキング，マルウェア，スパイウェア	
［.95］	ドキュメンテーション．情報管理	
［.953］	索　引　法	
［.954］	抄　録　法	
［.957］	情報記述の標準化　→：014.3	
［.958］	情報検索．機械検索	
	＊データベース〈一般〉の検索，検索エンジンは，ここに収める	
［.96］	データ処理．情報処理　→：013.8；336.57	
	＊個々の主題に関するデータ処理とそのソフトウェアは，各主題の下に収める　例：498医療関係のデータ処理	
	＊データベース管理システム→548.9609	
［.96079］	情報処理技術者試験	
［.9609］	データ管理：データセキュリティ，データマイニング　→：547.48；548.937	
	＊データベースの保全は，ここに収める	
	＊データベース作成用ソフトウェアは，ここに収める	
	＊個々の主題に関するデータ管理は，各主題の下に収める　例：336.17企業のデータ管理，498.163病院のデータ管理	
［.961］	システム分析．システム設計．システム開発	
［.963］	コンピュータシステム．ソフトウェア．ミドルウェア．アプリケーション	
	→：548.2	
	＊パーソナルコンピュータ［パソコン］の操作方法〈一般〉は，ここに収める（別法：548.295）	
	＊オペレーティングシステム［OS］→548.9634	
［.9632］	エキスパートシステム	
	＊人工知能→548.13	

技　　術

[548 .9634]　　オペレーティングシステム［OS］
　　　　　　　　＊個々のオペレーティングシステムは，ここに収める
　　[.9635]　　文字情報処理：文字コード，文字セット，漢字処理システム
　　　　　　　　＊日本語フロントエンドプロセッサー［FEP］，インプットメソッド［IM］は，ここに収める
　　[.96355]　書体［フォント］　→：021.49；727.8；749.41
　　　　　　　　＊ここには，コンピュータにおける書体に関するものを収める
　　[.9636]　　言語情報処理：機械翻訳　→：548.1；801
　　[.9637]　　画像処理：図形処理，画像認識　→：548.9642；744
　　　　　　　　＊写真処理のためのソフトウェアは，ここに収める（別法：744）
　　　　　　　　＊デジタル写真処理→744
　　[.964]　　コンピュータプログラミング
　　　　　　　　アルゴリズム，プログラミング言語，スクリプト言語
　　[.9642]　　画像描画：コンピュータグラフィックス，アニメーション　→：548.9637；727；778.77
　　　　　　　　＊ここには，静止画および動画の作成を収める
　　　　　　　　＊図形処理ソフトウェアのプログラミング〈一般〉は，ここに収める
　　　　　　　　＊CADなど設計・製図に用途を限定したものは，501.8に収める
　　[.9645]　　マークアップ言語．ウェブサービス記述言語［WSDL］
　　　　　　　　HTML，SGML，XHTML，XML
　　　　　　　　＊ホームページ作成ソフトウェアは，ここに収める
　　　　　　　　＊スクリプト言語→548.964
　　[.965]　　各種のソフトウェア
　　　　　　　　＊文書作成ソフトウェアは，ここに収める
　　　　　　　　＊データベース作成用ソフトウェア→548.9609
　　[.9652]　　個人情報管理ソフトウェア［PIM］
　　　　　　　　住所録，スケジュール
　　[.9653]　　プレゼンテーション用ソフトウェア
　　[.9654]　　表計算用ソフトウェア　→：417
　　[.9655]　　データ通信用ソフトウェア　→：548.47
　　　　　　　　インターネットブラウザ，電子メール
　　[.9658]　　ワードプロセッサー［ワープロ］用ソフトウェア　→：582.33
　([.97])　　情報システム：UNISIST，NATIS　→548.963)

549　　電子工学　Electronic engineering　→：427.1
　　.09　　電子工業．部品工業：生産と流通
　　.1　　電子理論：電子放出・伝導，空間電荷，雑音
　　.2　　電子管の構造・材料．測定．真空技術　→：573.57
　　.3　　電子回路
　　.33　　整流回路
　　.34　　増幅回路
　　.35　　発振回路
　　.36　　変調・復調回路

電気工学　　　　　　　　　　540

549 .37　　パルス回路
　　.38　　高周波回路
　［.39］　集積回路　→549.7
　　.4　　真空管［熱電子管］
　　.42　　二　極　管
　　.43　　三　極　管
　　.44　　四　極　管
　　.45　　多　極　管
　　.46　　ビーム出力管
　　.47　　ダイナトロン
　　.48　　磁電管：マグネトロン
　　.49　　進行波管．速度変調管
　　.5　　特殊電子管
　　.51　　光電管．二次電子増倍管
　　　　　　＊光電池は，ここに収める
　　.52　　放電管：サイラトロン，ガイガー計数管　→：429.2；539.62
　　.53　　電子線管．陰極線管．エックス線管
　　　　　　ブラウン管，オシログラフ，オシロスコープ
　〈.6／.8　固体電子工学〉
　　　　　　＊固体電子工学〈一般〉は，.8に収める
　　.6　　トランジスター
　　.7　　集積回路［IC］．LSI
　　　　　　＊別法：549.39
　　.8　　固体電子工学：半導体素子，セレン，ゲルマニウム，シリコン　→：431.8
　　　　　　＊パワーエレクトロニクスは，ここに収める
　　　　　　＊別法：半導体材料541.64
　　.81　　ダイオード
　　.83　　熱電変換素子：サーミスター
　　.84　　光電変換素子．撮像素子：CCD，CMOS
　　.85　　パラメトロン
　　.9　　電子装置の応用
　　.94　　グロー放電
　　.95　　光電子工学［オプトエレクトロニクス］：レーザー，メーザー
　　.96　　X線工学　→：427.55；492.4
　　.97　　電子顕微鏡
　　.98　　粒子加速装置
　　　　　　サイクロトロン，シンクロトロン，ベータトロン

5 技術

550　海洋工学．船舶工学　Maritime engineering　→：452；517；683
　　［.1→551］
　　.9　　造船業：生産と流通
　　.91　　造船政策・行政．海事法令　→：325.5
　　　　　　＊海事代理士は，ここに収める
　　.92　　造船業史・事情
　　　　　　＊地理区分
　　.93　　造船経済．造船金融．船舶保険
　　.95　　造船業経営・会計
　　.96⁺　造船労働

〈551／556　造　船　学〉

551　理論造船学　Theories of shipbuilding　→：534.1
　　.1　　船体復原性と動揺
　　.2　　船体抵抗と推進
　　.3　　舵と旋回
　　.4　　船体強度と振動
　　.5　　船舶設計・製図
　　.9　　船舶算法：吃水，乾舷，屯数，トリム

552　船体構造・材料・施工　Hull construction. Materials of hull
　　.1　　構造設計
　　.11　　竜骨．船首材．船尾材．肋骨．肋板
　　.12　　梁．梁柱．舷側縦通材．梁上側板．梁上帯板
　　.14　　外板．舷墻．甲板
　　.15　　二重底．水槽．油槽
　　.16　　船内区画．水密隔離
　　.17　　諸開甲．閉鎖装置
　　.18　　船内配置：機関室，船倉，上甲板以上の諸室
　　.2　　造船材料
　　.3　　材料による船の種類：構造と設計
　　.33　　木船．合板船．木鉄交造船
　　.34　　コンクリート船
　　.35　　鉄船．被覆船．鋼船
　　.7　　推進力による船の種類：構造と設計
　　.72　　櫓　櫂　船
　　.73　　帆船．ジャンク．ローター船
　　.74　　機　帆　船
　　.75　　汽船．外輪船
　　.76　　原子力船
　　.8　　船体施工．溶接．塗装
　　.9　　造船所．進水

海洋工学．船舶工学

553　船体艤装．船舶設備　Equipment and outfit of ships
- .1　居住・衛生設備：給水，通風，暖冷房
- .2　電気設備．無線装置
- .3　防水・排水・消火・防音装置
- .4　舵取装置
- .5　配管装置
- .6　救命設備：救命艇，救命筏，救命浮器
- .7　繋船設備：錨，錨鎖，ロープ
- .8　荷役設備．載貨装置

554　舶用機関［造機］　Marine engineering　→：533
- .3　舶用ボイラー
- .4　舶用汽機
- .5　舶用タービン
- .6　舶用原子力機関
- .8　舶用内燃機関　→：533.4
- .82　　ディーゼル機関
- .83　　焼玉機関
- .84　　ガソリン・石油発動機
- .85　　ガス機関
- .86　　電気推進
- .9　舶用補助機関．舶用推進器

555　船舶修理．保守　Refitment of ships. Maintenance
- .5　船　食　虫
- .6　船底汚損．さび止
- .8　ドック［船渠］
- .9　サルベージ：沈没船・座礁船の引揚

556　各種の船舶・艦艇　Specific ships and boats
〈.3／.7　各種の船舶〉
- .3　商　　　船
- .4　旅　客　船
- .5　客　貨　船
- .6　貨　物　船
- .66　　タンカー
- .67　　鉱石運搬船．石炭運搬船．木材運搬船
- .68　　冷蔵・冷凍運搬船．工船　→：665.26
- .7　特　殊　船
　　　＊漁船→665.2；病院船→394；556.99
- .73　　フェリーボート．カーフェリー．列車航送船
- .74　　渡船．曳船．はしけ
- .75　　起重機船．浚渫船

556.76		救難船．消防船．ケーブル敷設船
.79		小型舟艇：ヨット，ランチ，モーターボート
.9		軍　　艦　→：397；559.59
.91		戦　　　艦
.92		巡　洋　艦
.93		航空母艦［空母］
.94		海　防　艦
.95		砲　　　艦
.96		水雷艇．駆逐艦
.97		潜水艦．潜水母艦
.98		敷設艦．掃海艇
.99		特殊艦艇．ミサイル艦艇．イージス艦艇

557		航海．航海学　Navigation
.07		研究法．指導法．航海教育
.079		船舶職員試験．海技試験
.1		船舶運用術．船舶操縦法［操船］
.11		操船．操舵．錨作業
.14		船積法［載貨法］　→：683.6
.17		航海実務．航海日誌．機関日誌
.18		船舶事務
.19		船舶衛生．船医
.2		航海計器．航海用具
.22		測深器．測程器
.23		羅針儀．ジャイロコンパス
.24		舶用光学機器
.3		航法．船位決定法
.32		行船．出入港．碇泊
.33		地文航法．推測航法．沿岸航法
.34		天文航法．大圏航法．航海天文学　→：440
.35		海象観測．海上気象　→：451.24
.36		特殊航法：荒天運航法，占位運動，水中航法，潜航法
.37		航法支援システム：レーダー，GPS　→：547.65
.38		航海暦．方位暦．天体暦　→：449.5
.4		船舶通信．船舶信号．霧中信号
.5		航路標識：灯台，灯船，浮標　→：517.88
.6		水先人．水先案内
.7		水路．水路測量
.78		水路図誌．海図．水路報告
		＊海洋区分
.8		海難．海上保安　→：325.55
.82		海上犯罪
.83		海上衝突予防

557 .84　海難救助. 海難誌. 難破. 座礁. 船火事
　　.85　海難審判

558　　海洋開発　Sea development
　　.3　調査技術：海面, 海中, 海底, 海底下　→：452
　　.4　資源開発：海底石油, 天然ガス
　　　　　＊水産増殖→666
　　.5　海洋空間の利用：海上都市, 海上空港, 海中公園, 海中居住, 作業台　→：517.9；518；683
　　.6　海洋エネルギーの利用：潮汐, 波, 温度差　→：543.6
　　.7　海水の利用〈一般〉
　　.9　潜水技術. 潜水業. 潜水機器　→：785.2

559　　兵器. 軍事工学　Weapons. Military engineering　→：390
　　.09　兵器工業：生産と流通, 兵器行政
　　.1　銃砲. 火器. 砲術. 射撃術　→：789.7
　　.11　弾道学
　　.12　砲身. 銃身
　　.13　砲架
　　.14　火砲
　　　　　＊ロケット砲は, ここに収める
　　.15　機関銃
　　.16　小銃. ピストル
　　.17　銃砲弾. 薬莢
　　.2　火工品
　　.22　誘導弾. ロケット弾　→：559.5
　　.23　手榴弾
　　.24　地雷
　　.25　爆雷
　　.26　機雷
　　.27　魚雷
　　.28　爆弾
　　.3　化学兵器. 毒ガス技術
　　.39　生物兵器. 細菌兵器
　　.4　機甲兵器：戦車, 装甲車両　→：537
　　　　　＊軍用車両〈一般〉→537.99
　　.5　航空兵器. 誘導ミサイル・ロケット兵器　→：538.68；559.22
　　.59　航海兵器　→：556.9
　　.6　光学兵器. 音響兵器. 電気兵器. 電子兵器
　　.7　核兵器：原子爆弾, 水素爆弾
　　.8　防御兵器. 防空技術. 偽装
　　.9　軍事土木：軍用路, 軍用橋, 軍用鉄道, 要塞, 塹壕

560　金属工学．鉱山工学　Metal and mining engineering
　.9　　鉱業経済
　.91　　　鉱業政策・行政．鉱業法．鉱業権
　.92　　　鉱業史・事情
　　　　　　　＊地理区分
　　　　　　　＊各鉱山誌→562
　.929　　　鉱業地理
　　　　　　　＊各国の鉱業地理→560.921／.927
　.93　　　鉱業金融・財政
　.95　　　鉱業経営・会計．鉱山評価
　.96　　　鉱山労働．坑夫

561　採鉱．選鉱　Exploitation. Ore dressing　→：459
　.1　　鉱床・応用地質学．応用鉱物学
　　　　　　＊地理区分
　　　　　　＊個々の鉱床鉱石は，562および569に収める
　　　　　　＊別法：458.9
　.2　　鉱山測量
　.3　　探鉱．試錐
　.32　　　重力探鉱
　.33　　　磁気探鉱
　.34　　　電気探鉱
　.35　　　電磁波探鉱
　.36　　　弾性波探鉱
　.37　　　化学探鉱
　.38　　　放射線探鉱
　.39　　　試　　錐
　.4　　開坑．採掘．掘さく
　.41　　　開坑計画
　.42　　　坑道開さく．爆破
　.43　　　坑内構造．支保
　.44　　　採掘作業
　.46　　　坑内採掘．立坑
　.47　　　露天採掘
　.5　　鉱山機械・器具
　.6　　鉱山運搬
　.63　　　切羽運搬法．流体運搬法
　.64　　　坑内運搬
　.65　　　坑内軌道・索道
　.66　　　斜坑運搬
　.67　　　立坑運搬．エレベーター
　.68　　　坑外貯鉱・運搬
　.7　　坑内設備・装置

561	.71	坑内通気．坑内ガス．空気調節
	.73	人工通気：ファン，風管，オゾン装置
	.75	坑内照明：安全灯，定置灯
	.76	坑内暖房．給水．信号装置
	.77	鉱山排水
	.8	選鉱．鉱石処理
	.81	試　　料
	.82	手選鉱〔手選〕
	.83	重液選鉱．比重選鉱
	.84	浮遊選鉱
	.85	磁力選鉱
	.86	静電選鉱
	.88	鉱泥の処理と処分
	.89	選鉱設備
	.9	鉱山災害・保安．鉱山衛生
	.93	坑内爆発．ガス突出・爆発．出水．坑内火災
	.94	落盤．側壁の崩壊
	.95	鉱山事故：安全対策，救助作業
	.98	鉱山衛生．鉱山病　→：498.87
562		**各種の金属鉱床・採掘　Mining of specific metals**
	.1	金鉱．銀鉱．白金鉱．水銀鉱
	.2	銅　　鉱
	.3	鉛鉱．亜鉛鉱．カドミウム鉱．錫鉱
	.4	マンガン鉱．タングステン鉱．モリブデン鉱
	.5	ボーキサイト鉱
	.6	鉄鉱．ニッケル鉱．コバルト鉱．クロム鉱
	.7	放射性金属の鉱石：ラジウム，トリウム，ウラン鉱
	.8	稀有金属の鉱石

〈563／566　冶　　金〉

563		**冶金．合金　Metallurgy and alloys. Metallography**　→：501.41
		＊個々の金属に関するものは，564／565に収める
		＊製造冶金→566
	.1	化学冶金学
	.3	冶　金　炉
	.4	電気冶金．電解冶金
	.5	金属分析．試金
	.6	物理冶金学．金属組織学
	.7	金属腐食　→：566.76
	.8	合　金　学

〈564/565　各種の金属〉

564　鉄　　鋼　Ferrous metals
.09　鉄鋼業：生産と流通
.1　製銑法．銑鉄．錬鉄
.11　製鉄原料・材料
.13　溶鉱炉［高炉］
.14　電気炉製銑法
.2　製鋼法．鋼［炭素鋼］
.21　直接製鋼法
.22　転炉法：ベッセマー法，トーマス法
.23　平　炉　法
.24　電気製鋼：電弧炉製鋼，誘導炉製鋼
.26　高周波製鋼
.27　るつぼ法
.28　反射炉法．錬鋼製法
.29　鉱　　滓
.5　鉄鋼の分析
.6　鉄鋼の組織・性質
.7　鉄　　錆
.8　特殊鋼．フェロアロイ
.9　製鉄所・鉄鋼工場の設備

565　非鉄金属　Nonferrous metals
　　　＊非鉄金属加工も，ここに収める
.1　貴金属．水銀　→：756.3
.12　金
.13　銀
.14　白　　金
.18　水　　銀
.188　アマルガム
.2　銅．産銅業
.23　溶鉱炉・反射炉その他の製錬
.24　電解精錬
.28　黄銅［真鍮］．青銅
.3　低温溶融金属
.32　鉛
.33　亜　　鉛
.34　錫
.35　カドミウム
.36　アンチモン
.37　ビスマス
.38　軸受合金．活字合金

565	.4	高温溶融金属
	.42	マンガン
	.43	タングステン
	.44	モリブデン．ニオブ
	.5	軽　金　属　→：572.23
	.52	アルミニウム
	.528	ジュラルミン．シルミン
	.53	マグネシウム
	.54	チタニウム
	.55	ベリリウム
	.56	アルカリ金属
	.57	アルカリ土類金属
	.6	その他の非鉄金属
	.61	ニッケル．ニッケル合金
	.62	コバルト
	.63	クロム
	.7	放射性金属：ラジウム，トリウム，ウラン
	.8	稀有金属：ジルコニウム，ゲルマニウム，セレン，シリコン

566		金属加工．製造冶金　**Metallurgical technology**　→：501.54；756
		＊ここには，塑性加工（高温加工，低温加工）を収め，切削加工は532に収める；また主として鉄鋼の加工を収め，個々の非鉄金属加工は565に収める
	.1	鋳造．鋳物工業
	.11	鋳物砂．鋳物用金属材料
	.12	木　　型
	.13	鋳型製作
	.14	溶解．キュポラ作業．鋳込
	.17	仕上．補修．検査
	.18	特殊鋳造
		鋳ぐるみ，遠心鋳造，ダイカスト，チル鋳物，焼流し精密鋳造
	.19	鋳物工場．鋳造機械
	.2	塑性加工．鍛工
	.3	熱処理：焼入，焼戻し，焼ならし，焼なまし
	.4	圧延．引抜．押出．線引．深絞り
	.5	プレス加工．板金加工
	.6	溶接：融接，圧接
		＊特定目的の溶接は，各主題の下に収める　例：552.8船体溶接
	.61	溶接材料．溶接設計
	.62	アーク溶接
	.63	抵抗溶接
	.64	テルミット溶接
	.65	高周波溶接
	.66	ガス溶接

560　　　　　　　　技　　術

566 .67　　ガス切断
　　.68　　はんだ．鑞接
　　.69　　溶接工場・機器
　　.7　　表面処理．防食
　　.72　　高温化学的処理
　　.73　　物理表面硬化法
　　.74　　電解研磨
　　.76　　防食技術　→：563.7
　　.77　　金属着色
　　.78　　めっき［鍍金］
　　.79　　つや出し
　　.8　　粉末冶金

567　　石　　炭　Coal mining
　　　　　＊石炭化学工業→575.3
　　.09　　炭業経済
　　.091　　石炭政策・行政・法令
　　.092　　炭業史・事情
　　　　　＊地理区分
　　.093　　炭鉱金融．石炭市場．炭価
　　.095　　炭鉱経営・会計
　　.096　　炭鉱労働
　　.1　　石炭鉱床．石炭地質学．炭田
　　　　　＊地理区分
　　.2　　石炭探鉱．石炭測量．石炭試錐
　　.4　　炭鉱の開坑．採炭法
　　.41　　爆破．さく岩機作業
　　.42　　切羽採炭法：長壁法，炭柱法
　　.43　　露　天　掘
　　.44　　特殊炭層採炭法
　　.45　　地圧利用採炭法
　　.46　　機械採掘：採炭機採炭，ドリル採炭，ピック採炭
　　.47　　支　柱　法
　　.48　　充　填　法
　　.5　　炭鉱機械・器具
　　.6　　運搬．貯炭
　　.7　　坑内通気・照明・排水
　　.8　　選炭．石炭分析
　　.9　　炭鉱災害・保安・衛生

568　　石　　油　Petroleum mining
　　　　　＊石油精製・化学工業→575.5
　　.09　　石油経済・政策・行政・法令

化学工業 570

568 .1 石油鉱床．石油地質学．油田
　　　　　＊地理区分
　　.2 石油探鉱．石油測量．石油試錐
　　.4 鑿井．採油
　　.6 送油．貯油：パイプライン，タンクローリー，タンカー
　　.7 製油：蒸留法，洗浄法
　　.8 天然ガスの採取：石油ガス，メタンガス

569 　非金属鉱物．土石採取業　Non-metalic mining
　　.1 硫黄．石墨
　　.2 岩塩．蛍石．石英．燧石．珪石
　　.3 石灰石．白雲石．マグネサイト
　　.4 長石．雲母．石綿．滑石．蝋石　→：579.2
　　.5 燐鉱．燐灰石．硝石
　　.6 重晶石．石膏．明ばん石
　　.7 粘土鉱物：酸性白土，ベントナイト，陶土，珪藻土
　　.8 土砂．建築石材
　　.9 琥珀．宝石　→：755.3
　　　　　鋼玉，ダイヤモンド，エメラルド，硬玉，めのう，ざくろ石

570 　化学工業　Chemical technology　→：430
　　　　　＊工業化学は，ここに収める
　　.9 経済．経営
　　.91+ 政策．行政．法令
　　.92+ 化学工業史・事情
　　　　　＊地理区分
　　.93 生産費．市場．価格
　　.95 経営・会計
　　.99 代用品工業．廃物利用

571 　化学工学．化学機器　Chemical engineering　→：501.26
　　.01 工業物理化学．化学工業計算法
　　.1 化学機器材料・設計．化学計測．プロセス制御
　　.2 粉体工学：粉砕，選別
　　.3 混合．攪拌．混和．捏和
　　.4 濾過．遠心分離．沈降分離．集塵
　　.5 吸収．抽出．吸着
　　.6 蒸発．晶析．蒸留．乾燥．調湿
　　.7 工業用炉．熱交換器
　　.8 高圧装置．減圧装置．高圧化学工業
　　.9 工業用水・廃水　→：519.4
　　　　　＊特定の業種における工業用水・廃水は，各業種の下に収める

5 技術

〈572／579　各種の化学工業〉

572　　電気化学工業　Industrial electrochemistry　→：431.7
　.1　　　電池．化学的発電・蓄電池
　　　　　　　＊別法：543.9
　.11　　　一次電池：乾電池，マンガン電池，アルカリ電池，水銀電池
　.12　　　二次電池［蓄電池］：鉛蓄電池，アルカリ蓄電池，リチウムイオン電池，ニッケル水素電池
　.13+　　燃料電池
　.2　　　電解工業
　　　　　　　＊電鍍，電鋳→566；電解精錬→564／565
　.21　　　電解酸化・環元
　.22　　　界面電解
　.23　　　溶融塩電解工業　→：565.5
　.24　　　水の電解
　.25　　　食塩の電解
　.4　　　電熱化学工業．電気炉製品：炭素製品，電極，電刷子，炭素棒，黒鉛
　.48　　　カーバイド工業
　.5　　　放電化学工業
　　　　　　　＊オゾン→574.26
　.6　　　高周波化学工業
　.7　　　光化学工業：写真材料工業，蛍光体，燐光体　→：740.13；742.2
　.8　　　触媒化学工業　→：431.35

573　　セラミックス．窯業．珪酸塩化学工業　Ceramic technology
　.1　　　珪酸塩化学．試験．窯業原料．窯炉．機器
　.2　　　陶磁器．製陶業　→：751
　.21　　　化学．試験
　.23　　　原料とその処理
　.24　　　成形．乾燥．焼成
　.25　　　磁器．炉器
　.26　　　陶器．硬質陶器
　.27　　　製　　　品
　.28　　　窯
　.29　　　釉薬．彩飾．着画
　.3　　　粘土製品
　.35　　　瓦
　　　　　　　＊古瓦→751.4
　.36　　　煉瓦：普通・空洞煉瓦
　.37　　　陶管［土管］
　.38　　　タイル．テラコッタ
　.4　　　耐火材料：珪石煉瓦，粘土質煉瓦，高アルミナ質煉瓦，クロム質煉瓦，マグネシウム煉瓦

573	.5	ガラス
	.51	化学．試験
	.53	原料．薬品．調合
	.54	溶融．成型．徐冷．仕上
	.56	特殊ガラス：カリ，フリント，クリスタル，硼酸塩，石英，水晶
	.57	ガラス製品　→：549.2
	.571	容器ガラス．空洞ガラス
	.572	管球ガラス
	.573	板ガラス．窓ガラス
	.574	理化学ガラス．アンプル
	.575	光学ガラス　→：535.8
	.576	色ガラス
	.577	強化ガラス．合せガラス
	.578	乳白ガラス．多泡ガラス
	.579	ガラス加工　→：751.5
	.6	人造石．人造宝石
	.69	研磨材．砥石　→：532.5
	.7	ほうろう製品
		＊七宝→：751.7
	.8	セメント　→：511.7；751.8
	.81	化学．試験
	.83	原料．粉砕．燃料
	.84	焼成．仕上
	.86	特殊セメント：鉱滓，低熱，アルミナ，混合セメント
	.87	セメントコンクリート製品
	.88	セメント工場の機器・装置
	.89	石灰．石膏．モルタル
	.9	ファインセラミックス
574		化学薬品　**Industrial chemicals**
		＊酸アルカリ工業は，ここに収める
		＊医薬品→499.1；農薬→615.87
	.2	気体工業．圧縮ガス工業
		＊窒素工業→574.6
	.22	液体空気
	.24	水素工業．圧縮水素
	.25	酸素工業．圧縮酸素
	.26	オゾン
	.27	炭酸ガス．固形炭酸
	.28	アセチレンガス
	.3	無機酸
	.31	硫酸
	.32	硝酸

574	.33	塩　　酸
	.34	リ　ン　酸
	.35	ヒ　　酸
	.36	炭　　酸
	.4	アルカリ工業：ソーダ工業，カリ工業　→：574.72
	.45	水酸化ナトリウム・カリウム
	.46	炭酸ナトリウム・カリウム
	.47	硝酸ナトリウム
	.48	硫酸ナトリウム・カリウム
	.5	塩素工業：液体塩素，晒粉，無機塩素化合物，食塩　→：669
	.6	窒素工業．空中窒素固定法
		＊窒素肥料→574.92
	.64	石灰窒素工業
		＊カーバイド工業→572.48
	.65	アンモニア合成工業．合成アンモニア
	.7	無機工業薬品
	.72	アルカリ土類化合物　→：574.4
	.73	ハロゲン化合物：フッ素，臭素，ヨウ素
		＊塩素→574.5
	.74	硫化物．硫黄
	.75	リン．ヒ素
		＊ヒ酸→574.35；リン酸→574.34
	.76	炭素化合物［活性炭］
		＊炭酸→574.36；炭素製品→572.4
	.769	シアン化合物．シアン錯塩
	.77	ケイ酸．ケイ酸塩
	.78	ホウ酸．ホウ酸塩．ホウ素化合物
	.79	金属化合物
	.8	有機工業薬品
	.82	炭化水素類
		メタン系，エチレン系，アセチレン系，ベンゼン，ナフタリン，ハロゲン炭化水素
	.83	アルコール類　→：658.5
		メタノール，エタノール，ブタノール，エーテル，フェノール類
	.84	アルデヒド．ケトン
	.85	有機酸［カルボン酸．脂肪酸］．エステル類
	.86	硫黄化合物
	.87	窒素化合物．アミン．シアン化合物
	.9	化学肥料．肥料工業　→：613.4
	.92	窒素肥料
	.93	リン酸肥料
	.96	カリ肥料
	.97	調合・化成・合成肥料

575		燃料．爆発物　Fuels and explosives　→：592.5
	.1	燃料化学．燃料試験．燃焼工学．熱計算
	.14	固体燃料：煉炭，微粉炭，膠質燃料
		＊石炭→567；木炭→658.2
	.15	液体燃料
		＊石油→575.5
	.16	気体燃料
		＊ガス→575.34
	.2	木材乾留：木精，木ガス，木タール
		＊別法：658.1
		＊製炭→658.2
	.3	石炭乾留．石炭化学工業
	.31	石炭化学
	.34	石炭ガス［都市ガス］．ガス事業．コークス炉ガス
		＊ガス事業法規，ガス料金は，ここに収める
	.35	コークス［高温コークス］
	.36	コールタール［高温タール］
	.37	低温乾留：低温ガス，低温タール，半成コークス
	.4	ガス化法
	.44	発生炉ガス
	.45	水性ガス
	.46	オイルガス．液化石油ガス［LPG］．LNG
	.5	石油工業
		＊ガソリンスタンドは，ここに収める
		＊採油，送油，貯油→568
	.51	石油化学
	.52	製油法：蒸留法，分解法，改質法，石油精製
	.57	石油製品
		＊各種の用途に用いるものは，その産業の下に収める
	.571	ガソリン．オクタン価　→：538.39
	.572	灯油［ケロシン］
	.573	軽　　　油
	.574	重油．セタン価
	[.575]	潤　滑　油　→531.83
	[.576]	絶　縁　油　→541.65
	.58	アスファルト．石油ピッチ．パラフィン．ペトロラタム
	.59	天然ガス工業［メタンガス］
		＊採取→568.8
	.6	石油化学工業［ペトロケミカルズ］
	.7	人造石油工業
	.73	石炭液化法．水素添加
	.74	石油合成法［フィッシャー法］
	.75	頁岩油工業

575 .8 マッチ．発火材料
　　　　　＊火打道具，つけ木は，ここに収める
　.9　火薬．爆薬：発射薬，炸薬，爆発薬
　.91　化学．試験
　.92　混合火薬類
　　　　　液体空気爆薬，塩素酸塩爆薬［白色火薬］，過塩素酸塩爆薬［カーリット］，
　　　　　黒色火薬［焰硝］，硝安爆薬［安全爆薬］
　.93　化合火薬類［ニトロ火薬類］：無煙火薬，綿火薬，ダイナマイト
　.95　起爆薬：雷汞，窒化鉛
　.97　火具．火工品：雷管，導火線，焰管，火箭
　.98　花火．煙花術．発煙剤．爆竹
　.99　貯蔵．取扱．火薬庫．産業爆発と事故

576　油　脂　類　Oils and fats
　.1　油脂類の採取・精製
　.11　油脂化学．油脂試験
　.13　原　　料
　.14　採取法：溶出法，圧搾法，抽出法
　.15　精製法．加工法
　.16　食用油脂
　.167　　マーガリン
　.17　植物油脂　→：617.9；658.6
　.173　　乾　性　油
　.174　　半乾性油
　.175　　不乾性油
　.177　　植　物　脂
　.178　　植　物　蝋
　.18　動物油脂　→：648.9；668.2
　.182　　魚　　　油
　.183　　肝　　　油
　.184　　鯨油．海獣油
　.185　　蛹油．骨油
　.187　　動　物　脂
　.188　　動　物　蝋
　.2　油脂の加水分解．油脂分解工業
　.24　　グリセリン．モノグリセリド
　.25　脂　肪　酸
　.27　その他：ファクチス
　.28　リノリウム
　.3　油脂の硬化．硬化油工業
　.4　蝋　　燭　→：383.95
　.5　界面活性剤
　.53　　石　　　鹸

576	.59	合成洗剤
	.6	香　　料　→：439.1
	.61	香料化学
	.63	天然香料
	.64	テルペン類
	.65	合成香料
	.66	調合香料
	.7	化粧品．香粧品
	.72	香水．化粧水
	.73	クリーム類
	.74	白　粉　類
	.75	紅類．まゆずみ
	.76	整髪料．マニキュア．ペディキュア
	.77	歯みがき
	.8	塗料．塗装
		＊特定目的の塗装は，各主題の下に収める　例：552.8船体塗装
	.81	塗料化学．試験
	.82	天然塗料：うるし，渋　→：658.7；752
	.83	原料．展色剤．ボイル油
	.84	ペイント．ワニス
	.85	合成樹脂塗料
	.86	特殊塗料．靴墨
	.87	塗装補助材料
	.88	塗料工場・機器
	.89	塗装．塗膜．着色法
	.9	顔料．絵具　→：022.6
	.95	レーキ［有機顔料］
	.96	特殊顔料
	.97	絵具．パステル．クレヨン．チョーク．墨
	.98	イ　ン　ク
		＊印刷インク→749.3
	.99	鉛　　筆
577		染　　料　Dyes
		＊染色→587
	.1	染料化学
	〈.2／.9	各種の染料〉
	.2	酸性染料
	.3	塩基性染料
	.4	直接染料．顕色染料
	.5	媒染染料．酸性媒染染料
	.6	建染染料［バット染料］
	.7	硫化染料

577	.8	冷染染料
	.9	その他の染料
	.92	油溶性染料
	.93	酢酸繊維素染料
	.94	食品用染料
	.99	天然染料　→：617.8

578　高分子化学工業　Polymers. Plastics. Cellulose　→：431.9；658.7
　　　　　＊澱粉→588.2
　　.2　　ゴム．ゴム工業．弾性ゴム
　　　　　＊栽培→617.9
　　.22　　ラテックス
　　.23　　生ゴム．原料ゴム．類似ゴム
　　.24　　工程：洗浄，乾燥，素練，混合，圧延，成型，配合，加硫
　　.25　　再生ゴム．ゴムの代用品
　　.26　　合成ゴム
　　.27　　ゴム製品．ラテックス製品．エボナイト
　　.28　　ゴム工場の機械・設備
　　.29　　ゴムの老化と保存
　　.3　　天然樹脂　→：658.7
　　　　　＊ゴム→578.2；精油→576.6
　　.32　　コパール
　　.33　　ダンマル
　　.34　　シェラック
　[.35]　　アラビアゴム　→579.1
　　.36　　松　　　脂
　　.4　　合成樹脂［プラスチック］　→：751.9
＜.43／.45　各種の合成樹脂＞
　　.43　　熱硬化性樹脂［縮合型］
　　.432　　フェノール樹脂
　　.433　　尿素樹脂
　　.434　　メラミン樹脂
　　.435　　アルキード樹脂．ポリエステル樹脂
　　.437　　ケイ素樹脂［シリコーン］
　　.44　　熱可塑性樹脂［重合型］
　　.442　　スチロール樹脂
　　.443　　アクリル樹脂
　　.444　　ビニール樹脂
　　.445　　ポリアミド樹脂
　　.446　　ポリエチレン樹脂
　　.45　　イオン交換樹脂
　　.46　　成型加工
　　.47　　プラスチック製品

製造工業　　　　　　　　　　　　　580

578 .48　　プラスチック工場の機械・設備
　　＜.5／.7　繊維化学＞　→：586.1
　　.5　　セルロース化合物．繊維素化学工業
　　　　　　＊セロファンは，ここに収める
　　.53　　ニトロセルロース［硝化綿］
　　　　　　＊綿火薬→575.93
　　.54　　セルロイド
　　.55　　酢酸セルロース
　　.57　　フィルム　→：742.2
　　.6　　化学繊維［人造繊維．レーヨン．スフ］　→：586.6
　　.63　　ビスコース人絹
　　.64　　銅アンモニア人絹
　　.65　　硝酸人絹
　　.66　　アセテート人絹
　　.67　　カゼイン人絹
　　.68　　無機繊維：グラスファイバー［ガラス繊維］，炭素繊維，ロックウール
　　.7　　合成繊維　→：586.6
　　.73　　ポリアミド系：ナイロン，アミラン
　　.74　　ポリビニル系：ビニロン，ビニヨン，オーロン
　［.8］　　パ　ル　プ　→585.3

579　　その他の化学工業　Other chemical technologies
　　.1　　接着剤：にかわ，糊料，アラビアゴム　→：668.4
　　　　　　＊別法：アラビアゴム578.35
　　.2　　石綿工業　→：569.4
　　.9　　生物工業［バイオテクノロジー］
　　　　　　＊育種学→615.21；遺伝学→467；家畜育種→643.1；水産育種→666.11；生化学
　　　　　　→464，491.4；発酵工業→588.5
　　.93　　遺伝子操作技術の応用．遺伝子工学　→：467.25
　　.95　　細胞培養の応用
　　.97　　微生物・酵素の高度利用

580　　製造工業　Manufactures

581　　金属製品　Metal goods
　　.1　　鋳物製品
　　　　　　＊鋳造→566.1
　　.2　　鍛造製品
　　　　　　＊鍛造→566.2；刀剣→756.6
　　.3　　薄板製品．ブリキ製品［製缶］
　　　　　　＊板金加工→566.5
　　.4　　線材製品：針金，金網

5 技術

⟨581.5／.9 用途別の金属製品⟩
- .5 建築金物．鎖．錨．錠
- .6 家庭金物．台所用品：鍋，釜，やかん，洗面器
- .7 刃物類．利器工具．工匠具
- .8 金属家具．什器．金庫
- .9 小金物：ピン，針，釘，ペン先

582　事務機器．家庭機器．楽器　Business machines. Household appliances. Musical instrument
- .1 ミシン　→：593.48
- .3 事務機器［OA 機器］　→：336.56
- .33 ワードプロセッサー．タイプライター　→：809.9
  ＊ワープロ用ソフトウェア→007.6388
- .4 レジスター［金銭登録器］．自動販売機
- .5 家庭機器：洗濯機，掃除機，調理器，アイロン
  ＊家庭用電化製品→545.88
- .7 楽器．蓄音機　→：763
  ＊オーディオ機器→547.33

583　木工業．木製品　Woodworking　→：754
  ＊製材→657.3；木材着色→657.7
- .5 容器：木箱，荷造箱，折箱，樽，桶
- .7 家　　具　→：597；758
  ＊金属家具→581.8
- .71 設計．製図
- .72 材料．工作
- .73 塗　　装
- .74 付帯材料．金具
- .75 椅子．腰掛．寝台．ソファー
- .76 机．テーブル
- .77 タンス．戸棚
- .78 籐製家具．竹製家具
- .8 木工機器：かんな，錐，のみ
- .9 経木・竹・樹皮・蔓・いぐさ・わら製品．縄．綱　→：657.84
  コルク，籐・柳・あけび細工，畳表，花むしろ，ござ，俵，むしろ

584　皮革工業．皮革製品　Leather and fur goods　→：755.5
- .1 化学．試験
- ⟨.3／.5 皮革の処理・加工⟩
- .3 原料皮．生皮処理
- .4 なめし作業
  ＊タンニン→658.9
- .5 なめし皮の仕上・加工

製造工業　　　　　　　　　　　　　　　580

584 .6　代用皮革　→：668.3
　　.7　皮革製品
　　　　　＊皮革製品〈一般〉は，ここに収める
　　　　　＊個々の皮革素材の被服・身の回り品は，589.2の下に収める
　　.8　製革機械・設備
　　.9　皮革の保存と手入

585　パルプ・製紙工業　Pulp and paper industries　→：022.6
　　.1　化学．試験
　　.3　製紙原料．パルプ．木材パルプ　→：618.7；658.4
　　　　　＊別法：パルプ578.8
　　.32　原　　　料
　　.33　化学パルプ法
　　.34　　硫酸パルプ
　　.35　　アルカリパルプ
　　.36　機械パルプ．砕木パルプ
　　.38　その他の製紙原料：ぼろ，茎稈，エスパルト，バガス
　　.4　漂白．叩解．サイズ．填充．着色
　　.5　抄造．仕上．機械漉．紙の種類
　　.51　新聞用紙．印刷用紙
　　.53　筆記用紙．図画用紙
　　.54　包装用紙
　　.55　薄　葉　紙
　　.56　厚紙．ボール紙．板紙
　　.57　雑　種　紙
　　.6　和紙．手漉法
　　.7　紙製品．紙器工業
　　.8　製紙工場の機械・設備

586　繊維工学　Textile industry　→：593.4；618；753
　　　　　＊別法：365.1
　　.09　繊維産業
　　.091　繊維工業政策・行政・法令
　　.092　歴史・事情
　　　　　＊地理区分
　　.093　金融．市場．生産費
　　.095　経営．会計
　　.096　繊維労働
　　.1　繊維物理．化学．分析．検査．試験．繊維原料・資材　→：578.5／.7
　　　　　＊炭素繊維→578.68
　　.17　繊維製品
　　.18　繊維工場の機械・設備
　　.2　綿業．紡績業

5 技術

285

[586 .202→586.22]
- .21　行政．法令．経済．経営．市場
- .22　歴史・事情
  　　　　　＊地理区分
- .23　原綿．綿花．資材
- .24　製綿［わた］．脱脂綿
- .25　綿糸紡績工程
- .251　　混綿．開綿．打綿
- .252　　梳　　　綿
- .253　　精梳綿［コーミング］
- .254　　練篠．粗紡
- .255　　精　　　紡
- .256　　合糸．撚糸．仕上
- .257　　屑糸紡績
- .27　綿製品：綿糸，綿布，綿織物
- .28　紡績工場の機械・設備
- .3　麻工業［製麻業］

[.302→586.32]
- .31　行政．法令．経済．経営．市場
- .32　歴史・事情
  　　　　　＊地理区分
- .33　麻繊維．資材
- .34　製　　　繊
- .35　麻糸紡績
- .37　麻製品：麻糸，麻布，麻織物
- .38　製麻工場の機械・設備
- .4　絹工業．絹糸紡績
  　　　　＊製糸→639

[.402→586.42]
- .41　行政．法令．経済．経営．市場
- .42　歴史・事情
  　　　　　＊地理区分
- .43　まゆ．生糸．資材
- .45　絹糸紡績：合糸，撚糸，ガス焼．紬糸紡績
- .47　絹製品：絹糸，絹布，絹織物
- .48　絹糸工場の機械・設備
- .5　羊毛工業

[.502→586.52]
- .51　行政．法令．経済．経営．市場
- .52　歴史・事情
  　　　　　＊地理区分
- .53　獣毛：緬羊，モヘア，アルパカ，カシミヤ，資材
- .54　梳毛紡績

586	.55	紡毛紡績
	.56	反毛紡績
	.57	羊毛製品：毛糸．毛布．毛織物
	.58	羊毛工場の機械・設備
	.6	化繊工業：人絹，スフ，合成繊維　→：578.6；578.7
[.602→586.62]		
	.61	行政．法令．経済．経営．市場
	.62	歴史・事情
		＊地理区分
	.63	原料．資材
	.65	紡績工程
	.67	製品：糸，布，織物，加工，仕上
	.7	織物工業［機業］　→：753.3
[.702→586.72]		
	.71	行政．法令．経済．経営．市場
	.72	歴史・事情
		＊地理区分
	.73	織物解剖・計算．試験．検査
	.74	織物意匠．織物図案
	.75	繰返．整経．糊付．機上
	.76	整理．仕上．加工．防水．防皺
	.77	織物：平織，綾織，朱子織，重ね織
	.78	織物工場の機械・設備
	.8	ニット工業［メリヤス工業］．組物．レース
		＊ニット衣料→589.218
	.9	その他の繊維工業：フェルト，敷物，網
		＊リノリウム→576.28

587		染色加工．染色業　Dyeing　→：593.7
		＊工芸→753.8；染料→577
	.1	染色化学．染色試験
	.3	染色用水．染色薬剤
	.4	染色図案
	.5	精練．漂白
＜.6／.7　各種の染法＞		
	.6	浸　　　　染
	.62	木　　　綿
	.63	麻
	.64	絹
	.65	羊　　　毛
	.66	合成繊維．化学繊維
	.67	雑　　　貨
	.68	染料による染法

587 .682　　酸性染法
　　.683　　塩基性染法
　　.684　　直接染法
　　.685　　媒染染法
　　.686　　バット染法
　　.687　　硫化染法
　　.688　　ナフトール染法
　　.7　　捺　　　染
　　.8　　染色機械
　　.9　　洗濯業．ドライクリーニング

588　　**食品工業　Food technology**　→：498.5；519.79
　　.09　　行政．法令．経済．経営．市場
　　.1　　砂糖．製糖業．甘味料
　　　　　　＊炭水化物工業は，ここに収める
　　.12　　甘　蔗　糖
　　.13　　甜　菜　糖
　　.14　　製糖工程
　　.17　　ぶどう糖．甘藷糖．麦芽糖
　　.18　　製糖機械・設備
　　.19　　人工甘味料
　　.2　　澱　　　粉
　　　　　　＊デキストリン→579.1
　　.3　　パン・菓子類　→：596.6
　　.32　　パン類．イースト
　　.33　　ビスケット．クラッカー
　　.34　　キャンデー．チョコレート
　　　　　　＊飴菓子（和菓子）→588.38
　　.35　　洋菓子．洋生菓子：ケーキ，パイ
　　.36　　和菓子．和生菓子
　　.37　　干菓子．米菓
　　.38　　飴類．糖菓
　　　　　　＊キャンデー（洋菓子）→588.34
　　.39　　その他の菓子：スナック菓子，チューインガム，氷菓子
　　　　　　＊駄菓子〈一般〉は，ここに収める
　　　　　　＊和菓子，洋菓子に区分できない菓子は，ここに収める
　　.4　　清涼飲料：炭酸飲料，サイダー，ラムネ，果汁，酸性飲料
　　.5　　発酵工業．酒類
　　　　　　＊微生物工業は，ここに収める
　　.51　　醸造学．発酵．工業微生物学
〈.52／.55　　各種の醸造酒〉
　　.52　　清酒．濁酒
　　　　　　＊日本酒は，ここに収める

588	.53	黄酒：老酒，紹興酒
		＊中国酒〈一般〉は，ここに収める
	.54	ビール［麦酒］
		＊ビール風味の発泡アルコール飲料，ビールテイスト飲料は，ここに収める
	.55	果実酒：ワイン，シャンパン，りんご酒
		＊梅酒→588.58；596.7
	.56	アルコール［酒精］
		＊メチルアルコール→574.83
	.57	蒸留酒：焼酎，高粱酒，ブランデー，コニャック，ウィスキー，ウォッカ，ラム，ジン
	.58	混成酒：味醂，白酒，リキュール
		＊カクテル→596.7
		＊屠蘇，薬酒→：499.8
	.6	調味料：醤油，ソース，食酢，味噌
	.7	香　辛　料
	.8	製　氷　業
	.9	食品保存：保存食品　→：667.9
	.93	缶詰．びん詰
	.95	冷凍食品
	.97	インスタント食品．レトルト食品

589　その他の雑工業　**Other miscellaneous manufactures**

	.2	被服．身の回り品　→：383.1；593
		＊ここには，既製服の製造販売を収め，家庭裁縫および仕立業は593に収める
		＊アパレル産業は，ここに収める
	.21	衣　　　服
	.211	和　　　服
	.212+	アジアの衣服
	.213	洋　　　服
	.214	紳　士　服
	.215	婦　人　服
	.216	子　供　服
	.217	特定用途の衣服：制服，作業服，スポーツウェア
〈.218／.219　特定素材の衣服〉		
	.218	ニット：セーター
	.219	皮革服．毛皮服
	.22	身の回り品．雑貨：下着類，ワイシャツ，カラー，ネクタイ，ハンカチ，ベルト，バンド，和装用小間物
	.23	靴下．足袋
	.24	衿巻．衿飾．手袋
	.25	はきもの：下駄，サンダル，靴，スリッパ
	.26	帽　　　子
	.27	かばん［バッグ］

589	.28	ボタン．スナップ
	.29	夜具．蒲団．蚊帳
	.3	傘．ちょうちん．扇．うちわ
	.4	洋傘．杖．ステッキ
	.5	ブラシ．箒
	.7	文房具．運動具．玩具
	.73	文　房　具
	.75	運　動　具　→：780.67
	.77	玩　　　具　→：507.9；759；798.5
	.8	た　ば　こ
	.9	その他：線香　→：617.7

590　家政学．生活科学　Domestic arts and sciences

＊社会問題からみた生活・家族・婦人問題は365，367に収め，家庭倫理は152に，生活史は383に収める

591　家庭経済・経営　Domestic economy and management　→：365.6；367.3

家庭生活の設計・機能，家事使用人，内職

	.6	集合住宅．団地生活．アパート　→：365.35；527.8
	.7	下　　　宿　→：365.37
	.8	家計．家計簿記　→：365.4

592　家庭理工学　Sciences and technology in household

	.2	家庭物理　→：420
	.3	家庭化学　→：430
	.4	家庭電気．照明．暖冷房　→：528.2；545
	.5	家庭燃料　→：575
	.7	家庭工作

＊日曜大工・左官の類は，ここに収める

593　衣服．裁縫　Clothing. Sewing　→：383.1；589.2

＊別法：365.1

	.1	きもの．和裁
	.11	基本技術．運針
	.12	長着：単衣，袷，綿入
	.13	襦　　　袢
	.14	羽織．被布
	.15	帯
	.16	袴
	.17	コ　ー　ト
	.18	夜着．丹前．蒲団
	.2	アジアの衣服・裁縫

家政学. 生活科学　　　　　　　　590

593 .3　洋服. 洋裁
　　　　　＊衣服のリフォーム〈一般〉は，ここに収める
　.36　婦人服. 子供服. スタイルブック. スタイル画
　.39　下　　着　　類
　.4　被服材料　→：586
　.48　裁縫用具. ミシン使用法　→：582.1
　.5　被服管理［衣類整理］：洗濯，漂白，仕上，しみ抜き，保存，衣服衛生
　.7　家庭染色　→：587
　　　　　＊色揚げ，染返しは，ここに収める
　.8　着付. アクセサリー　→：383.3

594　手　　　芸　Handicrafts　→：750
　　　　　＊手芸染色→753.8
　.1　手芸材料・図案
　.2　刺繍. 絽刺
　.3　編物：毛糸，レース，リリヤン
　.4　結紐. 組紐
　.5　かがり細工
　.6　摘み細工. リボンアート
　.7　袋物細工
　.8　造花. アートフラワー
　.85+　押し花. ドライフラワー. プリザーブドフラワー
　　　　　＊植物を用いた手芸は，ここに収める
　.9　その他の手芸：パッチワーク，キルティング

595　理容. 美容　Beauty culture　→：383.5
　.3　理　　髪
　.4　結髪. パーマ. 美爪術
　.5　化粧. 美顔術
　.6　痩身法. ダイエット　→：498.583；781.4

596　食品. 料理　Food. Cookery　→：498.5
　　　　　＊様式と材料の両方にまたがる場合は，様式を優先して分類する
　　　　　＊食物史→383.8
　.1　食品栄養
　　　　　＊一般には498.5に収める
　.2　様式別による料理法. 献立
　.21　日本料理
　.22　アジアの料理：中国料理，朝鮮料理，インド料理
　.23　西洋料理. その他の様式の料理
　.3　材料別による料理法：卵料理，漬物，膏物　→：628.8
　　　　　＊米飯および炊飯は，ここに収める
　.33　肉　　料　　理

5 技術

291

596 .35　魚介料理
　　.37　野菜料理
　　.38　麺　　類
　　.4　目的による料理：野外料理，正月料理，弁当，おやつ，駅弁，パーティー料理
　　　　　　→：791.8
　　.5　共同炊事．集団給食
　　.6　パン．菓子類　→：588.3
　　.63　　パ　　ン
　　.65　菓子：ケーキ，クッキー，アイスクリーム
　　.7　飲料：酒，コーヒー，茶，カクテル
　　.8　食事作法：配膳［テーブルセッティング］
　　.9　厨房具．食器

597　住居．家具調度　Household utilities　→：365.3；527；529；583.7；758；757.8
　〈.1／.7　家具調度〉
　　.1　床敷物：たたみ，絨毯，カーペット，リノリウム
　　.2　壁・室・扉の装具：カーテン，すだれ
　　.3　寝台．ソファー．蚊帳
　　.4　机．テーブル
　　.5　収納設備：戸棚，たんす
　　　　　　＊収納法は，ここに収める
　　.7　床　　飾
　　.9　住居衛生：掃除

598　家庭衛生　Domestic health　→：492；498.3
　　.2　結婚医学：性生活，妊娠，避妊，出産　→：367.9；384.7；491.35；495
　　　　　　＊性に関する雑著は，ここに収める
　　.3　疾病の予防．家庭医学
　　.4　家庭療養．家庭看護
　　　　　　＊療養記は，ここに収める（別法：9□6に収める）
　　.5　家庭常備薬．救急法　→：499

599　育　　児　Care of children　→：376.1；493.9
　　.1　子供部屋．寝具
　　.2　衣服．おむつ
　　.3　授乳．食事．離乳食
　　.4　入浴．睡眠
　　.5　運動．外出
　　.7　子　　守
　　.8　玩具．絵本
　　.9　習慣．しつけ
　　　　　　＊家庭教育（幼児期）→379.911

産　業

（農林水産業，商業，運輸，通信）

600　産　　　業　Industry and commerce
　　　＊ここには，農林水産業および商業を収め，工業は500の下に収める

601　産業政策・行政．総合開発　Industrial policy and planning　→：318.6；333.5
　　　＊地理区分

602　産業史・事情．物産誌　History and conditions　→：202.5
　　　＊地理区分
　　　＊産業考古学は，ここに収める

603　参考図書［レファレンスブック］　Reference books

604　論文集．評論集．講演集　Essays and lectures

605　逐次刊行物　Serial publications

606　団体：学会，協会，会議　Organizations
　.9　博覧会．共進会．見本市．国際見本市
　　　　＊地理区分

607　研究法．指導法．産業教育　Study and teaching　→：375.6

608　叢書．全集．選集　Collected works. Collections

609　度量衡．計量法　Weights and measures　→：501.22；535.3
　　　＊国際単位系［SI］〈一般〉は，ここに収める

〈610/660　農林水産業〉
　　　＊農林水産業全般に関するものは，610の下に収める

〈610/650　農　林　業〉

610　農　業　Agriculture
　.1　　農学．農業技術
　.12　　農学史．農業技術史・事情
　　　　　＊地理区分
　.19　　農業数学．農業統計学．農業センサス
　　　　　＊ここには，理論を収める
　　　　　＊農業年次統計→610.59
［.2→612］
　.6　　団体：学会，協会，会議　→：611.6
　.69　　共進会．品評会
　.7　　研究法．指導法．農業教育
　.76　　農業研究所・試験場

611　農業経済・行政・経営　Agricultural economy and management
　　　　　＊一地域の農業経済・行政・経営も，ここに収める　例：611.2302134埼玉県農地改革史；ただし，近世以前の農業経済・行政・経営は，611.2/.29と611.39を除き612の下に収める
　.1　　農業政策・行政・法令．農政学
　.12　　農　業　法
　.13　　農業委員会
　　　　　＊各地域の農業会議も，ここに収める
　.15　　農村計画．農村改良．農村更生
　　　　　＊地理区分
　.16　　農業用資材
　.17　　農村自治．土地改良区
　.18　　農業財政．農業助成金
　.2　　農用地．農地．土地制度［農地制度］　→：324.33；331.83；334.6
　.21　　地　代　論　→：331.85
　.22　　土地制度史・事情　→：322
　　　　　＊地理区分
　　　　　＊特定地域の農地利用は，ここに収める
　.23　　土地政策．農地改革．農地法
　.24　　開　　拓　→：614.5
　　　　　＊地理区分
　.26　　小作問題．小作料
　.28　　農地価格
　.29　　水利問題　→：324.29；517.6；614.3
　.3　　食糧問題．食糧経済　→：334.39

農　業

```
            ＊食料問題〈一般〉はここに収め，611.33／.35以外の個々の食料は，各々の下に収
              める
            ＊別法：食糧問題365.2
611 .31    食糧政策・行政・法令
    .32    需給. 流通. 消費
    .33    米. 米価. 米の輸出入
    .34    麦. 麦価. 麦の輸出入
    .35    雑穀. 雑穀価格. 雑穀の輸出入
(  .36    その他の農産物価格・輸出入）
    .38    国際食糧問題
              ＊輸出入食糧→611.48
    .39    飢饉. 備荒. 三倉制度：社倉，義倉，常平倉
    .4     農産物. 農産物市場
              ＊個々の農産物は，各々の下に収める
              ＊園芸生産物市場→621.4；米市場→611.33；雑穀市場→611.35；畜産物市場
                 →641.4；麦市場→611.34；林産物市場→651.4
    .42    農業生産費
    .43    農産物価格. 鋏状価格差
    .46    農産物取引・市場　→：676.4
    .47    農業倉庫　→：688
    .48    農産物貿易・関税　→：678
              ＊食糧貿易〈一般〉は，ここに収める
    .49    農業景気・恐慌
    .5     農業金融. 農業手形
              ＊別法：338.66
    .59    農業保険. 農業災害補償. 農業共済組合
    .6     農業協同組合　→：335.6；610.6
              ＊地理区分
    .7     農業経営
              ＊経営の要素は，ここに収める
    .71    農業後継者
    .72    経営集約度：粗放農業，集約農業
    .73    経営方式：単作，輪作，二毛作，三毛作，畑作，水田　→：615.3
    .74    経営規模：大農，中小農，零細農，兼業農家
              ＊農家の副業は，ここに収める
    .75    農業労働
              ＊農業の機械化→614.8
    .76    共同経営. 共同作業. 集団農場
    .77    多角経営. 有畜農業. 観光農業
    .78    契約農業［コントラクト農業］
    .79    農業会計・簿記
    .8     農家経済
    .82    農家経済調査
```

611 .83　　租税公課．諸負担
　　.84　　農家負債
　　.85　　農業所得
　　.86　　農村物価．農村消費財の需給
　　.9　　農村・農民問題
　　　　　　＊ここには一般的なものを収め，各地域の農村・農民問題は.92の下に収める；
　　　　　　　また歴史は612の下に収め地理区分
　　　　　　＊農村社会学→361.76
　［.902→611.92］
　　.91　　農村人口：離村，帰農，過疎，出稼
　　　　　　＊過疎対策→318.6
　　.92　　農村事情．各地の農民問題．農村調査
　　　　　　＊地理区分
　　.95　　農民階層：地主，自作農，小作人
　　.96　　農民組合・運動．小作争議・調停
　　　　　　＊地理区分
　　　　　　＊農民一揆は，歴史または農業史に収める
　　.97　　農村教育．農村娯楽　→：379
　　.98　　農村生活．生活改善　→：365
　　.99　　農村医学．農村衛生　→：498；498.4

612　　農業史・事情　Agricultural history and conditions
　　　　　＊地理区分
　　.9　　農業地理
　　　　　　＊各国の農業地理→612.1／.7

613　　農業基礎学　Basic sciences on agriculture
　　.1　　農業気象学．産業気象　→：468.5；663.2
　　.2　　農業物理学　→：420
　　.3　　農芸化学　→：430；464
　　.4　　肥料．肥料学　→：574.9
　　.41　　肥料政策・行政・法令．肥料経済
　＜.42／.47　各種の肥料＞
　　.42　　自給肥料：屎尿，家畜糞，家禽糞　→：615.71
　　.43　　緑肥．堆厩肥　→：615.71
　　.44　　窒素肥料：硫安，石灰窒素，硝安，燐安，尿素，塩安
　　.45　　燐酸肥料：油粕，魚肥，骨粉，燐鉱，過燐酸石灰
　　.46　　カリ肥料：硫酸カリ，草木灰
　　.47　　石灰肥料．配合肥料．化成肥料
　　.48　　肥料分析．肥料試験
　　.49　　肥料の調合．施肥．肥効
　　.5　　土壌．土壌学　→：455；519.5
　　　　　　＊特定地域の土壌は，.51／.58に収めず，.59の下に収める

613	.51	農業地質学．土壌侵食

613 .51　農業地質学．土壌侵食
　　　　　＊土壌汚染→519.5
　　.52　土壌物理学
　　.53　土壌化学
　　.54　土壌の生成．土壌形態学
　　.55　土壌の気候
　　.56　土壌微生物
　　.57　土性．土壌の分類：砂土，砂壌土，壌土，埴土
　　.58　土壌分析．土壌試験．土性調査
　　.59　各地の土壌．土性図
　　　　　＊地理区分
　　.6　農業生物学
　　.65　　農業微生物学　→：465
　　.7　　農業植物学　→：471.9
　　.8　　農業動物学　→：481.9；615.86
　　.86　　農業昆虫学　→：486
　　.9　農業廃棄物

614　農業工学　Agricultural engineering
　　.1　農業測量
　　.2　農業土木．土地改良
　　　　　＊地理区分
　　.3　農業水利．農業用水．灌漑排水　→：517.6；611.29
　　　　　＊地理区分
　　.4　耕地整理．交換分合
　　.5　開墾．干拓．埋立　→：517.3；611.24
　　.6　農業構造物：農道，水路橋，溜池，サイフォン
　　.7　農業建築物：農舎，農民住宅　→：527
　　.8　農業の機械化．農業用機器．農具
　　　　　＊農業へのコンピュータ導入は，ここに収める
　　　　　＊農産製造機械→619.18
　　.82　　農業用動力．農業用動力機械
　　.821　　家畜利用
　　.823　　太陽熱．水力．風力：農業用水車，農業用風車　→：533.6；534.32；534.7
　　.824　　電力：農用発動機，農業用モーター，農業用ポンプ　→：542.12／.13
　　.84　　農具：くわ，すき，鎌　→：383.93
　　.85　　農業用機械：作付機械，育成用機械，播種用機械，耕耘機，刈取用機械
　　.89　　農業用運搬車．農業用飛行機．農業用トラクター　→：537.95
　　.9　農村電化
　　　　　＊農業用電力→614.824

615　作物栽培．作物学　Methods of cultivation. Crop science
　　　　　＊個々の作物栽培→616／618；625／627

産業

615	.2	遺伝. 育種. 繁殖
	.21	遺伝. 育種学. 品種改良　→：579.9
	.22	交配技術. 人工受粉
	.23	種子. 選種. 採種
	.3	組織. 方法：作付, 連作, 輪作, 二毛作, 三毛作　→：611.73
		＊休耕田は，ここに収める
	.4	環境. 作物生態学
		＊土壌, 肥料, 気候→613
	.5	栽植：整地, 施肥, 播種, 植付, 移植
	.6	管理：間引, 除草, 中耕, 整枝, 灌水
	.7	各種の栽培法
		＊ここには，栽培法〈一般〉を収める
		＊個々の農産物・果実類の各種栽培法は，616／618および625／627に収める
		＊別法：アイソトープの農業的利用539.66
	.71	有機栽培. 有機農業　→：613.42／.43
	.73	水耕栽培. 養液栽培
	.75	温室栽培：ビニールハウス栽培
	.8	病虫害とその防除. 作物保護学. 農業災害
		＊個々の作物に関するものは，各作物の下に収める
	.81	植物病学. 植物病理学
		＊別法：471.6
	.82	ウイルス病. 細菌病
	.83	菌核病. 寄生植物病. 雑草の害
	.84	寄生動物病：ダニ, 昆虫, 線虫
	.85	機能障害病
	.86	昆虫の害. 害虫と天敵. 動物の害　→：613.8
	.87	農業薬剤［農薬］：薬剤散布　→：519.79；574
	.88	気象による農業災害
	.881	水害. 風害. 干害
		＊台風による農作物の被害は，ここに収める
	.884	冷害. 寒害. 霜害. 凍害. 雪害. 雹害
	.889	その他の気象災害：塩害, 火災, 高温害
	.89	その他の農業災害：煙害, 鉱毒害
	.9	収納：収穫, 貯蔵
		＊穀物貯蔵→616.19
	.95	包装. 荷造
	.96	輸送. 出荷

〈616／618　各種の作物〉

616		食用作物　Edible crops
		＊食用作物〈一般〉の栽培は，615に収める
	.1	禾穀類作物. 穀物

616	.19	穀物貯蔵
	.2	いね．稲作：水稲，陸稲
	.21	品　　種
	.22	育苗．苗代．温床育苗
	.23	発育．発芽．生長．成熟．出穂．開花．結実
	.24	土壌．肥料
	.25	整地．施肥
	.26	除草．灌漑．落水
	.27	特殊栽培法：直播，畦立，晩化，二期作，培土，田畑輪換
	.28	病虫害：萎縮病，稲熱病，菌核病，葉枯病
	.286	害虫：いなご，うんか，螟虫類
	.289	気象の害．公害による害
	.29	収穫．収量．乾燥．貯蔵．輸送．出荷．米俵
	.3	こむぎ．麦作．麦類〈一般〉
	.4	おおむぎ．はだかむぎ
	.5	えんばく．ライむぎ
	.6	雑　　穀
	.61	とうもろこし
	.62	もろこし．あわ．きび．ひえ
	.66	そ　　ば
	.67	はとむぎ
	.7	豆類：だいず，あずき　→：626.3
	.8	いも類：さつまいも，ばれいしょ　→：626.4
	.9	飼肥料作物：飼料作物，緑肥作物
617		**工芸作物**　Industrial crops
	.1	糖料作物：さとうきび，てんさい，さとうもろこし
		＊製糖→588.1
	.2	澱粉作物：こんにゃく，くず
	.3	嗜好作物：コーヒー，カカオ
	.4	茶
		＊製茶→619.8
	.5	タ　バ　コ
		＊タバコ製造→589.8
	.6	香料作物．香辛料作物：とうがらし，こしょう，しそ，にっけい，はっか，ホップ →：619.91
		＊香辛料作物としてのハーブは，ここに収める
	.7	薬用植物：除虫ぎく，サフラン，けし，薬用にんじん　→：499.87；589.9
	.8	染料作物：あい，あかね　→：577.99
	.9	油料・樹液作物：なたね，ごま，オリーブ，あぶらぎり，ゴム，うるし，はぜ →：576.17；578.2

618		繊維作物　Fiber crops　→：586
	.1	わた．カポック［パンヤ］
	.2	あさ．あま．からむし［ラミー］．つなそ．ケナフ．いちび．マニラあさ
	.7	紙料：こうぞ，がんぴ，みつまた　→：585.3
	.8	い　ぐ　さ
		＊ござ，むしろの材料となる作物は，ここに収める
	.9	とう［籐］．こうりやなぎ．へちま

619		農産物製造・加工　Agricultural technology
		＊農産物加工品・製造品は，ここに収める
		＊園芸品→628；砂糖→588.1；タバコ→589.8；畜産品→648；わら加工→583.9
[.1]		
	.11	用水．廃水
	.12	燃料．動力
	.15	工　　　程
	.16	発酵微生物：かび，酵母，細菌
	.18	農産製造機械：精米機，精麦機，製粉機，製麺機
	.2	精穀．圧砕穀
	.3	粉類．製粉
	.39	麺類．製麺．捏製品：うどん，そうめん，そば，マカロニ，麩，生麩，人造米
	.6	大豆・豆類製品：納豆，豆腐，凍豆腐，湯葉
	.7	芋類加工．こんにゃく
	.8	製茶：緑茶，紅茶，ウーロン茶，包種茶
	.89	コーヒー．ココア．コーラ
	.9	その他の農産加工
	.91	香辛料：こしょう，とうがらし，カレー粉　→：617.6
	.92	除虫菊製品．蚊取線香

620		園　　芸　Horticulture
		［.2→622］

621		園芸経済・行政・経営　Gardening economy and management
		＊ここには園芸作物〈一般〉を収め，個々のものは625／627に収める
		＊一地域の園芸経済・行政・経営も，ここに収める；ただし，近世以前の園芸経済・行政・経営は，622の下に収める
	.1	園芸政策・行政・法令
	.4	園芸生産物市場および価格　→：675.5
		＊地理区分
		＊別法：336.78
	.7	園芸業経営

622	園芸史・事情　Horticultural history and conditions	

　　　＊地理区分

622 園芸植物学．病虫害　Basic sciences on gardening

624 温室．温床．園芸用具　Green houses and tools
　　　＊個々の作物栽培は，625／627に収める

〈625／627　各種の園芸〉

625　果樹園芸　Fruit culture. Pomiculture
［.1］
.11　　果樹の品種
.12　　果樹の育種と繁殖：実生，挿木，圧条，接木法
.13　　果樹園の経営管理
.14　　果樹の土壌と肥料
.15　　栽培：整地，施肥，播種，植付，移植
.16　　管理：間引，摘果，整枝，間伐，結実
.17　　特殊栽培法．温室栽培
.18　　果樹の病虫害とその防除
.19　　果実の収穫・貯蔵・荷造・輸送
.2　　仁　果　類
.21　　　り　ん　ご
.22　　　な　　　し
.23　　　マルメロ
.24　　　び　　わ
.3　　柑　橘　類
.32　　　みかん類
.35　　　きんかん類
.37　　　その他の柑橘類：レモン，オレンジ
.4　　か　き　類
.5　　核　果　類
.51　　　もも．すもも．あんず．プラム
.54　　　う　　め
.55　　　おうとう［さくらんぼ］
.6　　液果類［漿果類］
.61　　　ぶ　ど　う
.62　　　いちじく
.63　　　す　ぐ　り
.64　　　ブルーベリー
.65　　　きいちご類
.66　　　ざ　く　ろ
.7　　堅　果　類

301

625	.71	くり
	.72	くるみ
	.73	アーモンド
	.8	熱帯果樹
	.81	バナナ
	.82	パイナップル
	.83	パパイア
	.84	マンゴー
	.85	ドリアン
	.86	アボカド
	.87	チェリモヤ
	.88	竜眼．茘枝

626		蔬菜園芸　Vegetable culture
	[.1]	
	.11	品　　種
	.12	育種．繁殖．採種
	.13	菜園の管理
	.14	土壌．肥料．気候
	.15	栽植．播種．施肥
	.16	管理：間引，摘葉
	.17	促成栽培．温室栽培
	.18	病虫害とその防除
	.19	収穫．出荷
	.2	果菜類：うり類，なす類，いちご類
	.21	カボチャ
	.22	きゅうり
	.23	すいか
	.24	メロン．まくわうり
	.25	へちま．ゆうがお
	.26	なす
	.27	トマト
	.28	とうがらし．ピーマン
	.29	いちご［オランダいちご］
	.3	莢菜類［豆類］
		いんげん，えんどう，ささげ，そらまめ，なたまめ，なんきんまめ
		＊あずき，だいず→616.7
	.4	根　菜　類
		＊さつまいも，ばれいしょ→616.8
	.41	さといも
	.42	やまのいも．ながいも．つくねいも
	.43	きくいも
	.44	だいこん．ラディシュ

626	.45	かぶ
	.46	にんじん
	.47	ごぼう．ビート
	.48	れんこん．しょうが．くわい
	.5	葉菜類
	.51	はくさい．つけな類．からし な．みずな
	.52	キャベツ
	.53	ほうれんそう
	.54	ねぎ．たまねぎ．にら．にんにく．らっきょう
	.56	レタス．しゅんぎく．ふき
	.57	みつば．せり．パセリ．セロリ．洋菜
	.58	アスパラガス．うど
	.6	花菜類：カリフラワー，ブロッコリー
	.7	マッシュルーム
	.9	家庭菜園
		＊ここには，家庭菜園〈一般〉を収める

627　花卉園芸［草花］　Floriculture　→：793.3
　　　　＊花コトバ，国花，県花も，ここに収める

［	.1］	
	.11	品種．分類
	.12	育種．繁殖．採種
	.13	花園の管理
	.14	土壌．肥料．気候
	.15	栽植．播種．肥培
	.16	管理：灌水，剪定，摘心
	.17	促成栽培．温室栽培
	.18	病虫害とその防除
	.19	包装．荷造．出荷
＜	.4／.7	各種の花卉＞
	.4	一二年草：あさがお，コスモス，ひまわり，ほうせんか
	.5	宿根草．多年草
	.53	えびね
	.55	菊
	.57	らん［蘭］
	.58	その他の多年草：アスター，あやめ，ききょう，さくらそう
	.6	球根草：カンナ，すいせん，ダリア，チューリップ，ゆり
	.7	観賞花木
		＊家庭の庭木の手入れ〈一般〉は，ここに収める
		＊造園のための樹木の手入れ→629.75
	.73	桜
	.74	さつき．つつじ
	.76	椿

産　業

627 .77　バ　　ラ
　　.78　サボテン
　　　　　＊多肉植物は，ここに収める
　　.79　その他の観賞花木：しゃくなげ，なんてん，ふじ，ぼたん
　　.8　盆栽．鉢植
　　　　　＊花木〈一般〉の盆栽，鉢植は，ここに収める
　　.83　草花の鉢植
　　.85　観葉植物
　　　　　＊観賞用水草→666.8
　　.9　花卉の利用
　　　　　＊鉢植などによる室内装飾，花束，花籠，装飾用花輪は，ここに収める
　　　　　＊花卉装飾〈一般〉→793

628　園芸利用　Utilization of garden products
　　.2　乾燥果実：干柿，干ぶどう
　　.3　ジャム類
　　.4　果　　汁
　　.5　トマト製品
　　.7　乾燥野菜
　　.8　漬　物　類　→：596.3

629　造　　園　Landscape gardening　→：518.85；650
　　.1　森林美学．造園美学．風致・風景論　→：290.13
　　.2　庭　　園
　　.21　日本庭園
　　　　　＊外国の日本庭園も，ここに収める
　　　　　＊茶庭→791.6
　　.22　東洋式庭園
　　.23　西洋式庭園．その他の様式の庭園
　　.3　公園．緑地　→：518.85
　　.32　道路公園
　　.35　児童公園．児童遊園
　　.4　自然公園．国立・国定・公立公園
　　　　　＊地理区分
　　　　　＊個々の公園の案内記→29△093
　　.5　造園計画．公園設計．造園材料
　　.6　公園土木・建築．庭園施設
　　.61　石灯籠．手水鉢．庭石
　　.62　池泉．噴水．庭園彫刻．日時計
　　.63　苑　　路
　　.64　テラス．ベンチ
　　.66　遊戯施設：砂場，すべり台，ぶらんこ
　　.67　建物．園亭．庭門．アーチ．パーゴラ

629	.7	造園植物

*都市景観用の植物およびそれによる造形は，ここに収める

- .73　芝．芝生
- .75　庭木．花壇
  *家庭の庭づくりも，ここに収める
- .79　街　路　樹
- .8　墓苑［霊園］　→：518.85
- .9　公園・庭園の維持管理

630　蚕　糸　業　Sericulture. Silk industry

- .1　蚕糸学．養蚕学

［.2→632］

631　蚕糸経済・行政・経営　Sericultural economy and management

*一地域の蚕糸経済・行政・経営も，ここに収める；ただし，近世以前の蚕糸経済・行政・経営は，632の下に収める

- .1　蚕糸業政策・行政・法令
- .4　まゆ・絹糸の生産費．価格．需給．取引
- .5　蚕糸業金融．蚕糸業共済制度
- .6　蚕糸業組合
  *地理区分
- .7　蚕糸業経営．蚕業労働

632　蚕糸業史・事情　Sericultural history and conditions

*地理区分

633　蚕学．蚕業基礎学　Natural history of silkworms　→：486.8

- .1　蚕体解剖学
- .2　蚕体生理学
- .3　蚕体遺伝学
- .4　蚕体病理学．蚕病
- .5　蚕の害虫．加害動物
- .6　蚕卵．蚕児．蚕蛹．蚕蛾
- .7　蚕業気象
- .8　蚕桑化学

634　蚕　種　Silkworm eggs

- .2　蚕品種．蚕品種の改良．選種
- .4　蚕種の保護貯蔵．蚕種の冷蔵
- .5　蚕卵の催青法と孵化
- .6　人工孵化
- .9　採種．蚕種製造

産業

635　飼育法　Rearing of silkworms
[.1]
- .13　春蚕飼育
- .14　夏秋蚕飼育
- .15　秋蚕飼育
- .16　初冬蚕飼育
- .2　掃立法
　　　＊孵化→634.5
- .3　蚕の飼料．給桑法．調桑
- .4　稚蚕飼育
- .5　壮蚕飼育
- .6　上蔟．収繭
- .9　野蚕：柞蚕，天蚕，ヒマ蚕，アナフェ蚕

636　くわ．栽桑　Mulberry culture
- .1　桑品種．育種．くわの交配と雑種
- .2　桑苗
- .3　栽植．仕立法．桑樹繁殖法
- .4　土壌．肥料．施肥
- .7　くわの病虫害．気象災害
- .8　くわの収穫法．貯桑
- .9　桑園の管理・経営

637　蚕室．蚕具　Sericultural rooms and implements

638　まゆ　Cocoon
　　殺蛹，乾繭，貯繭，繭質，形態，検定，格付

639　製糸．生糸．蚕糸利用　Raw silk production　→：586.4
- .1　絹の性質．絹糸物理．絹糸化学
- .2　原料まゆ．選繭法
- <.3／.6 製　糸>
- .3　煮繭法
- .4　繰糸法．器械糸．座繰糸．揚返．仕上
- .5　製糸機械．用水
- .6　生糸品質・検査・格付
- .7　絹の加工
- .8　特殊生糸：玉糸，野蚕糸
- .9　蚕糸副産物：桑条，蚕沙，蚕蛹

640 畜産業 Animal husbandry

- .1 畜産学．酪農学
- ［.2→642］

641 畜産経済・行政・経営 Animal economy and management

*一地域の畜産経済・行政・経営も，ここに収める；ただし，近世以前の畜産経済・行政・経営は，642の下に収める

*個々の畜産動物は，645／646に収める

- .1 畜産政策・行政・法令
- .4 畜産物市場・価格．家畜市場
- .5 畜産業金融．家畜保険
- .6 畜産業組合
    *地理区分
- .7 畜産経営．牧野・牧場経営．酪農

642 畜産史・事情 History and conditions
*地理区分

643 家畜の繁殖．家畜飼料 Stock breeding. Forage

- .1 家畜の育種．品種改良　→：579.9
- .2 家畜の繁殖．人工受精
- .3 家畜の栄養．給餌法
- .4 家畜飼料：濃厚飼料，粗飼料
- .5 草地．牧野
- .9 サイレージ

644 家畜の管理．畜舎．用具 Cotes and implements
*畜産による環境問題は，ここに収める

645 家畜．畜産動物．愛玩動物 Domestic animals. Pets　→：395.8

*家畜・畜産動物〈一般〉の各論は，641／644に収める

*獣医学〈一般〉→649；畜産加工→648

- .2 馬　→：489.8；788.5；789.6
- .21 馬政
- .22 馬の育種・繁殖
- .23 馬の飼料．給餌法
- .24 馬の育成・管理
    *調教→789.6
- .26 馬の病気と手当
- .29 らば．ろば
- .3 牛：役牛，肉牛，乳牛　→：489.85
- .32 牛の育種・繁殖
- .33 牛の飼料．給餌法

645 .34　　牛の育成・管理. 放牧
　　.36　　牛の病気と手当
　　.39　　水牛. 黄牛. インド牛. ヤク. トナカイ
　　.4　　 緬羊. やぎ　→：489.85
　　.49　　アルパカ　→：489.88
　　.5　　 豚. 養豚業　→：489.83
　　.6　　 犬　→：489.56
　　.62　　犬の繁殖・育種
　　.63　　犬の食餌・給餌法
　　.66　　犬の病気と手当
　　.7　　 猫　→：489.53
　　.72　　猫の繁殖・育種
　　.73　　猫の食餌・給餌法
　　.76　　猫の病気と手当
　　.8　　 その他の家畜・畜産動物：うさぎ，フェレット，ミンク，モルモット，らくだ
　　.9　　 愛玩動物 ［ペット］
　　　　　　　　＊ここには愛玩動物〈一般〉を収め，645.2／.8に関するものは，各々の下に収める
　　　　　　　　＊ペットビジネス〈一般〉，ペット用品〈一般〉は，ここに収める
　　　　　　　　＊観賞魚→666.9；小鳥，飼鳥→646.8；昆虫→646.98；水生生物→666.9；両生類，
　　　　　　　　　爬虫類→666.79
　　.92⁺　 愛玩動物の繁殖・育種
　　.93⁺　 愛玩動物の食餌・給餌法
　　　　　　　　＊ペットフード〈一般〉は，ここに収める
　　.96⁺　 愛玩動物の病気と手当
　　　　　　　　＊別法：649
（　.99　　その他の有用動物とその利用：らくだ，ぞう，さる，くま，ミンク　→645.8）

646　家　　禽　Aviculture. Poultry　→：395.8；488
　　.1　　 にわとり. 養鶏業
　　.12　　にわとりの育種・繁殖
　　.13　　にわとりの飼料. 給餌法
　　.14　　鶏舎. 育雛. 点灯養鶏
　　.16　　にわとりの病気と手当
　　.2　　 七面鳥. 雉. ほろほろ鳥. 駝鳥
　　.3　　 くじゃく
　　.4　　 うずら
　　.5　　 は　　と　→：693.9
　　.7　　 あひる. がちょう
　　.8　　 小鳥. 飼鳥
　　　　　　　　じゅうしまつ，カナリヤ，九官鳥，文鳥，いんこ
　　　　　　　　＊ここには，愛玩用の鳥類を収める；ただし，646.1／.7に関するものは，各々の下
　　　　　　　　　に収める
　　.82⁺　 小鳥・飼鳥の繁殖・育種

畜　産　業

646 .83⁺　小鳥・飼鳥の食餌・給餌法
　　.86⁺　小鳥・飼鳥の病気と手当
　　.9　　みつばち．養蜂．昆虫　→：486.7
　　.98　　昆虫の飼育：すずむし，かぶとむし

([647]　みつばち．昆虫　Apiculture. Beekeeping　→646.9)
　(<.1／.6　養　　　蜂>)
　([.1]　養蜂の経済・経営)
　([.2]　みつばちの繁殖．蜜源と蜜用植物)
　([.3]　巣箱．用具)
　([.4]　管　　　理)
　([.5]　病害と保護)
　([.6]　蜂蜜．蜜製品．蜜蝋)
　([.9]　昆虫の飼育：すずむし，かぶとむし)

648　　畜産製造．畜産物　Animal industry
　　.1　　牛乳と乳製品．乳業
　　.12　　牛乳の理化学
　　.13　　機械．装置
　　.14　　搾乳方法．殺菌
　　.15　　牛乳の種類
　<.16／.18　乳　製　品>
　　.16　　クリーム
　　.17　　バター
　　.18　　チーズ．ヨーグルト［凝乳］
　　.19　　牛以外の動物乳
　　.2　　肉と肉製品
　　　　　　＊.25／.29を含む各種畜産動物のものも，.21／.24に収める
　　.21　　肉の理化学．食肉衛生
　　.22　　屠畜．食肉解体
　　.24　　食肉加工．食肉貯蔵
　　　　　　缶詰，塩蔵，燻肉，コンビーフ，ハム，ベーコン，ソーセージ，乾燥肉，冷凍肉
　<.25／.29　各種の食肉>
　　　　　　＊.21／.24に収まらない各種食肉〈一般〉は，ここに収める
　　.25　　牛　　　肉
　　.26　　豚　　　肉
　　.27　　鶏　　　肉
　　.28　　羊肉：マトン，ラム
　　.29　　その他の食肉
　　.3　　卵と卵製品
　　.9　　畜産動物の副産物　→：576.18
　　　　　　＊骨，皮，角，臓器・脂肪などの利用は，ここに収める

産　業

649　獣　医　学　Veterinary medicine
　　　　＊個々の家畜については，645／646に収める（別法：愛玩動物〈一般〉の病気と手当は，ここに収める）
.1　　獣医解剖学・組織学・発生学
.2　　獣医生理学・生化学・薬理学
.4　　獣医病理学・微生物学・免疫学・寄生虫学
.5　　獣医診断学・内科学・伝染病学
.59⁺　獣医看護学［動物看護学］
.6　　獣医外科学・眼科学・耳鼻咽喉科学・歯科学．装蹄学
.7　　獣医産科学．獣医臨床繁殖学
.8　　家畜衛生．獣医公衆衛生
.81⁺　　家畜衛生行政
.812⁺　　　家畜衛生法令
.814⁺　　　獣医学関係職員の資格・任務
　　　　　　獣医師，動物看護師
.816⁺　　　家畜病院．動物病院
.85⁺　　飼養衛生：飼料衛生・安全性
.86⁺　　家畜疫学．家畜防疫
.89　　法獣医学　→：498.9
.9　　家畜薬学．動物薬事

650　林　　業　Forestry　→：629
.1　　林学．森林生産学
［.2→652］

651　林業経済・行政・経営　Forest economy and management
　　　　＊一地域の林業経済・行政・経営も，ここに収める；ただし，近世以前の林業経済・行政・経営は，651.15と651.2を除き652の下に収める
.1　　森林政策［林政学］・行政・法令
.12　　森　林　法
〈.13／.16　所有形態別の森林〉
.13　　国　有　林
　　　　　＊地理区分
.14　　公　有　林
.15　　共有林．入会権　→：324.28
.16　　社寺林．私有林
.17　　林政機関．森林警察
.18　　森林財政
.2　　林　政　史
.3　　森林地主．林地価
.4　　林産物市場・価格．木材市場・商業
.5　　森林金融．森林保険

林　業　650

```
              ＊別法：338.66
651.6   森林組合
              ＊地理区分
    .7   森林経営管理．林業労働
    .8   森林数学．森林計算・会計．林価算法．森林較利学
    .9   農家林業．山村問題　→：361.76


652    森林史．林業史・事情　History and conditions
              ＊地理区分
    .9   森林地理
              ＊各国の林業地理→652.1／.7


653    森林立地．造林　Forest ecology. Silviculture
    .1   林地学．地質．地形．土壌．肥料．気象
    .12  森林植物学．樹木学
    .17  森林生態学：林相，林型，原生林
              ＊特定地域の森林生態は，.2の下に収める
    .18  樹木の分布．森林帯
    .2   森林植物．樹木
              ＊地理区分
              ＊各地の名木・巨木は，ここに収める
    .3   樹芸．樹種．種苗．苗木．苗圃
    .4   人工造林．天然更新
    .5   撫育作業：除伐，間伐，枝打
   <.6／.8　樹種別の森林>
    .6   針葉樹：まつ，すぎ，まき，ひのき
    .7   広葉樹：やなぎ，ポプラ，くるみ，かば，ぶな，けやき
    .8   単子葉樹．竹．特用樹種
    .9   保安林．防災林
              砂防林，風致林，防雪林，防風林，防霧林


654    森林保護　Forest protection
    .2   人為的な加害：森林犯罪，盗伐
    .3   煙　　　害
    .4   森林火災
    .5   気象の害：旱害，凍害，雪害，風水害，塩害
    .6   地異の害：地震，噴火
    .7   植物の害．樹病学
    .8   動物の害．森林動物学
    .86  森林昆虫学．森林害虫　→：486


655    森林施業　Forest administration
    .1   森林経理．生産計画
```

6 産業

311

655	.2	測樹学
	.3	林木成長学
	.4	材積表．収穫表
	.5	施業計画
	.6	施業林

656		森林工学　Forest engineering
	.1	森林測量
	.2	森林土木
	.21	林道
	.22	橋梁
	.23	索道
	.24	森林鉄道［森林軌道］
	.3	森林機械・器具
	.5	森林治水．治山事業．砂防工学　→：517.5
		＊保安林，防災林→653.9
	.51	山腹工事
	.52	渓流工事［渓間工事］
	.53	積雪工事．雪崩防止工事
	.54	海岸砂防工事
	.55	飛砂防止．防風工事
	.7	荒廃地・崩壊地の復旧

657		森林利用．林産物．木材学　Forest utilization
		＊ここには，理工学的利用を収め，化学的利用は658に収める
	.1	伐木
	.11	木登．木登術
	.12	伐採
	.13	集材．集材場
	.14	造材
	.15	運材：管流，筏流，輸送
	.16	貯材．貯木場
	.2	木材の構造と性質．木材理学
		解剖と識別，微細構造，髄，樹皮，年輪，節，木理，光沢などの外観的性質および物理的・機械的性質
	.3	製材．製材工場．製材機械・装置　→：583
	.4	木材乾燥法．人工乾燥
	.5	木材保存．木材腐朽・防腐．防虫
	.6	木質材料．改良木材：合板，積層木材，集成材，ベニヤ板
	.67	繊維板［テックス］
	.68	強化木材．難燃木材
	.7	木材加工・接着・着色・塗装　→：583
	.8	森林副産物

657	.82	椎茸．食用きのこ．たけのこ
	.83	五　倍　子
	.84	樹皮：コルク　→：583.9
	.85	山果：どんぐり，とちの実，しいの実，アケビ
	.86	山菜：わさび，ぜんまい，わらび
	.9	竹　　材

658　林産製造　Forest technology
［.1］　木材乾留　→575.2
　.2　　木材炭化．木炭．炭焼き
　.3　　森林化学．木材化学．木材組成・分析
　.4　　木材繊維：パルプ，リグニン
　　　　　＊パルプ〈一般〉は，ここに収める
　　　　　＊製紙原料としてのパルプ→585.3
　.5　　木材糖化．木材発酵　→：574.83
　.6　　油脂．蝋　→：576.17
　.7　　樹脂：ゴム液，ラテックス，精油，うるし　→：576.82；578；578.3
　.9　　タンニン．色素　→：439.6；584.4

659　狩　　猟　Hunting and shooting　→：787.6
　　　　狩猟法，狩猟権，猟銃，猟具，猟犬，狩猟鳥獣の習性
　.7　　鳥獣保護・繁殖：禁猟，禁猟区

660　水　産　業　Fishing industry. Fisheries
　.1　　水　産　学
［.2→662］
　.6　　団体：学会，協会，会議　→：661.6
　.7　　研究法．指導法．水産教育

661　水産経済・行政・経営　Fishing economy and management
　　　　＊一地域の水産経済・行政・経営も，ここに収める；ただし，近世以前の水産経済・
　　　　　行政・経営は，662の下に収める
　　　　＊個々の水産物に関する生産経済・流通は，664および666の各々の下に収める
　.1　　漁業政策・行政．漁業制度
　　　　　＊漁区→664.1
　.12　　漁業法．漁業権．入漁権．漁業条約　→：324.58
　.4　　水産物価格および市場．流通と消費　→：675.5
　　　　　＊別法：336.78
　.5　　水産金融．漁業資本．漁業手形
　　　　　＊別法：338.66
　.59　　漁業保険．漁業補償
　.6　　漁業協同組合．水産業協同組合　→：660.6

産　業

```
　　　　　　　＊地理区分
661　.7　　漁業経営．網元．漁業労働
　　　.8　　漁家経済
　　　.9　　漁村．漁民問題．海女．漁港　→：384.36；361.76；517.8


662　　　水産業および漁業史・事情　History and conditions
　　　　　　　＊地理区分
　　　.9　　水産地理
　　　　　　　＊各国の水産地理→662.1／.7


663　　　水産基礎学　Basic sciences on fishery
　　　.1　　海洋と陸水　→：452.3
　　　.2　　漁業気象　→：451.24；613.1
　　　.3　　水産物理学
　　　.4　　水産化学
　　　.6　　水産生物学．水産資源．標識放流．回遊
　　　.65　　水産微生物
　　　.66　　底棲生物
　　　.67　　遊泳生物
　　　.68　　プランクトン　→：468.6
　　　.7　　水産植物学
　　　.8　　水産動物学
　　　.9　　水産保護．魚病学．病害と害敵
　　　.96　　赤　　潮　→：519.4
　　　　　　　＊水質汚濁による漁業被害は，ここに収める
　　　.97　　漁獲制限．禁漁区


〈664／666　漁業各論〉

664　　　漁労．漁業各論　Fishing
　　　　　　　＊.1／.5には一般的なものを収め，個々の魚類などは.6／.9に収める
　　　　　　　＊釣魚→787.1
　　　.1　　漁場．漁期．漁況．漁獲量
　　　　　　　＊地理区分
　　　　　　　＊人工魚礁は，ここに収める
　　〈.2／.3　漁場による種別〉
　　　.2　　淡水漁業
　　　.3　　海面漁業
　　　.32　　内海漁業
　　　.33　　近海漁業．沿岸漁業
　　　.34　　遠洋漁業．深海漁業
　　　.35　　北洋漁業
　　〈.4／.5　漁具・漁法による種別〉
```

664	.4	漁具・漁法による種別
	.41	さし網漁業．ながし網漁業
	.42	と網漁業
	.43	すくい網漁業
	.44	しき網漁業
	.45	ひき網漁業．トロール漁業
	.46	まき網漁業
	.47	定置網漁業
	.48	はえなわ漁業
	.49	電戟漁業
	.5	工船式漁業
＜.6／.9 個々の魚類・水産動物＞		
	.6	魚　　　類
＜.61／.68 海産魚類＞		
	.61	さけ・ます類
	.62	にしん・いわし類
	.63	かつお・まぐろ・さば類．かじき類．たちうお
	.64	あじ・ぶり・しいら類
	.65	た　ら　類
	.66	かれい・ひらめ類
	.67	たい・すずき・にべ類．かさご・めばる類
	.68	その他の海産魚類
	.69	淡　水　魚
	.691	あゆ類．鵜飼
		＊別法：鵜飼787.2
	.692	しらうお
	.693	こい．ふな
	.694	どじょう
	.695	うなぎ．なまず
	.7	貝類．甲殻類．軟体類．棘皮類
	.71	か　き　類
	.72	はまぐり・あさり類
	.73	あわび類
	.74	さざえ類
	.75	その他の貝類：ほたてがい，しじみ
	.76	甲殻類：えび類，かに類，しゃこ，あみ類
	.77	軟体類：いか類，たこ類
	.78	棘皮類：うに・なまこ類
	.79	腔腸類：くらげ類，さんご類
	.8	海藻類：こんぶ，わかめ，のり類，てんぐさ
	.9	海獣類：くじら，ラッコ，オットセイ
	.93	その他の水産動物

665 　漁船．漁具　Fishing boats and implements
　.2　　漁　　　船
　.23　　漁船用機関
　.25　　漁業無線　→：547.6
　.26　　工　　船　→：556.68
　.29　　捕　鯨　船
　.3　　漁猟機械・装置．集魚灯．魚群探知機
　.5　　漁具：網糸，浮子，沈子，かぎ，もり
　.6　　漁　　　網
　.8　　資材．燃料

666 　水産増殖．養殖業　Aquaculture
　　　　＊.1／.3には一般的なものを収め，個々の魚類等の増殖・養殖は.6／.9に収める
　[.1]
　.11　　品種改良．育種　→：579.9
　.12　　繁殖．増肉．産卵．孵化
　.13　　飼　　　料
　.15　　造池．魚道．魚梯
　.16　　人工孵化放流
　.17　　人工受精
　.18　　養殖場．装置
　.2　　淡水養殖法：湖沼，河川
　.3　　海水養殖法
　＜.6／.8　水産資源別の増殖・養殖＞
　.6　　魚類増殖［養魚］
　　　　　　＊664.6のように区分　例：666.61さけ，ますの増殖
　.7　　貝類・軟体類・甲殻類増殖
　.74　　養殖真珠
　.79　　両生類・爬虫類増殖
　.8　　藻類増殖
　　　　　　＊観賞用水草の栽培は，ここに収める
　.9　　観賞魚：金魚，錦鯉，熱帯魚，メダカ
　　　　　　＊観賞用水生生物は，ここに収める；ただし，666.7／.8に関するものは，各々の下に収める

667 　水産製造．水産食品　Fish technology
　.1　　水産加工の化学．水産機械・装置
　＜.2／.9　水産加工品＞
　.2　　乾製品：素乾，煮乾，節類，焼乾，塩乾
　.3　　燻　製　品
　.4　　塩　蔵　品
　.5　　練製品：かまぼこ，ちくわ，はんぺん
　.6　　調味加工・発酵品：粕漬，魚味噌，塩辛

667 .7　抄製品．加工海藻品：こんぶ，干のり，わかめ，ひじき
　　.8　低温貯蔵品．冷凍魚
　　.9　水産缶詰　→：588.9

668　水産物利用．水産利用工業　Utilization of aquatic products
　　.1　水産肥料・飼料
　　.2　水産油脂　→：576.18
　　.3　水産皮革．魚皮　→：584.6
　　.4　魚　　　膠　→：579.1
　　.5　海藻利用工業：寒天
　　.6　海　　　綿
　　.8　水産工芸品：真珠，貝殻，べっ甲，さんご　→：755.6；755.7

669　製塩．塩業　Salt manufacture　→：574.5
　　　　＊海水の利用も，ここに収める

670　商　　業　Commerce
　　　　＊流通産業〈一般〉は，ここに収める（別法：675.4）
　　　　＊商品流通機構→675.4
　　.1　商業概論．商学
　　.19　商業数学
　　　　　＊会計数学→336.901
　[.2→672]
　　.9　商業通信［ビジネスレター］．商業作文．商用語学
　　　　　＊言語区分

671　商業政策・行政　Commercial policy
　　　　＊流通政策〈一般〉は，ここに収める（別法：675.4）
　　.2　商業行政・法令
　　　　　＊商事法→325
　　.3　不正取引
　[.4]　中小商業　→335.35
　　.6　商工協同組合．商工組合

672　商業史・事情　History and conditions
　　　　＊地理区分
　　　　＊特定地域の商店街に関するものも，ここに収める　例：672.1361東京都銀座商店街
　　.9　商業地理
　　　　　＊各国の商業地理→672.1／.7

673　商業経営．商店　Mercantile business　→：331.84
　　　　＊営業管理［業務管理］は，ここに収める

		＊別法：336.71／.73
673	.1	商店員．店則
	.2	商品管理．商品仕入
	.3	販売．販売管理．販売促進．セールスマンシップ
		＊接客技術〈一般〉は，ここに収める
	.32	販売契約：フランチャイズ契約　→：673.8
		＊フランチャイズチェーン〈一般〉は，ここに収め，各種のフランチャイズチェーンは，関連主題の下に収める
	.34	訪問販売．無店舗販売．委託販売
		＊連鎖販売取引［マルチ商法］は，ここに収める
	.35+	競　　売　→：327.39
		＊インターネットオークションは，ここに収める
		＊各物品に関する競売は，各々の下に収める　例：720.67絵画の競売
	.36	通信販売：インターネット，テレビ
	.37	信用販売［割賦販売］
	.38	商品陳列法：ウィンドウディスプレイ
	.39	自動販売機

〈.5／.9　各種の商店〉

	.5	卸売業．問屋
	.58	個々の卸売店・問屋
	.6	仲買業．ブローカー
		＊買弁→672
	.7	小売業：小売市場，専門店，よろず屋
		＊商店街〈一般〉はここに収め，特定地域の商店街に関するものは，672の下に収める
	.78	個々の小売店
	.79	露店商．行商
	.8	デパート［百貨店］．スーパーマーケット．チェーンストア．ショッピングセンター．ショッピングモール　→：673.32
		＊大規模小売店舗に関するものは，ここに収める
	.83	デパート［百貨店］
	.838	個々のデパート［百貨店］
	.86	スーパーマーケット．チェーンストア
	.868	個々のスーパーマーケット・チェーンストア
	.87+	ショッピングセンター．ショッピングモール
	.878+	個々のショッピングセンター・ショッピングモール
	.9	サービス産業
		＊ここにはサービス産業〈一般〉を収め，各種のサービス産業は，関連主題の下に収める
		＊音楽・演劇・映画産業→760／779；観光事業→689；スポーツ産業→780.9
	.93	リース業．人材派遣業．民営職業紹介所．警備保障業．結婚式場．葬儀場．貸会議場．興信所
		＊.94／.99に収められないものは，ここに収める

		＊イベント施設，展示施設→689.7
673	.94	遊技場：パチンコ店，ゲームセンター，カラオケボックス，レンタルビデオショップ
		＊いわゆる風俗遊戯場の経営も，ここに収める
	.95	シルバー産業．福祉産業
	.96	理髪店．美容院．公衆浴場．クリーニング店
	.97	飲食店：食堂，レストラン
		＊外食産業は，ここに収める
	.971	日本料理店：すし屋，うどん屋，そば屋
		＊料亭は，ここに収める
	.972	アジア料理店：中国料理店，朝鮮料理店，インド料理店
	.973	西洋料理店
	.974	その他の料理店
	.98	喫茶店．酒場：スナック，バー，キャバレー，ビアホール．しるこ屋．あんみつ屋
	.99	不動産業：アパート経営，貸家，貸事務所 →：365.3
		＊不動産鑑定評価，宅地建物取引業法，不動産投資も，ここに収める

674　広告．宣伝　Advertising. Propaganda. Public relations
　　　　　＊別法：336.74
[.01→674.1]
[.02→674.2]
<.1／.8　広告の一般事項>
　　　　　＊ここには，商品・企業に限定されない広告〈一般〉を収める
　.1　広告理論・心理・倫理　→：361.46
　.2　広告史・事情
　　　　　＊地区区分
　.3　商業美術・写真．商業デザイン　→：727
　.33　宣伝・広告の企画と調査．宣伝・広告費
　.35⁺　宣伝・広告文：キャッチフレーズ　→：507.26
　　　　　＊ネーミングは，ここに収める
　.4　広告業［広告代理業］
<.5／.8　媒体別の各種の広告>
　.5　直接広告：ダイレクトメール，サンプル配布
　.53　店頭広告
　　　　　＊宣伝のための店内展示・実演［イベント］，POP〈一般〉は，ここに収める
　.6　広告媒体
　　　　新聞，雑誌，ラジオ，テレビ，宣伝映画，スライド，インターネット
　.7　宣伝広告用印刷物
　　　　PR誌，広告カレンダー，ちらし，ポスター
　.8　屋外広告．交通広告
　　　　看板，広告塔，電光広告，アドバルーン，車内広告，花火広告
　.9　各商品・各企業の広告
　　　　　＊特定商品・企業の宣伝・広告は，.1／.8ではなく，ここに収める　例：674.9自転車店のPOP広告

産　業

675　マーケティング　Marketing　→：331.84
　　　　＊ここにはマーケティング〈一般〉を収め，個々のマーケティングや商品の流通などは，各主題の下に収める　例：673.7小売業のマーケティング
　　　　＊別法：336.75／.78
　.1　商品．商品学
　.17　　商品検査
　.18　　商品包装．ラベル
　.2　市場調査．市場予測
　　　　＊個々の企業の市場調査は，その主題の下に，また海外市場調査は678に収める
　.3　商品化．商品計画
　.4　販売経路．商品流通機構．配給組織
　　　　＊流通産業〈一般〉は670に，流通政策〈一般〉は671に収める（別法：ここに収める）
　.5　卸売市場［中央卸売市場］：青果市場，魚市場　→：621.4；661.4

676　取　引　所　Exchanges
　　　　＊別法：336.79
　　　　＊証券取引所→338.16
　.4　商品取引所　→：611.46
　　　　　穀物，繊維，生糸，まゆ，木材，砂糖，海産物
　.7　投機．相場．買占　→：338.16
　.8　とみくじ

678　貿　　易　Foreign trade　→：611.48
　　　　＊移出入も，ここに収める
　　　　＊貿易統計は，678.9に収める
　　　　＊別法：333.9
　　　　＊国際金融→338.9；世界経済→333.6
［.01］　　貿易理論・思想．国際価値論　→333.6
［.02→678.2］
　.1　貿易政策・行政・法令　→：338.95
　.11　　自由政策
　.12　　保護貿易．輸出入奨励金．輸出入補助金
　.13　　輸出取締・検査．輸出入禁止．密貿易
　.14　　輸出補償．貿易保険：輸出保険
　.15　　貿易管理．貿易統制．国営貿易
　.18　　ダンピング．ボイコット
　.2　貿易史・事情
　　　　＊地理区分
　　　　＊2国間の貿易は，地理区分のうえゼロを付け，相手国によって地理区分
　　　　　例：678.21053日米貿易
　.3　通商条約・協定．関税．税関　→：345
　　　　＊保税倉庫は，ここに収める

運輸．交通　680

　　　　　　＊特定の関税問題は，その産業の下に収める
678 .4　　貿易実務：貿易会計，貿易金融，輸出入手続，通関手続，クレーム　→：338.62
　　　　　　＊船積書類，船荷証券→683.6
　　.5　　貿易品．国際商品．国際市場
　　　　　　＊個々の貿易品は，各々の下に収める　例：611.48農産物貿易
　　　　　　＊国際見本市→606.9
　　.6　　貿易組合
　　.9　　貿易統計
　　　　　　＊地理区分

680　　運輸．交通　Transportation services
　　　　　　＊流通産業〈一般〉→670
　　[.2→682]

681　　交通政策・行政・経営　Traffic policy and management
　　　　　　＊交通経済は，ここに収める
　　.1　　交通政策．交通統制
　　.2　　交通行政．交通法　→：325.37
　　.3　　交通安全．交通事故：自動車事故〈一般〉
　　　　　　＊交通警察→317.73；自動車損害賠償責任保険→339.9
　　.4　　交通経営形態．交通賃率．交通会計
　　.5　　旅　　　客
　　.6　　貨物．コンテナ輸送
　　.8　　都市交通　→：318.7；518.84

682　　交通史・事情　History and conditions
　　　　　　＊地理区分
　　.9　　交通地理．交通地図
　　　　　　＊各国の交通地理→682.1／.7

683　　海　　運　Maritime transportation. Shipping　→：550；558.5
　　　　　　＊水運〈一般〉は，ここに収める
　　　　　　＊海難，船舶事故→557.8
　　[.02→683.2]
　　.1　　海運政策・行政・法令　→：325.5
　　　　　　＊造船政策，海事法，船舶安全法→550.91
　　.2　　海運史・事情
　　　　　　＊地理区分
　　.3　　海運経営・金融・会計：海運航路，傭船，海運同盟
　　.4　　海運賃率
　　.5　　旅　　　客
　　.6　　貨物．貨物積載法：船積書類，船荷証券　→：325.53；557.14
　　.8　　海員：船長，船員　→：325.52

6 産業

産　業

```
              ＊海上労働は，ここに収める
683 .9    港湾．商港　→：517.8
［.902→683.92］
    .91    港湾政策・行政・法令
    .92    港湾史・事情
              ＊地理区分
    .93    港湾管理
    .94    艀．港湾荷役．港湾労働


684    内陸水運．運河交通　Inland water transportation．Canal transportation


685    陸運．道路運輸　Land transportation　→：514；537
［.02→685.2］
    .1     陸運政策・行政・法令：道路，自動車
    .13    道路管理
    .14    財　　政
    .15    経　　営
    .2     陸運史・事情
              ＊地理区分
    .4     駐車場．自動車ターミナル
 ＜.5／.6   各種の自動車運送事業＞
    .5     タクシー事業．バス事業
    .6     トラック事業
    .7     高速道路．自動車道
              ＊自動車事故〈一般〉→681.3
    .78    道路地図［ロードマップ］
              ＊別法：29△038
    .8     軽車両：オートバイ，自転車，荷馬車，人力車
    .9     小運送．宅配便


686    鉄道運輸　Railroad transportation
              ＊鉄道工学→516；鉄道車両→536
［.02→686.2］
    .1     鉄道政策・行政・法令
    .13    鉄道警察・公安
    .2     鉄道史・事情
              ＊地理区分
    .3     鉄道経営
    .32    経営形態：国営，民営，公共企業体，第三セクター
    .34    金融．財務．会計．資材．運輸帳表
    .36    鉄道員．労働．人事管理
    .37    営業・業務〈一般〉．広報
    .4     鉄道運賃：政策，賃率
```

686	.5	旅　　　客
	.51	運送取扱．運賃．料金．乗車券
	.52	旅客運送：旅客調査，輸送計画，輸送統計
	.53	駅．駅名．駅勢
	.54	構内営業．駅ビル
	.55	時　刻　表
	.56	小荷物．鉄道郵便　→：693
	.57	連絡運輸
	.6	貨　　　物
	.61	運送取扱．等級．貨物運賃
	.62	輸送計画．輸送統計
	.63	貨物駅．駅名．駅勢
	.64	貨物調査．背後地経済調査
	.7	運行．操車．配車．列車運転．鉄道事故
	.9	路面電車．モノレール．ケーブルカー
		＊地理区分

687		航空運輸　Air transportation　→：538
	[.02→687.2]	
	.1	航空政策・行政・法令
	.2	航空事業史・事情
		＊地理区分
	.3	航空業経営・金融・業務．航空路
	.38	航空乗務員
	.4	航空運賃
	.5	旅　　　客
	.6	貨　　　物
	.7	運行．航空事故
		＊ハイジャックは，ここに収める
	.9	空　　　港　→：517.9
		＊地理区分
		＊航空交通管制→538.86

688		倉　庫　業　Warehouses　→：611.47
	[.02→688.2]	
	.1	倉庫業政策・行政・法令　→：325.39
	.2	倉庫業史・事情
		＊地理区分
	.3	倉庫業経営・設備・金融・会計
	.4	倉庫寄託．倉庫証券
	.5	倉庫実務：受託，入庫，発券，保管，出庫，防災
		＊倉庫荷役は，ここに収める
	.6	保管料［倉庫料金］

産　業

689　観光事業　Tourist industry
　　　　　＊レジャー産業〈一般〉は，ここに収める
［.02→689.2］
.1　　観光政策・行政・法令
.2　　観光事業史・事情
　　　　＊地理区分
　　　　＊各地の観光地案内→29△093
.3　　観光事業経営・宣伝
.4　　観光地計画．観光開発
　　　　＊立地調査，誘致計画，観光施設の建設計画などは，ここに収める
　　　　＊遊園地事業→689.5
〈.5／.9　観光施設〉
.5　　遊園地事業．遊園地
　　　　＊個々の遊園地に関するものも，ここに収める
.59　みやげもの．土産店
.6　　旅行斡旋業．添乗員．ガイド
.7　　会　　　館
　　　　＊イベント，展示などの施設は，ここに収める
　　　　＊結婚式場，貸会議室→673.93
.8　　ホテル．旅館．民宿．ペンション．貸別荘．ユースホステル
　　　　＊地理区分
.9　　国民保養施設．休暇村．国民宿舎

690　通信事業　Communication services
［.2→692］

691　通信政策・行政・法令　Policy, administration and laws

692　通信事業史・事情　History and conditions
　　　　＊地理区分
.9　　通信地理
　　　　＊各国の通信地理→692.1／.7

693　郵便．郵政事業　Postal services　→：686.56
　　　　＊簡易生命保険→339.45；郵便貯金→338.72
［.02→693.2］
.1　　郵便政策・行政・法令・条約
.14　　郵便料金
.2　　郵便史・事情
　　　　＊地理区分
.3　　郵便局：業務，職員
.4　　小包郵便

693 .5 　郵便送金
　　.6 　電子郵便
　　.7 　国際郵便［外国郵便］．航空郵便
　　.8 　郵便切手．はがき．スタンプ
　　.9 　その他の通信：伝書鳩　→：646.5

694 　電気通信事業　**Telecommunication**　→：007.35；547；548
　　　　＊ここには，電気通信産業（各種事業者に関するものやその歴史的経緯を含む）に関するものを収め，情報ネットワーク〈一般〉および情報と通信を扱う産業・事業は007.35に，工学的な取扱いに関するものは547に，機器に関するものは548に収める；観点が明確でないものは007.3の下に収める（別法：情報通信産業の経営・事業に関するものは，ここに収める）
　［.02→694.2］
　　.1 　電気通信政策・行政・法令・条約
　　.2 　電気通信史・事情
　　　　　＊地理区分
　　.3 　経営．業務．労務．財務．会計
　　.4 　電信：電報，テレックス
　　.5 　データ伝送．データ通信事業　→：007.3；547.48
　　　　　＊伝送写真は，ここに収める
　　　　　＊プロバイダ→007.35
　　.6 　電　　　話　→：547.46；548.295
　　　　　＊ファクシミリ，テレビ電話，インターネット電話は，ここに収める
　　　　　＊携帯電話，多機能携帯電話［スマートフォン］は，ここに収める（別法：機器の汎用性や多機能性について書かれたものは，548.295に収める）
　　　　　＊電話に関する工学的な取扱いについて書かれたものは，547.46に収める
　　.61 　電話料金
　　.63 　電話会社：経営，職員
　　.65 　電話番号簿
　　.68 　テレフォンカード
　　.7 　国際電信・電話

699 　放送事業：テレビ，ラジオ　**Broadcasting**
　［.02→699.2］
　　.1 　放送政策・行政・法令．受信料
　　　　　＊別法：有線放送699.71
　　.2 　放送史・事情
　　　　　＊地理区分
　　　　　＊別法：有線放送699.72
　　.3 　経営．業務．労務．財務
　　.38 　民間放送
　　.39 　アナウンサー．ニュースキャスター
　　.6 　放送番組：番組編成，視聴率

690　産　業

　　　　　　＊個々の番組あるいは写真や活字で番組そのものを再現したような出版物は，
　　　　　　　.63／.69に収める；ただし，個々の番組内容の主題を出版物として編纂したもの
　　　　　　　は，各主題の下に収める
699 .63 　教養番組
　　　　　　＊ここには，語学，家庭医学，地誌・紀行，家事・家政番組などを収める
　　 .64 　報道番組
　　　　　　＊ここには，ニュース，ワイドショー，海外リポート，ドキュメンタリー番組な
　　　　　　　どを収める
　　 .65 　スポーツ番組
　　 .66 　音楽番組
　　　　　　＊ディスクジョッキー［DJ］は，ここに収める
　　 .67 　演劇・ドラマ番組．演芸・娯楽番組　→：778.8；779.9；901.27
　　　　　　＊クイズ，バラエティ番組は，ここに収める
　　 .68 　その他の放送番組
　　　　　　＊教育放送（学校放送）→375.19；放送大学→377
　　 .69 　国際放送
　　 .7 　有線放送：ケーブルテレビ
　　　　　　＊インターネット放送は，ここに収める
　　　　　　＊有線放送による衛星放送番組配信サービスも，ここに収める
　［.71］　有線放送政策・行政・法令　→699.1
　［.72］　有線放送史・事情　→699.2
　　 .73 　有線放送事業：経営，業務，受信料金
　　 .76 　有線放送番組
　　 .78 　有線放送と地域社会
　　　　　　＊地理区分
　　　　　　＊ケーブルテレビと個々の地方自治体や特定地域との関係〈一般〉は，ここに収
　　　　　　　める
　　 .79⁺　衛星放送
　　 .8 　放送と社会　→：070.14
　　　　　　＊ラジオ・テレビ報道の社会に与える影響などは，ここに収める

芸　術

(美術, 音楽, 演劇, スポーツ, 諸芸, 娯楽)

700　芸術．美術　The arts．Fine arts
　　　＊建築→520；造園→629

＊700／739および750／759においては，各美術とも，図集は次のように細分することができる
　例：721.087日本画名画集，730.87世界版画展図録
−087　　美術図集
　　　　＊鑑賞のための図版を主体とする所蔵・出陳図録を含む；ただし，図版が，目録の一部として収録してある美術館・展覧会の所蔵・出陳目録には，形式区分−038を使用する

701　芸術理論．美学　Theory of arts．Aesthetics
　.1　芸術哲学．美学．美学史
　　　　＊別法：119
　.2　芸術思想史
　.3　芸術社会学．芸術民族学．芸術経済学
　.4　芸術心理学
　.5　芸術解剖学：人体美，裸体美，顔
　.6　自　然　美

702　芸術史．美術史　History of arts
　　　＊地理区分　例：702.22中国美術，702.3892フィンランド美術
　　　＊芸術・美術〈一般〉の各時代史，および主要な様式の歴史，研究・評論は，.02／.07に収める；ただし，各国の芸術史・美術史は，時代史および様式も.1／.7に収める
　　　＊西洋芸術史・美術史→702.3
　.01　芸術史学．美術史学
＜.02／.07　時代・様式別＞
　.02　先史・原始・未開芸術．美術考古学　　→：202.5；389
　　　　＊インカ美術→702.68；マヤ美術→702.56
　.03　古代美術：エジプト，メソポタミア，シュメール，アッシリア，エーゲ，ギリシア，エトルリア，ローマ
　.04　中世美術 5—14世紀：初期キリスト教，ビザンチン，ロマネスク，ゴシック，サラセン
　.05　近代美術 15—18世紀：ルネサンス，マニエリスム，バロック，ロココ，シノワズリー

700　　　　　　　　　芸　術

702 .06　　近代美術 19世紀：新古典主義，ロマン主義，写実主義，印象主義
　　.07　　現代美術 20世紀―：アールヌーボー，アールデコ，ダダイズム，シュルレアリスム，ポップアート
　　.09　　宗教芸術．宗教美術
　　　　　　＊各国の宗教芸術→702.1／.7
　　.096　　イスラム芸術
　　.097　　神道芸術
　　.098　　仏教芸術　→：186.7
　　.099　　キリスト教芸術　→：196.7
〈.1／.7　地　域　別〉
　　.1　　　日本芸術史・美術史
　　.12　　原始時代
　　.13　　古　　代
　　.133　　　飛鳥時代 552―645
　　.134　　　白鳳時代 645―710
　　.135　　　天平時代 710―794
　　.136　　　弘仁時代 794―897
　　.137　　　藤原時代 897―1185
　　.14　　中　　世
　　.142　　　鎌倉時代 1185―1392
　　.146　　　室町時代 1392―1568
　　.148　　　安土・桃山時代 1568―1615
　　.15　　近世：江戸時代 1615―1867
　　.16　　近代：明治時代以後 1868―
　　.17　　古　社　寺
　　　　　　＊ここには，個々の古社寺を中心とした芸術，美術を収める
　　.19　　日本各地
　　　　　　＊日本地方区分　例：702.1984土佐の芸術，702.1999琉球美術史
　　.2／.7　外国の芸術史・美術史
　　　　　　＊西洋芸術史・美術史〈一般〉は.3に収める；ただし，主要な様式の歴史，研究・評論は，.02／.07に収める
　　.8　　　芸術家．美術家〈列伝〉
　　　　　　＊芸術家個人の伝記は，研究・評論とともに，各芸術史の下に収める　例：721.8 葛飾北斎，762.34バッハ；ただし，芸術活動が多岐にわたり，分野が特定できない芸術家の総合的な伝記は，主な活動の場と認められる国，もしくは出身国により.1／.7に収める　例：702.37ミケランジェロ
　　.9　　　郷土芸術〈一般〉

703　　参考図書［レファレンスブック］　Reference books
　　.8　　　美術品目録　→：069.9
　　　　　　＊図版が，目録の一部として収録してある美術館・展覧会の所蔵・出陳目録は，ここに収める；ただし，鑑賞のための図版を主体とする所蔵・出陳図録は，708.7に収める

　　　　＊美術品販売カタログも，ここに収める
　　　　＊特定の美術の美術品目録は，各美術の下に収める
　　　　＊別法：美術館・展覧会の所蔵・出陳目録706.99

704　論文集．評論集．講演集　Essays and lectures

705　逐次刊行物　Serial publications

706　団体：学会，協会，会議　Organizations
　.7　美術商．価格．贋造．鑑定　→：720.67
　.9　美術館．展覧会
　　　　＊所蔵・出陳目録は，703.8に収める；ただし，特定の美術の所蔵・出陳目録は，
　　　　　各美術の下に収める
　　　　＊所蔵・出陳図録で，鑑賞のための図版を主体とするものは，708.7に収める；
　　　　　ただし，特定の美術の図集は，各美術の下に収める
　[.99]　美術館所蔵目録・図録．展覧会出陳目録・図録　→703.8；708.7

707　研究法．指導法．芸術教育　Study and teaching. Art education
　　　　＊芸術教育（小・中・高等学校）→375.7；芸術教育（幼児）→376.156
　.9　美術鑑賞法．美術批評法．美術品の収集　→：720.79

708　叢書．全集．選集　Collected works. Collections
　.7　美術図集　→：069.9
　　　　＊ここには，分野および地域を特定できない美術の図集を収め，特定の美術の図集は，
　　　　　各美術の下に収める　例：702.146087室町時代美術図集，721.087日本画名画集，
　　　　　723.35087マチス画集
　　　　＊別法：美術館・展覧会の所蔵・出陳図録706.99
　　　　＊美術全集→708

709　芸術政策．文化財　Art and state. Cultural assets
　　　　＊地理区分
　　　　＊文化政策・文化振興〈一般〉は，ここに収める
　　　　＊文化財の目録は703.8に収め，図集は708.7に収める；ただし，特定の文化財の
　　　　　目録および図集は，各主題の下に収める
　.1　日本．文化財の指定・保護：国宝，重要文化財
　　　　＊個々の史跡名勝，天然記念物，無形文化財，建造物などは，各主題の下に収める

〈710／770　各種の芸術・美術〉

〈710／750　各種の美術〉

710　　彫　　　刻　Sculpture. Plastic arts
　　　［.2→712］

711　　彫塑材料・技法　Materials and techniques
　　　　　＊ここには，彫刻全般にわたる材料・技法を収め，各種の彫刻の材料・技法は，713／718に収める
　.1　構図．デザイン
　.2　材料．媒剤
　.3　用　　　具
　.4　技　　　法
　.5　修理・保存技術
　.6　モビル彫刻
　.7　丸彫：彫像，記念碑，墓碑
　.8　浮彫［レリーフ］
　.9　仮　　　面
　　　　　＊狂言面→773.9；能面→773.4；舞楽・伎楽面→768.2

712　　彫刻史．各国の彫刻　History of sculpture
　　　　　＊地理区分
　　　　　＊ここには，全般的な彫刻史，研究・評論を収め，各種の彫刻の歴史，研究・評論は，713／718に収める
　.31　古代ギリシア彫刻
　.32　古代ローマ彫刻
　.8　彫刻家〈列伝〉
　　　　　＊各国の彫刻家および個人の伝記，研究・評論は，彫刻の種類にかかわらず，.1／.7に収める；個人の場合は，主な活動の場と認められる国，もしくは出身国により地理区分　例：712.1運慶

〈713／718　各種の彫刻〉

713　　木　　彫　Wood carving
　　　　　＊ここには，木彫の歴史，図集，研究・評論，および材料・技法を収める
　　　　　＊鎌倉彫は，ここに収める

714　　石　　彫　Stone carving
　　　　　＊ここには，石彫の歴史，図集，研究・評論，および材料・技法を収める
　　　　　＊石造美術〈一般〉は，ここに収める

715	金属彫刻．鋳造	Metal sculpture and casting

＊ここには，金属彫刻，鋳造の歴史，図集，研究・評論，および材料・技法を収める

| 717 | 粘土彫刻．塑造 | Ceramic sculpture |

＊ここには，粘土彫刻，塑造の歴史，図集，研究・評論，および材料・技法を収める
＊石膏，蝋，テラコッタなど柔材料による塑造も，ここに収める
＊はにわ→751.4

| 718 | 仏　　　像 | Buddhist image　→：186.8 |

＊ここには，仏像の歴史，図集，研究・評論，および材料・技法を収める
＊神像も，ここに収める
.1　仏像の種類および像容：如来，菩薩，明王，天人，武将，高僧，羅漢
.2　荘厳具：光背，台座，厨子，天蓋
〈.3／.7　材　料　別〉
.3　木　　　仏
.4　石　　　仏
.5　金　銅　仏
.7　土仏．陶仏．乾漆仏
.9　仏像の寸法および測定法

| 719 | オブジェ | Objet |

＊ここには，既製品，廃物などをも含む，多様な素材から成る立体作品の歴史，図集，研究・評論，および材料・技法を収める

| 720 | 絵　　　画 | Painting. Pictorial arts |

.1　絵画の理論・美学
.2　絵画史〈一般〉
.28　画家〈列伝〉
.6　団体：学会，協会，会議
.67　画商．価格．鑑定．画料店　→：706.7
.69　画廊．展覧会
.7　研究法．指導法．画塾　→：375.72
.79　鑑　賞　法　→：707.9
.8　叢書．全集．選集
.87　画　　　集
　　　＊各様式の絵画の画集は，各様式の下に収める

〈721／723　様式別の絵画〉
　　　＊コンピュータ絵画→727

| 721 | 日　本　画 | Japanese painting |

＊ここには，日本画の歴史，伝記，研究・評論，および画集を収める

720 芸　術

　　　　　　＊画法→724.1
721 .02　　日本絵画史
　　　　　　　＊702.1のように区分　例：721.025日本近世絵画史
　　　　　　　＊日本画・洋画双方にわたる日本絵画史は，ここに収める
　　　　　　　＊近世までの日本洋画史は，ここに収め，日本近代洋画史は723.1に収める
　　　　　　　＊近代日本画史は，721.9に収める
＜.1／.9　様　式　別＞
　.1　　仏画：巨勢派，宅磨派
　.2　　大和絵．絵巻物：土佐派，住吉派，復古大和絵派
　.3　　水墨画．漢画：明兆派，曽我派，雲谷派，長谷川派，海北派
　.4　　狩　野　派
　.5　　装飾画：宗達・光琳派
　.6　　写生画：円山・四条派，岸派
　.7　　文人画．南画．俳画
　.8　　浮　世　絵　→：724.15；724.18
　.82　鳥羽絵．大津絵
　.83　洋風画．長崎派
　.9　　明治以後の日本画
　　　　　　　＊明治以後の日本画は，.1／.83の様式にあてはまるものでも，すべてここに収める

722　　東　洋　画　Oriental painting
　　　　　　＊ここには，東洋画の歴史，伝記，研究・評論，および画集を収める
　　　　　　＊画法→724.1
　.1　　朝　鮮　画
　.2　　中　国　画
　.23　先　　　秦
　.24　秦漢．魏晋南北朝．隋唐
　.25　五代．宋元明
　.26　清
　.27　近　　　代
　.3　　東南アジア
　.5　　イ　ン　ド
［.6］　西南アジア．ペルシア　→722.7
　.7　　西南アジア．中東
　　　　　　＊別法：西南アジア，ペルシア722.6；アラビア722.8
［.8］　アラビア　→722.7

723　　洋　　　画　Western painting
　　　　　　＊地理区分　例：723.1日本の洋画，723.35フランスの絵画
　　　　　　＊画家の伝記および研究・評論は，その主な活動の場と認められる国，もしくは出身国により地理区分
　　　　　　＊ここには，洋画の歴史，伝記，研究・評論，および画集を収める
　　　　　　＊画法→724.3／.6

絵画　　　　　　　　　720

⟨723.02／.07　時　代　別⟩
　　.02　　原始時代．未開時代
　　.03　　古代：オリエント，ギリシア，エトルリア，ローマ
　　.04　　中世：ビザンチン，ロマネスク，ゴシック
　　.05　　近代：ルネサンス，バロック，ロココ，新古典主義，ロマン主義，写実主義，印象主義
　　.07　　20世紀─：フォービズム，表現主義，立体派，未来派，抽象主義，ダダイズム，シュルレアリスム，エコール・ド・パリ

⟨724／725　絵画材料・技法⟩

724　絵画材料・技法　Materials and techniques
　　　　　＊絵画史および画集→721／723；コンピュータ絵画の芸術的要素をもつ技法→727；コンピュータ絵画の情報処理的技法→007.642
⟨.1／.6　様式別の画法⟩
　.1　　日本画．東洋画：水墨画，南画，文人画，俳画
　.15　　人物画．美人画．役者絵　→：721.8
　.16　　山水画．風景画
　.17　　花　鳥　画
　.18　　漆画．漆絵　→：721.8；752.6
　.19　　障壁画：壁画，障屏画
［.2］　素　　描　→725
⟨.3／.6　洋　　画⟩
　.3　　洋画．油絵
　.32　　画　　料
　.33　　用　　具
　.39　　テンペラ画．蝋画
　.4　　水彩画．アクリル画
　　　　　＊ポスターカラーは，ここに収める
　.5　　題材別画法
　　　　　＊ここには，材料に限定されない題材別画法を収め，一材料に限定される題材別画法は，各画材の下に収める　例：724.3油絵風景画の技法
　.51　　宗　教　画
　.52　　歴史画．戦争画
　.53　　風　俗　画
　.55　　人　物　画
　.552　　　ヌード．裸体画
　.553　　　着　衣　画
　.554　　　男　　性
　.555　　　女　　性
　.556　　　児　　童
　.557　　　群　　像
　.558　　　肖像画．自画像
　.56　　風景画．海洋画

7 芸術

333

724 .57 　　静　物　画
　　.578+　　植物画［ボタニカルアート］
　　.58　　動　物　画
　　.59　　その他のテーマ
　　.6　　壁画．フレスコ画
　　.68　　泥絵．ディステンパ画
　　　　　＊看板絵→770.9；背景画→771.5
　　.69　　ガラス絵
　　.7　　色彩．彩色　→：425.7
　　　　　＊色彩〈一般〉→757.3
　　.8　　アトリエ．モデル
　　.9　　額縁．表装．修復．保存．模写．複製

725　　素描．描画　Dessin. Drawing
　　　　　＊スケッチ，クロッキーも，ここに収める
　　　　　＊別法：724.2
　　　　　＊図画教育（小・中・高等学校）→375.72；図画教育（幼児）→376.156；素描集
　　　　　　→721／723；用器画→501.8
　　.1　　構図．構成．線．輪郭
　　.2　　陰影法．遠近法．透視画法
＜.3／.6　画材別の素描・描画＞
　　.3　　木　炭　画
　　.4　　クレヨン画．パステル画．クレパス画．コンテ画．チョーク画
　　.5　　鉛筆画．銀筆画
　　.6　　ペ　ン　画

726　　漫画．挿絵．児童画　Caricatures. Illustration
　　　　　＊漫画・絵本の目録→028.09
　　.1　　漫画．劇画．諷刺画
　　　　　＊特定主題を扱った漫画・劇画は，各主題の下に収める　例：323.14マンガ日本国
　　　　　　憲法
　　　　　＊動画→778.77
　　.101　漫画・劇画論．諷刺画論　→：019.53
　　.107　技　　　法
　　.5　　挿絵．イラストレーション　→：022.39
　　　　　＊特定主題を扱った挿絵集および文章が主であるものは，各主題の下に収める
　　　　　　例：783.7イラスト野球入門
　　　　　＊その作品が，挿絵に限定されない画家の挿絵集は，721／723に収める
　　.501　挿絵・イラストレーション論
　　.507　技　　　法
　　.6　　絵　　　本
　　.601　絵　本　論　→：019.53
　　.607　技　　　法

726	.7	児童画. 幼児画　→：375.72；376.156
	.8	シルエット［影絵］
		＊影絵あそび→798；影絵芝居→777.8
	.9	はり絵. きり絵

727		グラフィックデザイン. 図案　Graphic designs　→：007.642
		＊図案〈一般〉は，ここに収め，各種への応用は，各主題の下に収める
		＊グラフィックアート〈一般〉は，ここに収める
		＊コンピュータを用いて制作する絵画作品および技法は，ここに収める；ただし，芸術的要素をもたないコンピュータ技法に限定されるものは，007.642に収める
		＊工業デザイン→501.83；商業デザイン→674.3；デザイン〈一般〉→757
	.6	ポスター
	.7	カレンダー
	.8	装飾文字：レタリング，モノグラム　→：007.6355

728		書. 書道　Shodo. Calligraphy　→：022.2；022.6；141.98；202.8；375.73
［.02→728.2］		
	.07	技法. 研究法. 指導法
		＊拓本技術は，ここに収める
	.1	書　体　論
	.2	書道史. 書家および流派
	.21	日　　　本
		＊702.1のように区分　例：728.215良寛の書
		＊個人（日本人）の書跡集は，ここに収める
	.22	中　　　国
		＊722.2のように区分　例：728.224王羲之の書
		＊個人（中国人）の書跡集は，ここに収める
	.3	材料：筆，墨，紙，硯，界尺
	.4	漢字の書体および書法
	.5	仮名文字の書体および書法
	.7	落款. 署名
		＊印章→739
	.8	書跡集. 法帖
		＊ここには，多数の書家の書跡集を収める
	.9	ペン習字
	.91	仮名文字
	.92	漢　　　字
	.93	英習字［ペンマンシップ］

730 版　　画　Engraving

＊版画指導（小・中・高等学校）→375.72

[.2→732]

731　版画材料・技法　Materials and techniques

＊ここには，版画全般，あるいは733／737のいずれにも特定できない版画の材料・技法を収め，各種の版画の材料・技法は733／737に収める

732　版画史．各国の版画　History of engraving

＊地理区分

＊ここには，全般的な版画史，研究・評論を収め，各種の版画の歴史，研究・評論は733／737に収める

.8　版画家〈列伝〉

＊各国の版画家および個人の伝記，研究・評論は，版画の種類にかかわらず，.1／.7に収める；個人の場合は，主な活動の場と認められる国，もしくは出身国により地理区分　例：732.37ピラネージ

〈733／737　各種の版画〉

733　木　版　画　Wood engraving

＊ここには，木版画の歴史，画集，研究・評論，および材料・技法を収める

＊浮世絵の版画→721.8

734　石版画［リトグラフ］　Lithography　→：749.5

＊ここには，石版画の歴史，画集，研究・評論，および材料・技法を収める

735　銅版画．鋼版画　Copperplate and steel engraving　→：749.6

ドライポイント，彫刻凹版，メゾチント，アクアチント，エッチング

＊ここには，銅版画，鋼版画の歴史，画集，研究・評論，および材料・技法を収める

736　リノリウム版画．ゴム版画　Soft-ground engraving

＊ここには，リノリウム版画，ゴム版画の歴史，画集，研究・評論，および材料・技法を収める

＊瓦版，いも版，クレパス版画は，ここに収める

737　写真版画．孔版画　Photo-engraving. Mimeograph

＊ここには，写真版画，孔版画の歴史，画集，研究・評論，および材料・技法を収める

＊合羽版画，シルクスクリーン版画は，ここに収める

739　印章．篆刻．印譜　Seal engraving

.9　メダル．コイン　→：202.7；337.2；337.34

写　真

740　写　　真　Photography and photographs
　　　　＊印写技術は，ここに収める
- .1　　写真の理論・美学
- .12　　写真光学
　　　　＊別法：425.9
- .13　　写真化学　→：431.5；572.7
- .2　　写　真　史
　　　　＊地理区分
- .28　　写真家〈列伝〉
　　　　＊各国の写真家および個人の伝記，研究・評論は，.21／.27に収める；個人の場合は，主な活動の場と認められる国，もしくは出身国により地理区分
- .6　　団体：学会，協会，会議
- .67　　写真館．写真材料店．営業写真
- .69　　写真美術館．展示会．コンクール

〈742／747　写真技術〉

742　写真器械・材料　Camera and photographic materials
- .2　　感光材料：写真乾板，フィルム，印画紙　→：572.7；578.57
- .4　　写真薬品・処方
- .5　　カメラ［写真機］　→：535.85
　　　　＊シャッター，フィルター，露出計，付属品は，ここに収める
　　　　＊カメラの使い方は，ここに収める
- .52+　デジタルカメラ
- .6　　レ　ン　ズ　→：535.87
- .8　　設備：スタジオ，暗室

743　撮影技術　Photographing
- .3　　カラー写真
- .4　　人物写真．ヌード写真
- .5　　風景写真．スナップ写真
- .6　　生物写真．生態写真
- .7　　静物写真．芸術写真
- .8　　報道写真　→：070.17

744　現像．印画　Developing and printing
　　　　＊デジタル写真処理は，ここに収める
　　　　＊写真処理ソフトウェアは，007.637に収める（別法：ここに収める）
- .3　　現　　　像
- .4　　修　　　整
- .5　　引　　　伸
- .6　　焼付．印画　→：749.83
- .9　　陰画・陽画の整理．保存

7　芸術

芸　術

745　複写技術　Photoduplication. Photocopying　→：749.83
　　　　青写真法，電子複写法，マイクロ写真法

746　特殊写真　Specific field of photography
　　　　＊ここには，特殊写真技術〈一般〉を収める；専門分野における特殊写真は，各主題
　　　　の下に収める　例：442.7天体写真，674.3商業写真
　.3　　X線写真．紫外線写真．赤外線写真
　.4　　顕微鏡写真．望遠鏡写真
　.5　　航空宇宙写真．水中写真
　.6　　高速度写真
　.7　　ビデオ録画　→：547.88；778
　　　　＊ここには，ビデオの撮り方を収める
　　　　＊小型映画（8ミリ）は，ここに収める
　.8　　スライド．立体写真．投射　→：778.9

747　写真の応用　Applications of photography
　　　　＊個々の分野への応用は，各主題の下に収める
　　　　＊別法：ここに集め，綱目表に準じて細分　例：747.32司法写真，747.49医学写真
　.9　　紙以外への写真

748　写　真　集　Collections of photographs
　　　　＊個々の写真家の写真集は，ここに収める（別法：740.21／.27）
　　　　＊特定主題の表現のための補助的な写真集は，各主題の下に収める

749　印　　　刷　Printing. Graphic arts
　　　　＊印刷（図書）→022.7；出版→023；製本→022.8；編集→021
　［.02→749.2］
　.09　　印　刷　業
　.1　　版下作成．製版〈一般〉
　.12　　版下作成．組版：写真植字，電算写植
　　　　＊活版組版→749.42
　.13　　校　　　正
　.14　　製版：写真製版，スキャナ
　.2　　印刷史・事情　→：020.2；022.3
　　　　＊地理区分
　.3　　印刷機械・器具．印刷インク　→：022.6
　　　　＊インク→576.98；印刷用紙→585.51
　＜.4／.9　各種の印刷＞
　.4　　活版．凸版印刷
　.41　　活字．活字鋳造　→：007.6355
　.42　　文選．植字．組版
　.44　　紙型．鉛版
　.5　　平版印刷：石版，金属平版，コロタイプ，オフセット印刷　→：734

| 工　芸

749	.6	凹版印刷：グラビア　→：735
	.7	孔版：謄写印刷，シルクスクリーン法
	.8	特殊印刷：罫引き，浮出し印刷，盛上げ印刷
	.83+	ノンインパクトプリンティング：インクジェット　→：744.6；745
	.9	紙以外への印刷．うつし絵．転写マーク
		陶器印刷，ガラス印刷，ブリキ印刷，セロファン印刷，ビニール印刷

750　工　　芸　Industrial arts　→：594

＊芸術的要素をもつ工作および伝統的手工芸は，ここに収める
＊工業として扱ったものは，570／589に収める
＊家庭工芸→592.7；工作科（小・中・高等学校）→375.72

751　陶磁工芸　Ceramic arts

　　　　　＊工業的生産→573.2
〈.1／.3　地域別の陶磁工芸〉
.1　　日　　　　本
　　　　＊別法：茶碗791.4
.2　　東　　　　洋
.3　　西洋．その他
〈.4／.8　各種の陶磁工芸〉
.4　　粘土工芸〈一般〉．装飾レンガ・タイル．土器：はにわ，明器，古瓦　→：202.5
.5　　ガラス工芸．ステンドグラス　→：573.579
　　　　＊ガラス絵→724.69
.7　　エナメル工芸．七宝焼　→：573.7
.8　　セメント工芸．石膏工芸　→：573.8
.9　　プラスチック工芸　→：578.4

752　漆　工　芸　Lacquer ware　→：576.82

［.02→752.2］
.2　　漆　工　史
.3　　材料．用具．うるし
.4　　素　　　　地
.5　　髹　　　　漆
　　　　＊乾漆も，ここに収める
.6　　蒔　　　　絵　→：724.18

753　染織工芸　Textile arts　→：586

［.02→753.2］
.2　　染織史・事情
　　　　＊地理区分
.3　　織物：金襴，緞子，間道，錦，名物裂，紐　→：586.7
.4　　袋物．ビーズ細工

7
芸術

芸　術

753 .7　刺　　繡
　　.8　染物：小紋染，更紗，ろうけち，友禅染　→：587

754　木竹工芸　Art wood work and bamboo-work　→：583
　　.3　木　工　芸
　　　　　＊木象嵌，寄木細工，埋木細工は，ここに収める
　　.6　籘　工　芸
　　.7　竹　工　芸
　　.9　紙工芸［ペーパークラフト］：折紙，切紙，切抜絵，剪紙
　　　　　＊紙工業→585.7；紙細工（小・中・高等学校）→375.72；紙細工（幼児教育）
　　　　　→376.156；きり絵→726.9

755　宝石・牙角・皮革工芸　Jewelry arts. Ivory and horn carving
　　.2　象嵌細工〈一般〉
　　.3　宝石・硬玉・真珠・珊瑚細工　→：383.3；569.9
　　　　　＊工芸品としての装身具は，材料を問わず，すべてここに収める
　　.4　牙角細工．根付
　　.5　革　細　工　→：584
　　.6　貝　細　工　→：668.8
　　.7　べっ甲細工　→：668.8

756　金　工　芸　Art metalwork　→：566
　［.02→756.2］
　　.1　金工材料・技法
　　.13　彫金．象嵌
　　.14　鋳　　金
　　.16　鍛金．鎚金
　　.18　鍍金．色付
　　.2　金工史・事情．金工［金匠］
　　　　　＊地理区分
　〈.3／.7　各種の金工芸〉
　　.3　貴金属細工：金，銀，白金，細金細工　→：565.1
　　.4　梵　　鐘　→：185.5
　　.5　古鏡．鏡工　→：202.5
　　.6　刀剣．鍔．刀工．鐔工　→：789.3
　　.7　甲冑：鎧，兜，鐙　→：399；789
　　.8　骨董品．古器物
　　　　　＊ここには，金工芸以外の骨董品，古器物も収める
　　　　　＊図録→750.87；目録→750.38

757　デザイン．装飾美術　Design. Decorative arts　→：727
　　　　＊デザイン〈一般〉は，ここに収め，各種デザインは，各主題の下に収める
　　　　＊工業デザイン→501.83；商業デザイン→674.3

音　楽

757 .3　色彩および配色　→：425.7；724.7
　　　　　＊色彩調節→528.8
　　.8　インテリアデザイン［室内装飾］　→：529；597

758　　美術家具　Artistic furniture　→：583.7；597

759　　人形. 玩具　Dolls. Toys　→：507.9；589.77
　　　　　＊材料を問わず，ここに収める
　　　　　＊人形劇の人形→777
　　.9　郷土人形. 郷土玩具

760　　音　　　楽　Music
　［.1→761］
　［.2→762］
　　.6　団体：学会，協会，会議
　　.67　楽　器　店
　　.69　音楽堂. 音楽会
　　.7　研究法. 指導法. 音楽教育
　　　　　＊音楽科（小・中・高等学校）→375.76；音楽教育（幼児）→376.156
　　.79　音楽鑑賞法. 音楽批評法
　　.8　叢書. 全集. 選集. 作品集. 名曲・名盤解説集
　　.9　音楽産業

〈761／768　音　　　楽〉

761　　音楽の一般理論. 音楽学　Musicology
　　.1　音楽哲学. 音楽美学
　　.12　音楽的音響学. 音楽生理学　→：424.6；491.375
　　.13　音楽社会学
　　.14　音楽心理学　→：141.22
　　.15　音楽民族学. 比較音楽学
　　.2　楽典. 記譜法. 読譜法：音程, 音階
　　.3　リ　ズ　ム
　　.4　旋律法［メロディ］
　　.5　和声学［ハーモニー］
　　.6　対位法：カノン，フーガ
　　.7　楽　　　式
　　.8　作　曲　法
　　.9　演奏. 指揮

762　　音楽史. 各国の音楽　History of music
　　　　　＊地理区分

> ＊音楽〈一般〉の各時代史，および主要な様式の歴史，研究・評論は，.03／.07に収める；ただし，各国の音楽史は，時代および様式も.1／.7に収める
>
> ＊特定の楽器・器楽，および宗教音楽，劇音楽，声楽，邦楽の歴史は，763／768に収める
>
> ＊西洋音楽史→762.3

762 .03　古代：ギリシア，ローマ
　　 .04　中世 5―14世紀：ロマネスク，ゴシック
　　 .05　15―18世紀：ルネサンス，バロック，古典派
　　 .06　19世紀：ロマン派，国民楽派
　　 .07　20世紀―：印象派，現代音楽
　　 .8　音楽家〈列伝〉

> ＊作曲家，演奏家，声楽家，指揮者を収める；ただし，各国の音楽家および個人の伝記，研究・評論は，.1／.7に収める；個人の場合は，主な活動の場と認められる国，もしくは出身国により地理区分　例：762.346シューベルト
>
> ＊作曲家の特定の作品の研究・評論は，各演奏形態の下に収める　例：764.31シューベルトの未完成交響曲
>
> ＊ジャズ演奏家，ロック演奏家→764.7；ジャズ歌手，ロック歌手，流行歌手→767.8

〈763／764　器　　楽〉

763　楽器．器楽　Musical instruments. Instrumental music

> ＊ここには，楽器の歴史，調律，演奏，伴奏，教則本，楽譜集を収める
>
> ＊演奏家の伝記→762.1／.8；楽器工業→582.7；合奏→764；邦楽器→768.1

　　 .2　鍵盤楽器：ピアノ，ハープシコード［チェンバロ］，クラビコード
　　 .3　オルガン：リードオルガン，ハーモニウム
　　　　　　＊電子オルガンは，ここに収める
　　 .35　　パイプオルガン
　　 .39　　アコーディオン［手風琴］
　　 .4　弦楽器：弓弦楽器
　　 .42　　バイオリン［提琴］
　　 .43　　ビオラ
　　 .44　　チェロ
　　 .45　　コントラバス
　　 .5　撥弦楽器
　　 .51　　ハープ［竪琴］
　　 .52　　バンジョー
　　 .53　　マンドリン．マンドラ
　　 .55　　ギター
　　　　　　＊エレキギターは，ここに収める
　　 .56　　バラライカ
　　 .57　　リュート
　　 .58　　ウクレレ

763	.6	吹奏楽器．金管楽器
	.62	ホルン
	.63	トランペット
	.64	トロンボーン
	.65	コルネット
	.66	チューバ
	.67	サクスホルン
	.7	木管楽器
	.72	フルート．ピッコロ．リコーダー
	.73	クラリネット．バセットホルン
	.74	サキソフォン
	.75	オーボエ．イングリッシュホルン
	.77	バスーン［ファゴット］
	.79	ハーモニカ
	.8	打楽器
	.82	シロフォン［木琴］．マリンバ
	.83	鉄琴［グロッケンシュピール］
	.84	ティンパニ
	.85	ドラム．タンブリン
	.86	シンバル．ベル
	.87	トライアングル
	.88	カスタネット
	.9	電気楽器〈一般〉
		＊個々の楽器は，763.2／.88に収める
	.93+	電子楽器〈一般〉．電子音楽
		＊シンセサイザー，デスクトップミュージック［DTM］，ミュージックコンクレートは，ここに収める
	.99	自動楽器：オルゴール，自動ピアノ
764		**器楽合奏** Instrumental ensembles
	.1	器楽編成法
	.2	室内楽
	.22	二重奏
	.23	三重奏：ピアノ三重奏，弦楽三重奏
	.24	四重奏：ピアノ四重奏，弦楽四重奏
	.25	五重奏：ピアノ五重奏，弦楽五重奏，管弦五重奏
	.26	六重奏．七重奏．八重奏
	.3	管弦楽［オーケストラ］
	.31	交響曲［シンフォニー］．交響詩
	.32	組曲．セレナーデ［小夜曲］．ディベルティメント［嬉遊曲］
	.34	変奏曲
	.35	序曲．前奏曲．間奏曲
		＊オペラ→766.1

764	.36	メドレー．ファンタジー
	.37	舞　　曲
	.38	行　進　曲
	.39	協奏曲［コンチェルト］

＊763.2／.7のように区分　例：764.392 ピアノ協奏曲，764.3942 バイオリン協奏曲

	.4	弦楽合奏
	.6	吹　奏　楽

＊ブラスバンドは，ここに収める

	.62	組　　曲
	.65	序　　曲
	.67	舞　　曲
	.68	行　進　曲
	.69	ラッパ鼓隊．鼓笛隊
	.7	軽音楽．ダンス音楽．ジャズ．ロック音楽　→：799.3

＊カントリーアンドウェスタン，ラテンアメリカ音楽，ハワイ音楽は，ここに収める；ボーカルを伴うロックバンドも，ここに収める

	.8	その他の合奏
	.82	バンジョー
	.83	マンドリン
	.85	ギ　タ　ー
	.86	バラライカ
	.88	アコーディオン
	.89	ハーモニカ

765	宗教音楽．聖楽　Religious music. Sacred music	

＊各器楽，声楽の宗教音楽は，すべてここに収める

	.1	器　　楽

＜.2／.6　声　　楽＞

	.2	オラトリオ．受難曲
	.3	ミサ．レクイエム［鎮魂曲］
	.4	独　　唱
	.5	合唱．重唱
	.6	聖歌．讃美歌　→：196.5
	［.7］	神道音楽　→768.22
	［.8］	仏教音楽．声明　→768.28

＜766／767　声　　楽＞

766	劇　音　楽　Dramatic music	

＊序曲，前奏曲，間奏曲→764.35；ミュージカル，レビュー→775.4

	.1	オペラ［歌劇］．グランドオペラ
	.2	喜歌劇［コミックオペラ］．オペレッタ

＊別法：オペレッタ775.3

| 音　楽 |

767　声　　楽　Vocal music　→：911.6
　　　　　＊伴奏を伴うものも，ここに収める
　　　　　＊オペラ→766.1；歌詞のみ→9□1；聖楽→765
　.08　　歌　曲　集
　　　　　　＊ここには.3／.4の声楽曲を収め，.5／.9は各々の下に収める
　.1　　発声法．歌唱法
　.3　　独　　　唱
　.31　　児　　　童
　.32　　女声：ソプラノ，メゾソプラノ，アルト
　.36　　男声：テノール，バリトン，バス
　.4　　合唱［コーラス］．重唱
　　　　　　　男声，女声，混声，児童
　.5　　民謡．国民歌．国歌．祝祭歌　→：388.9；911.66
　　　　　＊地理区分
　.6　　団体歌．学生歌．校歌．寮歌．職業歌
　.7　　学校唱歌．童謡　→：909.1
　.8　　歌謡曲．流行歌．シャンソン．ジャズソング
　　　　　＊流行歌手，ジャズ歌手，ロック歌手は，ここに収める
　　　　　＊ロックバンド→764.7
　.9　　シュプレヒコール［科白の合唱・朗読］

768　邦　　楽　Japanese music
　　　　　＊ここには，古来日本に伝わる固有の音楽を収める
　.1　　邦　楽　器
　　　　　＊奏法も，ここに収める
　.11　　三　味　線
　　　　　＊三味線音楽→768.5
　.12　　琴．一弦琴［須磨琴］．二弦琴［八雲琴］．大正琴
　　　　　＊箏曲→768.6；瑟→762.22
　.13　　琵琶．月琴　→：762.22
　　　　　＊明清楽は，ここに収める
　　　　　＊琵琶楽→768.3
　.14　　胡　　　弓
　.15　　尺　　　八
　　　　　＊尺八音楽→768.68
　.16　　笛の類．管楽器
　　　　　　　笛，横笛，神楽笛，狛笛，篠笛，笙，能管，ひちりき
　　　　　＊雅楽→768.2
　.17　　太鼓．鼓の類
　.18　　鐘．鉦．鈴
　.19　　その他：銅拍子，編木，四つ竹
＜.2／.9　　各種の邦楽＞　→：911.6
　.2　　雅楽．舞楽　→：176.7

768	.21	舞楽. 管弦
	.22	神　　楽
		＊別法：765.7
	.23	久　米　舞
	.24	大　和　舞
	.25	東遊. 五節舞
	.26	催　馬　楽
	.27	朗　　詠
	.28	声　　明　→：186.5
		＊仏教音楽〈一般〉は，ここに収める
		＊別法：765.8
	.283	今様. 宴曲
	.29	伎楽. 伎楽面
	.3	琵琶楽：盲僧琵琶，平家琵琶［平曲］，薩摩琵琶，筑前琵琶
		＊琵琶→768.13
	.4	謡曲. 謡本　→：912.3
		観世流，金剛流，金春流，宝生流，喜多流
		＊能楽→773
	.49	幸　若　舞
		＊舞の本→912.2
	.5	三味線曲. 浄瑠璃. 義太夫　→：774.7；777.1；912.4
		＊三味線→768.11
[	.502→768.52］	
	.52	浄瑠璃史
		＊古浄瑠璃，古曲は，ここに収める
	.53	常　盤　津
	.54	富　　本
	.55	清　　元
	.56	新　　内
	.57	地唄. 上方長唄
	.58	長唄［江戸長唄］. 荻江節
	.59	端唄. うた沢. 小唄. 俗曲. 大津絵節. どどいつ
	.6	筝曲. 琴歌
		＊琴→768.12
	.68	尺八音楽
		＊尺八→768.15
	.69	三曲合奏
	.7	新日本音楽
	.8	囃子〈一般〉　→：386.8；773.7；774.7
	.9	詩吟. 朗詠
		＊剣舞→769.1

演劇　　770

769　舞踊. バレエ　Theatrical dancing. Ballet
　　　　＊地理区分
　　　　＊郷土舞踊→386.8；ダンス→799
　.1　日本舞踊. おどり
　　　　＊歌舞伎踊→774.9
　.9　バレエ：クラシックバレエ，モダンバレエ
　　　　＊地理区分

770　演　　劇　Theater
　　　　＊ここには，舞台芸術を収める
　　　　＊歌劇→766.1；脚本・戯曲集→9□2；劇作法→901.2；舞踊→769
　[.2→772]
　.9　興行. 検閲. 宣伝. 看板. 入場料

〈771／777　演　　劇〉

771　劇場. 演出. 演技　Stage. Direction. Acting
　.5　舞台装置
　.55　舞台照明　→：545.67
　.56　音響効果. 擬音
　.6　演出. 舞台監督
　.7　演技. 俳優術
　.8　舞台衣裳. 扮装

772　演劇史. 各国の演劇　History of theater
　　　　＊地理区分
　.31　古代ギリシア演劇
　.32　古代ローマ演劇
　.8　俳優〈列伝〉
　　　　＊各国の俳優および個人の伝記，研究・評論は，.1／.7に収める；個人の場合は，主な活動の場と認められる国，もしくは出身国により地理区分
　　　　＊芸能人〈一般〉は，ここに収める
　　　　＊歌舞伎俳優→774.28；能役者→773.28

〈773／777　各種の演劇〉

773　能楽. 狂言　Noh play and Noh comedy　→：912.3
　　　　＊謡い→768.4
　[.02→773.2]
　.2　能の歴史
　.21　田楽・猿楽・延年舞などの先行芸術
　.28　能　役　者
　.29　郷　土　能　→：386.8

347

	＊日本地方区分
773 .3	能の演技・型・役
.39	仕　　舞
.4	能　　面
.5	能　舞　台
.6	能の道具
.67	能装束．能の扮装
.7	能　囃　子　→：768.8
.8	流派：観世流，梅若流，金春流，宝生流，金剛流，喜多流
.9	狂言．狂言面　→：912.39

774	歌　舞　伎　Kabuki play　→：912.4／.5
［.02→774.2］	
.2	歌舞伎史
.22	近世初頭
	阿国歌舞伎，若衆歌舞伎
.23	元　禄　期
.24	享保・宝暦・寛政期
.25	化政・幕末期
.26	近　　代
	新歌舞伎
.28	役者の伝記・評論
.29[+]	地歌舞伎　→：386.8
	＊日本地方区分
.3	演出．演技．役柄
.36	役者制度
.38	女　　形
.4	正本．ト書．書抜．番付
.48	狂言作者〈座付〉
.5	劇場．舞台装置．看板
.6	道　　具
.67	衣　　裳
.68	かずら．床山
.69	扮装．隈取
.7	下座．囃子方　→：768.5；768.8
.8	歌舞伎の慣習と年中行事
.9	所　作　事　→：769.1

775	各種の演劇　Other theaters．Stage
.1	新派．新劇．近代劇
.2	喜劇．軽演劇
［.3］	オペレッタ　→766.2
.4	レビュー．少女歌劇．ミュージカル

演　劇　　　　　　　　　770

775　.5　移動演劇．野外劇［ページェント］．地方演劇
　　　.6　素人演劇：自立演劇，職場演劇
　　　.7　学校劇．児童劇．学生演劇　→：909.2；912.8
　　　　　　＊上演のために書かれた脚本集で，演出法がついているものは，ここに収める
　　　.8　パントマイム．仮面劇
　　　　　　＊能楽→773

777　人　形　劇　Puppetry
　　　　　＊地理区分
　　　.1　日本：人形浄瑠璃　→：768.5；912.4
　(.19)　地方の人形芝居
　　　.8　影絵芝居

778　映　　　画　Motion pictures　→：535.85；746.7
　　　　　＊シナリオ→9□2
［.02→778.2］
　　　.09　映画産業：映画配給，映画館，映画政策，映画検閲，映画の輸出入，入場料
　　　.2　映画史．各国の映画
　　　　　＊地理区分
　　　.28　映画人〈列伝〉
　　　　　　＊各国および個々の映画演出家，監督，俳優，カメラマン，プロデューサー等の
　　　　　　伝記，研究・評論は，.21／.27に収める；個人の場合は，主な活動の場と認め
　　　　　　られる国，もしくは出身国により地理区分
＜.3／.5　映画制作．演出．演技＞
　　　.3　映画監督・俳優．演技．配役
　　　.4　映画制作および演出．撮影技術．音楽
　　　.49　映写技術．シネマスコープ．シネラマ
　　　.5　コンティニュイティ［撮影台本］
　　　.7　各種映画：科学映画，記録映画，教育映画
　　　　　　＊ビデオアートは，ここに収める
　　　.74　ニュース映画
　　　.77　漫画映画．アニメーション［動画］　→：007.642
　　　.8　テレビ演劇．放送劇　→：699.67；779.9；901.27
　　　.9　幻　　　灯
　　　　　　＊スライド→746.8

779　大衆演芸　Public entertainments
　　　.1　寄　　　席
　　　.12　講　　　談　→：913.7
　　　.13　落　　　語　→：913.7
　　　.14　漫才．漫談　→：913.7
　　　.15　浪　　　曲　→：913.7
　　　.16　声帯模写．声色．物真似

7　芸術

779	.17	バラエティーショー
	.2	俄狂言. 村芝居
	.3	奇　　術
	.4	見世物. パノラマ
	.5	サーカス：曲芸，軽業，動物芸
	.7	門付. 演歌. 大道芸
	.8	紙　芝　居　→：375.19
	.9	放送演芸　→：699.67；778.8
		＊テレビタレントは，ここに収める

780		スポーツ．体育　**Sports and physical training**
		＊ここには，体育〈一般〉および社会体育を収める
		＊学校体育→374.98；体操（幼児教育）→376.157；保健体育→375.49；遊戯（幼児教育）→376.156
	.1	体育理論. 体育学
	.11	体育力学
	.13	体育社会学
	.14	体育心理学
	.18	体育測定．運動能力
	.19	体育医学．スポーツ医学
		＊スポーツ障害〈一般〉は，ここに収める
	.193	運動生理学　→：491.367
	.198	運動衛生学
	.6	団体：学会，協会，会議
	.67	体育施設．運動具　→：589.75
	.69	競技大会：オリンピック，国民体育大会，パラリンピック
	.7	研究法．指導法．トレーニング．審判　→：375.49
	.9⁺	スポーツ産業：スポーツ興行

781		体操．遊戯　**Gymnastics. Plays**　→：374.98
	.2	体操の系統：スウェーデン体操，デンマーク体操，ドイツ体操
	.4	徒手体操　→：595.6
		準備体操，手具体操，エアロビクス，ジャズダンス，ストレッチング，フィットネス，マシンエクササイズ，ラジオ体操，リズム体操
		＊アクロバット，タンブリング，巧技は，ここに収める
	.49	新　体　操
	.5	器械体操．体操競技
		鞍馬，段違平行棒，跳馬，つり輪，鉄棒，平均台，平行棒，床運動
		＊トランポリン，ボディビルは，ここに収める
	.8	マスゲーム
		＊チアリーディングは，ここに収める
	.9	遊戯〈一般〉．児童遊戯．家庭遊戯　→：384.55；798

スポーツ．体育　　　　　　　　　　　　　　　　780

　　　　　　＊学校遊戯→374.98
781 .95　　綱引き．縄跳び

782　　陸上競技　Track and field athletics
　　　　　　＊ウォーキング，ジョギング，ランニングは，ここに収める
　.3　　競走．競走競技：短距離，中距離，長距離，マラソン，駅伝，クロスカントリー［断郊］，障害物競走，リレー競走，競歩
　　　　　　＊オリエンテーリング→786.49
　.4　　跳躍競技［ジャンプ］：三段跳，走高跳，走幅跳，棒高跳
　.5　　投擲競技：円盤投げ，砲丸投げ，ハンマー投げ，槍投げ
　.6　　混成競技：五種，七種，十種，近代五種，トライアスロン
　.8　　重量挙［ウエイトリフティング］
　.9　　空中スポーツ：グライダー競技，スカイダイビング，ハンググライダー，パラグライダー，気球競技　→：538.5；538.62

783　　球　　　技　Ball games
　　　　　　＊蹴鞠→384.8；ビリヤード→794
　.1　　バスケットボール
　　　　　　＊ネットボール，ポートボールは，ここに収める
　.2　　バレーボール
　　　　　　＊インディアカ，セパタクローは，ここに収める
　.3　　ハンドボール．ドッジボール
　.4　　フットボール
　.46　　アメリカンフットボール
　　　　　　＊タッチフットボールは，ここに収める
　.47　　サッカー．フットサル
　.48　　ラグビー
　.49　　プッシュボール
　.5　　テニス
　　　　　　＊ファイブス，ペロタ，ポームは，ここに収める
　.57　　スカッシュ
　.58　　ラクロス
　.59　　バドミントン
　.6　　卓　　　球
　.7　　野　　　球
　.78　　ソフトボール
　.79　　クリケット
　.8　　ゴルフ
　.87　　ゲートボール
　.88　　ホッケー．クロッケー．ポロ
　.9　　ボウリング

7 芸術

351

784	冬季競技　Winter sports
.3	スキー．スキー競技
.33	アルペン競技：滑降，回転，大回転
.34	ジャンプ
.35	ノルディック競技．複合競技．クロスカントリースキー
.37	バイアスロン
.39	スノーボード
.6	スケート．スケート競技
.63	スピードスケート
.65	フィギュアスケート
	＊氷上カーニバルは，ここに収める
[.68]	ローラースケート．スケートボード →786.8
.7	アイスホッケー．アイスポロ．バンディ
.8	橇競技：ボブスレー，リュージュ［トボガン］
.89	スノーモービル
.9	カーリング

785	水上競技　Aquatic sports
	＊近代五種競技，トライアスロン→782.6
.2	水泳．競泳．飛び込み　→：558.9
	＊海水浴，遠泳は，ここに収める
.21	日本泳法
.22	近代泳法：クロール，平泳ぎ，バタフライ，背泳
.23	水泳競技：自由形競泳，個人メドレー，リレー競泳
.24	飛び込み：飛び板飛び込み，飛込競技
.26	シンクロナイズドスイミング
.28	スキューバダイビング．スキンダイビング
.3	水上スキー．サーフィン．ボードセーリング
.4	水　　球
.5	ボート．カヌー．ペーロン．レガッタ
.6	モーターボート
.7	ヨット．ヨットレース

786	戸外レクリエーション　Outdoor recreations
	＊サバイバルゲームは，ここに収める
	＊登山記，ルート図，ガイドブックは，290／297に収める
.1	登山．ワンダーフォーゲル
.13	装備：用具，用品，パッキング，食糧
.15	登山技術
.16	ロッククライミング．フリークライミング
.18	山岳遭難．遭難救助
.3	キャンピング．ホステリング
	＊キャンプファイア，オートキャンプは，ここに収める

スポーツ．体育

786 .4　ハイキング．遠足　→：374.46
　　.49　オリエンテーリング
　　.5　サイクリング．自転車競技
　　　　　　＊競輪→788.6
　　.6　ドライブ．ツーリング．ゴーカート．モトクロス．自動車競技　→：537.8；537.98；788.7
　　.8　ローラースケート．スケートボード
　　　　　　＊別法：784.68
　　.9　ブーメラン．フライングディスク．ガラッキー．ボウルズ

787　釣魚．遊猟　Angling and hunting sports
　　.1　釣　　　り　→：664
　　　　　　＊釣り場案内は，ここに収める
　　.13　海　釣　り
　　.15　川釣り．渓流釣り
　　.19　魚　　　拓
　［.2］　鵜　　　飼　→664.691
　　.6　遊猟．鷹狩　→：659

788　相撲．拳闘．競馬　Combat sports. Racing
　　　　　＊カバディは，ここに収める
　　　　　＊下記以外の格闘技→789
　　.1　相　　　撲
　　.2　レスリング
　　　　　　＊プロレスは，ここに収める
　　.3　ボクシング
　　　　　　＊プロボクシング，キックボクシングは，ここに収める
　　.4　動物の闘技・競走：闘牛，闘鶏，闘犬，ドッグレース
　　.5　競　　　馬　→：645.2；789.6
　　.6　競　　　輪
　　.7　オートレース：カーレース，ラリー，小型自動車競技　→：537.96；786.6
　　.8　ボートレース［競艇］
　　　　　　＊漕艇→785.5

789　武　　　術　Military arts　→：156；399；756.7
　　　　　＊格闘技は，ここに収める
　　.2　柔道．サンボ
　　.23　空手道．拳法
　　.25　合　気　道
　　.27　太極拳［気功］
　　.3　剣　　　道　→：756.6
　　.32　居　合　術
　　.37　銃　剣　道

7 芸術

353

芸術

789 .39　フェンシング
　　.4　　槍　　術
　　.43　　棒　　術
　　.45　　薙 刀 術
　　.5　　弓道. 弓矢. 楊弓
　　　　　　＊犬追物，笠懸，流鏑馬は，ここに収める
　　.53　　　洋弓［アーチェリー］
　　.6　　馬術. 馬術競技　→：645.2；788.5
　　　　　　＊ロデオは，ここに収める
　　.7　　射撃. 射撃競技　→：559.1
　　.73　　　クレー射撃
　　.74　　　スキート射撃
　　.75　　　ライフル射撃
　　.76　　　ピストル射撃
　　.8　　忍　　術
　　.9　　護 身 術

790　　　諸芸. 娯楽　Accomplishments and amusements

791　　茶　　　道　　Tea ceremony
　［.02→791.2］
　　.2　　茶道史. 茶人伝
　　.3　　材料：茶，水，炭，灰
　［.4］　　茶　　碗　→751.1
　　.5　　茶器. 茶道具：棚物
　　.6　　茶室. 茶庭. 茶花　→：521.863；629.21
　　.7　　作法：点前，点茶，茶会
　　.8　　懐　　石　→：596.4

792　　香　　　道　　Burning incense

793　　花道［華道］　Art of flower arrangement　→：627.9
　　　　　　＊花卉装飾〈一般〉は，ここに収める
　　　　　　＊フラワーデザインは，ここに収める
　［.02→793.2］
　　.2　　花道史. 花道家伝
　　.3　　花　　卉　→：627
　　.5　　花器. 剣山. 道具
　　.6　　生花. 立花
　　.7　　投　　入
　　.8　　盛　　花
　　.9　　盆景. 盆石

| 諸芸．娯楽 |

794　ビリヤード　Billiards　→：783

795　囲　　碁　Game of go
　.7　連　　珠
　.8　オセロ［リバーシ］

796　将　　棋　Game of shogi
　.9　チェッカー．チェス

797　射倖ゲーム　Games of chance
　　　　　＊ギャンブル〈一般〉は，ここに収める
　.1　花　　札
　.2　トランプあそび
　.3　ダイスゲーム
　.4　ド　ミ　ノ
　.5　麻　　雀
　.6　ルーレット
　.9　パチンコ
　　　　　＊ピンボールは，ここに収める

798　その他の室内娯楽　Other indoor games　→：781.9；911.18
　　　　　歌かるた，すごろく，影絵あそび，拳あそび
　.3+　パズル．クイズ　→：031.7
　　　　　＊言語遊戯→807.9；数学遊戯→410.79
　.4+　ロールプレイングゲーム［RPG］
　　　　　＊コンピュータロールプレイングゲーム→798.5
　.5　コンピュータゲーム〈一般〉：テレビゲーム，オンラインゲーム　→：548.295；589.77
　　　　　＊eスポーツ［エレクトロニックスポーツ］は，ここに収める
　　　　　＊携帯型ゲーム機は，ここに収める（別法：機器の汎用性や多機能性について書かれたものは，548.295に収める）
　　　　　＊コンピュータゲーム化された特定の室内娯楽は，794／797に収める
　.507+　ゲーム制作：プログラミング，シナリオ

799　ダ　ン　ス　Dancing　→：769
　　　　　＊学校ダンス→374.98；ジャズダンス，体育ダンス→781.4
　.2　フォークダンス
　　　　　＊民俗舞踊→386.8
　.3　社交ダンス　→：764.7
　.4　スクエアダンス

7 芸術

言　語

800　言　語　Language
＊商用語学→670.9；プログラミング言語→007.64

⟨801／808　総　　記⟩

801　言　語　学　Linguistics. Philology　→：007.636
　　　　　＊言語としての記号学，記号論は，ここに収める
　.01　　言語哲学．言語美学
　.019　 数理言語学
　　　　　＊コーパス言語学は，ここに収める
　.02　　言語学史
　.03　　社会言語学［言語社会学］
　.04　　心理言語学［言語心理学］
　　　　　＊認知言語学は，ここに収める
　.09　　比較言語学
　　　　　＊対照言語学は，ここに収める
　.1　　 音声学．音韻論．文字論　→：491.368
　.2　　 語源学．意味論［語義論］　→：007.1
　.3　　 辞典編集法．多言語辞典
　　　　　＊3つ以上の言語から成る辞典は，ここに収める；ただし，特定の言語に2つ以上の言語を対照させた辞典は，特定の言語の下に収める
　.4　　 語彙論：位相
　.5　　 文法論：形態論，構文論［統語論］．言語類型論
　.6　　 文章論．文体論．修辞学　→：901
　　　　　＊特定作家の文体論は，その作家の下に収める
　.7　　 翻訳法．解釈法．会話法
　　　　　＊機械翻訳→007.636
　.78　　会　話　法　→：809.2
　　　　　＊多言語対照の会話に関するものは，ここに収める
　.8　　 方言学．言語地理学
　.9　　 音声によらない伝達：身振語，手文字，絵文字　→：361.45
　.91[+]　点　　字　→：014.79；016.58；369.275；378.18
　　　　　＊特定言語の点字も，ここに収める
　　　　　＊別法：378.18

801	.92⁺	手話［手話言語］　→：369.276；378.28
		＊別法：378.28

802　言語史・事情．言語政策　History and conditions
　　　＊地理区分
　　　＊ここには，主として次のような著作を収める─(1)言語史・事情に関する著作で，言語・諸語・地域のどれをも特定できないもの　例：ピジン〈一般〉；ただし，インド・ヨーロッパ諸語は，ここに収める；(2)特定地域における複数の言語の全部または一部に関する著作で，それらの中に，極めて優勢な言語または諸語が存在しないもの　例：802.345スイスの言語，802.35フランスの少数言語；(3)言語政策〈一般〉に関する著作および特定地域の言語政策に関する著作で，その対象中に極めて優勢な言語または諸語が存在しないもの　例：802.51カナダの言語政策
　　.9　系統不明な古代死語：エトルリア語，シュメール語
　　　　　＊この種の言語の文字のみを扱うものも，ここに収める；ただし，古代文字〈一般〉は，801.1に収める

803　参考図書［レファレンスブック］　Reference books

804　論文集．評論集．講演集　Essays and lectures

805　逐次刊行物　Serial publications

806　団体：学会，協会，会議　Organizations

807　研究法．指導法．言語教育　Study and teaching
　　　　　＊言語教育（小・中・高等学校）→375.8；言語教育（幼児）→376.158
　　.9　言語遊戯
　　　　　＊特定の言語に関するものも，ここに収める　例：クロスワードパズル

808　叢書．全集．選集　Collected works. Collections

809　言語生活　Speaking. Shorthand. Typewriting
　　　　　＊特定の言語に関するものも，ここに収める
　　.2　話し方：発声，表情，身振り　→：801.78
　　.4　演説法：朗読，式辞，あいさつ，スピーチ，司会　→：816.7；826.7；829.167；836.7
　　　　　＊事例集は，ここに収める
　　　　　＊演説原稿の作法，文例集は，8□6または8□67に収める
　　.5　対談・座談法．インタビュー法
　　.6　討論・会議法
　　　　　＊ディベートは，ここに収める（別法：各言語の会話に収める）
　　.7　暗　　号
　　.8　速　　記
　　.9　タイピング：タイプライター，パーソナルコンピュータ［パソコン］，ワードプロセッ

　　　　サー［ワープロ］→：548.211；582.33
　　　　＊ここには，主として教本を収める

⟨810／890　各　言　語⟩

＊各言語は，すべて言語共通区分により細分することができる　例：829.762アラビア語の語源；
　ただし，言語の集合（諸語）および分類記号を複数の言語で共有している言語には付加しない
　例：829.37モン・クメール諸語の音声，829.42インドネシア語の辞典
＊日本語，中国語，朝鮮語を除く各言語は，言語共通区分を英語に準じて細分してもよい　例：
　843.3独和辞典，855.5フランス語の時制
【言語共通区分】
－1　　音声.音韻.文字
－2　　語源.意味［語義］
－3　　辞　　　典
　　　　＊語彙に関する辞典に，使用する；その他の主題に関する辞典には，形式区分－033
　　　　を使用する
－4　　語　　　彙
－5　　文法.語法
－6　　文章.文体.作文
－7　　読本.解釈.会話
－78　　会　　　話
－8　　方言.訛語

＊2言語辞典のうち，(1) 日本語対外国語のものは，外国語の下に収める；ただし，漢和辞典お
　よび外国人向けの日本語辞典は，日本語の下に収める；(2) 外国語対外国語のものは，日本人
　にとって疎遠な言語の下に収める；(3) 疎遠な言語を判断し難いものは，見出し語（解釈され
　る語）の言語の下に収める；なお，外国語対外国語のもので，双方から検索できるよう2部分
　から構成されている辞典は，後半が明らかに主要と判断されない限り，前半を対象として分類
　する
＊多言語辞典→801.3

810　　日　本　語　Japanese
　.1　　　理論.国語学　→：121.52
　.12　　　国語学史
　.2　　　国　語　史　→：812
　　　　　＊特定主題の歴史は，各主題の下に収める　例：815.02日本文法史
　.23　　　古　代　語
　　　　　＊別法：神代文字811.3
　.24　　　中　世　語
　.25　　　近　世　語
　.26　　　現　代　語

日 本 語　　　　　　　　　　　　　　810

810 .29　　国語系統論
　　　　　　　　＊日本語の起源は，ここに収める
　　.9　　国語政策．国語国字問題〈一般〉．国語調査　→：811.9

811　　音声．音韻．文字　Phonetics．Phonology．Writing
　　.1　　音声．発音．音韻
　　.14　　アクセント．イントネーション
　　.2　　漢　　　字
　　　　　　　　＊ここには，日本語における漢字の問題を収め，漢字〈一般〉は，821.2に収める
　　.25　　訓点：送り仮名，返り点，ヲコト点
　　.27　　常用漢字．当用漢字．略字　→：811.92
　　.29　　筆　　　順
　［.3］　神代文字　→810.23
　　.4　　万葉仮名
　　.5　　仮名文字：いろは歌，五十音図　→：811.95
　　.56　　仮名づかい．送り仮名
　　.59　　外国語・外来語の仮名表記法
　　.7　　句読点．分かち書き
　　.8　　ローマ字綴字法　→：811.98
　　.9　　国字改良　→：810.9
　　.92　　漢字廃止論．漢字制限論　→：811.27
　　.95　　仮名文字専用論．新体カナ　→：811.5
　　.98　　ローマ字国字論　→：811.8
　　.99　　新国字論

812　　語源．意味［語義］　Etymology．Semantics　→：810.2

813　　辞　　典　Dictionaries
　　　　　　　＊ここには，語彙に関する辞典を収め，その他の主題に関する辞典は，各主題の下に
　　　　　　　　収める　例：812.033語源辞典
　　　　　　　＊江戸時代までの辞典［古辞書］（例：節用集）は，813に止め細分しない
　　.1　　国語辞典
　　.19　　外国人用国語辞典
　　.2　　漢和辞典　→：823.3
　　　　　　　＊わが国で編纂された漢字典，字彙は，ここに収める
　　　　　　　＊用字辞典→816.07
　　.4　　故事熟語辞典．慣用語辞典
　　.5　　類語辞典．同義語辞典．反義語辞典
　　.6　　古語辞典
　　　　　　　＊特定地域の古語に関する辞典は，818に収める
　　.7　　新語辞典．流行語辞典．外来語辞典
　　.9　　隠語辞典．俗語辞典

8 言語

814 　語　　彙　Vocabularies
　　　　　＊語構成は，ここに収める
　　　　　＊語彙に関する辞典→813
　.3　基本語彙
　.4　熟語．慣用語
　.5　類語．同義語．反義語．同音語
　.6　古　　　語
　　　　　＊特定地域の古語に関するものは，818に収める
　.7　新語．流行語．外来語．略語
　.8　児　童　語
　.9　隠語．俗語．階級語．女房詞．遊里語
　　　　　＊位相は，ここに収める

815 　文法．語法　Grammar
　.1　形態論．構文論［統語論］
　　　　　＊文章→816
　.2　名詞．数詞
　.3　代　名　詞
　.4　形容詞．形容動詞．連体詞
　.5　動詞．助動詞
　.6　副詞．接続詞．感動詞
　.7　助詞［てにをは］
　.8　敬　語　法

816 　文章．文体．作文　Sentences. Styles. Compositions
　　　　　＊特定作家の文体論は，その作家の下に収める
　.07　作文用語・用字辞典
　.2　修　辞　法
　.3　枕詞［冠辞］．修飾語
　.4　公　用　文　→：317.6
　.5　論　　　文
　.6　書簡文．日記文
　　　　　＊商業通信→670.91
　.7　式　　辞　→：809.4
　.8　文範．文例集
　　　　　＊ここには総合的なものを収め，各主題に関するものは，.4／.7に収める

817 　読本．解釈．会話　Readers. Interpretations. Conversations
　.5　国文解釈　→：375.8
　.7　国語読本　→：375.8
　.8　会　　　話
　　　　　＊話し方，演説法，対談・座談法，討論・会議法は，809.2／.6に収める
　　　　　＊ディベートは，809.6に収める（別法：ここに収める）

818	方言. 訛語 Dialects	

  ＊日本地方区分　例：818.21津軽方言，818.99琉球語
  ＊特定地域の古語に関するものは，ここに収める　例：818.36江戸語

820	中　国　語　Chinese
.9	中国語政策. 中国語問題

821	音声. 音韻. 文字　Phonetics. Phonology. Writing
.1	音声. 発音. 音韻：四声
.2	漢　　　字　→：811.2；829.112

  ＊漢字〈一般〉は，ここに収める

.27	簡体字. 異体字. 常用字
.29	検　字　法
.3	注音符号
.8	ローマ字表記法

822	語源. 意味［語義］　Etymology. Semantics

823	辞　　典　Dictionaries

  ＊ここには，語彙に関する辞典を収め，その他の主題に関する辞典は，各主題の下に収める　例：825.033文法辞典

.1⁺	中中辞典
.2⁺	日中辞典
.3⁺	中日辞典　→：813.2

  ＊基本語彙の辞典は，ここに収める

.4⁺	故事熟語辞典. 慣用語辞典
.5⁺	類語辞典. 同義語辞典. 反義語辞典
.6⁺	古語辞典
.7⁺	新語辞典. 時事中国語辞典
.9⁺	隠語辞典. 俗語辞典

824	語　　彙　Vocabularies

  ＊語彙に関する辞典→823

.3⁺	基本語彙
.4⁺	熟語. 慣用語
.5⁺	類語. 同義語. 反義語. 同音語
.6⁺	古　　語

  ＊特定地域の古語に関するものは，828に収める

.7⁺	新語. 流行語. 外来語. 略語
.8⁺	児　童　語
.9⁺	隠語. 俗語. 階級語

  ＊位相は，ここに収める

825 　文法．語法　Grammar
　.1　　形態論．構文論［統語論］
　　　　　　＊文章→826
　.2　　名詞．数詞．量詞
　.3　　代　名　詞
　.4　　形　容　詞
　.5　　動　　　詞
　.6　　副詞．介詞．連詞．嘆詞
　.7　　助　　　詞

826　　文章．文体．作文　Sentences. Styles. Compositions
　　　　　　＊特定作家の文体論は，その作家の下に収める
　　　　　　＊別法：中国語作文827.4
　.2⁺　　修　辞　法
　.3⁺　　修　飾　語
　.4⁺　　公　用　文
　.5⁺　　論　　　文
　.6⁺　　書簡文．日記文
　　　　　　＊商業通信→670.92
　.7⁺　　式　　　辞　→：809.4
　.8⁺　　文範．文例集
　　　　　　＊ここには総合的なものを収め，各主題に関するものは，.4／.7に収める

827　　読本．解釈．会話　Readers. Interpretations. Conversations
　.4⁺　　和文中訳
　　　　　　＊中国語作文は，826に収める（別法：ここに収める）
　.5　　中国語解釈．漢文解釈．中文和訳
　.7　　中国語読本．漢文読本
　.8　　会　　　話
　　　　　　＊話し方，演説法，対談・座談法，討論・会議法は，809.2／.6に収める
　　　　　　＊ディベートは，809.6に収める（別法：ここに収める）

828　　方言．訛語　Dialects
　.1　　北方語［北京語］：北京方言
　.2　　呉語［上海語］：上海方言
　.3　　閩語［福州語］：福州方言．厦門方言．潮州方言
　　　　　　＊台湾語は，ここに収める（別法：828.5）
　.4　　粤語［広東語］：広州方言
［.5］　　台　湾　語　→828.3
　.6　　客　家　語
　.7⁺　　贛語［江西語］：江西方言
　.8⁺　　湘語［湖南語］：湖南方言

829　その他の東洋の諸言語　Other Oriental languages
　　　　＊中国語→820；東洋の言語→802.2；日本語→810
.1　　　朝鮮語［韓国語］　Korean
.11⁺　　音声．音韻．文字
.111⁺　　　音声．発音．音韻
.112⁺　　　漢　　字
　　　　　　＊ここには，朝鮮語［韓国語］における漢字の問題を収め，漢字〈一般〉は，821.2に収める
.115⁺　　　ハングル［朝鮮文字］
.12⁺　　語源．意味［語義］
.13⁺　　辞　　典
　　　　　＊ここには，語彙に関する辞典を収め，その他の主題に関する辞典は，各主題の下に収める　例：829.15033文法辞典
.131⁺　　　朝朝辞典［韓韓辞典］
.132⁺　　　日朝辞典［日韓辞典］
.133⁺　　　朝日辞典［韓日辞典］
　　　　　　＊基本語彙の辞典は，ここに収める
.134⁺　　　故事熟語辞典．慣用語辞典
.135⁺　　　類語辞典．同義語辞典．反義語辞典
.136⁺　　　古語辞典
.137⁺　　　新語辞典．時事朝鮮語辞典［時事韓国語辞典］
.139⁺　　　隠語辞典．俗語辞典
.14⁺　　語　　彙
　　　　　＊語彙に関する辞典→829.13
.143⁺　　　基本語彙
.144⁺　　　熟語．慣用語
.145⁺　　　類語．同義語．反義語．同音語
.146⁺　　　古　　語
　　　　　　＊特定地域の古語に関するものは，829.18に収める
.147⁺　　　新語．流行語．外来語．略語
.148⁺　　　児　童　語
.149⁺　　　隠語．俗語．階級語
　　　　　　＊位相は，ここに収める
.15⁺　　文法．語法
.151⁺　　　形態論．構文論［統語論］
　　　　　　＊文章→829.16
.152⁺　　　名詞．数詞
.153⁺　　　代　名　詞
.154⁺　　　形容詞．冠形詞
.155⁺　　　動　　詞
.156⁺　　　副詞．感嘆詞
.157⁺　　　助　　詞
.158⁺　　　敬　語　法

829	.16⁺	文章．文体．作文
		＊特定作家の文体論は，その作家の下に収める
		＊別法：朝鮮語作文［韓国語作文］829.174
	.162⁺	修　辞　法
	.163⁺	修　飾　語
	.164⁺	公　用　文
	.165⁺	論　　　文
	.166⁺	書簡文．日記文
		＊商業通信→670.9291
	.167⁺	式　　辞　→：809.4
	.168⁺	文範．文例集
		＊ここには，総合的なものを収め，各主題に関するものは，.164／.167に収める
	.17⁺	読本．解釈．会話
	.174⁺	和文朝訳［和文韓訳］
		＊朝鮮語作文［韓国語作文］は，829.16に収める（別法：ここに収める）
	.175⁺	朝文解釈［韓文解釈］．朝文和訳［韓文和訳］
	.177⁺	朝文読本［韓文読本］
	.178⁺	会　　　話
		＊話し方，演説法，対談・座談法，討論・会議法は，809.2／.6に収める
		＊ディベートは，809.6 に収める（別法：ここに収める）
	.18⁺	方言．訛語
	.2	アイヌ語　Ainu
	.29	古アジア諸語［極北諸語］：ギリヤーク語，チュクチ語　Paleo-Asiatic：Gilyak, Chukchee
		＊エスキモー・アレウト諸語→895.1
	.3	チベット・ビルマ諸語　Tibeto-Burman
		＊シナ・チベット諸語　Sino-Tibetan は，ここに収める
		＊東南アジアの言語→802.23
	.31	ヒマラヤ諸語　Himalayan languages
		＊西夏語　Sihia は，ここに収める
	.32	チベット語．ゾンカ語　Tibetan. Dzongkha
	.35	ビルマ語［ミャンマー語］．ロロ語［彝語］　Burmese. Lolo
		＊アッサム語→829.85
	.36	カム・タイ諸語：タイ語［シャム語］　Kam-Tai：Thai
	.369	ラオ語［ラオス語］．シャン語．アホム語．カレン語群　Lao. Shang. Ahom. Karen
		＊ミャオ・ヤオ諸語　Miao-Yao は，ここに収める
⟨.37／.39　オーストロ・アジア諸語⟩		
	.37	モン・クメール諸語：ベトナム語［安南語］　Mon-Khmer：Vietnamese
	.38	クメール語［カンボジア語］．モン語　Khmer. Mon
	.39	ムンダー諸語．ニコバル島諸語　Munda languages. Nicobarese
	.4	オーストロネシア諸語［マライ・ポリネシア諸語］　Austronesian
	.41	高山族諸語　Formosan languages
	.42	ムラユ語［マレー語．マライ語］．インドネシア語　Malay. Indonesian

中 国 語　　　　　　　　　820

829 .43　　ジャワ語．パラオ語．スンダ語．マラガシ語［マダガスカル］．テトゥン語
　　　　　　　Javanese．Palaun．Sundanese．Malagasy．Tetun
　　.44　　フィリピノ語［タガログ語］．イロカノ語　Filipino．Ilokano
　　.45　　ポリネシア諸語：マオリ語，ヌクオロ語，サモア語，ツバル語，トンガ語
　　　　　　　Polynesian languages；Maori，Nukuoro，Samoan，Tuvaluan，Tongan
　　.46　　メラネシア諸語：フィジー語　Melanesian languages；Fiji
　　.47　　ミクロネシア諸語：キリバス語，ナウル語，マーシャル語　Micronesian
　　　　　　　languages；Kiribatese，Nauruan，Marshallese
　　.5　　アルタイ諸語　Altaic languages
　　　　　　　＊ウラル・アルタイ諸語　Ural-Altaic は，ここに収める
　　　　　　　＊ウラル諸語→893.6；朝鮮語［韓国語］→829.1
　　.53　　ツングース諸語：女真語，満州語　Tungus：Juchen，Manchu
　　.55　　モンゴル諸語：モンゴル語［蒙古語］，カルムイク語，ブリヤート語　Mongolian
　　　　　　　languages：Mongolian，Kalmuck，Buryat
　　　　　　　＊契丹文字は，ここに収める
　　.57　　チュルク諸語：トルコ語，アゼルバイジャン語，ウズベク語，カザフ語，キルギス語，
　　　　　　　トルクメン語　Turkic；Turkish，Azerbaijani，Uzbek，Kazakh，Kyrgyz，Turkmenian
　　.58　　ウイグル語．突厥語　Uighur
　　.6　　ドラビダ諸語：タミル語，テルグ語　Dravidian languages；Tamil，Telugu
　　　　　　　＊インド諸語→829.8
　　.69　　カフカース諸語：ジョージア語［グルジア語］　Caucasian languages；Georgian
　　.7　　セム・ハム諸語［アフロ・アジア諸語］　Semito-Hamitic
　　　　　　　＊セム諸語　Semitic languages は，ここに収める
　　　　　　　＊ハム諸語→894.2
　　.71　　アッカド語：アッシリア語，バビロニア語　Akkadian；Assyrian，Babylonian
　　　　　　　＊楔形文字は，ここに収める
　　　　　　　＊シュメール語→802.9
　　.72　　カナン語群．フェニキア語　Canaanite languages．Phoenician
　　.73　　ヘブライ語　Hebrew
　　　　　　　＊イディッシュ語→849.9
　　.74　　アラム語　Aramic
　　.75　　シリア語　Syriac
　　.76　　アラビア語　Arabic
　　.769⁺　マルタ語　Maltti
　　.78　　エチオピア諸語：アムハラ語，ティグリニャ語　Ethiopic；Amharic，Tigrinya
　　.8　　インド諸語　Indic
　　　　　　　＊インドの言語→802.25；ドラビダ諸語→829.6
　　.81⁺　オリヤー語．マラーティー語．グジャラート語．ロマニー語［ロマ語］．シンド語
　　　　　　　［シンディー語］　Oriya．Marathi．Gujarati．Romany．Sindhi
　　　　　　　＊.83／.89以外のインド諸語は，ここに収める
　　.83　　ヒンディー語　Hindi
　　.84⁺　ウルドゥー語　Urdu
　　.85　　パンジャーブ語．アッサム語．ベンガル語　Punjabi．Assamese．Bengali

829 .86+ ネパール語　Nepali
　　.87+ シンハラ語．ディベヒ語　Simhala. Divehi
　　.88 サンスクリット［梵語］．ベーダ語　Sanskrit. Vedic　→：126.2／.3
　　　　　＊悉曇学は，ここに収める
　　.89 パーリ語．プラークリット　Pali. Prakrit
　　.9 イラン諸語　Iranian
　　.93 ペルシア語　Persian
　　.98 その他のイラン諸語：アベスタ語，オセット語，パシュトー語，クルド語，タジク語
　　　　　Other Iranian languages：Avestan, Ossetic, Pashto, Kurdish, Tajik
　　.99 アルメニア語．ヒッタイト語．トカラ語　Armenian. Hittite. Tocharian

〈830／840　ゲルマン諸語〉
　　　　＊ゲルマン諸語〈一般〉→849

830　英　　　語　English
　　　　＊アメリカ英語も，ここに収める
　　　　＊特定分野における英語研究は，各主題の下に収める　例：430.7化学英語
　.1 理論．英語学．英語学史
　.2 英　語　史　→：832
　.23 古英語［アングロサクソン語］―1100
　.24 中英語　1100―1500
　.25 近代英語　1500―

831　音声．音韻．文字　Phonetics. Phonology. Writing
　.1 音声．発音．音韻
　.2 母音．二重母音
　.3 子　　　音
　.4 アクセント．イントネーション
　.5 正字法．綴字法
　　　　＊頭字法，分節法は，ここに収める
　.58 綴字改良
　.6 略語．略語辞典
　.7 句　読　点

832　語源．意味［語義］　Etymology. Semantics　→：830.2

833　辞　　　典　Dictionaries
　　　　＊ここには，語彙に関する辞典を収め，その他の主題に関する辞典は，各主題の下に
　　　　　収める　例：831.4033アクセント辞典
　.1 英英辞典
　.2 和英辞典
　.3 英和辞典

英　語　　830

　　　　　＊基本語彙の辞典は，ここに収める
833 .4　故事熟語辞典．慣用語辞典
　　.5　類語辞典．同義語辞典．反義語辞典
　　.6　古語辞典
　　.7　新語辞典．時事英語辞典
　　.9　隠語辞典．俗語辞典

834　　語　　彙　Vocabularies
　　　　　＊語彙に関する辞典→833
　　.3　基本語彙
　　.4　熟語．慣用語
　　.5⁺　類語．同義語．反義語．同音語
　　.6⁺　古　　語
　　.7　新語．流行語．外来語
　　　　　＊略語→831.6
　　.8⁺　児　童　語
　　.9⁺　隠語．俗語．階級語
　　　　　＊位相は，ここに収める

835　　文法．語法　Grammar
　　.1　形態論．構文論［統語論］
　　　　　＊文章→836
　　.2　名詞：性，数，格
　　.28　冠　　　詞
　　.29　数　　　詞
　　.3　代　名　詞
　　.4　形　容　詞
　　.5　動詞：態，法，時制
　　.58　助　動　詞
　　.59　準動詞：不定詞，分詞，動名詞
　　.6　不変化詞
　　　　　＊冠詞→835.28
　　.62　副　　　詞
　　.64　前　置　詞
　　.65　接　続　詞
　　.66　感　動　詞

836　　文章．文体．作文　Sentences．Styles．Compositions
　　　　　＊特定作家の文体論は，その作家の下に収める
　　　　　＊別法：英作文837.4
　　.2　修　辞　法
　　.3　修　飾　語
　　.4　公　用　文

367

840　言　語

836 .5　論　　文
　.6　書簡文．日記文
　　　　　＊商業通信→670.93
　.7　式　　　辞　→：809.4
　.8　文範．文例集
　　　　　＊ここには，総合的なものを収め，各主題に関するものは，.4／.7に収める

837　　読本．解釈．会話　Readers. Interpretations. Conversations
　.4　和文英訳
　　　　　＊英作文は，836に収める（別法：ここに収める）
　.5　英文解釈．英文和訳
　.7　英語読本［リーダー］
　.8　英　会　話
　　　　　＊話し方，演説法，対談・座談法，討論・会議法は，809.2／.6に収める
　　　　　＊ディベートは，809.6 に収める（別法：ここに収める）

838　　方言．訛語　Dialects
　　　　　＊ピジン英語は，ここに収める

840　　ドイツ語　German

849　　その他のゲルマン諸語　Other Germanic languages
　　　　　＊ゲルマン諸語〈一般〉は，ここに収める
　　　　　＊ルクセンブルク語　Luxemburgish は，ここに収める
　.1　低地ドイツ語．フリジア語［フリースランド語］　Low German. Frisian
　.2　フラマン語　Flemish
　.3　オランダ語［蘭語］　Dutch
　.39　アフリカーンス語　Afrikaans
　.4　北　欧　語　Scandinavian
　.5　アイスランド語．古ノルド語　Icelandic. Old Norse
　.6　ノルウェー語　Norwegian
　.7　デンマーク語　Danish
　.8　スウェーデン語　Swedish
　.9　イディッシュ語　Yiddish
　.99　ゴート語　Gothic

⟨850/870　ロマンス諸語⟩
　　　　　＊ラテン語→892；ロマンス諸語〈一般〉→879

850　　フランス語　French

859　　プロバンス語　Provençal
　　　　　＊オック語　Occitan は，ここに収める
　.9　　カタロニア語　Catalan

860　　スペイン語　Spanish

869　　ポルトガル語　Portuguese
　　　　　＊ブラジル語は，ここに収める
　.9　　ガリシア語　Galician

870　　イタリア語　Italian

879　　その他のロマンス諸語　Other Romanic languages
　　　　　＊ロマンス諸語〈一般〉は，ここに収める
　.1　　ルーマニア語．モルドバ語　Rumanian. Moldvan
　.9　　レト・ロマンス諸語　Raeto-Romance

880　　ロシア語　Russian
　　　　　＊スラブ諸語〈一般〉→889

889　　その他のスラブ諸語　Other Slavic languages
　　　　　＊スラブ諸語〈一般〉は，ここに収める
　.1　　ブルガリア語．マケドニア語　Bulgarian. Macedonian
　.2　　セルビア語．クロアチア語．ボスニア語．モンテネグロ語　Serbian. Croatian. Bosnian. Montengrin
　.3　　スロベニア語　Slovene
　.4　　ウクライナ語．ベラルーシ語　Ukrainian. Belorussian
　.5　　チェコ語［ボヘミア語］　Czech
　.6　　スロバキア語　Slovak
　.7　　ソルブ語［ベンド語］　Sorbian
　.8　　ポーランド語　Polish
　.9　　バルト諸語：古プロシア語，ラトビア語［レット語］，リトアニア語　Baltic languages：Old Prussian, Latvian, Lithuanian

890　その他の諸言語　Other languages

891　ギリシア語　Greek
- .9　近代ギリシア語　Modern Greek

892　ラテン語　Latin
＊ロマンス諸語→850／870

893　その他のヨーロッパの諸言語　Other European languages
- .1　ケルト諸語　Celtic
- .2　アイルランド語．スコットランド・ゲール語　Irish. Scottish Gaelic
- .3　ブルトン語．ウェールズ語．コーンウォール語　Breton. Welsh. Cornish
- .4　アルバニア語　Albanian
- .5　バスク語　Basque
- .6　ウラル諸語　Uralic languages
　　　＊アルタイ諸語→829.5
- .61　フィンランド語［スオミ語］　Finnish
　　　＊フィン・ウゴル諸語　Finno-Ugrian は，ここに収める
- .62　エストニア語　Estonian
- .63　サーミ語［ラップ語］　Samish
- .7　ウゴル諸語：ハンガリー語［マジャル語］　Ugric languages：Hungarian
- .8　サモエード諸語　Samoyedic languages

894　アフリカの諸言語　African languages
＊アフリカの言語→802.4；アフリカーンス語→849.39；セム諸語，セム・ハム諸語［アフロ・アジア諸語］→829.7；マラガシ語→829.43
- .2　古代エジプト語．コプト語　Egyptian. Coptic
　　　＊ハム諸語　Hamitic languages は，ここに収める
- .3　ベルベル諸語　Berber
- .4　クシ諸語：ソマリ語　Cushitic languages：Somali
- .5　チャド諸語：ハウサ語　Chadic languages：Hausa
- .6　ナイル・サハラ諸語　Nilo-Saharan language group
- .7　ニジェール・コルドファン諸語：バントゥ諸語，スワヒリ語　Niger-Kurdofanian：Bantu, Swahili
- .8　コイサン諸語：コイ語，サン語　Khoisan：Khoi, San

895　アメリカの諸言語　American native languages
＊アメリカの言語→802.5／.6
- .1　エスキモー・アレウト諸語：エスキモー語［イヌイット語］，アレウト語　Eskimo-Aleut：Eskimo, Aleut
　　　＊古アジア諸語→829.29
- .2　北米インディアン諸語．南米インディアン諸語：カリブ諸語　North American Indian languages. South American Indian languages：Caribian stock

897	オーストラリアの諸言語	Australian native languages

　　　　オーストラリア先住民語，タスマニア諸語　Tasmanian
　　　　＊オーストラリアの言語→802.71
　.9　パプア諸語　Papuan languages

899　国際語［人工語］　Universal languages
　.1　エスペラント　Esperanto
　.3　イード．ボラピューク．オクツィデンタル．ノビアル　Ido. Volapük. Occidental. Novial

文　学

900　　文　　学　Literature
　　　　＊言語区分
　　　　＊文学作品は，原作の言語によって分類する；次いで文学形式によって区分し，さらに特定の言語の文学に限って，時代によって区分する

〈901／908　総　　記〉

901　　文学理論・作法　Theory and techniques
　　　　　　＊作文→375.86, 8□6；修辞学→801.6
　　.01　　文芸学．文学思想
　〈.1／.7　文学形式〉
　　.1　　詩歌．韻律学．作詩法
　　.2　　戯曲．劇作法
　　.27　　シナリオ．放送ドラマ　→：699.67；778.8
　　.3　　小説．物語
　　.307　　小説作法
　　.4　　評論．エッセイ．随筆
　　.5　　日記．書簡．紀行
　　.6　　記録．手記．ルポルタージュ
　　.7　　箴言．アフォリズム．寸言
　　.8　　民間・口承文芸　→：388
　　.9　　比較文学

902　　文学史．文学思想史　History and criticism
　　.03　　古　　代
　　.04　　中　　世
　　.05　　近　　代
　　.06　　近代文学思想史：唯美主義，象徴主義，ロマン主義，自然主義
　　.09　　文学に現れた特殊な主題
　〈.1／.7　文学形式〉
　　.1　　詩
　　.2　　戯　　曲
　　.3　　小説．物語
　　.4　　評論．エッセイ．随筆

文　学　　　　　　　　　　900

902 .5　　日記．書簡．紀行
　　.6　　記録．手記．ルポルタージュ
　　.7　　箴言．アフォリズム．寸言
　　.8　　作家の列伝［作家研究］
　　　　　　　＊ここには，言語・文学形式・時代のすべてを特定できない列伝を収める
　［.9］　地域別文学研究
　　　　　　　＊地理区分　例：902.93ヨーロッパ文学，902.951カナダ文学
　　　　　　　＊一般には，902または主要な言語の文学の下に収める　例：902ヨーロッパ文学，
　　　　　　　　930カナダ文学，940スイス文学，950ベルギー文学

903　　参考図書［レファレンスブック］　　Reference books

904　　論文集．評論集．講演集　　Essays and lectures

905　　逐次刊行物　　Serial publications

906　　団体：学会，協会，会議　　Organizations

907　　研究法．指導法．文学教育　　Study and teaching
　　　　　　　＊文学教育（小・中・高等学校）→375.8；文学教育（幼児）→376.158

908　　叢書．全集．選集　　Series. Collections
　　　　　　　＊ここには，(1) 文学〈一般〉に関する研究の叢書，および (2) 主要な言語を特定
　　　　　　　　できない作品集を収める
　〈.1／.7　文学形式〉
　　.1　　詩
　　.18　　児童詩．童謡
　　.2　　戯　　曲
　　.28　　児童劇．童話劇
　　.3　　小説．物語
　　.38　　童　　話
　　.4　　評論．エッセイ．随筆
　　.5　　日記．書簡．紀行
　　.6　　記録．手記．ルポルタージュ
　　.7　　箴言．アフォリズム．寸言
　　.8　　引　用　集
　　.9　　児童文学作品集
　　　　　　　＊ここには，主要な言語と文学形式を特定できないものを収める

909　　児童文学研究　　Study of juvenile literature
　　　　　　　＊児童文学作品は，各言語の文学または908の下に収める
　　　　　　　＊一作品に関する研究は，その作品の下に収める
　　　　　　　＊別法［作品をもここに収める場合］：909.01／.08―形式区分（例：909.02児童文学

9
文学

373

910　文学

　　　　　　史），909.1／.9―各言語の児童文学（例：909.1日本語の児童文学）；各言語の児童
　　　　　　文学の下では，文学共通区分が可能であり（例：909.238中国語の童話），さらに特
　　　　　　定の言語による児童文学においては，同一言語の文学の時代区分を適用できる（例：
　　　　　　909.3387英語の20世紀の童話）
909 .1　児童詩．童謡　→：388.9；767.7
　　 .2　児童劇．童話劇　→：775.7
　　 .3　童　　　話

〈910／990　各言語の文学〉

　　＊各言語の文学は，すべて文学共通区分により細分することができる　例：929.21ユーカラ，
　　949.62ノルウェー語の戯曲，989.83ポーランド語の小説；ただし，言語の集合（諸語）および
　　分類記号を複数の言語で共有している言語による文学には付加しない　例：929.8インド諸語
　　の小説集，994.7スワヒリ語の小説
【文学共通区分】
－1　　詩　　　　歌
　　　　　　　　＊詩劇→－2
－18　　児童詩．童謡
　　　　　　　　＊日本語の児童詩・童謡→911.58
－2　　戯　　　　曲
　　　　　　　　＊小説を戯曲化したものは，脚色者の戯曲として扱う
　　　　　　　　＊劇詩→－1
－28　　児童劇．童話劇
－3　　小説．物語
　　　　　　　　＊映画・テレビシナリオ，演劇台本，漫画などを小説化したもの（ノベライゼーショ
　　　　　　　　　ン）は，小説として扱う
　　　　　　　　＊詩または戯曲の筋を物語化したものには，原作の文学形式の記号を使用する；
　　　　　　　　　ただし，児童向けに物語化したものは，物語として扱う
－38　　童　　　　話
－4　　評論．エッセイ．随筆
　　　　　　　　＊文学形式が不明のものにも，使用する
－5　　日記．書簡．紀行
　　　　　　　　＊いわゆる文学作品とみなされるもの，または文学者の著作に，使用する；ただし，
　　　　　　　　　文学者の著作であっても，特定の主題を有するものは，その主題の下に収める
　　　　　　　　＊一般の紀行→29△09；一般の日記・書簡→280；日記体・書簡体小説→9□3
－6　　記録．手記．ルポルタージュ
　　　　　　　　＊体験や調査に基づいて書かれているものに，使用する
－7　　箴言．アフォリズム．寸言
　　　　　　　　＊短文形式のものに，使用する
　　　　　　　　＊狂歌→911.19；風刺詩→9□1；ユーモア小説→9□3
－8　　作品集：全集，選集
　　　　　　　　＊個人または複数作家の文学形式を特定できない作品集に，使用する；特定できる

ものは，その形式の記号を使用する
＊作品集ではない研究の叢書などには，形式区分−08を使用する
−88　児童文学作品集：全集，選集

＊日本語など特定の言語による文学は，すべての文学形式において，時代区分が可能である
＊複数作品の研究で，文学形式を特定できない場合は，総合的な個人伝記［作家研究］または総合的な列伝［作家研究］として扱い，文学史の下に収める
＊近代小説の研究は，1作品に関するものを除いて，文学史の下に収める　例：910.268志賀直哉の小説に関する研究（別法：小説の下に収める　例：913.6志賀直哉の小説に関する研究）
＊(1)近代小説家の伝記［作家研究］，(2)近代の文学形式を特定できない作家の伝記［作家研究］は，文学史の下に収める（別法：(1)は小説の下に収める）　例：930.268ディケンズ（別法：933.6），910.268宮沢賢治
＊特定の文学・文学形式・作家・作品における文体・語法・語彙・登場人物（実在した者を含む）・特殊な主題を扱ったものは，その文学，文学形式，作家の総合的な伝記［作家研究］，作品の下に収める　例：911.125万葉集における植物；文学〈一般〉における特殊な主題を扱ったものは，902.09に収める

910　日本文学　Japanese literature　→：121.52
　.2　日本文学史
　.23　古代：奈良時代まで［古代前期．上代］，平安時代［古代後期．中古］
　.24　中世：鎌倉・室町時代
　.25　近世：江戸時代
　.26　近代：明治以後．作家の伝記［作家研究］
　　　＊ここには，文学史のほか，(1)小説家の列伝［作家研究］，(2)文学形式を特定できない列伝［作家研究］，(3)多数作家の小説の研究，(4)小説史などを収める（別法：(2)を除いて913.6に収める）
　　　＊上記(1)および(2)以外の作家の列伝［作家研究］は，911／912，914／917に収める
　　　＊文芸時評は，ここに収める
　.261　明治時代
　.262　大正時代
　.263　昭和時代前期 1926―1945
　.264　昭和時代後期 1945―1989
　.265+　平成時代 1989―
　.268　作家の個人伝記［作家研究］
　　　＊ここには，(1)小説家の個人伝記［作家研究］，(2)文学形式を特定できない作家の個人伝記［作家研究］，(3)個人作家の複数の小説の研究などを収める（別法：(1)，(3)は913.6に収める）
　　　＊上記(1)および(2)以外の作家の個人伝記［作家研究］は，911／912，914／917に収める
［.27］　文学形式別文学史
　　　＊文学共通区分　例：.271詩歌史

910   文　学

                        ＊一般には，各文学形式の下に収める
910 .28   作家の列伝［作家研究］
                        ＊ここには，主要な文学形式および時代を特定できない列伝を収める
     .29   地方文学
                        ＊ここには，特定地域の文学活動〈一般〉を収める
                        ＊文学形式を限定している研究は911／917に，作品は911／918に収める
     .8   叢書．全集．選集
                        ＊ここには，日本文学〈一般〉に関する研究の叢書などを収める
                        ＊主要な文学形式を特定できない作品集は，918に収める

911   詩　　歌　Poetry
     .02   詩歌史．韻文作家列伝・研究
     .08   詩　歌　集
                        ＊ここには，複数の文学形式の詩歌を含み，主要な形式を特定できないものを収
                         める
     .1   和歌．短歌
     .101   理論．歌学．歌学史
                        ＊時代を問わず，ここに収める
                        ＊理論としての歌論は，ここに収め，評論としての歌論は，911.104に収める
     .102   和歌史．歌人列伝・研究
     .104   論文集．評論集．講演集．歌話．評釈．鑑賞
                        ＊歌論→911.101
     .106   団体：学会，協会．会議．歌会
     .107   研究法．指導法．作歌法．作歌用書
     .108   叢書．全集．選集
                        ＊一時代のものは，その時代の下に収める
 <.11／.12　古代前期［上代］：奈良時代まで>
     .11   記紀歌謡　→：911.63；913.2
     .12   万　葉　集
[.1203→911.121；911.123]
     .121   書誌．索引．類句
     .122   歌人伝・研究
                        ＊ここには，個人伝と列伝の双方を収める
     .123   辞典．便覧
     .124   評釈．注釈．語釈
     .125   特殊研究：地理，動植物，物品
     .127   類　　題
     .128   家　　集
     .129   外国語訳
     .13   古代後期［中古］：平安時代
     .132   歌人伝・研究
                        ＊ここには，個人伝と列伝の双方を収める
     .135   勅撰集．八代集

911	.1351	古今和歌集
	.1352	後撰和歌集
	.1353	拾遺和歌集
	.1354	後拾遺和歌集
	.1355	金葉和歌集
	.1356	詞花和歌集
	.1357	千載和歌集
	.1358	新古今和歌集
	.137	私撰集：新撰和歌集，三十六人集，古今和歌六帖
	.138	家　　集
	.14	中世：鎌倉・室町時代
	.142	歌人伝・研究
		＊ここには，個人伝と列伝の双方を収める
	.145	勅撰集：十三代集
		＊新古今和歌集→911.1358
	.147	私撰集：小倉百人一首
	.1473	夫木和歌抄．新葉和歌集
	.148	家集：山家集，金槐集
	.15	近世：江戸時代
	.152	歌人伝・研究
		＊ここには，個人伝と列伝の双方を収める
	.157	選　　集
	.158	家　　集
	.16	近代：明治以後
	.162	歌人伝・研究
		＊ここには，個人伝と列伝の双方を収める
	.167	複数作家の歌集．勅題集
	.168	個人歌集
	.18	歌合．曲水　→：798
		＊時代を問わず，ここに収める
	.19	狂歌．へなぶり
	.2	連　　歌　→：911.3
	.201	連　歌　論
	.3	俳諧．俳句　→：911.2
		＊俳文→914
	.301	理　　論
		＊時代を問わず，ここに収める
		＊理論としての俳論は，ここに収め，評論としての俳論は，911.304に収める
	.302	俳諧史．俳人列伝・研究
	.304	論文集．評論集．講演集．俳話．評釈．鑑賞
	.306	団体：学会，協会，会議．句会
	.307	研究法．指導法．作句法．作句用書．歳時記
	.308	叢書．全集．選集

910　　　　　　　　　　文　　学

　　　　　　　　＊一時代のものは，その時代の下に収める
〈911.31／.35　近世まで〉
　　.31　　芭蕉以前：山崎宗鑑，荒木田守武，松永貞徳，西山宗因，井原西鶴
　　　　　　　　＊談林・貞門俳諧は，ここに収める
　　.32　　松尾芭蕉
　　.33　　元禄期：榎本其角，服部嵐雪，向井去来，内藤丈草，森川許六，各務支考，
　　　　　　横井也有，中川乙由，上島鬼貫
　　　　　　　　＊蕉風俳諧は，ここに収める
　　　　　　　　＊享保期俳諧も，ここに収める
　　.34　　安永・天明期：炭太祇，与謝蕪村，堀麦水，加藤暁台，大島蓼太
　　　　　　　　＊中興俳諧は，ここに収める
　　.35　　文化・文政・天保期：小林一茶，成田蒼虬，桜井梅室
　　　　　　　　＊幕末期の俳諧も，ここに収める
　　.36　　近代：明治以後
　　.362　　俳人伝・研究
　　　　　　　　＊ここには，個人伝と列伝の双方を収める
　　.367　　複数作家の句集
　　.368　　個人句集
　　.38　　近代連句
　　　　　　　　＊近代以前の連句→911.31／.35；連句〈一般〉→911.3
　　.4　　川柳．狂句
　　.45　　近世：江戸時代
　　.46　　近代：明治以後
　　.467　　複数作家の句集
　　.468　　個人句集
　　.49　　雑俳：前句付，冠付，物は付，沓付，折句
　　.5　　詩：新体詩，近代詩，現代詩
［.502→911.52］
　　.52　　詩史．詩人伝・研究
　　　　　　　　＊ここには，個人伝と列伝の双方を収める
　　.56　　個人詩集
　　.568　　複数作家の詩集
　　.58　　児童詩．童謡
［.59］　訳　詩　集
　　　　　　　　＊一般には，原作または908.1の下に収める
　　　　　　　　＊別法：翻訳または翻案が日本文学作品とみなされているもの（例：「海潮音」）
　　　　　　　　　に限って，ここに収める
　　.6　　歌　　　謡　→：388.9；767；768.2／.9
　　　　　　　　＊おもろは，ここに収める
　　.63　　古代：平安時代まで　→：911.11
　　　　　　神楽，催馬楽，風俗歌，朗詠，雑芸，今様
　　　　　　　　＊和漢朗詠集→919.3
　　.64　　中世：鎌倉・室町時代

378

		宴曲，平曲，和讃，小歌
911	.65	近世：江戸時代
		俗曲，俗謡，小唄
	.66	近代：明治以後　→：767.5
		民謡，どどいつ，歌謡曲
	[.9]	漢　　　詩　→919

912 　戯　　曲　Drama
　　　　　＊時代ではなく，文学形式によって細分
　.2　　舞　の　本　→：768.49
　.3　　謡　　　曲　→：768.4；773
　　　　　＊能楽論→773
　.39　狂　　　言　→：773.9
　.4　　浄瑠璃：近松門左衛門，紀海音　→：768.5；774；777.1
　.5　　歌舞伎：鶴屋南北，河竹黙阿弥　→：774
　.6　　近代戯曲
　　　　　＊近代に成立した謡曲などの新作は，.3／.5に収める
　.68　複数作家の作品集
　　　　　＊個人の作品・作品集→912.6
　.7　　シナリオ．放送ドラマ
　.78　複数作家の作品集
　　　　　＊個人の作品・作品集→912.7
　.8　　児　童　劇　→：775.7

913 　小説．物語　Fiction. Romance. Novel
　.2　　古代前期［上代］：奈良時代まで　→：210.3；291；911.11
　　　　　古事記，日本書紀，風土記
　.3　　古代後期［中古］：平安時代
　　　　　＊物語文学〈一般〉は，ここに収める
＜.31／.36　平安時代前期の物語＞
　.31　竹取物語
　.32　伊勢物語
　　　　　＊歌物語〈一般〉は，ここに収める
　.33　大和物語．平中物語．篁物語
　.34　宇津保物語
　.35　落窪物語
　.36　源氏物語
［.3603→913.361；913.362］
　.361　書誌．索引
　.362　年表．系図．故実
　.363　和　　　歌
　.364　評釈．語法
　.365　梗概．抄録

913	.366	秘　　事
	.369	訳　　文
	.37	説話物語：日本霊異記，江談抄，今昔物語，打聞集，古本説話集　→：184.9
		＊説話物語〈一般〉は，ここに収める
	.38	平安時代後期の物語
	.381	狭衣物語
	.382	夜半の寝覚
	.383	浜松中納言物語
	.384	堤中納言物語
	.385	とりかへばや物語
	.389	散佚物語
	.39	歴史物語
		＊歴史物語〈一般〉は，ここに収める
	.392	栄華物語
	.393	大　　鏡
	.394	今　　鏡
	.399	軍記物語：将門記，陸奥話記
	.4	中世：鎌倉・室町時代
	.41	物語：住吉物語，石清水物語，松浦宮物語，鳴門中将物語，我身にたどる姫君，苔の衣，浅茅が露
	.42	歴史物語
	.425	水　　鏡
	.426	増　　鏡
	.43	軍記物語
		＊軍記物語〈一般〉は，ここに収める
	.432	保元物語
	.433	平治物語
	.434	平家物語．源平盛衰記
	.435	太　平　記
	.436	義　経　記
	.437	曽我物語
	.438	その他の軍記物語：承久記，応仁記
	.47	説話物語：古事談，発心集，宇治拾遺物語，今物語，十訓抄，古今著聞集，撰集抄，沙石集，雑談集　→：184.9
		＊説話物語〈一般〉→913.37
	.49	お伽草子：一寸法師，浦島太郎，文正草紙，ものぐさ太郎
	.5	近世：江戸時代
	.51	仮名草子：浅井了意，鈴木正三
	.52	浮世草子：井原西鶴，江島其磧
	.53	洒落本：山東京伝，大田南畝
	.54	人情本：為永春水
	.55	滑稽本：十返舎一九，式亭三馬，滝亭鯉丈
	.56	読本：滝沢馬琴，上田秋成

日本文学　　　　　　　　　　　　　　　　　910

　　　　　　　＊実録体小説は，ここに収める
913 .57　　草双紙：赤本，黒本，青本，黄表紙，合巻
　　.59　　咄本：醒睡笑　→：913.7
　　.6　　近代：明治以後
　　　　　　　＊次のように細分してもよい－ .61　明治時代，.62　大正時代，.63　昭和時代前期 1927―1945，.64　昭和時代後期 1945―1989，.65　平成時代 1989―
　　　　　　　＊ここには，(1)個人の単一の小説，(2)個人の小説集，(3)特定の小説に関する作品論を収める
　　　　　　　＊小説の研究（特定の小説に関するものを除く），および小説家の研究は，910.26／.268に収める（別法：ここに収める）
　　.68　　複数作家の作品集
　　　　　　　＊個人の作品・作品集→913.6
　　.7　　講談・落語本．笑話集　→：779.12／.15；913.59
　　　　　　　＊浪曲集は，ここに収める
　　.8　　童　　　話
　　[.9]　　翻訳小説
　　　　　　　＊一般には，原作または908.3の下に収める
　　　　　　　＊翻案小説は，翻案者の作品として扱う
　　　　　　　＊別法：翻訳または翻案が日本文学作品とみなされているもの（例：森鷗外訳「即興詩人」）に限って，ここに収める

914　　評論．エッセイ．随筆　Essays. Prose
　　.3　　古代：平安時代まで
　　　　　枕草子
　　.4　　中世：鎌倉・室町時代
　　.42　　方　丈　記
　　.45　　徒　然　草
　　.5　　近世：江戸時代
　　.6　　近代：明治以後
　　　　　　　＊写生文は，ここに収める
　　.68　　複数作家の作品集
　　　　　　　＊個人の作品・作品集→914.6

915　　日記．書簡．紀行　Diaries. Letters. Travels
　　.3　　古代：平安時代まで
　　.32　　土佐日記
　　.33　　蜻蛉日記
　　.34　　和泉式部日記
　　.35　　紫式部日記
　　.36　　更級日記
　　.37　　讃岐典侍日記
　　.39　　その他の日記・書簡・紀行
　　.4　　中世：鎌倉・室町時代

915	.44	十六夜日記
	.45	海道記
	.46	東関紀行
	.49	その他の日記・書簡・紀行：建春門院中納言日記［たまきはる］，とはずがたり，中務内侍日記，弁内侍日記
	.5	近世：江戸時代
	.6	近代：明治以後
	.68	複数作家の作品集

＊個人の作品・作品集，往復書簡集→915.6

916		記録．手記．ルポルタージュ　Reportage
917		箴言．アフォリズム．寸言　Aphorism
918		作品集：全集，選集　Collections

＊ここには，個人または複数作家の，文学形式を特定できない作品集を収める；特定できる作品集は，その文学形式の下に収める

	.3	古代：平安時代まで
	.4	中世：鎌倉・室町時代
	.5	近世：江戸時代
	.6	近代：明治以後
	.68	個人全集・選集

＊複数作家の全集・選集→918.6

919		漢詩文．日本漢文学　Chinese poetry and prose

＊別法：漢詩911.9

	.02	日本漢文学史
	.07	詩文作法

＊日本人の著作のみを収める

	.3	古代：平安時代まで

＊和漢朗詠集は，ここに収める

	.4	中世：鎌倉・室町時代

＊五山文学は，ここに収める

	.5	近世：江戸時代
	.6	近代：明治以後
920		中国文学　Chinese literature
	.2	中国文学史
	.23	先　　秦
	.24	秦．漢．魏晋南北朝．隋唐
	.25	五代．宋．元．明
	.26	清

920 .27		近代：民国以後．作家の伝記［作家研究］

＊ここには，文学史のほか，(1) 小説家の列伝［作家研究］, (2) 文学形式を特定できない列伝［作家研究］, (3) 多数作家の小説の研究，(4) 小説史などを収める（別法：(2) を除いて923.7に収める）

＊上記(1)および(2)以外の作家の列伝［作家研究］は，921／922，924／927に収める

.278 　作家の個人伝記［作家研究］

＊ここには，(1) 小説家の個人伝記［作家研究］, (2) 文学形式を特定できない作家の個人伝記［作家研究］, (3) 個人作家の複数の小説の研究などを収める（別法：(1), (3) は923.7に収める）

＊上記(1)および(2)以外の作家の個人伝記［作家研究］は，921／922，924／927に収める

.28 　作家の列伝［作家研究］

＊ここには，文学形式および時代を特定できない列伝を収める

.8 　叢書．全集．選集

＊ここには，研究の叢書などを収める

＊主要な文学形式を特定できない作品集は，928に収める

921 　詩歌．韻文．詩文　Poetry
.3 　　先　　秦
.32 　　詩　　経　→：123.3
.33 　　楚　　辞
.4 　　秦．漢．魏晋南北朝．隋唐
.42 　　古詩．楽府
.43 　　唐　　詩
.5 　　五代．宋．元．明
.6 　　清
.7 　　近代：民国以後
.9 　　朝鮮人等の漢詩文

＊日本人の漢詩文→919

922 　戯　　曲　Drama

＊923.4／.7のように時代区分　例：922.5元曲

923 　小説．物語　Fiction. Romance. Novel
.4 　　秦．漢．魏晋南北朝．隋唐：捜神記，冥祥記，博物志，世説新語，遊仙窟
.5 　　五代．宋．元．明：剪灯新話，三国志演義，水滸伝，西遊記，金瓶梅，今古奇観
.6 　　清：西湖佳話，肉蒲団，聊斎志異，儒林外史，紅楼夢
.7 　　近代：民国以後

＊ここには，(1) 個人の単一の小説，(2) 個人の小説集，(3) 特定の小説に関する作品論を収める

＊小説の研究（特定の小説に関するものを除く），および小説家の研究は，920.27または.278に収める（別法：ここに収める）

923	.78	複数作家の作品集
924		評論．エッセイ．随筆　Essays. Prose
		＊923.4／.7のように時代区分
925		日記．書簡．紀行　Diaries. Letters. Travels
		＊923.4／.7のように時代区分
926		記録．手記．ルポルタージュ　Reportage
927		箴言．アフォリズム．寸言　Aphorism
928		作品集：全集，選集　Collections
		＊ここには，個人または複数作家の，文学形式を特定できない作品集を収める；特定できる作品集は，その文学形式の下に収める
	.3	先　　秦
	.4	秦．漢．魏晋南北朝．隋唐
	.5	五代．宋．元．明
	.6	清
	.7	近　　代
	.78	個人全集・選集
929		その他の東洋文学　Other Oriental literatures
		＊829のように言語区分　例：.1朝鮮文学［韓国文学］，.2アイヌ文学，.32チベット文学，.37ベトナム文学［安南文学］，.57トルコ文学，.76アラビア文学，.93ペルシア文学

⟨930／940　ゲルマン文学⟩

　　　　＊ゲルマン文学〈一般〉→949

930		英米文学　English and American literature
		＊カナダ文学に関する研究は，ここに収める（別法：902.951）
		＊ケルト文学→993.1
	.2	英米文学史
	.24	中　　世
		＊古英語の時代は，ここに収める
⟨	.25／.27	近代．作家の伝記［作家研究］⟩
	.25	16—17世紀
		ルネサンス時代 1500—1625，清教徒時代 1625—1660，王政復古時代 1660—1700
		＊ここには，文学史のほか，(1) 小説家の列伝［作家研究］，(2) 文学形式を特定できない列伝［作家研究］，(3) 多数作家の小説の研究，(4) 小説史などを収める（別法：(2)を除いて933.5に収める）

	＊上記(1)および(2)以外の作家の列伝［作家研究］は，931／932，934／937に収める
930.258	作家の個人伝記［作家研究］
	＊ここには，(1) 小説家の個人伝記［作家研究］，(2) 文学形式を特定できない作家の個人伝記［作家研究］，(3) 個人作家の複数の小説の研究などを収める（別法：(1)，(3)は933.5に収める）
	＊上記(1)および(2)以外の作家の個人伝記［作家研究］は，931／932，934／937に収める
.26	18―19世紀
	古典主義の時代 1700―1744，ジョンソン時代 1745―1798，ロマン主義の時代 1798―1832，ヴィクトリア時代 1832―1900
	＊930.25の注記を参照
.268	作家の個人伝記［作家研究］
	＊930.258の注記を参照
.27	20世紀―
	＊930.25の注記を参照
.278	作家の個人伝記［作家研究］
	＊930.258の注記を参照
.28	作家の列伝［作家研究］
	＊ここには，文学形式および時代を特定できない列伝を収める
.29	アメリカ文学
	＊ここには，一般的なものおよび文学史を収め，作品および作家の伝記は，イギリス文学と同様に扱う
	＊別法：939
	＊アメリカ諸言語の文学→995；イディッシュ文学→949.9
.299	イギリス，アメリカ以外の英語文学
	＊ここには，一般的なものおよび文学史を収め，作品および作家の伝記は，イギリス文学と同様に扱う
	＊別法：939.9
.8	叢書．全集．選集
	＊ここには，研究の叢書などを収める
	＊主要な文学形式を特定できない作品集は，938に収める

931	詩　Poetry
	＊933.4／.7のように時代区分

932	戯　　曲　Drama
	＊933.4／.7のように時代区分

933	小説．物語　Fiction. Romance. Novel
.4	中　　世
＜.5／.7	近　　代＞
.5	16―17世紀

930　　　　　　　　　　　　　文　学

　　　　　　　＊ここには，(1) 個人の単一の小説，(2) 個人の小説集，(3) 特定の小説に関する
　　　　　　　　作品論を収める
　　　　　　＊小説の研究（特定の小説に関するものを除く），および小説家の研究は，930.25
　　　　　　　　または.258に収める（別法：ここに収める）

933 　.58　　　複数作家の作品集
　　　.6　　　18―19世紀
　　　　　　　＊933.5の注記を参照
　　　.68　　　複数作家の作品集
　　　.7　　　20世紀―
　　　　　　　＊933.5の注記を参照
　　　.78　　　複数作家の作品集

934　　　評論．エッセイ．随筆　Essays. Prose
　　　　　　＊933.4／.7のように時代区分

935　　　日記．書簡．紀行　Diaries. Letters. Travels
　　　　　　＊933.4／.7のように時代区分

936　　　記録．手記．ルポルタージュ　Reportage

937　　　箴言．アフォリズム．寸言　Aphorism

938　　　作品集：全集，選集　Collections
　　　　　　＊ここには，個人または複数作家の，文学形式を特定できない作品集を収める；
　　　　　　　特定できる作品集は，その文学形式の下に収める
　　　.4　　　中　　世
　　＜.5／.7　近　　代＞
　　　.5　　　16―17世紀
　　　.58　　　個人全集・選集
　　　.6　　　18―19世紀
　　　.68　　　個人全集・選集
　　　.7　　　20世紀―
　　　.78　　　個人全集・選集

[939]　　アメリカ文学　American literature　→930／938
　　　　　　＊ここには，作品と研究の双方を収める
　　　　　　＊アメリカ諸言語の文学→995；イディッシュ文学→949.9
　　[.02]　　アメリカ文学史
　　＜.026／.027　近　　代＞
　　[.026]　　植民地時代―19世紀
　　　　　　　植民地時代 1607―1776，独立戦争からアメリカ・ルネサンスまで 1776―1861,
　　　　　　　リアリズム，自然主義 1861―1900
　　　　　　＊ここには，文学史のほか，(1) 小説家の列伝［作家研究］，(2) 文学形式を

386

英米文学　930

　　　　　　　特定できない列伝［作家研究］，(3) 多数作家の小説の研究，(4) 小説史などを収める（別法：(2)を除いて939.36に収める）
　　　　　　＊上記(1)および(2)以外の作家の列伝［作家研究］は，939.1／.2, 939.4／.7に収める

[939 .0268]　　作家の個人伝記［作家研究］
　　　　　　＊ここには，(1) 小説家の個人伝記［作家研究］，(2) 文学形式を特定できない作家の個人伝記［作家研究］，(3) 個人作家の複数の小説の研究などを収める（別法：(1), (3)は939.36に収める）
　　　　　　＊上記(1)および(2)以外の作家の個人伝記［作家研究］は，939.1／.2, 939.4／.7に収める

[.027]　　　20世紀—
　　　　　　＊939.026の注記を参照

[.0278]　　作家の個人伝記［作家研究］
　　　　　　＊939.0268の注記を参照

[.028]　　　作家の列伝［作家研究］
　　　　　　＊ここには，文学形式および時代を特定できない列伝を収める

[.08]　　　叢書．全集．選集
　　　　　　＊ここには，研究の叢書などを収める
　　　　　　＊主要な文学形式を特定できない作品集は，939.8に収める

[.1]　　　詩
　　　　　　＊939.36／.37のように時代区分

[.2]　　　戯　　　曲
　　　　　　＊939.36／.37のように時代区分

[.3]　　　小説．物語
<.36／.37　近　　　代>

[.36]　　　植民地時代—19世紀
　　　　　　＊ここには，(1) 個人の単一の小説，(2) 個人の小説集，(3) 特定の小説に関する作品論を収める
　　　　　　＊小説の研究（特定の小説に関するものを除く），および小説家の研究は，939.026または.268に収める（別法：ここに収める）

[.368]　　複数作家の作品集

[.37]　　　20世紀—
　　　　　　＊939.36の注記を参照

[.378]　　複数作家の作品集

[.4]　　　評論．エッセイ．随筆
　　　　　　＊939.36／.37のように時代区分

[.5]　　　日記．書簡．紀行
　　　　　　＊939.36／.37のように時代区分

[.6]　　　記録．手記．ルポルタージュ

[.7]　　　箴言．アフォリズム．寸言

[.8]　　　作品集：全集，選集
　　　　　　＊ここには，個人または複数作家の，文学形式を特定できない作品集を収める；特定できる作品集は，その文学形式の下に収める

〈939 .86／.87　近　　代〉
　　［.86］　　植民地時代—19世紀
　　［.868］　　個人全集・選集
　　［.87］　　20世紀—
　　［.878］　　個人全集・選集
　　［.9］　イギリス，アメリカ以外の英語文学　→930／938
　　　　　＊ここには，作品と研究の双方を収める

940　　ドイツ文学　German literature
　　　　＊オーストリア文学の作品およびそれに関する研究は，ドイツ文学と同様に扱う
　　　　＊スイス文学に関する研究は，ここに収める（別法：902.9345）
　　　　＊イディッシュ文学→949.9
　.2　　ドイツ文学史
　.24　　中世：初期，盛期，後期
〈.25／.27　近代. 作家の伝記［作家研究］〉
　.25　　16—17世紀
　　　　　　ルネサンス，バロック
　　　　＊ここには，文学史のほか，(1) 小説家の列伝［作家研究］，(2) 文学形式を特定できない列伝［作家研究］，(3) 多数作家の小説の研究，(4) 小説史などを収める（別法：(2)を除いて943.5に収める）
　　　　＊上記(1)および(2)以外の作家の列伝［作家研究］は，941／942, 944／947に収める
　.258　　作家の個人伝記［作家研究］
　　　　＊ここには，(1) 小説家の個人伝記［作家研究］，(2) 文学形式を特定できない作家の個人伝記［作家研究］，(3) 個人作家の複数の小説の研究などを収める（別法：(1), (3)は943.5に収める）
　　　　＊上記(1)および(2)以外の作家の個人伝記［作家研究］は，941／942, 944／947に収める
　.26　　18—19世紀
　　　　　　啓蒙主義，古典主義，ロマン主義，写実主義
　　　　＊940.25の注記を参照
　.268　　作家の個人伝記［作家研究］
　　　　＊940.258の注記を参照
　.27　　20世紀—
　　　　＊940.25の注記を参照
　.278　　作家の個人伝記［作家研究］
　　　　＊940.258の注記を参照
　.28　　作家の列伝［作家研究］
　　　　＊ここには，文学形式および時代を特定できない列伝を収める
　.8　　叢書. 全集. 選集
　　　　＊ここには，研究の叢書などを収める
　　　　＊主要な文学形式を特定できない作品集は，948に収める

| | | ドイツ文学 | 940 |

941 　詩　Poetry
　　　　　＊943.4／.7のように時代区分

942 　戯　　曲　Drama
　　　　　＊943.4／.7のように時代区分

943 　小説．物語　Fiction. Romance. Novel
　.4　　中　　　世
　<.5／.7　近　　　代>
　.5　　16―17世紀
　　　　　＊ここには，(1) 個人の単一の小説，(2) 個人の小説集，(3) 特定の小説に関する作品論を収める
　　　　　＊小説の研究（特定の小説に関するものを除く），および小説家の研究は，940.25または.258に収める（別法：ここに収める）
　.58　　複数作家の作品集
　.6　　18―19世紀
　　　　　＊943.5の注記を参照
　.68　　複数作家の作品集
　.7　　20世紀―
　　　　　＊943.5の注記を参照
　.78　　複数作家の作品集

944 　評論．エッセイ．随筆　Essays. Prose
　　　　　＊943.4／.7のように時代区分

945 　日記．書簡．紀行　Diaries. Letters. Travels
　　　　　＊943.4／.7のように時代区分

946 　記録．手記．ルポルタージュ　Reportage

947 　箴言．アフォリズム．寸言　Aphorism

948 　作品集：全集，選集　Collections
　　　　　＊ここには，個人または複数作家の，文学形式を特定できない作品集を収める；特定できる作品集は，その文学形式の下に収める
　.4　　中　　　世
　<.5／.7　近　　　代>
　.5　　16―17世紀
　.58　　個人全集・選集
　.6　　18―19世紀
　.68　　個人全集・選集
　.7　　20世紀―
　.78　　個人全集・選集

| 949 | その他のゲルマン文学　Other Germanic literatures
　　　　＊849のように言語区分　例：.3オランダ文学，.4北欧文学，.5アイスランド文学，
　　　　　.6ノルウェー文学，.7デンマーク文学，.8スウェーデン文学，.9イディッシュ文学
　　　　＊ゲルマン文学〈一般〉は，ここに収める

〈950／970　ロマンス文学〉
　　　　＊ラテン文学→992；ロマンス文学〈一般〉→979

| 950 | フランス文学　French literature
　　　　＊ベルギー文学に関する研究は，ここに収める（別法：902.9358）
　.2　　　フランス文学史
　.24　　　中　　世
〈.25／.27　近代．作家の伝記［作家研究］〉
　.25　　　16—17世紀
　　　　　ルネサンス，古典主義
　　　　＊ここには，文学史のほか，(1) 小説家の列伝［作家研究］，(2) 文学形式を特
　　　　　定できない列伝［作家研究］，(3) 多数作家の小説の研究，(4) 小説史などを
　　　　　収める（別法：(2) を除いて953.5に収める）
　　　　＊上記(1)および(2)以外の作家の列伝［作家研究］は，951／952，954／957に収
　　　　　める
　.258　　作家の個人伝記［作家研究］
　　　　＊ここには，(1) 小説家の個人伝記［作家研究］，(2) 文学形式を特定できな
　　　　　い作家の個人伝記［作家研究］，(3) 個人作家の複数の小説の研究などを収
　　　　　める（別法：(1)，(3) は953.5に収める）
　　　　＊上記(1)および(2)以外の作家の個人伝記［作家研究］は，951／952，954／
　　　　　957に収める
　.26　　　18—19世紀
　　　　　啓蒙主義，ロマン主義，写実主義，象徴主義
　　　　＊950.25の注記を参照
　.268　　作家の個人伝記［作家研究］
　　　　＊950.258の注記を参照
　.27　　　20世紀—
　　　　＊950.25の注記を参照
　.278　　作家の個人伝記［作家研究］
　　　　＊950.258の注記を参照
　.28　　　作家の列伝［作家研究］
　　　　＊ここには，形式および時代を特定できない列伝を収める
　.29　　　フランス以外のフランス語文学
　　　　＊ここには，一般的なものおよび文学史を収め，作品および作家の伝記は，フラ
　　　　　ンス文学と同様に扱う
　　　　＊別法：958.9

| | | フランス文学 | 950 |

950 .8　叢書. 全集. 選集
　　　　　＊ここには, 研究の叢書などを収める
　　　　　＊主要な文学形式を特定できない作品集は, 958に収める

951　　詩　Poetry
　　　　　＊953.4／.7のように時代区分

952　　戯　　　曲　Drama
　　　　　＊953.4／.7のように時代区分

953　　小説. 物語　Fiction. Romance. Novel
　.4　　中　　　世
＜.5／.7　近　　　代＞
　.5　　16—17世紀
　　　　　＊ここには,（1）個人の単一の小説,（2）個人の小説集,（3）特定の小説に関する作品論を収める
　　　　　＊小説の研究（特定の小説に関するものを除く), および小説家の研究は, 950.25または.258に収める（別法：ここに収める）
　.58　　複数作家の作品集
　.6　　18—19世紀
　　　　　＊953.5の注記を参照
　.68　　複数作家の作品集
　.7　　20世紀—
　　　　　＊953.5の注記を参照
　.78　　複数作家の作品集

954　　評論. エッセイ. 随筆　Essays. Prose
　　　　　＊953.4／.7のように時代区分

955　　日記. 書簡. 紀行　Diaries. Letters. Travels
　　　　　＊953.4／.7のように時代区分

956　　記録. 手記. ルポルタージュ　Reportage

957　　箴言. アフォリズム. 寸言　Aphorism

958　　作品集：全集, 選集　Collections
　　　　　＊ここには, 個人または複数作家の, 文学形式を特定できない作品集を収める；特定できる作品集は, その文学形式の下に収める
　.4　　中　　　世
＜.5／.7　近　　　代＞
　.5　　16—17世紀
　.58　　個人全集・選集

958　.6　　18―19世紀
　　　.68　　個人全集・選集
　　　.7　　20世紀―
　　　.78　　個人全集・選集
　　［.9］　フランス以外のフランス語文学　→950／958
　　　　　　＊ここには，作品と研究の双方を収める

959　　　プロバンス文学　Provençal literature
　　　.9　　カタロニア文学

960　　　スペイン文学　Spanish literature
　　　.2　　スペイン文学史
　　　　　　＊次のように細分してもよい―.24 中世，〈.25／.27 近代〉.25 15―17世紀，
　　　　　　　.26 18―19世紀，.27 20世紀―
　　　.29　　スペイン以外のスペイン語文学
　　　　　　＊ここには，一般的なものおよび文学史を収め，作品および作家の伝記は，スペイン文学と同様に扱う
　　　　　　＊ラテンアメリカ文学〈一般〉は，ここに収める
　　　　　　＊別法：968.9

961　　　詩　Poetry

962　　　戯　　曲　Drama

963　　　小説．物語　Fiction. Romance. Novel

964　　　評論．エッセイ．随筆　Essays. Prose

965　　　日記．書簡．紀行　Diaries. Letters. Travels

966　　　記録．手記．ルポルタージュ　Reportage

967　　　箴言．アフォリズム．寸言　Aphorism

968　　　作品集：全集，選集　Collections
　　［.9］　スペイン以外のスペイン語文学　→960／968
　　　　　　＊ここには，作品と研究の双方を収める
　　　　　　＊この分類記号を使用する場合，ラテンアメリカ文学〈一般〉は，ここに収める

969　　　ポルトガル文学　Portuguese literature
　　　.02　　ポルトガル文学史
　　　.029　ポルトガル以外のポルトガル語文学

＊ここには，一般的なものおよび文学史を収め，作品および作家の伝記は，ポルトガル文学と同様に扱う
＊別法：969.89

969 .1⁺ 詩
 .2⁺ 戯　　曲
 .3⁺ 小説．物語
 .4⁺ 評論．エッセイ．随筆
 .5⁺ 日記．書簡．紀行
 .6⁺ 記録．手記．ルポルタージュ
 .7⁺ 箴言．アフォリズム．寸言
 .8⁺ 作品集：全集，選集
 [.89] ポルトガル以外のポルトガル語文学　→969／969.8
    ＊ここには，作品と研究の双方を収める
 .9⁺ ガリシア文学

970　イタリア文学　Italian literature
 .2　イタリア文学史
    ＊次のように細分してもよい―.24 中世，〈.25／.27 近代〉.25 14―16世紀，.26 17―19世紀，.27 20世紀―

971⁺　詩　Poetry

972⁺　戯　　曲　Drama

973⁺　小説．物語　Fiction. Romance. Novel

974⁺　評論．エッセイ．随筆　Essays. Prose

975⁺　日記．書簡．紀行　Diaries. Letters. Travels

976⁺　記録．手記．ルポルタージュ　Reportage

977⁺　箴言．アフォリズム．寸言　Aphorism

978⁺　作品集：全集，選集　Collections

979　その他のロマンス文学　Other Romanic literatures
    ＊879のように言語区分　例：.1ルーマニア文学
    ＊ロマンス文学〈一般〉は，ここに収める

| 980 | ロシア・ソビエト文学　Russian literature
　　　＊スラブ文学〈一般〉→989
.2　　　ロシア・ソビエト文学史
　　　＊次のように細分してもよい－.24 中世，〈.25／.27 近代〉.25 16－17世紀，
　　　.26 18－19世紀，.27 20世紀－

981⁺　詩　Poetry

982⁺　戯　　曲　Drama

983⁺　小説．物語　Fiction. Romance. Novel

984⁺　評論．エッセイ．随筆　Essays. Prose

985⁺　日記．書簡．紀行　Diaries. Letters. Travels

986⁺　記録．手記．ルポルタージュ　Reportage

987⁺　箴言．アフォリズム．寸言　Aphorism

988⁺　作品集：全集，選集　Collections

989　　その他のスラブ文学　Other Slavic literatures
　　　＊889のように言語区分　例：.5チェコ文学，.8ポーランド文学
　　　＊スラブ文学〈一般〉は，ここに収める

990　　その他の諸言語文学　Literatures of other languages

991　　ギリシア文学　Greek literature
.9　　　近代ギリシア文学

992　　ラテン文学　Latin literature

993　　その他のヨーロッパ文学　Other European literatures
　　　＊893のように言語区分　例：.61フィンランド文学，.7ハンガリー文学

994　　アフリカ文学　African literatures
　　　＊894のように言語区分　例：.5ハウサ文学
　　　＊アフリカ文学〈一般〉は，ここに収める（別法：902.94）

995　　アメリカ諸言語の文学　Literatures of American native languages
　　　＊895のように言語区分　例：.1エスキモー文学［イヌイット文学］

その他の諸言語文学

997 　オーストラリア諸言語の文学　Literatures of Australian native languages
　　.9⁺　パプア諸語の文学

999 　国際語［人工語］による文学　Literatures of universal languages
　　　　＊899のように言語区分　例：.1エスペラント文学

一 般 補 助 表

凡　例

1　一般補助表の構成
　Ⅰ　形式区分およびその中の細目−02を展開したⅠ-a　地理区分，Ⅱ　海洋区分，Ⅲ　言語区分の3種4区分が用意されている．

2　一般補助表の記号があらかじめ付加された分類記号
　一般補助表の記号を付加した結果が3桁にとどまる場合や，分類項目として特に必要とみなされる場合には，要目表や細目表にあらかじめ表示されている．
　　例）技術史：技術（500）の歴史（形式区分−02）
　　　　　要目表および細目表に502　技術史．工学史　があらかじめ表示されている．
　　　　ドイツ文学史：ドイツ語（言語区分−4）による文学（900）の歴史（形式区分−02）
　　　　　細目表に940.2　ドイツ文学史　があらかじめ表示されている．

3　一般補助表の適用分野，付加できる分類記号
　一般補助表には全分野で適用可能なものと，特定の主題に限定して適用されるものがある．形式区分および地理区分は，原則として，細目表のすべての分類記号に付加できる．付加できない分類記号については，序説**2.6.1**および使用法Ⅰの**4.1**を参照．海洋区分は注記「＊海洋区分」を伴う分類記号に，言語区分は注記「＊言語区分」を伴う分類記号に付加できる．

4　使用法
　一般補助表の使用法は，序説**2.6.1**および使用法Ⅰの**4.1**を参照．

5　記号の冒頭のハイフン
　一般補助表における各記号には，すべてハイフン（−）が付されている．これらの記号は単独では使用しないで，常にそのハイフンを取り去り分類記号に付加して使用する．

6　分類記号の末尾などの0
　分類記号の末尾が0の場合や，さらにその上の桁も0の場合は，0を取り去ってから付加する．
　　例）心理学辞典：心理学（140）の辞典（形式区分−033）
　　　　　　14　＋　033　＝　140.33
　　　　技術史：技術（500）の歴史（形式区分−02）
　　　　　　5　＋　02　＝　502

7　ピリオド
　付加した結果，全体が4桁以上となる場合は，冒頭から3桁目と4桁目との間にピリオドを打つ．
　　例）心理学辞典：心理学（140）の辞典（形式区分−033）
　　　　　　14　＋　033　＝　14033　→　140.33
　　　　芸術年鑑：芸術（700）の年鑑（形式区分−059）
　　　　　　7　＋　059　＝　7059　→　705.9

8　注記
　各記号の適用にあたって特に注意すべきところには，注記を付した．注記の冒頭にはアステリスク（＊）を置き表示した

一般補助表

I 形式区分　Form division

- −01 　理論．哲学
- −012　　学史．学説史．思想史
- −016　　方　法　論
- −019　　数学的・統計学的研究
  　　　　　＊年次統計→−059
- −02 　歴史的・地域的論述
  　　　　　＊地理区分
- −028　　多数人の伝記
  　　　　　＊3人以上の伝記に，使用する
  　　　　　＊人名辞典→−033；名簿→−035
- −029　　地理学的論述．立地論
  　　　　　＊特定地域に限定されているものには，−02を使用する
- −03 　参考図書［レファレンスブック］
  　　　　　＊逐次刊行される参考図書には，この記号を使用する
- −031　　書誌．文献目録．索引．抄録集
- −032　　年　　表
- −033　　辞典．事典．引用語辞典．用語集．用語索引［コンコーダンス］
  　　　　　＊項目が五十音順など一定の音順に配列されているものに，使用する
- −034　　命名法［命名規則］
- −035　　名簿［ダイレクトリ］．人名録
  　　　　　＊団体会員名簿→−06；研究調査機関の構成員の名簿→−076，教育・養成機関の構成員の名簿→−077
- −036　　便覧．ハンドブック．ポケットブック
- −038　　諸表．図鑑．地図．物品目録［カタログ］
  　　　　　＊文献目録→−031
- −04 　論文集．評論集．講演集．会議録
  　　　　　＊(1) 非体系的または非網羅的なものに，使用する；体系的または網羅的なものには−08を，逐次刊行されるものには−05を使用する；(2) 当該主題を他主題との関連から扱ったもの，または特定の概念・テーマから扱ったものに，使用する
- −049　　随筆．雑記
- −05 　逐次刊行物：新聞，雑誌，紀要
  　　　　　＊逐次刊行される参考図書には，−03を使用する；ただし，逐次刊行される論文集などには，この記号を使用する
- −059　　年報．年鑑．年次統計．暦書
- −06 　団体：学会，協会，会議
  　　　　　＊概要，事業報告，会員名簿など，個々の団体自身を扱ったものに，使用する；ただし，研究調査機関を扱ったものには−076を，教育・養成機関を扱ったものには−077を使用する
  　　　　　＊会議録，研究報告→−04，−05；紀要→−05
- −067　　企業体．会社誌
- −07 　研究法．指導法．教育

．−075　調査法．審査法．実験法
．−076　研究調査機関
　　　　　＊概要，事業報告，構成員の名簿など，個々の機関自身を扱ったものに，使用する
　　　　　＊会議録，研究報告→−04，−05；紀要→−05
．−077　教育・養成機関
　　　　　＊概要，事業報告，構成員の名簿など，個々の機関自身を扱ったものに，使用する
　　　　　＊会議録，研究報告→−04，−05；紀要→−05
．−078　教科書．問題集
．−079　入学・検定・資格試験の案内・問題集・受験参考書
．−08　叢書．全集．選集
　　　　　＊体系的または網羅的なものに，使用する；非体系的または非網羅的なものには，−04を使用する
　　　　　＊単冊の全集などにも使用する
．−088　資　料　集

一般補助表

I-a　地理区分　Geographic division

-1 　　日　　本
-11　　北海道地方
　　　　　＊蝦夷には，この記号を使用する
-111　　道北：宗谷総合振興局，オホーツク総合振興局［北見国］
　　　　　網走，北見，紋別，稚内
-112　　道東：根室振興局，釧路総合振興局［根室国．釧路国］
　　　　　釧路，根室
-113　　十勝総合振興局［十勝国］
　　　　　帯広
-114　　上川総合振興局．日高振興局［日高国］
　　　　　旭川，士別，名寄，富良野
-115　　道央：石狩振興局，空知総合振興局［石狩国］
　　　　　札幌，赤平，芦別，石狩，岩見沢，歌志内，恵庭，江別，北広島，砂川，滝川，
　　　　　千歳，美唄，深川，三笠，夕張
-116　　道西：留萌振興局［天塩国］
　　　　　留萌
-117　　後志総合振興局．胆振総合振興局［後志国．胆振国］
　　　　　小樽，伊達，苫小牧，登別，室蘭
-118　　道南：渡島総合振興局，檜山振興局［渡島国］
　　　　　函館，北斗
-119　　千島列島［千島国］
　　　　　＊北方四島には，この記号を使用する
　　　　　＊樺太→-292
-12　　東北地方
　　　　　＊奥羽には，この記号を使用する
-121　　青森県［陸奥国］
　　　　　青森，黒石，五所川原，つがる，十和田，八戸，平川，弘前，三沢，むつ
-122　　岩手県［陸中国］
　　　　　盛岡，一関，奥州，大船渡，釜石，北上，久慈，滝沢，遠野，二戸，八幡平，
　　　　　花巻，宮古，陸前高田
-123　　宮城県［陸前国］
　　　　　仙台，石巻，岩沼，大崎，角田，栗原，気仙沼，塩竈，白石，多賀城，登米，
　　　　　名取，東松島
-124　　秋田県［羽後国］
　　　　　秋田，大館，男鹿，潟上，鹿角，北秋田，仙北，大仙，にかほ，能代，湯沢，
　　　　　由利本荘，横手
-125　　山形県［羽前国］
　　　　　山形，尾花沢，上山，寒河江，酒田，新庄，鶴岡，天童，長井，南陽，東根，
　　　　　村山，米沢
-126　　福島県［岩代国．磐城国］
　　　　　福島，会津若松，いわき，喜多方，郡山，白河，須賀川，相馬，伊達，田村，

二本松, 南相馬, 本宮

- −13 　関東地方
  　　　＊坂東には，この記号を使用する
- −131 　茨城県［常陸国］
  　　　水戸, 石岡, 潮来, 稲敷, 牛久, 小美玉, 笠間, 鹿嶋, かすみがうら, 神栖, 北茨城, 古河, 桜川, 下妻, 常総, 高萩, 筑西, つくば, つくばみらい, 土浦, 取手, 那珂, 行方, 坂東, 日立, 常陸太田, 常陸大宮, ひたちなか, 鉾田, 守谷, 結城, 龍ケ崎
  　　　＊常総には，この記号を使用する
- −132 　栃木県［下野国］
  　　　宇都宮, 足利, 大田原, 小山, 鹿沼, さくら, 佐野, 下野, 栃木, 那須烏山, 那須塩原, 日光, 真岡, 矢板
- −133 　群馬県［上野国］
  　　　前橋, 安中, 伊勢崎, 太田, 桐生, 渋川, 高崎, 館林, 富岡, 沼田, 藤岡, みどり
- −134 　埼玉県［武蔵国］
  　　　さいたま, 上尾, 朝霞, 入間, 桶川, 春日部, 加須, 川口, 川越, 北本, 行田, 久喜, 熊谷, 鴻巣, 越谷, 坂戸, 幸手, 狭山, 志木, 白岡, 草加, 秩父, 鶴ヶ島, 所沢, 戸田, 新座, 蓮田, 羽生, 飯能, 東松山, 日高, 深谷, 富士見, ふじみ野, 本庄, 三郷, 八潮, 吉川, 和光, 蕨
  　　　＊武相地方→−137
- −135 　千葉県［上総国. 下総国. 安房国］
  　　　千葉, 旭, 我孫子, いすみ, 市川, 市原, 印西, 浦安, 大網白里, 柏, 勝浦, 香取, 鎌ヶ谷, 鴨川, 木更津, 君津, 佐倉, 山武, 白井, 匝瑳, 袖ケ浦, 館山, 銚子, 東金, 富里, 流山, 習志野, 成田, 野田, 富津, 船橋, 松戸, 南房総, 茂原, 八街, 八千代, 四街道
  　　　＊常総→−131
- −136 　東　京　都
  　　　＊武相地方→−137；武蔵国→−134
- −1361 　区　　部
- −1365 　市部. 郡部
  　　　昭島, あきる野, 稲城, 青梅, 清瀬, 国立, 小金井, 国分寺, 小平, 狛江, 立川, 多摩, 調布, 西東京, 八王子, 羽村, 東久留米, 東村山, 東大和, 日野, 府中, 福生, 町田, 三鷹, 武蔵野, 武蔵村山
- −1369 　島部：小笠原諸島, 伊豆諸島
- −137 　神奈川県［相模国］
  　　　横浜, 厚木, 綾瀬, 伊勢原, 海老名, 小田原, 鎌倉, 川崎, 相模原, 座間, 逗子, 茅ヶ崎, 秦野, 平塚, 藤沢, 三浦, 南足柄, 大和, 横須賀
  　　　＊武相地方には，この記号を使用する
  　　　＊武蔵国→−134
- −14 　北陸地方
- −141 　新潟県［越後国. 佐渡国］
  　　　新潟, 阿賀野, 糸魚川, 魚沼, 小千谷, 柏崎, 加茂, 五泉, 佐渡, 三条, 新発田,

　　　　　　　上越，胎内，燕，十日町，長岡，見附，南魚沼，妙高，村上
－142　　富山県［越中国］
　　　　　　　富山，射水，魚津，小矢部，黒部，高岡，砺波，滑川，南砺，氷見
－143　　石川県［加賀国．能登国］
　　　　　　　金沢，加賀，かほく，小松，珠洲，七尾，野々市，能美，羽咋，白山，輪島
－144　　福井県［越前国．若狭国］
　　　　　　　福井，あわら，越前，大野，小浜，勝山，坂井，鯖江，敦賀
－15　　中部地方：東山・東海地方
　　　　　　＊北陸→－14
－151　　山梨県［甲斐国］
　　　　　　　甲府，上野原，大月，甲斐，甲州，中央，都留，韮崎，笛吹，富士吉田，北杜，
　　　　　　　南アルプス，山梨
－152　　長野県［信濃国］
　　　　　　　長野，安曇野，飯田，飯山，伊那，上田，大町，岡谷，駒ヶ根，小諸，佐久，
　　　　　　　塩尻，須坂，諏訪，千曲，茅野，東御，中野，松本
－153　　岐阜県［飛騨国．美濃国］
　　　　　　　岐阜，恵那，大垣，海津，各務原，可児，郡上，下呂，関，高山，多治見，土岐，
　　　　　　　中津川，羽島，飛騨，瑞浪，瑞穂，美濃，美濃加茂，本巣，山県
－154　　静岡県［伊豆国．駿河国．遠江国］
　　　　　　　静岡，熱海，伊豆，伊豆の国，伊東，磐田，御前崎，掛川，菊川，湖西，御殿場，
　　　　　　　島田，下田，裾野，沼津，浜松，袋井，富士，藤枝，富士宮，牧之原，三島，
　　　　　　　焼津
－155　　愛知県［尾張国．三河国］
　　　　　　　名古屋，愛西，あま，安城，一宮，稲沢，犬山，岩倉，大府，岡崎，尾張旭，
　　　　　　　春日井，蒲郡，刈谷，北名古屋，清須，江南，小牧，新城，瀬戸，高浜，田原，
　　　　　　　知多，知立，津島，東海，常滑，豊明，豊川，豊田，豊橋，長久手，西尾，日進，
　　　　　　　半田，碧南，みよし，弥富
－156　　三重県［伊勢国．伊賀国．志摩国］
　　　　　　　津，伊賀，伊勢，いなべ，尾鷲，亀山，熊野，桑名，志摩，鈴鹿，鳥羽，名張，
　　　　　　　松阪，四日市
－16　　近畿地方
　　　　　　＊畿内，上方，関西には，この記号を使用する
－161　　滋賀県［近江国］
　　　　　　　大津，近江八幡，草津，甲賀，湖南，高島，長浜，東近江，彦根，米原，守山，
　　　　　　　野洲，栗東
－162　　京都府［山城国．丹波国．丹後国］
　　　　　　　京都，綾部，宇治，亀岡，木津川，京田辺，京丹後，城陽，長岡京，南丹，福知
　　　　　　　山，舞鶴，宮津，向日，八幡
－163　　大阪府［和泉国．河内国．摂津国］
　　　　　　　大阪，池田，和泉，泉大津，泉佐野，茨木，大阪狭山，貝塚，柏原，交野，門真，
　　　　　　　河内長野，岸和田，堺，四條畷，吹田，摂津，泉南，大東，高石，高槻，豊中，
　　　　　　　富田林，寝屋川，羽曳野，阪南，東大阪，枚方，藤井寺，松原，箕面，守口，
　　　　　　　八尾

-164	兵庫県 [播磨国．但馬国．淡路国．西摂．西丹]	
		神戸, 相生, 明石, 赤穂, 朝来, 芦屋, 尼崎, 淡路, 伊丹, 小野, 加古川, 加西, 加東, 川西, 篠山, 三田, 宍粟, 洲本, 高砂, 宝塚, たつの, 丹波, 豊岡, 西宮, 西脇, 姫路, 三木, 南あわじ, 養父
-165	奈良県 [大和国]	
		奈良, 生駒, 宇陀, 香芝, 橿原, 葛城, 五條, 御所, 桜井, 天理, 大和郡山, 大和高田
-166	和歌山県 [紀伊国]	
		和歌山, 有田, 岩出, 海南, 紀の川, 御坊, 新宮, 田辺, 橋本
-17	中国地方	
-171	山陰地方	
-172	鳥取県 [因幡国．伯耆国]	
		鳥取, 倉吉, 境港, 米子
-173	島根県 [出雲国．石見国．隠岐国]	
		松江, 出雲, 雲南, 大田, 江津, 浜田, 益田, 安来
-174	山陽地方	
	＊瀬戸内地方には，この記号を使用する	
-175	岡山県 [備前国．備中国．美作国]	
		岡山, 赤磐, 浅口, 井原, 笠岡, 倉敷, 瀬戸内, 総社, 高梁, 玉野, 津山, 新見, 備前, 真庭, 美作
-176	広島県 [安芸国．備後国]	
		広島, 安芸高田, 江田島, 大竹, 尾道, 呉, 庄原, 竹原, 廿日市, 東広島, 福山, 府中, 三原, 三次
-177	山口県 [周防国．長門国]	
		山口, 岩国, 宇部, 下松, 山陽小野田, 下関, 周南, 長門, 萩, 光, 防府, 美祢, 柳井
-18	四国地方	
	＊南海道には，この記号を使用する	
-181	徳島県 [阿波国]	
		徳島, 阿南, 阿波, 小松島, 鳴門, 美馬, 三好, 吉野川
-182	香川県 [讃岐国]	
		高松, 観音寺, 坂出, さぬき, 善通寺, 東かがわ, 丸亀, 三豊
-183	愛媛県 [伊予国]	
		松山, 今治, 伊予, 宇和島, 大洲, 西条, 四国中央, 西予, 東温, 新居浜, 八幡浜
-184	高知県 [土佐国]	
		高知, 安芸, 香美, 香南, 四万十, 宿毛, 須崎, 土佐, 土佐清水, 南国, 室戸
-19	九州地方	
	＊西海道には，この記号を使用する	
-191	福岡県 [筑前国．筑後国．豊前国]	
		福岡, 朝倉, 飯塚, 糸島, うきは, 大川, 大野城, 大牟田, 小郡, 春日, 嘉麻, 北九州, 久留米, 古賀, 田川, 太宰府, 筑後, 筑紫野, 中間, 直方, 福津, 豊前, みやま, 宮若, 宗像, 柳川, 八女, 行橋

−192	佐賀県［肥前国］	
	佐賀，伊万里，嬉野，小城，鹿島，唐津，神埼，多久，武雄，鳥栖	
−193	長崎県［壱岐国．対馬国．西肥］	
	長崎，壱岐，諫早，雲仙，大村，五島，西海，佐世保，島原，対馬，平戸，松浦，南島原	
−194	熊本県［肥後国］	
	熊本，阿蘇，天草，荒尾，宇城，宇土，上天草，菊池，合志，玉名，人吉，水俣，八代，山鹿	
−195	大分県［豊後国．北豊］	
	大分，宇佐，臼杵，杵築，国東，佐伯，竹田，津久見，中津，日田，豊後大野，豊後高田，別府，由布	
−196	宮崎県［日向国］	
	宮崎，えびの，串間，小林，西都，日南，延岡，日向，都城	
−197	鹿児島県［薩摩国．大隅国］	
	鹿児島，姶良，阿久根，奄美，伊佐，出水，いちき串木野，指宿，鹿屋，霧島，薩摩川内，志布志，曽於，垂水，西之表，日置，枕崎，南九州，南さつま	
−199	沖縄県［琉球国］	
	那覇，石垣，糸満，浦添，うるま，沖縄，宜野湾，豊見城，名護，南城，宮古島	
−2	アジア．東洋	
	＊東アジア，ユーラシア大陸，シルクロード全域には，この記号を使用する	
−21	朝　　鮮	
	＊大韓民国，朝鮮民主主義人民共和国には，この記号を使用する	
−211	関北地方：咸鏡道，両江道	
−212	西北地方：平安道，慈江道，平壌	
−213	黄　海　道	
−214	京畿地方：京畿道，ソウル	
−215	江原地方：江原道	
−216	湖西地方：忠清道	
−217	湖南地方：全羅道	
−218	嶺南地方：慶尚道	
−219	済　州　島	
−22	中　　国	
−221	華北．黄河流域	
−2211	河北省［冀］．北京．天津	
−2212	山東省［魯］	
−2213	山西省［晋］	
−2214	河南省［予］	
−2215	西北地区	
−2216	陝西省［秦］	
−2217	甘粛省［隴］	
	＊寧夏回族自治区には，この記号を使用する	
−2218	青海省［青］	

-222	華中. 長江流域	
	*華東には，この記号を使用する	
-2221	江蘇省［蘇］. 上海	
-2222	浙江省［浙］	
-2223	安徽省［皖］	
-2224	江西省［贛］	
-2225	湖北省［鄂］	
-2226	湖南省［湘］	
-223	華南. 珠江流域	
-2231	福建省［閩］	
-2232	広東省［粤］. 海南省［瓊］：海南島	
-2233	広西省［桂］. 広西壮族自治区	
-2234	西南地区	
-2235	四川省［蜀］. 重慶	
	*西康省には，この記号を使用する	
-2236	貴州省［黔］	
-2237	雲南省［滇］	
-2238	マカオ	
-2239	香港. 九竜	
-224	台　　湾	
-2248	澎湖列島	
-225	東北地区	
-2253	黒龍江省［黒］	
-2255	吉林省［吉］	
-2257	遼寧省［遼］	
-226	蒙古：内モンゴル自治区	
	*内蒙古および外蒙古を合わせた地域には，この記号を使用する	
-227	外蒙古：モンゴル国	
-228	新疆：新疆ウイグル自治区	
	天山北路［ズンガリア］，天山南路［東トルキスタン］	
	*西域には，この記号を使用する	
	*シルクロード→-2	
-229	チベット	
	*チベット自治区には，この記号を使用する	

〈-23／-24　東南アジア〉

-23	東南アジア	
-231	ベトナム［越南］	
	アンナン，コーチシナ，トンキン	
-235	カンボジア	
-236	ラ　オ　ス	
-237	タイ［シャム］	
-238	ミャンマー［ビルマ］	
-239	マレーシア. マライ半島. クアラルンプール	

	＊サバ，サラワク→ －2435
－2399	シンガポール
－24	インドネシア
	＊南洋，マレー群島には，この記号を使用する
	＊内南洋［裏南洋］→ －74
－241	スマトラ
－242	ジャワ．ジャカルタ
－243	ボルネオ［カリマンタン］
－2435	サバ．サラワク
－2437	ブルネイ
－244	スラウェシ［セレベス］
－245	モルッカ［マルク］
－246	小スンダ列島．ティモール
－2462	東ティモール
－247	イリアンジャヤ［西イリアン］ →：－736
－248	フィリピン
－2481	ルソン．マニラ
－2482	サマル
－2483	パラワン
－2484	ミンダナオ
－2485	スールー諸島
－25	イ　ン　ド
	＊南アジアには，この記号を使用する
－251	東インド
	アッサム州，ナガランド州，マニプル州，アルナチャルプラデシュ州，ミゾラム州，トリプラ州，メガラヤ州，西ベンガル州
－252	ビハール州．オディシャ州［オリッサ州］．ジャルカンド州
－253	中央インド
	ウッタルプラデシュ州，デリー，ハリヤナ州，マディヤプラデシュ州，チャッティースガル州
－254	北インド
	ジャンム・カシミール州，ヒマチャルプラデシュ州，ウッタラカンド州，パンジャーブ州
－255	西インド
	ラージャスターン州，グジャラート州，マハラシュトラ州
－256	南インド
	ゴア州，アンドラプラデシュ州，タミルナド州，カルナータカ州，ケララ州
－257	パキスタン
	パンジャーブ州，ハイバルパフトゥンハー州［北西辺境州］，シンド州，バルチスタン州
	＊別法：バルチスタン州 －261
－2576	バングラデシュ
－258	ヒマラヤ地方

補助表

```
                シッキム
   -2587     ネパール
   -2588     ブータン
   -259      スリランカ［セイロン］．インド洋諸島
                アンダマン諸島，ニコバル諸島，ラッカジブ諸島
   -2597     モルディブ
<-26／-28   西南アジア．中東［中近東］．アラブ諸国>
   [-26]    西南アジア．中東［中近東］　→-27
   [-261]   バルチスタン州　→-257
   [-262]   アフガニスタン　→-271
   [-263]   イラン［ペルシア］　→-272
   [-266]   ト　ル　コ　→-274
   [-267]   キプロス．ロードス島　→-2747
   -27      西南アジア．中東［中近東］
                ＊イスラム圏〈一般〉には，この記号を使用する
                ＊別法：-26
<-271／-278   アラブ諸国>
                ＊別法：-28
   -271     アフガニスタン
                ＊別法：-262
   -272     イラン［ペルシア］
                ＊別法：-263
   -273     イラク［メソポタミア］
                ＊別法：-281
   -274     ト　ル　コ
                ＊小アジア，アナトリア半島には，この記号を使用する
                ＊別法：-266
   -2747    キプロス．ロードス島
                ＊別法：-267
   -275     シ　リ　ア
                ＊別法：-282
   -276     レバノン
                ＊別法：-283
   -277     ヨルダン
                ＊別法：-284
   -278     アラビア半島
                ＊別法：-286
   -2781    サウジアラビア
                ＊別法：-2861
   -2782    クウェート
                ＊別法：-2862
   -2783    カタール
                ＊別法：-2863
```

一般補助表

－2784	アラブ首長国連邦
	＊別法：－2863
－2785	オマーン
	＊別法：－2864
－2786	イエメン．アデン
	＊旧南イエメン［南アラビア連邦］には，この記号を使用する
	＊別法：－2865
－2789	バーレーン
	＊別法：－289
－279	イスラエル
	＊別法：－285
－2799	パレスチナ
	＊別法：－2859
［－28］	アラブ諸国　→－271／－278
［－281］	イラク［メソポタミア］　→－273
［－282］	シリア　→－275
［－283］	レバノン　→－276
［－284］	ヨルダン　→－277
［－285］	イスラエル　→－279
［－2859］	パレスチナ　→－2799
［－286］	アラビア半島　→－278
［－2861］	サウジアラビア　→－2781
［－2862］	クウェート　→－2782
［－2863］	カタール．アラブ首長国連邦　→－2783／－2784
［－2864］	オマーン　→－2785
［－2865］	イエメン．アデン　→－2786
［－289］	バーレーン　→－2789
－29	アジアロシア
	＊ヨーロッパロシア→－381
－291	北アジア．シベリア
－292	極東地方
	カムチャツカ半島，サハリン［樺太］
－293	東シベリア地方
	サハ［ヤクーチア］共和国，ブリヤート共和国，トゥバ共和国，ハカシア共和国
－294	西シベリア地方
	アルタイ共和国
［－295］	ウラル地区　→－381
－296	中央アジア
	＊独立国家共同体［CIS］→－38；東トルキスタン→－228
－2961	カザフスタン
－2962	キルギス［キルギスタン］
－2963	タジキスタン

−2964	ウズベキスタン	
−2965	トルクメニスタン	
−297	コーカサス	
−298	北コーカサス	

　　　　　　　アディゲ共和国，カラチャイ・チェルケス共和国，カバルディノ・バルカル共
　　　　　　　和国，北オセチア・アラニア共和国，チェチェン共和国，イングーシ共和国，
　　　　　　　ダゲスタン共和国

　−299　　　南コーカサス［外コーカサス］
　−2991　　　ジョージア［グルジア］
　−2992　　　アルメニア
　−2993　　　アゼルバイジャン

　−3　　　ヨーロッパ．西洋
　−33　　　イギリス．英国
　　　　　　　＊イギリス連邦には，この記号を使用する
　−332　　　スコットランド
　−333　　　イングランド
　−3333　　　ロンドン
　−335　　　ウェールズ
　−336　　　マン島．チャンネル諸島
　−338　　　北アイルランド
　−339　　　アイルランド［エール］
　−34　　　ドイツ．中欧
　　　　　　　＊東欧→−39
　−343　　　ベルリン
＜−345／−349　中欧諸国＞
　−345　　　ス　イ　ス
　　　　　　　＊アルプスには，この記号を使用する
　−346　　　オーストリア
　−3469　　　リヒテンシュタイン
　−347　　　ハンガリー
　−348　　　チ　ェ　コ
　−3483　　　スロバキア
　−349　　　ポーランド
　−35　　　フランス
　−353　　　パ　　　リ
　−357　　　モ　ナ　コ
　−358　　　ベネルックス．ベルギー
　−3589　　　ルクセンブルク
　−359　　　オランダ
　−36　　　スペイン［イスパニア］
　　　　　　　＊南欧には，この記号を使用する
　−368　　　アンドラ

一般補助表

- －369　ポルトガル
- －37　　イタリア
- －377　サンマリノ
- －378　バチカン
- －379　マルタ
- －38　　ロシア
  - ＊独立国家共同体［CIS］には，この記号を使用する
- －381　ヨーロッパロシア
  - モスクワ，コミ共和国，カレリア共和国，チュバシ共和国，マリエル共和国，モルドビア共和国，タタールスタン共和国，ウドムルト共和国，バシコルトスタン共和国，カルムイク共和国
  - ＊別法：ウラル地区－295
  - ＊アジアロシア→－29
- －385　ベラルーシ
- －386　ウクライナ
- －387　モルドバ
- －388　バルト3国
- －3882　エストニア
- －3883　ラトビア
- －3884　リトアニア
- －389　北ヨーロッパ
  - ＊スカンジナビアには，この記号を使用する
- －3892　フィンランド
- －3893　スウェーデン
- －3894　ノルウェー
- －3895　デンマーク
  - ＊フェロー諸島には，この記号を使用する
- －3897　アイスランド
- －39　　バルカン諸国
  - ＊東欧には，この記号を使用する
- －391　ルーマニア
  - トランシルバニア，ワラキア
- －392　ブルガリア
- －393　セルビア，コソボ，モンテネグロ
  - ＊ユーゴスラビアには，この記号を使用する
- －3931　セルビア
- －39311　コソボ
- －3932　モンテネグロ
- －3933　マケドニア
- －3934　ボスニア・ヘルツェゴビナ
- －3935　クロアチア
- －3936　スロベニア
- －394　アルバニア

```
-395     ギリシア

-4       アフリカ
<-41/-43  北アフリカ>
-41      北アフリカ
-42      エジプト
-428     スエズ運河
-429     スーダン
-4292    南スーダン
-43      マグレブ諸国
-431     リ ビ ア
-432     チュニジア
-433     アルジェリア
-434     モロッコ
           *スペイン領メリリャ，セウタには，この記号を使用する
-435     西サハラ［旧スペイン領サハラ］
-436     カナリア諸島
-44      西アフリカ
-441     旧フランス領西アフリカ
-4412    ニジェール
-4413    ブルキナファソ［旧オートボルタ］
-4414    マリ［旧フランス領スーダン］
-4415    モーリタニア
-4416    セネガル
-4418    カーボベルデ
-442     上ギニア地方
-4421    ガンビア
-4422    ギニアビサウ
-4423    ギ ニ ア
-4424    シエラレオネ
-443     リベリア
-4435    コートジボワール［象牙海岸］
-444     ガーナ［黄金海岸］
-4445    ト ー ゴ
-4447    ベナン［ダホメ］
-445     ナイジェリア
-446     カメルーン
-4469    赤道ギニア
-447     旧フランス領赤道アフリカ
-4472    チ ャ ド
-4473    中央アフリカ［ウバンギシャリ］
-4474    コンゴ共和国
-4475    ガ ボ ン
```

414

−4476	サントメ・プリンシペ
−448	コンゴ民主共和国［ザイール］
−449	アンゴラ．カビンダ
	＊セントヘレナ島には，この記号を使用する
−45	東アフリカ
−451	エチオピア［アビシニア］
−4513	エリトリア
−452	ジブチ［アファル・イッサ］
−453	ソマリア
−454	ケ ニ ア
−455	ウガンダ
−4555	ルワンダ
−4556	ブルンジ
−456	タンザニア［タンガニーカ．ザンジバル］
−458	モザンビーク
−48	南アフリカ
−481	マラウイ［ニアサランド］
−482	ザンビア［北ローデシア］
−483	ジンバブエ［旧ローデシア］
−484	ボツワナ［ベチュアナランド］
−486	ナミビア［南西アフリカ］
−487	南アフリカ共和国
−488	スワジランド
−489	レソト［バストランド］
−49	インド洋のアフリカ諸島
−491	マダガスカル
−492	モーリシャス
	＊レユニオン島には，この記号を使用する
−493	セイシェル
−494	コ モ ロ

〈−5／−6　アメリカ大陸〉

−5	北アメリカ
	＊アメリカ大陸全般に関するものには，この記号を使用する
−51	カ ナ ダ
−511	北西地方．ユーコン地方
−512	ニューファンドランド・ラブラドール州
−513	東部沿岸諸州
−5131	プリンスエドワードアイランド州
−5132	ノバスコシア州
−5133	ニューブランズウィック州
−514	ケベック州

−515	オンタリオ州.オタワ
−516	西部諸州
−5161	マニトバ州
−5162	サスカチュワン州
−5163	アルバータ州
−517	ブリティッシュコロンビア州
−53	アメリカ合衆国
−531	ニューイングランド諸州
−5311	メイン
−5312	ニューハンプシャー
−5313	バーモント
−5314	マサチューセッツ
−5315	ロードアイランド
−5316	コネティカット
−532	大西洋岸中部諸州
−5321	ニューヨーク
−5322	ニュージャージー
−5323	ペンシルバニア
−533	大西洋南部諸州
−5331	デラウェア
−5332	メリーランド
−5333	コロンビア特別区
−5334	ウェストバージニア
−5335	バージニア
−5336	ノースカロライナ
−5337	サウスカロライナ
−5338	ジョージア
−5339	フロリダ
−534	中央北東部諸州
−5341	オハイオ
−5342	インディアナ
−5343	イリノイ
−5344	ミシガン
−5345	ウィスコンシン
−535	中央北西部諸州
−5351	ミネソタ
−5352	アイオワ
−5353	ミズーリ
−5354	ノースダコタ
−5355	サウスダコタ
−5356	ネブラスカ
−5357	カンサス
−536	中央南部諸州

一般補助表

−5361		ケンタッキー
−5362		テネシー
−5363		アラバマ
−5364		ミシシッピー
−5365		アーカンソー
−5366		ルイジアナ
−5367		オクラホマ
−5368		テキサス
−538		山岳諸州
−5381		モンタナ
−5382		アイダホ
−5383		ワイオミング
−5384		コロラド
−5385		ニューメキシコ
−5386		アリゾナ
−5387		ユ　タ
−5388		ネバダ
−539		太平洋岸諸州
−5391		ワシントン
−5392		オレゴン
−5393		カリフォルニア
−5394		アラスカ

＊アリューシャン列島には，この記号を使用する

[−5396]　　ハワイ　→−76

⟨−55／−68　ラテンアメリカ［中南米］⟩

−55		ラテンアメリカ［中南米］
−56		メキシコ
−57		中央アメリカ［中米諸国］
−571		グアテマラ
−572		エルサルバドル
−573		ホンジュラス
−574		ベリーズ［旧イギリス領ホンジュラス］
−575		ニカラグア
−576		コスタリカ
−578		パナマ．運河地帯
−59		西インド諸島
−591		キューバ
−592		ジャマイカ
−593		ハイチ
−594		ドミニカ共和国
−596		プエルトリコ
−5963		バハマ
−597		小アンティル諸島

```
              ＊マルティニク島には，この記号を使用する
 -5972      セントクリストファー・ネイビス
 -5973      アンティグア・バーブーダ
 -5974      ドミニカ国［旧イギリス領ドミニカ］
 -5976      セントルシア
 -5977      セントビンセントおよびグレナディーン諸島
 -5978      バルバドス
 -598      グレナダ
 -599      トリニダード・トバゴ

 -6    南アメリカ
 -61     北部諸国［カリブ沿海諸国］
 -612      仏領ギアナ
 -6122      スリナム
 -6123      ガイアナ
 -613      ベネズエラ
 -614      コロンビア
 -615      エクアドル
 -62     ブラジル
              ＊アマゾンには，この記号を使用する
 -63     パラグアイ
 -64     ウルグアイ
 -65     アルゼンチン
 -659      フォークランド諸島［マルビナス諸島］
 -66     チ リ
              ＊イースター島→ -759
 -67     ボリビア
 -68     ペ ル ー

 -7    オセアニア．両極地方
〈-71／-76 オセアニア〉
 -71     オーストラリア
 -711      クイーンズランド州
 -712      北部地方
 -713      西オーストラリア州
 -714      南オーストラリア州
 -715      ニューサウスウェールズ州
 -716      連邦首都地区．キャンベラ
 -717      ビクトリア州
 -718      タスマニア州
 -72     ニュージーランド
 -73     メラネシア
 -732      ソロモン諸島
```

　　　　　　　ガダルカナル，ブーゲンビル，サンタクルーズ諸島
　−733　　バヌアツ
　　　　　　　ニューヘブリデス諸島
　−734　　フィジー
　−735　　ニューカレドニア．ローヤルティ諸島
　−736　　パプアニューギニア　→：−247
　　　　　　　ビスマーク諸島，アドミラルティ諸島
　−74　　ミクロネシア
　　　　　　＊内南洋［裏南洋］には，この記号を使用する
　−741　　北マリアナ諸島
　　　　　　　サイパン，テニアン
　−742　　グ　ア　ム
　−743　　ミクロネシア連邦
　　　　　　　ヤップ，トラック，ポナペ
　−744　　パ　ラ　オ
　−745　　マーシャル諸島
　　　　　　　ビキニ，タラワ，ウェーク
　−746　　ナ　ウ　ル
　−747　　キリバス
　−75　　ポリネシア
　　　　　　＊トケラウ諸島，ニウエ，ピトケアン，仏領ポリネシア，米領サモアには，この記
　　　　　　　号を使用する
　−752　　ツ　バ　ル
　−753　　サモア［西サモア］
　−754　　ト　ン　ガ
　−755　　クック諸島
　−759　　イースター島［パスクワ島］
　−76　　ハ　ワ　イ
　　　　　　＊別法：−5396
　−769　　ミッドウェー諸島
〈−77／−79　両極地方〉
　−77　　両極地方
　−78　　北極．北極地方
　　　　　　　グリーンランド，スパールバル諸島［スピッツベルゲン諸島］
　−79　　南極．南極地方

Ⅱ　海洋区分　Sea division

- −1　　太　平　洋
- −2　　北太平洋
- −21　　　ベーリング海
- −22　　　オホーツク海
- −23　　　日　本　海
- −24　　　黄　　　海
- −25　　　東シナ海
- −26　　　南シナ海
- −28　　　カリフォルニア湾
- −3　　南太平洋
- −31　　　スル海
- −32　　　セレベス海
- −33　　　ジャワ海
- −34　　　バンダ海
- −35　　　アラフラ海
- −36　　　珊　瑚　海
- −37　　　タスマン海
- −4　　インド洋
- −41　　　ベンガル湾
- −42　　　アラビア海
- −45　　　ペルシア湾
- −46　　　紅　　　海
- −5　　大　西　洋
- −51　　　北大西洋
- −52　　　北　　　海
- −53　　　バルト海
- −55　　　ハドソン湾
- −56　　　メキシコ湾．カリブ海
- −57　　　南大西洋：ギニア湾
- −6　　地　中　海
- −61　　　リグリア海
- −62　　　チレニア海
- −63　　　イオニア海
- −64　　　アドリア海
- −65　　　エーゲ海
- −67　　　黒　　　海
- −68　　　カスピ海［裏海］
- −69　　　アラル海
- −7　　北極海［北氷洋］
　　　　　　グリーンランド海，バレンツ海，白海，カラ海，バフィン湾
- −8　　南極海［南氷洋］

一般補助表

Ⅲ　言語区分　Language division

-1　　　日　本　語

-2　　　中　国　語
-29　　　その他の東洋の諸言語
　　　　　　＊中国語→-2；日本語→-1
-291　　　朝鮮語［韓国語］
-292　　　アイヌ語
-2929　　古アジア諸語［極北諸語］：ギリヤーク語，チュクチ語
　　　　　　＊エスキモー・アレウト諸語→-951
-293　　　チベット・ビルマ諸語
　　　　　　＊シナ・チベット諸語には，この記号を使用する
-2931　　ヒマラヤ諸語
　　　　　　＊西夏語には，この記号を使用する
-2932　　チベット語．ゾンカ語
-2935　　ビルマ語［ミャンマー語］．ロロ語［彝語］
　　　　　　＊アッサム語→-2985
-2936　　カム・タイ諸語：タイ語［シャム語］
-29369　　ラオ語［ラオス語］．シャン語．アホム語．カレン語群
　　　　　　＊ミャオ・ヤオ諸語には，この記号を使用する
<-2937／-2939　オーストロ・アジア諸語>
-2937　　モン・クメール諸語：ベトナム語［安南語］
-2938　　クメール語［カンボジア語］．モン語
-2939　　ムンダー諸語．ニコバル島諸語
-294　　　オーストロネシア諸語［マライ・ポリネシア諸語］
-2941　　高山族諸語
-2942　　ムラユ語［マレー語．マライ語］．インドネシア語
-2943　　ジャワ語．パラオ語．スンダ．マラガシ語［マダガスカル語］．テトゥン語
-2944　　フィリピノ語［タガログ語］．イロカノ語
-2945　　ポリネシア諸語：マオリ語，ヌクオロ語，サモア語，ツバル語，トンガ語
-2946　　メラネシア諸語：フィジー語
-2947　　ミクロネシア諸語：キリバス語，ナウル語，マーシャル語
-295　　　アルタイ諸語
　　　　　　＊ウラル・アルタイ諸語には，この記号を使用する
　　　　　　＊ウラル諸語→-936；朝鮮語［韓国語］→-291
-2953　　ツングース諸語：女真語，満州語
-2955　　モンゴル諸語：モンゴル語［蒙古語］，カルムイク語，ブリヤート語
-2957　　チュルク諸語：トルコ語，アゼルバイジャン語，ウズベク語，カザフ語，キルギス語，トルクメン語
-2958　　ウイグル語．突厥語
-296　　　ドラビダ諸語：タミル語，テルグ語
　　　　　　＊インド諸語→-298

―2969　カフカース諸語：ジョージア語［グルジア語］
―297　セム・ハム諸語［アフロ・アジア諸語］
　　　　　＊セム諸語には，この記号を使用する
　　　　　＊ハム諸語→―942
―2971　アッカド語：アッシリア語，バビロニア語
―2972　カナン語群．フェニキア語
―2973　ヘブライ語
　　　　　＊イディッシュ語→―499
―2974　アラム語
―2975　シリア語
―2976　アラビア語
―29769　マルタ語
―2978　エチオピア諸語：アムハラ語，ティグリニャ語
―298　インド諸語
　　　　　＊ドラビダ諸語→―296
―2981　オリヤー語．マラーティー語．グジャラート語．ロマニー語［ロマ語］．シンド語［シンディー語］
　　　　　＊―2983／―2989以外のインド諸語には，この記号を使用する
―2983　ヒンディー語
―2984　ウルドゥー語
―2985　パンジャーブ語．アッサム語．ベンガル語
―2986　ネパール語
―2987　シンハラ語．ディベヒ語
―2988　サンスクリット［梵語］．ベーダ語
―2989　パーリ語．プラークリット
―299　イラン諸語
―2993　ペルシア語
―2998　その他のイラン諸語：アベスタ語，オセット語，パシュトー語，クルド語，タジク語
―2999　アルメニア語．ヒッタイト語．トカラ語

〈―3／―4　ゲルマン諸語〉
　　　　　＊ゲルマン諸語〈一般〉→―49

―3　英　語
　　　　　＊アメリカ英語には，この記号を使用する

―4　ドイツ語
―49　その他のゲルマン諸語
　　　　　＊ゲルマン諸語〈一般〉，ルクセンブルク語には，この記号を使用する
―491　低地ドイツ語．フリジア語［フリースランド語］
―492　フラマン語
―493　オランダ語［蘭語］
―4939　アフリカーンス語

一般補助表

- −494　　　北　欧　語
- −495　　　　アイスランド語. 古ノルド語
- −496　　　　ノルウェー語
- −497　　　　デンマーク語
- −498　　　　スウェーデン語
- −499　　　　イディッシュ語
- −4999　　　ゴート語

〈−5／−7　ロマンス諸語〉
　　　　　＊ラテン語→−92；ロマンス諸語〈一般〉→−79

- −5　　　　フランス語
- −59　　　　プロバンス語
　　　　　＊オック語には，この記号を使用する
- −599　　　カタロニア語

- −6　　　　スペイン語
- −69　　　　ポルトガル語
　　　　　＊ブラジル語には，この記号を使用する
- −699　　　ガリシア語

- −7　　　　イタリア語
- −79　　　　その他のロマンス諸語
　　　　　＊ロマンス諸語〈一般〉には，この記号を使用する
- −791　　　ルーマニア語. モルドバ語
- −799　　　レト・ロマンス諸語

- −8　　　　ロシア語
　　　　　＊スラブ諸語〈一般〉→−89
- −89　　　　その他のスラブ諸語
　　　　　＊スラブ諸語〈一般〉には，この記号を使用する
- −891　　　ブルガリア語. マケドニア語
- −892　　　セルビア語. クロアチア語. ボスニア語. モンテネグロ語
- −893　　　スロベニア語
- −894　　　ウクライナ語. ベラルーシ語
- −895　　　チェコ語［ボヘミア語］
- −896　　　スロバキア語
- −897　　　ソルブ語［ベンド語］
- −898　　　ポーランド語
- −899　　　バルト諸語：古プロシア語, ラトビア語［レット語］, リトアニア語

- −9　　　　その他の諸言語
- −91　　　　ギリシア語

−919	近代ギリシア語
−92	ラテン語
	＊ロマンス諸語→−5／−7
−93	その他のヨーロッパの諸言語
−931	ケルト諸語
−932	アイルランド語．スコットランド・ゲール語
−933	ブルトン語．ウェールズ語．コーンウォール語
−934	アルバニア語
−935	バスク語
−936	ウラル諸語
	＊アルタイ諸語→−295
−9361	フィンランド語［スオミ語］
	＊フィン・ウゴル諸語には，この記号を使用する
−9362	エストニア語
−9363	サーミ語［ラップ語］
−937	ウゴル諸語：ハンガリー語［マジャル語］
−938	サモエード諸語
−94	アフリカの諸言語
	＊アフリカーンス語→−4939；セム諸語，セム・ハム諸語［アフロ・アジア諸語］→−297；マラガシ語→−2943
−942	古代エジプト語．コプト語
	＊ハム諸語には，この記号を使用する
−943	ベルベル諸語
−944	クシ諸語：ソマリ語
−945	チャド諸語：ハウサ語
−946	ナイル・サハラ諸語
−947	ニジェール・コルドファン諸語：バントゥ諸語，スワヒリ語
−948	コイサン諸語：コイ語，サン語
−95	アメリカの諸言語
−951	エスキモー・アレウト諸語：エスキモー語［イヌイット語］，アレウト語
	＊古アジア諸語→−2929
−952	北米インディアン諸語．南米インディアン諸語：カリブ諸語
−97	オーストラリアの諸言語
	オーストラリア先住民語，タスマニア諸語
−979	パプア諸語
−99	国際語［人工語］
−991	エスペラント
−993	イード．ボラピューク．オクツィデンタル．ノビアル

固 有 補 助 表

凡　例

1　固有補助表の構成

一つの類またはその一部分についてのみ，共通に使用される補助表で，次の10種がある．
1)　神道各教派の共通細区分表
2)　仏教各宗派の共通細区分表
3)　キリスト教各教派の共通細区分表
4)　日本の各地域の歴史（沖縄県を除く）における時代区分
5)　各国・各地域の地理，地誌，紀行における共通細区分表
6)　各種の技術・工学における経済的，経営的観点の細区分表
7)　様式別の建築における図集
8)　写真・印刷を除く各美術の図集に関する共通細区分表
9)　言語共通区分
　言語共通区分は8類（言語）の各言語の下で，言語学の共通主題区分として使用する．
10)　文学共通区分
　文学共通区分は9類（文学）の各言語の文学の下で，文学形式および作品集の共通区分として使用する．

2　細目表における固有補助表

細目表には，その適用箇所に各固有補助表を掲示し運用の便を図った．

3　使用法

固有補助表の使用法は，序説**2.6.2**および使用法Ⅰの**4.2**を参照．

4　記号の冒頭のハイフン

固有補助表における各記号には，すべてハイフン（－）が付されている．これらの記号は単独では使用しないで，常にそのハイフンを取り去り，限定された範囲における分類記号に付加して使用する．

5　注記

適用にあたって注意すべきところとして，各固有補助表の冒頭および特定の記号の下に注記を付した．注記の冒頭にはアスタリスク（＊）を置き表示した．

1) 神道各教派の共通細区分表
　　178　　各教派．教派神道

　　＊各教派とも，次のように細分することができる　例：178.62黒住宗忠伝
－1　　教　　　義
－2　　教史．教祖．伝記
－3　　教　　　典
－4　　信仰・説教集．霊験．神佑
－5　　教会．教団．教職
－6　　祭祀．行事
－7　　布教．伝道

2）仏教各宗派の共通細区分表
　188　　各　　　　宗

＊各宗とも，次のように細分することができる　例：188.73真宗聖典，188.85永平寺史，188.92日蓮伝
＊宗典には，その宗派のために編集されたものを収め，所依の個々の経典およびその注疏は，183に収める

－1　　教義．宗学
－2　　宗史．宗祖．伝記
－3　　宗　　　　典
－4　　法話．語録．説教集
－5　　寺院．僧職．宗規
－6　　仏会．行持作法．法会
－7　　布教．伝道

3) キリスト教各教派の共通細区分表
198　　各教派．教会史

＊各教派とも，次のように細分することができる　例：198.74メソジスト説教集，198.982救世軍史
- －1　　教義．信条
- －2　　教会史．伝記
- －3　　聖　　　典
- －4　　信仰録．説教集
- －5　　教会．聖職
- －6　　典礼．儀式
- －7　　布教．伝道

4) 日本の各地域の歴史（沖縄県を除く）における時代区分
〈211／219　各　　　地〉

＊沖縄県を除く各地域とも，次のように細分することができる　例：213.603古代の東京都
＊形式区分記号を付加する場合は，時代による区分と抵触するので，0を重ねる　例：213.6003東京都の参考図書；ただし，時代区分の後に形式区分を重ねる場合はその必要はない　例：213.60303古代の東京都の参考図書

- －02　　原始時代
- －03　　古　　　代
- －04　　中　　　世
- －05　　近　　　世
- －06　　近　　　代

5) 各国・各地域の地理，地誌，紀行における共通細区分表
〈291／297　各国・各地域の地理・地誌・紀行〉

＊各国・各地域とも，形式区分の他に，次のように細分することができる　例：293.4087ドイツ写真帖，294.09アフリカ紀行

- −013 　　景観地理
- −017 　　集落地理
- −0173　　都市地理
- −0176　　村落地理
- −0189　　地　　名
- −02　　　史跡．名勝
- −087　　　写　真　集
- −09　　　紀　　　行
- −091　　　探　検　記
- −092　　　漂　流　記
- −093　　　案　内　記

6）各種の技術・工学における経済的，経営的観点の細区分表
〈510／580　各種の技術・工学〉

＊各技術・工学とも，次のように細分することができる　例：537.09253アメリカの自動車産業史・事情，549.809半導体産業

- −09　　　経済的・経営的観点
- −091　　　政策．行政．法令
- −092　　　歴史・事情
  - ＊地理区分
- −093　　　金融．市場．生産費
- −095　　　経営．会計
- −096　　　労　　働

7) 様式別の建築における図集
〈521／523　様式別の建築〉

　＊521／523においては，図集を次のように細分することができる　例：521.34087白鳳時代の建築図集

－087　　　建築図集

固有補助表

8) 写真・印刷を除く各美術の図集に関する共通細区分表
　700　　芸術．美術

　　＊700／739および750／759においては，各美術とも，図集は次のように細分することができる
　　　例：721.087日本画名画集，730.87世界版画展図録
　－087　　　美術図集
　　　　　　＊鑑賞のための図版を主体とする所蔵・出陳図録を含む；ただし，図版が，目録の一部として収録してある美術館・展覧会の所蔵・出陳目録には，形式区分－038を使用する

---

9) 言語共通区分
〈810/890 各 言 語〉

* 各言語は，すべて言語共通区分により細分することができる　例：829.762アラビア語の語源；ただし，言語の集合（諸語）および分類記号を複数の言語で共有している言語には付加しない
例：829.37モン・クメール諸語の音声，829.42インドネシア語の辞典
* 日本語，中国語，朝鮮語を除く各言語は，言語共通区分を英語に準じて細分してもよい　例：843.3独和辞典，855.5フランス語の時制

【言語共通区分】
- −1　音声．音韻．文字
- −2　語源．意味［語義］
- −3　辞　　　典
  * 語彙に関する辞典に，使用する；その他の主題に関する辞典には，形式区分−033を使用する
- −4　語　　　彙
- −5　文法．語法
- −6　文章．文体．作文
- −7　読本．解釈．会話
- −78　会　　　話
- −8　方言．訛語

10）文学共通区分
〈910／990　各言語の文学〉

＊各言語の文学は，すべて文学共通区分により細分することができる　例：929.21ユーカラ，949.62ノルウェー語の戯曲，989.83ポーランド語の小説；ただし，言語の集合（諸語）および分類記号を複数の言語で共有している言語による文学には付加しない　例：929.8インド諸語の小説集，994.7スワヒリ語の小説

【文学共通区分】
－1　　詩　　　　歌
　　　　　＊詩劇→－2
－18　　　児童詩．童謡
　　　　　＊日本語の児童詩・童謡→911.58
－2　　戯　　　　曲
　　　　　＊小説を戯曲化したものは，脚色者の戯曲として扱う
　　　　　＊劇詩→－1
－28　　　児童劇．童話劇
－3　　小説．物語
　　　　　＊映画・テレビシナリオ，演劇台本，漫画などを小説化したもの（ノベライゼーション）は，小説として扱う
　　　　　＊詩または戯曲の筋を物語化したものには，原作の文学形式の記号を使用する；ただし，児童向けに物語化したものは，物語として扱う
－38　　童　　　　話
－4　　評論．エッセイ．随筆
　　　　　＊文学形式が不明のものにも，使用する
－5　　日記．書簡．紀行
　　　　　＊いわゆる文学作品とみなされるもの，または文学者の著作に，使用する；ただし，文学者の著作であっても，特定の主題を有するものは，その主題の下に収める
　　　　　＊一般の紀行→29△09；一般の日記・書簡→280；日記体・書簡体小説→9□3
－6　　記録．手記．ルポルタージュ
　　　　　＊体験や調査に基づいて書かれているものに，使用する
－7　　箴言．アフォリズム．寸言
　　　　　＊短文形式のものに，使用する
　　　　　＊狂歌→911.19；風刺詩→9□1；ユーモア小説→9□3
－8　　作品集：全集，選集
　　　　　＊個人または複数作家の文学形式を特定できない作品集に，使用する；特定できるものは，その形式の記号を使用する
　　　　　＊作品集ではない研究の叢書などには，形式区分－08を使用する
－88　　　児童文学作品集：全集，選集

簡易版相関索引

相関索引

凡　例

　この索引は，語から分類表を参照するため，索引語とそれに対応する分類記号を，索引語のヨミの五十音順および ABC 順に配列したものである．

0　簡易版相関索引の特徴

　簡易版相関索引は，本版（NDC 新訂10版第5刷）の相関索引から，主として細目表の分類項目中にある用語から成る索引語を収録したものである．収録数は，本版相関索引の採録数の約3分の2にあたる21,361件である．
　索引語の形は，本版の索引語の形をそのまま使用する．

1　索引語

1.1　収録対象

　本版相関索引に採録されている索引語（注）の中から，主として次のものを収録する．
　1）細目表の分類項目中に示された名辞
　　　　例）自由民権運動　　第6族元素　　SNS
　　　細目表の分類項目中の表現そのままではなく，索引語としての成形，省略等が行われている場合を含む．
　　　　例）青年訓　　*分類項目名は「青年・学生のための人生訓」
　　　また，当該の分類項目中にはない語でも，観点の異なる同一の語が，他の分類項目中の名辞から採録されている場合には適宜収録する．
　　　　例）あさがお（植物学）　　*「あさがお（花卉園芸）」とともに収録
　2）地理区分表および海洋区分表に示された名辞
　　　　例）アジア　　プリンスエドワードアイランド州　　つくば　　黒海

　本版相関索引の索引語のうち，次のような語は原則として収録対象としない．
　ア）分類項目の主題に関連する語，下位の個別主題を表す語等ではあっても，分類項目中にはない語
　　　　例）オカルト　　金融工学　　ニューディール
　イ）補助表の記号によって合成され，分類項目の分類記号として細目表に掲載されない分類記号が示された語
　　　　例）インド美術（分類記号：702.25）　　瓦版（分類記号：070.21）
　ウ）合成語
　　　　例）本版相関索引において，「医学」の下に配列されている「宇宙医学」等

（注）本版相関索引においても，二者択一項目および不使用項目，各主題で共通に用いられる名辞（例：各主題の辞書），詳細な時代区分（例：17世紀）等は除外されている．また，地理区分表の二者択一項目および不使用項目，カナダおよびアメリカ合衆国の複数の州を包括した地名（例：西部諸州）も除外されている．本版相関索引凡例（2　相関索引・使用法編　p.7-9）を

参照.

1.2 限定語

索引語が，複数の主題分野または観点によって用いられる用語であることが顕著な場合には，その主題分野または観点を示す名辞を，丸括弧（( )）で囲んで付加し，それぞれに対応する分類記号を示す．対応する分類記号が単一である場合でも，索引語の主題分野を特定しやすくするために限定語を付加する場合がある．

限定語に用いる名辞には，基本的に上位の分類項目に用いられているものを用いる．

簡易版相関索引では，本版相関索引の限定語をそのまま使用する．ただし，複数の限定語が付加されている場合においても，索引語をすべて表示する．

  例）うるし（作物栽培）　617.9
    うるし（漆工芸）　752.3
    うるし（植物学）　479.822
    うるし（塗料）　576.82
    うるし（林産製造）　658.7

索引語が人名の場合には，その人物が示された主題分野を示す名辞を丸括弧（( )）で囲んで付加する．

  例）サルトル（哲学）　135.54

また，索引語が書名の場合には，一般の用語との識別のため，以下の名辞のいずれかを角括弧（[ ]）で囲んで付加する．

  書名，経典，聖書，聖典
  例）般若心経［経典］　183.2

2 分類記号

2.1 通常の分類記号

索引語に対応する最も一般的な分類記号を示す．

なお，示された分類記号は手がかりに過ぎず，適用にあたっては，分類表における体系上の主題の位置づけを必ず確認することが求められる．

2.2 地理区分・海洋区分

地名および海洋名については，対応する地理区分記号および海洋区分記号をアステリスク（*）を冒頭に付して指示する．アステリスク1つは地理区分記号，2つは海洋区分記号を意味する．

  例）シンガポール　　*2399
    バルト海　　　　**53

2.3 地理区分による細分

分類記号の中に「△」として指示したものは，適用に際して，これを地理区分記号に置き換えて細分する．

  例）紀行（地誌）　　29△09
    → ブラジル紀行　　296.209

2.4 言語区分による細分

分類記号の中に「□」として指示したものは，適用に際して，これを言語区分記号に置き換えて細分する．

例）音韻　　　　　　8□1
　　　→　アラビア語の音韻　829.761
　　詩（文学）　　　9□1
　　　→　イタリア語の詩　　971

3　ヨミおよび配列

3.1　ヨミ

索引語のヨミは，一般的なヨミとする．また，複数のヨミが一般的に用いられる場合には，それぞれのヨミによって同一の索引語を複数箇所に配置する場合がある．

例）茶道　サドウ，チャドウの2通りのヨミで採録

なお，「日本」のヨミは，「ニホン」に統一する．

連濁および同音連呼による「ぢ」「づ」は，すべて「ジ」「ズ」とする．また，「を」は，「オ」とする．

例）仮名づかい　　カナズカイ
　　ヲコト点　　　オコトテン

歴史的仮名づかいが用いられている場合は，現代仮名づかいによるヨミとする．

例）とはずがたり　トワズガタリ

また，アルファベットおよびアラビア数字はそのままヨミとする．

例）ICU看護　　ICUカンゴ
　　第1共和政　ダイ1キョウワセイ

3.2　配列

配列は，ヨミの五十音，アルファベット，アラビア数字の字順配列とする．

カナヨミの清・濁・半濁音は，同一順位になる場合は，清・濁・半濁音の順とする．また，ヨミで同一順序となる場合は，用語の表記形の文字コード順とする．

例）天使　テンシ
　　点字　テンジ
　　電子　デンシ

長音および中黒（・）は配列上無視する．

同一の索引語が複数ある場合は，その中をさらに限定語のヨミの順とする．

【ア】

あい（作物栽培）	617.8	アヴェナリウス（哲学）	134.7	
あい（植物学）	479.64	アヴェロエス（哲学）	132.28	
あい（染料）	577.99	アウグスティヌス（哲学）	132.1	
相生	*164	アウタルキー（経済）	333.4	
アイオワ州	*5352	アウトリーチサービス（図書館）	015.99	
愛玩動物	645.9	亜鉛（化学）	436.27	
愛玩動物（獣医学）	645.96	亜鉛（金属工学）	565.33	
合気道	789.25	亜鉛鉱（鉱山工学）	562.3	
愛国心（倫理）	154	亜鉛族元素	436.2	
愛国団体（社会学）	361.65	亜鉛中毒	493.152	
愛西	*155	あおい	479.84	
あいさつ（言語）	809.4	アオイ目	479.84	
あいさつ（民俗）	385.9	青色申告制度（租税）	345.1	
会沢正志斎（日本思想）	121.58	アオカビ	474.73	
愛情（心理学）	141.62	あおぎり	479.84	
愛書家	024.9	青写真法	745	
アイスクリーム（料理）	596.65	青空（気象学）	451.75	
会津戦争	210.61	青本	913.57	
アイスホッケー	784.7	青森	*121	
アイスポロ	784.7	青森県	*121	
アイスランド	*3897	赤磐	*175	
アイスランド語	849.5	アカザ目	479.65	
会津若松	*126	明石	*164	
アイソトープ（原子力工学）	539.6	赤潮（水産学）	663.96	
アイソトープ（作物学）	615.7	県主制度	322.13	
アイソトープ（物理学）	429.4	あかね（作物栽培）	617.8	
アイソトープ（放射線医学）	492.48	あかね（植物学）	479.97	
アイダホ州	*5382	あかね（染料）	577.99	
愛知県	*155	アカネ目	479.97	
アイヌ語	829.2	阿賀野	*141	
アイバンク	496.24	赤平	*115	
アイユーブ朝（エジプト史）	242.04	赤本	913.57	
姶良	*197	アカマンボウ目	487.75	
アイルランド	*339	アーカンソー州	*5365	
アイルランド語	893.2	安芸	*184	
アイロン（製造工業）	582.5	昭島	*1365	
アイロン（電気工学）	545.88	秋月の乱	210.624	
アイロン（被服管理）	593.5	秋田	*124	
アヴィケンナ（哲学）	132.28	安芸高田	*176	
アーヴィング教会	198.96	秋田県	*124	
		安芸国	*176	
		あきる野	*1365	
		アクアチント	735	

445

悪臭（公害）	519.75	浅口	*175
アクセサリー（衣類）	593.8	朝倉	*191
アクセサリー（工芸）	755.3	朝来	*164
アクセサリー（民俗）	383.3	麻工業	586.3
アクセント	8□1	浅茅が露［書名］	913.41
アクセント（英語）	831.4	麻製品	586.37
アクセント（日本語）	811.14	麻繊維	586.33
アクチノイド元素	436.34	麻布	586.37
アクチュアリー（保険）	339.1	旭	*135
アーク灯（照明工学）	545.2	旭川	*114
阿久根	*197	アザミウマ目	486.38
あくび（生理学）	491.333	浅見絅斎（日本思想）	121.54
悪魔（キリスト教）	191.5	朝焼（気象学）	451.75
アーク溶接	566.62	アザラシ科	489.59
アグリッパ（哲学）	132.4	あさり（漁労）	664.72
アクリル画（絵画技法）	724.4	あさり（動物学）	484.4
アクリル樹脂	578.443	足（解剖学）	491.198
アクロバット（体操）	781.4	あじ（漁労）	664.64
上尾	*134	あじ（動物学）	487.761
揚返（蚕糸業）	639.4	アジア	*2
あけび（植物学）	479.716	アジア建築	522
あけび（林産物）	657.85	アジア史	220
アケビ科	479.716	アジア的生産様式（経済史）	332.03
あけび細工（製造工業）	583.9	アジア料理	596.22
赤穂	*164	アジア料理店	673.972
赤穂事件	210.52	アジアロシア	*29
アコーディオン	763.39	アシカ科	489.59
アコーディオン合奏	764.88	足利	*132
阿含経［経典］	183.1	足利時代（日本史）	210.46
阿含部	183.1	脚固	524.53
あさ（作物栽培）	618.2	あじさい（花卉園芸）	627.79
あさ（植物学）	479.577	あじさい（植物学）	479.75
あさ（繊維工業）	586.33	芦東山（日本思想）	121.54
あさ（染色加工）	587.63	芦別	*115
麻糸	586.37	芦屋	*164
麻糸紡績	586.35	アジ類	487.761
浅井了意（日本文学）	913.51	飛鳥時代（日本史）	210.33
麻織物	586.37	飛鳥美術	702.133
アサ科	479.577	あずき（作物栽培）	616.7
朝霞	*134	あずき（植物学）	479.78
あさがお（花卉園芸）	627.4	アスター（花卉園芸）	627.58
あさがお（植物学）	479.951	アスター［植物学］	479.995
安積澹泊（日本思想）	121.58	アスタチン（化学）	435.37

安土桃山時代（日本史）	210.48		圧縮空気機関	534.95
安土桃山時代美術	702.148		圧縮空気工具	534.96
アステカ帝国時代（メキシコ史）	256.04		圧縮酸素（化学工業）	574.25
アステカ文明	256.04		圧縮試験（材料工学）	501.53
アスパラガス（植物学）	479.373		圧縮水素（化学工業）	574.24
アスパラガス（蔬菜園芸）	626.58		圧条（果樹園芸）	625.12
アスファルト（化学工業）	575.58		アッシリア語	829.71
アスファルト（鉱物学）	459.68		アッシリア美術	702.03
アスファルト舗装	514.44		圧診	492.11
アスベスト（鉱山工学）	569.4		圧接（金属工学）	566.6
アスベスト工業	579.2		圧力（物理学）	423.83
東遊（邦楽）	768.25		圧力計（精密工学）	535.3
安曇野	*152		圧力団体（社会学）	361.65
汗（生理学）	491.369		圧力容器（流体工学）	534.94
アセチレン（化学）	437.2		アディゲ共和国	*298
アセチレン（工業薬品）	574.82		アデン	*2786
アセチレンガス（化学工業）	574.28		アドバルーン	674.8
アセテート人絹	578.66		アートフラワー（手芸）	594.8
アゼルバイジャン	*2993		アドベンチスト	198.69
アゼルバイジャン語	829.57		アドミラルティ諸島	*736
阿蘇	*194		アトランティス	209.32
遊び（民俗）	384.55		アドリア海	**64
熱海	*154		アトリエ（絵画）	724.8
アダン目	479.32		アドルノ（社会学）	361.234
アーチ（建築）	524.82		アナウンサー（放送事業）	699.39
アーチ（構造力学）	501.37		アナクシメネス（哲学）	131.1
アーチ（造園）	629.67		あなぐま（動物学）	489.58
アーチェリー	789.53		あなご（漁労）	664.68
アーチ橋	515.55		あなご（動物学）	487.66
アーチ工（土木工学）	513.7		アナトリア半島	*274
アーチダム	517.72		アナフェ蚕	635.9
圧延	566.4		阿南	*181
圧覚（心理学）	141.24		アニマチズム	163.3
圧覚（生理学）	491.378		アニマルセラピー（心理学）	146.813
アッカド語	829.71		アニミズム	163.3
厚紙（紙工業）	585.56		アニメーション	778.77
厚木	*137		網走	*111
圧砕穀	619.2		アパート（家庭経済）	591.6
アッサム語	829.85		アパート（建築）	527.8
アッサム州	*251		アパート（住宅問題）	365.35
圧縮（応用力学）	501.323		アパート経営	673.99
圧縮ガス工業	574.2		アパレル産業	589.2
圧縮機	534.92		我孫子	*135

アビシニア	*451	天草	*194
アビシニア教会	198.17	雨乞（民俗）	384.31
アビ目	488.65	雨仕舞法（建築）	524.85
あひる（家禽）	646.7	アマゾン	*62
あひる（動物学）	488.69	アマチュア無線	547.61
あぶ（動物学）	486.9	アマツバメ目	488.98
アファル・イッサ	*452	奄美	*197
アフィン幾何学	414.4	アマルガム（金属工学）	565.188
アフォリズム	9□7	あみ（漁労）	664.76
アフガニスタン	*271	あみ（動物学）	485.3
アプト式鉄道	516.81	網（繊維工業）	586.9
鐙（工芸）	756.7	網糸	665.5
油絵（絵画技法）	724.3	編木（邦楽）	768.19
油粕（肥料学）	613.45	アミジグサ目	474.43
あぶらぎり（作物栽培）	617.9	阿弥陀経［経典］	183.5
あぶらぎり（植物学）	479.815	アミド（化学）	437.7
アブラナ科	479.722	アミノ化（化学）	434.6
あぶらむし（動物学）	486.5	アミノ酸（医学）	491.42
あぶらむし（農業昆虫学）	613.86	アミノ酸（生物学）	464.25
アフリカ	*4	網元	661.7
アフリカ史	240	編物（手芸）	594.3
アフリカ哲学	139.4	アミラン	578.73
アフリカ文学	994	アミン（化学）	437.7
アフリカーンス語	849.39	アミン（化学工業）	574.87
アプリケーション（情報学）	007.63	アムハラ語	829.78
アフロ・アジア諸語	829.7	飴（食品工業）	588.38
安倍神道	171.7	雨（気象学）	451.64
アベスタ語	829.98	雨森芳洲（日本思想）	121.54
アベラルドゥス（哲学）	132.2	アメーバ	483.141
アーベル関数	413.57	アメーバ赤痢	493.88
アーベル群	411.64	アメーバ類（動物学）	483.141
アヘン戦争	222.065	アメリカ英語	830
あほうどり	488.67	アメリカ合衆国	*53
アボカド（果樹栽培）	625.86	アメリカ合衆国史	253
アホム語	829.369	アメリカ社会学	361.253
あま（愛知県）	*155	アメリカ大陸	*5
あま（作物栽培）	618.2	アメリカ哲学	133.9
あま（植物学）	479.811	アメリカ独立戦争	253.04
あま（繊維工業）	586.33	アメリカ発見	253.03
海女（漁業）	661.9	アメリカ文学	930.29
海女（民俗）	384.36	アメリカンフットボール	783.46
アマ科	479.811	飴類（食品工業）	588.38
尼崎	*164	厦門方言	828.3

アーモンド（果樹栽培）	625.73	アルカリ土類化合物（化学工業）	574.72
アーモンド（植物学）	479.75	アルカリ土類金属（化学）	436.2
綾織	586.77	アルカリ土類金属（金属工学）	565.57
綾瀬	*137	アルカリパルプ（紙工業）	585.35
綾部	*162	アルカロイド（化学）	439.3
あやめ（花卉園芸）	627.58	アルカロイド（植物学）	471.4
あやめ（植物学）	479.377	アルキード樹脂	578.435
アヤメ科	479.377	アルゴリズム（計算法）	418
あゆ（漁労）	664.691	アルゴリズム（情報学）	007.64
あゆ（動物学）	487.61	アルコール（化学）	437.3
新井白石（日本思想）	121.54	アルコール（工業薬品）	574.83
荒尾	*194	アルコール（酒類工業）	588.56
荒木田守武（日本文学）	911.31	アルコール依存症	493.156
アラスカ州	*5394	アルコール中毒（医学）	493.156
アラバマ州	*5363	アルコール中毒（社会病理）	368.86
アラビア海	**42	アルコール中毒者（社会病理）	368.86
アラビア語	829.76	アルコール類	574.83
アラビアゴム	579.1	アルゴン（化学）	435.25
アラビア哲学	129.7	アルジェリア	*433
アラビア半島	*278	アルゼンチン	*65
アラビア法制史	322.28	アルタイ共和国	*294
アラブ・イスラエル紛争（中東史）	227.07	アルタイ諸語	829.5
アラブ首長国連邦	*2784	アルチュセール（哲学）	135.56
アラフラ海	**35	アールデコ	702.07
アラム語	829.74	アルデヒド（化学工業）	574.84
アラル海	**69	アルデヒド（環式化合物）	438.4
あられ（気象学）	451.65	アルデヒド（鎖式化合物）	437.4
あられ石（鉱物学）	459.61	アルト（声楽）	767.32
アラン（哲学）	135.5	アルナチャルプラデシュ州	*251
あり（動物学）	486.7	アールヌーボー	702.07
有賀喜佐衛門（社会学）	361.21	アルパカ（畜産業）	645.49
ありくい（動物学）	489.45	アルパカ（動物学）	489.88
アリストテレス（哲学）	131.4	アルパカ毛（繊維工業）	586.53
アリゾナ州	*5386	アルバータ州	*5163
有田	*166	アルバニア	*394
亜硫酸ガス（公害）	519.3	アルバニア語	893.4
アリューシャン列島	*5394	アルファ線（物理学）	429.4
アルヴァクス（社会学）	361.235	アルプス	*345
アルカリ金属（化学）	436.1	アルベルトゥス・マグヌス（哲学）	132.2
アルカリ金属（金属工学）	565.56	アルペン競技	784.33
アルカリ工業	574.4	アルミナセメント	573.86
アルカリ蓄電池	572.12	アルミニウス教会	198.387
アルカリ電池	572.11	アルミニウム（化学）	436.36

アルミニウム（金属工学）	565.52	安政の大獄	210.58
アルミニウム橋	515.46	安政の大地震（日本史）	210.58
アルメニア	*2992	アンセルムス（哲学）	132.2
アルメニア教会	198.16	安全衛生（経営管理）	336.48
アルメニア語	829.99	安全衛生（労働）	366.34
アレウト語	895.1	安全教育（教育）	374.92
アレクサンダー（哲学）	133.5	安全性（原子力工学）	539.9
アレクサンドロス大王	231.7	安全性（原子炉）	539.26
アレルギー性疾患	493.14	安全地帯（道路工学）	514.15
アロー戦争	222.066	安全灯（鉱山工学）	561.75
あわ（化学）	431.83	安全爆薬	575.92
あわ（作物栽培）	616.62	安全保障（国際法）	329.48
あわ（植物学）	479.343	安全保障（国際問題）	319.8
阿波	*181	安息日（キリスト教）	196.2
淡路	*164	アンダマン諸島	*259
淡路国	*164	アンチモン（化学）	436.54
袷（家政学）	593.12	アンチモン（金属工学）	565.36
合せガラス	573.577	アンティグア・バーブーダ	*5973
阿波国	*181	アンテナ（無線工学）	547.53
安房国	*135	安藤昌益（日本思想）	121.59
あわび（漁労）	664.73	アンドラ	*368
あわび（水産増殖）	666.7	アンドラプラデシュ州	*256
あわび（動物学）	484.6	案内記（地理）	29△093
あわら	*144	案内軌条式鉄道	516.79
晏嬰（中国思想）	124.7	安中	*133
安徽省	*2223	アンナン	*231
アングリカン教会	198.4	安南語	829.37
アングロサクソン語	830.23	鞍馬（体操）	781.5
アングロサクソンコモンロー	322.33	アンプ	547.337
アングロサクソン時代	233.035	アンプル（ガラス工業）	573.574
暗号（言語）	809.7	アンペア計（電気工学）	541.56
アンコウ目	487.79	罨法（医学）	492.53
アンゴラ	*449	あんま	492.75
暗殺（社会病理）	368.61	あんま師	498.14
暗算（数学）	411.1	あんみつ屋	673.98
安山岩	458.65	安眠（衛生学）	498.36
暗示（心理学）	145.4	アンモニア合成工業	574.65
暗室（写真）	742.8	安楽死（医学）	490.154
安史の乱	222.048		
按手礼（キリスト教）	196.32	【イ】	
安城	*155		
あんず（果樹栽培）	625.51	胃（解剖学）	491.145
あんず（植物学）	479.75	胃（生理学）	491.345

居合術	789.32	医学と宗教	490.16
胃アトニー	493.45	医学図書館	018.49
飯塚	*191	胃下垂	493.45
飯田	*152	鋳型（金属工学）	566.13
飯山	*152	筏流（木材学）	657.15
医院（医学）	498.16	伊賀国	*156
家（社会）	367.3	胃カメラ	492.14
家（民俗）	384.4	錨（製造工業）	581.5
家（民法）	324.69	錨（造船学）	553.7
家柄（民俗）	384.4	錨作業（航海学）	557.11
胃液	492.14	胃癌	493.455
家構成（民俗）	384.4	異関節目	489.45
イエズス会	198.25	遺棄（刑法）	326.23
イエス伝	192.8	壱岐	*193
イエメン	*2786	イギス目	474.57
胃炎	493.45	壱岐国	*193
硫黄（化学）	435.46	イギリス	*33
硫黄（工業）	574.74	イギリス史	233
硫黄（鉱山工学）	569.1	イギリス社会学	361.233
硫黄化合物（化学工業）	574.86	イギリス哲学	133.1
硫黄化合物（環式化合物）	438.6	イギリス統治時代（ミャンマー史）	223.806
硫黄化合物（鎖式化合物）	437.6	イギリス法制史	322.33
萎黄病（医学）	493.17	イギリス領ドミニカ	*5974
イオニア海	**63	イギリス領ホンジュラス	*574
イオン（物理学）	427.5	イギリス連邦	*33
イオン化（化学）	431.71	育英会	373.4
イオン光学（物理学）	427.57	いぐさ（作物栽培）	618.8
イオン交換樹脂	578.45	いぐさ（植物学）	479.371
イオン交換分離（化学）	433.4	いぐさ（製造工業）	583.9
イオン反応（化学）	431.36	イグサ科	479.371
いか（漁労）	664.77	鬻子（中国思想）	124.7
いか（動物学）	484.7	育児（医学）	493.98
異化（植物学）	471.3	育児（家政学）	599
伊賀	*156	育児休業（労働者保護）	366.38
位階（行政）	317.5	育児休業（労働条件）	366.32
異顎目	487.75	育種（花卉園芸）	627.12
胃潰瘍	493.454	育種（果樹園芸）	625.12
医化学	491.4	育種（作物学）	615.21
医学	490	育種（水産増殖）	666.11
医学教育	490.7	育種（蔬菜園芸）	626.12
胃拡張	493.45	育種（畜産業）	643.1
医学的心理学（医学）	490.14	育種学	615.21
医学哲学	490.1	育雛	646.14

育成用機械（農業）	614.85	意思表示（民法）	324.14
育苗（稲作）	616.22	いじめ	371.42
鋳ぐるみ（金属工学）	566.18	石山脩平（教育学）	371.21
池（造園）	629.62	萎縮（病理学）	491.68
池（陸水学）	452.93	萎縮病（稲作）	616.28
違警罪即決例	326.82	胃手術	494.655
池田	*163	移出入（貿易）	678
池田草庵（日本思想）	121.54	囲障（建築）	524.89
異肩目	487.64	意匠	507.25
囲碁	795	異常記憶（心理学）	145.6
彝語	829.35	異常現象（電気工学）	544.2
生駒	*165	異常心理学	145
鋳込	566.14	異常生化学	491.49
遺言（国際民法）	329.846	異常知覚（心理学）	145.5
遺言（民法）	324.77	異常発生（解剖学）	491.29
伊佐	*197	異常分娩	495.7
諫早	*193	異食（心理学）	145.72
イザヤ書［聖書］	193.41	移植（果樹園芸）	625.15
十六夜日記［書名］	915.44	移植（外科学）	494.28
伊沢修二（教育学）	371.21	移植（作物学）	615.5
意志（心理学）	141.8	移植（病理学）	491.68
医師	498.14	衣食住（家政学）	590
石岡	*131	衣食住（民俗）	383
石垣（沖縄県）	*199	石綿（鉱山工学）	569.4
石垣（鉄道工学）	516.15	石綿（電気材料）	541.65
石狩	*115	石綿工業	579.2
石狩振興局	*115	胃神経症	493.45
石狩国	*115	維新政府（中国史）	222.075
石川県	*143	椅子（家具工業）	583.75
石工（建築）	525.53	伊豆	*154
意思決定（経営管理）	336.1	異数性	467.3
意思決定（心理学）	141.8	伊豆諸島	*1369
医師国家試験	490.79	イースター島	*759
イージス艦艇	556.99	井筒基礎（建築）	524.3
石造	524.47	井筒工	513.43
石積工（土木工学）	511.5	イースト（食品工業）	588.32
石田梅岩（心学）	157.9	伊豆の国	*154
胃疾患	493.45	伊豆国	*154
遺失物法	324.89	イスパニア	*36
石灯籠	629.61	いすみ	*135
意志の自由（倫理）	151.2	出水	*197
石巻	*123	泉（陸水学）	452.95
石橋	515.42	和泉	*163

泉大津	*163	位相群論	411.67
泉佐野	*163	位相数学	415
和泉式部日記［書名］	915.34	いそぎんちゃく（動物学）	483.35
泉熱	493.87	磯村英一（社会学）	361.21
和泉国	*163	板（機械工学）	531.14
出雲	*173	異体字（中国語）	821.27
出雲大社教	178.19	異体目	487.77
出雲国	*173	板紙（紙工業）	585.56
イスラエル	*279	板ガラス	573.573
イスラエル史	227.9	委託販売	673.34
イスラム	167	潮来	*131
イスラム王朝時代（エジプト史）	242.04	イタチ科	489.58
イスラム芸術	702.096	板碑	185.5
イスラム圏	*27	伊丹	*164
イスラム史	167.2	イタリア	*37
イスラム中世哲学	132.28	イタリア語	870
イスラム帝国	209.4	イタリア史	237
イスラム哲学	129.7	イタリア哲学	137
イスラム法	322.28	イタリア文学	970
イスラム暦	449.33	イタリア法制史	322.37
伊勢	*156	市（民俗）	384.37
異性体（化学）	431.14	イチイ科	478.61
遺跡	202.5	市川	*135
遺跡（中国史）	222.0025	いちき串木野	*197
遺跡（朝鮮史）	221.0025	一弦琴	768.12
遺跡（日本史）	210.025	一元論（哲学）	111
伊勢崎	*133	いちご（植物学）	479.75
伊勢神宮	175.8	いちご（蔬菜園芸）	626.29
伊勢神道	171.2	いちじく（果樹栽培）	625.62
伊勢国	*156	いちじく（植物学）	479.575
伊勢原	*137	一次形式（数学）	411.5
伊勢物語［書名］	913.32	一次電池（化学工業）	572.11
胃洗浄法	492.25	位置天文学	442.9
位相	8□4	一年草（花卉園芸）	627.4
位相（英語）	834.9	一関	*122
位相（言語学）	801.4	一宮	*155
位相（中国語）	824.9	市原	*135
位相（朝鮮語）	829.149	いちび（作物栽培）	618.2
位相（日本語）	814.9	いちび（植物学）	479.84
遺贈（民法）	324.77	イチョウ類	478.5
位相解析	415.5	溢光照明（電気工学）	545.64
位相幾何学	415.7	一寸法師［書名］	913.49
位相空間論	415.2	一体式構造（建築）	524.7

イットリウム（化学）	436.32	稲作	616.2
一般関数論（数学）	415.6	稲沢	*155
一般魚学	487.51	稲敷	*131
一般外科手技	494.28	因幡国	*172
一般件名標目表	014.495	いなべ	*156
一般鉱物学	459.1	稲荷信仰（民俗）	387.3
一般昆虫学	486.1	イニシアチブ（政治）	314.9
一般鳥学	488.1	委任（民法）	324.52
一般分類表（図書館）	014.45	委任統治（国際法）	329.25
一般用医薬品	499.7	いぬ（家畜）	645.6
一般力学	423	いぬ（獣医学）	645.66
逸話集	28△08	いぬ（狩猟）	659
イデアル論（数学）	411.75	いぬ（動物学）	489.56
イディッシュ語	849.9	イヌイット語	895.1
遺伝（作物学）	615.21	犬追物（武術）	789.5
遺伝（心理学）	141.92	イヌ科	489.56
遺伝（生物学）	467	イヌガヤ科	478.64
遺伝（動物学）	481.39	犬山	*155
遺伝学	467	いね（植物学）	479.343
遺伝子	467.2	いね（食用作物）	616.2
遺伝子組み換え	467.25	イネ科	479.343
遺伝子工学（遺伝学）	467.25	稲刈（民俗）	384.31
遺伝子工学（化学工業）	579.93	イネ目	479.34
遺伝子操作（遺伝学）	467.25	井上金峨（日本思想）	121.57
遺伝子操作（化学工業）	579.93	イノシシ科	489.83
遺伝病	491.69	井原	*175
イード	899.3	茨木	*163
井戸（衛生工学）	518.12	茨城県	*131
井戸（陸水学）	452.95	井原西鶴（浮世草子）	913.52
糸魚川	*141	井原西鶴（俳諧）	911.31
伊東	*154	イバラモ科	479.333
移動（生物学）	471.71	衣服（育児）	599.2
移動演劇	775.5	衣服（家政学）	593
伊藤仁斎（日本思想）	121.56	衣服（製造工業）	589.21
移動図書館	015.5	衣服（民俗）	383.1
移動無線	547.62	衣服衛生	593.5
糸島	*191	イフシード朝（エジプト史）	242.04
糸満	*199	指宿	*197
いとよ	487.72	遺物（考古学）	202.5
伊那	*152	遺物（中国史）	222.0025
稲城	*1365	遺物（朝鮮史）	221.0025
いなご（稲作）	616.286	遺物（日本史）	210.025
いなご（動物学）	486.45	胆振総合振興局	*117

胆振国	*117	イラン革命	227.207
イブン・マイムーン（哲学）	132.29	イラン諸語	829.9
イベント（広告）	674.53	イラン法制史	322.27
イベント施設	689.7	入会権（水産業）	661.12
違法性（刑法）	326.13	入会権（民法）	324.28
居間（建築）	527.4	入会権（林政学）	651.15
今鏡［書名］	913.394	イリアンジャヤ	*247
今治	*183	イリジウム（化学）	436.88
今物語［書名］	913.47	イリノイ州	*5343
今様（邦楽）	768.283	遺留分（民法）	324.78
今様歌（日本文学）	911.63	医療関係職員	498.14
伊万里	*192	医療機器（医学）	492.8
意味（言語学）	8□2	医療機器（精密工学）	535.4
射水	*142	医療矯正（行刑）	326.54
諱	288.12	医療行政（医学）	498.1
意味論（言語学）	801.2	医療行政（社会福祉）	369.91
意味論（情報学）	007.1	医療ケースワーク	369.92
移民（来住民）	334.4	医療施設（医学）	498.16
移民（流出民）	334.5	医療施設（社会福祉）	369.91
稲熱病（稲作）	616.28	医療社会福祉	369.9
鋳物工業	566.1	医療制度（衛生行政）	498.13
鋳物工場	566.19	医療制度（社会福祉）	369.91
鋳物砂	566.11	医療装置	492.8
鋳物製品	581.1	医療費用保険	339.47
鋳物用金属材料	566.11	医療紛争	498.12
芋版	736	医療法	498.12
いもり（動物学）	487.84	医療保険（社会保険）	364.4
いも類（作物栽培）	616.8	医療保険（保険）	339.47
芋類加工	619.7	医療保護（社会福祉）	369.9
医薬品	499.1	医療保障保険	339.47
医薬品中毒（医学）	493.155	医療倫理	490.15
伊予	*183	衣類整理	593.5
意欲（心理学）	141.8	いるか（動物学）	489.6
意欲異常（心理学）	145.7	入間	*134
伊予国	*183	入墨（民俗）	383.7
イラク	*273	入れ歯	497.56
イラクサ目	479.57	色（心理学）	141.21
イラク戦争	227.307	色（美術）	757.3
イラストレーション	726.5	色（物理学）	425.7
イラストレーション技法	726.507	色揚（家庭染色）	593.7
イラストレーション論	726.501	イロカノ語	829.44
イラン	*272	色ガラス	573.576
イラン・イラク戦争	227.207	いろは歌（日本語）	811.5

いわうめ	479.91	いんこ（家禽）	646.8
いわき	*126	いんこ（動物学）	488.8
磐城国	*126	隠語	8□4
岩国	*177	隠語（英語）	834.9
岩倉	*155	隠語（中国語）	824.9
いわし（漁労）	664.62	隠語（朝鮮語）	829.149
いわし（動物学）	487.61	隠語（日本語）	814.9
石清水物語［書名］	913.41	隠語辞典（英語）	833.9
岩代国	*126	隠語辞典（中国語）	823.9
磐田	*154	隠語辞典（朝鮮語）	829.139
岩出	*166	隠語辞典（日本語）	813.9
岩手県	*122	印西	*135
岩沼	*123	印刷	749
岩見沢	*115	印刷（新聞）	070.17
石見国	*173	印刷（図書）	022.7
殷	222.032	印刷回路（通信工学）	547.36
陰影法（絵画）	725.2	印刷カード（図書館）	014.37
印画（写真）	744.6	印刷機械	749.3
因果関係（哲学）	112	印刷業	749.09
因果経［経典］	183.19	印刷史	749.2
印画紙（写真）	742.2	印刷電信	547.45
隠花植物	473	印刷用紙（紙工業）	585.51
インカ帝国時代（ペルー史）	268.04	インジウム（化学）	436.38
インカ文明	268.04	印紙税（財政）	345.63
印鑑（民法）	324.87	隠翅目	486.98
インキュナブラ（書誌学）	022.33	印写技術	740
インキュナブラ目録	026.3	飲酒史	383.885
隠居（民法）	324.69	印章（美術）	739
陰極線（物理学）	427.56	印象主義（音楽）	762.07
陰極線管（電子工学）	549.53	印象主義（絵画）	723.05
インク（印刷）	749.3	印象主義（美術）	702.06
インク（化学工業）	576.98	飲食史	383.8
インク（造本）	022.6	飲食店（サービス産業）	673.97
インクジェット	749.83	インスタント食品（食品学）	498.517
イングーシ共和国	*298	インスタント食品（食品工業）	588.97
インクライン	536.76	院政時代（日本史）	210.38
イングランド	*333	隕石（鉱物学）	459.8
イングリッシュホルン	763.75	隕石（天文学）	447.3
陰茎（解剖学）	491.154	姻族（民法）	324.61
陰茎（生理学）	491.351	インダクタンス計	541.55
陰茎疾患	494.96	インダス文明	225.02
いんげんまめ（植物学）	479.78	インターネット（通信工学）	547.4833
いんげんまめ（蔬菜園芸）	626.3	インターネットオークション	673.35

インターネット広告	674.6	印譜		739
インターネットショッピング	673.36	インフォメーションファイル		014.74
インターネットブラウザ		インプットメソッド		007.635
（ソフトウェア）	007.6389	インフルエンザ（医学）		493.87
インターネット放送	699.7	インフルエンザ（学校教育）		374.96
インタビュー法	809.5	インフレーション		337.9
インターホン（通信工学）	547.468	韻文		9□1
インディアカ	783.2	尹文（中国思想）		124.43
インディアナ州	*5342	因明		183.89
隕鉄（鉱物学）	459.8	陰陽家（中国思想）		124.6
インテリゲンチア	361.84	引用集		908.8
インテリジェントターミナル	548.27	韻律学		901.1
陰電気（物理学）	427.1	飲料		596.7
インド	*25	引力（物理学）		423.3
咽頭	496.8			
咽頭（解剖学）	491.144	【ウ】		
咽頭（生理学）	491.344			
インド牛（畜産業）	645.39	ヴァイゲル（哲学）		132.4
咽頭疾患	496.8	ヴァグナー（経済学）		331.5
インド絵画	722.5	ヴァロワ王朝（フランス近代史）		235.05
インド建築	522.5	ヴァロワ王朝（フランス中世史）		235.04
インド史	225	ヴィヴェーカーナンダ（インド哲学）		126.9
インドシナ戦争	223.107	ウィキ		007.353
インドシナ法制史	322.23	ウィクセル（経済学）		331.75
インド諸語	829.8	ヴィクトリア時代（英米文学）		930.26
インド帝国	225.05	ヴィクトリア女王（イギリス史）		233.051
インド哲学	126	ウイグル語		829.58
インドネシア	*24	ヴィーコ（哲学）		137
インドネシア語	829.42	ヴィザー（経済学）		331.71
インドネシア法制史	322.24	ヴィシー政府		235.068
イントネーション	8□1	ウィスキー（酒類工業）		588.57
イントネーション（英語）	831.4	ウィスコンシン州		*5345
イントネーション（日本語）	811.14	ヴィーゼ（社会学）		361.234
インド法制史	322.25	ウィックスティード（経済学）		331.74
インド洋	**4	ヴィトゲンシュタイン（哲学）		134.97
インド洋諸島	*259	ウイルス（医学）		491.77
インド・ヨーロッパ諸語	802	ウイルス（作物学）		615.82
イントラネット（通信工学）	547.4835	ウイルス（生物学）		465.8
インド料理	596.22	ウイルス感染症		493.87
インド料理店	673.972	ウィーン学派（経済学）		331.72
陰嚢（解剖学）	491.154	ウィンザー王朝		233.07
陰嚢（生理学）	491.351	ウィンチ（機械工学）		536.71
陰嚢疾患	494.96	ヴィンデルバント（哲学）		134.8

ウィンドウディスプレイ	673.38	ウクライナ	*386
ウェイトリフティング	782.8	ウクライナ語	889.4
ウェーク	*745	ウクレレ	763.58
上島鬼貫（日本文学）	911.33	受入（図書館）	014.2
ウェストバージニア州	*5334	請負（建築業）	520.95
上田	*152	請負（民法）	324.52
上田秋成（日本文学）	913.56	ウコギ科	479.883
植付（果樹園芸）	625.15	羽後国	*124
植付（作物学）	615.5	ウゴル諸語	893.7
ウェッブ，B（社会思想）	309.4	宇佐	*195
ウェッブ，S（社会思想）	309.4	うさぎ（畜産業）	645.8
上野戦争	210.61	うさぎ（動物学）	489.48
上野原	*151	ウサギ目	489.48
ヴェーバー，A（社会学）	361.234	うし（獣医学）	645.36
ヴェーバー，M（経済学）	331.5	うし（畜産業）	645.3
ヴェーバー，M（社会学）	361.234	うし（動物学）	489.85
ウェーバーの法則（心理）	141.28	宇治	*162
ウェブアーカイビング	014	氏（民法）	324.69
ウェブサービス記述言語	007.645	ウシ科	489.85
ヴェブレン（経済学）	331.76	牛久	*131
ウェールズ	*335	ウシケノリ目	474.51
ウェールズ語	893.3	氏子（民俗）	384.1
魚市場（マーケティング）	675.5	宇治拾遺物語［書名］	913.47
ウォーキング（衛生学）	498.35	羽状目	473.73
ウォーキング（スポーツ）	782	齲蝕症	497.24
魚津	*142	渦（物理学）	423.84
ウォッカ（酒類工業）	588.57	薄板製品（金属工業）	581.3
ウォード（社会学）	361.253	臼杵	*195
魚沼	*141	ウスバカゲロウ目	486.76
魚味噌	667.6	ウズベキスタン	*2964
ヴォルテール（哲学）	135.3	ウズベク語	829.57
ヴォルフ（哲学）	134.1	渦巻送風機	534.83
鵜飼（漁労）	664.691	渦巻ポンプ	534.43
ウガンダ	*455	薄膜（化学）	431.86
宇城	*194	ウズ虫類（動物学）	483.41
浮子	665.5	うずら（家禽）	646.4
ウキクサ科	479.357	うずら（動物学）	488.4
浮出し印刷	749.7	羽前国	*125
うきは	*191	宇陀	*165
浮彫（彫刻）	711.8	歌合	911.18
浮世絵	721.8	謡本（邦楽）	768.4
浮世草子	913.52	歌会	911.106
うぐいす（動物学）	488.99	歌かるた	798

うた沢	768.59
歌志内	*115
歌物語（日本文学）	913.32
打聞集［書名］	913.37
内南洋	*74
内モンゴル自治区	*226
宇宙医学	498.44
宇宙開発	538.9
宇宙化学	440.13
宇宙科学	440
宇宙工学	538.9
宇宙食	538.97
宇宙塵（天文学）	447.3
宇宙進化論（天文学）	443.9
宇宙ステーション	538.95
宇宙線（物理学）	429.65
宇宙通信（電子工学）	547.66
宇宙飛行	538.9
宇宙服	538.97
宇宙物理学	440.12
宇宙法（国際法）	329.269
宇宙遊泳	538.95
宇宙論（哲学）	112
宇宙論（天文学）	443.9
うちわ（製造工業）	589.3
打綿（繊維工業）	586.251
うっ血（病理学）	491.62
うつし絵	749.9
ウッタラカンド州	*254
ウッタルプラデシュ州	*253
宇都宮	*132
鬱病（医学）	493.764
うつぼ	487.66
ウツボカズラ科	479.743
宇津保物語［書名］	913.34
尉繚子［書名］	399.2
腕（解剖学）	491.197
宇土	*194
うど（植物学）	479.883
うど（蔬菜園芸）	626.58
ウドムルト共和国	*381
うどん（農産加工）	619.39
うどん屋	673.971
うなぎ（漁労）	664.695
うなぎ（動物学）	487.66
ウナギ目	487.66
うに（漁労）	664.78
うに（動物学）	484.96
ウニ類	484.96
畦立（稲作）	616.27
うねり（海洋学）	452.5
乳母車	536.83
ウパニシャッド［聖典］	126.3
ウバンギシャリ	*4473
雨氷（気象学）	451.67
産土神（民俗）	387
産湯（民俗）	385.2
有部律	183.81
宇部	*177
うま（獣医学）	645.26
うま（畜産業）	645.2
うま（動物学）	489.8
ウマノアシガタ目	479.71
ウマノスズクサ目	479.63
うみぐも	485.5
ウミスズメ目	488.6
海釣り	787.13
ウミゾウメン目	474.52
うみつばめ	488.67
ウミテング目	487.73
うみねこ	488.64
うみへび	487.66
ウミユリ類	484.91
うめ（果樹栽培）	625.54
うめ（植物学）	479.75
埋木細工	754.3
埋立（河海工学）	517.35
埋立（農業工学）	614.5
梅若流能	773.8
ウ目	488.68
裏書（手形法）	325.61
浦島太郎［書名］	913.49
ウラジロ科	476.83
浦添	*199
占い	148
裏南洋	*74

ウラボシ科	476.86	雲高（気象学）	451.61
浦安	*135	運航技術	538.8
ウラル・アルタイ諸語	829.5	雲谷派（日本画）	721.3
ウラル諸語	893.6	運材	657.15
ウラル地区	*381	運針（和裁）	593.11
ウラン（化学）	436.34	雲仙	*193
ウラン（核燃料）	539.43	運送営業（商法）	325.37
ウラン（金属工学）	565.7	運送取扱（鉄道貨物運輸）	686.61
ウラン鉱	562.7	運送取扱（鉄道旅客運輸）	686.51
うり（植物学）	479.98	運送取扱営業（商法）	325.37
うり（蔬菜園芸）	626.2	運送保険（経済）	339.7
売上税（財政）	345.65	運送保険（商法）	325.42
ウリ目	479.98	雲速（気象学）	451.61
雨量計	451.69	運転（自動車）	537.8
売渡担保（民法）	324.35	運転（鉄道）	536.6
ウルグアイ	*64	運転ダイヤ（鉄道）	536.6
うるし（作物栽培）	617.9	ヴント（哲学）	134.7
うるし（漆工芸）	752.3	運動（育児）	599.5
うるし（植物学）	479.822	運動（植物学）	471.3
うるし（塗料）	576.82	運動（生理学）	491.367
うるし（林産製造）	658.7	運動（動物学）	481.36
漆絵（絵画技法）	724.18	運動（幼児教育）	376.157
ウルシ科	479.822	運動衛生学	780.198
ウルシグサ目	474.45	運動会（教育）	374.48
漆工芸	752	運動感覚（心理学）	141.25
ウルドゥー語	829.84	運動器（小児科学）	493.936
うるま	*199	運動幾何学	423.1
嬉野	*192	運動器官（解剖学）	491.16
ウロコゴケ目	475.5	運動器官（生理学）	491.36
ウーロン茶（農産加工）	619.8	運動器官（動物学）	481.16
釉薬（窯業）	573.29	運動器疾患	493.6
宇和島	*183	運動具（製造工業）	589.75
上屋（港湾工学）	517.85	運動具（体育）	780.67
うんか（稲作）	616.286	運動場	374.7
うんか（動物学）	486.5	運動生理学（医学）	491.367
運河（工学）	517.6	運動生理学（体育）	780.193
運河（国際法）	329.24	運動能力（体育）	780.18
運河交通	684	運動療法（整形外科学）	494.78
運河地帯	*578	運動療法（臨床医学）	492.5
雲形（気象学）	451.61	雲南	*173
運行（航空運輸）	687.7	雲南省	*2237
運行（鉄道運輸）	686.7	運搬（石炭）	567.6
雲向（気象学）	451.61	運搬（民俗）	384.37

運搬管理（生産管理）	509.65		永久磁石（電気工学）	541.66
運搬機（土木工学）	513.8		営業（商法）	325.12
運搬機械（機械工学）	536.7		営業管理	673
運搬機械（土木工学）	513.8		営業警察	317.73
運搬設備（建築）	528.5		営業写真	740.67
運命論（哲学）	113.2		永享の乱	210.46
雲母（鉱山工学）	569.4		英語	830
雲母（鉱物学）	459.62		英語（学校教育）	375.893
運輸	680		英語学	830.1
運輸工学	536		英語学史	830.1
運輸省	317.261		英語教育（学校教育）	375.893
運輸帳表（鉄道運輸）	686.34		英国	*33
雲量（気象学）	451.61		英国国教会	198.4
			英国史	233
【エ】			永小作権（民法）	324.26
			英語史	830.2
エアコン（電気工学）	545.88		英語読本	837.7
エアロビクス	781.4		英才教育	371.5
影印（書誌学）	022.4		英作文（英語）	836
影印本叢書（中国語）	082.7		衛氏	221.031
影印本叢書（日本語）	081.7		嬰児殺し（法医学）	498.96
英英辞典	833.1		映写機（工学）	535.85
映画	778		映写技術	778.49
英会話	837.8		英習字（書道）	728.93
映画演出	778.4		エイズ	493.878
映画会（図書館）	015.8		衛星（天文学）	445
映画館	778.09		衛生	498
映画監督	778.28		衛生（幼児教育）	376.157
映画監督論	778.3		衛生学	498
映画検閲	778.09		衛生管理者試験	498.079
映画産業	778.09		衛生器具	528.1
映画史	778.2		衛生技術者	498.14
映画人	778.28		衛生技術者試験	498.079
映画制作	778.4		衛生教育（衛生学）	498.07
映画政策	778.09		衛生教育（学校教育）	374.9
映画著作権	021.27		衛生行政	498.1
映画配給	778.09		衛生警察	317.73
映画俳優	778.28		衛生工学	518
映画俳優論	778.3		衛生昆虫学	498.69
映画フィルム（図書館）	014.77		衛生材料	492.89
穎花目	479.34		衛生試験	498.15
栄華物語［書名］	913.392		衛生設備（建築）	528.1
映画輸出入	778.09		永世中立国（国際法）	329.16

衛生動物学	498.69	液晶	428.35
衛星都市（都市工学）	518.88	エキスパートシステム	007.632
衛星放送（放送事業）	699.79	駅勢（鉄道運輸）	686.53
衛生法令	498.12	駅勢（鉄道貨物運輸）	686.63
曳船（造船学）	556.74	液体塩素	574.5
映像出力装置（コンピュータ）	548.252	液体空気	574.22
映像著作権	021.27	液体空気爆薬	575.92
映像入力装置（コンピュータ）	548.212	液体燃料	575.15
営造物（行政法）	323.94	液体力学	423.8
栄典制度	317.5	液体論（物理学）	428.3
英文解釈	837.5	駅伝競走	782.3
英文学	930	駅ビル	686.54
英文法	835	駅弁	596.4
英文和訳	837.5	駅名（鉄道貨物運輸）	686.63
英米文学	930	駅名（鉄道旅客運輸）	686.53
栄養（医化学）	491.47	疫痢	493.84
栄養（食品）	498.55	エクアドル	*615
栄養（植物学）	471.3	エーゲ海	**65
栄養（生理学）	491.34	エーゲ美術	702.03
栄養（畜産業）	643.3	エーゲ文明	209.36
栄養（動物学）	481.34	エコール・ド・パリ（絵画）	723.07
栄養（料理）	596.1	壊死（病理学）	491.64
栄養化学	498.55	エジプト	*42
栄養学（衛生学）	498.55	エジプト王国	242.03
栄養器官	481.14	エジプト学	242.03
栄養士	498.14	エジプト史	242
栄養失調症	493.12	エジプト美術	702.03
栄養障害	493.12	エジプト暦	449.35
栄養所要量	498.55	江島其磧（日本文学）	913.52
栄養生理学	498.56	エスカレーター（運輸工学）	536.74
栄養病理学	498.57	エスカレーター（建築学）	528.5
絵入本	726.5	エスキモー・アレウト諸語	895.1
絵入本（書誌学）	022.39	エスキモー語	895.1
エイ類	487.55	エステル記［聖書］	193.29
英和辞典	833.3	エステル類（化学工業）	574.85
易	148.4	エストニア	*3882
駅（鉄道運輸）	686.53	エストニア語	893.62
駅（鉄道工学）	516.5	エスパルト（パルプ工業）	585.38
疫学	498.6	エスペラント	899.1
液化石油ガス	575.46	エスペラント文学	999.1
液果類（果樹栽培）	625.6	エズラ記［聖書］	193.27
役牛	645.3	エゼキエル書［聖書］	193.44
易経［書名］	123.1	えそ（動物学）	487.62

蝦夷	*11	エナメル工芸	751.7
枝打（造林）	653.5	恵庭	*115
江田島	*176	エネルギー（工学）	501.6
エタノール（化学工業）	574.83	エネルギー（物理学）	423.4
エタン（化学）	437.2	えのき（植物学）	479.573
エチオピア	*451	絵具（化学工業）	576.97
エチオピア諸語	829.78	榎本其角（日本文学）	911.33
エチケット（民俗）	385.9	えび（漁労）	664.76
越後国	*141	えび（水産増殖）	666.7
越前	*144	えび（動物学）	485.3
越前国	*144	エピクテトス（哲学）	131.5
エチル（化学）	437.3	エピクロス（哲学）	131.6
エチレン（化学）	437.2	エピクロス派（哲学）	131.6
エチレン（工業）	574.82	海老名	*137
粤	*2232	えびね（花卉園芸）	627.53
エックハルト（哲学）	132.2	えびね（植物学）	479.395
粤語	828.4	えびの	*196
エッジワース（経済学）	331.74	愛媛県	*183
エッセイ	9□4	エペソ人への手紙［聖書］	193.71
越中国	*142	江別	*115
エッチング	735	エボナイト	578.27
越冬（植物学）	471.71	絵本（育児）	599.8
越南	*231	絵本（絵画）	726.6
閲兵式	396.4	絵本（読書）	019.53
閲覧サービス	015.1	絵本技法	726.607
閲覧室（図書館）	012.5	絵本論	726.601
エーテル（化学）	437.3	絵馬（民俗）	387.7
エーテル（工業）	574.83	絵巻物	721.2
エーテル理論（物理学）	421.1	エミュー（動物学）	488.3
干支（占い）	148.6	エメラルド（鉱山工学）	569.9
エドガー・ケーシー（超心理学）	147.45	絵文字	801.9
江戸時代（日本史）	210.5	エラスムス（哲学）	132.6
江戸時代美術	702.15	エリウゲナ（哲学）	132.2
江戸初期	210.52	衿飾（製造工業）	589.24
江戸中期	210.55	衿飾（民俗）	383.3
江戸長唄	768.58	エリザベス1世（イギリス史）	233.051
江戸文学	910.25	エリス派（哲学）	131.2
江戸末期	210.58	エリトリア	*4513
エトルリア絵画	723.03	衿巻（製造工業）	589.24
エトルリア語	802.9	衿巻（民俗）	383.4
エトルリア人（古代ローマ）	232.3	エール	*339
エトルリア美術	702.03	エルゴード理論（数学）	415.5
恵那	*153	エルサルバドル	*572

エルミート形式（数学）	411.5	縁起論（仏教）	181.4
エレア派（哲学）	131.1	遠近法（絵画）	725.2
エレキギター	763.55	園芸	620
エレクトロニックスポーツ（ゲーム）	798.5	園芸業経営	621.7
エレトリア派（哲学）	131.2	園芸行政	621.1
エレベーター（運輸工学）	536.73	園芸経済	621
エレベーター（建築）	528.5	園芸史	622
エレベーター（鉱山工学）	561.67	園芸植物学	623
エレミヤ書［聖書］	193.42	園芸政策	621.1
エレミヤの哀歌［聖書］	193.43	園芸生産物市場	621.4
円（幾何学）	414.12	演芸番組	699.67
塩（化学）	431.13	園芸法令	621.1
塩安肥料	613.44	園芸用具	624
演繹法（論理学）	116.1	園芸利用	628
演歌	779.7	演劇	770
嚥下（生理学）	491.344	演劇史	772
煙害（公害）	519.3	演劇番組	699.67
煙害（作物学）	615.89	エンゲルス（経済学）	331.6
煙害（森林保護）	654.3	エンゲルス（社会思想）	309.3
塩害（作物学）	615.889	円口類（動物学）	487.4
塩害（林業）	654.5	演算子法（解析学）	413.75
円覚経［経典］	183.6	演算子法（電子工学）	541.26
遠隔計器（電気工学）	541.53	演算装置（コンピュータ）	548.22
遠隔制御（機械工学）	531.38	遠視	496.42
遠隔制御（無線工学）	547.67	燕雀目	488.99
煙花術	575.98	円周率（幾何学）	414.12
焰管	575.97	演出（映画）	778.4
沿岸漁業	664.33	演出（演劇）	771.6
沿岸航法（航海学）	557.33	演出（歌舞伎）	774.3
沿岸航路（海運）	683.3	炎症（外科学）	494.4
塩基（化学）	431.13	炎症（病理学）	491.64
演技（映画）	778.3	焰硝（火薬学）	575.92
演技（演劇）	771.7	遠心送風機	534.83
演技（歌舞伎）	774.3	遠心鋳造法	566.18
演技（能楽）	773.3	遠心分離（化学工学）	571.4
縁起	185.9	遠心ポンプ	534.43
延喜格式（法制史）	322.135	延髄（解剖学）	491.171
塩基性染法	587.683	延髄（生理学）	491.371
塩基性染料	577.3	円錐曲線（数学）	414.4
延喜天暦の治	210.37	袁世凱政権	222.071
塩業	669	厭世観（哲学）	113.2
宴曲（日本文学）	911.64	演説法	809.4
宴曲（邦楽）	768.283	円線図（電気工学）	541.24

塩素（化学）	435.34	扇（製造工業）	589.3
塩素（化学工業）	574.5	扇（民俗）	383.4
演奏	761.9	黄牛（畜産業）	645.39
塩蔵（水産加工）	667.4	黄玉（鉱物学）	459.62
塩蔵（畜産加工）	648.24	横口目	487.54
演奏家	762.8	黄金海岸	*444
塩蔵品	667.4	王室	288.49
遠足（学校教育）	374.46	黄酒（酒類工業）	588.53
遠足（体育）	786.4	奥州	*122
塩素工業	574.5	押収（刑事訴訟法）	327.62
塩素酸塩爆薬	575.92	王充（中国思想）	125.1
鉛中毒	493.152	欧州連合	329.37
園亭（造園）	629.67	王守仁（中国思想）	125.5
円筒（機械工学）	531.17	黄色人種（人類学）	469.6
えんどう（植物学）	479.78	王政時代（古代ローマ）	232.3
えんどう（蔬菜園芸）	626.3	王政復古（イギリス史）	233.054
煙道	528.3	王政復古（スペイン史）	236.06
煙突（建築）	528.3	王政復古（フランス史）	235.065
エントロピー（熱学）	426.55	応接（民俗）	385.95
円頓宗	188.4	応接室（住宅建築）	527.4
延年舞	773.21	黄疸	493.47
えんばく（作物栽培）	616.5	汪兆銘政権	222.075
円板（機械工学）	531.17	王通（中国思想）	125.3
鉛版（印刷）	749.44	嘔吐（生理学）	491.345
円盤投げ	782.5	おうとう（果樹栽培）	625.55
鉛筆	576.99	おうとう（植物学）	479.75
鉛筆画	725.5	黄銅（金属工学）	565.28
エンペドクレス（哲学）	131.1	黄道光	447.4
煙霧質（化学）	431.85	応仁記［書名］	913.438
遠洋漁業	664.34	応仁の乱	210.47
円理（数学）	419.1	黄檗宗	188.8
苑路	629.63	凹版印刷	749.6
		王弼（中国思想）	125.2
【オ】		往復ポンプ	534.46
		近江国	*161
オアシス（地学）	452.95	近江八幡	*161
オイケン（哲学）	134.6	おうむがい（動物学）	484.7
オイラー関数（解析学）	413.52	オウム目	488.8
オイルガス	575.46	青梅	*1365
奥羽	*12	横紋筋	491.363
応永の乱	210.46	応用音響学（物理学）	424.9
横隔膜（解剖学）	491.139	応用鉱物学	561.1
横隔膜（生理学）	491.339	応用植物学	471.9

応用心理学	140	大津絵節	768.59
応用数学	410	大月	*151
応用地質学	561.1	大津事件	210.64
応用動物学	481.9	大野	*144
応用熱学(物理学)	426.9	大野城	*191
応用物理学	501.2	オオバコ目	479.97
応用力学	501.3	大張間木構造	524.58
応用流体力学	501.23	大府	*155
往来物	375.9	大船渡	*122
横領(刑法)	326.26	大町	*152
応力(機械工学)	531.11	おおむぎ(作物栽培)	616.4
応力(構造力学)	501.34	おおむぎ(植物学)	479.343
応力(材料工学)	501.322	大牟田	*191
応力(物理学)	423.3	大村	*193
オーエン(社会思想)	309.2	男鹿	*124
大網白里	*135	岡崎	*155
大分	*195	小笠原諸島	*1369
大分県	*195	陸稲(作物栽培)	616.2
大鏡[書名]	913.393	岡谷	*152
大垣	*153	岡山	*175
大壁造	524.57	岡山県	*175
おおかみ(動物学)	489.56	小城	*192
大川	*191	荻江節(邦楽)	768.58
大蔵省(行政)	317.24	オキシ化合物(環式化合物)	438.3
大阪	*163	オキシ化合物(鎖式化合物)	437.3
大阪狭山	*163	オキソ化合物(環式化合物)	438.4
大坂の陣	210.52	オキソ化合物(鎖式化合物)	437.4
大阪府	*163	沖縄	*199
大崎	*123	沖縄開発庁	317.268
大塩中斎(日本思想)	121.55	沖縄県	*199
大島蓼太(日本文学)	911.34	隠岐国	*173
大洲	*183	荻生徂徠(日本思想)	121.56
大杉栄(社会思想)	309.7	屋外意匠(建築)	529
大隅国	*197	屋外広告	674.8
太田	*133	屋外装飾(建築)	529
大田	*173	オクタン価	575.571
大田錦城(日本思想)	121.57	オクツィデンタル	899.3
大竹	*176	屋内配線(電気工学)	544.48
大館	*124	阿国歌舞伎	774.22
大田南畝(日本文学)	913.53	おくび(生理学)	491.345
大田原	*132	小倉百人一首[書名]	911.147
大津	*161	オクラホマ州	*5367
大津絵	721.82	送り仮名(仮名づかい)	811.56

送り仮名（訓点）	811.25	オッカム（哲学）	132.2
諡	288.12	オック語	859
桶（木工業）	583.5	オットセイ（水産業）	664.9
桶川	*134	オットセイ（動物学）	489.59
オーケストラ	764.3	オッペンハイマー（社会学）	361.234
小郡	*191	オーディオ機器（電気工学）	547.33
ヲコト点	811.25	オディシャ州	*252
長田新（教育学）	371.21	汚泥処理（衛生工学）	518.24
押出加工（金属工学）	566.4	お伽草子	913.49
おしどり（動物学）	488.69	オートキャンプ	786.3
押し花	594.85	落水（稲作）	616.26
渡島総合振興局	*118	オートジャイロ	538.64
渡島国	*118	オートダイン（電子工学）	549.36
小千谷	*141	オートバイ（機械工学）	537.98
白粉	576.74	オートバイ（陸運）	685.8
オシロイバナ科	479.652	オートボルタ	*4413
オシログラフ（電気工学）	541.53	オートメーション（情報工学）	548.3
オシログラフ（電子工学）	549.53	オートメーション（生産工学）	509.69
オシロスコープ	549.53	おどり（日本舞踊）	769.1
オーストラリア	*71	オートレース	788.7
オーストラリア諸語	897	御成	210.099
オーストラリア先住民語	897	小野	*164
オーストリア	*346	尾道	*176
オーストリア学派（経済学）	331.71	オハイオ州	*5341
オーストリア哲学	134	御歯黒（民俗）	383.7
オーストリア・ハンガリー帝国	234.6	尾花沢	*125
オーストリア文学	940	お話（幼児教育）	376.158
オーストロ・アジア諸語	829.37	お話会（図書館）	015.8
オーストロネシア諸語	829.4	小浜	*144
オスマン帝国	227.4	帯（家政学）	593.15
オスミウム（化学）	436.87	帯（民俗）	383.1
オセアニア	*7	帯広	*113
オセアニア史	270	オブジェ	719
オセット語	829.98	オフセット印刷	749.5
オセロゲーム	795.8	オプトエレクトロニクス	549.95
オゾン（化学）	435.45	オープン教育	371.5
オゾン（化学工業）	574.26	オペラ	766.1
オゾン層（気象学）	451.33	オペレーションズリサーチ（経営管理）	336.1
オゾン装置（鉱山工学）	561.73	オペレーションズリサーチ（数理統計学）	417
小樽	*117		
オタワ	*515		
小田原	*137	オペレッタ	766.2
落窪物語［書名］	913.35	オペレーティングシステム	007.634

オーボエ	763.75	織物解剖	586.73
オホーツク海	**22	織物機械	586.78
オホーツク総合振興局	*111	織物計算	586.73
御前崎	*154	織物検査	586.73
オマーン	*2785	織物工業	586.7
おみくじ（神道）	176.8	織物仕上	586.76
小美玉	*131	織物試験	586.73
オーム計（電気工学）	541.55	織物図案	586.74
おむつ（育児）	599.2	織物整理	586.76
オモダカ科	479.335	オリヤー語	829.81
おもと（花卉園芸）	627.58	オリンピック	780.69
おもと（植物学）	479.373	オルガン	763.3
母屋	524.54	オルゴール	763.99
親方制度	366.8	オルテガ・イ・ガセット（哲学）	136
親子（民法）	324.63	オルドビス紀（地史学）	456.33
親子関係（家庭問題）	367.3	オルメカ文明	256.03
親子関係（心理学）	146.82	オレゴン州	*5392
親子鑑別（法医学）	498.92	オレンジ（果樹栽培）	625.37
おやつ	596.4	オレンジ（植物学）	479.812
小矢部	*142	卸売業	673.5
女形（歌舞伎）	774.38	卸売市場	675.5
小山	*132	オーロラ（気象学）	451.75
オラトリオ	765.2	オーロン（化学工業）	578.74
オランウータン	489.97	尾鷲	*156
オランダ	*359	尾張旭	*155
オランダいちご（植物学）	479.75	尾張国	*155
オランダいちご（蔬菜園芸）	626.29	音韻	8□1
オランダ語	849.3	音韻（英語）	831.1
オランダ哲学	135	音韻（中国語）	821.1
オリエンテーリング	786.49	音韻（朝鮮語）	829.111
オリエント絵画	723.03	音韻（日本語）	811.1
オリエント学	209.33	音韻論	801.1
折紙（工芸）	754.9	音階（音楽）	761.2
折紙（民俗）	385.9	音楽	760
折句	911.49	音楽（映画）	778.4
オリッサ州	*252	音楽（幼児教育）	376.156
折箱（製造工業）	583.5	音楽家	762.8
オリーブ（作物栽培）	617.9	音楽科（高等学校）	375.764
オリーブ（植物学）	479.94	音楽科（小学校）	375.762
折本（書誌学）	022.5	音楽科（中学校）	375.763
織物（繊維工学）	586.77	音楽会	760.69
織物（染織工芸）	753.3	音楽学	761
織物意匠	586.74	音楽鑑賞法	760.79

音楽教育（音楽）	760.7		音声入力装置（コンピュータ）	548.213
音楽教育（学校教育）	375.76		温泉案内（地理）	29△093
音楽産業	760.9		温泉学	453.9
音楽史	762		温泉療法	492.54
音楽社会学	761.13		御岳教	178.59
音楽心理学	761.14		オンタリオ州	*515
音楽生理学	761.12		温暖化	451.85
音楽団体	760.6		恩寵（キリスト教）	191.4
音楽著作権	021.23		音程（音楽）	761.2
音楽的音響学	761.12		温度（衛生）	498.41
音楽哲学	761.1		温度（気象学）	451.35
音楽堂（音楽）	760.69		温度（動物学）	481.77
音楽番組	699.66		温度（物理学）	426.2
音楽美学	761.1		温度感覚（心理学）	141.24
音楽批評法	760.79		温度計（精密工学）	535.3
音楽民族学	761.15		温度測定	426.2
音楽療法（心理学）	146.813		女形	774.38
音楽理論	761		温熱療法	492.53
恩給	317.35		音波（物理学）	424.3
音響学（物理学）	424		音盤（図書館）	014.77
音響感覚（物理学）	424.6		オンブズマン（行政）	317.6
音響現象（気象学）	451.7		オンブズマン（地方行政）	318.5
音響効果（演劇）	771.56		陰陽道	148.4
音響工学	501.24		オンラインゲーム	798.5
音響測定（物理学）	424.2			
音響兵器	559.6		【カ】	
音源（コンピュータ）	548.253			
温室（園芸）	624		か（衛生昆虫学）	498.69
温室現象	451.85		か（動物学）	486.9
温室栽培	615.75		何晏（中国思想）	125.2
温室栽培（花卉園芸）	627.17		甲斐	*151
温室栽培（果樹園芸）	625.17		ガイアナ	*6123
温室栽培（蔬菜園芸）	626.17		海員（海運）	683.8
恩赦（刑法）	326.47		海員（商法）	325.52
温床（園芸）	624		外因性精神病	493.75
温床育苗（稲作）	616.22		会員制図書館	016.59
音声（英語）	831.1		外因的地質営力	455.9
音声（中国語）	821.1		外陰部（解剖学）	491.155
音声（朝鮮語）	829.111		外陰部（生理学）	491.352
音声（日本語）	811.1		外陰部疾患	495.45
音声学	801.1		海運	683
音声出力装置（コンピュータ）	548.253		海運（商法）	325.53
音声障害	496.9		海運会計	683.3

海運行政	683.1	会議	060
海運金融	683.3	海技試験	557.079
海運経営	683.3	懐疑思想家	132.7
海運航路	683.3	回帰熱	493.85
海運史	683.2	懐疑派（古代哲学）	131.7
海運政策	683.1	回帰分析	417
海運賃率	683.4	会議法	809.6
海運同盟	683.3	皆脚類（動物学）	485.5
海運法令	683.1	階級	361.8
海淵（海洋学）	452.8	階級語	8□4
海王星	445.8	階級語（英語）	834.9
絵画（図書館）	014.78	階級語（中国語）	824.9
絵画（美術）	720	階級語（朝鮮語）	829.149
絵画（幼児教育）	376.156	階級語（日本語）	814.9
海外帰国子女教育	371.5	海牛目	489.67
海外リポート番組	699.64	懐疑論（哲学）	115.8
海外留学（高等教育）	377.6	海軍	397
海外留学（中等教育）	376.489	海軍航空隊	397.8
絵画価格	720.67	海軍史	397.2
絵画鑑賞法	720.79	海軍兵科	397.5
絵画技法	724	会計学	336.9
改革派教会	198.386	会計監査	336.97
絵画材料	724	会計検査	343.8
絵画史	720.2	会計検査院	317.249
絵画修復	724.9	会計参与（経営学）	335.43
絵画複製	724.9	会計参与（商法）	325.243
ガイガー・ミュラー計数管（原子力工学）	539.62	会計数理	336.901
ガイガー・ミュラー計数管（電子工学）	549.52	会計制度（財政）	343.9
		会計法	343.2
貝殻（水産物利用）	668.8	壊血病	493.13
かいがらむし（果樹園芸）	625.18	戒厳（軍事）	393.4
かいがらむし（動物学）	486.5	戒厳（帝国憲法）	323.131
絵画療法（心理学）	146.813	改元	210.095
絵画理論	720.1	かいこ（蚕学）	633
会館（観光事業）	689.7	かいこ（動物学）	486.8
海岸	517.8	海溝（海洋学）	452.8
海岸（地形学）	454.7	開坑（鉱山工学）	561.4
碍管（電気工学）	544.13	外交	319
海岸局（無線工学）	547.63	外交員（保険）	339.43
外患罪（刑法）	326.21	外交機関（国際法）	329.27
海岸砂防工事	656.54	開坑計画	561.41
海岸線（地形学）	454.7	外交使節（国際法）	329.27
		外国会社	335.47

外国会社法	325.26	解釈学的方法論	116.8
外国為替	338.95	解釈法	801.7
外国為替銀行	338.62	会社経理不正（商法）	325.244
外国為替市場	338.954	会社更生法	327.38
外国為替相場	338.952	会社実務	336
外国為替取引	338.954	会社設立（商法）	325.241
外国軍隊（国際法）	329.27	会社総則（商法）	325.21
外国語教育（学校教育）	375.89	会社分割（会社法）	325.258
外国語表記法（日本語）	811.59	会社法	325.2
外国債（財政）	347.7	海獣（水産業）	664.9
外国財産（国際法）	329.22	会衆派（キリスト教）	198.5
外国人（国際法）	329.21	海獣油	576.184
外国人学校	376.9	悔悛（キリスト教）	196.36
外国人法	329.9	海商（国際商法）	329.85
外国人用国語辞典	813.19	海嘯（海洋学）	452.6
外国人労働	366.89	外傷（外科学）	494.3
外国人労働者	366.89	外傷（病理学）	491.63
外国法	322.9	海上運送（交通）	683
外国郵便	693.7	海上運送（商法）	325.53
介護支援専門員	369.17	海象観測（航海学）	557.35
かいこ飼料	635.3	海上気象（航海学）	557.35
介護福祉	369	海上空港（海洋開発）	558.5
介護福祉士	369.17	海上作戦	397.3
介護保険（社会保険）	364.48	海上自衛隊	397.21
介護保険（保険）	339.47	海上衝突予防（航海学）	557.83
開墾（農業工学）	614.5	海上都市（海洋開発）	558.5
貝細工	755.6	海上売買（商法）	325.53
解散（会社法）	325.247	海上犯罪（航海学）	557.82
海産物取引所	676.4	海上保安（航海学）	557.8
介詞（中国語）	825.6	海上保安庁	317.262
碍子（通信線路）	547.22	海商法	325.5
碍子（電気工学）	544.13	海上保険（経済）	339.8
外耳（解剖学）	491.175	海上保険（商法）	325.56
外耳（耳科学）	496.6	海上労働	683.8
海事代理士	550.91	外食産業	673.97
改質法（石油）	575.52	海図	557.78
外資導入	338.92	海津	*153
海事法令	550.91	海水	452.3
買占（商業）	676.7	海水養殖	666.3
会社（経営学）	335.4	海水浴	492.54
会社（国際商法）	329.85	海水利用（海洋開発）	558.7
解釈	8□7	貝塚（大阪府）	*163
界尺	728.3	懐石	791.8

解析学	413	海底地形(海洋学)	452.8
解析幾何学	414.5	海底動物	481.74
解析的整数論	412.3	回転機(電気工学)	542.2
解析的多様体	413.5	回転競技(スキー)	784.33
解析力学	423.35	回転変流機	542.5
回折(音響学)	424.4	回転ポンプ	534.47
回折(光学)	425.4	回転翼航空機	538.64
海戦	397.3	垣内(民俗)	384.1
海戦法規(国際法)	329.63	ガイド(観光事業)	689.6
蓋然論(哲学)	112	会堂(ユダヤ教)	199.5
海藻(漁労)	664.8	街灯(電気工学)	545.63
海藻(植物学)	474	ガイドウェイバス	516.79
海藻(水産増殖)	666.8	海道記[書名]	915.45
海藻(水産物利用)	668.5	飼鳥	646.8
階層(社会学)	361.8	海南	*166
外装材料	524.298	海難(航海学)	557.8
階層別著述目録	027.33	海難救助(航海学)	557.84
海藻利用工業	668.5	海難救助(商法)	325.55
海賊(国際法)	329.26	海難誌	557.84
海損(商法)	325.54	海南省	*2232
解題目録	025	海難審判	557.85
開拓(農業経済)	611.24	甲斐国	*151
開拓(農業工学)	614.5	貝原益軒(日本思想)	121.54
階段(建築)	524.87	外板(造船学)	552.14
階段(住宅建築)	527.2	外皮(解剖学)	491.18
外地法	329.98	外皮(動物解剖学)	481.18
かいちゅう(医学)	491.94	回匪の乱	222.065
かいちゅう(動物学)	483.73	海氷(海洋学)	452.4
害虫(稲作)	616.286	開票(選挙)	314.84
害虫(園芸)	623	海浜植物	471.73
害虫(作物学)	615.86	回復期看護	492.9175
害虫(蚕糸業)	633.5	開平(数学)	411.2
害虫(森林保護)	654.86	開閉回路(通信工学)	547.17
害虫(農業昆虫学)	613.86	開閉器(送配電工学)	544.5
外注管理(生産工学)	509.66	開閉器(通信工学)	547.37
海中居住(海洋開発)	558.5	開閉器(電気機器)	542.9
海中公園(海洋開発)	558.5	海法(法学)	325.5
回腸(解剖学)	491.146	開法(数学)	411.2
回腸(生理学)	491.346	解剖学	491.1
海底(海洋開発)	558.3	海防艦(造船学)	556.94
海底下(海洋開発)	558.3	解剖図	491.1038
海底ケーブル(通信工学)	547.23	開放性損傷(外科学)	494.33
海底石油	558.4	解剖生理学	491.31

解放の神学	191.98	外来語辞典（日本語）	813.7
海北派（日本画）	721.3	外来語表記法（日本語）	811.59
外務省	317.22	快楽主義（倫理）	151.6
海綿（水産物利用）	668.6	戒律（イスラム）	167.6
海面（海洋開発）	558.3	戒律（ユダヤ教）	199.6
開綿	586.251	開立（数学）	411.2
界面化学	431.86	海流（海洋学）	452.7
界面活性剤	576.5	改良計画（鉄道）	516.18
海面漁業	664.3	改良工事（鉄道）	516.18
界面電解	572.22	改良木材	657.6
界面動電気現象（物理学）	427.4	外輪船（造船学）	552.75
海綿動物	483.2	貝類（漁労）	664.7
外蒙古	*227	貝類（水産増殖）	666.7
回遊（水産学）	663.6	貝類（動物学）	484
海洋（海洋学）	452	貝類学	484
海洋（水産学）	663.1	改暦法	449.38
海洋（地誌）	299	回路開閉器（通信工学）	547.37
潰瘍（病理学）	491.64	街路計画（都市工学）	518.84
海洋エネルギー（海洋開発）	558.6	回路計算（通信工学）	547.1
海洋汚染（公害）	519.4	回路計算（電気工学）	541.2
海洋汚染（水産学）	663.96	街路系統	514.15
海洋画（洋画法）	724.56	街路散水（都市衛生）	518.54
海洋開発	558	回路試験器（電気工学）	541.53
海洋化学	452.13	街路樹	629.79
海洋学	452	街路照明	545.63
海洋気象（気象学）	451.24	街路設計	514.15
海洋気象（航海学）	557.35	回路部品（通信工学）	547.36
海洋気象誌（気象学）	451.24	回路網（通信工学）	547.11
海洋空間（海洋開発）	558.5	回路網（電気工学）	541.14
海洋工学	550	回路理論（電気工学）	541.1
海洋誌	452.2	会話	8□78
海洋生物学	468.8	会話法	801.78
海洋地質学	452.15	カウツキー（経済学）	331.6
海洋調査（海洋開発）	558.3	カウツキー（社会思想）	309.4
海洋動物	481.72	カウンセラー（心理学）	146.89
海洋物理学	452.12	カウンセリング（教育心理学）	371.43
海洋法（国際法）	329.269	カウンセリング（心理学）	146.8
外来看護	492.919	カエデ科	479.824
外来語	8□4	返り点	811.25
外来語（英語）	834.7	カエル類	487.85
外来語（中国語）	824.7	花園（花卉園芸）	627.13
外来語（朝鮮語）	829.147	花園（造園）	629.7
外来語（日本語）	814.7	過塩素酸塩爆薬	575.92

顔（人類学）	469.43	化学繊維（染色加工）	587.66
顔（美術）	701.5	科学捜査	317.75
花押（日本史）	210.029	科学探検	402.9
家屋税（財政）	345.43	化学探鉱	561.37
家屋台帳	345.43	科学調査	402.9
カオス（物理学）	421.4	科学的管理法（経済学）	336.2
加賀	*143	化学的試験法（材料工学）	501.57
画家	720.28	化学的操作法	432.3
雅歌［聖書］	193.36	化学的蓄電池	572.1
河海工学	517	化学的発電	572.1
加害動物（蚕糸業）	633.5	化学的薬理学	499.2
カカオ（作物栽培）	617.3	科学哲学	401
カカオ（植物学）	479.84	化学熱力学	431.6
価格（経済学）	331.84	科学博物館	406.9
化学	430	化学発光	431.54
歌学	911.101	化学パルプ法	585.33
雅楽	768.2	化学反応	431.3
科学映画	778.7	化学反応熱	431.63
科学衛星	538.94	化学肥料（化学工業）	574.9
科学玩具	507.9	化学肥料（肥料学）	613.4
化学機器	571	化学物理学	428
化学機器材料	571.1	化学分析	433
化学機器設計	571.1	化学兵器	559.3
科学技術行政	409	化学平衡	431.32
科学技術政策	409	科学方法論	116.5
科学技術庁	317.276	化学冶金学	563.1
化学教育（各科教育）	375.434	化学薬品	574
科学教育（科学）	407	化学力学	431.31
科学教育（学校教育）	375.4	化学療法（外科学）	494.53
化学計測（化学工学）	571.1	化学療法（結核症）	493.894
化学結合（化学）	431.12	化学療法（臨床医学）	492.3
科学研究費	377.7	化学療法剤（医学）	492.31
化学工学	571	化学量論	431.2
化学工業	570	科学理論	401
化学合成	434	案山子（民俗）	384.31
化学構造	431.1	加賀国	*143
牙角細工	755.4	各務原	*153
科学史	402	各務支考（日本文学）	911.33
歌学史	911.101	かがり細工（手芸）	594.5
化学実験	432	香川県	*182
化学実験室	432.1	可換体（数学）	411.73
科学者	402.8	かき（果樹栽培）	625.4
化学繊維（化学工業）	578.6	かき（植物学）	479.93

かき（漁労）	664.71		革翅目	486.49
かき（水産増殖）	666.7		学習（教育心理学）	371.41
かき（動物学）	484.4		学習（心理学）	141.33
火器（造兵学）	559.1		学習恐怖症（教育心理学）	371.41
花器（花道）	793.5		学習指導	375.1
花卉	627		学習指導要領	375.1
花卉（花道）	793.3		学習塾	376.8
垣（建築）	524.89		学習障害（教育心理学）	371.41
かぎ（漁具）	665.5		学習障害（障害児教育）	378.8
書入本目録	026.5		学習適応（教育心理学）	371.41
花卉園芸	627		学習評価	375.17
花卉装飾	793		学習不振	375.17
嘉吉の乱	210.46		各種学校	376.7
書抜（歌舞伎）	774.4		学術	002
かぎむし	485.4		学術会議	061
カキ目（植物学）	479.93		学術機関	061
下級裁判所	327.123		学術行政	377
課業管理（生産工学）	509.64		学術研究奨励	377.7
歌曲集	767.08		学術雑誌（日本語）	051.1
家禽	646		学術図書館	017.7
家禽糞（肥料学）	613.42		学生	377.9
格（英語）	835.2		学生アルバイト	377.9
家具（家政学）	597		学生運動	377.96
家具（製造工業）	583.7		学生演劇	775.7
家具（美術）	758		学生歌	767.6
火具	575.97		学生訓	159.7
鄂	*2225		覚醒剤（社会病理）	368.85
学位	377.5		覚醒剤（薬学）	499.15
核医学	492.4		学生祭	377.9
学位論文目録	377.5		覚醒剤中毒（医学）	493.155
架空ケーブル（通信工学）	547.23		覚醒剤中毒（社会病理）	368.85
架空電車線	516.231		覚醒剤中毒者（社会病理）	368.85
架空電線路	544.16		学生生活	377.9
核エネルギー（物理学）	429.5		学生組織	377.96
楽音（音楽）	761.12		学生問題	377.9
楽音（物理学）	424.6		学生寮	377.9
核果類（果樹栽培）	625.5		家具設計	583.71
核菌目	474.77		角田	*123
学芸会	374.47		家具調度	597
格言（倫理）	159.8		カクテル	596.7
家具材料	583.72		楽典	761.2
核酸（生化学）	464.27		格闘技	789
楽式	761.7		学童結核	374.96

学童保育	369.42	花崗岩（岩石学）	458.63
家具塗装	583.73	架構式構造（建築）	524.5
核燃料	539.4	加工食品	498.51
撹拌（化学工学）	571.3	加工性試験（材料工学）	501.54
核反応（物理学）	429.55	火工品（化学工業）	575.97
額縁（絵画）	724.9	火工品（兵器）	559.2
核分裂（物理学）	429.55	化合物（化学）	431.12
核兵器	559.7	下口目（ウミテング目）	487.73
角膜	496.32	下口目（糸顎目）	487.68
革命	316.5	加古川	*164
革命時代（西洋史）	230.54	禾穀類作物	616.1
核模型（原子物理学）	429.5	鹿児島	*197
学問	002	鹿児島県	*197
核問題	319.8	傘（製造工業）	589.3
核融合（物理学）	429.56	暈（気象学）	451.75
核融合燃料	539.46	加西	*164
核融合炉	539.37	火災（建築）	524.94
学庸［書名］	123.81	火災（災害救助）	369.32
神楽（日本文学）	911.63	火災（作物学）	615.889
神楽（邦楽）	768.22	火災保険（経済学）	339.6
神楽（民俗）	386.8	火災保険（商法）	325.42
神楽笛	768.16	果菜類（蔬菜園芸）	626.2
確率論	417.1	花菜類（蔬菜園芸）	626.6
学力調査	375.17	笠岡	*175
楽類	123.5	笠懸（武術）	789.5
家訓	159.3	かさご（漁労）	664.67
影（物理学）	425.3	カサゴケ類	475.9
家計	591.8	重ね織（織物工業）	586.77
家系図	288.2	カザフ語	829.57
家計調査	365.4	カザフスタン	*2961
家計簿記	591.8	笠間	*131
影絵	726.8	火山学	453.8
影絵あそび	798	火山ガス	453.8
影絵芝居	777.8	火山岩	458.65
掛川	*154	火山形態	453.8
歌劇	766.1	火山災害	369.31
蜻蛉日記［書名］	915.33	火山誌	453.82
カゲロウ目	486.37	火山地震	453.5
家憲	159.3	火山灰	453.8
訛語	8□8	かし（植物学）	479.565
加工海藻品	667.7	かし（造林）	653.7
河口改良（河川工学）	517.6	家史	288.3
化合火薬	575.93	菓子（食品工業）	588.3

菓子（料理）	596.65		火傷	494.35
舵（造船学）	551.3		画商	720.67
貸会議場	673.93		歌唱法	767.1
かじき（漁労）	664.63		過食（心理学）	145.72
かじき（動物学）	487.762		菓子類（食品工業）	588.3
カジキ類	487.762		柏	*135
下肢骨（解剖学）	491.167		柏崎	*141
家事事件手続法	327.4		柏原	*163
貸事務所	673.99		歌人伝（近世）	911.152
家事使用人（家庭経済）	591		歌人伝（近代）	911.162
可視線療法	492.51		歌人伝（中世）	911.142
貸出サービス（図書館）	015.1		歌人伝（平安時代）	911.132
過失（刑法）	326.14		歌人伝（万葉集）	911.122
果実（果樹園芸）	625		歌人列伝	911.102
果実（植物学）	471.1		加水分解（油脂工業）	576.2
貸付（銀行）	338.54		ガス壊疽	494.44
果実酒（酒類工業）	588.55		春日	*191
舵取装置（造船学）	553.4		春日井	*155
香芝	*165		春日版（書誌学）	022.31
橿原	*165		春日部	*134
家事番組	699.63		ガス化法	575.4
下肢部（解剖学）	491.198		ガス機関（機械工学）	533.42
貸別荘（観光事業）	689.8		ガス機関（船舶工学）	554.85
貸本屋	016.9		ガスクロマトグラフィー（化学）	433.45
鹿島	*192		ガス交換（生理学）	491.331
鹿嶋	*131		上総国	*135
貸間	365.37		ガス事業	575.34
カシミヤ（繊維工業）	586.53		ガス水腫症	494.44
貨車（運輸工学）	536.42		粕漬（水産加工）	667.6
貸家（生活問題）	365.34		ガス切断	566.67
貸家（不動産業）	673.99		ガス設備（建築）	528.45
貨車操車場	516.55		カスタネット	763.88
家集（近世）	911.158		ガスタービン	533.46
家集（中世）	911.148		ガスタンク（流体工学）	534.94
家集（平安時代）	911.138		ガス中毒	493.153
家集（万葉集）	911.128		ガス突出（鉱山工学）	561.93
果汁（園芸加工）	628.4		鹿角	*124
果汁（食品工業）	588.4		ガス爆発（鉱山工学）	561.93
夏秋蚕飼育	635.14		ガス発電	543.4
果樹園	625.13		カスピ海	**68
果樹園芸	625		ガス分析（化学）	433.7
画塾	720.7		ガス分析計（精密工学）	535.3
果樹病虫害	625.18		かすみ（気象学）	451.62

かすみがうら	*131	画像診断法	492.1
ガス焼（絹工業）	586.45	画像センサー（テレビ）	547.84
ガス溶接（金属加工）	566.66	画像送信（テレビ）	547.84
かずら（歌舞伎）	774.68	画像入力（テレビ）	547.84
かずら（民俗）	383.5	画像入力装置（コンピュータ）	548.211
ガス料金	575.34	画像認識（情報学）	007.637
風（気象学）	451.4	画像描画（情報処理）	007.642
風（自然崇拝）	163.1	河相論	517.1
風（植物学）	471.71	家族（家族問題）	367.3
化生（病理学）	491.68	家族（社会学）	361.63
火星	445.3	華族	361.81
家政学	590	家族関係	367.3
火成岩（岩石学）	458.6	家族計画（医学）	498.2
家政番組	699.63	家族計画（人口問題）	334.38
化成肥料（化学工業）	574.97	家族法	324.6
化成肥料（肥料学）	613.47	家族問題	367.3
カゼイン人絹	578.67	家族療法（心理学）	146.812
化石	457	家族礼拝（キリスト教）	196.9
化石誌	457.2	過疎問題	318.6
化石人類（古生物学）	457.89	ガソリン	575.571
化石人類（人類学）	469.2	ガソリンエンジン	537.22
仮設工事（建築）	525.51	ガソリンカー	536.2
河川	452.94	ガソリン機関（機械工学）	533.43
火箭	575.97	ガソリン機関（造船学）	554.84
河川学	452.94	ガソリンスタンド	575.5
架線金具（電気工）	544.15	ガソリン発動機	554.84
河川行政	517.091	潟（地形学）	454.7
河川工学	517	潟（陸水学）	452.93
化繊工業	586.6	荷田春満（日本思想）	121.52
河川工作物	517.58	潟上	*124
河川誌	517.2	形削盤	532.3
化繊製品	586.67	かたつむり（動物学）	484.6
河川測量	517.12	交野	*163
河川法	517.091	片山兼山（日本思想）	121.57
河川養殖	666.2	片山病	493.16
過疎（農村問題）	611.91	偏り（音響学）	424.4
加須	*134	カタール	*2783
家相	148.5	ガダルカナル	*732
画像共有サイト	007.353	カタロニア語	859.9
仮想現実（情報学）	007.1	カタロニア文学	959.9
画像工学	547.8	型枠工（コンクリート工学）	511.76
画像出力（テレビ）	547.86	花壇（造園）	629.75
画像出力装置（コンピュータ）	548.251	価値（経済学）	331.84

家畜	645	葛洪（中国思想）	125.2
家畜衛生	649.8	学校園	374.7
家畜衛生行政	649.81	学校会計	374.5
家畜衛生法令	649.812	学校環境	374.7
家畜疫学	649.86	学校看護（看護学）	492.994
家畜管理	644	学校看護（教育）	374.93
家畜市場	641.4	学校管理	374
家畜飼料	643.4	学校儀式	374.4
家畜繁殖	643.2	学校給食	374.94
家畜病院	649.816	滑降競技（スキー）	784.33
家畜糞（肥料学）	613.42	学校行事	374.4
家畜防疫	649.86	学校経営	374
家畜保険	641.5	学校劇（演劇）	775.7
家畜薬学	649.9	学校建築（学校）	374.7
家畜用具	644	学校後援会	374.6
家畜利用	614.821	学校講話	374.43
価値哲学	117	学校祭	374.47
華中	*222	学校司書	017
花虫類（動物学）	483.35	学校施設	374.7
がちょう（家禽）	646.7	学校疾病対策	374.96
がちょう（動物学）	488.69	学校事務	374.5
花鳥画（日本画法）	724.17	学校社会	371.35
価値論（経済学）	331.84	学校唱歌（音楽）	767.7
価値論（哲学）	117	学校植林	374.7
価値論（倫理）	151.1	学校制度	373.1
勝浦	*135	学校設備	374.7
かつお（漁労）	664.63	学校体育	374.98
かつお（動物学）	487.763	学校図書館	017
学会	060	学校図書館件名標目表	014.497
楽器（音楽）	763	学校図書館目録	029.7
楽器（製造工業）	582.7	学校博物館	069.7
楽器店	760.67	学校父母会	374.6
学級経営	374.1	学校文書館	018.097
学級経営（高等学校）	374.14	学校防災	374.7
学級経営（小学校）	374.12	学校保健	374.9
学級経営（中学校）	374.13	学校遊戯	374.98
学級社会	371.35	活字	749.41
学級文庫	017.2	活字合金（金属工学）	565.38
学級編成	374.1	活字鋳造	749.41
滑空機（航空工学）	538.62	合唱（宗教音楽）	765.5
学区制	373.1	合唱（声楽）	767.4
脚気	493.13	カッシーラー（哲学）	134.8
かっこう（動物学）	488.84	活性炭（化学工業）	574.76

滑石（鉱山工学）	569.4	家庭文庫	016.29
カッセル（経済学）	331.75	家庭薬	499.7
褐藻植物	474.4	家庭遊戯	781.9
滑走装置（航空工学）	538.26	家庭用電気製品（生活科学）	592.4
甲冑（工芸）	756.7	家庭理工学	592
合羽版画	737	家庭療養	598.4
活版	749.4	家庭倫理	152
割賦販売	673.37	家庭老人福祉	369.261
合併（会社法）	325.258	カーテル船（国際法）	329.65
合併（経営学）	335.46	カーテン（家政学）	597.2
勝山	*144	家伝	288.3
カツラ科	479.715	加東	*164
葛城	*165	華東	*222
割礼（キリスト教）	192.8	花道	793
割礼（民俗）	385.3	華道	793
勝論派（インド哲学）	126.6	花道家	793.2
家庭医学	598.3	可動橋	515.58
家庭医学番組	699.63	加藤暁台（日本文学）	911.34
家庭衛生	598	花道史	793.2
家庭科（学校教育）	375.5	可動ダム（土木工学）	517.72
家庭化学	592.3	家督相続（民法）	324.69
家庭金物（製造工業）	581.6	過渡現象（電気工学）	541.17
家庭看護	598.4	門付芸	779.7
家庭機器	582.5	門真	*163
家庭教育	379.9	カドミウム（化学）	436.28
家庭教師	379.95	カドミウム（金属工学）	565.35
家庭経営	591	カドミウム鉱	562.3
家庭経済	591	香取	*135
家庭工作	592.7	蚊取線香（農産加工）	619.92
家庭菜園	626.9	カトリック教会	198.2
家庭裁判所	327.123	仮名（書道）	728.5
家庭誌（日本語）	051.7	仮名（日本語）	811.5
家庭習俗	384	仮名（ペン習字）	728.91
家庭常備薬	598.5	ガーナ	*444
家庭照明（家政学）	592.4	金網（製造工業）	581.4
家庭生活（民俗）	384.4	家内工業（経営学）	335.204
家庭染色	593.7	家内労働	366.8
家庭的信行（キリスト教）	196.9	神奈川県	*137
家庭電気（生活科学）	592.4	金沢	*143
家庭と学校	374.6	仮名づかい	811.56
家庭内暴力	371.42	仮名草子	913.51
家庭燃料	592.5	カナダ	*51
家庭物理	592.2	カナダ文学	930

仮名文字	811.5	歌舞伎風俗	774.8
仮名文字専用論	811.95	歌舞伎役者	774.28
カナリア（家禽）	646.8	株式（金融）	338.155
カナリア（動物学）	488.99	株式（経営学）	335.44
カナリア諸島	*436	株式（商法）	325.242
華南	*223	株式移転（会社法）	325.258
カナン語群	829.72	株式会社（経営学）	335.4
河南省	*2214	株式会社（商法）	325.24
かに（漁労）	664.76	株式交換（会社法）	325.258
かに（動物学）	485.3	株式市場	338.15
可児	*153	株式投資	338.155
カヌー	785.5	株式投資（利殖）	338.183
鹿沼	*132	株式投資理論	338.155
鐘（邦楽）	768.18	株式取引所	338.16
金貸業	338.77	株式理論	338.155
加熱（化学）	432.2	兜（工芸）	756.7
加熱（化学工学）	571.7	かぶとがに（動物学）	485.6
金儲法	338.18	かぶとむし（昆虫飼育）	646.98
化膿性炎（病理学）	491.64	かぶとむし（動物学）	486.6
化膿性感染症	494.43	株主（経営学）	335.43
狩野派（日本画）	721.4	株主（商法）	325.243
鹿屋	*197	株主総会（経営学）	335.43
カノン（音楽）	761.6	株主総会（商法）	325.243
カーバイド工業	572.48	カプランタービン	534.37
カバ科（動物学）	489.84	花粉（植物学）	471.3
加波山事件	210.635	壁（建築）	524.82
かばのき（植物学）	479.563	貨幣（経済学）	337
かばのき（造林）	653.7	貨幣学説	337.1
カバノキ科（植物学）	479.563	貨幣史	337.2
カバルディノ・バルカル共和国	*298	貨幣市場	338.13
かばん（製造工業）	589.27	貨幣思想	337.1
かび（農産加工）	619.16	貨幣制度	337.2
かび（微生物学）	465.8	貨幣理論	337.1
カビンダ	*449	カペー王朝（フランス史）	235.04
かぶ（蔬菜園芸）	626.45	壁材（建築）	524.297
楽府	921.42	壁付暖炉	524.88
カーフェリー（造船学）	556.73	カーペット（家政学）	597.1
歌舞音曲（神道）	176.7	火砲	559.14
カフカース諸語	829.69	画法幾何学	414.6
歌舞伎	774	かほく	*143
歌舞伎衣裳	774.67	華北	*221
歌舞伎脚本（日本文学）	912.5	河北省	*2211
歌舞伎史	774.2	カボチャ（植物学）	479.98

カボチャ（蔬菜園芸）	626.21	カムチャツカ半島	*292
カポック（作物栽培）	618.1	冠付	911.49
カポック（植物学）	479.84	亀岡	*162
カーボベルデ	*4418	カメムシ目	486.5
ガボン	*4475	カメ目	487.95
嘉麻	*191	亀山	*156
釜（製造工業）	581.6	カメラ（芸術）	742.5
鎌（農業）	614.84	カメラ（工学）	535.85
窯（窯業）	573.28	カメラマン（映画）	778.28
釜石	*122	カメルーン	*446
ガマ科	479.323	カメレオン（動物学）	487.93
鎌ケ谷	*135	仮面（彫刻）	711.9
カマキリ科	486.43	仮面花目	479.96
鎌倉	*137	仮面劇	775.8
鎌倉時代（日本史）	210.42	加茂	*141
鎌倉時代美術	702.142	鴨川	*135
鎌倉文学	910.24	かもしか（動物学）	489.85
鎌倉彫	713	貨物（海運）	683.6
蒲郡	*155	貨物（航空運輸）	687.6
かまぼこ（水産加工）	667.5	貨物（交通）	681.6
香美	*184	貨物（鉄道運輸）	686.6
紙（書道）	728.3	貨物運賃（鉄道運輸）	686.61
紙（製造工業）	585	貨物駅（鉄道運輸）	686.63
紙（造本）	022.6	貨物駅（鉄道工学）	516.53
神（キリスト教）	191.1	貨物自動車（工学）	537.94
上天草	*194	貨物自動車（陸運）	685.6
髪飾（民俗）	383.5	貨物積載法（海運）	683.6
上方	*16	貨物船（造船学）	556.6
髪型（民俗）	383.5	貨物調査（鉄道運輸）	686.64
髪型（理容）	595	カモノハシ科	489.23
上方長唄	768.57	賀茂真淵（日本思想）	121.52
上川総合振興局	*114	カモメ目	488.64
上ギニア地方	*442	カモ目	488.69
紙工芸	754.9	家紋	288.6
紙芝居（学校教育）	375.19	蚊帳（家政学）	597.3
紙芝居（大衆演芸）	779.8	蚊帳（製造工業）	589.29
神栖	*131	火薬	575.9
紙製品	585.7	火薬庫	575.99
神の法（キリスト教）	191.17	カヤツリグサ科	479.345
神のみわざ（キリスト教）	191.15	歌謡（日本文学）	911.6
上山	*125	歌謡曲	767.8
カム装置（機械工学）	531.67	カラー（製造工業）	589.22
カム・タイ諸語	829.36	カラオケボックス	673.94

カラ海	**7	カリフォルニア州	*5393
からしな（植物学）	479.722	カリフォルニア湾	**28
からしな（蔬菜園芸）	626.51	カリブ海	**56
カラー写真	743.3	カリブ諸語	895.2
加羅諸国	221.036	カリフラワー	479.722
からす（動物学）	488.99	カリフラワー（蔬菜園芸）	626.6
ガラス（化学工業）	573.5	カリマンタン	*243
ガラス（建材）	524.26	刈谷	*155
ガラス印刷	749.9	花柳病	494.99
ガラス絵（絵画技法）	724.69	科料（刑法）	326.43
からすがい（動物学）	484.4	画料	724.32
ガラス加工	573.579	画料店	720.67
ガラス工芸	751.5	火力発電	543.4
ガラス工事（建築）	525.57	カーリング	784.9
ガラス細工（工芸）	751.5	過燐酸石灰（肥料学）	613.45
ガラス細工（実験化学）	432.1	カルヴァン派教会	198.386
ガラス製品	573.57	カルシウム（化学）	436.23
ガラス繊維	578.68	ガールスカウト	379.33
ガラス保険	339.9	カルダーノ（哲学）	132.5
カラチャイ・チェルケス共和国	*298	カルテル（経営学）	335.53
唐津	*192	カルドア（経済学）	331.74
ガラッキー	786.9	カルナータカ州	*256
空手	789.23	カルボン酸（化学工業）	574.85
ガラテヤ人への手紙［聖書］	193.71	カルボン酸（環式化合物）	438.5
樺太	*292	カルボン酸（鎖式化合物）	437.5
からむし（作物栽培）	618.2	カルムイク共和国	*381
からむし（植物学）	479.57	カルムイク語	829.55
伽藍	185.5	軽業	779.5
カリウム（化学）	436.13	かれい（漁労）	664.66
ガリウム（化学）	436.37	かれい（動物学）	487.77
カリガラス	573.56	カレイ目	487.77
カリ工業	574.4	カレー粉（農産加工）	619.91
仮差押	327.34	カーレース	788.7
ガリシア語	869.9	カレツキ（経済学）	331.77
ガリシア文学	969.9	下裂目	487.55
仮釈放（刑法）	326.45	カレリア共和国	*381
仮出獄（刑法）	326.45	カレン語群	829.369
仮処分	327.34	カレンダー（図案）	727.7
カーリット	575.92	ガロア理論（数学）	411.73
刈取用機械	614.85	画廊（美術）	720.69
カリ肥料（化学工業）	574.96	カロチノイド（生化学）	464.7
カリ肥料（肥料学）	613.46	カロリー（栄養学）	498.55
カリブ沿海諸国	*61	カロリング王朝（ドイツ史）	234.03

カロリング家（ドイツ史）	234.04	眼窩	496.36
歌論	911.101	寒害	615.884
歌話	911.104	干害	615.881
かわうそ（動物学）	489.58	旱害（森林保護）	654.5
渇（生理学）	491.341	灌漑（稲作）	616.26
川口	*134	灌漑排水（農業工学）	614.3
カワゲラ目	486.31	眼科学	496
川越	*134	感覚（心理学）	141.2
革細工（工芸）	755.5	感覚（生理学）	491.37
川崎	*137	感覚（動物学）	481.37
川釣り	787.15	感覚器（解剖学）	491.17
為替	338.57	感覚器（生理学）	491.37
為替管理	338.953	感覚器官	481.17
為替手形（商法）	325.61	感覚論（哲学）	115.5
為替統制	338.953	眼科検査法	496.2
カワセミ目	488.93	眼科手術	496.24
河竹黙阿弥（日本文学）	912.5	管楽器（邦楽）	768.16
河内長野	*163	管楽器（洋楽）	763.6
河内国	*163	カンガルー（動物学）	489.3
川西	*164	観艦式	397.4
瓦（建築）	524.27	韓韓辞典	829.131
瓦（陶磁工芸）	751.4	換気設備（建築）	528.2
瓦（窯業）	573.35	柑橘類（果樹栽培）	625.3
瓦版（版画）	736	眼球	496.36
環（数学）	411.72	管球ガラス	573.572
皖	*2223	眼球摘出	496.24
贛	*2224	環境（教育学）	371.4
がん（動物学）	488.69	環境（植物学）	471.71
癌（外科学）	494.5	環境（心理学）	141.92
癌（病理学）	491.65	環境（生物学）	468.2
眼圧（眼科学）	496.36	環境（地理学）	290.13
簡易裁判所	327.123	環境（動物学）	481.77
簡易識別法（材料工学）	501.56	官業	335.7
簡易宿泊所（社会福祉）	369.5	環境アセスメント	519.15
簡易百科事典	031.8	環境衛生（医学）	498.4
簡易保険	339.45	環境衛生（教育）	374.91
肝炎	493.47	環境機器	519.19
岩塩（岩石学）	458.7	環境教育（教育）	375
岩塩（鉱山工学）	569.2	環境行政	519.1
岩塩（鉱物学）	459.45	環境経済学	519
雁鴨目	488.69	環境工学	519
観音寺	*182	環境省	317.269
漢画（日本画）	721.3	環境政策	519.1

環境装置	519.19		官公庁図書館	016.3
環境庁	317.269		官公庁図書館目録	029.3
咸鏡道	*211		観光農業	611.77
環境ビジネス	519.19		肝硬変	493.477
環境法	519.12		観光法令	689.1
環境保全	519.8		看護学	492.9
環境ホルモン	519.79		看護過程	492.914
環境問題	519		看護監査	492.912
環境問題史	519.2		看護管理	492.983
環境要素（生態学）	468.2		看護教育	492.907
環境論	290.13		看護行政	492.981
桿菌（細菌学）	491.74		看護業務	492.915
眼筋（眼科学）	496.37		看護記録	492.912
桿菌性伝染病	493.84		韓国語	829.1
玩具（育児）	599.8		韓国併合（日本史）	210.68
玩具（工芸）	759		看護計画	492.915
玩具（製造工業）	589.77		看護師	498.14
玩具（民俗）	384.55		看護師試験	492.9079
眼屈折	496.42		看護思想	492.901
冠形詞（朝鮮語）	829.154		看護診断	492.913
環形動物	483.9		看護心理学	492.9014
間歇泉	453.9		看護哲学	492.901
乾繭	638		看護統計学	492.9019
乾舷	551.9		看護方式	492.985
管弦（邦楽）	768.21		看護倫理	492.9015
還元（化学）	431.37		冠婚葬祭（民俗）	385
還元（合成化学）	434.6		関西	*16
眼瞼	496.36		緩鰓蓋目	487.63
管弦楽	764.3		神埼	*192
管弦五重奏	764.25		カンサス州	*5357
贛語	828.7		観察法（心理学）	146.3
慣行（法制史）	322.18		監査役（経営学）	335.43
観光開発	689.4		監査役（商法）	325.243
観光行政	689.1		監査役会（商法）	325.243
感光材料（写真）	742.2		冠詞	8□5
観光事業	689		冠詞（英語）	835.28
観光事業経営	689.3		干支（占い）	148.6
観光事業史	689.2		漢詩（中国文学）	921
観光事業宣伝	689.3		漢詩（日本文学）	919
観光施設	689.4		管子（中国思想）	124.52
観光政策	689.1		冠辞	816.3
観光地計画	689.4		漢字（書道）	728.4
観光庁	317.2699		漢字（中国語）	821.2

漢字（朝鮮語）	829.112	缶詰（畜産加工）	648.24
漢字（日本語）	811.2	関税（貿易）	678.3
漢字（ペン習字）	728.92	乾生植物	471.75
ガンジー（インド哲学）	126.9	乾製品	667.2
環式化合物	438	乾性油	576.173
漢字教育（学校教育）	375.87	観世音菩薩	186.8
幹枝術	148.6	岩石化学	458.13
漢字処理システム	007.635	岩石学	458
肝ジストマ	491.93	岩石顕微鏡	458.17
漢字制限論	811.92	岩石構造	458.12
漢時代	222.042	岩石誌	458.2
乾漆（漆工芸）	752.5	岩石成因論	458.14
乾漆仏	718.7	岩石分析	458.13
漢字廃止論	811.92	乾腊法	470.73
漢詩文（中国文学）	921	関節（解剖学）	491.168
漢詩文（朝鮮文学）	921.9	関節（生理学）	491.366
漢詩文（日本文学）	919	関節炎	493.63
漢詩文作法（日本文学）	919.07	関節疾患	493.6
管歯目	489.46	間接税（財政）	345.7
患者心理	490.145	間接税（税務会計）	336.987
慣習法	322	間接費（経営学）	336.85
甘粛省	*2217	観世流能	773.8
干渉（光学）	425.4	観世流謡曲	768.4
干渉（国際紛争）	329.58	感染（結核）	493.891
感情（心理学）	141.6	汗腺（解剖学）	491.183
岩漿移動	453.8	感染症（小児科学）	493.938
観賞花木	627.7	感染症（内科学）	493.8
勘定科目	336.91	感染症（予防医学）	498.6
観賞魚	666.9	乾燥（稲作）	616.29
観賞用水草	666.8	乾燥（化学）	432.2
岩漿論	458.15	乾燥（化学工学）	571.6
官職（行政）	317.32	肝臓（解剖学）	491.147
甘藷糖	588.17	肝臓（外科学）	494.657
甘蔗糖	588.12	肝臓（生理学）	491.347
完新世	456.83	肝臓（内科学）	493.47
灌水（花卉園芸）	627.16	贋造（貨幣）	337.34
灌水（作物学）	615.6	贋造（美術）	706.7
関数解析	415.5	乾燥果実（園芸加工）	628.2
関数表	418.4	肝臓癌	493.475
関数方程式	415.53	間奏曲（管弦楽）	764.35
関数論	413.5	乾燥肉（畜産加工）	648.24
巻子本（書誌学）	022.5	肝臓膿瘍	493.47
缶詰（食品工業）	588.93	乾燥野菜（園芸加工）	628.7

観測機器（工学）	535.82	観音信仰	186.8
寒帯医学	498.42	間伐（果樹園芸）	625.16
艦隊演習	397.4	間伐（造林）	653.5
簡体字（中国語）	821.27	カンパネラ（社会思想）	309.2
寒帯植物	471.78	カンパネラ（哲学）	132.5
艦隊生活	397.9	看板（演劇）	770.9
干拓（河海工学）	517.35	看板（歌舞伎）	774.5
干拓（農業工学）	614.5	看板（広告）	674.8
桓譚（中国思想）	125.1	甲板（造船学）	552.14
感嘆詞（朝鮮語）	829.156	カンバンシステム	509.61
管仲（中国思想）	124.52	官版目録	027.1
寒中コンクリート加工	511.74	韓非（中国思想）	124.57
官庁会計（財政）	343.9	がんぴ（作物栽培）	618.7
浣腸法	492.23	がんぴ（植物学）	479.873
官庁簿記	343.9	ガンビア	*4421
鑑定（絵画）	720.67	管鼻目	488.67
鑑定（刑事訴訟法）	327.62	顔部（解剖学）	491.192
鑑定（美術）	706.7	観普賢経［経典］	183.3
鑑定（民事訴訟法）	327.22	肝不全	493.47
カンティヨン（経済学）	331.35	カンブリア紀（地史学）	456.32
寒天（水産物利用）	668.5	漢文解釈	827.5
感電（医学）	493.19	韓文解釈（朝鮮語）	829.175
乾電池	572.11	漢文読本	827.7
カント（哲学）	134.2	韓文読本（朝鮮語）	829.177
カント（鉄道工学）	516.23	韓文和訳（朝鮮語）	829.175
間道（染織工芸）	753.3	間壁	524.52
感動詞（英語）	835.66	岸壁（港湾工学）	517.85
感動詞（日本語）	815.6	冠帽（民俗）	383.2
関東大震災（日本史）	210.69	漢方医学	490.9
関東地方	*13	眼房水（眼科学）	496.35
監督教会	198.4	関北地方	*211
ガントチャート（生産工学）	509.61	がん保険	339.47
カントリーアンドウェスタン	764.7	カンボジア	*235
広東軍政府	222.071	カンボジア語	829.38
広東語	828.4	緩歩類（動物学）	483.993
広東省	*2232	刊本（書誌学）	022.3
カンナ（花卉園芸）	627.6	刊本目録	026.3
カンナ（植物学）	479.383	ガンマ線（物理学）	429.4
かんな（木工業）	583.8	甘味料（食品工業）	588.1
カンナ科	479.383	観無量寿経［経典］	183.5
韓日辞典	829.133	顔面（人類学）	469.43
観念論（哲学）	115.1	顔面骨（解剖学）	491.162
観音経［経典］	183.3	肝油（油脂工業）	576.183

慣用語	8□4	議員(国会)	314.18
慣用語(英語)	834.4	議員(地方議会)	318.4
慣用語(中国語)	824.4	キウイ	488.3
慣用語(朝鮮語)	829.144	キエフ時代(ロシア史)	238.03
慣用語(日本語)	814.4	キェルケゴール(哲学)	139.3
慣用語辞典(英語)	833.4	記憶(心理学)	141.34
慣用語辞典(中国語)	823.4	記憶術(心理学)	141.34
慣用語辞典(朝鮮語)	829.134	記憶装置(コンピュータ)	548.23
慣用語辞典(日本語)	813.4	記憶媒体	007.65
観葉植物	627.85	気温(気象学)	451.35
癌予防	491.658	擬音(演劇)	771.56
陥落地震	453.6	気化(物理学)	426.4
カンラン科	479.813	飢餓(生理学)	491.341
管理会計	336.84	機械(機械工学)	530
管理経済	333.2	機械(物理学)	423.9
管理工学	509.6	議会	314
管理組織(経営学)	336.3	器械糸(蚕糸業)	639.4
管理通貨制度	337.31	機械化会計	336.919
乾留(化学)	432.3	機械可読目録	014.37
乾留(化学工学)	571.6	機械行政	530.91
管流(木材学)	657.15	器械計算	418.6
顔料	576.9	機械検索	007.58
慣例(法制史)	322.18	機械工学	530
寒冷障害(医学)	493.19	機械工業	530.9
寒冷療法	492.53	機械工業政策	530.91
還暦(民俗)	385.5	機械工作	532
環論(数学)	411.72	機械採掘	567.46
漢和辞典	813.2	機械材料	531.2
		機械漉	585.5
【キ】		議会政治	313.7
		機械製図	531.98
キー(機械工学)	531.41	機械設計	531.9
翼	*2211	機械設備(建築)	528.5
魏	222.043	機械設備(生産工学)	509.62
気圧	451.37	器械体操	781.5
きいちご(果樹栽培)	625.65	機械的試験法	501.53
きいちご(植物学)	479.75	議会図書館	016.3
生糸(蚕糸業)	639	機械配置(生産工学)	509.62
生糸(紡績工業)	586.43	機械パルプ	585.36
生糸検査	639.6	機械保険	339.9
生糸取引所	676.4	機械翻訳	007.636
生糸品質	639.6	機械要素	531.3
紀伊国	*166	機械力学	531.3

機械療法	492.7	キキョウ科	479.993
機械労働	530.96	企業会計	336.9
機械論（哲学）	112	企業会計原則	336.92
幾何学	414	企業家論	335.13
気化器（自動車工学）	537.28	起業銀行	338.67
気化器（内燃機関）	533.43	企業形態	335.3
器楽	763	企業結合	335.5
器楽（宗教音楽）	765.1	企業構造	335.3
伎楽	768.29	企業合同	335.54
器楽合奏	764	企業社会	335.13
器楽編成法	764.1	企業集中	335.5
伎楽面	768.29	企業情報管理	336.17
喜歌劇	766.2	企業政策	335.33
幾何光学（物理学）	425.3	企業整備	335.33
稀ガス元素（化学）	435.2	企業調査	336.17
木型（金属工学）	566.12	企業内教育	336.47
気管（解剖学）	491.136	企業内訓練	336.47
気管（生理学）	491.336	企業年金（労働問題）	366.46
軌間（鉄道工学）	516.23	企業の社会的責任	335.15
義眼	496.24	企業買収	335.46
気管支（解剖学）	491.136	企業法（経営）	335
気管支（生理学）	491.336	企業法（商法）	325
気管支炎	493.36	キキョウ目	479.99
気管支鏡	492.13	戯曲（文学）	9□2
気管支外科	494.644	飢饉（農業経済）	611.39
気管支疾患	493.36	貴金属	565.1
気管支喘息	493.36	貴金属細工	756.3
機関室（造船学）	552.18	きく（花卉園芸）	627.55
機関車工学	536.1	きく（植物学）	479.995
機関銃	559.15	器具（物理学実験）	420.75
機関日誌（航海学）	557.17	きくいも（植物学）	479.995
器官発生（解剖学）	491.2	きくいも（蔬菜園芸）	626.43
記紀歌謡	911.11	キク科	479.995
危機管理（図書館）	013	菊川	*154
危機神学	191.9	規矩術（建築学）	525.2
気球（航空工学）	538.5	菊池	*194
気球競技	782.9	奇形（眼科学）	496.38
帰休制度（労働）	366.32	奇形（外科学）	494.73
ききょう（花卉園芸）	627.58	奇形（小児科学）	493.94
ききょう（植物学）	479.993	奇形（病理学）	491.66
企業	335	奇形学（医学）	491.29
機業	586.7	義経記［書名］	913.436
偽経	183.79	奇形発生（解剖学）	491.29

喜劇（演劇）	775.2	儀式（宗教）	165.6
喜劇（文学）	9□2	儀式（神道）	176
木桁橋	515.51	儀式（仏教）	186.1
キケロ（哲学）	131.8	儀式（ユダヤ教）	199.6
危険物取締（警察）	317.734	儀式典例（日本史）	210.09
棄権防止（選挙）	314.85	気質（心理学）	141.94
気候（衛生学）	498.41	器質的精神病	493.75
気候（花卉園芸）	627.14	騎士道（倫理）	156.9
気候（蔬菜園芸）	626.14	岸派（日本画）	721.6
気候（動物学）	481.77	喜捨（イスラム）	167.6
気候（土壌学）	613.55	記者	070.16
気功（武術）	789.27	木地屋（民俗）	384.38
気孔（植物学）	471.1	喜寿（民俗）	385.5
紀行（地誌）	29△09	義手	494.72
紀行（文学）	9□5	起重機船（造船学）	556.75
機構学	531.3	貴州省	*2236
気候学	451.8	寄宿舎（建築）	527.9
記号学（言語学）	801	奇術	779.3
気候誌	451.9	記述（目録法）	014.32
気候順化	290.14	技術（工学）	500
紀行番組	699.63	技術家庭科	375.5
機構部品（通信工学）	547.37	技術家庭科（高等学校）	375.54
紀行文学	901.5	技術家庭科（小学校）	375.52
機甲兵器	559.4	技術家庭科（中学校）	375.53
気候変化	451.85	技術管理（生産工学）	509.63
気候変動	451.85	技術教育	507.7
気候療法	492.55	技術行政	509.11
記号論（言語学）	801	技術史	502
記号論理学（数学）	410.96	技術士	507.3
記号論理学（論理学）	116.3	技術進歩（経済学）	331.81
鬼谷子（中国思想）	124.7	技術哲学	118
機根論（仏教）	181.5	記述天文学	440.19
起債市場（金融）	338.15	記述目録法	014.3
偽作（書誌学）	021.5	技術療法	492.2
擬索類（動物学）	485.93	気象（気象学）	451
木更津	*135	気象（植物学）	471.71
蟻酸（化学）	437.5	気象（林業）	653.1
箕子	221.031	徽章	288.9
きじ（家禽）	646.2	偽証（刑法）	326.21
きじ（動物学）	488.4	気象衛星	451.25
義肢	494.72	気象音響学	451.76
義歯	497.56	気象学	451
儀式（キリスト教）	196.3	気象観測	451.2

気象警報	451.28	偽装（軍事工学）	559.8
気象光学	451.75	義倉	611.39
気象災害	451.98	艤装（航空工学）	538.4
気象災害（稲作）	616.289	艤装（車両工学）	536.4
気象災害（栽桑）	636.7	艤装（造船学）	553
気象災害（森林保護）	654.5	偽造（刑法）	326.22
気象災害（農業）	615.88	気送管（運搬工学）	536.75
気象災害誌	451.98	気送管（建築設備）	528.5
気象図誌	451.9	基礎看護科学	492.91
気象測器	451.2	基礎看護技術	492.911
気象台（気象学）	451.2	貴族（社会学）	361.81
気象庁	317.263	貴族院	314.16
気象統計	451.9	貴族政治	313.4
気象熱力学	451.1	基礎工（橋梁工学）	515.2
気象力学	451.1	基礎工（鉄道工学）	516.14
稀書目録	026	基礎工（土木工学）	513.4
岸和田	*163	基礎工事（建築学）	525.51
魏晋南北朝時代	222.043	基礎代謝（臨床医学）	492.17
忌辰録	281.02	起訴猶予（刑法）	326.46
起信論［書名］	183.95	ギター	763.55
きす（漁労）	664.67	北アイルランド	*338
きす（動物学）	487.61	北秋田	*124
記数法（数学）	411.1	北アジア	*291
木津川	*162	北アジア建築	522.9
寄生（生態学）	468.4	北アフリカ	*41
寄生（動物学）	481.71	北アメリカ	*5
犠牲（キリスト教）	191.2	北アメリカ史	250
寄生植物	471.76	擬態（動物学）	481.78
寄生植物病	615.83	気体圧縮	534.92
寄生虫学	491.9	期待可能性（刑法）	326.14
寄生虫病	493.16	気体減圧	534.93
寄生動物病	615.84	気体工業	574.2
奇跡（キリスト教）	191.17	気体電離（物理学）	427.6
奇跡（キリスト教史）	192.8	気体燃料	575.16
軌跡（幾何学）	414.12	気体排気	534.93
輝石（鉱物学）	459.62	北茨城	*131
季節	451.8	気体分子運動論	428.2
季節労働	366.8	気体力学	423.88
キセノン（化学）	435.27	気体論（物理学）	428.2
汽船（造船学）	552.75	北インド	*254
基礎（建築）	524.3	北オセチア・アラニア共和国	*298
基礎医学	491	喜多方	*126
寄贈（図書館）	014.2	ギター合奏	764.85

北上	*122	祈祷（イスラム）	167.6
北九州	*191	祈祷（カトリック）	198.26
寄託（商法）	325.39	祈祷（キリスト教）	196.1
寄託（民法）	324.52	祈祷（宗教）	165.4
北コーカサス	*298	祈祷（神道）	176.3
北大西洋	**51	軌道（月）	446.3
北大西洋条約機構	329.37	軌道（鉄道工学）	516.2
北太平洋	**2	気動車	536.2
北ドイツ連邦	234.063	祈祷書（キリスト教）	196.1
北名古屋	*155	軌道力学	516.2
北広島	*115	軌道論（天文学）	441.2
北マリアナ諸島	*741	希土類元素（化学）	436.3
北見	*111	畿内	*16
北見国	*111	擬軟体動物	484.8
北本	*134	ギニア	*4423
義太夫	768.5	ギニアビサウ	*4422
北ヨーロッパ	*389	ギニア湾	**57
喜多流能	773.8	キニク派（哲学）	131.2
喜多流謡曲	768.4	記入（目録法）	014.32
北ローデシア	*482	絹（繊維工業）	586.47
気団（気象学）	451.37	絹（染色加工）	587.64
基地局（無線工学）	547.63	絹織物	586.47
基地対策	395.39	絹加工（蚕糸業）	639.7
貴重書	090	絹工業	586.4
吉	*2255	絹製品	586.47
喫煙史	383.89	記念碑（彫刻）	711.7
吃音（医学）	496.9	紀年法（世界史）	202.3
吃音矯正	378.5	紀年法（日本史）	210.023
杵築	*195	記念論文集（日本語）	041.3
キックボクシング	788.3	帰農	611.91
着付（衣類）	593.8	技能者養成	366.7
喫茶史	383.889	機能集団（社会学）	361.65
喫茶店（サービス産業）	673.98	機能障害（婦人科学）	495.48
吃水（造船学）	551.9	機能障害病（作物学）	615.85
契丹	222.052	機能心理学	140.18
契丹文字	829.55	機能的神経疾患	493.74
キツツキ目	488.86	機能的精神病	493.76
きつね（動物学）	489.56	帰納法（論理学）	116.1
キツネザル科	489.93	紀海音（日本文学）	912.4
吉林省	*2255	紀の川	*166
奇蹄目	489.8	きのこ類	474.85
ギディングス（社会学）	361.253	木下順庵（日本思想）	121.54
起電力（化学）	431.77	木登	657.11

木登術	657.11	ギャンブル	797
宜野湾	*199	ギャンブル（社会病理）	368.63
稀薄気体（物理学）	423.88	キャンベラ	*716
起爆薬	575.95	球（機械工学）	531.17
木箱（製造工業）	583.5	吸音材（建築）	524.296
機帆船（造船学）	552.74	嗅覚（心理学）	141.23
忌避（刑事訴訟法）	327.61	嗅覚（生理学）	491.376
きび（作物栽培）	616.62	嗅覚器（解剖学）	491.176
きび（植物学）	479.343	嗅覚器（生理学）	491.376
黄表紙	913.57	休暇村	689.9
岐阜	*153	毬果類（植物学）	478.6
岐阜県	*153	きゅうかんちょう（家禽）	646.8
木仏	718.3	きゅうかんちょう（動物学）	488.99
記譜法	761.2	休館日（図書館）	013.9
キプロス	*2747	球技	783
気分障害	493.764	救急外科	494.27
騎兵	396.5	救急手術	494.27
きぼしむし	485.93	救急処置	492.29
キーボード（コンピュータ）	548.211	救急法（家庭医学）	598.5
基本語彙（英語）	834.3	嬉遊曲	764.32
基本語彙（中国語）	824.3	球菌	491.73
基本語彙（朝鮮語）	829.143	球菌感染症	493.83
基本語彙（日本語）	814.3	求刑（刑事訴訟法）	327.64
基本語彙辞典（英語）	833.3	弓弦楽器	763.4
基本的人権	316.1	吸口虫類（動物学）	483.997
基本図書目録	028	休耕田（作物学）	615.3
君津	*135	鳩鴿目（動物学）	488.45
義務教育	373.1	球根草（花卉園芸）	627.6
きもの（家政学）	593.1	救済論（キリスト教）	191.4
きもの（民俗）	383.1	きゅう師	498.14
客貨車（車両工学）	536.4	桼漆	752.5
客貨船（造船学）	556.5	休日（民俗）	386
格式（法制史）	322.135	休日（労働）	366.32
客車（車両工学）	536.41	給餌法（畜産業）	643.7
客車操車場	516.54	球子目	473.253
キャッチフレーズ	674.35	吸収（化学工学）	571.5
キャバレー	673.98	吸収（光学）	425.4
キャベツ（植物学）	479.722	吸収作用（生理学）	491.341
キャベツ（蔬菜園芸）	626.52	九州地方	*19
キャラクターユーザーインターフェース	548.211	救助作業（鉱山災害）	561.95
キャンデー（食品工業）	588.34	給水（鉱山工学）	561.76
キャンピング	786.3	給水（都市工学）	518.17
キャンプファイア	786.3	給水設備（建築）	528.1

給水法（都市工学）	518.17	丘陵（地形学）	454.55
級数論（解析学）	413.2	旧暦	449.34
九星	148.4	キューバ	*591
急性炎（病理学）	491.64	キュポラ作業	566.14
救世軍	198.98	ギュルヴィッチ（社会学）	361.235
旧制高等学校	377.3	キュレネ派（哲学）	131.2
旧制中学校	376.4	羌	222.045
旧石器時代（日本史）	210.23	紀要（日本語）	051.1
休戦（国際法）	329.65	教案	374.35
給桑法（蚕糸業）	635.3	教育	370
吸着（化学）	431.86	教育委員会	373.2
吸着（化学工学）	571.5	教育運動史	372
吸虫症	493.16	教育映画	778.7
吸虫類（医学）	491.93	教育家	372.8
吸虫類（動物学）	483.45	教育学	371
宮殿（日本建築史）	521.825	教育学史	371.2
給湯（建築）	528.1	教育学方法論	371.16
弓道	789.5	教育課程	375
救難船（造船学）	556.76	教育課程（大学教育）	377.15
牛肉（畜産加工）	648.25	教育課程（幼児教育）	376.15
牛乳（畜産加工）	648.1	教育機器	374.79
牛乳理化学（畜産加工）	648.12	教育技術	375
吸入療法	492.24	教育行政	373.2
吸熱反応（化学）	431.63	教育工学	375.11
旧藩文庫	029.8	教育講話	374.43
救貧制度	369.2	教育財政	373.4
救命筏	553.6	教育史	372
救命救急	492.916	教育事業（キリスト教）	197.7
救命設備（造船学）	553.6	教育視察	373.2
救命艇	553.6	教育事情	372
救命浮器	553.6	教育思想	371
球面	414.64	教育思想史	371.2
球面幾何学	414.2	教育実践記録集	370.8
球面三角法	414.33	教育社会学	371.3
球面天文学	442.8	教育診断	371.43
旧約聖書	193.1	教育心理学	371.4
給与（経営学）	336.45	教育政策	373.1
給与（公務員）	317.34	教育制度	373.1
給与（労働経済）	366.4	教育相談	375.23
休養（衛生学）	498.35	教育測定	371.7
きゅうり（植物学）	479.98	教育調査法	371.8
きゅうり（蔬菜園芸）	626.22	教育勅語	155
九竜	*2239	教育的環境学	371.4

教育哲学	371.1	教義（プロテスタント）	198.31
教育統計法	371.8	教義（ユダヤ教）	199.1
教育費	373.4	経木（製造工業）	583.9
教育評価	371.7	競技大会（スポーツ）	780.69
教育法令	373.22	橋脚	515.2
教員組合	374.37	供給（経済学）	331.842
教員検定	373.7	協業（経済学）	331.81
教員養成	373.7	教区（キリスト教）	195.2
教員労働	374.37	狂句	911.4
競泳	785.2	教具（学校教育）	374.79
教科	375	教訓	159
狂歌	911.19	行刑	326.5
協会	060	凝結（物理学）	426.4
教会（カトリック）	198.25	凝結現象（気象学）	451.6
教会（キリスト教）	195.3	狂言	773.9
教会（プロテスタント）	198.35	狂言（日本文学）	912.39
教会管理（キリスト教）	195.6	狂言作者（歌舞伎）	774.48
教会経済（キリスト教）	195.6	狂犬病	493.87
教会財政（キリスト教）	195.6	狂言面	773.9
教会史（キリスト教）	198	恐慌	337.99
教会政治（キリスト教）	195.2	胸腔（解剖学）	491.194
境界設備（鉄道工学）	516.25	鏡工	756.5
境界値問題（解析学）	413.67	行幸啓（皇室）	288.48
境界値問題（物理学）	421.5	行幸啓（日本史）	210.099
境界変更（地方行政）	318.12	胸骨（解剖学）	491.164
教会法（キリスト教）	195.2	胸骨目	487.72
教化運動（社会教育）	379.8	共済組合（教員）	373.78
強化ガラス	573.577	共済組合（公務員）	317.35
侠客（社会病理）	368.51	教材研究	375.12
侠客（民俗）	384.38	共済制度（公務員）	317.35
胸郭（解剖学）	491.164	教材選択	375.12
共学問題	374.2	共済年金（公務員）	317.35
教科書	375.9	共済年金（社会保障）	364.6
強化食品（食品学）	498.518	莢菜類（蔬菜園芸）	626.3
恐喝（刑法）	326.26	共産主義（社会思想）	309.3
強化木材	657.68	共産主義（政治思想）	311.9
共感覚（心理学）	141.26	行事（道教）	166.6
教義（イスラム）	167.1	行事活動（図書館）	015.8
教義（カトリック）	198.21	経師工事（建築学）	525.59
教義（キリスト教）	191	行持作法（仏教）	186.1
教義（宗教）	165.1	強磁性体（物理学）	428.9
教義（道教）	166.1	行者（仏教）	188.59
教義（仏教）	181	行者（民俗）	384.38

経集部	183.6	行政刑法	326.88
教授学	377.15	行政権(日本国憲法)	323.145
凝縮(物理学)	426.4	行政行為	323.95
供述心理学	327.014	行政裁判	323.96
教授法(大学教育)	377.15	行政作用	323.95
教授理論	377.15	強制執行(行政法)	323.95
協商(外交)	319.99	強制執行(刑事訴訟法)	327.62
橋床(橋梁工学)	515.3	強制執行(民事訴訟法)	327.3
教条(宗教)	165.1	強制執行法	327.3
行商	673.79	行政事務	317.6
鋏状価格差(農業経済)	611.43	行政書士	327.17
教職(教育)	374.35	行政争訟	323.96
教職(宗教)	165.5	行政組織	317.2
教職員	374.3	行政手続(行政)	317.6
教職技術	374.35	行政手続(行政法)	323.95
教職教養	374.35	行政能率	317.6
教職実務	374.35	行政罰	323.95
共振(音響学)	424.4	行政法	323.9
共進会(産業)	606.9	矯正保護	326.53
共進会(農業)	610.69	強制労働	366.8
共振回路(電子工学)	541.13	胸腺(解剖学)	491.149
強心剤(化学療法)	492.32	胸腺(生理学)	491.349
狭心症	493.231	競争(経済学)	331.844
暁新世(地史学)	456.72	競走(体育)	782.3
恐水病	493.87	協奏曲	764.39
共生(植物学)	471.71	強壮剤(化学療法)	492.34
共生(生物学)	468.4	教相判釈(仏教)	181.2
共生(動物学)	481.71	行田	*134
矯正(刑法)	326.5	橋台(橋梁工学)	515.2
矯正(整形外科学)	494.72	供託法	324.85
行政	317	京田辺	*162
矯正医学	326.54	教団(宗教)	165.5
行政改革	317.209	京丹後	*162
行政学	317.1	夾竹桃	479.94
行政監査	317.6	蟯虫(寄生虫学)	491.94
行政監査(地方行政)	318.5	競艇	788.8
行政監察	317.6	教典(イスラム)	167.3
行政管理	317.1	教典(キリスト教)	193
行政管理庁	317.215	教典(宗教)	165.3
行政機構	317.2	教典(神道)	173
行政救済	323.96	教典(道教)	166.3
矯正教育	326.53	経典(仏教)	183
行政区画	318.12	京都	*162

匈奴	222.045	胸膜（生理学）	491.339
共同海損（商法）	325.54	鞏膜（眼科学）	496.32
協同組合	335.6	胸膜炎	493.39
共同経営（農業経営）	611.76	胸膜腔（解剖学）	491.139
共同作業（農業経営）	611.76	胸膜腔（生理学）	491.339
共同住宅（建築）	527.8	胸膜疾患	493.39
共同炊事	596.5	業務管理	673
共同訴訟（民事訴訟法）	327.21	業務規程	336.38
共同体（動物学）	481.71	業務妨害（刑法）	326.22
共同募金	369.14	共鳴（化学）	431.14
共同保存（図書館）	014.68	共鳴（物理学）	424.4
共同目録作業	014.37	共有権（民法）	324.23
郷土玩具	759.9	共有林（林政学）	651.15
郷土芸術	702.9	教養番組	699.63
郷土芸能（民俗）	386.8	教理問答書（カトリック）	198.21
郷土資料	090	恐竜（古生物学）	457.87
郷土資料（図書館）	014.72	橋梁（森林工学）	656.22
郷土資料目録	025.8	橋梁（土木工学）	515
郷土人著述目録	027.32	橋梁維持管理	515.8
郷土人形	759.9	橋梁工学	515
郷土能	773.29	橋梁材料	515.1
京都府	*162	橋梁史	515.02
郷土舞踊（民俗）	386.8	橋梁力学	515.1
凝乳	648.18	行列（数学）	411.35
教派（プロテスタント）	198.38	行列式	411.35
競売（商業）	673.35	拱廊（建築）	524.82
競売（民事訴訟法）	327.39	共和制	313.7
脅迫（刑法）	326.24	共和政（イタリア史）	237.07
強迫神経症	493.743	共和政治	313.7
教派神道	178	共和政治（イギリス史）	233.052
共犯（刑法）	326.15	共和政時代（古代ローマ）	232.4
教判論（仏教）	181.2	魚介料理	596.35
胸部（解剖学）	491.194	漁獲制限（漁業行政）	661.1
矯風事業	369.8	漁獲制限（水産基礎学）	663.97
胸部外科	494.64	漁獲量	664.1
胸部検査法	492.13	漁家経済	661.8
胸部診断	492.13	漁期	664.1
恐怖政治（フランス史）	235.06	漁況	664.1
教父哲学	132.1	漁業	660
胸壁	493.39	漁業気象	663.2
競歩	782.3	漁業行政	661.1
享保期俳諧	911.33	漁業協同組合	661.6
胸膜（解剖学）	491.139	漁業経営	661.7

漁業権	661.12	清瀬	*1365
漁業史	662	漁船	665.2
漁業資本	661.5	漁村（社会学）	361.76
漁業条約	661.12	漁村（水産業）	661.9
漁業政策	661.1	漁村（民俗）	384.36
漁業制度	661.1	魚拓	787.19
漁業手形	661.5	虚脱（外科学）	494.39
漁業法	661.12	虚脱療法	493.897
漁業保険	661.59	去痰剤（化学療法）	492.33
漁業補償	661.59	極光（気象学）	451.75
漁業無線	665.25	魚梯（水産増殖）	666.15
漁業労働	661.7	魚道（水産増殖）	666.15
漁具	665.5	魚皮	668.3
棘鰭目	487.76	魚肥（肥料学）	613.45
曲芸	779.5	魚病学	663.9
極限論（解析学）	413.1	巨木	653.2
局所解剖学	491.19	漁民問題	661.9
局所外科学	494.2	漁網（水産業）	665.6
局所所見	492.11	清元	768.55
曲水の宴（民俗）	386	魚油（化学工業）	576.182
曲水の宴（和歌）	911.18	魚雷	559.27
曲線（幾何学）	414.12	距離測量	512.1
曲線（鉄道工学）	516.13	漁猟機械	665.3
曲線（道路工学）	514.13	漁猟装置	665.3
曲線設定（測量）	512.8	魚類（漁労）	664.6
極低温（物理学）	426.7	魚類（古生物学）	457.87
極東地方	*292	魚類（水産増殖）	666.6
棘皮動物（古生物学）	457.84	魚類（動物学）	487.5
棘皮動物（動物学）	484.9	魚類誌	487.52
棘皮類（漁労）	664.78	魚類増殖	666.6
極北諸語	829.29	漁労（水産学）	664
玉耶経［経典］	183.1	漁労（民俗）	384.36
魚群探知機	665.3	機雷	559.26
漁港	661.9	儀礼［書名］	123.4
魚膠（水産物利用）	668.4	錐（木工業）	583.8
御幸啓	210.099	霧（気象学）	451.62
御産	210.093	きり絵	726.9
居住設備（造船学）	553.1	切紙	754.9
漁場	664.1	キリギリス科	486.46
挙証責任（訴訟手続法）	327.19	ギリシア	*395
巨人（形質人類学）	469.41	ギリシア演劇	772.31
清須	*155	ギリシア音楽	762.03
虚数乗法論（数学）	412.3	ギリシア絵画	723.03

ギリシア建築	523.03	記録文学	9□6
ギリシア語	891	義和団の乱	222.068
ギリシア初期哲学	131.1	筋（解剖学）	491.169
ギリシア神話	164.31	筋（生理学）	491.363
ギリシア正教会	198.19	金（化学）	436.19
ギリシア哲学	131	金（金属工学）	565.12
ギリシア美術	702.03	金（経済学）	337.31
ギリシア文学	991	金（工芸）	756.3
ギリシア暦	449.34	金（中国史）	222.056
霧島	*197	銀（化学）	436.18
キリスト	192.8	銀（金属工学）	565.13
キリスト教	190	銀（経済学）	337.32
キリスト教芸術（宗教）	196.7	銀（工芸）	756.3
キリスト教芸術（美術）	702.099	筋萎縮症	493.64
キリスト教史	192	禁厭（神道）	176.8
キリスト教社会主義	309.29	禁煙（衛生）	498.32
キリスト教神学	191	筋炎	493.6
キリスト教道徳	191.7	禁煙運動	369.81
キリスト教人間学	191.3	琴歌	768.6
キリスト論	191.2	銀河	443.6
切妻（各部構造）	524.85	近海漁業	664.33
切妻（ブロック構造）	524.45	銀塊相場	337.32
切取（土木工学）	513.3	金槐和歌集［書名］	911.148
切抜絵	754.9	筋化学	491.363
切羽運搬（鉱山工学）	561.63	筋覚	491.379
切羽採炭法	567.42	筋学（医学）	491.169
キリバス	*747	菌核病（稲作）	616.28
キリバス語	829.47	菌核病（作物学）	615.83
ギリヤーク語	829.29	銀河系	443.6
桐生	*133	きんかん（果樹栽培）	625.35
輝緑岩（岩石学）	458.64	きんかん（植物学）	479.812
キリン科	489.87	金管楽器	763.6
キルギス	*2962	近畿地方	*16
キルギス語	829.57	緊急勅令（帝国憲法）	323.131
キルギスタン	*2962	緊急避難（刑法）	326.13
キルティング（手芸）	594.9	きんぎょ（水産増殖）	666.9
ギルド（経営史）	335.203	きんぎょ（動物学）	487.67
ギルド（経済史）	332.04	禁漁区	663.97
ギルド（西洋史）	230.4	キングズリ（社会思想）	309.29
ギルド社会主義	309.56	筋系（医学）	491.169
記録映画	778.7	金言（倫理）	159.8
記録計器（電気工学）	541.53	禁固（刑法）	326.42
記録資料（図書館）	014.71	金庫（製造工業）	581.8

近郊	361.785	近世総合幾何学	414.4
金工（工芸家）	756.2	近世美術（日本美術史）	702.15
金鉱	562.1	近世文学（日本文学）	910.25
銀行	338	金石学（日本史）	210.028
銀鉱	562.1	金石学（歴史）	202.8
銀行員	338.51	金石誌（日本史）	210.028
均衡学派（経済学）	331.73	金石誌（歴史）	202.8
金工技法	756.1	金石文（日本史）	210.028
銀行恐慌	338.19	金石文（歴史）	202.8
銀行行政	338.32	金銭債務調停法	327.5
銀行業務	338.5	金銭登録器（製造工業）	582.4
金工芸	756	金属（金属工学）	560
銀行経営	338.5	金属（建築材料）	524.28
銀行券	337.4	金属家具（製造工業）	581.8
銀行検査	338.33	金属化合物（化学）	436
銀行合同	338.35	金属化合物（化学工業）	574.79
銀行国有化	338.34	金属加工法	566
金工材料	756.1	金属器時代（世界史）	209.2
金工史	756.2	金属元素	436
銀行史	338.2	金属工学	560
銀行集中	338.35	金属工事（建築）	525.56
銀行政策	338.3	金属鉱床	562
銀行組織	338.51	金属採掘	562
銀行法	338.32	金属材料（機械工学）	531.2
銀行簿記	336.918	金属材料（建材）	524.28
今古奇観［書名］	923.5	金属材料（材料工学）	501.41
ギンザメ類	487.56	金属材料（土木材料）	511.48
近視	496.42	金属製品	581
近似計算	418.1	金属組織学	563.6
金市場相場	337.31	金属着色	566.77
金市場取引	337.31	金属中毒	493.152
筋疾患	493.6	金属彫刻	715
禁止図書目録	027.6	金属腐食	563.7
禁酒	498.32	金属分析	563.5
禁酒運動	369.81	金属平版	749.5
金匠	756.2	筋組織（医学）	491.115
近親相姦（心理学）	145.73	近代英語	830.25
金星	445.2	近代泳法	785.22
近世歌謡（日本文学）	911.65	近代絵画（洋画史）	723.05
近世語（日本語）	810.25	近代歌謡（日本文学）	911.66
金政策	337.31	近代戯曲（日本文学）	912.6
銀政策	337.32	近代ギリシア語	891.9
近世史（日本史）	210.5	近代ギリシア文学	991.9

近代経済学派	331.7		金融法	338.32
近代経済史	332.06		金融理論	338.01
近代劇	775.1		金輸出解禁	337.36
近代五種競技	782.6		金輸出禁止	337.36
近代史（イタリア史）	237.05		金葉和歌集［書名］	911.1355
近代史（インド史）	225.05		禁欲（宗教）	165.4
近代史（スペイン史）	236.05		禁欲苦行（キリスト教）	196.8
近代史（西洋史）	230.5		金襴（染織工芸）	753.3
近代史（世界史）	209.5		金利	338.12
近代史（ドイツ史）	234.05		金利政策	338.3
近代史（日本史）	210.6		禁猟	659.7
近代史（フランス史）	235.05		禁漁区（狩猟）	659.7
近代詩（日本文学）	911.5		菌類（植物学）	474.7
近代社会	362.06			
近代哲学	133		【ク】	
近代統計学	417			
近代日本画	721.9		グアテマラ	*571
近代美術（日本美術史）	702.16		グアム	*742
近代美術（美術史）	702.05		クアラルンプール	*239
近代文学（日本文学）	910.26		杭打機	513.8
近代文学思想史	902.06		杭打基礎（建築学）	524.3
近代理論（経済学）	331.7		杭打工（土木工学）	513.42
近代連句	911.38		クイズ遊び	798.3
筋電図	492.16		クイズ集（日本語）	031.7
銀筆画	725.5		クイズ番組	699.67
金瓶梅［書名］	923.5		クイーンズランド州	*711
キンポウゲ目	479.71		クウェート	*2782
金本位制	337.31		空間電荷（電子工学）	549.1
銀本位制	337.32		空間論（哲学）	112
勤務評定（教育）	373.78		空気（衛生学）	498.41
勤務評定（行政）	317.37		空気（生態学）	468.2
勤務評定（人事管理）	336.43		空気機械	534.9
金融	338		空気工学	534.9
金融学説	338.01		空気調節（建築）	528.2
金融恐慌	338.19		空気調節（鉱山）	561.71
金融行政	338.32		空気調和	528.2
金融検査	338.33		空気ハンマー	534.96
金融再生委員会	317.217		空軍	398
金融史	338.2		空軍史	398.2
金融市場	338.1		空港（航空学）	538.86
金融政策	338.3		空港（交通）	687.9
金融庁	317.217		空港（土木工学）	517.9
金融統制	338.3		空戦	398.3

空戦法規（国際法）	329.64	串間	*196
偶然論（哲学）	112	くじゃく（家禽）	646.3
偶像崇拝	163.4	くじゃく（動物学）	488.4
空想的社会主義	309.2	倶舎宗	188.22
空地地区（都市工学）	518.83	くしゃみ（生理学）	491.333
空中スポーツ	782.9	グジャラート語	829.81
空中戦	398.3	グジャラート州	*255
空中線（無線工学）	547.53	倶舎論［書名］	183.92
空中窒素固定法（化学工業）	574.6	郡上	*153
空中電気学（気象学）	451.77	苦情処理機関（消費者問題）	365.89
空中放電（物理学）	427.53	苦情処理機関（労働問題）	366.65
空腸（解剖学）	491.146	くじら（水産業）	664.9
空腸（生理学）	491.346	くじら（動物学）	489.6
偶蹄目	489.82	クジラ目	489.6
空洞ガラス	573.571	釧路	*112
空洞現象（流体工学）	534.1	釧路総合振興局	*112
空洞切開法（外科学）	494.645	釧路国	*112
空洞煉瓦	573.36	くず（作物栽培）	617.2
空母	556.93	くず（植物学）	479.78
クェーカー派（キリスト教）	198.94	屑糸紡績	586.257
クェーサー	443.7	クズウコン科	479.384
クオーク	429.6	薬子の変	210.36
句会	911.306	クスノキ科	479.719
久喜	*134	下松	*177
茎（植物学）	471.1	百済	221.035
釘（製造工業）	581.9	口（解剖学）	491.143
公卿名鑑	281.035	口（生理学）	491.343
公家住宅	521.853	駆逐艦（造船学）	556.96
公家法	322.13	唇（咽喉科学）	496.8
供御	210.098	唇（解剖学）	491.143
草双紙	913.57	唇（生理学）	491.343
草津	*161	駆虫剤（医学）	492.34
草花（花卉園芸）	627	靴（製造工業）	589.25
くさび（機械工学）	531.41	靴（民俗）	383.2
楔形文字	829.71	クッキー（料理）	596.65
くさび継手	531.41	クック諸島	*755
鎖（製造工業）	581.5	掘削（鉱山工学）	561.4
鎖車	531.78	掘削（トンネル工学）	514.96
鎖伝動	531.78	靴下（製造工業）	589.23
クーザン（哲学）	135.4	沓付（日本文学）	911.49
久慈	*122	靴墨	576.86
クシクラゲ類	483.37	屈性（動物学）	481.36
クシ諸語	894.4	屈折（音響学）	424.4

屈折(光学)	425.3		グライダー競技	782.9
屈折異常(眼科学)	496.42		クライン(経済学)	331.77
屈折計(精密工学)	535.3		クラウドコンピューティング	007.3
屈折計分析(化学)	433.55		クラーク(経済学)	331.76
掘足類(動物学)	484.5		くらげ(漁労)	664.79
句読点(英語)	831.7		くらげ(動物学)	483.37
句読点(日本語)	811.7		倉敷	*175
宮内庁(行政)	317.214		クラシックバレエ	769.9
クナップ(経済学)	331.5		クラスタ分析	417
国東	*195		グラスファイバー	578.68
クニース(経済学)	331.5		クラッカー(食品工業)	588.33
国立	*1365		クラッキング(情報学)	007.375
グネツム科	478.75		クラッチ(自動車工学)	537.3
グプタ朝	225.03		グラビア	749.6
クマ科	489.57		クラビコード	763.2
熊谷	*134		グラフィカルユーザーインターフェース	548.211
熊沢蕃山(日本思想)	121.55		グラフィックアート	727
クマツヅラ科	479.955		グラフィックデザイン	727
隈取(歌舞伎)	774.69		グラフィック報道誌(日本語)	051.4
熊野	*156		クラブ活動(学校教育)	375.18
熊本	*194		グラフ理論	415.7
熊本県	*194		倉吉	*172
組(民俗)	384.1		クラリネット	763.73
組合(民法)	324.52		グランドオペラ	766.1
組合教会(キリスト教)	198.5		クーリー(社会学)	361.253
組合せ(数学)	411.22		くり(果樹栽培)	625.71
グミ科	479.875		くり(植物学)	479.565
組曲(管弦楽)	764.32		くり(造林)	653.7
組曲(吹奏楽)	764.62		繰返(織物工業)	586.75
組立作業(機械工作)	532.7		クリケット(スポーツ)	783.79
組版(印刷)	749.12		クリシュナムルティ(インド哲学)	126.9
組版(活版印刷)	749.42		クリスタルガラス	573.56
組紐(工芸)	753.3		クリスチャンサイエンス	198.97
組紐(手芸)	594.4		グリセリン(化学)	437.3
組物(繊維工業)	586.8		グリセリン(化学工業)	576.24
久米舞	768.23		クリッピング	014.74
クメール語	829.38		クリーニング店(サービス産業)	673.96
雲(気象学)	451.61		栗原	*123
くもの巣理論(経済学)	331.19		クリープ試験(材料工学)	501.53
クモヒトデ類	484.95		クリプトン(化学)	435.26
くも類	485.73		クリーム(化学工業)	576.73
公羊伝[書名]	123.66		クリーム(畜産加工)	648.16
グライダー	538.62		栗山潜峰(日本思想)	121.58

クリュシッポス（哲学）	131.5	クロスワードパズル	807.9
グリーン（哲学）	133.4	クローチェ（哲学）	137
グリーン関数	413.63	クロッキー	725
グリーンランド	*78	クロッケー	783.88
グリーンランド海	**7	グロッケンシュピール	763.83
グルジア	*2991	クロノメーター	535.2
グルジア語	829.69	黒部	*142
クルド語	829.98	グロー放電（電子工学）	549.94
グールドナー（社会学）	361.253	クロポトキン（社会思想）	309.7
クールノー（経済学）	331.73	黒本	913.57
くる病	493.65	クロマトグラフ分析（化学）	433.45
グループ学習（学校教育）	375.13	クロム（化学）	436.61
クルプスカヤ（教育学）	371.238	クロム（金属工学）	565.63
グループダイナミックス	361.44	クロム（鉱山工学）	562.6
グループワーク	369.16	クロム鉱	562.6
車椅子	536.84	クロム質煉瓦	573.4
車止め（鉄道工学）	516.25	クロール	785.22
車酔（医学）	493.74	くわ（蚕糸業）	636
くるみ（果樹栽培）	625.72	くわ（植物学）	479.575
くるみ（植物学）	479.55	鍬（農業）	614.84
くるみ（造林）	653.7	くわい（植物学）	479.335
クルミ目	479.55	くわい（蔬菜園芸）	626.48
久留米	*191	クワ科	479.575
呉	*176	桑名	*156
グレゴリオ暦	449.35	軍学（古代兵法）	399
クレジット	338.7	軍艦（国際法）	329.27
クレー射撃	789.73	軍艦（造船学）	556.9
クレタ文明	209.36	軍旗	390.9
グレナダ	*598	軍規	390.9
クレパス画	725.4	軍機保護	391.6
クレパス版画	736	軍記物語（日本古代文学）	913.399
クレーム（貿易）	678.4	軍記物語（日本文学）	913.43
クレヨン	576.97	軍刑法	326.89
クレヨン画	725.4	軍国主義	390.1
クレーン	536.72	軍使（国際法）	329.65
クロアチア	*3935	軍事	390
クロアチア語	889.2	軍事医学	394
黒石	*121	軍事基地（国際法）	329.24
クロウメモドキ目	479.83	軍事基地（国防）	395.3
クロゴケ類	475.8	軍事行政	393.2
クロスカントリー	782.3	軍事教練	390.7
クロスカントリースキー	784.35	軍事工学	559
黒住教	178.6	軍事史	392

軍事施設	395	軍用鳩	395.8
軍事司法	393.3	軍用路	559.9
軍事情報	391.6	群落（生物学）	468.4
軍事土木	559.9	群落（動物学）	481.71
軍事費	393.7	群論（数学）	411.6
群指標（数学）	411.62		
軍事法	393.21	【ケ】	
軍事保護	369.39		
群集（社会学）	361.62	毛（解剖学）	491.185
群集心理学	361.44	ケアマネジャー	369.17
軍縮問題（外交）	319.8	ケアリ（経済学）	331.46
軍縮問題（軍事）	393.1	ケアンズ（経済学）	331.46
君主制（政治）	313.6	桂	*2233
軍事輸送	395.9	慶安の乱	210.52
軍需品	395.5	経緯儀（天文学）	442.4
勲章	317.5	経緯儀測量	512.48
燻蒸（図書館）	014.614	経緯度（地球）	448.4
軍人	392.8	経営	335
軍人教育	390.7	経営学	335.1
君臣道	156	経営格言	159.84
群棲（生物学）	468.4	経営学史	335.12
群生（生物学）	468.4	経営管理	336
軍制	393.25	経営規模（農業経営）	611.74
軍政	391.4	経営訓	159.4
群生態学（植物学）	471.71	経営計画	336.1
燻製品（水産加工）	667.3	経営経済学	335.1
燻製品（畜産加工）	648.24	経営財務	336.8
群像（人物画法）	724.557	経営参加（労働問題）	366.56
軍隊生活	390.9	経営史	335.2
訓点	811.25	経営者	332.8
燻肉（畜産加工）	648.24	経営者（経営学）	335.13
軍馬	395.8	経営者団体	330.66
軍備拡張	393.1	経営者論	335.13
軍備制限	393.1	経営集約度（農業経営）	611.72
軍服（軍需品）	395.5	経営心理	335.14
軍服（軍隊生活）	390.9	経営政策	336.1
軍法会議	393.3	経営組織	336.3
群馬県	*133	経営比較	336.83
軍用機（航空工学）	538.7	経営費用	336.85
軍用橋	559.9	経営分析	336.83
軍用犬	395.8	経営立地	335.29
軍用鉄道	559.9	経営倫理	335.15
軍用動物	395.8	軽演劇	775.2

軽音楽	764.7		経済政策	333
経学	123.01		経済体制	332
計画経済	333.1		経済団体	330.6
茎稈（紙工業）	585.38		経済地理	332.9
珪岩（岩石学）	458.8		経済的国際協力	329.39
渓間工事（森林工学）	656.52		経済哲学	331.1
景観地理学	290.13		経済動員	333.3
刑期（刑法）	326.4		経済統計	331.19
計器（計測工学）	501.22		経済統合	333.7
計器（精密工学）	535.3		経済難民	368.28
京畿地方	*214		経済復員	333.3
京畿道	*214		経済ブロック	333.7
計器飛行	538.85		経済法	333.09
景気変動	337.9		経済保護（社会福祉）	369.5
景教	198.18		経済倫理	331.1
軽金属（金属工学）	565.5		警察	317.7
敬虔派（キリスト教）	198.388		警察制度	317.72
経験論（哲学）	115.5		警察庁	317.72
敬語（朝鮮語）	829.158		警察犯処罰令	326.82
敬語（日本語）	815.8		警察法	317.72
蛍光（化学）	431.54		ケイ酸（化学）	435.7
蛍光（光学）	425.6		ケイ酸（化学工業）	574.77
蛍光体（化学工業）	572.7		ケイ酸塩（化学工業）	574.77
蛍光灯	545.2		珪酸塩化学	573.1
経済	330		珪酸塩化学工業	573
経済援助	333.8		珪酸塩鉱物（鉱物学）	459.62
経済学	331		計算器（数学）	418.6
経済学説史	331.2		計算器（精密工学）	535.5
経済学方法論	331.16		計算機械（数学）	418.6
経済企画庁	317.259		計算機械（精密工学）	535.5
経済行政	333.09		計算言語学	007.1
経済協力	333.8		計算構造力学	501.341
経済協力開発機構（国際経済）	333.8		計算尺（数学）	418.7
経済協力開発機構（国際法）	329.35		計算図表	418.5
経済計画	333.1		計算表（数学）	418.4
経済刑法	326.83		計算法（数学）	418
経済産業省	317.255		恵施（中国思想）	124.44
経済史	332		啓示（キリスト教）	191.17
経済史学	332.01		形式論（代数学）	411.5
経済思想	331		形式論理学	116.1
経済思想史	331.2		刑事収容施設法	326.52
経済人	332.8		形而上学	111
経済数学	331.19		刑事政策	326.3

刑事責任（刑法）	326.14		計装（工学）	501.8
刑事訴訟記録	327.609		珪藻植物	473.7
刑事訴訟総則	327.61		珪藻土（鉱山工学）	569.7
刑事訴訟法	327.6		ケイ素化合物	435.7
形質人類学	469.4		計測管理（生産工学）	509.68
刑事特別法	326.8		計測器（計測工学）	501.22
刑事法	326		計測器（精密工学）	535.3
刑事補償法	327.71		計測工学	501.22
鶏舎	646.14		継続資料（図書館）	014.75
芸者（民俗）	384.9		ケイ素樹脂	578.437
軽車両（機械工学）	536.8		形態（魚類）	487.51
軽車両（陸運）	685.8		形態（細菌学）	491.71
芸術	700		形態（鳥類）	488.1
芸術家	702.8		形態学（生物学）	463.7
芸術科	375.7		形態学（微生物学）	465.1
芸術解剖学	701.5		携帯型ゲーム機	798.5
芸術教育（学校教育）	375.7		携帯型情報通信端末	548.295
芸術教育（芸術）	707		携帯電話（通信工学）	547.464
芸術経済学	701.3		携帯電話（電気通信事業）	694.6
芸術史	702		形態論（英語）	835.1
芸術史学	702.01		形態論（言語学）	801.5
芸術思想史	701.2		形態論（中国語）	825.1
芸術社会学	701.3		形態論（朝鮮語）	829.151
芸術写真	743.7		形態論（日本語）	815.1
芸術心理学	701.4		契沖（日本思想）	121.52
芸術政策	709		慶長の役	210.49
芸術団体	706		継電器（送配電工学）	544.6
芸術哲学	701.1		継電器（通信工学）	547.37
芸術民族学	701.3		継電器（電気機器）	542.9
芸術療法（心理学）	146.813		毛糸（手芸）	594.3
芸術理論	701		毛糸（紡績工業）	586.57
経書	123		鶏肉（畜産加工）	648.27
京城事変（日本史）	210.632		芸能人	772.8
慶尚道	*218		刑の量定（刑法）	326.4
計数管（機械工学）	539.62		競馬	788.5
計数管（原子物理学）	429.2		珪肺	498.87
形成外科	494.288		競売（民事訴訟法）	327.39
珪石（鉱山工学）	569.2		刑罰（刑法）	326.4
蛍石（鉱山工学）	569.2		軽犯罪法	326.82
蛍石（鉱物学）	459.45		経費（財政）	343.7
珪石煉瓦	573.4		警備保障業	673.93
繋船設備（造船学）	553.7		系譜	288.2
ケイ素（化学）	435.7		頚部（解剖学）	491.193

系譜学	288.2	外科解剖学	494.11
頚部外科	494.63	外科学	494
珪鞭毛藻類（植物学）	473.6	外科細菌学	494.18
刑法	326	外科診断学	494.21
刑法各論	326.2	外科的疾患（小児科学）	493.94
刑法史	326.02	けかび（植物学）	474.65
刑法思想	326.01	外科病理学	494.16
刑法総論	326.1	毛皮服（製造工業）	589.219
刑法理論	326.01	ケーキ（食品工業）	588.35
刑務所	326.52	ケーキ（料理）	596.65
刑務所図書館	016.53	劇音楽	766
刑務所図書館目録	029.5	劇画	726.1
啓蒙主義（ドイツ文学）	940.26	劇作法	901.2
啓蒙主義（フランス文学）	950.26	劇場（演劇）	771
契約（国際民法）	329.84	劇場（歌舞伎）	774.5
契約（財政）	343.94	劇薬（薬学）	499.15
契約（民法）	324.52	華厳経［経典］	183.4
契約農業	611.78	華厳宗	188.3
契約法（民法）	324.52	華厳部	183.4
軽油	575.573	下座（歌舞伎）	774.7
鯨油（化学工業）	576.184	下剤（治療法）	492.34
形容詞	8□5	けし（作物栽培）	617.7
形容詞（英語）	835.4	けし（植物学）	479.721
形容詞（中国語）	825.4	ゲージ（機械工学）	532.8
形容詞（朝鮮語）	829.154	ケシ科	479.721
形容詞（日本語）	815.4	ケシ目	479.72
形容動詞（日本語）	815.4	下宿（家庭経済）	591.7
経理規程	336.38	下宿（住宅問題）	365.37
渓流工事	656.52	ゲシュタルト心理学	140.17
渓流釣り	787.15	ゲシュタルト療法（心理学）	146.811
計量管理（生産工学）	509.68	化粧（美容）	595.5
計量経済学	331.19	化粧（民俗）	383.5
計量経済学派	331.77	化粧史	383.5
軽量コンクリート構造	524.79	化粧室（建築）	527.6
計量政治学	311.19	化粧水	576.72
計量法	609	化粧品（化学工業）	576.7
競輪	788.6	化粧品（美容）	595.5
痙攣	493.74	化粧品（薬事法）	499.17
ケインズ（経済学）	331.74	化粧目地	524.41
ケインズ学派（経済学）	331.74	解深密経［経典］	183.6
稀有金属（金属工学）	565.8	下水渠（都市工学）	518.23
稀有金属（鉱山工学）	562.8	下水渠（土木工学）	513.6
毛織物	586.57	下水検査（衛生工学）	518.22

下水工学	518.2	血管外科	494.284
下水処理（衛生工学）	518.24	欠陥検査（材料工学）	501.55
下水水質（衛生工学）	518.22	血管疾患	493.24
下水道	518.2	血管測定	492.125
下水量（衛生工学）	518.22	血管縫合法	494.284
ケースワーク	369.16	頁岩油工業	575.75
気仙沼	*123	月琴	768.13
ケーソン基礎（建築学）	524.3	月経（生理学）	491.357
ケーソン工法（土木工学）	513.44	月経（婦人科学）	495.13
ケーソン工法（トンネル工学）	514.96	月経異常	495.42
ケーソン病（衛生学）	498.45	月光（天文学）	446.2
ケーソン病（内科学）	493.19	結合組織（解剖学）	491.113
下駄（製造工業）	589.25	結婚（男性・女性問題）	367.4
下駄（民俗）	383.2	結婚（民俗）	385.4
桁橋	515.51	結婚（民法）	324.62
羯	222.045	結婚（倫理）	152.2
血圧（生理学）	491.325	血痕（法医学）	498.93
血圧（内科学）	493.25	結婚医学（家庭衛生）	598.2
血圧測定	492.125	結婚式（キリスト教）	196.35
血液（生理学）	491.321	結婚式（民俗）	385.4
血液（動物学）	481.32	結婚式場	673.93
血液（臨床検査）	492.17	決算（財政）	344
血液化学（生理学）	491.321	血色素血症	493.17
血液学	491.321	齧歯目	489.47
血液型（生理学）	491.321	結社の自由	316.1
血液型（法医学）	498.92	結社の自由（憲法）	323.01
血液銀行	492.26	血漿（生理学）	491.321
血液疾患（内科学）	493.17	結晶化学	459.96
血液循環	491.324	結晶学（鉱物学）	459.9
血液循環速度（生理学）	491.325	結晶系	459.91
血液浄化法	492.27	結晶形態学	459.92
血液成分異常	493.173	結晶光学	459.95
血縁集団	361.63	結晶構造	459.92
結核（小児科学）	493.938	結晶成長	459.97
結核（内科学）	493.89	血小板（生理学）	491.322
結核（病理学）	491.64	結晶物理学	459.93
結核外科	494.645	結晶片岩（岩石学）	458.8
結核症	493.89	結晶溶解	459.97
結核予防	498.6	結晶力学	459.94
血管拡張剤（治療法）	492.32	月食	446.7
血管系（解剖学）	491.124	血清（生理学）	491.321
血管系（生理学）	491.324	血清学（医学）	491.83
血管系（動物学）	481.12	血清学的検査法	492.18

血清病	493.14	ケラ科	486.47
血清療法	492.39	ケララ州	*256
結節状炎症（病理学）	491.64	下痢	493.46
血栓（病理学）	491.62	ゲル（化学）	431.83
月相（天文学）	446.2	ケルト諸語	893.1
血族（民法）	324.61	ゲルバー橋	515.53
結腸（解剖学）	491.146	ゲルマニウム（化学）	436.45
結腸（生理学）	491.346	ゲルマニウム（金属工学）	565.8
決闘	368.61	ゲルマニウム（電子工学）	549.8
結髪（美容）	595.4	ゲルマニウム整流器	542.8
結髪（民俗）	383.5	ゲルマン諸語	849
結髪史	383.5	ゲルマン文学	949
結膜（眼科学）	496.32	ケレンスキー政府	238.07
月面（天文学）	446.4	下呂	*153
月面図	446.8	ケロシン（化学工業）	575.572
血友病	493.17	腱（解剖学）	491.169
解毒剤（化学療法）	492.34	腱（生理学）	491.366
ゲートボール	783.87	黔	*2236
ケトン（化学工業）	574.84	元（中国史）	222.057
ケトン（環式化合物）	438.4	拳あそび	798
ケトン（鎖式化合物）	437.4	減圧装置（化学工学）	571.8
ケナフ（作物栽培）	618.2	牽引力（鉄道）	536.6
ケナフ（植物学）	479.84	検疫（衛生学）	498.67
ケニア	*454	検閲（映画）	778.09
ケーニヒ（社会学）	361.234	検閲（演劇）	770.9
ケネー（経済学）	331.35	検閲（出版）	023.8
ゲノム分析	467.3	検閲（新聞）	070.12
ケーブル（送電工学）	544.1	検閲（報道）	070.12
ケーブル（電気材料）	541.62	県花	627
ケーブル（電信工学）	547.23	限界効用学派（経済学）	331.71
ケーブルカー（工学）	516.81	原価管理	336.85
ケーブルカー（鉄道運輸）	686.9	見学（学校教育）	375.14
ケーブル線路	547.23	幻覚（心理学）	145.5
ケーブルテレビ（放送事業）	699.7	弦楽合奏	764.4
ケーブル敷設船（造船学）	556.76	弦楽五重奏	764.25
ケーブル敷設法（電気工学）	544.17	弦楽三重奏	764.23
ケベック州	*514	弦楽四重奏	764.24
ゲーム制作	798.507	原価計算	336.85
ゲームセンター	673.94	原価差異分析（財務管理）	336.85
ゲームの理論（経済学）	331.19	減価償却	336.95
ゲームの理論（数学）	417.2	顕花植物	477
けやき（植物学）	479.573	弦楽器	763.4
けやき（造林）	653.7	堅果類（果樹栽培）	625.7

玄関（建築）	527.2	減債基金（財政）	347.5
原環虫類（動物学）	483.91	検索エンジン	007.58
原気管類（動物学）	485.4	研削加工	532.5
研究開発（経営学）	336.17	研削性（材料工学）	501.54
研究機関	061	原索動物	485.9
研究法	002.7	研削盤	532.5
祆教	168.9	検察審査会	327.13
兼業農家	611.74	検察制度	327.13
元曲（中国文学）	922.5	検察庁法	327.13
賢愚経［経典］	183.19	剣山（花道）	793.5
減刑（刑法）	326.4	絹糸（蚕糸業）	639
原形質（生物学）	463.2	絹糸（繊維工業）	586.47
献血	492.269	原子	429.1
言語	800	原子価（化学）	431.12
言語（情報学）	007.1	絹糸化学	639.1
言語（幼児教育）	376.158	原子核（物理学）	429.5
元寇（日本史）	210.43	原史学	202.5
健康管理（教育）	374.93	原始共産制	362.02
健康管理（産業衛生）	498.81	原始キリスト教会	198.1
健康教育（学習指導）	375.49	原始経済（経済史）	332.02
健康教育（学校）	374.97	原始芸術	702.02
健康診断（労働衛生）	498.81	原始芸術（日本美術史）	702.12
健康相談（教育）	374.93	原始国家	313.2
元弘の変	210.44	原始時代（インド史）	225.02
健康法（衛生学）	498.3	原始時代（西洋史）	230.2
健康保険	364.4	原始時代（中国史）	222.02
言語学	801	原始時代（朝鮮史）	221.02
言語学史	801.02	原始時代（日本史）	210.2
言語教育（言語学）	807	原始時代絵画（洋画史）	723.02
言語社会学	801.03	原始社会	362.02
言語障害（医学）	496.9	原始宗教	163
言語障害児	378.5	原始人類	469.2
言語障害者福祉	369.276	繭質（まゆ）	638
言語心理学	801.04	原子熱（化学）	431.62
言語生活	809	原子爆弾	559.7
言語政策	802	原始仏教	181.02
言語地理学	801.8	絹糸物理	639.1
言語哲学	801.01	原子物理学	429
言語美学	801.01	検字法（中国語）	821.29
言語遊戯	807.9	限時法（刑法）	326.1
言語類型論	801.5	絹糸紡績	586.45
げんごろう	486.6	原子模型（物理学）	429.1
原罪（キリスト教）	191.3	源氏物語［書名］	913.36

検収(財政)	343.94	建設工業	510.9
幻術(心霊研究)	147.1	建設工事(鉄道工学)	516.17
建春門院中納言日記[書名]	915.49	建設工事保険	339.9
検証(刑事訴訟法)	327.62	建設財政	510.93
検証(民事訴訟法)	327.22	建設材料	511.4
舷牆(造船学)	552.14	建設事業史	510.92
現象学(ドイツ哲学)	134.9	建設省	317.265
現象学(フランス哲学)	135.5	建設投資	510.93
現象学的方法論	116.7	建設費(高速鉄道)	516.71
顕色染料	577.4	建設法令	510.91
原子量(化学)	431.11	建設労働	510.96
原子力行政	539.091	源泉課税	345.1
原子力協定	539.0912	元素(化学)	431.11
原子力経済	539.09	現像(写真)	744.3
原子力工学	539	原藻目	474.24
原子力国際管理	319.8	舷側縦通材	552.12
原子力産業	539.09	元素鉱物	459.3
原子力政策	539.091	現代音楽	762.07
原子力船(造船学)	552.76	現代語(日本語)	810.26
原子力発電	543.5	現代詩(日本文学)	911.5
原子力発電所災害	543.5	現代代数学	411.6
原子力平和利用	539.09	現代美術	702.07
原子力法	539.0912	懸濁液(化学)	431.83
原子力保険	339.9	ケンタッキー州	*5361
原子炉	539.2	検痰	492.17
原子炉機械的設計	539.23	建築	520
原子炉計装	539.26	建築意匠	529
原子炉材料	539.5	建築音響学	524.96
原子炉遮蔽	539.25	建築学	520
原子炉物理的設計	539.22	建築金物(建築学)	524.28
原子論(化学)	431.11	建築金物(製造工業)	581.5
原子論(物性論)	428.4	建築業	520.9
原人(人類学)	469.2	建築教育	520.7
県人会	065	建築業会計	520.95
堅振礼(キリスト教)	196.32	建築業経営	520.95
原水爆禁止運動	319.8	建築業史	520.92
原生代(地史学)	456.2	建築行政	520.91
原生動物	483.1	建築儀礼(民俗)	384.39
原生林	653.17	建築計画	525.1
建設機械	513.8	建築計画(図書館)	012.1
建設行政	510.91	建築経済	520.9
建設経済	510.93	建築契約	520.95
建設工学	510	建築工事	525.5

建築構造	524	ケンブリッジ学派（経済学）	331.74
建築材料	524.2	憲兵	393.3
建築資金	520.93	源平時代	210.38
建築事故	520.91	源平盛衰記［書名］	913.434
建築士試験	520.79	検便	492.17
建築仕様	525.3	憲法	323
建築図集	520.87	拳法	789.23
建築製図	525.18	憲法改正（日本国憲法）	323.149
建築石材	569.8	憲法学	323.01
建築積算法	525.3	憲法裁判	327.01
建築施工	525.5	憲法史	323.02
建築設計	525.1	憲法史（日本憲法）	323.12
建築設備	528	憲法時代（アメリカ合衆国史）	253.04
建築装飾	529	健忘症（心理学）	145.6
建築陶器	524.27	研磨材（窯業）	573.69
建築費	525.3	建武式目（法制史）	322.14
建築法	520.91	建武新政	210.45
建築力学	524.1	件名作業	014.49
建築労働	520.96	件名標目	014.49
原虫感染症	493.88	件名標目法	014.4
原虫類（細菌学）	491.78	権利（憲法）	323.01
原虫類（動物学）	483.1	権利侵害（民法）	324.55
限定本目録	026.4	権利宣言（イギリス史）	233.054
玄菟	221.032	検流計（電気工学）	541.54
剣道	789.3	原料ゴム	578.23
幻灯（映画）	778.9	原料皮	584.3
検尿	492.17	原料まゆ（蚕糸業）	639.2
健脳法（衛生学）	498.39	権利濫用（民法）	324.1
検波器（無線工学）	547.547	元老（帝国憲法）	323.134
元版（書誌学）	022.32	元禄歌舞伎	774.23
鍵盤楽器	763.2	元禄期俳諧	911.33
顕微解剖	491.11	言論の自由	323.01
顕微鏡（岩石学）	458.17	言論の自由（新聞）	070.13
顕微鏡（光学機械）	535.83	言論の自由（政治）	316.1
顕微鏡（生物学）	460.75		
顕微鏡技術（生物学）	460.75	【コ】	
顕微鏡写真	746.4		
原尾目（動物学）	486.25	呉（三国時代）	222.043
剣尾類（動物学）	485.6	呉（南北朝時代）	222.046
絹布（繊維工業）	586.47	古アカデミー派（哲学）	131.3
玄武岩（岩石学）	458.65	古アジア諸語	829.29
元服（日本史）	210.092	ゴア州	*256
元服（民俗）	385.3	コアラ	489.3

こい（漁労）	664.693	公園（造園）	629.3
こい（動物学）	487.67	公園（都市計画）	518.85
故意（刑法）	326.14	紅炎（天文学）	444.5
語彙	8□4	公園案内（地理）	29△093
コイ語	894.8	講演会（社会教育）	379.5
コイサン諸語	894.8	講演会（図書館）	015.8
五・一五事件	210.7	公園管理	629.9
コイ目	487.67	公園建築	629.6
コイル（通信工学）	547.36	講演集	040
コイル（電気材料）	541.66	公園設計	629.5
語彙論	801.4	公園建物（造園）	629.67
コイン	739.9	公園土木	629.6
講（民俗）	384.1	高温（合成化学）	434.1
鋼（機械材料）	531.21	高温化学	431.68
鋼（金属工学）	564.2	高温化学的表面処理（金属加工）	566.72
鋼（工業材料）	501.42	高温コークス	575.35
業（仏教）	181.4	高温タール	575.36
号	288.12	高温物理学	426.8
高圧（合成化学）	434.1	高温溶融金属	565.4
高圧化学工業	571.8	校歌	767.6
高圧現象（電気工学）	541.33	甲賀	*161
高圧装置（化学工学）	571.8	黄海	**24
高圧反応（化学）	431.39	公海（国際法）	329.26
高アルミナ質煉瓦	573.4	紅海	**46
公安	317.7	航海	557
考案（技術）	507.1	叩解（紙工業）	585.4
公安条例（刑法）	326.81	公害（環境工学）	519
公安調査庁	317.294	口蓋（解剖学）	491.143
弘安の役	210.43	口蓋（耳鼻咽喉科学）	496.8
行為（倫理）	151.2	口蓋（生理学）	491.343
広域行政	318.18	坑外運搬	561.68
広域データ通信網	547.4833	航海学	557
皇位継承	323.151	航海教育	557.07
行為能力（民法）	324.11	校外教育	374.8
行為論（刑法）	326.1	航海計器	557.2
勾引（刑事訴訟法）	327.62	校外研究	375.14
耕耘機	614.85	公害史	519.2
公営住宅	365.35	公開市場政策	338.3
交易（民俗）	384.37	航海実務	557.17
公益企業	335.8	校外指導	375.27
公益事業	335.8	公害測定	519.15
公益質屋（社会福祉）	369.5	公害訴訟	519.12
高エネルギー物理学	429	坑外貯蔵	561.68

航海天文学	557.34	交換教授	377.6
黄海道	*213	睾丸疾患	494.96
公会堂（社会教育）	379.2	交感神経（解剖学）	491.173
航海日誌	557.17	交感神経（生理学）	491.373
公害病	498.48	交換分合（農業工学）	614.4
航海兵器	559.59	公企業	335.7
公害法	519.12	公企業民営化	335.7
航海用具	557.2	後期武家法	322.15
航海暦	557.38	後期封建時代（日本史）	210.5
光化学	431.5	光球（天文学）	444.4
光化学工業	572.7	孔丘（中国思想）	124.12
光化学スモッグ（公害）	519.3	孔伋（中国思想）	124.15
光化学反応	431.53	皇居（建築史）	521.825
光覚（眼科学）	496.46	皇居（伝記）	288.45
光覚（心理学）	141.21	孝経［書名］	123.7
光覚（生理学）	491.374	構橋	515.52
光学	425	鋼橋	515.45
工学	500	拱橋	515.55
光学ガラス（ガラス工業）	573.575	興行（演劇）	770.9
光学ガラス（光学機器）	535.87	工業	509
光学記憶装置（コンピュータ）	548.237	鉱業	560.9
光学機器	535.8	公教育	373.1
工学史	502	鉱業会計	560.95
光学兵器	559.6	工業化学	570
甲殻類（漁労）	664.76	工業規格	509.13
甲殻類（水産増殖）	666.7	公共企業体	335.7
甲殻類（動物学）	485.3	公共企業体（鉄道運輸）	686.32
光学録音	547.336	工業基礎学	501
光学録画	547.886	工業教育（学校教育）	375.6
硬化症（病理学）	491.68	工業教育（工学）	507.7
高架鉄道	516.73	工業行政	509.11
江華島事件（日本史）	210.623	鉱業行政	560.91
高架道路	514.7	工業協同組合	509.16
硬化油工業	576.3	交響曲	764.31
黄河流域	*221	工業金融	509.3
交換（経済学）	331.84	鉱業金融	560.93
交換（通信工学）	547.455	工業経営	509.5
交換（民法）	324.52	鉱業経営	560.95
光環（気象学）	451.75	工業経済	509
睾丸（解剖学）	491.154	鉱業経済	560.9
睾丸（生理学）	491.351	公共経済学	341
強姦（法医学）	498.97	鉱業権	560.91
合巻	913.57	工業原料	509.18

工業災害	509.8	合金鉄（機械材料）	531.26
鉱業財政	560.93	公空（国際法）	329.26
工業材料	501.4	口腔（咽喉科学）	496.8
交響詩	764.31	口腔（解剖学）	491.143
工業史	509.2	口腔（生理学）	491.343
鉱業史	560.92	口腔（内科学）	493.43
工業資金	509.3	航空医学	498.44
工業資材	509.18	航空宇宙写真	746.5
工業数学	501.1	航空運賃	687.4
工業政策	509.1	航空運輸	687
鉱業政策	560.91	口腔衛生	497.9
工業測定	501.22	航空機（工学）	538.6
工業測定器	501.22	航空機（国際法）	329.22
工業中毒（労働衛生）	498.87	航空機器	538.4
工業地理	509.29	航空機局（無線工学）	547.62
鉱業地理	560.929	航空機工業	538.09
工業デザイン	501.83	航空機材	538.22
工業統計学	501.19	航空気象	538.82
公共投資	343.7	航空機設計	538.21
工業動力	501.6	航空業金融	687.3
公共図書館	016.2	航空業経営	687.3
公共図書館目録	029.2	航空行政	687.1
工業熱学	501.26	航空業務	687.3
工業熱力学（機械工学）	533.1	航空局（無線工学）	547.63
工業熱力学（工学）	501.26	航空計器	538.4
工業廃水（化学工業）	571.9	口腔外科	497.3
工業微生物学	588.51	航空工学	538
工業標準化	509.13	航空交通管制	538.86
工業物理化学（化学工学）	571.01	航空作戦	398.3
工業物理学	501.2	航空自衛隊	398.21
工業分析（工業材料）	501.57	航空事業史	687.2
鉱業法	560.91	航空事故（航空学）	538.88
工業法令	509.12	航空事故（交通）	687.7
工業簿記	336.918	航空術	538.8
工業用水	571.9	航空潤滑油	538.39
工業用炉（化学工業）	571.7	航空乗務員	687.38
工業立地	509.29	航空政策	687.1
硬玉（工芸）	755.3	航空測量	512.7
硬玉（鉱山工学）	569.9	航空地図	538.82
鋼玉（鉱山工学）	569.9	航空電子技術	538.85
合金（金属工業）	563.8	航空燃料	538.39
合金（建築材料）	524.28	航空発動機	538.3
合金学	563.8	航空病	498.44

相関索引　　　　　　　　　コウサ

航空標識	538.86	高校生活	376.4
航空部隊（陸軍）	396.8	口腔生理学	497.13
航空兵器	559.5	高校入試	376.84
航空法（交通）	687.1	口腔発生学	497.12
航空法（国際法）	329.269	口腔病理学	497.16
航空母艦（造船学）	556.93	高校物理	375.424
航空保険	339.9	考古学（中国史）	222.0025
航空無線（宇宙航空工学）	538.85	考古学（朝鮮史）	221.0025
航空無線（無線工学）	547.62	考古学（日本史）	210.025
航空郵便	693.7	考古学（歴史）	202.5
航空力学	538.1	広告	674
航空理論	538.1	抗告（刑事訴訟法）	327.65
航空路	687.3	抗告（民事訴訟法）	327.23
工具管理（生産管理）	509.68	広告カレンダー	674.7
工具鋼（機械材料）	531.24	広告業	674.4
高句麗	221.035	広告計画	674.33
工芸	750	広告史	674.2
工芸作物	617	広告照明（電気工学）	545.66
攻撃（動物学）	481.78	広告心理	674.1
鋼桁橋	515.51	広告代理業	674.4
高血圧症	493.25	広告調査	674.33
後見（民法）	324.65	広告塔	674.8
抗原（医学）	491.8	広告媒体	674.6
抗原（生理学）	465.5	広告費	674.33
高原（地形学）	454.55	広告文	674.35
江原地方	*215	広告理論	674.1
江原道	*215	広告倫理	674.1
公権の剥奪（刑法）	326.44	交互計算（銀行）	338.52
膠原病	493.14	交互計算（商法）	325.33
項肩目	487.62	硬骨魚類	487.6
口腔（咽喉科学）	496.8	甲午農民戦争（朝鮮史）	221.05
口腔（解剖学）	491.143	考査（各科教育）	375.17
口腔（生理学）	491.343	講座（大学）	377.15
口腔（内科学）	493.43	公債	347
孝行	152.6	鉱滓（金属工学）	564.29
口腔衛生	497.9	虹彩	496.33
口腔解剖学	497.11	公債管理	347.5
口腔外科	497.3	公債計画	347.1
口腔細菌学	497.17	公債史	347.2
高校職業課程	375.6	公債政策	347.1
光合成（植物学）	471.4	鉱滓セメント	573.86
光合成（物理化学）	431.53	合鰓目	487.65
口腔生化学	497.14	工作（各科教育）	375.72

517

工作（航空機）	538.28	皇室法	323.15
工作（電気機器）	542.11	皇室論	155
工作（幼児教育）	376.156	公社	335.7
工作機械	532	校舎	374.7
鋼索鉄道	516.81	公社債	338.154
交差点（道路工学）	514.13	公衆（社会学）	361.62
高山医学	498.43	甲州	*151
鉱山運搬	561.6	公衆衛生	498
鉱山衛生	561.98	公衆衛生看護	492.99
鉱山機械	561.5	講習会（社会教育）	379.5
鉱山工学	560	広州国民政府	222.073
鉱山災害	561.9	公衆データ通信網	547.4833
鉱山事故	561.95	高周波回路（電子工学）	549.38
高山植物	471.72	高周波化学工業	572.6
高山族諸語	829.41	高周波加熱（電気工学）	545.8
鉱山測量	561.2	高周波工学	547.5
鉱山排水	561.77	高周波製鋼	564.26
鉱山病（鉱山衛生）	561.98	高周波測定（無線工学）	547.518
鉱山病（産業衛生）	498.87	高周波滴定法（化学）	433.65
高山病	498.43	高周波溶接	566.65
鉱山評価	560.95	高周波療法	492.52
鉱山保安	561.9	公衆便所（衛生工学）	518.51
鉱山労働	560.96	広州方言	828.4
格子（建築）	524.89	公衆浴場（サービス産業）	673.96
孔子（中国思想）	124.12	交渉（国際法）	329.5
合志	*194	工場安全	509.8
合糸（絹糸）	586.45	工場委員会	366.56
合糸（綿糸）	586.256	考証学（中国思想）	125.6
合資会社（商法）	325.223	工匠具（製造工業）	581.7
コウジカビ目	474.73	工場経営	509.5
講式（仏教）	186.2	工場計画	509.62
公私混合企業	335.7	工場災害（工業）	509.8
公示催告	327.35	工場災害（社会福祉）	369.35
公私娼	368.4	公証事務	327.15
皇室（外国）	288.49	工場照明	545.62
皇室（日本）	288.4	工場制手工業（経営史）	335.205
皇室会議	323.158	工場制度（経営史）	335.206
皇室経済法	323.159	甲状腺（解剖学）	491.149
皇室財産	323.159	甲状腺（生理学）	491.349
皇室制度	323.15	睾上体疾患	494.96
皇室典範	323.15	鉱床地質学	561.1
硬質陶器	573.26	公証人法	327.15
膠質燃料	575.14	香粧品	576.7

口承文芸	901.8	厚生省	317.283	
工場法	366.15	広西省	*2233	
荒神（民俗）	387	江西省	*2224	
行進曲（管弦楽）	764.38	公正証書	327.15	
行進曲（吹奏楽）	764.68	恒星スペクトル	443.2	
甲申事変（朝鮮史）	221.05	合成繊維（化学工業）	578.7	
甲申事変（日本史）	210.632	合成繊維（繊維工業）	586.6	
降神術	147.3	合成繊維（染色加工）	587.66	
興信所	673.93	合成洗剤	576.59	
更新資料（図書館）	014.75	広西壮族自治区	*2233	
庚申信仰（民俗）	387.6	恒星天文学	443	
更新世	456.82	公正取引委員会（行政）	317.2599	
香辛料（食品工業）	588.7	公正取引委員会（経営）	335.57	
香辛料（農産加工）	619.91	恒星年	449.2	
香辛料作物	617.6	厚生年金	364.6	
構図（彫刻）	711.1	合成肥料	574.97	
構図（描画）	725.1	抗生物質（医学）	491.79	
香水	576.72	抗生物質（化学療法）	492.31	
洪水（河川工学）	517.4	恒星物理学	443.2	
高水工事	517.5	江西方言	828.7	
洪水予防工事	517.57	更生保護（刑事法）	326.56	
降水量	451.69	更生保護（社会福祉）	369.75	
上野国	*133	構成要件（刑法）	326.12	
恒星	443	厚生労働省	317.28	
校正	749.13	鉱石運搬船	556.67	
構成（描画）	725.1	鉱石顕微鏡	459.17	
合成アンモニア（化学工業）	574.65	鉱石処理	561.8	
合成化学	434	洪積世（地史学）	456.82	
後生花被類	479.9	交接（民俗）	384.7	
高声器（通信工学）	547.31	降雪誌	451.66	
厚生行政	369.11	公船（商法）	325.51	
厚生行政（衛生学）	498.1	工船（漁業）	665.26	
恒星月	449.2	工船（造船学）	556.68	
江西語	828.7	行船（航海学）	557.32	
合成香料	576.65	鋼船（造船学）	552.35	
合成ゴム	578.26	工船式漁業	664.5	
構成材料（通信工学）	547.39	交戦団体（国際法）	329.11	
構成材料（電気材料）	541.67	光線療法（結核症）	493.895	
恒星時	449.2	光線療法（臨床医学）	492.51	
厚生施設	366.366	公訴（刑事訴訟法）	327.63	
恒星日	449.2	控訴（刑事訴訟法）	327.65	
合成樹脂	578.4	控訴（民事訴訟法）	327.23	
合成樹脂塗料	576.85	酵素（医学）	491.45	

酵素（栄養学）	498.55	校地	374.7
酵素（化学）	439.8	高知	*184
酵素（化学工業）	579.97	高知県	*184
酵素（生物学）	464.5	耕地整理	614.4
こうぞ（作物栽培）	618.7	紅茶（食品）	596.7
こうぞ（植物学）	479.575	紅茶（農産加工）	619.8
控訴院	327.123	降着装置（航空工学）	538.26
高僧（彫刻）	718.1	嚙虫目	486.34
黄宗羲（中国思想）	125.6	甲虫類（動物学）	486.6
高層気象	451.25	腔腸動物（古生物学）	457.83
高層建築	526.9	腔腸動物（動物学）	483.3
構造主義	116.9	腔腸類（漁労）	664.79
紅藻植物	474.5	江津	*173
構造設計（造船学）	552.1	交通（産業）	680
構造地形	454.4	交通（民俗）	384.37
構造地質学	455	交通安全	681.3
構造力学（応用力学）	501.34	交通会計	681.4
構造力学（建築）	524.1	交通行政	681.2
光束（光学）	425.3	交通儀礼	384.3
光束（工学）	545.3	交通経営	681
梗塞（病理学）	491.62	交通経営形態	681.4
皇族（皇室）	288.44	交通計画（都市計画）	518.84
皇族（皇室法）	323.152	交通経済	681
高速鉄道（工学）	516.7	交通警察（行政）	317.73
高速道路（工学）	514.6	交通広告	674.8
高速道路（陸運）	685.7	交通史	682
高速度写真	746.6	交通事故	681.3
皇族譜	288.44	交通信号灯（道路工学）	514.13
江蘇省	*2221	交通政策	681.1
公孫龍（中国思想）	124.45	交通地図	682.9
小唄（日本文学）	911.65	交通地理	682.9
小唄（邦楽）	768.59	交通賃率	681.4
小歌（日本文学）	911.64	交通統制	681.1
抗体（生物学）	465.5	交通法	681.2
抗体（免疫学）	491.85	交通量調査（道路工学）	514.11
剛体力学	423	工程管理（生産工学）	509.65
光沢（木材学）	657.2	公定書（薬学）	499.12
公団	335.7	公定書外薬品	499.14
講談	779.12	鉱泥処理	561.88
公団住宅	365.35	高低測量	512.5
江談抄［書名］	913.37	公的扶助	369.2
光弾性（応用力学）	501.33	鋼鉄分析	564.5
講談本	913.7	高電圧	541.33

荒天運航法	557.36	坑内ガス	561.71
光電管	549.51	坑内軌道	561.65
後天性変形（整形外科学）	494.73	坑内構造	561.43
後天性免疫不全症候群	493.878	坑内採掘	561.46
光電池（電子工学）	549.51	坑内索道	561.65
光電変換素子	549.84	坑内照明（採鉱）	561.75
喉頭（咽喉科学）	496.8	坑内照明（石炭）	567.7
喉頭（解剖学）	491.135	坑内設備	561.7
喉頭（生理学）	491.335	坑内装置	561.7
行動（心理学）	141.7	坑内暖房	561.76
行動（動物学）	481.78	坑内通気（採鉱）	561.71
講堂（学校）	374.7	坑内通気（石炭）	567.7
講堂（図書館）	012.6	坑内排水（採鉱）	561.77
香道	792	坑内排水（石炭）	567.7
強盗（刑法）	326.26	坑内爆発（採鉱）	561.93
強盗（社会病理）	368.65	校内暴力	371.42
坑道開削	561.42	江南	*155
合同会社	325.224	香南	*184
高等学校（中等教育）	376.4	抗日戦争期	222.075
高等学校誌	376.48	公認会計士	336.97
高等学校卒業程度認定試験	376.87	弘仁格式（法制史）	322.135
高等学校図書館	017.4	弘仁時代（日本史）	210.36
高等教育	377	弘仁美術	702.136
黄道光（天文学）	447.4	更年	491.358
高等裁判所	327.123	更年期（生理学）	491.358
喉頭疾患	496.8	更年期（内科学）	493.18
高等職業教育	377.3	更年期（婦人科学）	495.13
行動心理学	140.18	更年期障害（内科学）	493.18
高等専門学校	377.3	更年期障害（婦人科学）	495.13
高等専門学校図書館	017.8	鴻巣	*134
鉤頭虫類（動物学）	483.77	こうのとり（動物学）	488.58
口頭弁論（民事訴訟法）	327.21	光背（仏像）	718.2
行動療法（心理学）	146.811	勾配（鉄道工学）	516.13
鉱毒害（作物学）	615.89	勾配（道路工学）	514.13
幸徳秋水（社会思想）	309.7	購買管理（生産管理）	509.67
公徳心	154	交配技術（作物学）	615.22
抗毒素（生物学）	465.5	荒廃地（森林工学）	656.7
硬度試験（材料工学）	501.53	孔版	749.8
坑内運搬	561.64	甲板（造船学）	552.14
構内営業（鉄道運輸）	686.54	合板（木材学）	657.6
口内炎	493.43	孔版画	737
合内顆目	487.74	鋼版画	735
坑内火災（採鉱）	561.93	合板船（造船学）	552.33

後氷期（地史学）	456.83	公務員	317.3
坑夫（鉱山工学）	560.96	公務員研修	317.37
甲府	*151	公務員試験（国家公務員）	317.4
降伏（国際法）	329.65	公務員試験（地方公務員）	318.3
幸福主義（倫理）	151.6	公務執行妨害	326.21
公物（行政法）	323.94	合名会社（商法）	325.222
鉱物化学	459.13	コウモリ目	489.42
鉱物学	459	坑門（トンネル工学）	514.93
鉱物誌	459.2	肛門（解剖学）	491.146
鉱物物理学	459.12	肛門（生理学）	491.346
鉱物分析	459.13	閘門（河川工学）	517.56
興奮剤（治療法）	492.32	拷問（刑事訴訟法）	327.62
高分子化学	431.9	肛門外科	494.658
高分子化学工業	578	高野版（書誌学）	022.31
高分子物理学	428.1	康有為（中国思想）	125.6
公文書（行政）	317.6	公有財産（財政）	349.8
公文書館	018.09	公有林	651.14
構文論（英語）	835.1	紅葉	471.71
構文論（言語学）	801.5	広葉樹（造林）	653.7
構文論（中国語）	825.1	公用徴収（行政法）	323.97
構文論（朝鮮語）	829.151	公用負担（行政法）	323.97
構文論（日本語）	815.1	公用文（英語）	836.4
神戸	*164	公用文（中国語）	826.4
工兵	396.7	公用文（朝鮮語）	829.164
合弁花類（植物学）	479.9	公用文（日本語）	816.4
合弁企業（経営学）	335.36	高麗	221.04
酵母（植物学）	474.7	勾欄（建築）	524.87
酵母（生物学）	465.8	高欄（橋梁工学）	515.3
酵母（農産加工）	619.16	合理化（経営学）	336.2
公法	323	小売業	673.7
広報（社会学）	361.46	小売市場	673.7
広報（商業）	674	功利主義（哲学）	133.4
広報（地方行政）	318.5	功利主義（倫理）	151.7
広報（鉄道運輸）	686.37	合理主義（哲学）	115.3
航法（航海学）	557.3	こうりやなぎ（作物栽培）	618.9
興亡史（中国史）	222.01	勾留（刑事訴訟法）	327.62
興亡史（朝鮮史）	221.01	拘留（刑法）	326.42
航法無線（航海学）	557.37	交流機	542.3
航法無線（無線工学）	547.66	交流整流子機	542.6
公民館（社会教育）	379.2	交流分析（心理学）	146.811
公民教育（各科教育）	375.31	交流理論	541.12
公民教育（教育学）	371.6	香料	576.6
公民道徳	154	香料化学	576.61

香料作物	617.6	ごかい(動物学)	483.92
硬鱗魚類	487.57	古懐疑派(哲学)	131.7
光琳派(日本画)	721.5	戸外レクリエーション	786
高齢化社会	367.7	古学派(日本思想)	121.56
高齢者教育	379.47	語学番組	699.63
高齢者サービス(図書館)	015.95	コーカサス	*297
高齢者福祉	369.26	古賀精里(日本思想)	121.54
高炉	564.13	小型映画	746.7
公労法	366.17	小型自動車	537.92
紅楼夢[書名]	923.6	小型自動車競技	788.7
航路標識(航海学)	557.5	小型舟艇(造船学)	556.79
航路標識(港湾工学)	517.88	古活字版(書誌学)	022.31
行路病死人救助	369.2	ゴーカート	786.6
幸若舞(演劇)	773.21	小金物(製造工業)	581.9
幸若舞(邦楽)	768.49	小金井	*1365
講和条約(国際法)	329.66	こがねむし(動物学)	486.6
口話法	378.28	後漢	222.042
港湾(海運)	683.9	護岸(河川工学)	517.58
港湾管理	683.93	護岸(港湾工学)	517.83
港湾行政	683.91	古刊本目録	026.3
港湾計画	517.81	古稀(民俗)	385.5
港湾工学	517.8	語義	8□2
港湾史	683.92	小切手(金融)	338.156
港湾政策	683.91	小切手(国際商法)	329.856
港湾荷役	683.94	小切手法(国際商法)	329.856
港湾法	683.91	小切手法(商法)	325.62
港湾労働	683.94	古器物(工芸)	756.8
小運送	685.9	ゴキブリ科	486.42
声(生理学)	491.368	呼吸(植物学)	471.3
古英語	830.23	呼吸(生理学)	491.33
コーエン(哲学)	134.8	呼吸(動物学)	481.33
顧炎武(中国思想)	125.6	胡弓	768.14
氷(気象学)	451.68	呼吸運動	491.333
氷(製氷業)	588.8	呼吸化学	491.331
氷菓子(食品工業)	588.39	呼吸器(解剖学)	491.13
凍豆腐(農産加工)	619.6	呼吸器(小児科学)	493.933
郡山	*126	呼吸器(生理学)	491.33
コオロギ科	486.48	呼吸器官	481.13
コオロギモドキ科	486.41	呼吸器疾患	493.3
古河	*131	呼吸反射	491.334
古賀	*191	呼吸力学	491.333
古瓦(工芸)	751.4	古橋	515.02
古瓦(考古学)	202.5	古鏡(工芸)	756.5

古鏡（考古学）	202.5		国際協力（外交）	319
五行	148.4		国際協力（国際法）	329.39
護教家（哲学）	132.1		国際金融	338.9
古曲（邦楽）	768.52		国際軍事裁判所	329.67
語義論	801.2		国際経済	333.6
古今和歌集［書名］	911.1351		国際経済会議	333.6
古今和歌六帖［書名］	911.137		国際警察	329.7
国営化（経営学）	335.7		国際刑法	329.7
国営鉄道	686.32		国際決済銀行	338.98
国営貿易	678.15		国際語	899
黒鉛（化学工業）	572.4		国際航空運送協会	329.36
国学	121.52		国際裁判	329.56
国号（日本史）	210.023		国際市場	678.5
国語科（各科教育）	375.8		国際私法	329.8
国語科（高等学校）	375.84		国際資本移動	338.92
国語科（小学校）	375.82		国際収支	338.93
国語科（中学校）	375.83		国際商標法	329.86
国語学	810.1		国際商品	678.5
国語学史	810.12		国際商法	329.85
国語教育（各科教育）	375.8		国際条約	329.4
国語系統論	810.29		国際食糧問題	611.38
国語国字問題	810.9		国際資料交換	011.9
国語史	810.2		国際人格法	329.1
国語辞典	813.1		国際責任	329.47
国語政策	810.9		国際貸借	338.93
国語調査	810.9		国際単位系	609
国語読本	817.7		国際団体法	329.3
国債（金融）	338.154		国際地役（国際法）	329.24
国債（財政）	347		国際通貨	338.97
国際アムネスティー	329.36		国際通貨体制	338.97
国際安全保障	329.48		国際電信	694.7
国際委員会	329.38		国際電話	694.7
国際運河（国際法）	329.24		国際投資	338.92
国際エネルギー機関	329.35		国際判例集	329.098
国際オリンピック委員会（国際法）	329.38		国際復興開発銀行	338.98
国際オリンピック委員会（スポーツ）	780.69		国際紛争	329.5
国際会議（外交）	319.9		国際法	329
国際会議（国際法）	329.38		国際放送	699.69
国際学術交流	377.6		国際見本市	606.9
国際河川（国際法）	329.24		国際民事訴訟法	329.87
国際価値論	333.6		国際民法	329.84
国際管轄法	329.2		国際問題	319
国際機関法	329.3		国際郵便	693.7

国際領域（国際法）	329.23	国民（憲法）	323.01
国際連合（外交）	319.9	国民医薬品	499.13
国際連合（国際法）	329.33	国民歌	767.5
国際連合教育科学文化機関	329.34	国民楽派（音楽）	762.06
国際連盟（外交）	319.9	国民議会（フランス史）	235.06
国際連盟（国際法）	329.32	国民金融公庫	338.74
国際労働機関	366.12	国民経済計算	331.86
国策会社	335.49	国民健康保険（社会）	364.4
国字改良	811.9	国民公会（フランス史）	235.06
国史学	210.01	国民宿舎	689.9
黒色火薬	575.92	国民所得（経済学）	331.86
黒色人種（人類学）	469.6	国民審査（司法）	327.124
コークス	575.35	国民性（社会学）	361.42
国粋主義	311.3	国民体育大会	780.69
コークス炉ガス	575.34	国民体力管理	498.28
国税庁	317.245	国民年金	364.6
国勢調査	358	国民の権利義務（憲法）	323.01
国政調査権	314.19	国民の権利義務（日本国憲法）	323.143
国籍法	329.91	国民保養施設	689.9
国葬	317.5	穀物	616.1
国体	313	穀物貯蔵	616.19
国体論	155	穀物取引所	676.4
極超短波（無線工学）	547.516	国有化（経営学）	335.7
国定公園	629.4	国有財産	348.3
極道	368.51	国有林	651.13
国土計画	333.5	国立公園	629.4
国土交通省	317.26	国立図書館	016.1
国土庁	317.266	国立図書館目録	029.1
国土防衛	391.38	黒竜江省	*2253
告白（イスラム）	167.6	穀梁伝［書名］	123.67
国富（経済学）	331.86	国連平和維持活動（国際法）	329.48
国文解釈	817.5	国連平和維持活動（国際問題）	319.9
国分寺（東京都）	*1365	固形炭酸（化学工業）	574.27
国宝	709.1	コケシノブ科	476.84
国防	390	こけ植物（植物学）	475
国法学	323.01	苔の衣［書名］	913.41
国防行政	393.2	コケムシ類	484.83
国宝建造物（建築）	521.8	語源	8□2
国防史	392	語源学	801.2
国防思想	390.1	古語	8□4
国防政策	393	古語（英語）	834.6
国防費	393.7	古語（中国語）	824.6
国防法令	393.21	古語（朝鮮語）	829.146

古語（日本語）	814.6	戸主（民法）	324.69
呉語	828.2	後拾遺和歌集［書名］	911.1354
ココア（農産加工）	619.89	五十音図	811.5
古語辞典（英語）	833.6	五十肩	493.6
古語辞典（中国語）	823.6	五重奏	764.25
古語辞典（朝鮮語）	829.136	五種競技	782.6
古語辞典（日本語）	813.6	こしょう（作物栽培）	617.6
五胡十六国	222.045	こしょう（植物学）	479.52
古今著聞集［書名］	913.47	こしょう（農産加工）	619.91
ござ（製造工業）	583.9	湖沼（地形学）	452.93
湖西	*154	五條	*165
小作争議	611.96	湖沼学	452.93
小作調停	611.96	故障計算法（送電工学）	544.2
小作人	611.95	コショウ目	479.52
小作問題	611.26	湖沼養殖	666.2
小作料	611.26	古浄瑠璃（邦楽）	768.52
誤差論	417.8	五所川原	*121
五・三〇事件	222.073	古植物学	457.7
後三年の役	210.38	古書店	024.8
五山版（書誌学）	022.31	個人衛生	498.3
五山文学（日本漢詩文）	919.4	個人歌集（近代）	911.168
古詩（中国文学）	921.42	個人句集（近代）	911.368
孤児（児童福祉）	369.44	個人句集（近代川柳）	911.468
呉子［書名］	399.2	個人識別（法医学）	498.92
五・四運動	222.072	個人主義（倫理）	151.4
腰掛（家具工業）	583.75	護身術	789.9
越谷	*134	個人情報管理（ソフトウェア）	007.639
古事記（日本史）	210.3	個人著作年譜	027.38
古事記（日本文学）	913.2	個人著述目録	027.38
故事熟語辞典（英語）	833.4	個人伝記	289
故事熟語辞典（中国語）	823.4	個人文庫目録	029.9
故事熟語辞典（朝鮮語）	829.134	個人メドレー（水泳）	785.23
故事熟語辞典（日本語）	813.4	コスタリカ	*576
古辞書	813	小包郵便	693.4
古事談［書名］	913.47	コスモス（花卉園芸）	627.4
鼓室	496.6	コスモス（植物学）	479.995
ゴシック音楽	762.04	御所	*165
ゴシック絵画	723.04	瞽女（民俗）	384.38
ゴシック建築	523.045	個性（心理学）	141.9
ゴシック美術	702.04	古生花被類	479.5
古社寺（建築）	521.81	個性教育	371.5
古社寺（美術）	702.17	古生代（地史学）	456.9
古写本目録	026.2	個生態学（植物学）	471.71

湖西地方（朝鮮）	*216	古代社会	362.03
御成敗式目（法制史）	322.14	古代哲学	131
古生物学	457	固体電子工学	549.8
戸籍行政	324.87	固体燃料	575.14
戸籍法	324.87	個体発生（動物学）	481.2
五節舞	768.25	古代美術（日本美術史）	702.13
巨勢派（日本画）	721.1	古代美術（美術史）	702.03
五泉	*141	古代文学（日本文学）	910.23
古銭学	202.7	古代兵法	399
古銭学（日本史）	210.027	小平	*1365
後撰和歌集［書名］	911.1352	古代ローマ	232
コソボ	*39311	古代ローマ演劇	772.32
古代イタリア	237.03	古代ローマ彫刻	712.32
古代エジプト	242.03	固体論（物理学）	428.4
古代エジプト語	894.2	コーチシナ	*231
古代オリエント	209.33	古朝鮮	221.031
古代音楽	762.03	胡蝶装（書誌学）	022.5
古代絵画（洋画史）	723.03	古地理学	456.89
古代歌謡（日本文学）	911.63	骨炎	493.6
古代ギリシア	231	国家（憲法）	323.01
古代ギリシア演劇	772.31	国家（国際法）	329.1
古代ギリシア彫刻	712.31	国家（政治学）	313
古代経済史	332.03	国歌	767.5
古代ケルト	235.03	国花	627
古代語（日本語）	810.23	国会	314.1
古代国家（政治）	313.2	黒海	**67
古代国家（日本史）	210.3	国会史	314.12
固体コロイド（化学）	431.84	国会法	314.13
古第三紀（地史学）	456.71	国家学	311
古代史（イギリス史）	233.03	国家管理（経営学）	335.7
古代史（インド史）	225.03	骨格（解剖学）	491.16
古代史（エジプト史）	242.03	骨学（解剖学）	491.16
古代史（スペイン史）	236.03	国家警察	317.72
古代史（西洋史）	230.3	国家形態	313.1
古代史（世界史）	209.3	国家権力（憲法）	323.01
古代史（朝鮮史）	221.03	国家公安委員会	317.295
古代史（ドイツ史）	234.03	国家公務員	317.3
古代史（日本史）	210.3	国家資金計画	338.11
古代史（フランス史）	235.03	国家試験	317.4
古代史（メキシコ史）	256.03	国家社会主義	309.6
古代史（ロシア史）	238.03	国家主義（政治）	311.3
古代思想（中国思想）	124	国家主義（倫理）	151.8
五代十国（中国史）	222.051	国家神道	175.1

国家と個人	316.1	御殿場	*154
国家と宗教	316.2	コート（和裁）	593.17
国家賠償法	323.96	琴	768.12
国家理論	311	五島	*193
国家連合	313.1	古動物学	457.8
国家連合（国際法）	329.15	孤島問題	318.6
国旗（国際法）	329.19	ゴート語	849.99
国旗（紋章）	288.9	コートジボワール	*4435
国共内戦期（中国史）	222.076	子供会	379.31
コック（流体工学）	534.6	子供銀行	338.71
滑稽本	913.55	子供室	527.5
骨材	511.71	子供服（家政学）	593.36
骨髄（解剖学）	491.129	子供服（製造工業）	589.216
骨髄（生理学）	491.329	子供服（風俗史）	383.16
骨髄炎（循環器疾患）	493.29	子供部屋（育児）	599.1
骨髄炎（神経科学）	493.731	子供部屋（住宅建築）	527.5
骨髄腫	493.29	ゴトランド紀（地史学）	456.34
骨折（外科学）	494.74	小鳥（家禽）	646.8
骨折（病理学）	491.63	小鳥（獣医学）	646.86
ゴッセン（経済学）	331.71	ことわざ（民俗）	388.8
骨相	148.16	粉類（農産加工）	619.3
骨組織（医学）	491.114	湖南	*161
コッター（機械工学）	531.41	湖南語	828.8
骨董品（工芸）	756.8	湖南省	*2226
ゴットル・オットリリエンフェルト		湖南地方（朝鮮）	*217
（経済学）	331.5	湖南方言	828.8
骨軟化症	493.6	小荷物（鉄道運輸）	686.56
骨盤（解剖学）	491.196	コニャック（酒類工業）	588.57
ゴッフマン（社会学）	361.253	五人組（法制史）	322.15
骨粉（肥料学）	613.45	コネティカット州	*5316
骨膜炎	493.6	古ノルド語	849.5
骨油	576.185	五倍子（林産物）	657.83
固定無線（無線工学）	547.63	琥珀（鉱山工学）	569.9
鼓笛隊	764.69	琥珀（鉱物学）	459.68
古典学派（経済学）	331.4	コーパス言語学	801.019
古典主義（英米文学）	930.26	小林	*196
古典主義（絵画）	723.05	小林一茶（日本文学）	911.35
古典主義（建築）	523.053	コパール	578.32
古典主義（ドイツ文学）	940.26	コバルト（化学）	436.82
古典主義（美術）	702.06	コバルト（金属工学）	565.62
古典主義（フランス文学）	950.25	コバルト鉱	562.6
古典主義（文学）	902.06	古版本目録	026.3
古典派（音楽）	762.05	コーヒー（作物栽培）	617.3

コーヒー（食品）	596.7	こむぎ（作物栽培）	616.3
コーヒー（植物学）	479.97	こむぎ（植物学）	479.343
コーヒー（農産加工）	619.89	こむぎ（農業経済）	611.34
コーヒー（民俗）	383.889	ゴム工業	578.2
コプト教会	198.17	ゴム製品	578.27
コプト語	894.2	ゴム代用品	578.25
古プロシア語	889.9	コムーネ時代	237.04
古墳時代（日本史）	210.32	ゴム版画	736
五分律	183.85	米（作物栽培）	616.2
個別化教育	371.5	米（農業経済）	611.33
個別指導	375.23	米騒動	210.69
古方（医学）	490.9	米俵	616.29
語法	8□5	コメニウス（教育学）	371.2348
ごぼう（植物学）	479.995	子守	599.7
ごぼう（蔬菜園芸）	626.47	コモロ	*494
御坊	*166	小諸	*152
湖北省	*2225	古文書（日本史）	210.088
古本説話集［書名］	913.37	古文書（歴史）	202.9
ごま（作物栽培）	617.9	古文書学（日本史）	210.029
ごま（植物学）	479.967	古文書学（歴史）	202.9
狛江	*1365	コモンズ（経済学）	331.76
ゴマ科	479.967	小紋染（染織工芸）	753.8
駒ヶ根	*152	小屋根（各部構造）	524.85
小牧	*155	小屋根（木構造）	524.54
鼓膜（耳科学）	496.6	固有値問題（解析学）	413.67
小松	*143	固有値問題（物理学）	421.5
小松島	*181	雇用（経済学）	331.88
こまどり（動物学）	488.99	雇用（人事管理）	336.42
ゴマノハグサ科	479.963	雇用（民法）	324.52
狛笛	768.16	雇用（労働問題）	366.2
ごみ（衛生工学）	518.52	雇用保険（社会）	364.7
コミ共和国	*381	雇用理論（経済学）	331.88
ごみ処理（衛生工学）	518.52	暦（天文学）	449.3
コミックオペラ	766.2	コーラ	619.89
ごみ問題	518.52	娯楽	790
コミュニケーション（社会学）	361.45	娯楽（民俗）	384.8
コミュニケーション（情報学）	007.1	娯楽誌（日本語）	051.6
コミュニケーション理論	361.45	娯楽番組	699.67
コミュニティセンター	379.2	コラーゲン（生化学）	464.26
コーミング	586.253	コーラス	767.4
ゴム（化学工業）	578.2	コーラン［聖典］	167.3
ゴム（作物栽培）	617.9	高粱酒（酒類工業）	588.57
ゴム液（林産製造）	658.7	糊料	579.1

ゴリラ	489.97	コンクリート製品(土木材料)	511.44
コリント戦争	231.5	コンクリート船(造船学)	552.34
コリント人への手紙[聖書]	193.71	コンクリート柱(電気工学)	544.15
ゴルギアス(哲学)	131.2	コンクリートブロック造	524.48
コルク(植物学)	471.1	コンクリート舗装	514.45
コルク(林産物)	657.84	混血人種	469.6
コルク製品	583.9	混合(化学工学)	571.3
コール市場(金融)	338.13	混合火薬	575.92
コールタール	575.36	金光教	178.7
コルネット	763.65	金剛経[経典]	183.2
ゴルフ	783.8	混合セメント	573.86
コレラ	493.84	金剛頂経[経典]	183.7
コロイド化学	431.8	金光明経[経典]	183.6
コロイド溶液	431.82	金剛流能	773.8
コロサイ人への手紙[聖書]	193.71	金剛流謡曲	768.4
コロタイプ	749.5	コンゴ共和国	*4474
コロナ(天文学)	444.5	コンゴ民主共和国	*448
コロラド州	*5384	根菜類(蔬菜園芸)	626.4
コロンビア	*614	今昔物語[書名]	913.37
コロンビア特別区	*5333	混信(通信工学)	547.19
声色	779.16	混信(電波)	547.517
婚姻(男性・女性問題)	367.4	混信(電話)	547.461
婚姻(民俗)	385.4	ごんずい	487.68
婚姻(民法)	324.62	混声合唱	767.4
婚姻(倫理)	152.2	混成競技	782.6
婚姻儀礼(民俗)	385.4	混成酒(酒類工業)	588.58
婚姻習俗(民俗)	385.4	根足虫類(動物学)	483.14
婚姻問題	367.4	献立(料理)	596.2
コーンウォール語	893.3	コンチェルト	764.39
婚外子(民法)	324.63	昆虫	486
婚外児(児童福祉)	369.44	昆虫(畜産業)	646.98
勤行(イスラム)	167.6	昆虫飼育	646.98
勤行(仏教)	186.1	昆虫刺咬症	494.36
コンクリート	511.7	昆虫類	486
コンクリート打ち	511.73	コンツェルン	335.55
コンクリート橋	515.44	コンティニュイティ(映画)	778.5
コンクリート計算	511.78	コンディヤック(哲学)	135.3
コンクリート工学	511.7	コンテ画	725.4
コンクリート工事(建築)	525.52	コンテナ輸送	681.6
コンクリート工事機	513.8	コンデンサー(通信工学)	547.36
コンクリート試験	511.79	コンデンサー(電気機器)	542.9
コンクリート製品(化学工業)	573.87	コント(社会学)	361.235
コンクリート製品(建材)	524.24	コント(哲学)	135.4

金銅仏	718.5	災異史（中国史）	222.01
コントラクト農業	611.78	災異史（朝鮮史）	221.01
コントラバス	763.45	災異史（日本史）	210.17
コンドルセ（哲学）	135.3	菜園	626.13
コントローラーシステム（管理会計）	336.84	西海	*193
こんにゃく（作物栽培）	617.2	災害	369.3
こんにゃく（植物学）	479.355	災害医学	498.89
こんにゃく（農産加工）	619.7	災害救助	369.3
コンパクトディスク（通信工学）	547.336	財界人	332.8
コンパクトディスク（図書館）	014.77	在外正貨	337.31
コンパス測量	512.3	西海道	*19
金春流能	773.8	災害復旧工事	510.94
金春流謡曲	768.4	在外邦人学校	376.9
コンビーフ（畜産加工）	648.24	載貨装置（港湾工学）	517.86
コンピュータ（教育機器）	374.79	載貨装置（造船学）	553.8
コンピュータ（経営管理）	336.57	載貨法（航海学）	557.14
コンピュータ（情報学）	007.63	佐伯	*195
コンピュータ（電子工学）	548.2	細菌（植物学）	473.23
コンピュータウイルス	007.375	細菌（生物学）	465.8
コンピュータ絵画	727	細菌（農産加工）	619.16
コンピュータ教育	375.199	細菌化学	491.71
コンピュータグラフィックス	007.642	細菌学（医学）	491.7
コンピュータゲーム	798.5	細菌学的検査法	492.18
コンピュータシステム（経営管理）	336.57	細金細工（工芸）	756.3
コンピュータシステム（情報学）	007.63	細菌病（作物学）	615.82
コンピュータ犯罪（刑法）	326.26	細菌兵器	559.39
コンピュータ犯罪（社会病理）	368.66	細菌類（植物学）	473.23
コンピュータプログラミング	007.64	祭具（神道）	176.6
コンピュータ編集	021.49	採掘（鉱山工学）	561.4
こんぶ（漁労）	664.8	採掘作業	561.44
こんぶ（植物学）	474.47	サイクリング	786.5
こんぶ（水産加工）	667.7	サイクロトロン（電子工学）	549.98
コンブ目	474.47	サイクロトロン（物理学）	429.55
コンベヤー	536.75	再軍備	393.1
混綿（紡績業）	586.251	最恵国条款（国際法）	329.4
婚約（民俗）	385.4	財形貯蓄（労働問題）	366.46
コンラート家（ドイツ史）	234.04	罪刑法定主義	326.01
混和（化学工学）	571.3	債券（金融）	338.154
混和材	511.71	債権（国際民法）	329.84
		債権（民法）	324.4
【サ】		債権各論	324.5
		債権総論	324.4
さい（動物学）	489.8	債権法（民法）	324.4

採鉱	561	財政資金（金融）	338.11
最高裁判所	327.122	財政支出	343.7
在庫管理（生産管理）	509.67	財政思想	341
サイコドラマ（心理学）	146.812	財政思想史	341.2
最後の晩餐（キリスト教）	192.8	財政政策	343
再婚（男性・女性問題）	367.4	財政投融資	343.7
歳差論（天文学）	441.4	財政法	343.2
財産刑	326.43	砕石機（土木工学）	513.8
財産税（財政）	345.5	砕石道（道路工学）	514.3
財産税（税務会計）	336.985	材積表（林業）	655.4
財産犯（刑法）	326.26	彩層（天文学）	444.5
財産法（民法）	324.2	栽桑（蚕糸業）	636
祭祀（神道）	176	サイダー（食品工業）	588.4
彩色（絵画）	724.7	在宅介護支援センター	369.263
祭式（キリスト教）	196	在宅ケア（看護学）	492.993
歳時記（日本文学）	911.307	在宅老人福祉ケア	369.261
歳時記（民俗）	386	さいたま	*134
細子目	479.39	埼玉県	*134
採種（花卉園芸）	627.12	採炭機採炭	567.46
採種（作物学）	615.23	財団抵当法	324.83
採種（蚕糸業）	634.9	採炭法	567.4
採種（蔬菜園芸）	626.12	サイチョウ目	488.94
済州島	*219	最低賃金制	366.44
西条	*183	西都	*196
最小自乗法（確率論）	417.8	済南事件（中国史）	222.074
彩飾（窯業）	573.29	済南事件（日本史）	210.7
栽植（花卉園芸）	627.15	財閥解体	335.57
栽植（栽桑）	636.3	財閥誌	335.58
栽植（作物学）	615.5	サイバネティックス	007.11
栽植（蔬菜園芸）	626.15	催馬楽（日本文学）	911.63
再審（刑事訴訟法）	327.65	催馬楽（邦楽）	768.26
再審（民事訴訟法）	327.24	サイパン	*741
差異心理学	141.9	裁判員制度	327.67
サイズ（紙工業）	585.4	裁判外紛争処理	327.5
催青（蚕糸業）	634.5	裁判化学	498.98
再生（病理学）	491.68	裁判官	327.124
財政	340	裁判所制度	327.12
財政（日本国憲法）	323.147	裁判所侮辱	327.125
財政学	341	裁判所法	327.12
財政学説史	341.2	裁判心理学	327.014
再生ゴム	578.25	裁判理論	327.01
財政史	342	再評価税（税務会計）	336.982
財政資金	343.7	サイフォン（農業工学）	614.6

サイフォン（流体工学）	534.49	坂井	*144
裁縫	593	堺	*163
細胞遺伝学（生物学）	467.3	坂出	*182
細胞化学（医学）	491.4	境港	*172
細胞核（生物学）	463.4	寒河江	*125
細胞学（医学）	491.11	佐賀県	*192
細胞学（生物学）	463	坂下門外の変	210.58
細胞質（生物学）	463.3	サーカス	779.5
細胞生理学（医学）	491.31	酒田	*125
細胞生理学（生物学）	463.6	坂戸	*134
細胞培養（化学工業）	579.95	佐賀の乱	210.622
細胞培養（生物学）	463.5	酒場	673.98
細胞分裂（生物学）	463.5	相模国	*137
裁縫用具	593.48	相模原	*137
砕木パルプ	585.36	砂岩（岩石学）	458.7
再保険（商法）	325.45	左官工事	525.58
催眠剤（治療法）	492.37	詐欺（刑法）	326.26
催眠術（心理学）	145.4	詐欺（社会病理）	368.6
財務会計	336.9	サキソフォン	763.74
財務管理（経営学）	336.8	先取特権（民法）	324.32
財務行政	343	サギ目	488.58
財務計画（経営学）	336.82	先物為替	338.95
財務省	317.24	砂丘	454.64
財務省証券	347.6	作業（心理学）	141.76
財務諸表（会計学）	336.92	作業研究（生産工学）	509.64
採油（石油）	568.4	作業服（製造工業）	589.217
西遊記［書名］	923.5	作業療法（整形外科学）	494.78
再来（キリスト教）	191.2	作業療法（臨床医学）	492.5
サイクロトロン（電子工学）	549.52	佐久	*152
在留管理制度	329.94	索引法	007.53
材料科学	501.4	さく岩機作業（炭業）	567.41
材料管理（生産管理）	509.67	錯誤（刑法）	326.14
材料試験	501.5	酢酸（化学）	437.5
材料力学	501.32	柞蚕（蚕糸業）	635.9
材料力学（機械工学）	531.1	酢酸セルロース	578.55
再臨派（キリスト教）	198.69	酢酸繊維素染料	577.93
ザイール	*448	作詩法	901.1
祭礼（民俗）	386	作図（平面幾何学）	414.12
サイレージ	643.9	作図（立体幾何学）	414.13
サウジアラビア	*2781	サクスホルン	763.67
サウスカロライナ州	*5337	鑿井（石油）	568.4
サウスダコタ州	*5355	ザクセン家（ドイツ史）	234.04
佐賀	*192	錯体	431.13

作田啓一（社会学）	361.21	酒（家政学）	596.7
座屈（応用力学）	501.326	酒（酒類工業）	588.52
作付	615.3	狭衣物語［書名］	913.381
作付機械	614.85	さざえ（漁労）	664.74
索道（運輸工学）	536.76	さざえ（動物学）	484.6
索道（鉱山工学）	561.65	ささげ（植物学）	479.78
索道（森林工学）	656.23	ささげ（蔬菜園芸）	626.3
搾乳（畜産加工）	648.14	篠山	*164
作文	8□6	さし網漁業	664.41
作文（各科教育）	375.86	挿絵	726.5
作文教育（各科教育）	375.86	挿絵技法	726.507
作文教育（小学校）	375.862	挿絵論	726.501
作文教育（中学校）	375.863	挿木（果樹園芸）	625.12
作文用語・用字辞典（日本語）	816.07	鎖式化合物（化学）	437.1
佐久間象山（日本思想）	121.55	左氏伝［書名］	123.65
作物学	615	座礁（航海学）	557.84
作物栽培	615	挫傷	494.34
作物生態学	615.4	座礁船引揚	555.9
作物病虫害	615.8	砂壌土	613.57
作物保護学	615.8	サスカチュワン州	*5162
炸薬	575.9	佐世保	*193
さくら（花卉園芸）	627.73	サソリ類	485.75
さくら（植物学）	479.75	座談法	809.5
さくら（栃木県）	*132	サーチライト（電気工学）	545.65
佐倉	*135	撮影技術（映画）	778.4
桜井	*165	撮影技術（写真）	743
桜井梅室（日本文学）	911.35	薩英戦争	210.58
桜川	*131	撮影台本（映画）	778.5
さくらそう（花卉園芸）	627.58	雑音（通信工学）	547.19
さくらそう（植物学）	479.92	雑音（電子工学）	549.1
サクラソウ目	479.92	サッカー	783.47
桜田門外の変	210.58	雑家（中国思想）	124.7
サクラメント（キリスト教）	196.3	雑貨（製造工業）	589.22
さくらんぼ（果樹栽培）	625.55	雑貨（染色加工）	587.67
さくらんぼ（植物学）	479.75	錯覚（心理学）	145.5
座繰糸（蚕糸業）	639.4	雑貨工業	589
サークル活動（社会教育）	379.6	作歌法	911.107
ざくろ（果樹栽培）	625.66	作歌用書	911.107
ざくろ（植物学）	479.877	さつき（花卉園芸）	627.74
ざくろ石（鉱山工学）	569.9	さつき（植物学）	479.91
ザクロ科	479.877	作曲家	762.8
さけ（漁労）	664.61	作曲法	761.8
さけ（動物学）	487.61	殺菌性製剤	492.39

作句法	911.307	さとうもろこし（作物栽培）	617.1
作句用書	911.307	里親制度（社会福祉）	369.43
雑穀（作物栽培）	616.6	里帰り（民俗）	385.4
雑穀（農業経済）	611.35	佐渡国	*141
雑穀価格	611.35	蛹油	576.185
雑誌	050	サナトリウム	498.16
雑誌記事索引	027.5	さぬき	*182
雑誌広告	674.6	讃岐国	*182
刷子材料（電気工学）	541.623	讃岐典侍日記［書名］	915.37
冊子体目録	014.37	佐野	*132
雑誌編集実務	021.4	サバ	*2435
雑種紙	585.57	さば（漁労）	664.63
殺人（刑法）	326.23	さば（動物学）	487.763
殺人（社会病理）	368.61	サバイバルゲーム	786
殺人（法医学）	498.95	鯖江	*144
撮像	547.84	サハ共和国	*293
雑草（作物学）	615.83	砂漠	454.64
撮像素子	549.84	サハリン	*292
雑著	049	サバ類	487.763
幸手	*134	サービス産業	673.9
雑俳	911.49	さび止	555.6
札幌	*115	座標幾何学	414.5
さつまいも（作物栽培）	616.8	サーフィン（スポーツ）	785.3
さつまいも（植物学）	479.951	サフラン（作物栽培）	617.7
さつまいも（農産加工）	619.7	サフラン（植物学）	479.377
薩摩川内	*197	差分方程式（数学）	413.8
薩摩国	*197	作法（茶道）	791.7
薩摩琵琶（邦楽）	768.3	作法（民俗）	385.9
殺蛹（まゆ）	638	砂防工学（森林工学）	656.5
雑律	183.88	砂防工事	517.5
佐渡	*141	砂防林	653.9
砂土	613.57	サボタージュ（労働問題）	366.66
さといも（植物学）	479.355	サポテカ文明	256.03
さといも（蔬菜園芸）	626.41	サボテン（花卉園芸）	627.78
サトイモ科	479.355	サボテン（植物学）	479.86
サトイモ目	479.355	サボテン目	479.86
砂糖（食品工業）	588.1	座間	*137
茶道	791	サマル	*2482
佐藤一斎（日本思想）	121.55	サーミ語	893.63
さとうきび（作物栽培）	617.1	サーミスター（電子工学）	549.83
砂糖消費税（財政）	345.75	三味線	768.11
砂糖取引所	676.4	サミュエルソン（経済学）	331.74
佐藤直方（日本思想）	121.54	サムエル記［聖書］	193.24

サムナー（社会学）	361.253	産科看護	492.923
サメ類	487.54	山岳（地形学）	454.5
サモア	*753	算額	419.1
サモア語	829.45	蚕学	633
サモエード諸語	893.8	三角関数（解析学）	413.59
狭山	*134	三角形（幾何学）	414.12
作用素方程式	413.75	山岳崇拝	163.1
小夜曲（管弦楽）	764.32	山岳遭難	786.18
さより	487.74	三角測量	512.6
更紗（染織工芸）	753.8	三角法	414.3
晒粉（化学工業）	574.5	酸化鉱物（鉱物学）	459.5
更級日記［書名］	915.36	山家集［書名］	911.148
サラセニア目	479.74	産科手術	495.52
サラセン建築	523.043	三月革命（ドイツ史）	234.062
サラセン帝国	209.4	酸化銅整流器	542.8
サラセン美術	702.04	三韓国	221.034
サラリーマン（社会学）	361.84	参議院	314.15
サラワク	*2435	サーンキャ学派（インド哲学）	126.6
ザリエル家（ドイツ史）	234.04	産業	600
サル科	489.95	産業衛生（医学）	498.8
猿楽	773.21	産業衛生（労働問題）	366.99
サルトル（哲学）	135.54	産業衛生看護	492.995
サルバルサン	492.31	産業機械	530
サルファ剤	492.31	産業気象	613.1
サルベージ	555.9	蚕業気象	633.7
沢柳政太郎（教育学）	371.21	蚕業基礎学	633
酸（化学）	431.13	産業教育	607
酸アルカリ工業	574	産業教育（各科教育）	375.6
産育習俗（民俗）	385.2	産業行政	601
散佚書叢書（中国語）	082.7	産業組合	335.6
散佚図書目録	027.6	産業考古学	602
散佚物語	913.389	産業財産権	507.2
産院	498.16	産業史	602
山陰地方	*171	産業社会	335.13
酸塩類鉱物	459.6	産業社会学（労働）	366.9
山果（林産物）	657.85	産業心理学	366.94
酸化（化学）	431.37	産業スパイ	336.17
酸化（合成化学）	434.6	産業政策	601
酸化（図書館）	014.612	産業組織（経営学）	335.3
算賀（民俗）	385.5	産業廃棄物（公害）	519.7
蚕蛾	633.6	産業爆発事故	575.99
山塊（地形学）	454.5	産業疲労	498.84
産科学	495.5	産業別労働組合	366.629

産業民主主義	366.5	蚕室	637
産業連関分析（経済学）	331.19	ザンジバル	*456
蚕業労働	631.7	蚕糸副産物	639.9
三曲合奏（邦楽）	768.69	サン・シモン（社会思想）	309.2
三極管（電子工学）	549.43	蚕種	634
蚕具	637	三重奏	764.23
参宮案内記	175.8	三十年戦争（西洋史）	230.52
懺悔（キリスト教神学）	191.4	三十年戦争（ドイツ史）	234.05
懺悔（キリスト教典礼）	196.36	三十六人集［書名］	911.137
懺悔（仏教）	186.6	蚕種製造	634.9
繖形花目	479.88	算術	411.1
懺悔録（キリスト教）	194	三種の神器	172.9
さんご（漁労）	664.79	三条	*141
さんご（水産物利用）	668.8	さんしょううお（動物学）	487.84
さんご（動物学）	483.35	三畳紀（地史学）	456.52
サン語	894.8	山上の垂訓（キリスト教）	192.8
塹壕	559.9	産褥	495.8
参考業務	015.2	産褥熱	495.8
参考図書目録	028	蚕糸利用	639
珊瑚海	**36	山水画（日本画法）	724.16
三国干渉（日本史）	210.65	散水装置（流体工学）	534.66
三国志演義［書名］	923.5	算数	411.1
三国時代（中国史）	222.043	算数（各科教育）	375.41
三国時代（朝鮮史）	221.035	サンスクリット	829.88
珊瑚細工（工芸）	755.3	酸性飲料（食品工業）	588.4
蚕沙（蚕糸業）	639.9	山西省	*2213
山菜（林産物）	657.86	酸性染法	587.682
蚕児	633.6	酸性染料	577.2
蚕糸学	630.1	酸性媒染料	577.5
サンジカリズム	309.5	酸性白土（鉱山工学）	569.7
蚕糸業	630	酸素（化学）	435.43
蚕糸業共済制度	631.5	残像（心理学）	141.26
蚕糸業行政	631.1	蚕桑化学	633.8
蚕糸業金融	631.5	三倉制度	611.39
蚕糸業組合	631.6	酸素化合物（化学）	435.4
蚕糸業経営	631.7	酸素吸入	492.24
蚕糸業史	632	酸素工業	574.25
蚕糸業政策	631.1	酸素族元素	435.4
蚕糸業法	631.1	酸素療法	492.55
蚕糸経済	631	山村（社会学）	361.76
産児制限	498.2	山村（民俗）	384
産児制限（人口問題）	334.38	山村（林業経済）	651.9
産児調節（人口問題）	334.38	山村問題	651.9

三田	*164	三略［書名］	399.2
蚕体遺伝学	633.3	三輪（運搬工学）	536.85
蚕体解剖学	633.1	三輪車	536.87
蚕体生理学	633.2	三論宗	188.23
蚕体病理学	633.4		
三体問題（天文学）	441.1	【シ】	
サンタクルーズ諸島	*732		
サンタヤナ（哲学）	133.9	死（キリスト教）	191.6
サンダル（製造工業）	589.25	死（生物学）	461.1
三段跳	782.4	死（生理学）	491.358
三段論法	116.1	詩（日本文学）	911.5
山地（地形学）	454.5	詩（文学）	9□1
産銅業	565.2	指圧療法	492.75
山東京伝（日本文学）	913.53	ジアテルミー	492.52
山東省	*2212	シーア派（イスラム）	167.8
サントメ・プリンシペ	*4476	シアン化合物（無機工業）	574.769
桟橋（港湾工学）	517.85	シアン化合物（有機工業）	574.87
三藩の乱	222.06	シアン錯塩（化学工業）	574.769
ザンビア	*482	詩歌（日本文学）	911
讃美歌（音楽）	765.6	詩歌（文学）	9□1
讃美歌（キリスト教）	196.5	詩歌書［聖書］	193.3
蚕病	633.4	飼育法（蚕糸業）	635
蚕品種	634.2	飼育法（動物園）	480.76
山腹工事	656.51	しいたけ（植物学）	474.85
産婦人科学	495	しいたけ（林産物）	657.82
サンプル配布（広告）	674.5	しいの実（林産物）	657.85
讃文（仏教）	186.2	子衣目	479.38
サンボ（格闘技）	789.2	しいら（漁労）	664.64
さんま（漁労）	664.68	しいら（動物学）	487.764
さんま（動物学）	487.74	シイラ類	487.764
サンマリノ	*377	子音（英語）	831.3
三位一体	191.1	子音（言語学）	801.1
山脈（地形学）	454.5	寺院	185
山武	*135	寺院（建築史）	521.818
三面体（幾何学）	414.13	寺院行政	185.1
三毛作（作物学）	615.3	寺院経済	185.6
三毛作（農業経営）	611.73	寺院建築（日本建築史）	521.818
蚕蛹	633.6	寺院と国家	185.1
山陽小野田	*177	寺院法令	185.1
山陽地方	*174	地唄（邦楽）	768.57
散乱（光学）	425.4	自衛権（国際法）	329.12
産卵（水産増殖）	666.12	自衛隊	392.1076
蚕卵	633.6	ジェヴォンズ（経済学）	331.71

シェーカー教徒	198.92		視覚障害児	378.1
シェストフ（哲学）	138		視覚障害者福祉	369.275
ジェット機（航空工学）	538.68		視覚障害者用資料（図書館）	014.79
ジェット推進	538.3		視覚障害者用録音資料	014.79
シェッフレ（社会学）	361.234		私学助成	373.4
ジェームズ（哲学）	133.9		史学方法論	201.16
シェーラー（社会学）	361.234		歯科外科学	497.3
シェーラー（哲学）	134.9		滋賀県	*161
シェラック	578.34		磁化現象（物理学）	427.8
シエラレオネ	*4424		歯科材料	497.8
シェリング（哲学）	134.3		子華子（中国思想）	124.7
シェルフリスト	014.57		歯牙充填法	497.4
ジェンティーレ（哲学）	137		自画像（洋画法）	724.558
塩竈	*123		自家中毒	493.159
塩辛（水産加工）	667.6		地歌舞伎	774.29
塩尻	*152		歯科保存学	497.4
シオニズム	316.88		歯科補綴学	497.5
塩乾	667.2		歯科麻酔学	497.3
シオミドロ目	474.41		歯科薬理学	497.15
史家	201.28		歯科理工学	497.8
司会	809.4		詞花和歌集［書名］	911.1356
歯科医師	498.14		時間外勤務（人事管理）	336.44
歯科医師国家試験	497.079		時間管理（生産工学）	509.64
紫外線（物理学）	425.5		脂環式化合物	438.1
紫外線化学	431.57		志願兵	393.25
紫外線写真	746.3		時間論（哲学）	112
紫外線分析（化学）	433.57		志木	*134
紫外線療法	492.51		しぎ（動物学）	488.55
糸顎目	487.68		磁器（工芸）	751
シカ科	489.86		磁器（窯業）	573.25
歯科学	497		しき網漁業	664.44
耳科学	496.6		敷石	514.46
歯科学教育	497.07		磁気回路（電気工学）	541.19
歯科器械	497.8		磁気化学	431.79
歯科矯正学	497.6		色覚（眼科学）	496.45
視覚（心理学）	141.21		色覚（生理学）	491.374
視覚（生理学）	491.374		磁気学（物理学）	427.8
史学	201		磁気記憶装置（コンピュータ）	548.235
寺格	185.2		私企業（経営学）	335.4
視覚器（解剖学）	491.174		磁気共鳴（物理学）	427.8
視覚器（生理学）	491.374		敷桁	524.52
四角形（幾何学）	414.12		紙器工業	585.7
史学史	201.2		色彩（絵画）	724.7

色彩（デザイン）	757.3		事業税（財政）	349.53
色彩（物理学）	425.7		四極管（電子工学）	549.44
色彩学（物理学）	425.7		磁気録音	547.333
色彩管理（生産工学）	509.68		試金（金属工学）	563.5
色彩調節（建築学）	528.8		資金	338.1
式辞	809.4		詩吟	768.9
式辞（英語）	836.7		資金管理（経営学）	336.82
式辞（中国語）	826.7		軸（機械工学）	531.5
式辞（朝鮮語）	829.167		治具	532.69
式辞（日本語）	816.7		軸受（機械工学）	531.5
指揮者（音楽）	762.8		軸受合金	565.38
色弱（眼科学）	496.45		軸組	524.52
色素（形質人類学）	469.42		軸測投象法（幾何学）	414.68
色素（生物学）	464.7		軸継手（機械工学）	531.5
色素（微生物学）	465.1		軸流送風機	534.86
色素（林産製造）	658.9		軸流ポンプ	534.45
色層分析法（化学）	433.45		死刑	326.41
磁気測定法（電気工学）	541.58		紙型（印刷）	749.44
磁気探鉱	561.33		時系列（統計学）	417.6
敷地（住宅建築）	527.1		刺激生理学（医学）	491.317
式亭三馬（日本文学）	913.55		止血法	494.283
磁気テープ装置（コンピュータ）	548.235		試験（学習指導）	375.17
磁気ドラム（コンピュータ）	548.235		資源（経済学）	334.7
視機能	496.4		資源エネルギー庁	317.256
視機能検査	496.4		資源開発（海洋開発）	558.4
磁気分析（化学）	433.69		試験機（材料工学）	501.5
指揮法（音楽）	761.9		試験機（精密工学）	535.4
色盲（眼科学）	496.45		資源行政	334.7
シギ目	488.55		資源法	334.7
敷物（家政学）	597.1		資源問題（経済学）	334.7
敷物（繊維工業）	586.9		次元論（数学）	415.2
子宮（解剖学）	491.155		事故（化学）	432.1
子宮（生理学）	491.352		思考（心理学）	141.5
子宮外妊娠	495.6		尸佼（中国思想）	124.7
自給自足経済	333.4		時効（刑事訴訟法）	327.63
子宮疾患	495.43		時効（刑法）	326.4
自給肥料	613.42		時効（民法）	324.16
司教（キリスト教）	195.7		寺号	185.2
詩経［書名］（中国思想）	123.3		思考異常（心理学）	145.6
詩経［書名］（中国文学）	921.32		嗜好作物	617.3
地業（建築）	524.3		慈江道	*212
地業工事（建築）	525.51		子午儀	442.4
自彊術	498.34		地獄（キリスト教）	191.6

時刻測定（天文学）	449.1		思春期暴力	371.42
四国地方	*18		司書	013.1
四国中央	*183		四書	123.8
時刻表（鉄道運輸）	686.55		支承（橋梁工学）	515.3
仕事（力学）	423.5		糸状菌（細菌学）	491.74
視差（太陽）	448.1		自傷行為（心理学）	145.71
視差（月）	446.1		市場調査	675.2
時差（天文学）	449.1		四條畷	*163
司祭（キリスト教）	195.7		市場の理論（経済学）	331.845
資材管理（生産管理）	509.67		四条派（日本画）	721.6
自作農（農村問題）	611.95		市場予測	675.2
自殺（社会病理）	368.3		司書課程	010.77
自殺（心理学）	145.71		司書教諭	017
自殺防止	368.3		司書研修	010.77
資産会計	336.94		司書講習	010.77
資産評価	336.94		視診（臨床医学）	492.11
子思（中国思想）	124.15		地震	453
詩史（日本文学）	911.52		地震（森林保護）	654.6
寺誌	185.9		地震学	453
時事英語辞典	833.7		地震観測	453.3
時事韓国語辞典	829.137		地震計	453.3
士師記［聖書］	193.23		視神経疾患	496.34
指示計器（電気工学）	541.53		地震誌	453.2
四肢外科	494.67		始新世（地史学）	456.73
四肢骨（人類学）	469.46		地震調査	453.2
時事中国語辞典	823.7		地震津波	453.4
時事朝鮮語辞典	829.137		詩人伝（日本文学）	911.52
脂質（医化学）	491.44		地震保険	339.9
脂質（栄養学）	498.55		地震予知	453.38
脂質（生化学）	464.4		試錐（鉱山工学）	561.39
痔疾	494.658		試錐（石炭）	567.2
しじみ（漁労）	664.75		試錐（石油）	568.2
しじみ（動物学）	484.4		歯髄炎	497.2
指示薬（化学）	433		指数関数	413.59
磁石（電気工学）	541.66		静岡	*154
磁石（電磁気学）	427.8		静岡県	*154
磁石（物性物理学）	428.9		システム開発（情報学）	007.61
刺繍（手芸）	594.2		システム監査	336.57
刺繍（染織工芸）	753.7		システム設計（情報学）	007.61
時宗	188.69		システム分析（情報学）	007.61
しじゅうから	488.99		ジストマ（寄生虫学）	491.93
歯周疾患	497.26		ジストマ（動物学）	483.45
四重奏	764.24		地滑り（地質学）	455.89

シスモンディ（経済学）	331.46	自然保護	519.8
刺青（民俗）	383.7	自然療法	492.5
四声（中国語）	821.1	自然力（経済学）	331.83
時制（英語）	835.5	しそ（工芸作物）	617.6
磁性材料（通信工学）	547.39	しそ（植物学）	479.957
磁性材料（電気工学）	541.66	宍粟	*164
始生代（地史学）	456.2	地蔵信仰（民俗）	387.4
磁性体（物理学）	428.9	歯槽膿漏	497.26
史跡（地理学）	29△02	思想の自由	316.1
事跡（倫理）	159.2	シソ科	479.957
施設看護	492.996	四則（数学）	411.2
施設管理（図書館）	013.4	四則算法（数学）	411.1
私設電話（通信工学）	547.467	氏族社会（日本史）	210.3
支線（通信線路）	547.22	シソ目	479.95
脂腺（解剖学）	491.183	シソーラス	014.49
自然科学	400	舌（解剖学）	491.143
史前学	202.5	舌（耳鼻咽喉科学）	496.8
四旋花目	479.94	舌（生理学）	491.343
自然観察（幼児教育）	376.154	死体検査（法医学）	498.94
自然公園	629.4	死体現象（法医学）	498.94
自然災害誌	450.98	肢体不自由児（障害児教育）	378.3
自然誌	462	肢体不自由者福祉	369.27
慈善事業	369.14	地耐力（建築）	524.3
脂腺疾患	494.8	下請企業	335.207
私撰集（中世）	911.147	下請工場	335.207
私撰集（平安時代）	911.137	下着（家政学）	593.39
自然主義（哲学）	113.5	下着（製造工業）	589.22
自然主義（文学）	902.06	下着（民俗）	383.1
四川省	*2235	シダ植物	476
自然人（国際私法）	329.81	耳朶穿孔（民俗）	383.7
自然人（国際法）	329.21	仕立法（裁縫）	636.3
自然人（民法）	324.11	七王国時代（イギリス史）	233.035
自然神学	190.9	自治会	318.8
自然崇拝	163.1	七月王政（フランス史）	235.065
自然地理	450.9	七月革命（フランス史）	235.065
自然地理学	450	自治監査（財政）	349.38
自然哲学	112	質権（民法）	324.33
自然哲学者	132.5	七五三（民俗）	385.2
自然淘汰（生物学）	467.5	自治省	317.281
自然美（芸術）	701.6	自治体警察	317.72
自然変異（生物学）	467.4	七年戦争（ドイツ史）	234.05
自然弁証法	401.6	七福神（民俗）	387
自然法学	321.1	しちめんちょう（家禽）	646.2

しちめんちょう（動物学）	488.4	実験測定（原子物理学）	429.2
七夜（民俗）	385.2	実験動物	480.75
質屋	338.77	実験動物（医学）	490.769
四柱推命	148.6	実験動物学	480.75
支柱法（石炭）	567.47	実験物理学	420.75
視聴覚機器	375.19	実験法（植物学）	470.75
視聴覚教育（各科教育）	375.19	実験法（生物学）	460.75
視聴覚教育（社会教育）	379.5	実験法（動物学）	480.75
視聴覚教材（学校経営）	374.79	実験用原子炉	539.32
視聴覚教材（教育課程）	375.19	執行官	327.16
視聴覚室（図書館）	012.6	実行教（神道）	178.58
視聴覚資料（学校教育）	375.19	漆工芸	752
視聴覚資料（図書館）	014.77	漆工史	752.2
視聴覚資料目録	027.9	執行猶予（刑法）	326.46
視聴覚ライブラリー	016.7	失語症（心理学）	145.6
市町村債	349.75	実在論（形而上学）	111.8
市町村税（財政）	349.55	実在論（認識論）	115.4
視聴率	699.6	実子（民法）	324.63
自治領（国際法）	329.17	十種競技	782.6
地鎮祭（建築）	525.5	十種の神宝	172.9
地鎮祭（民俗）	384.39	実証主義（ドイツ哲学）	134.7
実演広告	674.53	実証的方法論	116.6
失火（刑法）	326.22	失神	494.39
漆画（絵画技法）	724.18	実数論（数論）	412.6
十戒［聖書］	193.216	湿生植物	471.74
実関数論	413.51	失踪（民法）	324.11
シッキム	*258	実相論（仏教）	181.3
失業	366.28	実存主義	114.5
実業家	332.8	実存主義（ドイツ哲学）	134.9
失業対策	366.28	実存哲学	114.5
失業保険（社会）	364.7	悉曇学	829.88
十訓抄［書名］	913.47	実地天文学	442
しつけ（育児）	599.9	質点力学	423
しつけ（家庭教育）	379.91	湿度（気象学）	451.35
実験遺伝学	467.2	湿度（生態学）	468.2
実験化学	432	室内意匠（建築）	529
実験器具（化学）	432.1	室内意匠（工芸）	757.8
実験器具（物理学）	420.75	室内楽	764.2
実験計画法（数学）	417.7	室内娯楽	798
実験植物学	470.75	室内照明（電気工学）	545.61
実験心理学	140.75	室内装飾（建築）	529
実験操作	432.1	室内装飾（工芸）	757.8
実験装置（原子物理学）	429.2	実念論（哲学）	111.8

湿布（外科学）	494.26	児童語（日本語）	814.8
疾病	491.61	児童公園	629.35
疾病保険	339.47	児童サービス（図書館）	015.93
疾病予防（家庭医学）	598.3	児童詩	9□18
十返舎一九（日本文学）	913.55	児童詩（日本文学）	911.58
七宝（化学工業）	573.7	児童詩研究	909.1
七宝（工芸）	751.7	児童室（図書館）	012.5
失明	496.41	自動車運転免許試験	537.8079
実用新案	507.24	自動車機関	537.2
質量（物理学）	423.5	自動車競技	786.6
実録体小説	913.56	自動車工学	537
史的唯物論	201.1	自動車材料	537.1
垂加神道	171.6	自動車産業	537.09
自転（太陽）	444.3	自動車事故	681.3
自転（地球）	448.3	自動車修理	537.7
辞典（言語）	8□3	自動車製図	537.1
磁電管（電子工学）	549.48	自動車整備	537.7
自転車（工学）	536.86	自動車設計	537.1
自転車（陸運）	685.8	自動車損害賠償責任保険	339.9
自転車競技（競輪）	788.6	自動車ターミナル	685.4
自転車競技（スポーツ）	786.5	自動車道（工学）	514.6
辞典編集法	801.3	自動車道（陸運）	685.7
使徒（キリスト教）	192.8	自動車燃料	537.29
児童（教育心理学）	371.45	自動車部品	537.1
児童（民俗）	384.5	自動車兵	396.7
指導案	374.35	自動車保険	339.9
自動運転軌道交通機関	516.79	自動車保守	537.7
児童画	726.7	自動書記（超心理学）	147.3
児童カウンセリング（心理学）	146.82	児童心理	371.45
自動楽器	763.99	児童心理療法	146.82
児童合唱	767.4	自動制御（情報工学）	548.3
児童虐待（児童福祉）	369.4	児童精神分析（心理学）	146.82
児童虐待（児童問題）	367.6	自動旋盤	532.1
児童訓	159.5	児童相談所（社会福祉）	369.43
児童劇（演劇）	775.7	児童中心学校	371.5
児童劇（文学）	9□28	自動電話	547.465
児童劇研究	909.2	児童独唱	767.31
児童研究	371.45	児童図書	019.5
自動言語（超心理学）	147.3	児童図書館	016.28
児童語	8□4	児童図書叢書（日本語）	081.9
児童語（英語）	834.8	児童図書目録	028.09
児童語（中国語）	824.8	自動販売機	673.39
児童語（朝鮮語）	829.148	自動販売機（製造工業）	582.4

自動ピアノ	763.99	地盤（建築学）	524.3
児童福祉	369.4	地盤改良工法	513.3
児童文化活動	379.3	地盤沈下（公害）	519.65
児童文学研究	909	地盤沈下（地質学）	455.8
児童問題	367.6	地盤沈下（土木工学）	511.25
児童遊園	629.35	紫斑病	493.17
児童遊戯	781.9	耳鼻咽喉科学	496.5
児童遊戯（民俗）	384.55	自費出版	023.89
児童養護施設	369.43	自筆本目録	026.2
指導要録（学校教育）	374.1	シビリアンコントロール	393.2
自動列車制御装置	516.65	飼肥料作物	616.9
使徒教会	198.1	渋（塗料）	576.82
使徒行伝［聖書］	193.69	渋川	*133
使徒書簡［聖書］	193.7	志布志	*197
シナゴーグ（ユダヤ教）	199.5	ジブチ	*452
シナ・チベット諸語	829.3	事物起原（中国語）	032.4
信濃国	*152	事物起原（日本語）	031.4
地均	513.3	ジフテリア	493.84
シナリオ（ゲーム）	798.507	四分律［書名］	183.83
シナリオ（日本文学）	912.7	紙幣	337.4
シナリオ（文学）	9□2	自閉症（教育）	378.8
シーニア（経済学）	331.46	自閉症（小児科学）	493.9375
屎尿（肥料学）	613.42	士別	*114
地主（農村問題）	611.95	シベリア	*291
地熱（地学）	450.12	シベリア出兵（日本史）	210.69
地熱発電	543.7	詩篇［聖書］	193.33
シネマスコープ	778.49	司法	327
シネラマ	778.49	私法	324
子嚢菌植物	474.7	時法（天文学）	449
篠原助市（教育学）	371.21	私法学	324.01
篠笛	768.16	司法教育	327.07
シノワズリー（美術）	702.05	司法行政	327.1
しば（植物学）	479.343	司法警察	317.75
しば（造園）	629.73	司法権（日本国憲法）	323.146
支配会社	335.56	司法裁判（国際法）	329.56
自白（刑事訴訟法）	327.62	脂肪酸（工業薬品）	574.85
新発田	*141	脂肪酸（油脂工業）	576.25
柴田鳩翁（石門心学）	157.9	司法史	327.02
柴野栗山（日本思想）	121.54	司法試験	327.079
芝生（造園）	629.73	司法書士	327.17
司馬法［書名］	399.2	司法制度	327.1
支払（手形法）	325.61	脂肪族化合物（化学）	437.1
支払準備制度	338.3	司法福祉	369.75

死亡率（人口統計）	334.2	下妻	*131
司法理論	327.01	下関	*177
支保工（鉱山工学）	561.43	下関事件	210.58
支保工（土木工学）	511.76	指紋（法医学）	498.92
支保工（トンネル工学）	514.95	視野	496.43
資本（経済学）	331.82	斜位	496.47
資本家階級（社会学）	361.83	ジャイナ教	168
資本市場	338.14	ジャイロコンパス（航海学）	557.23
資本主義（経済史）	332.06	射影幾何学	414.4
資本主義体制（社会史）	362.06	遮音（建築学）	524.96
資本準備金（商法）	325.244	釈迦	182.8
資本増減	325.246	社会	360
志摩	*156	社会（学校教育）	375.31
仕舞（能楽）	773.39	社会（幼児教育）	376.153
島田	*154	社会運動史	309.02
島根県	*173	社会科（各科教育）	375.31
志摩国	*156	社会科（高等学校）	375.314
島原	*193	社会科（小学校）	375.312
島原の乱	210.52	社会科（中学校）	375.313
四万十	*184	社会会計（経済学）	331.86
清水幾太郎（社会学）	361.21	社会解体	361.5
しみ抜き	593.5	社会開発	361.98
シミ目	486.23	社会改良主義	309.4
シミュレーション	548.7	社会科学	300
市民社会	362.06	社会科学教育	307
事務管理（経営学）	336.5	社会科学史	301.2
事務管理（民法）	324.53	社会科学方法論	301.6
事務管理組織	336.5	社会科教育	375.3
事務機械化（経営学）	336.57	社会学	361
事務機器（経営学）	336.56	社会学説史	361.2
事務機器（製造工業）	582.3	社会学方法論	361.16
事務室（図書館）	012.7	社会過程	361.3
事務分掌（図書館）	013.2	社会関係	361.3
事務分析（経営学）	336.51	社会規範	361.41
耳鳴（耳科学）	496.6	社会教育	379
締切工（土木工学）	513.41	社会教育行政	379.1
四面体（幾何学）	414.13	社会教育財政	379.1
霜（気象学）	451.63	社会教育施設	379.2
下総国	*135	社会教育法令	379.1
除目	210.097	社会計画	361.98
下田	*154	社会言語学	801.03
下野	*132	社会工学	361.98
下野国	*132	社会構造（社会史）	362

社会史	362	ジャカルタ	*242
社会事業	369	社規	336.38
社会事業（キリスト教）	197.6	試薬（化学）	433
社会思想	309	弱視（眼科学）	496.41
社会思想家	309.028	弱視児	378.1
社会思想史	309.02	借地（住宅問題）	365.34
社会習俗	384	借地借家調停法	327.5
社会集団	361.6	借地借家法	324.81
社会主義（社会思想）	309	しゃくなげ（花卉園芸）	627.79
社会主義（政治思想）	311.9	しゃくなげ（植物学）	479.91
社会主義（マルクス主義）	309.3	尺八	768.15
社会主義学派（経済学）	331.6	尺八音楽	768.68
社会主義企業	335.9	借家（住宅問題）	365.34
社会主義経済（経済史）	332.07	射撃（競技）	789.7
社会主義国家	313.9	射撃（兵器）	559.1
社会主義体制（社会史）	362.07	射撃術	559.1
社会情報学	007.3	瀉血（外科学）	494.27
社会進歩	361.5	瀉血法	492.27
社会心理学	361.4	煮繭法（蚕糸業）	639.3
社会政策	364.1	しゃこ（漁労）	664.76
社会測定	361.9	車庫（建築各部構造）	524.89
社会組織	362	社交（民俗）	385.93
社会体育	780	遮光（照明工学）	545.7
社会体制	362	斜坑運搬（鉱山工学）	561.66
社会調査	361.9	射倖ゲーム	797
社会の国際協力	329.39	社交ダンス	799.3
社会的成層	361.8	ジャコウネコ科	489.54
社会的地位	361.81	社債（会社法）	325.25
社会哲学	361.1	社債（金融）	338.154
社会統計	361.9	社債（経営学）	335.44
社会道徳	154	社債法	325.25
社会病理	368	シャーシー（自動車工学）	537.5
社会福祉	369	斜視（眼科学）	496.47
社会福祉士	369.17	社史（経営学）	335.48
社会福祉施設	369.13	社誌（経営学）	335.48
社会保険	364.3	奢侈（経済学）	331.87
社会保険診療報酬明細書	364.4	社寺（宗教）	165.5
社会保険庁	317.284	車軸（自動車）	537.4
社会保障	364	シャジクモ科	474.35
社会民主主義	309.4	写実主義（絵画）	723.05
社会問題	360	写実主義（ドイツ文学）	940.26
社会倫理	154	写実主義（美術）	702.06
社格（神道）	175.1	写実主義（フランス文学）	950.26

写実主義（文学）	902.06
社寺文庫	029.8
社寺林（林政学）	651.16
写真	740
写真（図書館）	014.78
写真（法医学）	498.92
写真家	740.28
写真化学	740.13
写真館	740.67
写真乾板	742.2
写真機	742.5
写真器械	742
写真光学	740.12
写真コンクール	740.69
写真材料	742
写真材料工業	572.7
写真材料店	740.67
写真史	740.2
写真集	748
写真集（地理）	29△087
写真植字	749.12
写真処方	742.4
写真処理（ソフトウェア）	007.637
写真製版	749.14
写真測量	512.7
写真電送（工学）	547.457
写真電送（電気通信事業）	694.5
写真版画	737
写真美学	740.1
写真美術館	740.69
写真保存	744.9
写真薬品	742.4
写真理論	740.1
ジャズ	764.7
ジャズ歌手	767.8
ジャズソング	767.8
ジャズダンス	781.4
ジャストインタイム生産システム	509.61
写生画（日本画）	721.6
写生文（日本文学）	914.6
捨石工（土木工学）	513.45
沙石集［書名］	913.47
社倉（農業経済）	611.39
社則（経営管理）	336.38
車体（自動車）	537.5
遮断器（送配電工学）	544.5
遮断器（電気機器）	542.9
ジャッキ	536.72
釈経論部	183.91
シャッター（建築）	524.89
シャッター（写真）	742.5
斜投象法（幾何学）	414.66
社内規格（生産管理）	509.66
車内広告	674.8
ジャーナリスト	070.16
ジャーナリズム	070
ジャーナリズム理論	070.1
蛇腹	524.45
シャフツベリ（哲学）	133.3
写本（書誌学）	022.2
ジャマイカ	*592
シャーマニズム（宗教）	163.9
三味線	768.11
しゃみせんがい	484.85
三味線曲	768.5
シャム	*237
ジャム（園芸加工）	628.3
シャム語	829.36
砂利道（道路工学）	514.3
社領（神道）	175.6
車両	536
車両局（無線工学）	547.62
車両限界	516.13
車両工業	536.09
車両修理	536.47
車両付属装置	536.4
車両保守	536.47
車輪（自動車）	537.4
ジャルカンド州	*252
洒落本	913.53
シャワー（流体工学）	534.66
ジャワ	*242
ジャワ海	**33
ジャワ語	829.43
ジャンク（造船学）	552.73
ジャングル（地形学）	454.65

シャン語	829.369		集音器（通信工学）	547.31
シャンソン	767.8		集会学習（社会教育）	379.5
上海	*2221		集会室（図書館）	012.6
上海語	828.2		集会の自由	316.1
上海事変（日本史）	210.7		収穫（稲作）	616.29
上海方言	828.2		収穫（果樹園芸）	625.19
シャンパン（酒類工業）	588.55		収穫（栽桑）	636.8
ジャンプ（スキー）	784.34		収穫（作物学）	615.9
ジャンプ競技（陸上競技）	782.4		収穫（蔬菜園芸）	626.19
ジャンム・カシミール州	*254		縦隔炎	493.39
獣医解剖学	649.1		就学前教育	376.1
獣医学	649		収穫表（林業）	655.4
獣医眼科学	649.6		修学旅行	374.46
獣医看護学	649.59		自由形競泳	785.23
獣医寄生虫学	649.4		十月革命（ロシア史）	238.07
獣医外科学	649.6		習慣（育児）	599.9
獣医公衆衛生	649.8		習慣（心理学）	141.75
獣医産科学	649.7		習慣（民俗）	380
獣医師	649.814		週刊誌（日本語）	051.6
自由意志（キリスト教）	191.4		宗規	185.2
自由意志（倫理）	151.2		什器（製造工業）	581.8
獣医歯科学	649.6		衆議院	314.14
獣医耳鼻咽喉科学	649.6		週休二日制（労働問題）	366.32
獣医診断学	649.5		住居（家政学）	597
獣医生化学	649.2		住居（建築）	527
獣医生理学	649.2		住居（民俗）	383.9
獣医装蹄学	649.6		宗教	160
獣医組織学	649.1		自由教育	371.5
獣医伝染病	649.5		従業員持株制度	366.57
獣医内科学	649.5		宗教音楽	765
獣医発生学	649.1		宗教家	162.8
獣医微生物学	649.4		宗教画（洋画法）	724.51
獣医病理学	649.4		宗教改革（西洋史）	230.52
獣医免疫学	649.4		宗教改革（ドイツ史）	234.05
獣医薬理学	649.2		宗教改革時代（ドイツ史）	234.05
獣医臨床繁殖学	649.7		宗教学	161
拾遺和歌集［書名］	911.1353		宗教学史	161.2
収益（損益計算）	336.93		就業規則（経営学）	336.44
周易［書名］	123.1		就業規則（労働問題）	366.33
収益税（財政）	345.4		宗教教育（教育学）	371.6
収益税（税務会計）	336.984		宗教行政	165.9
重液選鉱	561.83		宗教芸術	702.09
縦横家（中国思想）	124.6		宗教史	162

宗教思想	161	十七条憲法（法制史）	322.133
宗教思想史	161.2	修辞法	8□6
宗教社会学	161.3	修辞法（英語）	836.2
就業人口	366.2	修辞法（中国語）	826.2
宗教心理学	161.4	修辞法（朝鮮語）	829.162
宗教生活	165.4	修辞法（日本語）	816.2
宗教政策	165.9	じゅうしまつ（家禽）	646.8
宗教哲学	161.1	じゅうしまつ（動物学）	488.99
宗教美術	702.09	自由主義	309.1
宗教法人	165.9	住所（民法）	324.11
宗教法令	165.9	重唱	767.4
宗教民族学	163	重唱（宗教音楽）	765.5
住居衛生	597.9	重商主義（経済学）	331.34
褶曲（地形学）	454.4	重晶石（鉱山工学）	569.6
褶曲（地質学）	455.8	重晶石（鉱物学）	459.67
住居侵入（刑法）	326.24	就職（学生問題）	377.95
住居地域（都市工学）	518.83	就職（人事管理）	336.42
集魚灯	665.3	就職（労働問題）	366.29
周期律（化学）	431.11	修飾語（英語）	836.3
重慶	*2235	修飾語（中国語）	826.3
自由刑（刑法）	326.42	修飾語（朝鮮語）	829.163
充血（病理学）	491.62	修飾語（日本語）	816.3
住血吸虫（寄生虫学）	491.93	就職試験問題集	307.8
住血吸虫（動物学）	483.45	就職問題	377.95
収繭（蚕糸業）	635.6	住所録（ソフトウェア）	007.639
銃剣道	789.37	集信（通信工学）	547.455
重航空機	538.6	銃身（兵器）	559.12
集合住宅（家庭経済）	591.6	集塵器	571.4
集合住宅（建築）	527.8	自由心証	327.19
集合住宅管理組合	365.36	終身定期金（民法）	324.52
重合反応（化学）	434.5	重水（化学）	435.44
集合論（数学）	410.9	集水工（水道工学）	518.13
集材	657.13	重水素（化学）	435.12
集材場	657.13	重星（天文学）	443.4
自由裁量（行政法）	323.95	住生活史	383.9
周産期看護	492.923	集成材	657.6
秋蚕飼育	635.15	自由政策	678.11
十三代集	911.145	修正主義	309.49
習字（各科教育）	375.73	修整法（写真）	744.4
習字（書道）	728	集積回路（電子工学）	549.7
十字架（キリスト教）	192.8	周旋（国際紛争）	329.5
修辞学	801.6	臭素（化学）	435.35
十字軍（西洋史）	230.45	臭素（化学工業）	574.73

臭素化合物（化学工業）	574.73	周波数測定（通信工学）	547.18
従属国（国際法）	329.14	周波数測定（電気工学）	541.57
臭素中毒	493.153	従犯（刑法）	326.15
住宅行政	365.31	周辺視	496.44
住宅金融	338.74	周辺被害者	369.35
住宅金融公庫	338.74	銃砲	559.1
住宅建築	527	銃砲（狩猟）	659
住宅建築（日本建築史）	521.85	銃砲火薬取締（警察）	317.734
住宅政策	365.31	銃砲弾	559.17
住宅法令	365.31	終末論（キリスト教）	191.6
住宅問題	365.3	住民（地方自治）	318.13
絨毯（家政学）	597.1	住民運動	318.8
集団学習（社会教育）	379.6	住民基本台帳法	324.87
集団給食	498.59	自由民権運動	210.63
集団給食（料理）	596.5	獣毛（紡績工業）	586.53
集団精神療法（心理学）	146.812	重役（経営学）	335.43
集団農場	611.76	重役（商法）	325.243
集団別著述目録	027.33	集約農業	611.72
集中看護	492.916	終油（キリスト教）	196.37
集中目録作業	014.37	重油（石油工業）	575.574
充電器（電気工学）	542.8	重要文化財	709.1
充填法（鉱山工学）	567.48	重要文化財建造物	521.8
柔道	789.2	集落（地理学）	29△017
修道院	195.8	集落地理学	290.17
修道院（カトリック）	198.25	修理技術（製本）	022.8
修道士（カトリック）	198.25	重量挙	782.8
柔道整復師	498.14	重量測定（化学）	432.12
収得税（財政）	345.3	重量分析（化学）	433.2
収得税（税務会計）	336.983	重力（地学）	450.12
自由と平等	316.1	重力（物理学）	423.6
周敦頤（中国思想）	125.4	重力ダム	517.72
周南	*177	重力探鉱	561.32
十二因縁（仏教）	181.4	私有林（林政学）	651.16
十二指腸（解剖学）	491.146	自由労働者	366.8
十二指腸（生理学）	491.346	樹液作物	617.9
十二指腸潰瘍	493.46	儒家	124.1
十二指腸虫（寄生虫学）	491.94	儒家神道	171.6
十二指腸虫（動物学）	483.73	手記	9□6
十二門論［書名］	183.93	朱熹（中国思想）	125.4
収入論	341.7	儒教	124.1
重農主義（経済学）	331.35	授業改造	375.1
収納設備（住居）	597.5	授業設計	375.1
収納法	597.5	授業評価	375.1

授業分析	375.1	手術	494.2
修行論（仏教）	181.6	手術（眼科）	496.24
塾教育	376.8	手術（歯科）	497.3
熟語	8□4	手術（泌尿器科学）	494.92
熟語（英語）	834.4	手術（婦人科）	495.24
熟語（中国語）	824.4	呪術（宗教）	163.8
熟語（朝鮮語）	829.144	呪術（心霊研究）	147.1
熟語（日本語）	814.4	呪術（民俗）	387
縮合反応（化学）	434.5	手術看護	492.9163
祝祭歌	767.5	手術後処置	494.22
祝祭日	386.9	手術後療法	494.22
宿題（各科教育）	375.16	手術前処置	494.22
手具体操	781.4	手術中処置	494.22
宿命（キリスト教）	191.4	受信機（通信工学）	547.454
熟練工（労働問題）	366.8	受信機（無線工学）	547.543
手芸	594	受信料（放送事業）	699.1
樹芸（造林）	653.3	受信料金（有線放送）	699.73
手芸材料	594.1	取水（水道工学）	518.13
受刑者（行刑）	326.52	取水口	517.75
手芸図案	594.1	取水設備（発電水力）	517.75
主ケタ（橋梁工学）	515.3	取水ダム（土木工学）	517.75
主権（憲法）	323.01	酒精	588.56
主権（国際法）	329.12	酒税	345.73
受験（学校教育）	376.8	受精（生理学）	491.354
修験道	188.59	手選（鉱山工学）	561.82
主構（橋梁工学）	515.3	手選鉱（鉱山工学）	561.82
手工業（経営学）	335.202	呪詛（宗教）	163.8
珠江流域	*223	呪詛（心霊研究）	147.1
守護制	210.4	樹霜（気象学）	451.67
守護制度（法制史）	322.14	受像機（テレビ）	547.86
じゅごん	489.67	受胎（産科学）	495.6
取材倫理	070.16	受胎（生理学）	491.354
珠算	418.9	主題索引法	014.4
授産事業（社会福祉）	369.5	主題分析	014.4
種子（作物学）	615.23	主題目録法	014.4
種子（植物学）	471.1	手沢本目録	026.5
樹脂（化学工業）	578.3	出エジプト記［聖書］	193.212
樹脂（林産製造）	658.7	出荷（稲作）	616.29
朱子織	586.77	出荷（花卉園芸）	627.19
朱子学（中国思想）	125.4	出荷（作物学）	615.96
朱子学派（日本思想）	121.54	出荷（蔬菜園芸）	626.19
種子植物	477	出血（病理学）	491.62
樹種（造林）	653.3	出血性疾患	493.17

宿根草（花卉園芸）	627.5	シュメール美術	702.03
出産（家庭衛生）	598.2	シュメール文明	227.3
出産（産科学）	495.7	樹木（林業）	653.2
出産（生理学）	491.354	樹木学	653.12
出産（民俗）	385.2	樹木崇拝	163.1
出水（鉱山工学）	561.93	樹木分布	653.18
出生率（人口統計）	334.2	シュモラー（経済学）	331.5
シュッツ（社会学）	361.253	腫瘍（外科学）	494.5
出入港（航海学）	557.32	腫瘍（病理学）	491.65
出入国（国際法）	329.21	需要（経済学）	331.842
出入国管理法	329.94	主翼	538.23
出版	023	周礼［書名］	123.4
出版の自由	023.8	シュライエルマッハー（哲学）	134.3
出版の自由（憲法）	323.01	ジュラ紀（地史学）	456.55
出版の自由（政治）	316.1	ジュラルミン（金属工学）	565.528
出版倫理	023.8	手榴弾（兵器）	559.23
出曜経［経典］	183.19	狩猟（産業）	659
出力装置（コンピュータ）	548.25	狩猟（スポーツ）	787.6
シュティルナー（哲学）	134.5	狩猟（民俗）	384.35
種痘	493.82	狩猟儀礼（民俗）	384.35
シュトラウス（哲学）	134.5	狩猟権	659
受難（キリスト教）	192.8	首楞厳経［経典］	183.7
受難曲	765.2	狩猟鳥獣	659
授乳（育児）	599.3	狩猟法	659
襦袢（家政学）	593.13	儒林外史［書名］	923.6
樹皮（植物学）	471.1	酒類	588.5
樹皮（製造工業）	583.9	シュルレアリスム（絵画）	723.07
樹皮（木材学）	657.2	シュルレアリスム（美術）	702.07
樹皮（林産物）	657.84	しゅろ（植物学）	479.351
種苗（作物学）	615.2	しゅろ（造林）	653.8
種苗（造林）	653.3	手話（言語学）	801.92
樹氷（気象学）	451.67	手話言語	801.92
樹病学	654.7	手話法	378.28
主婦（家庭問題）	367.3	順化（植物学）	471.71
主婦（民俗）	384.6	潤滑技術	531.8
呪物崇拝	163.4	潤滑材	531.83
シュプランガー（教育学）	371.234	潤滑装置（自動車工学）	537.28
シュプランガー（哲学）	134.9	潤滑油（機械工学）	531.83
シュプレヒコール	767.9	循環（生理学）	491.32
酒保	396.9	循環（動物学）	481.32
趣味娯楽	790	循環器（解剖学）	491.12
趣味娯楽（民俗）	384.8	循環器（小児科学）	493.932
シュメール語	802.9	循環器（生理学）	491.32

循環器疾患	493.2	荘園（西洋史）	230.4
循環系（動物学）	481.12	荘園制（経済史）	332.04
循環障害（病理学）	491.62	荘園制（法制史）	322.13
しゅんぎく（植物学）	479.995	商鞅（中国思想）	124.53
しゅんぎく（蔬菜園芸）	626.56	消音器（自動車工学）	537.28
春機発動期（婦人科学）	495.13	昇華（物理学）	426.4
荀況（中国思想）	124.17	消化（生理学）	491.34
鶉鶏目	488.4	消火	317.79
春蚕飼育	635.13	しょうが（植物学）	479.382
殉死（民俗）	385.6	しょうが（蔬菜園芸）	626.48
荀子（中国思想）	124.17	傷害（刑法）	326.23
春秋時代	222.034	傷害（法医学）	498.95
春秋類	123.6	昇開橋	515.58
順世派（インド哲学）	126.8	生涯教育	379
浚渫（河海工学）	517.33	障害児教育	378
浚渫機（土木工学）	513.8	障害児心理	378
浚渫船（造船学）	556.75	障害児保育	378
純太陰暦	449.33	障害者教育	378
準動詞（英語）	835.59	障害者サービス（図書館）	015.97
準備制度（銀行券）	337.4	障害者福祉	369.27
準備体操	781.4	障害物競走（陸上競技）	782.3
シュンペーター（経済学）	331.72	傷害保険	339.47
準薬局方	499.13	ショウガ科	479.382
巡洋艦（造船学）	556.92	消化器（解剖学）	491.14
巡礼（イスラム）	167.6	消化器（小児科学）	493.934
巡礼（キリスト教）	196.8	消化器（生理学）	491.34
巡礼（仏教）	186.9	消火器（建築設備）	528.6
順列（代数学）	411.22	消化器官	481.14
書	728	消化器疾患	493.4
湘	*2226	商学	670.1
鉦（邦楽）	768.18	城郭（日本建築史）	521.823
鐘（邦楽）	768.18	奨学制度	373.4
笙（邦楽）	768.16	小学入試	376.82
錠（製造工業）	581.5	消化剤（治療法）	492.34
小アジア	*274	消火設備	528.6
小アンティル諸島	*597	消火装置（船舶設備）	553.3
硝安爆薬	575.92	小学校	376.2
硝安肥料（肥料学）	613.44	小学校誌	376.28
譲位	210.091	小学校図書館	017.2
正一教（道教）	166.8	正月料理	596.4
貞永式目（法制史）	322.14	硝化綿	578.53
飼養衛生	649.85	ショウガ目	479.38
上越	*141	漿果類（果樹栽培）	625.6

証果論（仏教）	181.7	証券金融	338.15
召喚（刑事訴訟法）	327.62	証券市場	338.15
償還基金（財政）	347.5	証券取引所	338.16
貞観格式（法制史）	322.135	条件反射（心理学）	141.73
貞観時代（日本史）	210.36	条件反射（生理学）	491.371
商慣習（商法）	325.11	床固（河川工学）	517.58
将棋	796	証拠	327.19
蒸気缶	533.33	証拠（刑事訴訟法）	327.62
蒸気機関	533.34	証拠（民事訴訟法）	327.22
蒸気機関車	536.1	湘語	828.8
蒸気原動力	533.3	商港（海運）	683.9
蒸気工学	533.3	症候（結核）	493.892
蒸気自動車	537.26	症候（診断学）	492.11
蒸気タービン	533.35	症候（精神医学）	493.72
蒸気配管	533.38	商号（商法）	325.14
蒸気表（機械工学）	533.1	商行為（国際商法）	329.85
承久記［書名］	913.438	商行為法（商法）	325.3
承久の乱	210.42	商工会議所	330.66
商業	670	症候学（病理学）	491.61
商業概論	670.1	商工協同組合	671.6
商業行政	671.2	商工組合	671.6
商業銀行	338.61	紹興酒（酒類工業）	588.53
商業経営	673	猩紅熱	493.87
商業作文	670.9	上告（刑事訴訟法）	327.65
商業史	672	上告（民事訴訟法）	327.23
商業写真	674.3	証拠法（刑事訴訟法）	327.62
商業使用人（商法）	325.16	証拠保全（刑事訴訟法）	327.62
商業数学	670.19	証拠保全（民事訴訟法）	327.22
商業政策	671	消弧リアクトル（電気工学）	544.7
商業地理	672.9	荘厳具（仏像）	718.2
商業通信	670.9	硝酸（化学工業）	574.32
商業デザイン	674.3	硝酸塩鉱物（鉱物学）	459.66
商業登記（商法）	325.13	硝酸人絹	578.65
商業美術	674.3	硝酸ナトリウム（化学工業）	574.47
商業法令	671.2	商子（中国思想）	124.53
商業簿記	336.91	情死	368.33
商業簿記（商法）	325.15	少子高齢化	334.3
渉禽類（動物学）	488.5	上肢骨（解剖学）	491.166
将軍宣下	210.097	硝子体（眼科学）	496.35
衝撃試験（材料工学）	501.53	商事調停法	327.5
証言（刑事訴訟法）	327.62	成実宗	188.24
証言（民事訴訟法）	327.22	焼失図書目録	027.6
証券業	338.17	成実論［書名］	183.95

商事特別法	325.8	小地形（地形学）	454.3
商事売買（商法）	325.32	焼酎（酒類工業）	588.57
上肢部（解剖学）	491.197	条虫症	493.16
商事法	325	正中の変	210.44
鞘翅目	486.6	条虫類（寄生虫学）	491.92
乗車券（鉄道運輸）	686.51	条虫類（動物学）	483.47
小銃（兵器）	559.16	情緒（心理学）	141.6
小集団（社会学）	361.61	小腸（解剖学）	491.146
常習犯（刑法）	326.17	小腸（生理学）	491.346
尚書［書名］	123.2	象徴主義（美術）	702.06
少女歌劇	775.4	象徴主義（フランス文学）	950.26
小資料	014.74	象徴主義（文学）	902.06
浄水工（水道工学）	518.15	詔勅	155
上水道（衛生工学）	518.1	情緒障害児	378.8
捷水路（河川工学）	517.56	商店	673
乗数理論（経済学）	331.19	昇天（キリスト教）	192.8
使用済核燃料	539.48	商店員	673.1
小スンダ列島	*246	商店街	673.7
焼成（窯業）	573.24	壌土	613.57
抄製品（水産加工）	667.7	衝動（心理学）	141.7
沼生目	479.33	情動（心理学）	141.6
晶析（化学工学）	571.6	衝動タービン	534.34
硝石（鉱山工学）	569.5	章動論（天文学）	441.4
硝石（鉱物学）	459.66	浄土教	188.6
小説	9□3	浄土教版（書誌学）	022.31
小説作法	901.307	消毒（外科学）	494.23
小説論	901.3	消毒（細菌学）	491.72
商船（造船学）	556.3	消毒（図書館）	014.614
小選挙区制	314.83	消毒（防疫）	498.6
上訴（刑事訴訟法）	327.65	聖徳太子（日本史）	210.33
上訴（民事訴訟法）	327.23	浄土宗	188.6
抄造（紙工業）	585.5	浄土真宗	188.7
常総	*131	譲渡担保（民法）	324.35
情操（心理学）	141.6	小児衛生	498.7
肖像画（洋画法）	724.558	小児栄養（医学）	493.983
醸造学	588.51	小児栄養（育児）	599.3
情操教育	371.6	小児科学	493.9
肖像集	28△038	小児看護	492.925
装束	210.098	小児歯科	497.7
上簇（蚕糸業）	635.6	鐘乳洞（地形学）	454.66
小ソクラテス派（哲学）	131.2	商人（商法）	325.12
摂大乗論［書名］	183.94	証人	327.19
沼沢（地形学）	452.93	証人（刑事訴訟法）	327.62

証人（民事訴訟法）	327.22	商品取引所	676.4
少年院	327.85	商品包装	675.18
少年鑑別所	327.85	商品流通機構	675.4
少年矯正	327.85	しょうぶ（花卉園芸）	627.58
少年審判法	327.8	しょうぶ（植物学）	479.355
少年団	379.32	蕉風俳諧	911.33
少年犯罪（社会病理）	368.7	上部構造（橋梁工学）	515.3
少年犯罪（少年法）	327.8	障屏画（絵画技法）	724.19
少年非行（社会病理）	368.71	常平倉（農業経済）	611.39
少年非行（少年法）	327.8	承平天慶の乱	210.37
少年法	327.8	障壁画（絵画技法）	724.19
少年保護	327.85	商法	325
小脳（解剖学）	491.171	消防	317.79
小脳（生理学）	491.371	情報科	375.199
松柏類（植物学）	478.6	情報科学	007
蒸発（化学工学）	571.6	商法学	325.01
蒸発（物理学）	426.4	情報学	007
蒸発量（気象学）	451.69	情報化社会	007.3
庄原	*176	情報管理	007.5
消費（経済学）	331.87	情報記述	007.57
消費金融	338.7	情報教育	375.199
消費者運動	365.8	情報検索	007.58
消費者協同組合	365.85	情報公開	317.6
消費者金融	338.7	情報公開（地方行政）	318.5
消費者庁	317.218	情報工学	548
消費者問題	365	情報サービス	007.35
消費者問題苦情処理機関	365.89	情報産業	007.35
上皮小体（解剖学）	491.149	商法史	325.02
上皮小体（生理学）	491.349	情報誌（日本語）	051.9
消費税（財政）	345.71	情報資源（図書館）	014.1
消費税（税務会計）	336.987	情報資源収集（図書館）	014.1
上皮組織（医学）	491.112	情報資源組織化	014
常微分方程式	413.62	情報システム	007.63
商標	507.26	情報処理	007.6
証憑湮滅	326.21	情報処理技術者試験	007.6079
商品	675.1	情報数学	007.1
商品化	675.3	情報政策	007.3
商品学	675.1	情報セキュリティ	007.37
商品管理	673.2	消防船（造船学）	556.76
商品計画	675.3	情報センター（図書館）	018
商品検査	675.17	商法総則	325.1
商品仕入	673.2	消防団	317.79
商品陳列法	673.38	消防庁	317.79

情報提供サービス（図書館）	015.2	浄瑠璃史	768.52
情報伝達（情報学）	007.1	条例（地方自治）	318.1
情報法	007.3	抄録法	007.54
商法理論	325.01	小惑星（天文学）	445.4
情報理論	007.1	昭和時代（日本史）	210.7
情報倫理	007.3	笑話集（日本文学）	913.7
正本（歌舞伎）	774.4	昭和文学	910.263
勝鬘経［経典］	183.5	書影集（書誌学）	026
静脈（解剖学）	491.124	諸王家時代（ドイツ史）	234.04
静脈（生理学）	491.324	書家	728.2
静脈炎	493.24	書架（図書館）	012.4
声明（仏教）	186.5	諸開甲（造船学）	552.17
声明（邦楽）	768.28	書架管理	014.67
照明	545	諸家著述目録	027.3
照明（トンネル工学）	514.93	女学校	376.4
照明器具	545.4	書架目録	014.57
照明計算	545.3	書簡	9□5
照明設備（港湾工学）	517.88	書簡文（英語）	836.6
将門記［書名］	913.399	書簡文（中国語）	826.6
縄文時代	210.25	書簡文（朝鮮語）	829.166
条約（国際法）	329.4	書簡文（日本語）	816.6
条約改正（日本史）	210.65	初期キリスト教建築	523.041
生薬学	499.8	初期キリスト教美術	702.04
条約集	329.09	書経［書名］	123.2
醤油（食品工業）	588.6	序曲（管弦楽）	764.35
賞与（労働問題）	366.45	序曲（吹奏楽）	764.65
邵雍（中国思想）	125.4	ジョギング	782
城陽	*162	蜀	*2235
常用漢字	811.27	蜀（中国史）	222.043
商用語学	670.9	職員録	28△035
常用字（中国語）	821.27	触穢	210.094
乗用車（自動車工学）	537.92	触穢（神道）	175.7
小預言書［聖書］	193.46	食塩（化学薬品）	574.5
正理学派（インド哲学）	126.4	食塩（製塩）	669
省略算（数学）	411.1	食塩電解法	572.25
蒸留（化学）	432.2	職業（労働問題）	366.29
蒸留（化学工学）	571.6	職業科（各科教育）	375.6
上流階級	361.83	職業歌	767.6
蒸留酒（酒類工業）	588.57	職業教育	375.6
蒸留法（石油業）	568.7	職業訓練（労働問題）	366.29
蒸留法（石油工学）	575.52	職業指導（各科教育）	375.25
浄瑠璃（文学）	912.4	職業紹介	366.29
浄瑠璃（邦楽）	768.5	職業病	498.87

職業倫理	153	食品（食品学）	498.5
贖罪（キリスト教）	191.2	食品衛生	498.54
植字（活版印刷）	749.42	食品化学	498.53
食事（育児）	599.3	食品学	498.51
食事（家政学）	596	食品公害	519.79
食事作法	596.8	食品工業	588
職種	366.29	食品材料	498.52
触手動物	484.8	食品商品	498.52
触手療法	492.79	食品成分表	498.51
食事療法	498.583	食品添加物（食品学）	498.519
触診（診断学）	492.11	食品保存	588.9
食酢（食品工業）	588.6	食品用染料	577.94
食制（民俗）	383.8	植物園	470.76
食虫植物（植物学）	471.76	植物画（洋画法）	724.578
食中毒（医学）	493.157	植物解剖学	471.1
食中毒（食品衛生）	498.54	植物化学	471.4
食虫目	489.41	植物学	470
職長制度	336.47	植物化石	457.7
埴土（土壌学）	613.57	植物区系	472.8
食堂	673.97	植物形態学	471.1
食堂（住宅建築）	527.3	植物採集	470.73
食道（解剖学）	491.144	植物脂	576.177
食道（生理学）	491.344	植物誌	472
食道炎	493.44	植物生態学	471.7
食道潰瘍	493.44	植物生理学	471.3
食道癌	493.445	植物地理	472
食道鏡	492.13	植物発生学	471.2
食道狭窄	493.44	植物病学	615.81
食道外科	494.644	植物病理学	615.81
食道疾患	493.44	植物分類学	471.8
食肉衛生	648.21	植物保護	470.9
食肉解体	648.22	植物油脂（化学工業）	576.17
食肉加工	648.24	植物蝋（化学工業）	576.178
食肉貯蔵	648.24	植民政策	334.5
食肉目（動物学）	489.5	植民地教育	371.5
職人組合（経営史）	335.203	植民地行政	317.8
触媒化学（化学）	431.35	植民地時代（アメリカ合衆国史）	253.03
触媒化学工業	572.8	植民地時代（ペルー史）	268.05
触媒反応（化学）	431.35	植民地時代（メキシコ史）	256.05
職場演劇	775.6	植民地同盟（アメリカ合衆国史）	253.04
職場教育	336.47	植民問題	334.5
植皮術	494.288	職務給（経営学）	336.45
食品（家政学）	596	職務評価（人事管理）	336.43

職務分析（行政学）	317.32	女子尿道（解剖学）	491.155
職務分析（人事管理）	336.41	書誌の書誌	025
食毛目	486.35	女子泌尿器疾患	495.47
食物アレルギー	493.14	諸子百家	124
食用きのこ	657.82	女子風俗（民俗）	384.6
食用作物	616	書写資料（図書館）	014.71
食用植物	498.52	書誌ユーティリティ	014.37
食用動物	498.52	女真	222.056
食用油脂	576.16	女真語	829.53
食欲（心理学）	141.74	女性	367.1
食糧	611.3	女性（服装）	383.15
食糧（軍事）	395.5	女性運動	367.1
食糧行政	611.31	女性解放	367.1
食糧経済	611.3	女声合唱	767.4
食糧需給	611.32	女性教育	379.46
食糧消費	611.32	女性訓	159.6
食糧政策	611.31	女性史	367.2
食糧庁	317.252	女性誌（日本語）	051.7
食糧法令	611.31	女性心理	143.5
食料問題	611.3	女性生殖器（解剖学）	491.155
食糧問題	611.3	女性生殖機能（生理学）	491.352
食糧流通	611.32	女声独唱	767.32
食論（天文学）	441.7	女性福祉	369.25
諸芸	790	処世法	159
書庫（図書館）	012.4	女性向け図書目録	028.093
書庫管理	014.67	女性問題	367.1
書斎（住宅建築）	527.4	女性労働	366.38
所作事	774.9	女性論	367.1
助産学	495.9	除斥（刑事訴訟法）	327.61
助産師	498.14	除籍（図書館）	014.2
助産師（産科学）	495.9	書跡集	728.8
助詞（中国語）	825.7	書籍総目録	025
助詞（朝鮮語）	829.157	除草（稲作）	616.26
助詞（日本語）	815.7	除草（作物学）	615.6
ジョージア州	*5338	書相学（心理学）	141.98
書誌学	020	書体（情報学）	007.6355
書誌学史	020.2	書体（書道）	728.1
書誌学者	020.28	書体論（書道）	728.1
諸職（民俗）	384.38	じょちゅうぎく（作物栽培）	617.7
書式集（司法）	327.03	じょちゅうぎく（植物学）	479.995
書誌コントロール	014	じょちゅうぎく（農産加工）	619.92
女子性器疾患	495.4	除虫菊製品	619.92
女子性病	495.3	暑中コンクリート	511.74

職階制（行政）	317.32	白川神道	171.4
職階制（人事管理）	336.41	新羅	221.035
触覚（心理学）	141.24	不知火（気象学）	451.75
触覚（生理学）	491.378	しらみ（衛生学）	498.69
触覚器（解剖学）	491.178	しらみ（動物学）	486.36
食器（家政学）	596.9	シラミ目	486.36
ショック（医学）	494.39	臀（解剖学）	491.198
ショッピングセンター	673.87	シリア	*275
ショッピングモール	673.87	シリアゲムシ目	486.77
書店	024	シリア語	829.75
書店出版目録	025.9	シリコン（化学）	435.7
書道	728	シリコン（金属工学）	565.8
書道（各科教育）	375.73	シリコン（電子工学）	549.8
初等幾何学	414.1	シリコーン（化学工業）	578.437
初等級数（代数学）	411.2	シリコン整流器	542.8
初等教育	376.2	自立演劇	775.6
初冬蚕飼育	635.16	私立学校（教育制度）	373.1
書道史	728.2	自律訓練法（心理学）	146.816
助動詞（英語）	835.58	自律神経（解剖学）	491.173
助動詞（日本語）	815.5	自律神経（生理学）	491.373
初等整数論	412.1	自律神経系（解剖学）	491.173
初等代数学	411.2	自律神経症	493.733
所得税（財政学）	345.33	後志総合振興局	*117
所得税（税務会計）	336.983	後志国	*117
除伐（造林）	653.5	史料（日本史）	210.088
初版本目録	026.4	肥料（作物栽培）	618.7
書評	019.9	紙料（紙工業）	585.3
書評集	019.9	試料（化学）	433
叙品式（キリスト教）	196.34	試料（鉱山工学）	561.81
書風（写本）	022.2	飼料（蚕糸業）	635.3
ショーペンハウアー（哲学）	134.6	飼料（水産増殖）	666.13
処方学	499.2	飼料（水産物利用）	668.1
庶民金融	338.7	飼料（畜産業）	643.4
署名（書道）	728.7	飼料（養鶏）	646.13
所有権（民法）	324.23	寺領	185.6
ショール（民俗）	383.4	飼料安全性	649.85
ジョーンズ（経済学）	331.46	飼料衛生	649.85
ジョンソン時代（英米文学）	930.26	史料館	018.09
地雷（兵器）	559.24	飼料作物	616.9
しらうお（漁労）	664.692	資料収集（図書館）	014
しらうお（動物学）	487.61	資料収集（博物館）	069.4
白岡	*134	資料修復（図書館）	014.614
白河	*126	資料整理（図書館）	014

資料整理（博物館）	069.4	神異（神道）	173.9
資料組織法（図書館）	014	人為的変異（生物学）	467.4
資料提供サービス（図書館）	015.1	人為淘汰（生物学）	467.5
資料展示（博物館）	069.5	新医薬品	499.14
資料保存（図書館）	014.61	心因性精神病	493.76
資料保存（博物館）	069.4	腎盂（解剖学）	491.153
資料利用（博物館）	069.5	新エルサレム教会	198.95
視力	496.41	腎炎	494.93
磁力選鉱	561.85	新オーストリア学派（経済学）	331.72
シーリング材（建材）	524.299	心音（生理学）	491.323
シルエット	726.8	神階（神道）	175.2
シルクスクリーン印刷	749.8	辛亥革命	222.071
シルクスクリーン版画	737	新懐疑派（哲学）	131.7
シルクロード	220	深海漁業	664.34
知る権利	316.1	深海動物	481.74
ジルコニウム（化学）	436.42	神格（神道）	175.2
ジルコニウム（金属工学）	565.8	心学	157.9
しるこ屋	673.98	神学（イスラム）	167.1
シールド工法	514.96	人格（心理学）	141.93
シルバー産業	673.95	人格異常（心理学）	145.8
シルミン（金属工学）	565.528	人格主義（倫理）	151.4
シルル紀（地史学）	456.34	人格主義教育	371.5
指令電話（通信工学）	547.468	人格分裂（心理学）	145.8
シロアリ目	486.32	新歌舞伎	774.26
シロアリモドキ目	486.33	真壁造	524.56
白井	*135	シンガポール	*2399
白石	*123	仁果類（果樹栽培）	625.2
痔瘻	494.658	進化論（生物学）	467.5
耳漏	496.6	辰韓	221.034
素人演劇	775.6	秦漢時代	222.041
白酒（酒類工業）	588.58	新幹線（鉄道工学）	516.7
シロフォン	763.82	新カント派（哲学）	134.8
新	222.042	信義（倫理）	158
晋	*2213	神祇史	172
晋（中国史）	222.044	鍼灸	492.75
秦	*2216	新教（キリスト教）	198.3
秦（中国史）	222.041	新疆	*228
清	222.06	心経［経典］	183.2
ジン（酒類工業）	588.57	新疆ウイグル自治区	*228
腎	494.93	信教の自由（憲法）	323.01
仁愛（倫理）	158	信教の自由（政治）	316.1
新アカデミー派（哲学）	131.9	蜃気楼（気象学）	451.75
神位（神道）	175.2	心筋（解剖学）	491.123

心筋（生理学）	491.323		人権（国際法）	329.21
心筋梗塞症	493.23		人権（政治）	316.1
寝具（育児）	599.1		人絹（化学工業）	578.6
寝具（家具調度）	597.3		人絹（繊維工業）	586.6
寝具（裁縫）	593.18		人権擁護	327.7
寝具（製造工業）	589.29		新語	8□4
寝具（民俗）	383.9		新語（英語）	834.7
真空（物理学）	423.88		新語（中国語）	824.7
新宮	*166		新語（朝鮮語）	829.147
真空管	549.4		新語（日本語）	814.7
真空技術（電子工学）	549.2		信仰（キリスト教）	191.4
真空技術（流体工学）	534.93		信仰（宗教）	165.4
真空放電（物理学）	427.54		人口	334
真空ポンプ	534.93		人口移動	334.2
シンクライアント	548.295		人工衛星（宇宙工学）	538.9
シングルペアレント	367.3		信号回路（鉄道）	516.61
シンクロトロン（電子工学）	549.98		信仰箇条（キリスト教）	191.8
シンクロナイズドスイミング	785.26		人工乾燥（木材学）	657.4
神経（解剖学）	491.17		人工甘味料	588.19
神経（生理学）	491.37		信号機（鉄道）	516.61
神経（動物学）	481.37		人工気胸	493.897
神経炎	493.73		人工漁礁	664.1
神経科学	493.7		人工語	899
神経学	491.17		人工降雨	451.64
神経筋生理学	491.372		人口構成	334.2
神経系（解剖学）	491.17		人工呼吸法	492.28
神経系（小児科学）	493.937		人口史	334.2
神経系（生理学）	491.37		新興宗教	169
神経系（動物学）	481.17		人工受精（水産増殖）	666.17
神経外科	494.627		人工受精（生理学）	491.354
神経細胞	491.371		人工受精（畜産業）	643.2
神経質（心理学）	141.94		人工受精（婦人科学）	495.48
神経症	493.743		人工受粉（作物学）	615.22
神経衰弱	493.743		信号場（鉄道工学）	516.56
神経叢（解剖学）	491.172		人工腎	494.93
神経組織（医学）	491.117		人口政策	334.3
神経痛	493.73		進行性病変	491.68
神経縫合法	494.287		人工臓器	492.89
新劇	775.1		信号装置（鉱山工学）	561.76
親権（民法）	324.64		信号装置（港湾工学）	517.88
箴言 ［聖書］	193.34		人工造林	653.4
箴言（倫理）	159.8		人工知能	007.13
人権（憲法）	323.01		人工通気（鉱山工学）	561.73

新交通システム（鉄道工学）	516.79	人事院	317.213
人口統計	358	人事管理（経営管理）	336.4
人口統計学	358.01	人事行政	317.3
人工冬眠	492.53	人事行政（教員）	373.78
人工妊娠中絶手術	495.52	人事行政（地方自治）	318.3
進行波管（電子工学）	549.49	人事行政判例	317.39
人工避妊	495.48	シンジケート（金融）	338.15
人工孵化（蚕糸業）	634.6	シンジケート（経営学）	335.53
人工孵化（水産増殖）	666.16	人事考課（人事管理）	336.43
人工孵化放流	666.16	人事訴訟	327.4
信号方式（鉄道）	516.61	人事調停	327.4
人工放射能（核工学）	539.63	寝室	527.4
人工放射能（物理学）	429.45	心室（解剖学）	491.123
人口密度	334.2	心室（生理学）	491.323
人口問題	334.3	新実在論（哲学）	115.6
人口理論	334.1	人事配置（人事管理）	336.41
信仰録（イスラム）	167.4	紳士服（製造工業）	589.214
信仰録（カトリック）	198.24	神社	175
信仰録（キリスト教）	194	神社縁起	175.9
信仰録（神道）	174	神社行政	175.1
信仰録（プロテスタント）	198.34	神社建築（建築史）	521.817
信仰録（ユダヤ教）	199.4	神社誌	175.9
人工惑星	538.94	神社法令	175.1
新古今和歌集［書名］	911.1358	真珠（水産増殖）	666.74
新国字論	811.99	真珠（水産物利用）	668.8
申告納税（会計学）	336.98	真宗	188.7
壬午軍乱（朝鮮史）	221.05	心中（社会病理）	368.33
壬午軍乱（日本史）	210.632	神習教	178.4
新語辞典（英語）	833.7	人種学	469.6
新語辞典（中国語）	823.7	人種系統	469.6
新語辞典（朝鮮語）	829.137	真珠細工（工芸）	755.3
新語辞典（日本語）	813.7	人種誌	469.9
新古典派（経済学）	331.74	人種集団	316.8
新古典主義（絵画）	723.05	人種分類学	469.6
新古典主義（美術）	702.06	人種問題	316.8
真言宗	188.5	腎腫瘍	494.93
真言神道	171.1	信条（カトリック）	198.21
震災	369.31	信条（キリスト教）	191.8
震災（地震学）	453.2	信条（プロテスタント）	198.31
人材派遣業	673.93	新庄	*125
神札（神道）	175.5	身障者雇用問題	366.28
慎子（中国思想）	124.55	侵食（地形学）	454.3
申子（中国思想）	124.54	侵食（地質学）	455.9

侵食（土壌学）	613.51	神像（彫刻）	718
神職（神道）	175.7	腎臓（解剖学）	491.153
侵食地形	454.3	腎臓（生理学）	491.348
新城	*155	心臓機能検査法	492.12
信心行（キリスト教）	196.8	心臓外科	494.643
心身障害児（心理学）	146.82	心臓疾患	493.23
心身障害児教育	378	心臓神経症	493.23
心身障害児施設	369.49	深層心理学	146.1
心身障害児福祉	369.49	人造石（化学工業）	573.6
心身障害者福祉	369.27	人造石油工業	575.7
壬申の乱	210.34	人造繊維（化学工業）	578.6
人身売買（刑法）	326.24	心臓弁膜症	493.23
人身売買（社会病理）	368.4	人造宝石	573.6
人身保護法	327.72	人造米	619.39
心身論（哲学）	114.2	親族（国際私法）	329.846
進水	552.9	親族（民俗）	384.4
新星（天文学）	443.5	親族（民法）	324.61
神性（キリスト教）	191.2	親族会（民法）	324.67
新生活運動	365.6	親族法	324.6
深成岩（岩石学）	458.63	寝台（家具工業）	583.75
人生観（哲学）	113	寝台（家政学）	597.3
人生訓	159	靭帯（解剖学）	491.168
新生児（小児科学）	493.95	靭帯（生理学）	491.366
真正シダ類（植物学）	476.8	新体カナ	811.95
神聖戦争	231.6	身体虚弱児教育	378.4
新生代（地史学）	456.6	身体検査（教育）	374.93
真正担子菌類	474.85	新第三紀（地史学）	456.75
真正粘菌類	473.37	新体詩	911.5
神聖ローマ帝国（イタリア史）	237.03	身体障害者福祉	369.27
神聖ローマ帝国（ドイツ史）	234.04	新体操	781.49
人性論（哲学）	114.2	人体測定学	469.5
人生論	159	真大道教	166.8
腎石症	494.93	人体美（美術）	701.5
シンセサイザー	763.93	身体変工（民俗）	383.7
新石器時代（日本史）	210.25	神代文字	810.23
浸染	587.6	神託（神道）	173.9
神饌（神道）	176.5	信託業	338.8
神仙思想	166.1	信託業務	338.56
振顫麻痺	493.74	信託銀行	338.8
新撰和歌集［書名］	911.137	信託統治（国際法）	329.25
心臓（解剖学）	491.123	信託法	324.82
心臓（生理学）	491.323	診断（外科学）	494.2
神像（神道）	175.5	診断（整形外科学）	494.72

診断（精神医学）	493.72		新派劇	775.1
診断学	492.1		ジンバブエ	*483
神智教（キリスト教）	198.99		シンハラ語	829.87
真鍮（金属工学）	565.28		シンバル	763.86
身長（形質人類学）	469.41		真番	221.032
ジンチョウゲ科	479.873		審判（キリスト論）	191.2
進捗管理（生産工学）	509.65		審判（終末論）	191.6
シンディー語	829.81		審判（スポーツ）	780.7
神典	173		神秘主義（哲学）	115.7
神殿（神道）	175.5		神秘主義者（哲学）	132.4
心電図（臨床医学）	492.123		新ピュタゴラス派（哲学）	131.9
慎到（中国思想）	124.55		神父（カトリック）	198.25
神道	170		神風連の乱	210.624
振動（機械工学）	531.18		シンフォニー	764.31
振動（公害）	519.6		申不害（中国思想）	124.54
振動（物理学）	424		深部感覚（生理学）	491.379
振動（労働衛生）	498.82		深部感覚器（解剖学）	491.179
神道音楽	768.22		心不全	493.235
振動学（機械工学）	531.18		人物画（日本画法）	724.15
振動学（物理学）	424		人物画（洋画法）	724.55
振動計（精密工学）	535.3		人物写真	743.4
神道芸術	702.097		人物書誌	28△031
振動工学	501.24		清仏戦争（中国史）	222.068
神道史	172		新プラトン派（哲学）	131.9
神道思想	171		新聞	070
神道修成派	178.29		新聞印刷	070.17
人道主義（哲学）	113.3		人文科学	002
人道主義（倫理）	151.5		新聞学	070.1
神道説	171		新聞記者	070.16
振動測定（物理学）	424.2		新聞広告（広告）	674.6
振動素子（通信工学）	547.36		新聞広告（新聞学）	070.18
神道大教	178.1		新聞紙	070
神道大成教	178.2		新聞写真	070.17
振動伝播（物理学）	424.4		人文主義者（哲学）	132.6
シンド語	829.81		人文地理	290
シンド州	*257		人文地理（各科教育）	375.33
心内圧（生理学）	491.323		人文地理学	290.1
新内節	768.56		新聞販売	070.18
新日本音楽（邦楽）	768.7		新聞編集	070.163
新入社員教育	336.47		新聞法令	070.12
真如（仏教）	181.3		新聞用紙（紙工業）	585.51
真嚢シダ類	476.7		新聞料金	070.18
親王宣下	210.097		新聞倫理	070.15

心房（解剖学）	491.123	心理劇療法	146.812
心房（生理学）	491.323	心理言語学	801.04
親睦団体	065	心理戦争	391.3
進歩主義教育	371.5	心理測定	140.7
心膜（解剖学）	491.123	神領（神道）	175.6
心膜（生理学）	491.323	診療所	498.16
心膜炎	493.23	心療内科	493.09
蕁麻疹	493.14	心理療法	146.8
新マルサス主義（経済学）	334.1	森林会計	651.8
神名（神道）	175.2	森林害虫	654.86
人名	288.12	森林化学	658.3
申命記［聖書］	193.215	森林較利学	651.8
人名辞典	28△033	森林火災	654.4
人名録	28△035	森林機械	656.3
ジンメル（社会学）	361.234	森林器具	656.3
ジンメル（哲学）	134.9	森林軌道	656.24
尋問	327.19	森林行政	651.1
尋問（刑事訴訟法）	327.62	森林金融	651.5
尋問（民事訴訟法）	327.22	森林組合	651.6
新約聖書	193.5	森林経営管理	651.7
信用学説	338.01	森林警察	651.17
信用毀損	326.25	森林計算	651.8
信用恐慌	338.19	森林経理	655.1
信用協同組合	338.73	森林工学	656
信用金庫	338.73	森林昆虫学	654.86
信用組合	338.73	森林財政	651.18
針葉樹（植物学）	478.6	森林史	652
針葉樹（造林）	653.6	森林地主	651.3
信用調査	338.55	森林植物（林業）	653.2
信用販売	673.37	森林植物学	653.12
信用保険	339.9	森林数学	651.8
信用保険（商法）	325.42	森林政策	651.1
信用理論	338.01	森林生産学	650.1
針葉類	478.6	森林生態学	653.17
新葉和歌集［書名］	911.1473	森林施業	655
心理学	140	森林測量	656.1
心理学体系	140.1	森林帯	653.18
心理学的生理学	491.371	森林治水	656.5
心理学方法論	140.16	森林地理	652.9
人力牽引車	536.84	森林鉄道	656.24
人力車（工学）	536.84	森林動物学	654.8
人力車（陸運）	685.8	森林土木	656.2
神理教	178.3	森林犯罪	654.2

森林美学	629.1	水銀整流器	542.8
森林副産物	657.8	水銀中毒	493.152
森林法	651.12	水銀電池	572.11
森林保険	651.5	水銀灯	545.2
森林保護	654	推計学	417.6
森林立地	653	水源（衛生工学）	518.12
森林利用	657	水耕栽培	615.73
人類学	469	水耕法	615.73
心霊研究	147	水滸伝［書名］	923.5
心霊写真	147.5	水彩画（絵画技法）	724.4
浸礼派（キリスト教）	198.6	水産化学	663.4
心霊療法（超心理学）	147.7	水酸化カリウム（化学工業）	574.45
進路指導（各科教育）	375.25	水産学	660.1
神話	164	水産加工化学	667.1
神話学	164	水酸化ナトリウム（化学工業）	574.45
親和力（化学）	431.31	水産缶詰	667.9
		水産機械	667.1

【ス】

		水産基礎学	663
		水産業	660
図案	727	水産教育（各科教育）	375.6
髄（木材学）	657.2	水産教育（水産業）	660.7
隋	222.047	水産業協同組合	661.6
水圧管路（発電水力）	517.76	水産業史	662
水圧機	534.5	水産行政	661.1
水位（河川工学）	517.1	水産業団体	660.6
水運	683	水産金融	661.5
水泳	785.2	水産経済	661
膵液（生理学）	491.347	水産工芸品	668.8
膵液（臨床医学）	492.14	水産資源	663.6
すいか（植物学）	479.98	水産食品	667
すいか（蔬菜園芸）	626.23	水産植物学	663.7
水害（河川工学）	517.4	水産飼料	668.1
水害（作物学）	615.881	水産製造	667
水害誌	517.4	水産生物学	663.6
垂加神道	171.6	水産増殖	666
水管（水道工学）	518.18	水産装置	667.1
水球	785.4	水産団体	660.6
すいぎゅう（畜産業）	645.39	水産庁	317.254
すいぎゅう（動物学）	489.85	水産地理	662.9
水銀（化学）	436.29	水産動物学	663.8
水銀（金属工学）	565.18	水産皮革	668.3
水銀（鉱山工学）	562.1	水産微生物（水産学）	663.65
水銀鉱	562.1	水産肥料	668.1

スイミ

水産物価格	661.4		膵臓（生理学）	491.347
水産物市場	661.4		膵臓（内科学）	493.47
水産物理学	663.3		吹奏楽	764.6
水産物利用	668		吹奏楽器	763.6
水産保護	663.9		膵臓癌	493.475
水産油脂	668.2		水族館（動物学）	480.76
水産利用工業	668		推測航法（航海学）	557.33
水質（水道工学）	518.12		水素工業	574.24
水質汚濁（公害）	519.4		水素添加（石油工業）	575.73
水質汚濁（水産学）	663.96		水素爆弾	559.7
水質試験	498.158		吹田	*163
水車（農業工学）	614.823		水中温度（気象学）	451.36
水車（流体工学）	534.32		水中ケーブル（通信工学）	547.23
水腫（病理学）	491.62		水中航法	557.36
水準測量	512.5		水中コンクリート加工	511.74
水晶（化学工業）	573.56		水中写真	746.5
水晶占い	148.9		水中通信	547.68
水晶ガラス	573.56		水治療法	492.54
水上機	538.65		水底トンネル	514.99
水上競技	785		水田（農業経営）	611.73
水上警察	317.77		水稲	616.2
水上スキー	785.3		水塔（水道工学）	518.14
水晶体（眼科学）	496.35		隧道（土木工学）	514.9
推進軸（自動車工学）	537.3		水道工学	518.1
推進装置（宇宙工学）	538.93		水道事業	518.1
スイス	*345		隋唐時代	222.047
スイス文学	940		出納事務（銀行）	338.51
水制（河川工学）	517.58		水道料金	518.19
水星	445.1		水難救助	369.34
彗星	447.1		膵嚢腫	493.47
水性ガス	575.45		炊飯	596.3
水成岩（岩石学）	458.7		随筆	9□4
水生シダ類（植物学）	476.9		水法（民法）	324.29
膵石症	493.47		水防（河川工学）	517.57
すいせん（花卉園芸）	627.6		水墨画（絵画技法）	724.1
すいせん（植物学）	479.374		水墨画（日本画）	721.3
水栓（水道工学）	518.18		髄膜炎	493.73
水素（化学）	435.11		水密隔離（造船学）	552.16
水素イオン濃度（化学）	431.72		水密コンクリート加工	511.74
水槽（河川工学）	517.76		睡眠（育児）	599.4
水槽（造船学）	552.15		睡眠（衛生学）	498.36
膵臓（解剖学）	491.147		睡眠（心理学）	145.2
膵臓（外科学）	494.657		睡眠剤中毒	493.155

水文学	452.9	数詞（英語）	835.29
水雷艇（造船学）	556.96	数詞（中国語）	825.2
水理学	517.1	数詞（朝鮮語）	829.152
水力学	534.1	数詞（日本語）	815.2
水理気象	517.15	数値計算（数学）	418.1
水陸連絡設備（鉄道工学）	516.58	数表	410.38
水理計算	517.12	枢密顧問（帝国憲法）	323.134
水利権（農業経済）	611.29	数理学派（経済学）	331.73
水利権（民法）	324.29	数理計画法	417
水利工学	517.6	数理結晶学	459.91
水利問題（農業経済）	611.29	数理言語学	801.019
水量（河川）	517.1	数理地震学	453.11
水量（ダム）	517.74	数理生物学	461.9
水力（農業工学）	614.823	数理地理学	448.9
水力経済	517.74	数理的運動学	423.1
水力原動機	534.3	数理哲学	410.1
水力発電	543.3	数理天文学	441
スイレン科	479.711	数理統計学	417
水路（航海学）	557.7	数理物理学	421.5
水路橋（都市工学）	518.16	数論	412
水路橋（農業工学）	614.6	数論学派（インド哲学）	126.6
水路計画	517.13	スエズ運河	*428
水路図誌	557.78	周防国	*177
水路設計	517.13	スオミ語	893.61
水路測量	557.7	頭蓋骨（解剖学）	491.162
水路トンネル（河川工学）	517.76	スカイダイビング	782.9
水路報告	557.78	須賀川	*126
数（英語）	835.2	図学（工学）	501.8
数（数論）	412	図学（数学）	414.6
スウィージー（経済学）	331.6	図画工作科	375.72
スウェーデン	*3893	スカッシュ	783.57
スウェーデン語	849.8	図画用紙（紙工業）	585.53
スウェーデン体操	781.2	スカンジウム（化学）	436.31
数学	410	スカンジナビア	*389
数学科（各科教育）	375.41	すき（農業）	614.84
数学科（高等学校）	375.414	スキー	784.3
数学科（中学校）	375.413	すぎ（植物学）	478.66
数学基礎論	410.9	すぎ（造林）	653.6
数学教育（教育学）	375.41	スギ科	478.66
数学教育（数学）	410.7	スギゴケ類	475.6
数学公式集	410.38	スキート射撃	789.74
数学遊戯	410.79	スギノリ目	474.55
数詞	8□5	スキャナ（印刷）	749.14

スキューバダイビング	785.28		スズメ目	488.99
スキンダイビング（スポーツ）	785.28		硯	728.3
すくい網漁業	664.43		裾野	*154
スクェアーダンス	799.4		スタイル画（服飾）	593.36
スクーター	537.98		スタイルブック	593.36
宿毛	*184		スタジア測量	512.69
宿曜道	148.8		スタジオ（写真）	742.8
すぐり（果樹栽培）	625.63		スタジオ（テレビ放送）	547.85
スクリプト言語	007.64		スタジオ（放送）	547.75
図形処理（情報学）	007.637		スタッフマニュアル（図書館）	013.2
図形処理（ソフトウェア）	007.642		すだれ（家政学）	597.2
スケジュール（ソフトウェア）	007.639		スーダン	*429
スケッチ（絵画）	725		スタンプ（郵便）	693.8
スケート	784.6		スチュアート（経済学）	331.34
スケートボード	786.8		スチロール樹脂	578.442
スコットランド	*332		頭痛（神経科学）	493.74
スコットランド学派（哲学）	133.3		ステッキ（製造工業）	589.4
スコットランド・ゲール語	893.2		ステッキ（民俗）	383.4
スコラ哲学	132.2		ステップ（地形学）	454.65
すごろく	798		ステュアート王朝	233.052
須坂	*152		ステロイド（化学）	439.2
須崎	*184		ステンドグラス（工芸）	751.5
厨子（仏像）	718.2		ストア哲学	131.5
逗子	*137		ストア派	131.5
筋かい	524.52		ストックホルム学派（経済学）	331.75
図式計算	418.5		ストーブ（電気工学）	545.88
図式静力学	423.35		ストライキ	366.66
図式力学	501.31		ストレス学説（医学）	491.349
すし屋	673.971		ストレッチング	781.4
錫（化学）	436.46		ストロンチウム（化学）	436.24
錫（金属工学）	565.34		砂川	*115
錫（鉱山工学）	562.3		スナック	673.98
珠洲	*143		スナック菓子	588.39
鈴（邦楽）	768.18		スナップ（製造工業）	589.28
鈴鹿	*156		スナップ写真	743.5
すずき（漁労）	664.67		ズナニエツキ（社会学）	361.253
すずき（動物学）	487.765		砂場（造園）	629.66
鈴木栄太郎（社会学）	361.21		スノーボード	784.39
鈴木正三（日本文学）	913.51		スノーモービル	784.89
スズキ類	487.765		スパイ（軍事）	391.6
錫鉱	562.3		スパイ（国際法）	329.62
すずむし（昆虫飼育）	646.98		スパイウェア	007.375
すずむし（動物学）	486.48		スパイ活動（軍事）	391.6

スーパーコンピュータ	548.291	スマートフォン（電気通信事業）	694.6
スーパーマーケット	673.86	スマトラ	*241
スパルタ	231.5	炭（茶道）	791.3
スバールバル諸島	*78	炭（林産製造）	658.2
スピーカー（コンピュータ）	548.253	墨（書道）	728.3
スピーカー（通信工学）	547.31	墨（製造工業）	576.97
スピーチ	809.4	墨（造本）	022.6
スピッツベルゲン諸島	*78	墨色判断	148.3
スピードスケート	784.63	スミス（経済学）	331.42
スピノザ（哲学）	135.2	炭焼き	658.2
スピロヘータ（細菌学）	491.75	住吉派（日本絵画）	721.2
スピロヘータ症	493.85	住吉物語［書名］	913.41
スフ（化学工業）	578.6	すみれ（植物学）	479.85
スフ（繊維工業）	586.6	相撲	788.1
スプライン（機械工学）	531.41	洲本	*164
スペイン	*36	すもも（果樹栽培）	625.51
スペイン革命	236.06	すもも（植物学）	479.75
スペイン継承戦争	236.06	スモン病	493.11
スペイン語	860	スライド（広告）	674.6
スペイン史	236	スライド（写真）	746.8
スペイン哲学	136	スライド（図書館）	014.77
スペイン統一	236.05	スラウェシ	*244
スペイン独立戦争	236.06	スラブ諸語	889
スペイン内戦	236.07	スラブ文学	989
スペイン文学	960	スラブ法制史	322.38
スペイン法制史	322.36	スラム（社会病理）	368.2
スペイン領サハラ	*435	スリッパ（製造工業）	589.25
スペクトル（化学）	431.51	スリナム	*6122
スペクトル（物理学）	425.5	スリランカ	*259
スペクトル論（位相数学）	415.52	スル海	**31
すべり台（造園）	629.66	駿河国	*154
スペンサー（社会学）	361.233	スールー諸島	*2485
スペンサー（哲学）	133.4	スルフィン酸（化学）	437.6
素乾	667.2	スルフォン酸（化学）	437.6
スポーツ	780	スロバキア	*3483
スポーツ医学	780.19	スロバキア語	889.6
スポーツウエア（製造工業）	589.217	スロベニア	*3936
スポーツ興行	780.9	スロベニア語	889.3
スポーツ産業	780.9	諏訪	*152
スポーツ障害	780.19	スワジランド	*488
スポーツ団体	780.6	スワヒリ語	894.7
スポーツ番組	699.65	ズンガリア	*228
須磨琴	768.12	寸言	9□7

スンダ語	829.43	生活改善（農村問題）	611.98
スンニ派（イスラム）	167.8	生活科学	590
		生活教育	371.5
【セ】		生活協同組合	365.85
		生活圏（生態学）	468
セー（経済学）	331.46	生活合理化	365.6
性（英語）	835.2	生活時間調査	365.5
性（心理学）	141.74	生活実態調査	365.5
性（生物学）	467.3	生活指導（学校教育）	375.2
性（生理学）	491.35	生活習慣病	493.18
性（民俗）	384.7	生活設計（家庭経済）	591
性（倫理）	152.1	生活保護	369.2
青	*2218	生活問題	365
斉	222.046	成果配分（経営学）	336.45
西安事件	222.075	精管（解剖学）	491.154
西域	*228	製缶（機械工作）	532.7
西域建築	522.28	製缶（製造工業）	581.3
晴雨計（気象学）	451.37	税関（貿易）	678.3
星雲	443.7	精管疾患	494.96
精液（法医学）	498.93	征韓論	210.621
製塩	669	聖器（キリスト教）	196.4
生花	793.6	正義（倫理）	158
聖歌	765.6	西魏	222.046
西夏	222.055	性器崇拝	163.4
青海省	*2218	生気説（生物学）	461.6
生化学（医学）	491.4	生業	384.3
生化学（生物学）	464	性教育（家族問題）	367.99
生化学の検査法（医学）	492.17	性教育（学校教育）	375.49
性格（心理学）	141.93	正教会（キリスト教）	198.19
性学（生理学）	491.35	清教徒（キリスト教）	198.5
聖楽	765	清教徒革命	233.052
声楽	767	清教徒時代（英米文学）	930.25
声楽家	762.8	制御器（電気工学）	544.8
性格学	141.93	制御装置（機械工学）	531.38
製革機械設備	584.8	制御装置（コンピュータ）	548.24
性格検査（心理学）	141.93	制御理論	548.31
性格測定（教育）	371.7	聖具（キリスト教）	196.4
性格判断	141.939	整経（織物工業）	586.75
西夏語	829.31	整形外科学	494.7
青果市場（園芸）	621.4	生計費（家政学）	591.8
青果市場（マーケティング）	675.5	生計費（生活問題）	365.4
生活科	375.312	性交（生理学）	491.354
生活改善（社会）	365.6	聖公会（キリスト教）	198.4

西康省	*2235	製糸機械	639.5
性交不能症	494.97	製紙機械	585.8
製鋼法	564.2	政治結社	315
西湖佳話［書名］	923.6	製紙原料	585.3
精穀	619.2	製紙工業	585
性差（発達心理学）	143.1	政治資金	315
星座	443.8	政治思想	311
製剤	499.6	政治思想史	311.2
製材	657.3	政治社会学	311.13
製材機械	657.3	政治心理学	311.14
製材工場	657.3	政治ストライキ	316.4
製材装置	657.3	政治体制	313
製作（幼児教育）	376.156	政治地理	312.9
政策学	301	政治哲学	311.1
静座法	498.34	政治闘争（政治）	316.4
清算（会社法）	325.247	政治道徳	311.15
清算（経営学）	335.46	政治評論	310.4
生産（経済学）	331.81	正字法（英語）	831.5
聖餐（キリスト教）	196.33	聖者（キリスト教）	191.5
生産管理	509.6	聖者崇拝	163.5
生産教育	371.5	清酒（酒類工業）	588.52
生産計画（生産工学）	509.61	西周時代	222.033
生産計画（林業）	655.1	青春期（生理学）	491.357
生産工学	509.6	聖書	193
生産性（経営管理）	336.2	青少年	367.68
生産性（経済学）	331.81	青少年教育	379.3
生産性（生産工学）	509.6	青少年サービス（図書館）	015.93
姓氏	288.1	青少年誌（日本語）	051.8
整枝（果樹園芸）	625.16	青少年団体	379.3
整枝（作物学）	615.6	青少年読書	019.5
生死（哲学）	114.2	青少年図書	019.5
生祠（宗教）	163.5	青少年図書館	016.28
製糸	639	青少年図書目録	028.09
製紙	585	青少年犯罪（社会病理）	368.7
政治	310	青少年問題	367.6
政治（学校教育）	375.31	聖書解釈学	193.09
セイシェル	*493	生殖（植物学）	471.3
政治演説	310.4	生殖（生理学）	491.35
政治家	312.8	生殖（動物学）	481.35
製紙化学	585.1	聖職（キリスト教）	195
政治学	311	生殖器（解剖学）	491.15
政治学史	311.2	生殖器（生理学）	491.35
政治学方法論	311.16	聖職者（カトリック）	198.25

聖職者（キリスト教）	192.88		性染色体（生物学）	467.3
聖職者（プロテスタント）	198.35		製銑法	564.1
聖書外典	193.9		性相学	148.1
聖書考古学	193.02		成層圏	451.33
聖書語学	193.09		成層圏飛行	538.84
聖書史	193.02		製造工業	580
聖書神学	193.01		清掃事業（都市衛生）	518.54
政治倫理	311.15		製造物責任	324.55
政治論集	310.4		製造冶金	566
西晋（晋時代）	222.044		精梳綿	586.253
精神医学	493.7		政体	313
成人医学	493.18		生態（魚類）	487.51
精神衛生（衛生学）	498.39		生態（鳥類）	488.1
精神衛生（教育心理学）	371.43		声帯（解剖学）	491.135
精神衛生（精神医学）	493.79		生態学	468
精神科看護	492.927		生体工学（医学）	491.3
成人看護	492.926		生体膠質	491.41
精神鑑定（法医学）	498.99		生態写真	743.6
精神感応	147.2		生体触媒（生化学）	464.5
成人教育	379.4		生体成分	491.41
精神検査（心理学）	140.7		生体染色（生物学）	460.75
精神障害者福祉	369.28		聖体拝領（キリスト教）	196.33
精神身体医学	493.09		声帯模写	779.16
星辰崇拝	163.1		西丹	*164
精神遅滞	493.77		星団	443.7
精神遅滞児（教育）	378.6		整地（稲作）	616.25
精神病理学	493.71		整地（果樹園芸）	625.15
精神物理学	141.28		整地（作物学）	615.5
精神分析学	146.1		製茶	619.8
精神保健福祉士	369.17		星虫類	483.96
精神療法（心理学）	146.8		性徴	495.12
精神療法（精神病学）	493.72		生長（植物学）	471.3
星図	443.8		生長（生理学）	491.356
製図（工学）	501.8		性的異常（心理学）	145.73
製図（測量）	512.8		性のいやがらせ	367.93
醒酔笑［書名］	913.59		性的倒錯（心理学）	145.73
整数論	412		製鉄原料	564.11
税制改革	345.1		製鉄材料	564.11
性生活（家庭衛生）	598.2		製鉄所設備	564.9
性生活（民俗）	384.7		聖典（宗教）	165.3
成績管理	374.1		聖典（プロテスタント）	198.33
西撰	*164		聖典（ユダヤ教）	199.3
製織（麻工業）	586.34		静電気学	427.3

静電機器	542.9	製表（統計学）	350.1
静電選鉱	561.86	性病	494.99
政党	315	性病（婦人科学）	495.3
青銅（金属工学）	565.28	製氷業	588.8
性同一性	367.98	性風俗（民俗）	384.7
性同一性障害	367.98	政府刊行物（図書館）	014.8
正統学派（経済学）	331.4	政府刊行物目録	027.2
製糖機械設備	588.18	政府間国際機関	329.35
製糖業	588.1	制服（軍隊）	390.9
製陶業	573.2	制服（製造工業）	589.217
製糖工程	588.14	政府資金（金融）	338.11
正投象法（幾何学）	414.65	政府承認（国際法）	329.11
性道徳（倫理）	152.1	生物科（各科教育）	375.464
正当防衛（刑法）	326.13	静物画（洋画法）	724.57
制度学派（経済学）	331.76	生物科学	460
生と死（生物学）	461.1	生物学	460
生と死（哲学）	114.2	生物学教育	460.7
生徒指導	375.2	生物季節	468.5
生徒論	374.2	生物教育（各科教育）	375.464
西南アジア	*27	生物工業	579.9
西南アジア絵画	722.7	生物誌	462
西南アジア建築	522.7	生物写真	743.6
西南戦争	210.627	静物写真	743.7
西南地区（中国）	*2234	生物数学	461.9
青年学級	379.35	生物測定学	461.9
青年訓	159.7	生物地理	462
青年研究	371.47	生物哲学（生物学）	461.1
成年後見制度	324.65	生物統計学	461.9
成年式（民俗）	385.3	生物発光（化学）	431.54
青年心理	371.47	生物物理化学（医学）	491.41
青年団	379.35	生物物理学（生物学）	464.9
成年被後見人	324.11	生物兵器	559.39
生の哲学（ドイツ哲学）	134.9	制腐法（医学）	494.23
生の哲学（人間学）	114.3	製粉（農産加工）	619.3
精麦機	619.18	製粉機	619.18
整髪料（化学工業）	576.76	成分分析（水道工学）	518.15
正犯（刑法）	326.15	精紡	586.255
製版	749.14	税法	345.12
性犯罪（社会病理）	368.64	性法医学	498.97
西肥	*193	西北地区（中国）	*2215
整備（航空機）	538.28	西北地方（朝鮮）	*212
生皮処理	584.3	聖母マリア	192.85
星表	443.8	製本	022.8

製本機械	022.8		西洋倫理	150.23
製本器具	022.8		生理（魚類）	487.51
製本技術	022.8		生理（細菌）	491.71
製本業	022.809		生理（鳥類）	488.1
製本材料	022.8		生理（婦人科学）	495.13
精米機	619.18		生理音響学（物理学）	424.8
製麻業	586.3		性理学（中国思想）	125.4
精密機器	535		生理学（医学）	491.3
税務会計	336.98		生理学（生物）	463.9
税務訴訟（財政）	345.19		生理学（微生物）	465.3
税務判例	345.19		生理学的心理学	141.2
生命の起原	461.6		正理学派（インド哲学）	126.6
姓名判断	148.3		静力学（工学）	501.31
生命表	339.431		静力学（物理学）	423.3
生命保険（経済学）	339.4		生理光学（医学）	491.374
生命保険（商法）	325.46		生理光学（物理学）	425.8
生命倫理（生物学）	461.15		税理士（会計学）	336.989
生命論	461		整流回路（電子工学）	549.33
製綿	586.24		整流器（電気工学）	542.8
製麺	619.39		整流子電動機	542.5
製麺機	619.18		清涼飲料（食品工業）	588.4
声紋（法医学）	498.92		性倫理	152.1
性問題	367.9		聖礼典（キリスト教）	196.3
製薬学	499.5		精練（染色加工）	587.5
精油（化学）	439.1		セイロン	*259
精油（香料）	576.6		セウタ	*434
精油（林産製造）	658.7		世界観（哲学）	113
製油（鉱山工学）	568.7		世界企業	335.5
製油（石油）	575.5		世界銀行	338.98
製油（油脂）	576		世界国家	313.16
製油法	575.52		世界史	209
西予	*183		世界統計書	350.9
西洋	*3		関	*153
西洋近代哲学	133		石英（鉱山工学）	569.2
西洋建築	523		石英（鉱物学）	459.5
西洋史	230		石英ガラス	573.56
西洋式庭園	629.23		赤外線（光学）	425.5
西洋書誌学	020.23		赤外線化学	431.56
西洋哲学	130		赤外線写真	746.3
西洋哲学史	130.2		赤外線分析（化学）	433.57
西洋法制史	322.3		赤外線療法	492.51
西洋料理	596.23		関ヶ原の戦	210.48
西洋料理店	673.973		石構造	511.5

石材（建材）	524.22	責任保険（商法）	325.45
石材（土木材料）	511.42	石版	749.5
積算計器（電気工学）	541.53	石版画	734
積翅目	486.31	石仏	718.4
赤十字事業	369.15	積分方程式	413.7
せきしょうし	476.4	積分論	413.4
脊髄（解剖学）	491.171	石墨（鉱山工学）	569.1
脊髄（生理学）	491.371	石綿（鉱山工学）	569.4
脊髄外科	494.66	石綿（電気材料）	541.65
脊髄腫瘍	493.731	石綿工業	579.2
脊髄神経（解剖学）	491.172	石門心学	157.9
脊髄癆	493.731	石油（化学工業）	575.5
積雪（気象学）	451.66	石油（鉱山工学）	568
積雪工事（森林工学）	656.53	石油（鉱物学）	459.68
石造美術	714	石油化学	575.51
積層木材	657.6	石油化学工業	575.6
石炭（鉱山工学）	567	石油ガス	568.8
石炭（鉱物学）	459.68	石油行政	568.09
石炭運搬船（造船学）	556.67	石油経済	568.09
石炭液化	575.73	石油工業	575.5
石炭化学	575.31	石油鉱床	568.1
石炭化学工業	575.3	石油合成法	575.74
石炭ガス	575.34	石油試錐	568.2
石炭乾留	575.3	石油政策	568.09
石炭紀（地史学）	456.37	石油精製	575.52
石炭行政	567.091	石油製品	575.57
石炭鉱床	567.1	石油測量	568.2
石炭市場	567.093	石油探鉱	568.2
石炭試錐	567.2	石油地質学	568.1
石炭政策	567.091	石油発動機（機械工学）	533.44
石炭測量	567.2	石油発動機（船舶工学）	554.84
石炭探鉱	567.2	石油ピッチ	575.58
石炭地質学	567.1	石油法令	568.09
石炭分析	567.8	施業計画（林業）	655.5
石炭法令	567.091	施業林	655.6
石彫	714	赤痢	493.84
脊椎（解剖学）	491.163	せきれい	488.99
脊椎外科	494.66	セクシャルハラスメント	367.93
脊椎動物	487	セクシャルハラスメント（労働問題）	366.3
赤道儀	442.4	施工機械（建築）	525.6
赤道ギニア	*4469	セシウム（化学）	436.15
責任準備金（保険）	339.44	世説新語［書名］	923.4
責任能力（刑法）	326.14	セーター（製造工業）	589.218

世代（社会学）	361.64	石膏（鉱山工学）	569.6
世代交番（植物学）	471.3	石膏（鉱物学）	459.67
ゼータ関数	413.5	石膏（セメント）	573.89
セタン価（石油）	575.574	石膏（彫刻）	717
節会	210.096	接合菌目	474.65
浙	*2222	石膏工芸	751.8
舌炎	493.43	浙江省	*2222
絶縁現象（電気工学）	541.34	接合植物	473.8
絶縁材料（通信工学）	547.39	接合藻類	473.8
絶縁材料（電気工学）	541.65	接合法	524.51
絶縁電線（電気工学）	541.62	切削（機械工学）	532
絶縁塗料（電気工学）	541.65	切削工具	532.6
絶縁油（電気材料）	541.65	摂政（皇室法）	323.153
石灰（窯業）	573.89	接触器（電気工学）	544.5
雪害（気象学）	451.66	摂食障害（医学）	493.745
雪害（作物学）	615.884	摂食障害（心理学）	145.72
雪害（森林保護）	654.5	節制（倫理）	158
石灰石（鉱山工学）	569.3	接続器（通信工学）	547.37
石灰窒素（肥料学）	613.44	接続器（電気工学）	544.5
石灰窒素工業	574.64	接続幾何学	414.75
石灰洞（地形学）	454.66	接続詞	8□5
摂関時代	210.37	接続詞（英語）	835.65
石器時代（世界史）	209.2	接続詞（日本語）	815.6
接客（民俗）	385.95	節足動物（古生物学）	457.85
接客技術	673.3	節足動物（動物学）	485
説教集（イスラム）	167.4	折測法	512.49
説教集（カトリック）	198.24	絶対王政時代（スペイン史）	236.05
説教集（キリスト教）	194	絶対君主制	313.6
説教集（神道）	174	絶対主義（政治）	311.5
説教集（仏教）	184	絶対主義時代（西洋史）	230.53
説教集（プロテスタント）	198.34	絶対単位（電気工学）	541.51
説教集（ユダヤ教）	199.4	接地（無線工学）	547.53
設計（橋梁工学）	515.1	設置基準（教育）	373.22
設計（港湾）	517.81	接着剤（化学工業）	579.1
設計（住宅建築）	527.1	接着剤（建材）	524.299
設計（電気計器）	541.53	折衷学派（哲学）	131.8
設計（トンネル工学）	514.91	折衷学派（日本思想）	121.57
設計管理（生産工学）	509.63	折衷主義（建築）	523.054
楔形文字	829.71	舌虫類	483.995
赤血球（生理学）	491.322	摂津	*163
石鹸	576.53	摂津国	*163
石工（建築）	525.53	接点材料（電気工学）	541.624
石膏（岩石学）	458.7	窃盗（刑法）	326.26

窃盗（社会病理）	368.65		セリ科	479.885
切頭類	483.43		セリ目	479.88
摂動論（天文学）	441.3		迫持	524.42
設備管理（生産工学）	509.68		セールスプロモーション	673.3
設備工学（建築）	528		セールスマンシップ	673.3
設備資金（工学）	509.3		セルビア	*3931
雪氷	452.96		セルビア語	889.2
雪氷学	452.96		セルロイド	578.54
接吻（民俗）	384.7		セルロース化合物	578.5
節用集	813		セレナーデ（管弦楽）	764.32
摂理（キリスト教）	191.15		セレベス	*244
セツルメント（社会福祉）	369.7		セレベス海	**32
説話物語（日本中世文学）	913.47		セレン（化学）	435.47
説話物語（日本文学）	913.37		セレン（金属工学）	565.8
瀬戸	*155		セレン（電子工学）	549.8
瀬戸内	*175		セレン整流器	542.8
瀬戸内地方	*174		セロファン	578.5
ゼニゴケ目（植物学）	475.3		セロファン印刷	749.9
ゼニゴケ類	475.2		セロリ（植物学）	479.885
セネカ（哲学）	131.5		セロリ（蔬菜園芸）	626.57
セネガル	*4416		世論調査	361.47
ゼノン，キプロスの（哲学）	131.5		線（描画）	725.1
セパタクロー	783.2		船医	557.19
施肥（稲作）	616.25		占位運動（航海学）	557.36
施肥（花卉園芸）	627.15		繊維化学	586.1
施肥（果樹園芸）	625.15		繊維機械	586.18
施肥（栽桑）	636.4		船位決定法	557.3
施肥（作物学）	615.5		繊維検査	586.1
施肥（蔬菜園芸）	626.15		繊維原料	586.1
施肥（肥料学）	613.49		繊維工学	586
せみ	486.5		繊維工業行政	586.091
セム諸語	829.7		繊維工業政策	586.091
セム・ハム諸語	829.7		繊維工業法令	586.091
セメント（化学工業）	573.8		繊維作物	618
セメント（建築材料）	524.23		繊維産業	586.09
セメント（コンクリート工学）	511.71		繊維試験	586.1
セメント（土木材料）	511.43		繊維資材	586.1
セメント原料	573.83		繊維製品	586.17
セメント工芸	751.8		繊維素化学工業	578.5
セメント工場設備	573.88		繊維取引所	676.4
セラミックス	573		繊維板（木材学）	657.67
せり（植物学）	479.885		繊維物理	586.1
せり（蔬菜園芸）	626.57		繊維分析	586.1

繊維労働	586.096		選鉱設備	561.89
船員（海運）	683.8		前肛動物	484.8
船員（商法）	325.52		潜航法	557.36
船員文庫	016.55		戦国時代（中国史）	222.034
旋開橋	515.58		戦国時代（日本史）	210.47
戦艦（造船学）	556.91		戦国諸家法	322.14
前漢	222.042		全国書誌	025
潜函病（衛生学）	498.45		戦債（経済学）	333.3
潜函病（内科学）	493.19		線材（通信工学）	547.39
先カンブリア紀（地史学）	456.2		潜在意識（心理学）	145.1
戦記（軍事）	391.2		戦災者保護	369.37
戦記（文学）	9□6		千載和歌集［書名］	911.1357
前期武家法	322.14		センザンコウ目	489.44
前期封建時代（日本史）	210.4		戦史（軍事）	391.2
船客傷害賠償責任保険	339.9		剪紙	754.9
船渠	555.8		先史学	202.5
選挙	314.8		戦時禁制品（国際法）	329.69
選挙（地方行政）	318.4		戦時経済	333.3
選挙違反	314.87		先史芸術	702.02
選挙運動	314.85		戦時国際法	329.6
選挙干渉	314.87		先史時代（世界史）	209.2
選挙管理	314.84		穿刺法（医学）	492.22
選挙区	314.83		戦車	559.4
選挙刑法	326.88		戦車兵	396.7
選挙権	314.82		船車連絡設備（港湾工学）	517.86
選挙制度	314.8		船主（商法）	325.51
選挙争訟	314.88		選種（作物学）	615.23
選挙費用	314.86		選種（蚕糸業）	634.2
選挙方式	314.83		選集	080
前九年の役	210.38		全集	080
線形（道路工学）	514.13		禅宗	188.8
線型計画（数学）	417		専修学校	376.7
線型計画法（経済学）	331.19		撰集抄［書名］	913.47
線型作用素（位相数学）	415.5		船首材（造船学）	552.11
線型積分方程式	413.72		僭主時代（古代ギリシア）	231.2
線型代数学	411.3		戦術	391
線形動物	483.7		扇状地（地形学）	454.6
線型微分方程式	413.64		洗浄法（医学）	492.25
先験的観念論	115.2		洗浄法（石油）	568.7
選繭法	639.2		染色化学	587.1
線香（製造工業）	589.9		染色加工	587
選鉱	561.8		染色機械	587.8
穿孔加工	532.2		染色業	587

染織工芸	753	戦争法（国際法）	329.6
染織史	753.2	仙台	*123
染色試験	587.1	船体艤装	553
染色図案	587.4	船体強度	551.4
染色体（生物学）	463.4	船体構造	552
染色薬剤	587.3	全体主義（政治思想）	311.8
染色用水	587.3	全体主義（倫理）	151.8
全真教（道教）	166.8	船体振動	551.4
先進国首脳会議	329.38	船体施工	552.8
先秦思想	124	船体抵抗	551.2
鮮新世（地史学）	456.77	船体動揺	551.1
漸新世（地史学）	456.74	船体塗装	552.8
全身病（小児科学）	493.931	船体復原性	551.1
全身病（内科学）	493.1	船体溶接	552.8
先秦文学	920.23	蘚苔類（植物学）	475
扇子（製造工業）	589.3	洗濯（被服管理）	593.5
扇子（民俗）	383.4	洗濯機（家庭電器）	545.88
潜水医学	498.45	洗濯機（製造工業）	582.5
潜水艦（造船学）	556.97	洗濯業（サービス産業）	673.96
潜水機器	558.9	洗濯業（製造工業）	587.9
潜水技術	558.9	選炭	567.8
潜水業	558.9	剪断（応用力学）	501.324
専制時代（イタリア史）	237.04	センダン科	479.814
占星術	148.8	船団護衛	397.3
陝西省	*2216	前置詞（英語）	835.64
前線（気象学）	451.37	線虫（作物学）	615.84
践祚	210.091	線虫症	493.16
戦争	391	線虫類（寄生虫学）	491.94
戦争（国際法）	329.6	線虫類（動物学）	483.73
戦争（国際問題）	319.8	船長（海運）	683.8
船倉（造船学）	552.18	船長（商法）	325.52
戦争画（洋画法）	724.52	閃長岩（岩石学）	458.63
前奏曲（管弦楽）	764.35	善通寺	*182
戦争経済	333.3	剪定（花卉園芸）	627.16
戦争孤児	368.28	船底汚損	555.6
戦争史（日本史）	210.19	選定図書目録	028
戦争宣言（国際法）	329.61	銑鉄	564.1
戦争地理	391.9	宣伝（演劇）	770.9
戦争哲学	391.1	宣伝（社会心理学）	361.46
戦争の開始（国際法）	329.61	宣伝（商業）	674
戦争の終結（国際法）	329.66	宣伝映画	674.6
戦争の放棄（日本国憲法）	323.142	宣伝計画	674.33
戦争犯罪（国際法）	329.67	宣伝広告用印刷物	674.7

先天性奇形（整形外科学）	494.73		船尾材	552.11
宣伝調査	674.33		膳部	210.098
宣伝費	674.33		旋風（気象学）	451.5
宣伝文	674.35		扇風機（電気工学）	545.88
戦闘	391.3		扇風機（流体工学）	534.8
剪灯新話［書名］	923.5		旋風葉（書誌学）	022.5
全頭目	487.56		宣撫工作	391.4
先土器時代（日本史）	210.23		選別（化学工学）	571.2
セントクリストファー・ネイビス	*5972		仙北	*124
セントビンセントおよびグレナディーン諸島	*5977		全蹠目	488.68
			善本目録	026
セントヘレナ島	*449		ぜんまい（植物学）	476.81
セントルシア	*5976		ぜんまい（林産物）	657.86
船内区画	552.16		ゼンマイ科	476.81
船内配置	552.18		洗面器（製造工業）	581.6
泉南	*163		繊毛虫類	483.16
専売事業	348.4		専門学校（高等教育）	377.3
船舶	550		専門学校（中等教育）	376.7
船舶（国際法）	329.22		専門機関（国際連合）	329.34
船舶（商法）	325.51		専門教育	377
船舶運用術	557.1		専門店	673.7
船舶衛生（航海学）	557.19		専門図書館	018
船舶局（無線工学）	547.62		専門図書館件名標目表	014.496
船舶工学	550		専門図書館目録	029.6
船舶債権（商法）	325.57		専門博物館	069.8
船舶算法	551.9		専門文書館	018.098
船舶事務	557.18		専門分類表	014.46
船舶修理	555		占有権（民法）	324.22
船舶職員試験	557.079		専用電話（通信工学）	547.467
船舶信号	557.4		全羅道	*217
船舶推進	551.2		前立腺（解剖学）	491.154
船舶製図	551.5		前立腺（生理学）	491.351
船舶設計	551.5		前立腺疾患	494.96
船舶設備	553		旋律法	761.4
船舶操縦法	557.1		戦略	391.3
船舶通信	557.4		川柳	911.4
船舶保険（船舶工業）	550.93		占領（国際法）	329.62
船舶保険（保険業）	339.8		染料（化学工業）	577
船舶保守	555		染料（染色加工）	587.68
旋盤（機械工学）	532.1		センリョウ科	479.525
旋盤作業（機械工学）	532.1		染料化学	577.8
鮮卑	222.045		占領軍統治時代（日本史）	210.762
線引（金属加工）	566.4		染料作物	617.8

占領地行政（軍事）	391.4	象嵌細工（金工芸）	756.13
占領地行政（国際法）	329.62	象嵌細工（宝石工芸）	755.2
閃緑岩（岩石学）	458.63	造機	554
線輪（電気工学）	541.66	葬儀場	673.93
セン類	475.6	争議調整	366.67
洗礼（キリスト教）	196.31	早教育（社会教育）	379.93
洗礼（キリスト教史）	192.8	操業度（経営学）	336.85
線路建設（通信工学）	547.28	箏曲	768.6
線路建設（鉄道工学）	516.1	双曲線（幾何学）	414.4
線路諸標	516.25	双曲線関数	413.59
線路設計（通信工学）	547.21	臓器利用（畜産加工）	648.9
線路選定（鉄道工学）	516.13	臓器療法（治療法）	492.38
線路踏査（鉄道工学）	516.13	藻菌植物	474.6
線路付帯施設	516.25	走禽類	488.3
線路保守（通信工学）	547.28	装具（住居）	597.2
		雑芸（日本文学）	911.63
【ソ】		造形美術（教育）	375.72
		造形美術（芸術）	700
蘇	*2221	象牙海岸	*4435
訴因（刑事訴訟法）	327.64	造血器（解剖学）	491.129
宋（宋時代）	222.053	造血器（小児科学）	493.932
宋（南北朝時代）	222.046	造血器（生理学）	491.329
僧位	185.7	造血器疾患	493.29
層位学	456	造血剤（治療法）	492.36
層位古生物学	457.3	造血組織（解剖学）	491.116
躁鬱病	493.764	草原（地形学）	454.65
桑園（蚕糸業）	636.9	総合開発	318.6
造園	629	総合開発（経済）	333.5
造園計画	629.5	総合開発（産業）	601
造園材料	629.5	総合学習	375.189
造園植物	629.7	総合幾何学	414.1
造園美学	629.1	総合雑誌（日本語）	051.3
騒音（公害）	519.6	装甲車両	559.4
騒音（労働衛生）	498.82	総合商社	335.4
草加	*134	走行性（動物学）	481.36
造花	594.8	走行装置（自動車工学）	537.4
霜害（作物学）	615.884	総合大学	377.28
掃海艇（造船学）	556.98	総合的学習	375.189
創価学会	188.98	総合目録	029
増価税（財政）	345.64	総合目録（図書館）	014.37
象嵌（金工芸）	756.13	総合目録ネットワーク	014.37
象嵌（宝石工芸）	755.2	倉庫営業（商法）	325.39
双眼鏡（光学機器）	535.82	倉庫管理（生産管理）	509.67

倉庫寄託	688.4	蔵書印譜（書誌学）	024.9
倉庫業	688	創傷（外科学）	494.33
倉庫業行政	688.1	創傷（病理学）	491.63
倉庫業経営	688.3	桑条（蚕糸業）	639.9
倉庫業史	688.2	双子葉植物	479.4
倉庫業政策	688.1	蔵書管理（図書館）	014.6
倉庫業法令	688.1	蔵書記	024.9
相互銀行	338.76	僧職	185.7
倉庫金融	688.3	増殖（細胞学）	463.5
倉庫実務	688.5	増殖（病理学）	491.68
倉庫証券	688.4	装飾画（日本画）	721.5
倉庫設備	688.3	装飾タイル	751.4
倉庫荷役	688.5	装飾美術	757
倉庫法（商法）	325.39	装飾文字	727.8
倉庫料金	688.6	装飾煉瓦	751.4
匝瑳	*135	蔵書構成	014.1
雑作（建築）	524.88	蔵書点検	014.67
葬祭（神道）	176.9	蔵書票	024.9
造材	657.14	叢書目録	027.4
総裁政府（フランス史）	235.06	蔵書目録	029
捜索（刑事訴訟法）	327.62	曽参（中国思想）	124.14
捜査手続（刑事訴訟法）	327.63	捜神記［書名］	923.4
走査方式（テレビ）	547.82	送信機（通信工学）	547.454
早産	495.6	送信機（無線工学）	547.542
造山運動（地質学）	455.8	装身具（工芸）	755.3
壮蚕飼育	635.5	装身具（民俗）	383.3
曽子（中国思想）	124.14	双神経類（動物学）	484.3
荘子（中国思想）	124.25	痩身法（栄養学）	498.583
掃除（家政学）	597.9	痩身法（美容）	595.6
掃除器（製造工業）	582.5	送水（水道工学）	518.16
草子挟（図書）	022.68	送水路（水道工学）	518.16
繰糸法（蚕糸業）	639.4	葬制（民俗）	385.6
双翅目（動物学）	486.9	創世記［聖書］	193.211
総翅目（動物学）	486.38	操船（航海学）	557.11
操車（鉄道運輸）	686.7	造船業	550.9
総社	*175	造船業経営	550.95
荘周（中国思想）	124.25	造船行政	550.91
操縦法（自動車）	537.8	造船金融	550.93
槍術	789.4	造船経済	550.93
桑樹繁殖法（栽桑）	636.3	造船材料	552.2
送受話器（通信工学）	547.31	造船所（造船学）	552.9
叢書	080	造船政策	550.91
蔵書印（図書館）	014.2	造船労働	550.96

葬送（民俗）	385.6	そうめん（農産加工）	619.39
創造（キリスト教）	191.15	ゾウ目	489.7
想像（心理学）	141.5	草木灰（肥料学）	613.46
創造教育	371.5	宗谷総合振興局	*111
葬送儀礼（民俗）	385.6	送油	568.6
創造性（心理学）	141.5	贈与（民法）	324.52
相続（国際民法）	329.846	贈与税（財政）	345.54
相続税（財政）	345.53	贈与税（税務会計）	336.985
相続税（税務会計）	336.985	騒乱罪（刑法）	326.22
相続法（民法）	324.7	造陸運動（地質学）	455.8
操舵（航海学）	557.11	相律（化学）	431.32
相対性理論	421.2	総理府	317.216
宗達派（日本画）	721.5	ぞうりむし（動物学）	483.16
雑談集［書名］	913.47	造林	653
草地（畜産業）	643.5	ソウル	*214
造池（水産増殖）	666.15	藻類	474
装丁（書誌学）	022.5	藻類増殖（水産増殖）	666.8
送電	544.2	曽於	*197
送電方式	544.2	租界（国際法）	329.28
贈答（民俗）	385.97	曽我派（日本画）	721.3
曹洞宗	188.8	曽我物語［書名］	913.437
遭難救助（登山）	786.18	訴願法（行政法）	323.96
増肉（水産増殖）	666.12	遡及探索サービス（図書館）	015.2
壮年心理	143.6	即位	210.091
相場	676.7	俗語	8□4
宋版（書誌学）	022.32	俗語（英語）	834.9
総尾目	486.23	俗語（中国語）	824.9
桑苗	636.2	俗語（朝鮮語）	829.149
躁病	493.764	俗語（日本語）	814.9
桑品種	636.1	俗語辞典（英語）	833.9
送風機	534.8	俗語辞典（中国語）	823.9
僧服	185.7	俗語辞典（朝鮮語）	829.139
増幅回路（通信）	547.14	俗語辞典（日本語）	813.9
増幅回路（電子工学）	549.34	測樹学	655.2
増幅器（無線）	547.544	俗信（民俗）	387.9
造幣	337.34	測深器（航海学）	557.22
双鞭毛藻類（植物学）	473.5	測深器（無線工学）	547.68
相法	148	族制（民俗）	384.1
装本	022.57	促成栽培（花卉園芸）	627.17
造本（書誌学）	022	促成栽培（蔬菜園芸）	626.17
相馬	*126	足跡（法医学）	498.92
総務省	317.215	測地学	448.9
総務庁	317.215	測定（電子工学）	549.2

測定（物理学）	420.75	訴訟手続法	327	
測程器（航海学）	557.22	訴訟費用（民事訴訟法）	327.21	
測定工具	532.8	訴訟理論	327.01	
測定試験法（機械材料）	531.29	粗飼料	643.4	
速度（鉄道）	536.6	蘇秦（中国思想）	124.6	
速読法	019.13	ソース（食品工業）	588.6	
速度変調管（電子工学）	549.49	疏水（河川工学）	517.6	
測度論（位相数学）	415.3	塑性（応用力学）	501.33	
側壁崩壊（採鉱）	561.94	塑性（物理学）	423.7	
俗謡（日本文学）	911.65	租税	345	
ソクラテス（哲学）	131.2	塑性加工（金属工学）	566.2	
ソクラテス派（哲学）	131.2	塑性加工（材料工学）	501.54	
測量（建設工学）	512	租税行政	345.1	
測量（港湾）	517.81	租税刑法	326.88	
測量（トンネル工学）	514.91	租税公課（農業経済）	611.83	
測量機器（精密工学）	535.84	租税史	345.2	
測量士試験	512.079	租税政策	345.1	
束論（代数学）	411.74	塑性変形（機械工学）	531.12	
鼠径リンパ肉芽腫	494.99	塑性力学（物理学）	423.7	
ソコギス目	487.64	組積工事（建築）	525.53	
蔬菜園芸	626	組積式構造（建築）	524.4	
楚辞［書名］	921.33	組積法	524.41	
素地（漆工芸）	752.4	ソーセージ（畜産加工）	648.24	
組織化学（医学）	491.4	塑造（彫刻）	717	
組織学（医学）	491.11	ソーダ工業	574.4	
組織学（生物学）	463.7	速記	809.8	
組織学的検査法	492.19	俗曲（日本文学）	911.65	
組織検査（材料工学）	501.55	俗曲（邦楽）	768.59	
組織呼吸（生理学）	491.332	即決裁判	327.66	
組織生理学（医学）	491.31	測光（照明工学）	545.3	
組織培養（医学）	491.11	測光（物理学）	425.2	
組織犯罪	368.6	測候所（気象学）	451.2	
組織病理学	491.6	袖ケ浦	*135	
組織変更（会社法）	325.258	ソテツ類	478.3	
素質（医学）	491.69	外コーカサス	*299	
そしゃく（生理学）	491.343	卒塔婆	185.5	
租借地（国際法）	329.24	外蒙古	*227	
ソーシャルネットワーキングサービス	007.353	そば（作物栽培）	616.66	
ソーシャルメディア	007.353	そば（植物学）	479.64	
訴訟（手形法）	325.61	そば（農産加工）	619.39	
訴訟記録（刑事訴訟法）	327.609	そば屋	673.971	
訴訟促進	327.19	ソビエト国家	313.9	
訴訟手続	327.19	ソビエト文学	980	

ソビエト連邦	238.07	損傷療法	494.26
素描	725	村制民俗	384.1
ソファー（家政学）	597.3	尊王論（国体論）	155
ソファー（製造工業）	583.75	ゾンバルト（経済学）	331.5
ソフィスト（哲学）	131.2	ゾンバルト（社会学）	361.234
ソフトウェア（情報学）	007.63	孫文（中国思想）	125.9
ソフトウェア著作権	021.25	村落（地理学）	29△0176
ソフトボール	783.78	村落地理	290.176
ソプラノ（声楽）	767.32		
粗紡	586.254	【タ】	
粗放農業	611.72		
ソマリア	*453	タイ	*237
ソマリ語	894.4	たい（漁労）	664.67
染物（染色業）	587	たい（動物学）	487.766
染物（染織工芸）	753.8	態（英語）	835.5
梳綿	586.252	態（言語学）	8□5
粗面岩（岩石学）	458.65	体育	780
梳毛紡績	586.54	体育（学校教育）	374.98
空知総合振興局	*115	体育医学	780.19
そらまめ（植物学）	479.78	体育科（各科教育）	375.49
そらまめ（蔬菜園芸）	626.3	体育学	780.1
そり（運搬工学）	536.85	体育施設（学校）	374.7
橇競技	784.8	体育施設（スポーツ）	780.67
素粒子	429.6	体育社会学	780.13
ゾル（化学）	431.83	体育心理学	780.14
ソルブ語	889.7	体育測定	780.18
ゾロアスター教	168.9	体育力学	780.11
ソロヴィヨフ（哲学）	138	体育理論	780.1
ソローキン（社会学）	361.253	太乙教	166.8
そろばん（計算法）	418.9	第一審公判（刑事訴訟法）	327.64
ソロモン諸島	*732	対位法	761.6
損益計算（会計学）	336.93	退院指導（看護学）	492.9175
損益分岐点（財務管理）	336.86	太陰太陽暦	449.34
損害賠償（行政法）	323.96	ダイエット（栄養学）	498.583
損害賠償（民法）	324.55	ダイエット（美容）	595.6
損害保険（経済学）	339.5	ダイオード	549.81
損害保険（商法）	325.42	体温（生理学）	491.361
ゾンカ語	829.32	体温（動物学）	481.36
尊厳死	490.154	体温（臨床医学）	492.11
存在論	111	体温計（医学）	492.11
孫子［書名］	399.23	大夏	222.055
損失補償（行政法）	323.96	対外交渉史（中国史）	222.01
損傷（外科学）	494.3	対外交渉史（朝鮮史）	221.01

対外交渉史（日本史）	210.18		体形学（医学）	491.19
対外交渉史（日本幕末史）	210.59		体形学（動物学）	481.19
大回転（スキー）	784.33		大圏航法	557.34
大学	377		太鼓（邦楽）	768.17
大学［書名］	123.81		タイ語	829.36
大学院	377		退行性病変	491.68
大学院（大学誌）	377.28		だいこん（植物学）	479.722
大学院入試	377.8		だいこん（蔬菜園芸）	626.44
大学基準	377.1		台座（仏像）	718.2
大学教職員	377.13		第三紀（地史学）	456.7
大学公開講座	379.5		第三セクター（経済学）	335.7
大学誌	377.28		第三セクター（鉄道運輸）	686.32
大学施設	377.17		第三帝国（ドイツ史）	234.074
大学設備	377.17		第三分野保険	339.47
大学図書館	017.7		胎児（産科学）	495.6
大学図書館目録	029.7		胎児（生理学）	491.355
大学入試	376.87		胎児循環（生理学）	491.328
大学の自治	377.1		第四性病	494.99
大学博物館	069.7		体質異常	493.14
大学文書館	018.097		体質学（医学）	491.69
耐火構造	524.94		代謝（生理学）	491.341
耐火材（建材）	524.294		代謝異常	493.12
耐火材料	573.4		代謝化学	491.47
ダイカスト	566.18		貸借（民法）	324.52
大学校	377.3		貸借対照表	336.94
大活字資料（図書館）	014.79		大衆（社会学）	361.62
大化改新時代（日本史）	210.34		大衆演芸	779
耐寒構造	524.92		大衆誌（日本語）	051.6
大韓民国	*21		大集経［経典］	183.58
大韓民国（朝鮮史）	221.07		大集部［経典］	183.58
大気（衛生学）	498.41		対照言語学	801.09
大気（気象学）	451		大正琴	768.12
大気汚染（公害）	519.3		大嘗祭	210.091
大気環流	451.37		対称座標法（電気工学）	541.25
大気現象	451.3		大正時代（日本史）	210.69
大逆事件	210.68		大乗仏教	181.02
堆厩肥	613.43		大正文学	910.262
太極拳	789.27		対象別看護	492.92
大気療法	492.55		大乗律	183.86
代金取立（金融）	338.58		対症療法（結核症）	493.896
大工	525.54		対症療法（臨床医学）	492.2
大空位時代	234.04		退職（人事管理）	336.42
体刑（刑法）	326.41		退職金	366.46

大審院	327.122	対日照（天文学）	447.4
耐震構造	524.91	耐熱鋼（機械工学）	531.23
ダイス（機械工作）	532.6	大脳（解剖学）	491.171
だいず（作物栽培）	616.7	大脳（生理学）	491.371
だいず（植物学）	479.78	大農	611.74
代数学	411	滞納処分（租税）	345.1
代数関数論	413.59	大脳皮質	491.371
代数幾何学	411.8	胎盤	495.6
代数多様体	411.8	大般若経［経典］	183.2
代数的整数論	412.2	タイピング	809.9
対数表	418.4	台風（気象学）	451.5
ダイスゲーム	797.3	台風（作物学）	615.881
大豆製品	619.6	対風構（橋梁工学）	515.3
大スパン構造	524.54	耐風構造	524.92
胎生（動物学）	481.2	タイプライター（言語学）	809.9
胎生学（医学）	491.2	タイプライター（製造工業）	582.33
大西洋	**5	太平記［書名］	913.435
堆積（地質学）	455.9	太平天国	222.066
堆積岩（岩石学）	458.7	太平洋	**1
体積測定（化学）	432.12	太平洋戦争	210.75
耐雪構造	524.92	帯方郡	221.033
大仙	*124	大宝積経［経典］	183.5
大選挙区制	314.83	大宝律令（法制史）	322.134
体操	781	逮捕監禁（刑法）	326.24
大喪（故実）	210.094	台密	188.4
体操競技	781.5	代名詞	8□5
大戴礼［書名］	123.4	代名詞（英語）	835.3
対談法	809.5	代名詞（中国語）	825.3
大智度論［書名］	183.91	代名詞（朝鮮語）	829.153
大腸（解剖学）	491.146	代名詞（日本語）	815.3
大腸（生理学）	491.346	タイヤ（自動車工学）	537.4
態度（心理学）	141.75	ダイヤモンド（鉱山工学）	569.9
大東	*163	ダイヤモンド工具（機械工作）	532.6
大道芸	779.7	太陽	444
台所（住宅建築）	527.3	太陽系生成論	444.9
台所用品（家政学）	596.9	太陽光発電	543.8
台所用品（製造工業）	581.6	太陽黒点	444.4
胎内	*141	太陽時	449.1
ダイナトロン（電子工学）	549.47	太陽周縁	444.4
ダイナマイト（化学工業）	575.93	太陽崇拝	163.1
第二会社	335.46	太陽スペクトル	444.6
第二革命（中国史）	222.071	太陽生成論	444.9
大日経［経典］	183.7	太陽虫目	483.143

太陽定数	444.1	第1帝政（フランス史）	235.064
太陽熱（天文学）	444.2	第2共和政（スペイン史）	236.07
太陽熱（農業工学）	614.823	第2共和政（フランス史）	235.066
太陽熱発電	543.7	第2次国内戦争（中国史）	222.074
太陽熱利用	533.6	第2次世界大戦（軍事）	391.2074
太陽熱利用設備（建築）	528.47	第2次世界大戦（世界史）	209.74
耐用年数（会計学）	336.95	第2次世界大戦（ドイツ史）	234.074
代用皮革	584.6	第2族元素	436.2
太陽表面	444.4	第2帝政（フランス史）	235.066
代用品工業	570.99	第3共和政（フランス史）	235.068
太陽物理学	444	第3族元素	436.3
太陽面図	444.8	第4共和政（フランス史）	235.07
太陽暦	449.35	第4族元素	436.4
第四紀（地史学）	456.8	第5共和政（フランス史）	235.07
代理（民法）	324.14	第5族元素	436.5
大陸（地形学）	454.7	第6族元素	436.6
大陸移動説	455.8	第7族元素	436.7
大陸棚（海洋学）	452.8	第8族元素	436.8
大陸棚（国際法）	329.26	第9族元素	436.8
代理商（商法）	325.17	第10族元素	436.8
大理石（岩石学）	458.8	第11族元素	436.1
対流（熱学）	426.3	第12族元素	436.2
対流圏（気象学）	451.32	第13族元素	436.3
タイル	573.38	第14族元素	436.4
タイ類（動物学）	487.766	第15族元素	436.5
苔類（植物学）	475.2	第16族元素	436.6
タイル工事	525.53	ダヴィッドソン（経済学）	331.75
ダイレクトメール	674.5	田植え（民俗）	384.31
体論（数学）	411.73	ダヴェナント（経済学）	331.34
台輪	524.52	ダウナギ目	487.65
台枠（自動車）	537.5	タウン情報誌	051.9
台湾	*224	唾液腺（解剖学）	491.143
台湾建築	522.24	唾液腺（生理学）	491.343
台湾語	828.3	唾液腺炎	493.43
台湾史	222.4	楕円関数（数学）	413.57
台湾出兵，1874	210.629	たか（動物学）	488.7
第1共和政（スペイン史）	236.06	高石	*163
第1共和政（フランス史）	235.06	高岡	*142
第1次国内戦争（中国史）	222.073	鷹狩	787.6
第1次世界大戦（軍事）	391.2071	多角形（幾何学）	414.12
第1次世界大戦（世界史）	209.71	多角経営（農業経営）	611.77
第1次世界大戦（ドイツ史）	234.071	多角測量	512.49
第1族元素	436.1	高崎	*133

高砂	*164	竹取物語〔書名〕	913.31
駄菓子（食品工業）	588.39	たけのこ（林産物）	657.82
高島	*161	竹原	*176
多賀城	*123	タケ類	479.343
高田保馬（社会学）	361.21	多元環（代数学）	411.72
高槻	*163	多言語辞典	801.3
打楽器	763.8	多元論（哲学）	111
高萩	*131	たこ（漁労）	664.77
高梁	*175	たこ（動物学）	484.7
高橋里美（日本思想）	121.6	多項式	411.35
高浜	*155	蛇咬症	494.36
高松	*182	多国籍企業（経営）	335.5
篁物語〔書名〕	913.33	タコノキ目	479.32
高山	*153	タゴール（インド哲学）	126.9
宝塚	*164	太宰春台（日本思想）	121.56
タガログ語	829.44	太宰府	*191
田川	*191	タジキスタン	*2963
兌換制度（銀行券）	337.4	タジク語	829.98
滝（陸水学）	452.94	但馬国	*164
滝川	*115	多治見	*153
滝沢	*122	多重人格（心理学）	145.8
滝沢馬琴（日本文学）	913.56	タシロイモ科	479.375
多機能携帯電話（電気通信事業）	694.6	打診（診断学）	492.11
多極管（電子工学）	549.45	タスマニア州	*718
多久	*192	タスマニア諸語	897
タクシー事業	685.5	タスマン海	**37
託児所	369.42	多相交流（電気工学）	541.12
濁酒	588.52	多足類（動物学）	485.8
宅地	365.33	堕胎（刑法）	326.23
宅地建物取引業法	673.99	堕胎（法医学）	498.96
宅配便	685.9	多胎児	493.96
拓本（技法）	728.07	ダダイズム（絵画）	723.07
宅磨派（日本画）	721.1	ダダイズム（美術）	702.07
たけ（植物学）	479.343	ダダイズム（文学）	902.06
たけ（造林）	653.8	多胎妊娠（産科学）	495.6
たけ（林産物）	657.9	多体問題（天文学）	441.1
武雄	*192	畳（家政学）	597.1
竹工芸	754.7	畳（製造工業）	583.9
ダゲスタン共和国	*298	畳表（製造工業）	583.9
竹製家具	583.78	タタール時代	238.04
竹製品（製造工業）	583.9	タタールスタン共和国	*381
竹田	*195	多段ロケット（宇宙工学）	538.93
多血質（心理学）	141.94	たちうお（漁労）	664.63

相関索引　　　　　　　　　　　　タラ

立川	*1365	谷本富（教育学）	371.21
だちょう（家禽）	646.2	だに類	485.77
だちょう（動物学）	488.3	たぬき（動物学）	489.56
ダチョウ目	488.3	多年草（花卉園芸）	627.5
タッカー（経済学）	331.34	頼母子講	338.76
卓球	783.6	たばこ（作物栽培）	617.5
脱臼（外科学）	494.75	たばこ（製造工業）	589.8
脱臼（病理学）	491.63	たばこ（民俗）	383.89
脱酸（図書館）	014.614	たばこ専売課税	345.73
脱脂綿（繊維工業）	586.24	田原	*155
タッチパッド（コンピュータ）	548.21	足袋（製造工業）	589.23
タッチパネル（コンピュータ）	548.211	足袋（民俗）	383.2
タッチフットボール	783.46	タービン	533.35
たつの	*164	タービンポンプ	534.44
タップ（機械工作）	532.6	タブー（宗教）	163.2
タップ盤	532.49	タブー（民俗）	389
ダツ目	487.74	タブレット型パソコン	548.295
脱離反応（化学）	434.4	多文化サービス（図書館）	015.98
伊達（福島県）	*126	多変数複素関数論	413.58
伊達（北海道）	*117	拿捕（国際法）	329.63
建具工事（建築）	525.57	多泡ガラス	573.578
立削盤	532.3	ダホメ	*4447
立坑（鉱山工学）	561.46	多摩	*1365
立坑運搬	561.67	玉糸	639.8
竪琴	763.51	たまきはる［書名］	915.49
建築染料	577.6	卵（畜産加工）	648.3
館林	*133	卵料理	596.3
タデ目	479.64	玉名	*194
建物維持管理	525.8	たまねぎ（植物学）	479.373
館山	*135	たまねぎ（蔬菜園芸）	626.54
田辺	*166	玉野	*175
田辺寿利（社会学）	361.21	たまむし	486.6
田辺元（日本思想）	121.6	ターミナルケア（看護学）	492.918
棚物（茶道）	791.5	タミル語	829.6
谷（地形学）	454.54	タミルナド州	*256
だに（衛生学）	498.69	ダム（土木工学）	517.72
だに（作物学）	615.84	田村	*126
だに（動物学）	485.77	溜池（農業工学）	614.6
ダニエル書［聖書］	193.45	為永春水（日本文学）	913.54
谷川徹三（日本思想）	121.6	打綿	586.251
多肉植物（花卉園芸）	627.78	多面体（幾何学）	414.13
たにし（動物学）	484.6	多毛類	483.92
谷時中（日本思想）	121.54	たら（漁労）	664.65

たら（動物学）	487.78		鍛工	566.2
タラ目	487.78		鐔工	756.6
タラワ	*745		談合	326.21
ダリア（花卉園芸）	627.6		炭鉱衛生	567.9
ダリア（植物学）	479.995		炭鉱会計	567.095
タリウム（化学）	436.39		炭鉱機械	567.5
樽（製造工業）	583.5		断郊競技（スポーツ）	782.3
ダルス目	474.56		炭鉱金融	567.093
タルド（社会学）	361.235		炭鉱経営	567.095
垂水（鹿児島県）	*197		炭鉱災害	567.9
タルムード（ユダヤ教）	199.3		炭鉱保安	567.9
ターレット旋盤	532.1		単孔目（動物学）	489.2
俵（製造工業）	583.9		炭鉱労働	567.096
単位（産業）	609		丹後国	*162
単位（物理学）	420.75		単作（農業経営）	611.73
単一国家	313.1		タンザニア	*456
タンカー（石油業）	568.6		炭酸（化学工業）	574.36
タンカー（造船学）	556.66		炭酸飲料（食品工業）	588.4
炭価	567.093		炭酸塩鉱物（鉱物学）	459.61
短歌	911.1		炭酸ガス（化学工業）	574.27
弾劾裁判	327.124		炭酸カリウム（化学工業）	574.46
炭化水素（環式化合物）	438.2		炭酸ナトリウム（化学工業）	574.46
炭化水素（鎖式化合物）	437.2		嘆詞（中国語）	825.6
炭化水素類（工業薬品）	574.82		断食（イスラム）	167.6
単科大学	377.28		断食（キリスト教）	192.8
タンガニーカ	*456		担子菌植物	474.8
短期金融市場	338.13		断種（優生学）	498.25
短期大学	377.3		胆汁（生理学）	491.347
短期大学図書館	017.8		胆汁質（心理学）	141.94
段丘（地形学）	454.54		誕生（キリスト教）	192.8
炭業経済	567.09		誕生儀礼（民俗）	385.2
炭業史	567.092		単子葉樹（造林）	653.8
短距離競走	782.3		単子葉植物	479.3
鍛金（工芸）	756.16		男女共学	374.2
タングステン（化学）	436.63		男女雇用機会均等法	366.31
タングステン（金属工学）	565.43		男女同権（理論）	367.1
タングステン鉱	562.4		男女同権（歴史）	367.2
タンクローリー	568.6		単親家庭（児童福祉）	369.41
檀君	221.031		タンス（家政学）	597.5
団結権（労働法）	366.14		タンス（製造工業）	583.77
探検（地理学）	290.91		ダンス（娯楽）	799
探検記	29△091		炭水化物（化学）	439.1
探鉱	561.3		炭水化物（生化学）	464.3

炭水化物工業	588.1	団体歌	767.6
淡水魚（漁労）	664.69	炭太祇（日本文学）	911.34
淡水魚（動物学）	487.5	団体旗	288.9
淡水漁業	664.2	団体交渉（労働問題）	366.63
淡水動物	481.75	団体出版物目録	027.2
淡水養殖	666.2	団体等規正令	326.81
ダンス音楽	764.7	団体保険	339.46
ダンスセラピー（心理学）	146.813	タンタル（化学）	436.53
弾性（応用力学）	501.33	団地（住宅問題）	365.35
男性（家庭問題）	367.5	段違平行棒	781.5
男性（服装）	383.14	団地生活	365.35
男声合唱	767.4	団地生活（家庭経済）	591.6
弾性ゴム	578.2	炭柱法（石炭）	567.42
男性心理	143.6	炭田	567.1
男性性器疾患	494.96	胆道	493.47
男性生殖器（解剖学）	491.154	弾道学	559.11
男性生殖機能（生理学）	491.351	胆道膿瘍	493.47
弾性体力学	423.7	タントラ	168
男声独唱	767.36	タンニン（化学）	439.6
弾性波	424.3	タンニン（林産製造）	658.9
弾性波探鉱	561.36	断熱（熱工学）	533.1
男性ホルモン	494.98	断熱材（建材）	524.295
男性問題	367.5	断熱材（熱工学）	533.1
男性論	367.5	胆嚢（解剖学）	491.147
胆石症	493.47	胆嚢（生理学）	491.347
丹前（家政学）	593.18	胆嚢炎	493.47
炭素（化学）	435.6	丹波	*164
炭疽	494.45	短波（無線工学）	547.515
断層（地形学）	454.4	蛋白質（医化学）	491.42
断層（地質学）	455.8	蛋白質（栄養学）	498.55
断層地震	453.4	蛋白質（化学）	439.4
鍛造製品	581.2	蛋白質（生化学）	464.2
炭素化合物（化学）	435.6	丹波国	*162
炭素化合物（工業薬品）	574.76	ダンピング（貿易）	678.18
単素環式化合物	438.1	タンブリン（楽器）	763.85
炭素環式化合物（化学）	438.1	タンブリング（体育）	781.4
炭素鋼（機械材料）	531.22	暖房設備（建築）	528.2
炭素鋼（金属工学）	564.2	担保物権法	324.3
炭素質材料（電気工学）	541.623	担保問題（銀行）	338.55
炭素製品	572.4	端末装置（コンピュータ）	548.27
炭素繊維	578.68	ダンマル	578.33
炭素棒	572.4	談林風（日本文学）	911.31
団体	060	暖冷房（家庭理工学）	592.4

暖冷房（船舶設備）	553.1	地下水（陸水学）	452.95
		地価税（税務会計）	336.985
【チ】		地下鉄道（工学）	516.72
		地下道	514.7
地圧利用採炭法	567.45	近松門左衛門（日本文学）	912.4
チアリーディング	781.8	力（物理学）	423.3
治安維持	317.74	置換群（数学）	411.65
治安維持法	326.81	置換反応（化学）	434.2
治安立法	326.81	地球（地学）	450
地域看護	492.99	地球（天文学）	448
地域計画（経済）	333.5	地球温暖化（気象学）	451.85
地域社会	361.7	地球化学	450.13
地域社会学校	371.5	地球科学	450
地域制（都市工学）	518.83	地球座標	448.4
地域的国際機関	329.37	地球物理学	450.12
地域福祉	369.7	蓄音機（製造工業）	582.7
地域文庫	016.29	地区会	318.8
地衣類（植物学）	474.9	筑後	*191
知恵（倫理）	158	築港誌	517.82
地役権（民法）	324.27	筑後国	*191
チェコ	*348	竹材（建築材料）	524.21
チェコ語	889.5	竹材（林産物）	657.9
チェコスロバキア	*348	畜産学	640.1
チェス	796.9	畜産業	640
チェチェン共和国	*298	畜産業金融	641.5
チェッカー	796.9	畜産業組合	641.6
知恵の書［聖書］	193.37	畜産行政	641.1
チェリモヤ（果樹栽培）	625.87	畜産儀礼	384.34
チェルヌイシェフスキー（哲学）	138	畜産経営	641.7
チェロ	763.44	畜産経済	641
チェーンストア	673.86	畜産史	642
チェーン測量	512.1	畜産政策	641.1
チェンバロ	763.2	畜産製造	648
地価（経済学）	334.6	畜産動物	645
治外法権（国際法）	329.28	畜産物	648
知覚（医学）	491.37	畜産物価格	641.4
知覚（心理学）	141.27	畜産物市場	641.4
地学	450	畜産法令	641.1
地学科（高等学校）	375.454	逐次刊行物	050
地学教育（各科教育）	375.454	逐次刊行物（整理法）	014.75
茅ヶ崎	*137	逐次刊行物目録	027.5
地下室（建築）	527.2	畜舎	644
地下水（衛生工学）	518.12	筑西	*131

筑前国	*191	地図目録	027.9
筑前琵琶	768.3	地政学	312.9
蓄電池	572.12	地籍測量	512
千曲	*152	池泉（造園）	629.62
畜力車	536.85	地租（財政）	345.43
ちくわ（水産加工）	667.5	地相	148.5
地形	454	地層誌	456.9
地形（林業）	653.1	知多	*155
地形学	454	地代（経済学）	331.85
地形写真	454.9	地代（生活問題）	365.34
地形図誌	454.9	地代（農業経済）	611.21
地形測量	512	地耐力（土木工学）	511.35
地形輪廻	454.2	地代論（経済学）	331.85
稚蚕飼育	635.4	地代論（農業経済）	611.21
治山事業	656.5	チタニウム（冶金）	565.54
地誌	290	チタン（化学）	436.41
地史学	456	チタン（金属工学）	565.54
地誌学	290.1	父親論	367.3
知識（情報学）	007	秩父	*134
知識（総記）	002	秩父事件	210.635
地磁気	450.12	地中温度（気象学）	451.36
地質（地学）	455	地中海	**6
地質（トンネル工学）	514.91	地中ケーブル（通信工学）	547.23
地質（林業）	653.1	地中電線路（電気工学）	544.17
地質学	455	帙（図書）	022.68
地質工学	511.2	膣（解剖学）	491.155
地質構造	455	膣（生理学）	491.352
地質誌	455	窒化鉛（火薬）	575.95
地質図	455	膣疾患	495.44
地質調査（土木工学）	511.27	窒素（化学）	435.53
地誌番組	699.63	窒素（中毒）	493.153
千島国	*119	窒素化合物（化学工業）	574.87
千島列島	*119	窒素化合物（環式化合物）	438.7
地上権（民法）	324.25	窒素化合物（鎖式化合物）	437.7
地上取扱法（航空学）	538.86	窒息（生理学）	491.331
致死量（医学）	491.5	窒息死（法医学）	498.95
地心理学	290.14	窒素工業	574.6
チーズ	648.18	窒素族元素（化学）	435.5
地図	29△038	窒素中毒	493.152
地図（図書館）	014.78	窒素肥料（肥料学）	613.44
治水工学	517.5	窒素肥料工業	574.92
治水誌	517.2	知的協力	002
地図学	448.9	知的障害	493.77

知的障害児	378.6	地方性	361.42
千歳	*115	地方税（財政）	349.5
ちどり（動物学）	488.55	地方税（税務会計）	336.988
地熱（地学）	450.12	地方制度	318.1
地熱発電	543.7	地方税法	349.5
地熱利用	533.6	地方選挙	318.4
茅野	*152	地方叢書（中国語）	082.2
知能（心理学）	141.1	地方叢書（日本語）	081.2
知能異常（心理学）	145.8	地方費	349.4
知能測定	371.7	地方病	493.16
知能遅滞（心理学）	145.8	地方文学（日本文学）	910.29
千葉	*135	地方別著述目録	027.32
千葉県	*135	地方法制史	322.19
地表水（衛生工学）	518.12	地名	29△0189
チベット	*229	地名辞典	29△033
チベット建築	522.29	地文航法（航海学）	557.33
チベット語	829.32	茶（作物栽培）	617.4
チベット自治区	*229	茶（茶道）	791.3
チベット・ビルマ諸語	829.3	茶（食品）	596.7
チベット仏教	180.9	茶（植物学）	479.85
地方演劇	775.5	茶（農産加工）	619.8
地方開発行政	318.6	チャイルド（経済学）	331.34
地方議会	318.4	茶会	791.7
地方議会図書館	016.3	茶器	791.5
地方議会図書館目録	029.3	着衣画（洋画法）	724.553
地方行政	318	着画（窯業）	573.29
地方行政史	318.2	着色法	576.89
地方行政事務	318.5	着生植物	471.76
地方銀行	338.61	茶室（建築史）	521.863
地方経費	349.4	茶室（茶道）	791.6
地方公共団体	318.11	茶人	791.2
地方交付税（財政）	349.5	チャタテムシ目	486.34
地方公務員	318.3	チャッティースガル州	*253
地方債	349.7	茶庭	791.6
地方財政	349	チャド	*4472
地方財政史	349.2	茶道	791
地方財政政策	349.3	茶道具	791.5
地方裁判所	327.123	茶道史	791.2
地方財務行政	349.3	チャド諸語	894.5
地方自治（政治）	318	茶花	791.6
地方自治（日本国憲法）	323.148	茶碗（工芸）	751.1
地方出版書目	025	茶碗（民俗）	383.88
地方書誌	025.8	チャンネル諸島	*336

チューインガム（食品工業）	588.39		中耕（作物学）	615.6
中アカデミー（哲学）	131.7		中高年心理	143.7
注意（心理学）	141.4		中高年齢者訓	159.79
注意欠陥多動性障害	378.8		中高年齢者雇用問題	366.28
中英語	830.24		中高年齢者問題	367.7
中央	*151		中興俳諧	911.34
中欧	*34		中国	*22
中央アジア	*296		中国画（絵画）	722.2
中央アジア建築	522.9		中国画（絵画技法）	724.1
中央アフリカ	*4473		中国近代思想	125
中央アメリカ	*57		中国建築	522.2
中央インド	*253		中国語	820
中央演算装置（コンピュータ）	548.22		中国語（学校教育）	375.892
中央卸売市場	675.5		中国語解釈	827.5
中央銀行	338.4		中国語政策	820.9
中央図書館制	011.38		中国語読本	827.7
注音符号	821.3		中国語問題	820.9
仲介（国際紛争）	329.5		中国算法	419.2
虫害（図書館）	014.612		中国史	222
中学入試	376.83		中国思想	122
中華人民共和国	*22		中国思想史	122.02
中華人民共和国（中国史）	222.077		中国酒（酒類工業）	588.53
中型電子計算機	548.291		中国書道	728.22
中学校	376.3		中国地方	*17
中学校誌	376.38		中国中世思想	125
中学校図書館	017.3		中国哲学	122
中華民国	222.07		中国文学	920
中間階級	361.84		中国法制史	322.22
中間子（物理学）	429.6		中国料理	596.22
中観部	183.93		中国料理店	673.972
中距離競走	782.3		中国暦	449.34
鋳金（工芸）	756.14		仲裁（国際民事訴訟法）	329.87
中近東	*27		仲裁裁定（労働）	366.67
中継器（テレビ）	547.83		仲裁裁判（国際法）	329.56
中継器（電信）	547.455		中耳（解剖学）	491.175
中継器（電話）	547.466		中耳（耳科学）	496.6
中継器（放送）	547.73		紬糸紡績	586.45
中継設備（テレビ）	547.83		紐子目	473.255
中継設備（電信）	547.455		駐車場	685.4
中継設備（電話）	547.466		注射法（医学）	492.21
中継設備（放送）	547.73		抽出（化学工学）	571.5
中継装置（データ通信）	547.486		中小企業	335.35
中継装置（電話）	547.466		中小企業金融	338.63

中小企業庁	317.258		沖積世（地史学）	456.83
抽象空間論（数学）	415.2		中選挙区制	314.83
抽象主義（絵画）	723.07		鋳造（金属工学）	566.1
抽象主義（美術史）	702.07		鋳造性試験（材料工学）	501.54
中小商業	335.35		中中辞典	823.1
抽象代数学	411.6		鋳鉄（機械工学）	531.25
中小農	611.74		中東	*27
中心子目	479.65		中東絵画	722.7
中新世（地史学）	456.76		中等教育	376.3
中心体（細胞学）	463.3		中東史	227
中心柱（植物学）	471.1		中東戦争	227.07
中心投象法（幾何学）	414.67		中毒者	368.8
中心目	473.75		中毒症	493.15
虫垂（解剖学）	491.146		中南米	*55
虫垂（外科学）	494.656		中日辞典	823.3
虫垂炎	493.46		中波（無線工学）	547.514
中枢神経（解剖学）	491.171		中部地方	*15
中枢神経（生理学）	491.371		中文和訳	827.5
中枢神経系	491.171		中米諸国	*57
中世音楽	762.04		厨房具（料理）	596.9
中世絵画（洋画史）	723.04		厨房設備（建築学）	528.7
中世歌謡（日本文学）	911.64		中庸［書名］	123.82
中世経済史	332.04		中立法（国際法）	329.69
中世語（日本語）	810.24		中論［書名］	183.93
中世国家	313.2		チュクチ語	829.29
中世史（イギリス史）	233.04		蛛形類	485.7
中世史（インド史）	225.04		チュニジア	*432
中世史（スペイン史）	236.04		チューネン（経済学）	331.46
中世史（西洋史）	230.4		チューバ	763.66
中世史（世界史）	209.4		チュバシ共和国	*381
中世史（ドイツ史）	234.04		チューリップ（花卉園芸）	627.6
中世史（日本史）	210.4		チューリップ（植物学）	479.373
中世史（フランス史）	235.04		チュルク諸語	829.57
中性子（物理学）	429.6		腸（解剖学）	491.146
中性紙（図書館）	014.614		腸（外科学）	494.656
中世社会	362.04		腸（生理学）	491.346
中生代（地史学）	456.5		腸（内科学）	493.46
中世哲学	132		超ウラン元素（物理学）	429.45
忠清道	*216		懲役（刑法）	326.42
中生動物	483.19		腸液（生理学）	491.346
中世美術（日本美術史）	702.14		腸液（臨床医学）	492.14
中世美術（美術）	702.04		超越数	412.7
中世文学（日本文学）	910.24		腸炎	493.46

超音波(診断学)	492.1	調湿(化学工学)	571.6
超音波(治療法)	492.56	長翅目	486.77
超音波(物理学)	424.5	長州征討	210.58
超音波工学	501.24	鳥獣繁殖(狩猟)	659.7
超音波処理(化学)	432.2	潮州方言	828.3
超音波探傷法(材料工学)	501.55	鳥獣保護(狩猟)	659.7
超音波療法	492.56	聴診	492.11
朝賀	210.096	聴神経	496.6
懲戒(公務員)	317.36	超新星(天文学)	443.5
跳開橋	515.58	超心理学	147
聴覚(心理学)	141.22	手水鉢	629.61
聴覚(生理学)	491.375	長征	222.074
聴覚器(解剖学)	491.175	徴税	345.1
聴覚障害児	378.2	長生法	498.38
聴覚障害者福祉	369.276	潮汐(海洋開発)	558.6
蝶蛾目	486.8	潮汐(海洋学)	452.6
腸癌	493.465	潮汐(天文学)	448.6
超関数論(位相数学)	415.6	長石(鉱山工学)	569.4
張儀(中国思想)	124.6	長石(鉱物学)	459.62
長期金融市場	338.14	朝鮮	*21
聴器疾患	496.6	朝鮮画	722.1
長期信用銀行	338.64	朝鮮研究	221
長距離競走	782.3	朝鮮建築	522.1
彫金	756.13	朝鮮語	829.1
腸結核	493.46	朝鮮史	221
調合香料	576.66	朝鮮思想	129.1
調合肥料	574.97	朝鮮出兵	210.49
長江流域	*222	腸洗浄法	492.25
彫刻	710	朝鮮戦争	221.07
彫刻凹版	735	朝鮮法制史	322.21
彫刻家	712.8	朝鮮民主主義人民共和国	*21
彫刻技法	711.4	朝鮮民主主義人民共和国(朝鮮史)	221.07
彫刻材料	711.2	朝鮮文字	829.115
彫刻史	712	朝鮮料理	596.22
彫刻修理	711.5	朝鮮料理店	673.972
彫刻用具	711.3	調桑(蚕糸業)	635.3
張載(中国思想)	125.4	彫像	711.7
調剤	499.6	調相機	542.14
調査法	002.7	彫塑技法	711.4
チョウザメ目	487.59	調速機(機械工学)	531.38
銚子	*135	彫塑材料	711.2
潮時	452.6	調達業務(財政)	343.94
超仕上(機械工学)	532.5	超短波(無線工学)	547.516

超短波放送	547.78	チョーク（顔料）	576.97
超短波療法	492.52	直円錐	414.13
腸チフス	493.84	直円柱	414.13
朝朝辞典	829.131	チョーク画	725.4
提灯（製造工業）	589.3	直翅目	486.4
調停（国際紛争）	329.5	直接広告	674.5
調停委員会（労働）	366.67	直接参政制度	314.9
調停制度（訴訟法）	327.5	直接製鋼法	564.21
超電導	427.45	直接染法	587.684
調度	210.098	直接染料	577.4
張道陵（道教）	166.2	直接費（財務管理）	336.85
町内会	318.8	直接民主制	314.9
腸内ガス（生理学）	491.346	直線（立体幾何学）	414.13
朝日辞典	829.133	勅撰集（古代後期）	911.135
腸捻転	493.46	勅撰集（中世）	911.145
超能力者	147.8	勅題集	911.167
長波（無線工学）	547.514	直腸（解剖学）	491.146
跳馬	781.5	直腸（外科学）	494.658
長鼻目	489.7	直腸（生理学）	491.346
調布	*1365	直腸鏡	492.14
朝文解釈（朝鮮語）	829.175	直播（稲作）	616.27
朝文読本（朝鮮語）	829.177	勅版目録	027.1
朝文和訳（朝鮮語）	829.175	直流機	542.2
徴兵	393.25	直流電動機	542.23
腸閉塞症	493.46	直流発電機	542.22
長壁法	567.42	直流理論	541.11
帳簿組織（会計学）	336.91	貯繭	638
調味加工品（水産加工）	667.6	チョコレート（食品工業）	588.34
調味発酵品（水産加工）	667.6	貯材	657.16
調味料（食品）	498.51	著作	021
調味料（食品工業）	588.6	著作家	021.3
チョウ目	486.8	著作権	021.2
跳躍競技	782.4	著作権法	021.2
調理	596	著者記号表	014.55
調理器（製造工業）	582.5	著述	021.3
調律（楽器）	763	貯水工（水道工学）	518.14
潮流（海洋学）	452.6	貯水池（河川工学）	517.73
潮力発電	543.6	貯水池（水道工学）	518.14
鳥類（古生物学）	457.88	貯桑（栽桑）	636.8
鳥類（動物学）	488	貯蔵（稲作）	616.29
鳥類誌	488.2	貯蔵（果樹園芸）	625.19
長老派	198.5	貯蔵（作物学）	615.9
調和関数	413.54	貯蔵（蚕種）	634.4

貯蔵（食品）	498.51		沈床工（土木工学）	513.45
貯炭	567.6		鎮静剤（治療法）	492.37
貯蓄（銀行）	338.53		鎮痛剤（治療法）	492.37
貯蓄（経済学）	331.87		チンパンジー	489.97
貯蓄銀行	338.71		沈没船引揚	555.9
直観主義（哲学）	115.7		沈埋法（トンネル工学）	514.96
直観主義（倫理）	151.3			
直観像（心理学）	141.26		【ツ】	
貯木場	657.16			
貯油	568.6		津	*156
ちらし	674.7		鎚金（工芸）	756.16
チリ	*66		通貨	337
地理	290		通貨安定	337.35
地理（聖書）	193.02		通貨協定	338.97
地理学	290.1		通過儀礼（民俗）	385
地理学史	290.12		痛覚（心理学）	141.24
地理教育（各科教育）	375.33		痛覚（生理学）	491.378
地理教育（高等学校）	375.334		通貨圏	338.97
地理教育（小学校）	375.332		通貨政策	337.3
地理教育（中学校）	375.333		通貨問題	337.3
チリ硝石（鉱物学）	459.66		通関手続	678.4
地理情報システム	448.9		通行税（財政）	345.66
チリモ目	473.83		通称	288.12
知立	*155		通商協定	678.3
治療栄養学	498.58		通商産業省	317.255
チル鋳物	566.18		通商条約	678.3
チレニア海	**62		通信衛星	538.94
地労法	366.17		通信回路	547.1
チロプテリス目	474.48		通信機器	547.3
陳（中国史）	222.046		通信機器工業	547.09
鎮咳剤（治療法）	492.33		通信規約	547.482
珍奇本目録	026.7		通信教育	379.7
賃金（経済学）	331.85		通信行政	691
賃金（労働問題）	366.4		通信工学	547
賃金管理（経営学）	336.45		通信材料	547.3
賃金形態	366.42		通信材料工業	547.09
賃金体系	366.42		通信事業	690
鎮痙剤（治療法）	492.37		通信事業史	692
沈降（地質学）	455.8		通信社	070.19
沈降分離（化学工学）	571.4		通信障害	547.27
鎮魂曲	765.3		通信政策	691
沈砂池（河川工学）	517.75		通信線路	547.2
沈子	665.5		通信測定	547.18

通信測定器	547.18	対馬国	*193
通信地理	692.9	鼓（邦楽）	768.17
通信販売	673.36	綴字改良（英語）	831.58
通信部品	547.3	綴字法（英語）	831.5
通信プロトコル	547.482	つた	479.83
通信兵	396.7	土浦	*131
通信法（通信政策）	691	ツチトリモチ科	479.623
通信方式	547.2	ツチブタ目	489.46
通信網（通信工学）	547.2	土御門神道	171.7
通信用継電器	547.37	筒（図書）	022.68
通信用材料	547.39	恙虫症	493.16
痛風	493.6	つつじ（花卉園芸）	627.74
通風（建築設備）	528.2	つつじ（植物学）	479.91
通風（船舶設備）	553.1	ツツジ目	479.91
通風（トンネル工学）	514.92	つつどり	488.84
通話品質（通信工学）	547.19	つつみ方（民俗）	385.97
杖（製造工業）	589.4	堤中納言物語［書名］	913.384
杖（民俗）	383.4	綱（製造工業）	583.9
束（建築）	524.83	つなそ（作物栽培）	618.2
束（木構造）	524.54	つなそ（植物学）	479.814
つがる	*121	綱引き（体育）	781.95
疲れ試験（材料工学）	501.53	津波（海洋学）	452.5
月（天文学）	446	津波（地震学）	453.4
つきあい	385.93	つのがい（動物学）	484.5
接木法（果樹園芸）	625.12	ツノゴケ目	475.4
継手	524.51	鍔（工芸）	756.6
継目（鉄道工学）	516.23	つばき（花卉園芸）	627.76
つきもの（超心理学）	147.3	つばき（植物学）	479.85
机（家具工業）	583.76	ツバキ目	479.85
机（家政学）	597.4	翼（航空工学）	538.1
筑紫野	*191	つばめ（動物学）	488.99
つくねいも（植物学）	479.376	燕	*141
つくねいも（蔬菜園芸）	626.42	ツバル	*752
つくば	*131	ツバル語	829.45
つくばみらい	*131	摘み細工（手芸）	594.6
津久見	*195	爪（解剖学）	491.185
ツゲ科	479.821	爪（形質人類学）	469.42
付木（燃料工業）	575.8	爪（生理学）	491.369
つけな類（蔬菜園芸）	626.51	爪車装置	531.66
漬物（食品）	596.3	爪疾患	494.8
漬物類（園芸加工）	628.8	つや出し（金属加工）	566.79
対馬	*193	津山	*175
津島	*155	露（気象学）	451.63

ツユクサ科	479.365		低温タール	575.37
釣り	787.1		低温貯蔵品（水産加工）	667.8
吊橋	515.57		低温物理学	426.7
つり輪（体操）	781.5		低温溶融金属	565.3
ツーリング	786.6		定款（会社法）	325.241
都留	*151		泥岩（岩石学）	458.7
鶴岡	*125		定期預金	338.53
敦賀	*144		提琴	763.42
鶴ヶ島	*134		ティグリニャ語	829.78
蔓製品	583.9		デイケアセンター	369.263
ツルナ科	479.654		低血圧症	493.25
つるべ（流体工学）	534.49		低血糖症	493.12
ツル目	488.5		定言命法	151.2
鶴屋南北（日本文学）	912.5		抵抗（物理学）	423.5
徒然草［書名］	914.45		程顥（中国思想）	125.4
つわり（産科学）	495.6		抵抗器（通信工学）	547.36
ツングース諸語	829.53		抵抗材料	541.63
ツンドラ（地形学）	454.65		抵抗測定	541.55
			抵抗溶接	566.63
【テ】			帝国議会	314.1
			帝国憲法	323.13
手（解剖学）	491.197		帝国憲法発布（日本史）	210.64
手当（公務員）	317.34		定差法（数学）	413.8
手当（労働問題）	366.45		低水工事	517.6
手洗所（建築）	527.6		定数（物理学）	420.75
氏	222.045		ディスクジョッキー	699.66
提案制度（経営管理）	336.4		ディステンパ画（絵画技法）	724.68
程頤（中国思想）	125.4		ディスプレイ（コンピュータ）	548.252
定員制（人事管理）	336.41		帝政時代（古代ローマ）	232.8
庭園	629.2		底棲生物（水産学）	663.66
庭園施設	629.6		定性分析（化学）	433.1
庭園建物（造園）	629.67		ディーゼルエンジン	537.23
庭園彫刻	629.62		ディーゼルカー	536.2
帝王切開術	495.52		ディーゼル機関（機械工学）	533.45
ディオファントス解析	412.4		ディーゼル機関（船舶工学）	554.82
ディオファントスの近似値	412.4		低蛋白血症	493.12
ディオファントス方程式	412.4		定置網漁業	664.47
低温（化学）	434.1		低地ドイツ語	849.1
低温化学	431.67		定置灯（鉱山工学）	561.75
低温ガス	575.37		低電圧（電気工学）	541.32
低温乾留	575.37		抵当銀行	338.65
低温技術（熱工学）	533.8		抵当権（民法）	324.34
低温技術（物理学）	426.7		ディドロ（哲学）	135.8

低熱セメント	573.86	出口回り	524.44
定年制	317.33	テクネチウム	436.72
定年制（人事管理）	336.42	手車	536.83
定年制（労働問題）	366.46	梃子（機械工学）	536.71
碇泊（航海学）	557.32	デザイン（工芸）	757
ディベート	809.6	デザイン（彫刻）	711.1
ディベヒ語	829.87	テサロニケ人への手紙 ［聖書］	193.71
ディベルティメント	764.32	手仕上（機械工作）	532.7
堤防（河川工学）	517.57	天塩国	*116
ディメンション（物理学）	420.75	デジタルオーディオディスク	547.336
ティモール	*246	デジタルカメラ（写真）	742.52
庭門	629.67	デジタル写真処理	744
貞門俳諧	911.31	手島堵庵（心学）	157.9
テイラー級数	413.2	手順計画（生産工学）	509.65
定量分析（化学）	433.2	手漉法	585.6
ディルタイ（哲学）	134.9	デスクトップパソコン	548.295
ティンパニ	763.84	デスクトップミュージック	763.93
手押車	536.83	テスト（各科教育）	375.17
テオティワカン文明	256.03	手摺（建築）	524.87
出稼	611.91	手選（鉱山工学）	561.82
出稼人	366.8	手相	148.14
手形（経済）	338.156	テータ関数	413.57
手形（国際商法）	329.856	データ管理（情報学）	007.609
手形交換	338.57	データ処理	007.6
手形・小切手法	325.6	データセキュリティ	007.609
手形法（国際商法）	329.856	データ通信（ソフトウェア）	007.6389
手形法（商法）	325.61	データ通信（通信工学）	547.48
手形割引	338.54	データ通信（電気通信事業）	694.5
デカルト（哲学）	135.23	データ通信回路	547.481
適応（植物学）	471.71	データ通信機器	547.484
適応（心理学）	146.2	データ通信交換	547.485
適応（生物学）	468.3	データ通信事業	694.5
適応症候群	493.49	データ通信方式	547.482
摘果（果樹園芸）	625.16	データ通信網	547.483
テキサス州	*5368	データ伝送（電気通信事業）	694.5
敵産管理（国際法）	329.69	テタニー	493.74
摘心（花卉園芸）	627.16	データベース（ソフトウェア）	007.609
テキストエディタ（ソフトウェア）	007.6388	データベース検索	007.58
適性検査（教育）	371.7	データマイニング	007.609
適性検査（人事管理）	336.41	鉄（化学）	436.81
出来高管理（生産工学）	509.65	鉄（機械工学）	531.21
摘葉（蔬菜園芸）	626.16	鉄（金属工学）	564
手口（建築）	524.51	鉄（材料工学）	501.42

デッカ（無線工学）	547.65		鉄道財務	686.34
哲学	100		鉄道史	686.2
哲学教育	107		鉄道事故	686.7
哲学史	102		鉄道資材	686.34
哲学者	102.8		鉄道車両	536
哲学理論	101		鉄道信号	516.6
鉄琴	763.83		鉄道政策	686.1
鉄筋コンクリート橋	515.44		鉄道線路	516.1
鉄筋コンクリート構造	524.7		鉄道測量	516.12
鉄筋鉄骨コンクリート構造	524.77		鉄道地質学	516.11
テックス（木材学）	657.67		鉄道通信	516.66
鉄鉱（鉱山工学）	562.6		鉄道電話	516.66
鉄鉱（鉱物学）	459.5		鉄道土工	516.14
鉄鋼	564		鉄道法令	686.1
鉄鋼加工	566		鉄道郵便	686.56
鉄鋼業	564.09		鉄道労働	686.36
鉄骨工事	525.52		鉄棒（体操）	781.5
鉄骨構造	524.6		鉄輪式高速鉄道	516.7
轍差（鉄道工学）	516.3		テトゥン語	829.43
鉄銹	564.7		テトスへの手紙［聖書］	193.72
鉄心	542.16		てながざる	489.97
鉄船（造船学）	552.35		テニアン	*741
鉄族	436.8		てにをは	815.7
鉄族元素	436.8		テニス	783.5
鉄柱（電気工学）	544.15		テネシー州	*5362
鉄塔（電気工学）	544.15		デノミネーション	337.35
鉄道（工学）	516		テノール（声楽）	767.36
鉄道（交通）	686		デパート	673.83
鉄道員	686.36		手風琴	763.39
鉄道運賃	686.4		手袋（製造工業）	589.24
鉄道運輸	686		手袋（民俗）	383.4
鉄道営業	686.37		テーブル（家具工業）	583.76
鉄道駅	516.5		テーブル（家政学）	597.4
鉄道会計	686.34		テーブルセッティング	596.8
鉄道橋	516.24		テープレコーダー	547.333
鉄道行政	686.1		デフレーション	337.9
鉄道業務	686.37		テーベ（古代ギリシア）	231.5
鉄道金融	686.34		デポジットライブラリー	014.68
鉄道経営	686.3		デボン紀（地史学）	456.36
鉄道警察	686.13		点前	791.7
鉄道形態	686.32		デモクリトス（哲学）	131.1
鉄道公安	686.13		手文字	801.9
鉄道工学	516		テモテへの手紙［聖書］	193.72

デューイ（教育学）	371.253	テレビ放送	699
デューイ（哲学）	133.9	テレビ放送網	547.83
テューダー王朝	233.051	テレフォンカード	694.68
デュポン・ド・ヌムール（経済学）	331.35	テロリズム（政治運動）	316.4
デューリング（哲学）	134.7	てん（動物学）	489.58
デュルケーム（教育学）	371.235	点（幾何学）	414.13
デュルケーム（社会学）	361.235	滇	*2237
テュルゴ（経済学）	331.35	電圧（電気回路）	541.3
デラウェア州	*5331	電圧（配電）	544.41
テラコッタ（建材）	524.27	電圧計	541.54
テラコッタ（彫刻）	717	電圧降下	544.42
テラコッタ（窯業）	573.38	電圧測定	541.54
寺子屋	372.105	電圧調整器	542.7
テーラーシステム（生産工学）	509.61	電圧調整所	544.3
テラス（造園）	629.64	電位計	541.54
寺田屋騒動	210.58	電位差	541.54
デリー	*253	電位差滴定法（化学）	433.64
テルグ語	829.6	転位反応（化学）	434.3
デルタ（地形学）	454.6	転位理論（化学）	434.3
テルペン	439.1	田園都市（都市工学）	518.88
テルペン類（化学）	439.1	電荷（物理学）	427.3
テルペン類（化学工業）	576.64	天蓋（仏像）	718.2
テルミット溶接	566.64	電解（化学）	431.75
テルル（化学）	435.48	電解還元（化学）	431.73
テレジオ（哲学）	132.5	電解還元（化学工業）	572.21
テレックス（通信工学）	547.45	電解研磨	566.74
テレックス（電気通信事業）	694.4	電解工業	572.2
テレパシー	147.2	電解酸化（化学）	431.73
テレビ	547.8	電解酸化（化学工業）	572.21
テレビ（放送事業）	699	電解質（化学）	431.71
テレビ演劇	778.8	電解精錬（銅）	565.24
テレビ回路	547.81	電解分極（化学）	431.75
テレビ教育（各科教育）	375.19	電解分析（化学）	433.61
テレビゲーム	798.5	電解冶金	563.4
テレビ広告（商業）	674.6	田楽（演劇）	773.21
テレビ受像機	547.86	点火装置（自動車工学）	537.28
テレビショッピング	673.36	てんかん	493.74
テレビジョン	547.8	伝記	280
テレビジョン（放送事業）	699	電気泳動（電気学）	427.4
テレビ送像機	547.84	電気泳動（物理化学）	431.7
テレビ測定	547.81	電気泳動分析（化学）	433.4
テレビタレント	779.9	電気応用測定	541.59
テレビ電話（電気通信事業）	694.6	電気音響工学	547.3

電気回路	541.1		電気探鉱	561.34
電気化学（化学）	431.7		電気通信（工学）	547
電気化学工業	572		電気通信（電気通信事業）	694
電気化学反応	431.73		電気通信行政	694.1
電気楽器	763.9		電気通信業務	694.3
電気機関車	536.3		電気通信史	694.2
電気機器	542		電気通信事業	694
電気技術者検定	540.79		電気通信事業経営	694.3
電気行政	540.91		電気通信条約	694.1
電気計器	541.53		電気通信政策	694.1
電気計算	541.2		電気通信法令	694.1
電気現象（気象学）	451.7		電気滴定法（化学）	433.62
電気工学	540		電気鉄道（工学）	516
電機工業	542.09		電気透析（化学）	433.68
電気工事士試験	544.079		電気標準器	541.51
電気ごたつ	545.88		電気分解（化学）	431.75
電気こんろ	545.88		電気分析（化学）	433.6
電気材料	541.6		電気兵器	559.6
電気サイン	545.66		電気法令	540.91
伝記作法	28△07		電気めっき	566.78
電機子	542.16		電気冶金	563.4
電気事業	540.9		電球	545.2
電気事業会計	540.95		電球付属品	545.28
電気事業経営	540.95		電極（化学工業）	572.4
電気事業史	540.92		電極材料（電気工学）	541.623
電気自動車（機械工学）	537.25		天気予報	451.28
電気主任技術者試験	540.79		電気力学（物理学）	427.4
電気診断法	492.16		電気料	540.95
電気振動（物理学）	427.7		電気療法	492.52
天気図	451.28		電気冷蔵庫	545.88
電気推進船（造船学）	554.86		電気炉（化学工業）	572.4
電気数学	541.2		電気炉（電気工学）	545.8
電気制御	541.59		電気労働	540.96
電気製鋼	564.24		電気炉製銑法	564.14
電気製図	542.11		てんぐさ（漁労）	664.8
電気生理学（医学）	491.317		てんぐさ（植物学）	474.53
電気設備（建築）	528.43		テングサ目	474.53
電気設備（造船学）	553.2		デング熱	493.87
電気掃除機	545.88		電戟漁業	664.49
電気装置（自動車工学）	537.6		電検	540.79
電気測定	541.5		電験	540.79
電気測定設備	541.52		天元術（数学）	419.1
電気単位	541.51		電源装置（無線工学）	547.549

電光広告	674.8	電子書籍閲覧（ソフトウェア）	023
篆刻	739	電子書籍閲覧用端末	023
天国（キリスト教）	191.6	点字資料（図書館）	014.79
電弧炉製鋼	564.24	電磁説（光学）	425.1
てんさい（作物栽培）	617.1	電子線（物理学）	427.56
てんさい（植物学）	479.65	電子線管	549.53
天才（心理学）	141.18	電子装置（自動車工学）	537.6
甜菜糖	588.13	電子伝導	549.1
電刷子	572.4	点字図書館	016.58
天蚕	635.9	電子図書館	010
電算写植	749.12	点字図書目録	027.93
点竄術（数学）	419.1	電磁波（物理学）	427.7
天山南路	*228	電磁波探鉱	561.35
天山北路	*228	電子複写法	745
天使（キリスト教）	191.5	電子兵器	559.6
展示（広告）	674.53	点字法	378.18
点字（言語学）	801.91	電子放出	549.1
電子（工学）	549.1	電子メール（ソフトウェア）	007.6389
電子（物理学）	427.1	電車	536.5
電子応用機器	549.9	電車線	516.231
電子オルガン	763.3	転写マーク	749.9
電子音楽	763.93	填充（紙工業）	585.4
電子回路	549.3	電子郵便	693.6
電子化学	431.18	天井（建築）	524.86
電子管	549.2	添乗員	689.6
電子管材料	549.2	天井材料（建築）	524.297
電磁気学	427	電食（通信工学）	547.27
電子計算機（情報学）	007.63	展色剤（塗料）	576.83
電子計算機（電気工学）	548.2	店飾照明（電気工学）	545.66
電子掲示板	007.353	伝書鳩（家禽）	646.5
電子顕微鏡	549.97	伝書鳩（郵便）	693.9
電子顕微鏡（生物学）	460.75	電磁流体力学	427.6
電子光学（物理学）	427.56	電子理論	549.1
電子工学	549	電子論（物理学）	428.4
電子工業	549.09	天津	*2211
展示施設	689.7	電信（通信工学）	547.45
展示室（図書館）	012.6	電信（電気通信事業）	694.4
電磁石	541.66	電信回路	547.451
電子ジャーナル（逐次刊行物）	050	電信機器	547.454
電子ジャーナル（図書館）	014.75	電信局	547.459
電子出版	023	電信符号	547.452
電子情報資源	014.7	電信方式	547.452
電子書籍（出版）	023	天性（植物学）	471.71

伝説（民俗）	388	伝道（イスラム）	167.7
伝説神話時代（古代ギリシア）	231.1	伝道（カトリック）	198.27
伝説神話時代（世界史）	209.32	伝道（キリスト教）	197
電線（通信工学）	547.22	伝道（宗教）	165.7
電線（電気工学）	541.62	伝道（神道）	177
伝染病学	493.8	伝道（仏教）	187
電線類	541.62	伝道（プロテスタント）	198.37
電線路（電気工学）	544.1	伝道（ユダヤ教）	199.7
伝送写真（電気通信事業）	694.5	電動アシスト自転車	536.86
伝送方式	547.82	電動機	542.13
伝送量測定（電気工学）	541.55	伝統工芸	750
伝送理論（通信工学）	547.11	店頭広告	674.53
店則	673.1	電灯支持具	545.28
纏足（民俗）	383.7	伝動装置（機械工学）	531.6
天測機械（天文学）	442.2	伝動装置（自動車工学）	537.3
テンソル（幾何学）	414.7	伝導度滴定法（化学）	433.63
テンソル（物理学）	421.5	伝道の書［聖書］	193.35
天体位置表	449.5	点灯養鶏	646.14
天体化学	440.13	テンニース（社会学）	361.234
天体観測所	442.1	天人（彫刻）	718.1
天体観測法	442	テンニンカ目	479.87
天体写真集	440.87	電熱	545.8
天体写真術	442.7	電熱化学工業	572.4
天台宗	188.4	電熱計算	545.8
天台神道	171.1	伝熱工学（機械工学）	533.1
天体測光学	442.6	伝熱工学（工業物理学）	501.26
天体物理学	440.12	電熱材料	541.63
天体分光学	442.6	伝熱理論（原子炉）	539.24
天体望遠鏡	442.3	天然ウラン炉	539.33
天体力学	441.1	天然ガス（海洋開発）	558.4
天体暦（航海学）	557.38	天然ガス工業	575.59
天体暦（天文学）	449.5	天然ガス鉱業	568.8
電池（化学）	431.77	天然記念物	462.9
電池（化学工業）	572.1	天然記念物（植物）	472.9
点茶	791.7	天然記念物（動物）	482.9
電柱（通信工学）	547.22	天然更新（造林）	653.4
電柱（鉄道）	516.231	天然香料	576.63
電柱（電気工学）	544.15	天然色素（化学）	439.5
天頂儀	442.4	天然色素（生化学）	464.7
天敵	615.86	天然樹脂	578.3
転轍器（鉄道）	516.3	天然樹脂（林産製造）	658.7
天童	*125	天然染料	577.99
電灯	545.2	天然塗料	576.82

天然物化学	439	電流測定	541.54
天然物質（化学）	439	電流滴定（化学）	433.67
天然物質（薬化学）	499.39	電力（農業工学）	614.824
天皇（帝国憲法）	323.131	電力機器	542
天皇（伝記）	288.41	電力計	541.56
天皇（日本国憲法）	323.141	電力計画	543.1
天王星	445.7	電力系統	543.1
天皇制	313.61	電力事業	540.9
電波監理	547.509	電力測定	541.56
電波行政	547.509	電力損失	544.42
電波工学	547.5	電力問題	540.93
電波高度計	547.68	電力量測定	541.56
電波航法（航空学）	538.85	典礼（キリスト教）	196
田畑輪換（作物学）	616.27	典礼（プロテスタント）	198.36
電波伝播	547.51	典礼（ユダヤ教）	199.6
電波天文学	440.14	電路定数	544.2
電波法	547.509	転炉法	564.22
伝票会計	336.919	電話（通信工学）	547.46
天平時代（日本史）	210.35	電話（電気通信事業）	694.6
天平美術	702.135	電話会社	694.63
澱粉（食品工業）	588.2	電話回路	547.461
澱粉作物	617.2	電話機器	547.464
テンペラ画（絵画技法）	724.39	電話局（通信工学）	547.469
電報	694.4	電話局（電気通信事業）	694.63
点本書目	027.8	電話交換	547.465
デンマーク	*3895	電話番号簿	694.65
デンマーク語	849.7	電話方式	547.462
デンマーク体操	781.2	電話網	547.462
天窓（建築）	524.85	電話料金	694.61
天文学	440		
天文学教育	440.7	【ト】	
天文学的年代学	449.4		
天文航法	557.34	戸（建築）	524.89
天文時	449.1	土圧	511.33
天文台（天文学）	442.1	と網漁業	664.42
天文道	148.8	樋（建築）	524.85
展覧会（絵画）	720.69	砥石（工作機械）	532.5
展覧会（写真）	740.69	砥石（窯業）	573.69
展覧会（美術）	706.9	ドイツ	*34
天理	*165	ドイツ革命	234.072
電離（化学）	431.71	ドイツ観念論	134.3
電流（物理学）	427.4	ドイツ語	840
電流計	541.54	ドイツ語（学校教育）	375.894

ドイツ史	234	東海	*155
ドイツ社会学	361.234	凍害（作物学）	615.884
ドイツ体操	781.2	凍害（森林保護）	654.5
ドイツ帝国	234.065	頭蓋学	469.45
ドイツ哲学	134	頭蓋骨（解剖学）	491.162
ドイツ統一時代	234.062	頭蓋骨（人類学）	469.45
ドイツ文学	940	東海地方	*15
ドイツ法制史	322.34	動画共有サイト	007.353
ドイツ民主共和国	234.075	統覚（心理学）	141.4
ドイツ連邦共和国	234.075	等角写像（解析学）	413.53
問屋	673.5	導火線（火薬工業）	575.97
問屋（商法）	325.36	東金	*135
問屋営業	325.36	とうがらし（作物栽培）	617.6
問屋制家内工業	335.204	とうがらし（植物学）	479.961
とう（作物栽培）	618.9	とうがらし（蔬菜園芸）	626.28
とう（植物学）	479.351	とうがらし（農産加工）	619.91
唐	222.048	陶管（化学工業）	573.37
銅（化学）	436.17	東関紀行［書名］	915.46
銅（金属工学）	565.2	投機	676.7
銅（鉱山工学）	562.2	陶器（建材）	524.27
銅アンモニア人絹	578.64	陶器（工芸）	751
当為（倫理）	151.2	陶器（窯業）	573.26
同位元素（工学）	539.6	東魏	222.046
同位元素（物理学）	429.4	陶器印刷	749.9
統一イタリア	237.06	同期機	542.3
統一新羅	221.037	冬季競技	784
動員（国防政策）	393.6	同義語	8□4
道院	166.5	同義語（英語）	834.5
東欧	*39	同義語（中国語）	824.5
道央	*115	同義語（朝鮮語）	829.145
東温	*183	同義語（日本語）	814.5
同音語	8□4	同義語辞典（英語）	833.5
同音語（英語）	834.5	同義語辞典（中国語）	823.5
同音語（中国語）	824.5	同義語辞典（朝鮮語）	829.135
同音語（朝鮮語）	829.145	同義語辞典（日本語）	813.5
同音語（日本語）	814.5	動機づけ（心理学）	141.72
灯火（民俗）	383.95	同期調相機	542.34
糖菓（食品工業）	588.38	同期電動機	542.33
同化（植物学）	471.3	同期発電機	542.32
道家（中国思想）	124.2	登記法	324.86
道歌（倫理）	159.9	闘牛	788.4
銅貨（経済）	337.33	道教	166
動画	778.77	道教史	166.2

東京都	*136		胴差	524.52
東京都区部	*1361		当座預金	338.53
東京都郡部	*1365		動産（民法）	324.13
東京都市部	*1365		動産総合保険	339.9
東京都島部	*1369		東山地方	*15
灯具（電気工学）	545.4		東山・東海地方	*15
灯具（民俗）	383.95		唐詩	921.43
洞窟（地形学）	454.66		投資（経済学）	331.87
統計	350		投資（利殖）	338.18
闘鶏	788.4		透視（超心理学）	147.4
統計遺伝学	467.1		動詞	8□5
統計学	350.1		動詞（英語）	835.5
統計学史	350.12		動詞（中国語）	825.5
統計学者	350.28		動詞（朝鮮語）	829.155
統計機械	535.5		動詞（日本語）	815.5
統計行政	350.19		道士（道教）	166.5
統計史	350.2		透視画法	725.2
統計地震学	453.15		陶磁器（化学工業）	573.2
統計天文学	443.1		陶磁器（工芸）	751
統計熱力学	426.56		陶磁工芸	751
統計法令	350.192		糖脂質（生化学）	464.4
統計力学	421.4		当事者（民事訴訟法）	327.21
統計理論	350.1		透視図法（幾何学）	414.67
刀剣（危険物取締）	317.734		糖質（医化学）	491.43
刀剣（工芸）	756.6		糖質（生化学）	464.3
闘犬	788.4		同時犯（刑法）	326.15
刀工	756.6		頭字法（英語）	831.5
瞳孔（眼科学）	496.33		等翅目	486.32
銅鉱	562.2		投射（写真）	746.8
登校拒否	371.42		謄写印刷	749.8
籐工芸（工芸）	754.6		東周時代	222.034
統合失調症	493.763		道州制（地方行政）	318.18
投光照明	545.64		島嶼（地形学）	454.7
統語論	801.5		凍傷（外科学）	494.35
統語論（英語）	835.1		道床（鉄道工学）	516.21
統語論（中国語）	825.1		筒状花目	479.95
統語論（朝鮮語）	829.151		東晋（晋時代）	222.044
統語論（日本語）	815.1		東晋（南北朝時代）	222.046
籐細工（工芸）	754.6		導水（水道工学）	518.13
籐細工（製造工業）	583.9		統帥権（帝国憲法）	323.131
当座貸越	338.54		導水設備（発電水力）	517.76
頭索類（動物学）	485.97		等椎目	487.61
動作研究（生産工学）	509.64		道西	*116

同性愛（社会学）	367.97	盗難防止施設（建築）	528.6
同性愛（心理学）	145.73	盗難保険	339.9
同性愛（民俗）	384.7	投入産出分析（経済学）	331.19
統制会	335.7	糖尿病	493.123
統制価格	337.83	トゥバ共和国	*293
籐製家具	583.78	盗伐（森林保護）	654.2
統制経済	333.2	銅版画	735
同性婚	367.97	投票（選挙）	314.84
鄧析（中国思想）	124.42	道標（道路工学）	514.29
灯船（航海学）	557.5	銅拍子	768.19
痘瘡	493.87	豆腐（農産加工）	619.6
道蔵	166.3	頭部（解剖学）	491.192
同窓会	374.6	頭部（形質人類学）	469.43
同窓会（大学）	377.9	頭部外科	494.62
銅族元素	436.1	陶仏	718.7
等測投象法（幾何学）	414.68	動物園（動物学）	480.76
頭足類（古生物学）	457.84	動物画（洋画法）	724.58
頭足類（動物学）	484.7	動物解剖学	481.1
道祖神（民俗）	387.5	動物化学	481.4
灯台（航海学）	557.5	動物学	480
灯台（港湾工学）	517.88	動物化石	457.8
トウダイグサ科	479.815	動物看護学	649.59
董仲舒（中国思想）	125.1	動物看護師	649.814
透聴（超心理学）	147.4	動物奇形学	481.1
投擲競技	782.5	動物区系	482.8
動電気学（物理学）	427.4	動物芸	779.5
導電材料（通信工学）	547.39	動物形態学	481.1
導電材料（電気工学）	541.62	動物行動学	481.78
陶土（鉱山工学）	569.7	動物採集	480.73
道東	*112	動物細胞学	481.1
道徳	150	動物脂	576.187
道徳（各科教育）	375.35	動物誌	482
道徳（宗教）	165.4	動物社会	481.71
道徳（小学校）	375.352	動物心理学	481.78
道徳（中学校）	375.353	動物崇拝	163.1
道徳教育	371.6	動物生態学	481.7
道徳教育（各科教育）	375.35	動物性病原体（細菌学）	491.78
道徳哲学者	133.3	動物生理学	481.3
道徳標準	151.3	動物組織学	481.1
道南	*118	動物地理	482
東南アジア	*23	動物発生学	481.2
東南アジア絵画	722.3	動物病院	649.816
東南アジア建築	522.3	動物分類学	481.8

動物保険	339.9	東洋法制史	322.2
動物保護	480.9	動力学（物理学）	423.4
動物保護（狩猟）	659.7	糖料作物	617.1
動物薬事	649.9	統領政府（フランス史）	235.06
動物油脂	576.18	動力管理（生産管理）	509.68
動物蝋	576.188	動力機械（農業工学）	614.82
動吻類	483.67	動力計（精密工学）	535.3
東方教会	198.19	動力計（電気工学）	541.56
東方の三博士（キリスト教）	192.8	動力地質学	455
道北	*111	糖類（医化学）	491.43
東北地区（中国）	*225	糖類（栄養学）	498.55
東北地方	*12	糖類（化学）	439.1
胴骨	469.46	トゥルーン朝（エジプト史）	242.04
東御	*152	道路維持	514.8
動脈（解剖学）	491.124	道路運輸	685
動脈（生理学）	491.324	道路管理（交通）	685.13
動脈硬化症	493.24	道路管理（道路工学）	514.8
冬眠（植物学）	471.71	道路行政	514.091
冬眠（動物学）	481.77	登録税（財政）	345.63
同盟（外交）	319.99	道路計画（道路工学）	514.1
動名詞（英語）	835.59	道路計画（都市計画）	518.84
とうもろこし（作物栽培）	616.61	道路公園	629.32
とうもろこし（植物学）	479.343	道路工学	514
灯油	575.572	道路構造	514.2
東洋	*2	道路材料	514.2
童謡（音楽）	767.7	道路事業	514.09
童謡（日本文学）	911.58	道路事業史	514.092
童謡（文学）	9□18	道路政策	514.091
童謡（民俗）	388.9	道路施工法	514.2
東洋医学	490.9	道路設計	514.1
東洋画（絵画）	722	道路測量	514.12
東洋画（絵画技法）	724.1	道路地図	685.78
東洋学（歴史）	220	道路標示	514.29
当用漢字	811.27	道路舗装	514.4
童謡研究	909.1	討論会（社会教育）	379.5
東洋建築	522	討論法	809.6
東洋史	220	童話	9□38
東洋式庭園	629.22	同和教育	371.56
東洋思想	120	童話劇	9□28
東洋思想史	120.2	童話劇研究	909.2
東洋書誌学	020.22	童話研究	909.3
東洋的精神療法（心理学）	146.816	同和問題	361.86
東洋道徳	150.22	ドゥンス・スコトゥス（哲学）	132.2

十日町	*141	特殊航法	557.36
遠江国	*154	特殊栽培法（稲作）	616.27
遠野	*122	特殊栽培法（果樹園芸）	625.17
ト書（歌舞伎）	774.4	特殊材料（建築材料）	524.29
とかげぎす（動物学）	487.63	特殊材料（電気材料）	541.68
トカゲ類	487.93	特殊写真	746
十勝総合振興局	*113	特殊資料	014.7
十勝国	*113	特殊資料分類法	014.48
トカラ語	829.99	特殊資料目録法	014.38
土管（化学工業）	573.37	特殊セメント	573.86
土管（土木材料）	511.47	特殊船	556.7
とき（動物学）	488.58	特殊炭層採炭法	567.44
土岐	*153	特殊鋳造	566.18
土器（工芸）	751.4	特殊テレビ	547.89
土器（考古学）	202.5	特殊電子管	549.5
土器（日本史）	210.025	特殊塗料	576.86
ドキュメンタリー番組	699.64	特殊無線	547.68
ドキュメンテーション	007.5	特種目録	027
常磐津	768.53	読書	019
鍍金（金属加工）	566.78	独唱（宗教音楽）	765.4
鍍金（工芸）	756.18	独唱（声楽）	767.3
特異性感染症	494.45	読書運動	015.6
独学	379.7	読書会	015.6
毒ガス（兵器）	559.3	読書感想文	019.25
独居老人	367.75	読書記録	019.25
独裁政治	313.8	読書指導（各科教育）	375.8
トクサ類（植物学）	476.3	読書指導（読書）	019.2
徳島	*181	読書所感集	019.9
徳島県	*181	読書心理	019.1
特殊印刷	749.7	読書生理	019.1
特殊栄養学	498.59	読書相談（図書館）	015.2
特殊会社	335.49	読書調査	019.3
特殊ガラス	573.56	読書法	019.12
特殊関数	413.57	読書療法（心理学）	146.813
特殊関数方程式	413.71	独身（男性・女性問題）	367.4
特殊艦艇	556.99	独占（経営学）	335.5
特殊顔料	576.96	独占（経済学）	331.844
特殊生糸	639.8	独占禁止	335.57
特殊機器（電気工学）	542.9	独占資本主義（経済史）	332.06
特殊群（代数学）	411.65	督促手続（民事訴訟法）	327.26
特殊鋼（機械材料）	531.23	ドクダミ科	479.523
特殊鋼（金属工学）	564.8	特定難病	493.11
特殊合成（化学）	434.6	毒物（衛生学）	498.12

毒物学	491.59		登山技術	786.15
毒物試験	499.4		登山用品	786.13
毒物取締（衛生学）	498.12		都市（社会学）	361.78
読譜法	761.2		都市（地方行政）	318.7
特別活動	375.18		都市（地理学）	29△0173
特別教育活動	375.18		都市衛生	518.5
特別教育活動（高等学校）	375.184		都市ガス	575.34
特別教育活動（小学校）	375.182		都市銀行	338.61
特別教育活動（中学校）	375.183		都市計画（工学）	518.8
特別刑法	326.8		都市計画（地方行政）	318.7
特別コレクション	090		都市工学	518
特別裁判手続	327.66		都市交通	681.8
特別支援学校	378		都市財政	349.9
特別支援教育	378		都市政策	318.7
毒蛇中毒	493.158		都市地理	290.173
読本	8□7		土質工学	511.3
匿名組合（商法）	325.34		土質試験	511.37
匿名著作目録	027.35		土質調査	511.37
毒薬（薬学）	499.15		土質力学	511.3
特用樹種（造林）	653.8		都市排水	518.2
独立行政法人	335.7		都市問題	318.7
独立国家共同体	*38		土砂（土石採取）	569.8
独立国家共同体（ロシア史）	238.076		徒手体操	781.4
特例有限会社	325.28		図書	020
徳論（倫理）	151.1		どじょう（漁労）	664.694
時計	535.2		どじょう（動物学）	487.67
トゲウナギ目	487.65		土壌（稲作）	616.24
トケラウ諸島	*75		土壌（花卉園芸）	627.14
トーゴ	*4445		土壌（果樹園芸）	625.14
土工	513.3		土壌（栽桑）	636.4
土工事（建築）	525.51		土壌（植物学）	471.71
床飾（家政学）	597.7		土壌（生態学）	468.2
常滑	*155		土壌（蔬菜園芸）	626.14
床の間	527.4		土壌（農業基礎学）	613.5
床山（歌舞伎）	774.68		土壌（林業）	653.1
所沢	*134		土壌安定化（土木工学）	511.36
土佐	*184		土壌汚染（公害）	519.5
戸坂潤（日本思想）	121.6		土壌化学	613.53
土佐清水	*184		土壌学	613.5
土佐日記［書名］	915.32		土壌形態学	613.54
土佐国	*184		土壌試験	613.58
土佐派（日本絵画）	721.2		土壌侵食	613.51
登山	786.1		土壌生成	613.54

土壌微生物学	613.56		図書館利用法	015
土壌物理学	613.52		図書館論	010.1
土壌分析	613.58		図書記号法	014.55
土壌分類	613.57		図書形態	022.5
図書館	010		図書材料	022.6
図書館学	010		図書史	020.2
図書館学教育	010.7		図書収集	024.9
図書館活動	015		図書選択法	014.1
図書館管理	013		図書展示目録	027.7
図書館機械化	013.8		図書登録法	014.2
図書館基準	011.2		図書配架法	014.5
図書館協議会	013.3		図書販売	024
図書館行政	011.1		図書付属品	022.68
図書館経営	013		鳥栖	*192
図書館計画	011.3		土性(土壌学)	613.57
図書館建築	012		土星	445.6
図書館広報活動	013.7		土性図	613.59
図書館財政	011.4		土性調査	613.58
図書館サービス	015		土石採取業	569
図書館情報学	010		渡船(造船学)	556.74
図書館職員	013.1		塗装(化学工業)	576.89
図書館職員養成	010.7		塗装工事(建築)	525.58
図書館職員倫理	013.1		土蔵造(建築)	524.59
図書館資料	014.1		塗装補助材料	576.87
図書館税	011.4		戸田	*134
図書館政策	011		土台(木構造)	524.53
図書館製本	014.66		戸棚(家具工業)	583.77
図書館設備	012.8		戸棚(家政学)	597.5
図書館相互協力	011.3		土地(衛生学)	498.41
図書館相互貸借	015.13		土地(経済学)	334.6
図書館組織	013.2		土地(農業経済)	611.2
図書館調査	013.5		土地改良(農業工学)	614.2
図書館統計	013.5		土地改良区	611.17
図書館ネットワークシステム	011.3		土地家屋台帳法	324.86
図書館の自由	010.1		トチカガミ科	479.337
図書館備品	012.9		栃木	*132
図書館評価法	013.5		栃木県	*132
図書館分館制	011.38		土地行政	334.6
図書館法	011.2		屠畜	648.22
図書館用品(図書館管理)	013.6		土地区画整理(都市計画)	518.86
図書館用品(図書館設備)	012.9		土地経済	334.6
図書館予算	013.4		土地収用法	323.97
図書館利用教育	015.23		土地政策(経済学)	334.6

土地政策（農業経済）	611.23	飛び板飛び込み	785.24
土地制度（農業経済）	611.2	とびうお	487.74
土地制度史	611.22	トビケラ目	486.78
土地台帳（財政）	345.43	飛込競技	785.24
土地台帳（民法）	324.86	トビムシ目	486.27
トチノキ科	479.823	吐物（臨床医学）	492.14
とちの実（林産物）	657.85	土仏	718.7
土地法	334.6	トボガン	784.8
土地問題	334.6	土木機械	513.8
土地利用権（民法）	324.24	土木行政	510.91
読解指導（各科教育）	375.85	土木計算	513.1
特許	507.23	土木工学	510
特許庁	317.257	土木材料	511.4
ドック（造船学）	555.8	土木事業	510.9
ドッグレース	788.4	土木仕様	513.13
突厥	222.8	土木製図	513.1
突厥語	829.58	土木積算法	513.13
特権階級	361.83	土木設計	513.1
徳行録	159.2	土木地質学	511.2
ドッジボール	783.3	土木力学	511
突然変異（生物学）	467.4	トポロジー（数学）	415.7
突堤（港湾工学）	517.83	塗膜	576.89
鳥取	*172	苫小牧	*117
鳥取県	*172	トマス（社会学）	361.253
凸版印刷	749.4	トマス・アクィナス（哲学）	132.2
ドップ（経済学）	331.6	トマス・ア・ケンピス（哲学）	132.2
トップマネージメント	336.3	トーマス法（製鋼法）	564.22
徒弟制度（経営学）	336.47	トマト（園芸加工）	628.5
徒弟制度（労働問題）	366.8	トマト（植物学）	479.961
トーテミズム	163.2	トマト（蔬菜園芸）	626.27
どどいつ（日本文学）	911.66	トマト製品（園芸加工）	628.5
どどいつ（邦楽）	768.59	富岡	*133
都道府県債	349.73	とみくじ（商業）	676.8
都道府県税	349.53	豊見城	*199
となかい（畜産業）	645.39	富里	*135
となかい（動物学）	489.86	富永仲基（日本思想）	121.59
砺波	*142	ドミニカ共和国	*594
鳥羽	*156	ドミニカ国	*5974
鳥羽絵	721.82	ドミニコ会	198.25
賭博（刑法）	326.22	ドミノ	797.4
賭博（社会病理）	368.63	富本（邦楽）	768.54
鳥羽伏見の戦い	210.61	ドーム（建築）	524.82
とび（動物学）	488.7	登米	*123

どや街（社会病理）	368.2		トリウム（核燃料）	539.44
富山	*142		トリウム（金属工学）	565.7
富山県	*142		トリウム鉱（鉱山工学）	562.7
豊明	*155		トリウム炉	539.34
豊岡	*164		とりかへばや物語［書名］	913.385
豊川	*155		取締役（経営学）	335.43
豊田	*155		取締役（商法）	325.243
豊中	*163		取締役会（経営学）	335.43
豊橋	*155		取締役会（商法）	325.243
とら	489.53		トリチウム（化学）	435.13
トライアスロン	782.6		取次店（図書）	024
トライアングル（楽器）	763.87		取付具（機械工作）	532.69
ドライクリーニング	587.9		取手	*131
ドライブ（スポーツ）	786.6		トリニダード・トバゴ	*599
ドライフラワー（手芸）	594.85		取引所（商業）	676
ドライポイント	735		取引税（財政）	345.65
トライボロジー	531.8		トリプラ州	*251
トラクター（自動車工学）	537.95		トリム（造船学）	551.9
トラクター（農業）	614.89		塗料	576.8
トラコーマ（学校衛生）	374.96		塗料化学	576.81
トラコーマ（眼科学）	496.32		塗料機器	576.88
トラス（構造力学）	501.36		度量衡	609
トラス橋	515.52		塗料工場	576.88
トラスト（経営学）	335.54		ドリル（工作機械）	532.6
トラック	*743		ドリル採炭	567.46
トラック（自動車工学）	537.94		土類金属（化学）	436.3
トラック事業	685.6		トルク計（電気工学）	541.56
トラックボール（コンピュータ）	548.21		トルクメニスタン	*2965
トラバース測量	512.49		トルクメン語	829.57
ドラビダ諸語	829.6		トルコ	*274
トラフィック（通信工学）	547.21		トルコ語	829.57
ドラマ番組	699.67		トルコ法制史	322.27
ドラム（楽器）	763.85		トルテカ文明	256.03
トランジスター（電子工学）	549.6		ドルバック（哲学）	135.3
トランシット測量	512.4		奴隷制経済（経済史）	332.03
トランシルバニア	*391		奴隷制社会（社会体制）	362.03
トランプあそび	797.2		奴隷制社会（日本史）	210.3
トランプ占い	148.9		トレーニング（スポーツ）	780.7
トランペット	763.63		トレーラー（自動車工学）	537.95
トランポリン（体操）	781.5		トレルチ（社会学）	361.234
ドリアン（果樹栽培）	625.85		泥絵（絵画技法）	724.68
鳥居（神道）	175.5		トロヤ文明	209.36
トリウム（化学）	436.34		トロール漁業	664.45

トロンボーン	763.64	内燃力発電	543.4
とはずがたり［書名］	915.49	内部監査制度	336.84
十和田	*121	内部統制	336.84
トンガ	*754	内分泌攪乱化学物質	519.79
トンキン	*231	内分泌器官（解剖学）	491.149
どんぐり（林産物）	657.85	内分泌器官（生理学）	491.349
緞子（染織工芸）	753.3	内分泌系（小児科学）	493.934
屯数（造船学）	551.9	内分泌疾患	493.49
富田林	*163	内分泌腺（解剖学）	491.149
トンネル維持管理	514.98	内分泌腺（生理学）	491.349
トンネル工学	514.9	内容保存（図書館）	014.616
トンボ目	486.39	内乱（刑法）	326.21
問屋	673.5	内陸水運	684
問屋（商法）	325.36	ナイル・サハラ諸語	894.6
問屋営業	325.36	ナイロン	578.73
		ナウル	*746
【ナ】		ナウル語	829.47
		苗木（造林）	653.3
内因性精神病	493.76	那珂	*131
内因的地質営力	455.8	長井	*125
内縁（民法）	324.62	中井竹山（日本思想）	121.54
内海漁業	664.32	ながいも（植物学）	479.376
内顎目	487.67	ながいも（蔬菜園芸）	626.42
内科学	493	長唄（邦楽）	768.58
内閣（行政）	317.211	中江藤樹（日本思想）	121.55
内閣官房	317.211	長岡	*141
内閣府	317.216	長岡京	*162
内閣法制局	317.212	仲買業	673.6
内科診断学	492.1	中川乙由（日本文学）	911.33
内科の疾患（小児科学）	493.93	長着（家政学）	593.12
内観療法（心理学）	146.816	長久手	*155
内呼吸（生理学）	491.332	中ぐり盤	532.2
内耳（解剖学）	491.175	長崎	*193
内耳（耳科学）	496.6	長崎県	*193
ナイジェリア	*445	長崎派（日本画）	721.83
内職（家庭経済）	591	中沢道二（石門心学）	157.9
内政不干渉（国際法）	329.12	ながし網漁業	664.41
内臓（医学）	491.14	仲立営業（商法）	325.35
内装工事（建築）	525.58	中津	*195
内挿法（数学）	418.2	中務内侍日記［書名］	915.49
内藤丈草（日本文学）	911.33	中津川	*153
内燃機関	533.4	長門	*177
内燃機関車	536.2	長門国	*177

中野	*152	七重奏	764.26
長野	*152	七種競技	782.6
長野県	*152	ナナフシ科	486.44
長浜	*161	那覇	*199
中間	*191	名張	*156
ナガマツモ目	474.44	ナフタリン（工業薬品）	574.82
中村惕斎（日本思想）	121.54	ナフトール（化学）	438.3
中村正直（日本思想）	121.6	ナフトール染法	587.688
中山妙宗	188.98	鍋（製造工業）	581.6
ナガランド州	*251	ナポレオン遠征（エジプト史）	242.06
流山	*135	ナポレオン1世（フランス史）	235.064
薙刀術	789.45	ナポレオン戦争（西洋史）	230.6
投入（花道）	793.7	ナポレオン戦争（ドイツ史）	234.061
名護	*199	なまけもの	489.45
名古屋	*155	なまこ（漁労）	664.78
なし（果樹栽培）	625.22	なまこ（動物学）	484.97
なし（植物学）	479.75	生ゴム	578.23
ナショナリズム（政治学）	311.3	ナマコ類	484.97
ナショナリズム（倫理）	151.8	なまず（漁労）	664.695
なす（植物学）	479.961	なまず（動物学）	487.68
なす（蔬菜園芸）	626.26	生麩（農産加工）	619.39
ナス科	479.961	生麦事件	210.58
那須烏山	*132	鉛（化学）	436.47
那須塩原	*132	鉛（金属工学）	565.32
ナス目	479.96	鉛（中毒症）	493.152
なぞなぞ集（日本語）	031.7	鉛鉱	562.3
なたね（作物栽培）	617.9	鉛蓄電池	572.12
なたね（植物学）	479.722	鉛中毒	493.152
なたまめ（植物学）	479.78	ナミビア	*486
なたまめ（蔬菜園芸）	626.3	行方	*131
雪崩（気象学）	451.66	なめくじうお	485.97
雪崩防止工事（森林工学）	656.53	なめし作業（皮革工業）	584.4
ナチスドイツ	234.074	嘗百	596.3
捺染	587.7	滑川	*142
ナット（機械工学）	531.44	名寄	*114
納豆（農産加工）	619.6	奈良	*165
なつめ（植物学）	479.83	奈良県	*165
ナデシコ科	479.655	奈良時代	210.35
名取	*123	習志野	*135
ナトリウム（化学）	436.12	奈良朝文学	910.23
ナトルプ（教育学）	371.234	成田	*135
ナトルプ（哲学）	134.8	成田蒼虬（日本文学）	911.35
七尾	*143	ナルシシズム（心理学）	145.73

鳴門	*181	南北朝時代（中国史）	222.046
鳴門中将物語［書名］	913.41	南北朝時代（日本史）	210.45
縄（製造工業）	583.9	難民救済	369.38
苗代	616.22	難民政策	334.4
縄跳び	781.95	難民問題（経済学）	334.4
南欧	*36	難民問題（社会病理）	368.28
軟化（病理学）	491.62	難民問題（社会福祉）	369.38
南画（絵画技法）	724.1	南洋	*24
南画（日本画）	721.7	南陽	*125
南海道	*18	ナンヨウスギ科	478.63
軟脚類	485.4		
南極	*79	【ニ】	
南極海	**8		
南京事件，1927（中国史）	222.073	ニアサランド	*481
南京事件，1937（中国史）	222.075	新潟	*141
南京事件，1937（日本史）	210.74	新潟県	*141
なんきんまめ（植物学）	479.78	新座	*134
なんきんまめ（蔬菜園芸）	626.3	新居浜	*183
南国	*184	新見	*175
軟骨魚類	487.53	ニイル（教育学）	371.233
軟骨組織（医学）	491.114	ニウエ	*75
難産	495.7	ニオブ（化学）	436.52
南城	*199	ニオブ（金属工業）	565.44
南西アフリカ	*486	二月革命（フランス史）	235.066
軟性下疳	494.99	二月革命（ロシア史）	238.07
南宋	222.054	にかほ	*124
軟体動物	484	ニカラグア	*575
軟体類（漁労）	664.77	にかわ（化学工業）	579.1
軟体類（水産増殖）	666.7	荷為替（商法）	325.37
南丹	*162	二期作（稲作）	616.27
南朝（中国史）	222.046	二極管（電子工学）	549.42
難聴（耳科学）	496.6	肉（畜産加工）	648.2
難聴児	378.2	肉牛	645.3
なんてん（花卉園芸）	627.79	肉腫（外科学）	494.5
なんてん（植物学）	479.717	肉製品（畜産加工）	648.2
南砺	*142	肉蒲団［書名］	923.6
納戸（住宅建築）	527.3	肉料理	596.33
難燃木材	657.68	荷車	536.84
難破（航海学）	557.84	ニグロ型（人類学）	469.6
南氷洋	**8	二弦琴	768.12
南米インディアン諸語	895.2	二元論（哲学）	111
南北戦争（アメリカ合衆国史）	253.06	尼港事件（日本史）	210.69
南北戦争（中国史）	222.071	ニコバル諸島	*259

ニコバル島諸語	829.39	日用便覧（日本語）	031.3
ニコラウス・クサヌス（哲学）	132.4	日蓮宗	188.9
虹（気象学）	451.75	日露戦争（日本史）	210.67
西アフリカ	*44	日韓辞典	829.132
西周（日本思想）	121.6	日記（日本史）	210.088
西イリアン	*247	日記（文学）	9□5
西インド	*255	日記文（英語）	836.6
西インド諸島	*59	日記文（中国語）	826.6
ニジェール	*4412	日記文（朝鮮語）	829.166
ニジェール・コルドファン諸語	894.7	日記文（日本語）	816.6
西尾	*155	日記文学	901.5
西オーストラリア州	*713	にっけい（作物栽培）	617.6
錦（染織工芸）	753.3	にっけい（植物学）	479.719
錦鯉	666.9	ニッケル（化学）	436.83
二次形式（代数学）	411.5	ニッケル（金属工学）	565.61
西ゴート王国	236.03	ニッケル貨	337.33
西サハラ	*435	ニッケル鉱	562.6
西サモア	*753	ニッケル合金	565.61
西シベリア地方	*294	ニッケル水素電池	572.12
西田幾多郎（日本思想）	121.63	日光	*132
二次電子増倍管	549.51	日光浴	492.51
二次電池	572.12	日射（気象）	451.34
西東京	*1365	日照（気象）	451.34
西之表	*197	日食（天文学）	444.7
西宮	*164	日進	*155
西ベンガル州	*251	日清戦争（中国史）	222.068
西山宗因（日本文学）	911.31	日清戦争（日本史）	210.65
二重奏	764.22	日中辞典	823.2
二重底（造船学）	552.15	日中戦争（中国史）	222.075
二畳紀（地史学）	456.38	日中戦争（日本史）	210.74
西脇	*164	日朝辞典	829.132
にしん（漁労）	664.62	日程計画（生産管理）	509.65
にしん（動物学）	487.61	ニット（製造工業）	589.218
ニシン目	487.61	ニット工業	586.8
荷造機械	536.79	ニトロ化（化学）	434.6
荷造箱（製造工業）	583.5	ニトロ火薬	575.93
ニーチェ（哲学）	134.94	ニトロセルロース	578.53
日英同盟（日本史）	210.67	二・二六事件	210.7
日独戦争（日本史）	210.69	二年草（花卉園芸）	627.4
日南	*196	二戸	*122
日曜学校（キリスト教）	197.7	二宮尊徳（報徳教）	157.2
日曜大工	592.7	荷馬車（陸運）	685.8
日用便覧（中国語）	032.3	ニヒリズム（哲学）	113.7

にべ（漁労）	664.67	二本松	*126
煮乾	667.2	日本霊異記［書名］	913.37
日本	*1	日本料理	596.21
日本泳法	785.21	日本料理店	673.971
日本画（絵画）	721	二枚貝（動物学）	484.4
日本画（絵画技法）	724.1	二毛作（作物学）	615.3
日本海	**23	二毛作（農業経営）	611.73
日本絵画史	721.02	荷役機械	536.7
日本学	210	荷役設備（港湾工学）	517.86
日本漢文学	919	荷役設備（造船学）	553.8
日本管理政策（国際法）	329.66	ニャーヤ学派（インド哲学）	126.6
日本管理法令	329.66	ニューイングランド	*531
日本教育史	372.1	入学試験	376.8
日本近代思想	121.6	入学試験（高等学校）	376.84
日本経済史	332.1	入学試験（小学校）	376.82
日本芸術	702.1	入学試験（大学）	376.87
日本建築	521	入学試験（大学院）	377.8
日本憲法史	323.12	入学試験（中学校）	376.83
日本語（言語）	810	入学試験（幼稚園）	376.81
日本国議会	314.1	乳牛	645.3
日本国憲法	323.14	乳業	648.1
日本国体論	155	入漁権	661.12
日本国民道徳	155	入札（建築業）	520.95
日本語フロントエンドプロセッサー	007.635	入札（財政学）	343.94
日本史	210	乳児栄養	498.59
日本史観	210.01	乳汁（生理学）	491.357
日本思想	121	乳汁分泌（生理学）	491.357
日本思想史	121.02	入場（映画）	778.09
日本社会学	361.21	入場料（演劇）	770.9
日本酒（酒類工業）	588.52	乳製品	648.1
日本儒学	121.53	乳腺（解剖学）	491.158
日本書紀（日本史）	210.3	乳腺（生理学）	491.357
日本書紀（日本文学）	913.2	乳腺疾患	495.46
日本書誌学	020.21	乳白ガラス	573.578
日本庭園	629.21	乳房（解剖学）	491.158
日本統治時代（台湾史）	222.406	乳房疾患	495.46
日本統治時代（朝鮮史）	221.06	乳幼児サービス（図書館）	015.91
日本道徳	150.21	入浴（育児）	599.4
日本美術	702.1	入力装置（コンピュータ）	548.21
日本舞踊	769.1	ニューカレドニア	*735
日本文学	910	ニューサウスウェールズ州	*715
日本文学史	910.2	ニュージャージー州	*5322
日本法制史	322.1	ニュージーランド	*72

ニュース映画	778.74		人間生態学	361.7
ニュースキャスター	699.39		妊産婦	495.5
ニュース番組	699.64		認識（心理学）	141.51
ニューハンプシャー州	*5312		認識論（哲学）	115
ニューファンドランド・ラブラドール州	*512		忍術	789.8
ニューブランズウィック州	*5133		人情本	913.54
ニューヘブリデス諸島	*733		妊娠（家庭衛生）	598.2
ニューメキシコ州	*5385		妊娠（生理学）	491.354
ニューヨーク州	*5321		妊娠（法医学）	498.96
尿（生理学）	491.348		にんじん（植物学）	479.885
尿管（解剖学）	491.153		にんじん（蔬菜園芸）	626.46
尿管（生理学）	491.348		妊娠中毒症	495.6
尿管疾患	494.94		人相	148.12
女御入内	210.093		人相書（法医学）	498.92
尿細管	494.94		忍耐（倫理）	158
尿素（肥料学）	613.44		任大臣	210.097
尿素樹脂	578.433		認知（心理学）	141.51
尿道（解剖学）	491.153		認知（民法）	324.63
尿道（生理学）	491.348		認知科学（情報学）	007.1
尿道疾患	494.95		認知言語学	801.04
尿毒症（外科学）	494.95		認知症	493.758
尿毒症（内科学）	493.17		認知心理学	141.51
女房詞	814.9		認知療法（心理学）	146.811
如来（彫刻）	718.1		にんにく（植物学）	479.373
にら（植物学）	479.373		にんにく（蔬菜園芸）	626.54
にら（蔬菜園芸）	626.54		仁王経［経典］	183.2
韮崎	*151		任免（公務員）	317.33
ニレ科	479.573			
庭	629.2		【ヌ】	
庭石	629.61			
俄狂言	779.2		ヌクオロ語	829.45
庭木	629.75		ヌタウナギ目	487.43
にわとり（獣医学）	646.16		ヌード（人物画法）	724.552
にわとり（畜産業）	646.1		ヌード写真	743.4
にわとり（動物学）	488.4		沼津	*154
ニワトリ目	488.4		沼田	*133
人形	759			
人形劇	777		【ネ】	
人形浄瑠璃	777.1			
人間学（哲学）	114		根（植物学）	471.1
人間関係（経営管理）	336.49		ネアンデルタール人	469.2
人間関係（社会心理学）	361.4		寧夏回族自治区	*2217
人間工学	501.84		ネオン（化学）	435.24

ネオン灯	545.2	熱帯植物	471.77
ねぎ（植物学）	479.373	熱電気（物理学）	427.4
ねぎ（蔬菜園芸）	626.54	熱電子管	549.4
根伐工（建築）	524.3	熱電対材料	541.624
根伐工（土木工学）	513.41	熱伝導（物理学）	426.3
ネクタイ（製造工業）	589.22	ネットボール	783.1
ネクタイ（民俗）	383.3	熱放射（物理学）	426.3
ねこ（家畜）	645.7	熱力学（機械工学）	533.1
ねこ（獣医学）	645.76	熱力学（工学）	501.26
ねこ（動物学）	489.53	熱力学（物理学）	426.5
ネコ科	489.53	熱量測定	426.2
猫車	536.83	ネバダ州	*5388
寝言（心理学）	145.2	ネパール	*2587
ねじ（機械工学）	531.44	ネパール語	829.86
ねじ切盤	532.49	涅槃経［経典］	183.59
ねじり（応用力学）	501.325	涅槃部	183.59
ねじり（機械工学）	531.16	涅槃論	181.7
ねじり試験	501.53	ネブラスカ州	*5356
ネジレバネ目	486.69	ネフローゼ	494.93
ネストリウス派	198.18	ネヘミア記［聖書］	193.28
ねずみ（衛生学）	498.69	ネーミング	674.35
ねずみ（作物学）	615.86	根室	*112
ねずみ（動物学）	489.473	根室振興局	*112
ネズミ科	489.473	根室国	*112
捏和（化学工学）	571.3	寝屋川	*163
熱化学	431.6	練製品（水産加工）	667.5
熱学	426	練混ぜ	511.72
熱可塑性樹脂	578.44	粘液質（心理学）	141.94
熱管理（生産管理）	509.68	年賀（日本史）	210.092
熱機関	533	年賀（民俗）	385.5
熱気浴	492.53	年鑑	059
根付（工芸）	755.4	粘管目	486.27
熱計算（燃料工業）	575.1	年忌（民俗）	385.7
熱工学	533	年季奉公	366.8
熱硬化性樹脂	578.43	年金	364.6
熱交換（物理学）	426.3	粘菌植物	473.3
熱交換器（化学工学）	571.7	年号（日本史）	210.023
熱処理（金属工学）	566.3	捻挫（外科学）	494.76
捏製品（農産加工）	619.39	捻挫（病理学）	491.63
熱帯医学	498.42	撚糸（絹工業）	586.45
熱帯果樹	625.8	撚糸（綿業）	586.256
熱帯魚（水産増殖）	666.9	念写（超心理学）	147.5
熱帯魚（動物学）	487.5	燃焼工学	575.1

年少労働	366.38		農業運搬車	614.89
粘性（物理学）	423.83		農業会議	611.13
年代学（世界史）	202.3		農業会計	611.79
年代学（日本史）	210.023		農業機械化	614.8
年中行事（民俗）	386		農業技術	610.1
粘土工芸（工芸）	751.4		農業技術史	610.12
粘土鉱物	569.7		農業気象学	613.1
粘土質煉瓦	573.4		農業基礎学	613
粘土製品（建築材料）	524.27		農業教育	610.7
粘土製品（土木材料）	511.47		農業教育（各科教育）	375.6
粘土製品（窯業）	573.3		農業恐慌	611.49
粘土彫刻	717		農業共済組合	611.59
念力（超心理学）	147.5		農業行政	611.1
燃料（化学工業）	575		農業協同組合	611.6
燃料化学工業	575.1		農業金融	611.5
燃料供給装置（自動車工学）	537.28		農業経営	611.7
燃料試験	575.1		農業景気	611.49
燃料電池	572.13		農業経済	611
燃料電池車	537.25		農業研究所	610.76
年輪（木材学）	657.2		農業建築物	614.7
年齢構成	334.2		農業工学	614
年齢集団（社会学）	361.64		農業後継者	611.71
			農業構造物	614.6
【ノ】			農業昆虫学	613.86
			農業災害	615.8
脳（解剖学）	491.171		農業災害補償	611.59
脳（生理学）	491.371		農業財政	611.18
脳外傷	493.73		農業史	612
能楽	773		農業試験場	610.76
農学	610.1		農業植物学	613.7
能楽史	773.2		農業助成金	611.18
農学史	610.12		農業所得	611.85
農家経済	611.8		農業水利	614.3
農家経済調査	611.82		農業数学	610.19
脳下垂体（解剖学）	491.149		農業政策	611.1
脳下垂体（生理学）	491.349		農業生産費	611.42
直方	*191		農業生物学	613.6
農家負債	611.84		農業センサス	610.19
農家林業	651.9		農業倉庫	611.47
能管	768.16		農業測量	614.1
膿胸	493.39		農業団体	610.6
農業	610		農業地質学	613.51
農業委員会	611.13		農業地理	612.9

農業手形	611.5	濃縮ウラン炉	539.36
農業統計学	610.19	脳出血	493.73
農業動物学	613.8	脳腫瘍	493.73
農業土木	614.2	能装束	773.67
農業廃棄物	613.9	脳神経（解剖学）	491.172
農業微生物学	613.65	脳神経（生理学）	491.372
農業物理学	613.2	農政学	611.1
農業法	611.12	脳性麻痺児（教育）	378.7
農業簿記	611.79	脳脊髄液検査	492.16
農業保険	611.59	ノウゼンカズラ科	479.965
農業薬剤	615.87	農村（社会学）	361.76
農業用機械	614.85	農村（農業経済）	611.9
農業用機器	614.8	農村医学	611.99
農業用資材	611.16	農村衛生	611.99
農業用水	614.3	農村改良	611.15
農業用動力	614.82	農村教育	611.97
農業用トラクター	614.89	農村計画	611.15
農業用飛行機	614.89	農村更生	611.15
農業用ポンプ	614.824	農村娯楽	611.97
農業用モーター	614.824	農村事情	611.92
農業労働	611.75	農村自治	611.17
農具	614.84	農村人口	611.91
農芸化学	613.3	農村生活	611.98
脳外科	494.627	農村調査	611.92
農耕儀礼（民俗）	384.31	農村電化	614.9
濃厚飼料（畜産業）	643.4	農村物価	611.86
農産製造機械	619.18	農村問題	611.9
農産物	611.4	農地	611.2
農産物市場	611.46	農地改革	611.23
農産物価格	611.43	農地価格	611.28
農産物加工	619	農地制度	611.2
農産物加工品	619	農地法	611.23
農産物関税	611.48	農道	614.6
農産物市場	611.4	能道具	773.6
農産物収納	615.9	濃度計（精密工学）	535.3
農産物製造	619	農奴制（経済史）	332.04
農産物製造品	619	農奴制（社会史）	362.04
農産物取引	611.46	農奴制社会	362.04
農産物貿易	611.48	脳軟化症	493.73
脳死（医学）	490.154	脳波（診断学）	492.16
農事調停法	327.5	能囃子	773.7
脳疾患	493.73	脳部（解剖学）	491.192
農舎	614.7	能舞台	773.5

納本制	023.9	乗合自動車(工学)	537.93
農民運動	611.96	乗合自動車(陸運)	685.5
農民階層	611.95	糊付	586.75
農民組合	611.96	祝詞(神道)	176.4
農民住宅	614.7	法面保護(鉄道工学)	516.25
農民戦争(ドイツ史)	234.05	法面保護(土質力学)	511.34
農民問題	611.9	法面保護(土木工学)	513.3
能面	773.4	ノルウェー	*3894
農薬	615.87	ノルウェー語	849.6
農薬公害	519.79	ノルディック競技	784.35
能役者	773.28	ノルマン王朝	233.04
農薬中毒	493.153	ノンインパクトプリンティング(印刷)	749.83
膿瘍切開術	494.289		
農用地	611.2	【ハ】	
農用発動機	614.824		
能率(経営管理)	336.2	歯(解剖学)	491.143
能率(公務員)	317.37	歯(形質人類学)	469.43
農林水産業	610	歯(歯学)	497
農林水産省	317.251	歯(生理学)	491.343
能代	*124	葉(植物学)	471.1
ノースカロライナ州	*5336	バー	673.98
ノースダコタ州	*5354	灰(茶道)	791.3
ノストラダムス(超心理学)	147.42	肺(解剖学)	491.138
野田	*135	肺(生理学)	491.338
能登国	*143	パイ(食品工業)	588.35
ノートパソコン	548.295	バイアスロン	784.37
野中兼山(日本思想)	121.54	配位化合物(化学)	431.13
野々市	*143	背泳	785.22
ノバスコシア州	*5132	ハイエク(経済学)	331.72
ノビアル	899.3	ハイエナ科	489.55
延岡	*196	肺炎	493.38
ノーベル財団	329.36	煤煙(公害)	519.3
ノーベル賞	377.7	バイオテクノロジー	579.9
登別	*117	バイオリン	763.42
のみ(衛生学)	498.69	俳画(絵画)	721.7
のみ(動物学)	486.98	俳画(絵画技法)	724.1
鑿(木工)	583.8	胚芽(植物学)	471.1
能美	*143	俳諧	911.3
ノミ目	486.98	肺活量(生理学)	491.338
ノモンハン事件	210.7	肺活量測定	492.13
海苔(漁労)	664.8	肺化膿症	493.38
海苔(水産加工)	667.7	肺癌	493.385
海苔(水産増殖)	666.8	配管工事	528.18

配管装置（造船学）	553.5	倍数性（遺伝学）	467.3
廃棄（図書館）	014.2	倍数性（生物学）	463.5
肺気腫	493.38	バイセクシャル	367.97
肺機能	492.13	肺切除	494.645
廃棄物（核工学）	539.69	配膳（料理）	596.8
廃棄物（公害）	519.7	配線工事（配電工学）	544.48
廃棄物（都市工学）	518.52	配線図（無線工学）	547.541
配給組織	675.4	媒染染法	587.685
肺魚類	487.58	媒染染料	577.5
ハイキング	786.4	肺塞栓症	493.38
俳句	911.3	媒体変換（図書館）	014.616
肺外科	494.645	ハイチ	*593
肺結核	493.89	廃置分合（地方行政）	318.12
敗血症	493.83	ハイデッガー（哲学）	134.96
配合肥料	613.47	配電（鉄道）	516.57
背後地経済調査（鉄道貨物運輸）	686.64	配電（電気工学）	544.4
媒剤（彫刻）	711.2	配電系統	544.41
バイシェーシカ派（インド哲学）	126.6	配電図	544.41
肺ジストマ（寄生虫学）	491.93	配電盤（送配電工学）	544.8
肺疾患	493.38	配電方式	544.41
配車（鉄道運輸）	686.7	配電網（電気工学）	544.41
ハイジャック	687.7	バイト（機械工作）	532.6
排出（植物学）	471.3	培土（稲作）	616.27
排出（生理学）	491.348	配当（経営学）	335.45
排出（動物学）	481.34	配当（保険）	339.44
排出権取引	519.13	配糖体（化学）	439.1
売春（社会病理）	368.4	梅毒（外科学）	494.99
売春防止法	326.82	梅毒（病理学）	491.64
賠償（経済）	333.3	パイナップル（果樹栽培）	625.82
廃娼運動	369.83	パイナップル（植物学）	479.363
賠償責任保険	339.9	パイナップル科	479.363
配色（建築）	528.8	背任（刑法）	326.26
配色（デザイン）	757.3	廃熱利用（蒸気工学）	533.38
陪審制度	327.67	売買（民法）	324.52
俳人伝（近代）	911.362	売買春	368.4
陪審法	327.67	ハイバルパフトゥンハー州	*257
俳人列伝	911.302	廃藩置県	210.61
排水（鉄道工学）	516.14	背部（解剖学）	491.194
排水（トンネル工学）	514.92	パイプオルガン	763.35
配水工（水道工学）	518.17	廃物利用（化学工業）	570.99
排水設備（建築）	528.1	パイプライン（石油業）	568.6
排水装置（衛生工学）	518.2	パイプライン（流体輸送）	534.6
排水装置（船舶設備）	553.3	ハイブリッド気動車	536.3

ハイブリッド自動車	537.25	歯切加工	532.48
排便	491.346	歯切盤	532.48
配本所（図書館）	011.38	ばく（動物学）	489.8
配役（映画）	778.3	パーク（社会学）	361.253
売薬	499.7	博愛主義（倫理）	151.5
俳優（演劇）	772.8	白亜紀（地史学）	456.57
俳優術	771.7	羽咋	*143
胚葉発生（解剖学）	491.21	白雲石（鉱山工学）	569.3
培養法（細菌学）	491.72	白雲石（鉱物学）	459.61
排卵	495.13	麦価	611.34
配列（目録法）	014.33	迫害史（カトリック）	198.22
パイロ電気（物理学）	427.3	迫害史（キリスト教）	192
俳論	911.301	麦芽糖（食品工業）	588.17
俳話	911.304	伯家神道	171.4
ハウサ語	894.5	はくさい（植物学）	479.722
端唄（邦楽）	768.59	はくさい（蔬菜園芸）	626.51
バウムガルテン（哲学）	134.1	舶載書目	027.8
パウロ神学	193.71	麦作	616.3
パウロの書簡［聖書］	193.71	白山	*143
はえ（衛生学）	498.69	白寿（民俗）	385.5
はえ（動物学）	486.9	曝書（図書館）	014.614
ハエカビ	474.65	白色火薬	575.92
はえなわ漁業	664.48	白色人種（人類学）	469.6
ハエ目	486.9	剥製法（動物学）	480.73
羽織（家政学）	593.14	白帯下	495.44
墓（民俗）	385.6	爆弾	559.28
バーガー（社会学）	361.253	泊地（港湾工学）	517.83
破壊活動防止法	326.81	爆竹	575.98
はがき（郵便）	693.8	はくちょう（動物学）	488.69
ハカシア共和国	*293	博徒	368.51
バガス（製紙工業）	585.38	白内障	496.35
鋼（機械材料）	531.21	バクーニン（社会思想）	309.7
鋼（金属工学）	564.2	白熱電灯	545.2
鋼（工業材料）	501.42	爆破（鉱山工学）	561.42
袴（家政学）	593.16	爆破（炭鉱業）	567.41
葉枯病（稲作）	616.28	爆破（トンネル工学）	514.94
馬韓	221.034	爆発物取締法	317.734
萩	*177	爆発薬	575.9
パキスタン	*257	幕藩体制	210.5
掃立法（蚕糸業）	635.2	博物学	460
萩の乱	210.624	博物館	069
履物（製造工業）	589.25	博物館管理	069.3
履物（民俗）	383.2	博物館行政	069.1

博物館建築（博物館学）	069.2	橋（工学）	515
博物館財政	069.1	箸（民俗）	383.88
博物館職員	069.3	はしけ（海運）	683.94
博物館図録	069.9	はしけ（造船学）	556.74
博物館設備	069.2	バシコルトスタン共和国	*381
博物館法令	069.1	歯疾患	497.2
博物館目録	069.9	バージニア州	*5335
博物志［書名］	923.4	羽島	*153
博物誌	462	橋本	*166
博物資料（図書館）	014.72	播種（花卉園芸）	627.15
白鳳美術	702.134	播種（果樹園芸）	625.15
薄膜（化学）	431.86	播種（作物学）	615.5
幕末史	210.58	播種（蔬菜園芸）	626.15
爆薬	575.9	馬術	789.6
舶用機関	554	パシュトー語	829.98
舶用原子力機関	554.6	播種用機械	614.85
舶用光学機器	557.24	バショウ科	479.381
薄葉紙（紙工業）	585.55	破傷風	493.84
舶用蒸気機関	554.4	柱（機械工学）	531.15
舶用推進器	554.9	柱（建築）	524.83
舶用タービン	554.5	柱（構造力学）	501.35
舶用内燃機関	554.8	柱（ブロック構造）	524.43
舶用ボイラー	554.3	柱（木構造）	524.53
舶用補助機関	554.9	柱形	524.43
爆雷（兵器）	559.25	ハジラミ目	486.35
博覧会	606.9	走高跳	782.4
バークリ（哲学）	133.3	走幅跳	782.4
歯車（機械工学）	531.6	バス（工学）	537.93
歯車（自動車工学）	537.3	バス（声楽）	767.36
歯車仕上盤	532.48	パース（哲学）	133.9
歯車伝動装置	531.6	ハス科	479.712
波形測定（電気工学）	541.57	パスカル（哲学）	135.25
パケット交換	547.485	バスク語	893.5
派遣社員	366.8	バスケットボール	783.1
筥（図書）	022.68	バス事業	685.5
函館	*118	蓮田	*134
函館戦争	210.61	パステル	576.97
バーコードリーダー（コンピュータ）	548.211	パステル画	725.4
箱庭療法（心理学）	146.813	バストランド	*489
パーゴラ	629.67	パズル	798.3
ハサミムシ目	486.49	バスーン（楽器）	763.77
破産（国際民事訴訟法）	329.87	はぜ（作物栽培）	617.9
破産法	327.36	馬政	645.21

長谷川派（日本画）	721.3	爬虫類（水産増殖）	666.79
バセットホルン	763.73	爬虫類（動物学）	487.9
パセリ（蔬菜園芸）	626.57	波長計（電気工学）	541.57
ハゼ類	487.767	パチンコ	797.9
パソコン（工学）	548.295	パチンコ店	673.94
パソコン（情報学）	007.63	発育（植物学）	471.3
パーソナリティ（社会学）	361.48	発育（生理学）	491.35
パーソナリティ（心理学）	141.93	発育（動物学）	481.35
パーソナルコミュニケーション	361.454	発煙剤	575.98
パーソナルコンピュータ（工学）	548.295	発音（英語）	831.1
パーソナルコンピュータ（情報学）	007.63	発音（生理学）	491.368
破損（図書館）	014.612	発音（中国語）	821.1
パーソンズ（社会学）	361.253	発音（朝鮮語）	829.111
旗	288.9	発音（動物学）	481.36
バター	648.17	発音（日本語）	811.1
機上	586.75	発音体（物理学）	424.3
ハダカイワシ目	487.62	はっか（作物栽培）	617.6
裸線（電気工学）	541.62	はっか（植物学）	479.957
裸線路（通信工学）	547.22	発芽（植物学）	471.3
裸線路（電気工学）	541.62	白海	**7
裸ヘビ目	487.83	廿日市	*176
はだかむぎ（作物栽培）	616.4	客家語	828.6
畑作（農業経営）	611.73	発火材料	575.8
秦野	*137	白金（化学）	436.89
バタフライ	785.22	白金（金属工学）	565.14
パターン認識（情報学）	007.13	白金（工芸）	756.3
はち（動物学）	486.7	罰金（刑法）	326.43
鉢植	627.8	ハッキング（情報学）	007.375
鉢植花卉	627.83	パッキング（登山）	786.13
八王子	*1365	パッキング（流体工学）	534.6
バチカン	*378	白金鉱	562.1
蜂喰目	488.95	白金族元素（化学）	436.8
八重奏	764.26	発禁本	023.8
ハチソン（哲学）	133.3	白血球（生理学）	491.322
八代集	911.135	白血病	493.173
ハチドリ目	488.96	撥弦楽器	763.5
八戸	*121	発券銀行	338.4
八幡平	*122	発光（動物学）	481.36
蜂蜜	646.9	発酵（醸造学）	588.51
鉢虫類（動物学）	483.33	発酵工業	588.5
ハチ目	486.7	発行制度（銀行券）	337.4
バーチャルリアリティ（情報学）	007.1	発光ダイオード照明	545.2
爬虫類（古生物学）	457.87	発光微生物	465.7

発酵微生物（農産加工）	619.16	ハドソン湾	**55
発光分光分析（化学）	433.57	パートタイマー	366.8
伐採（木材学）	657.12	ハードディスク（コンピュータ）	548.235
抜歯（民俗）	383.7	バドミントン	783.59
抜歯術	497.4	はとむぎ（作物栽培）	616.67
発射薬	575.9	ハト目	488.45
発振回路（通信）	547.15	花（花卉園芸）	627
発振回路（電子工学）	549.35	花（植物学）	471.1
発振器（無線）	547.545	鼻（解剖学）	491.134
発疹チフス	493.86	花籠（花卉園芸）	627.9
発声	809.2	花ことば	627
発生学（生物学）	463.8	話し合い	375.18
発生心理学	143	バナジウム（化学）	436.51
発声法（声楽）	767.1	話し方	809.2
発生炉ガス	575.44	鼻疾患	496.7
バッタ科	486.45	咄本（江戸文学）	913.59
発達（教育心理学）	371.4	花束（花卉園芸）	627.9
発達障害児	378.8	バナッハ空間（数学）	415.5
発達心理学	143	バナナ（果樹栽培）	625.81
バッタ目	486.4	バナナ（植物学）	479.381
パッチワーク（手芸）	594.9	花火	575.98
発電	543	花火広告	674.8
発電機	542.12	花札	797.1
発電計画（河川工学）	517.74	パナマ	*578
発電水力（土木工学）	517.7	花巻	*122
バット染法	587.686	パナマソウ科	479.353
バット染料	577.6	パナマソウ目	479.353
服部南郭（日本思想）	121.56	花むしろ（製造工業）	583.9
服部嵐雪（日本文学）	911.33	花環	627.9
発熱（生理学）	491.361	パニック（社会心理学）	361.44
発熱反応（化学）	431.63	羽生	*134
発病	491.61	埴輪（工芸）	751.4
発泡アルコール飲料（酒類工業）	588.54	バヌアツ	*733
伐木	657.1	ばね（機械工学）	531.19
発明（技術）	507.1	ハノーヴァー王朝	233.06
パーティー料理	596.4	パノラマ	779.4
バーデン学派（哲学）	134.8	場の量子論	421.3
はと（家禽）	646.5	パパイア（果樹栽培）	625.83
はと（動物学）	488.45	パパイア（植物学）	479.85
波動（力学）	423.84	バハイズム（宗教）	167.9
波動光学	425.4	母親論	367.3
波動説（光学）	425.1	バハマ	*5963
波動力学	421.3	ハーバマス（社会学）	361.234

ハバモドキ目	474.46	ばら（花卉園芸）	627.77
ハーバラー（経済学）	331.72	ばら（植物学）	479.75
羽曳野	*163	払出（図書館）	014.2
バビロニア語	829.71	祓詞（神道）	176.4
ハーブ（作物栽培）	617.6	バラエティーショー	779.17
ハープ（音楽）	763.51	バラエティ番組	699.67
パプア諸語	897.9	パラオ	*744
パプアニューギニア	*736	パラオ語	829.43
バフィン湾	**7	パラグアイ	*63
ハーブ教（宗教）	167.9	パラグライダー	782.9
ハープシコード	763.2	パラジウム（化学）	436.86
ハプスブルグ家（スペイン史）	236.05	薔薇戦争	233.04
バプティスト教会	198.6	パラチフス	493.84
ハフニウム（化学）	436.43	パラノイア（精神医学）	493.76
バブーフ（社会思想）	309.3	パラフィン（化学工業）	575.58
バーボン（経済学）	331.34	パラメトロン（電子工学）	549.85
パーマ	595.4	バラ目	479.75
はまぐり（漁労）	664.72	バラモン教	126
はまぐり（水産増殖）	666.7	バラライカ	763.56
はまぐり（動物学）	484.4	バラライカ合奏	764.86
浜田	*173	パラリンピック	780.69
浜松	*154	パラワン	*2483
浜松中納言物語［書名］	913.383	針（製造工業）	581.9
歯みがき（医学）	497.9	梁（機械工学）	531.13
歯みがき（化学工業）	576.77	梁（建築）	524.85
ハム（畜産加工）	648.24	梁（工学）	501.35
ハム（無線工学）	547.61	梁（造船学）	552.12
ハム諸語	894.2	梁（鉄筋コンクリート構造）	524.7
羽村	*1365	梁（木構造）	524.54
ハムラビ法典	322.27	パリ	*353
はも	487.66	バリウム（化学）	436.25
ハーモニー	761.5	はり絵	726.9
ハーモニウム	763.3	針金（製造工業）	581.4
ハーモニカ	763.79	針金虫類	483.75
ハーモニカ合奏	764.89	パーリ語	829.89
刃物（製造工業）	581.7	パリコミューン	235.068
バーモント州	*5313	はり師	498.14
囃子（歌舞伎）	774.7	バリトン（声楽）	767.36
囃子（邦楽）	768.8	はりねずみ	489.41
囃子方	774.7	播磨国	*164
林羅山（日本思想）	121.54	ハリモグラ科	489.25
早瀬（地学）	452.94	ハリヤナ州	*253
はやぶさ	488.7	波力発電	543.6

波力利用（工学）	558.6	ハワイ	*76
パーリ律	183.81	ハワイ音楽	764.7
バルカン諸国	*39	パワーエレクトロニクス	549.8
バルカン法制史	322.39	パン（食品）	596.63
バルコニー（建築）	524.89	パン（食品工業）	588.32
パルス回路（通信工学）	547.17	反映論（哲学）	115.4
パルス回路（電子工学）	549.37	版画	730
バルチスタン州	*257	晩化（稲作）	616.27
バルト海	**53	版画家	732.8
バルト諸語	889.9	版画技法	731
バルト神学	191.9	反革命	316.5
ハルトマン，E（哲学）	134.7	版画材料	731
ハルトマン，N（哲学）	134.8	版画史	732
バルト3国	*388	ハンカチ（製造工業）	589.22
バルバドス	*5978	藩学校	372.105
パルプ	585.3	ハンガリー	*347
パルプ（林産製造）	658.4	ハンガリー語	893.7
パルプ工業	585	バンガロー（建築）	527.7
ばれいしょ（作物栽培）	616.8	斑岩（岩石学）	458.64
ばれいしょ（植物学）	479.961	半乾性油	576.174
バレエ	769.9	反義語	8□4
パレスチナ	*2799	反義語（英語）	834.5
パレート（経済学）	331.73	反義語（中国語）	824.5
バレーボール	783.2	反義語（朝鮮語）	829.145
バーレーン	*2789	反義語（日本語）	814.5
バレンツ海	**7	反義語辞典（英語）	833.5
波浪（海洋学）	452.5	反義語辞典（中国語）	823.5
波浪誌（海洋学）	452.5	反義語辞典（朝鮮語）	829.135
ハロゲン（化学）	435.3	反義語辞典（日本語）	813.5
ハロゲン化（化学）	434.6	反基地闘争	395.39
ハロゲン化鉱物	459.45	反響（物理学）	424.4
ハロゲン化合物（化学工業）	574.73	板金加工	566.5
ハロゲン化合物（無機化学）	435.3	板金工事（建築）	525.56
ハロゲン化物（環式化合物）	438.2	盤菌目	474.75
ハロゲン化物（無機化学）	435.3	攀禽類	488.8
ハロゲン炭化水素（化学工業）	574.82	ハンググライダー（航空工学）	538.62
バロック（ドイツ文学）	940.25	ハンググライダー（スポーツ）	782.9
バロック音楽	762.05	番組編成	699.6
バロック絵画	723.05	バングラデシュ	*2576
バロック建築	523.052	ハングル	829.115
バロック美術	702.05	版権（図書）	021.2
ハロッド（経済学）	331.74	犯罪（刑法）	326.3
バローネ（経済学）	331.73	犯罪（社会病理）	368.6

犯罪学	326.3	番付（日本語）	031.5
犯罪現象	368.6	藩政（法制史）	322.15
犯罪社会学	368.6	半成コークス	575.37
犯罪者予防更生	326.56	版籍奉還	210.61
犯罪心理学	326.34	ハンセン（経済学）	331.74
犯罪人類学	326.33	帆船（造船学）	552.73
犯罪生物学	326.33	反戦運動	319.8
犯罪捜査（警察）	317.75	ハンセン病	494.83
犯罪捜査（刑事訴訟法）	327.63	ハンセン病（予防医学）	498.6
犯罪統計	326.39	搬送通信	547.47
犯罪人（社会病理）	368.6	はんだ（金属加工）	566.68
犯罪人引渡（国際法）	329.21	半田	*155
犯罪被害者	326.3	パンダ（動物学）	489.57
犯罪被害者救済	326.3	パンダ海	**34
犯罪理論（刑法）	326.1	パンダ目	479.79
板鰓類	487.53	パンタレオーニ（経済学）	331.73
版式（書誌学）	022.3	半担子菌類	474.83
版下作成	749.12	バンディ	784.7
半翅目	486.5	ハンディターミナル	548.27
反射（光学）	425.3	バンド（製造工業）	589.22
反社会集団	368.5	坂東	*13
反射鏡（光学機械）	535.87	坂東（茨城県）	*131
パンジャーブ語	829.85	バントゥ諸語	894.7
パンジャーブ州（インド）	*254	半導体（電子工学）	549.8
パンジャーブ州（パキスタン）	*257	半導体（物理学）	428.8
反射望遠鏡（天文学）	442.3	半導体記憶装置（コンピュータ）	548.232
反射炉製錬（銅）	565.23	半導体材料	549.8
反射炉法	564.28	半導体素子	549.8
板書	374.35	反動タービン	534.35
バンジョー	763.52	ハンドヘルドコンピュータ	548.295
バンジョー合奏	764.82	ハンドボール	783.3
繁殖（花卉園芸）	627.12	パントマイム	775.8
繁殖（果樹園芸）	625.12	阪南	*163
繁殖（作物学）	615.2	般若心経［経典］	183.2
繁殖（水産増殖）	666.12	般若部	183.2
繁殖（蔬菜園芸）	626.12	犯人蔵匿（刑法）	326.21
繁殖（鳥類）	488.1	飯能	*134
繁殖（動物学）	481.35	反応速度（化学）	431.34
半深成岩	458.64	反応力学（化学）	431.31
汎神論	161	伴信友（日本思想）	121.52
反芻（動物学）	481.34	販売	673.3
番付（歌舞伎）	774.4	販売管理	673.3
番付（中国語）	032.5	販売契約	673.32

販売経路	675.4		皮革工業	584
販売促進	673.3		美学史	701.1
藩版目録	027.1		比較宗教	165
パンフレット	014.73		比較心理学	143.8
はんぺん（水産加工）	667.5		皮革製品	584.7
藩法	322.19		皮革服（製造工業）	589.219
ハンマー投げ	782.5		比較文学	901.9
反毛紡績（繊維工業）	586.56		比較法学	321.9
攀木鳥目	488.87		比較民俗学	380.9
パンヤ（作物栽培）	618.1		ヒカゲノカズラ類	476.4
万有引力（物理学）	423.6		干菓子（食品工業）	588.37
汎用大型電子計算機	548.291		東アジア	*2
斑糲岩（岩石学）	458.63		東アフリカ	*45
判例集	320.98		東インド	*251
			東近江	*161
【ヒ】			東大阪	*163
			東かがわ	*182
火（自然崇拝）	163.1		東久留米	*1365
比	411.2		東シナ海	**25
ピア基礎（建築）	524.3		東シベリア地方	*293
ピアノ	763.2		東ティモール	*2462
ピアノ協奏曲	764.392		東トルキスタン	*228
ピアノ五重奏	764.25		東根	*125
ピアノ三重奏	764.23		東広島	*176
ピアノ四重奏	764.24		東松島	*123
ビアホール	673.98		東松山	*134
燧石（鉱山工学）	569.2		東村山	*1365
火打道具（燃料工業）	575.8		東大和	*1365
ひえ（作物栽培）	616.62		東ローマ帝国	209.4
ひえ（植物学）	479.343		皮下損傷	494.34
ピエゾ電気（物理学）	427.3		光（気象学）	451.7
日置	*197		光（植物学）	471.71
ビオラ	763.43		光（生態学）	468.2
非開放性損傷	494.34		光（動物学）	481.77
控壁	524.43		光（物理学）	425
鼻科学	496.7		光（山口県）	*177
美学	701.1		光化学	431.5
美学（絵画）	720.1		光現象（気象学）	451.7
比較音楽学	761.15		光通信（無線工学）	547.68
比較解剖学	481.1		光ディスク（コンピュータ）	548.237
比較教育	373.1		光電子工学	549.95
比較言語学	801.09		光分析（化学）	433.5
比較憲法	323.01		非環式化合物	437.1

美顔術	595.5	ひじき（植物）	474.49
ヒガンバナ科	479.374	ひじき（水産加工）	667.7
引揚者保護	369.37	び式構造	524.58
ひき網漁業	664.45	被子植物	479
引受市場	338.13	鼻疾患	496.7
非機械的損傷（外科学）	494.35	ビジネスマナー	336.49
引きこもり	371.42	ビジネスレター	670.9
ビキニ	*745	脾腫	493.29
引抜加工（金属加工）	566.4	比重選鉱	561.83
引伸法（写真）	744.5	美術	700
非金属元素（化学）	435.1	美術家	702.8
非金属鉱物	569	美術家具	758
非金属材料（機械材料）	531.28	美術館（芸術）	706.9
非金属材料（材料工学）	501.48	美術鑑賞法	707.9
非金属中毒	493.153	美術教育	707
ピグー（経済学）	331.74	美術教育（各科教育）	375.72
ひくいどり（動物学）	488.3	美術考古学	702.02
ビクトリア州	*717	美術史	702
肥効（肥料学）	613.49	美術史学	702.01
備荒	611.39	美術商	706.7
非行少年（社会病理）	368.7	美術図集	708.7
非行少年（少年法）	327.8	美術団体	706
飛行船	538.5	美術批評法	707.9
飛行艇	538.65	美術品価格	706.7
非行防止（社会病理）	368.71	美術品収集	707.9
被告人（刑事訴訟法）	327.61	美術品販売カタログ	703.8
尾骨部（解剖学）	491.196	美術品目録	703.8
彦根	*161	ヒジュラ暦	449.33
肥後国	*194	秘書（経営学）	336.5
膝（解剖学）	491.198	非訟事件手続法	327.47
微細構造（結晶学）	459.92	非常上告（刑事訴訟法）	327.65
微細構造（木材学）	657.2	比色分析（化学）	433.53
被災者保護	369.37	ピジン	802
尾索類（動物学）	485.95	ピジン英語	838
廂（建築）	524.85	美人画（日本画法）	724.15
飛砂防止	656.55	非水溶液反応（化学）	431.38
ひざらがい類（動物学）	484.3	ビスケット（食品工業）	588.33
ヒ酸（化学）	435.55	ビスコース人絹	578.63
ヒ酸（化学工業）	574.35	ビーズ細工	753.4
ビザンチン絵画	723.04	ヒステリー（医学）	493.743
ビザンチン建築	523.042	ヒステリー（心理学）	145.8
ビザンチン帝国	209.4	ピストル	559.16
ビザンチン美術	702.04	ピストル射撃	789.76

ピストン送風機	534.86	飛騨国	*153
ビスマーク諸島	*736	ビタミン（医化学）	491.455
ビスマス（化学）	436.55	ビタミン（栄養）	498.55
ビスマス（金属工学）	565.37	ビタミン（化学）	439.7
歪（機械工学）	531.11	ビタミン（生化学）	464.57
歪（材料工学）	501.322	ビタミン欠乏症	493.13
歪（通信工学）	547.19	美談	159.2
歪計（精密工学）	535.3	ひちりき	768.16
歪波交流	541.12	筆禍	021.6
微生物（医学）	491.7	筆記用紙（紙工業）	585.53
微生物（化学工業）	579.97	ピック採炭	567.46
微生物（生物学）	465	ヒックス（経済学）	331.74
微生物（土壌学）	613.56	ピッコロ	763.72
微生物（農業生物学）	613.65	ひつじ（畜産業）	645.4
微生物学	465	ひつじ（動物学）	489.85
微生物工業	588.5	筆順	811.29
秘跡（カトリック）	198.26	筆跡学（心理学）	141.98
秘跡（キリスト教）	196.3	ヒッタイト	227.4
微積分学	413.3	ヒッタイト語	829.99
備前	*175	備中国	*175
非線型関数解析	415.5	引張（工学）	501.323
非線型積分方程式	413.73	引張試験（工学）	501.53
非線型微分方程式	413.65	ヒッピアス（哲学）	131.2
肥前国	*192	ビデオアート	778.7
備前国	*175	ビデオカメラ（写真）	746.7
ヒ素（化学）	435.55	ビデオディスク	547.886
ヒ素（工業薬品）	574.75	ビデオテープ（図書館）	014.77
脾臓（解剖学）	491.129	ビデオテープレコーダー	547.883
脾臓（外科学）	494.657	ビデオ録画	746.7
脾臓（生理学）	491.329	ピテカントロプス（人類学）	469.2
美爪術	595.4	非鉄金属（機械材料）	531.27
砒素中毒	493.153	非鉄金属（金属工学）	565
日田	*195	非鉄金属（材料工学）	501.43
飛騨	*153	非鉄金属加工	565
肥大（医学）	491.68	人（国際法）	329.2
日高	*134	人（民法）	324.11
日高国	*114	ビート（植物学）	479.65
比濁分析（化学）	433.53	ビート（蔬菜園芸）	626.47
日立	*131	非同期機（電気工学）	542.4
常陸太田	*131	非同期調相機	542.44
常陸大宮	*131	単衣（家政学）	593.12
ひたちなか	*131	ピトケアン	*75
常陸国	*131	日時計（造園）	629.62

非図書資料	014.7	被服材料	593.4
非図書資料目録	027.9	被覆船（造船学）	552.35
ヒトデ類	484.93	皮膚形成術	494.288
人吉	*194	皮膚呼吸	491.369
ヒドロ虫類（動物学）	483.31	皮膚疾患	494.8
毘曇宗	188.22	皮膚切開法	494.281
毘曇部	183.92	非武装地帯（国際法）	329.16
ヒナノシャクジョウ科	479.393	皮膚縫合法	494.282
泌尿器（解剖学）	491.153	微分学	413.3
泌尿器（生理学）	491.348	微分幾何学	414.7
泌尿器科学	494.9	微分作用素（位相数学）	415.5
泌尿生殖器（外科学）	494.9	微粉炭	575.14
泌尿生殖器（小児科学）	493.935	微分方程式	413.6
泌尿生殖器系（動物学）	481.15	微分方程式論	413.61
ビニョン	578.74	ヒマ蚕	635.9
ビニール印刷	749.9	ヒマチャルプラデシュ州	*254
ビニール樹脂	578.444	ヒマラヤ諸語	829.31
ビニールハウス栽培	615.75	ヒマラヤ地方	*258
ビニロン	578.74	ひまわり（花卉園芸）	627.4
避妊（家庭衛生）	598.2	ひまわり（植物学）	479.995
避妊（婦人科学）	495.48	ピーマン（蔬菜園芸）	626.28
比熱（物理学）	426.2	肥満児（教育指導）	374.93
日野	*1365	肥満症	493.125
ひのき（植物学）	478.67	氷見	*142
ひのき（造林）	653.6	秘密（仏教）	181.02
ヒノキ科	478.67	秘密結社	361.65
肥培（花卉園芸）	627.15	秘密部	183.7
美唄	*115	秘密保護法	326.81
非破壊検査（工学）	501.55	秘密漏示	326.25
ヒバマタ目	474.49	ビーム出力管（電子工学）	549.46
ひばり（動物学）	488.99	姫路	*164
ビハール州	*252	紐（染織工芸）	753.3
批判主義（哲学）	115.2	紐形動物	483.5
ヒビミドロ目	474.25	ひもむし	483.5
皮膚（解剖学）	491.18	火箭	575.97
皮膚（形質人類学）	469.42	ビャクダン目	479.62
皮膚（生理学）	491.369	百日咳	493.84
被布（家政学）	593.14	百年戦争（西洋史）	230.46
皮膚科学	494.8	百年戦争（フランス史）	235.04
皮膚科的疾患（小児科学）	493.94	ビャクブ科	479.372
皮膚感覚（心理学）	141.24	白蓮教の乱	222.06
皮膚感覚（生理学）	491.378	百論［書名］	183.93
被服管理	593.5	ヒヤシンス（花卉園芸）	627.6

ヒヤシンス（植物学）	479.373	表情（心理学）	141.67
百科事典	030	氷上カーニバル	784.65
百貨店（小売業）	673.83	氷晶石（鉱物学）	459.45
日雇い	366.8	美容整形外科学	494.79
檜山振興局	*118	剽窃	021.5
日向	*196	表装（絵画）	724.9
日向国	*196	病態栄養学	498.58
ヒユ科	479.651	病態生理学（基礎医学）	491.6
非ユークリッド幾何学	414.8	病態生理学（精神医学）	493.71
ヒューズ（送配電工学）	544.6	病虫害（稲作）	616.28
ヒューズ（電気材料）	541.624	病虫害（園芸）	623
ピュタゴラス派（哲学）	131.1	病虫害（花卉園芸）	627.18
ビューハー（経済学）	331.5	病虫害（栽桑）	636.7
ヒューマニズム（哲学）	113.3	病虫害（蔬菜園芸）	626.18
ヒューマニズム（倫理）	151.5	平等権（国際法）	329.12
ヒューム（哲学）	133.3	漂白（製紙工業）	585.4
ひょう（動物学）	489.53	漂白（染色加工）	587.5
雹（気象学）	451.65	漂白（被服管理）	593.5
費用（会計学）	336.93	表皮（植物学）	471.1
美容	595	表白起請（仏教）	186.3
病院	498.16	苗圃（造林）	653.3
美容院	673.96	標本（生物学）	460.73
病院会計	498.163	標本採集（生物学）	460.73
病因学	491.61	標本分布論（統計学）	417.6
病院患者図書館	016.54	表面処理（金属加工）	566.7
病院患者図書館目録	029.5	表面張力（化学）	431.86
病院経営	498.163	表面張力（物理学）	423.86
氷河	452.96	標目（目録法）	014.32
描画	725	費用・利益保険	339.9
雹害（作物学）	615.884	病理解剖学	491.6
氷河学	452.96	病理解剖学（精神医学）	493.71
氷河時代（地史学）	456.82	病理化学	491.6
表計算（ソフトウェア）	007.6384	病理学	491.6
表現主義（絵画）	723.07	病理組織検査法	492.19
表現論（数学）	411.62	病理微生物学	491.7
兵庫県	*164	漂流記	29△092
錨鎖	553.7	病歴（医学）	492.11
氷山	452.4	評論	9□4
美容歯科	497.69	尾翼	538.23
標識放流（水産学）	663.6	皮翼目	489.43
標準原価計算（財務管理）	336.85	ひよけざる（動物学）	489.43
標準電波	547.509	ひよどり（動物学）	488.99
表情（言語生活）	809.2	平壌	*212

避雷器（電気工学）	544.7	ヒル類	483.94
避雷針（電気工学）	544.7	比例（数学）	411.1
平泳ぎ	785.22	比例代表制	314.83
平織（織物工業）	586.77	ピレモンへの手紙［聖書］	193.73
枚方	*163	疲労（応用力学）	501.327
平川	*121	疲労（心理学）	141.76
平削盤	532.3	疲労（労働衛生）	498.84
平田篤胤（日本思想）	121.52	弘前	*121
平塚	*137	広島	*176
ヒラックス目	489.75	広島県	*176
平戸	*193	広瀬淡窓（日本思想）	121.57
ひらめ（漁労）	664.66	広場（都市計画）	518.85
ひらめ（動物学）	487.77	広間（建築）	527.2
ピリピ人への手紙［聖書］	193.71	びわ（果樹栽培）	625.24
ビリヤード	794	びわ（植物学）	479.75
肥料	613.4	琵琶	768.13
肥料（稲作）	616.24	琵琶楽	768.3
肥料（花卉園芸）	627.14	ピン（機械工学）	531.41
肥料（果樹園芸）	625.14	ピン（製造工業）	581.9
肥料（栽桑）	636.4	閩	*2231
肥料（蔬菜園芸）	626.14	玢岩（岩石学）	458.64
肥料（林業）	653.1	貧血（外科学）	494.39
肥料学	613.4	貧血（内科学）	493.175
肥料行政	613.41	貧血（病理学）	491.62
肥料経済	613.41	閩語	828.3
肥料工業	574.9	備後国	*176
肥料試験	613.48	貧困（経済学）	331.87
肥料政策	613.41	貧困（社会病理）	368.2
肥料調合（農業）	613.49	品質管理（生産管理）	509.66
肥料分析	613.48	貧歯目（動物学）	489.45
微量分析（化学）	433	品種（稲作）	616.21
肥料法令	613.41	品種（花卉園芸）	627.11
ビール（酒類工業）	588.54	品種（果樹園芸）	625.11
ヒルガオ科	479.951	品種（作物学）	615.2
ビールテイスト飲料（酒類工業）	588.54	品種（蔬菜園芸）	626.11
ビルディング（建築）	526.9	品種改良（作物学）	615.21
ヒルデブラント（経済学）	331.5	品種改良（水産増殖）	666.11
ヒルファーディング（経済学）	331.6	品種改良（畜産業）	643.1
ヒルファーディング（社会思想）	309.4	ヒンズー教	168
ヒルベルト空間（位相数学）	415.5	びん詰（食品工業）	588.93
ビルマ	*238	品性（倫理）	151.1
ビルマ語	829.35	ヒンディー語	829.83
ヒルムシロ科	479.331	品評会（農業）	610.69

ピンボール	797.9	フィンランド語	893.61
貧毛類（動物学）	483.93	風化（地質学）	455.9
		風害（作物学）	615.881
【フ】		風管（鉱山工学）	561.73
		風景画（日本画法）	724.16
麩（農産加工）	619.39	風景画（洋画法）	724.56
ファイバー空間（数学）	415.7	風景写真	743.5
ファイヒンガー（哲学）	134.7	風景論	629.1
ファイブス	783.5	風向（気象学）	451.4
ファイリングシステム（経営学）	336.55	封鎖（海戦法規）	329.63
ファイリングシステム（図書館学）	014.74	封鎖（中立法）	329.69
ファインセラミックス	573.9	諷刺画	726.1
ファクシミリ（通信工学）	547.457	諷刺画技法	726.107
ファクシミリ（電気通信事業）	694.6	諷刺画論	726.101
ファクチス（油脂工業）	576.27	風車（工学）	534.7
ファゴット	763.77	風車（農業工学）	614.823
ファシスト国家	313.8	風疹	493.87
ファシズム（政治学）	311.8	風水	148.5
ファーティマ朝（エジプト史）	242.04	風水害（気象学）	451.98
ファノン（哲学）	139.4	風水害（災害救助）	369.33
ファン（鉱山工学）	561.73	風水害（森林保護）	654.5
ファンタジー（管弦楽）	764.36	風水害（農業）	615.881
フィギュアスケート	784.65	風水害保険	339.9
撫育作業（造林）	653.5	風速（気象学）	451.4
ふいご（流体工学）	534.8	風俗歌（日本文学）	911.63
フィジー	*734	風俗画（洋画法）	724.53
フィジー語	829.46	風俗警察	317.74
フィッシャー（経済学）	331.77	風俗史	382
フィッシャー法（石油工業）	575.74	風俗習慣	380
フィットネス	781.4	風俗遊戯場	673.94
フィードバック（情報工学）	548.3	風致林	653.9
フィヒテ（哲学）	134.3	風致論	629.1
フィラリア症	493.16	風洞（航空学）	538.1
フィリピノ語	829.44	風土病	493.16
フィリピン	*248	夫婦	367.3
フィルター（写真）	742.5	夫婦（家族問題）	367.4
フィルム（化学工業）	578.57	夫婦（民法）	324.62
フィルム（写真）	742.2	夫婦（倫理）	152.4
フィルム目録	027.97	夫婦関係	367.3
フィロン，アレクサンドリアの（哲学）	131.9	夫婦財産制	324.62
フィロン，ラリッサの（哲学）	131.9	夫婦別姓	367.4
フィン・ウゴル諸語	893.61	風力（気象学）	451.4
フィンランド	*3892	風力（農業工学）	614.823

風力機関	534.7	ふき（植物学）	479.995
風力発電	543.6	ふき（蔬菜園芸）	626.56
風力利用	534.7	布教（イスラム）	167.7
風浪（海洋学）	452.5	布教（カトリック）	198.27
フウロソウ目	479.81	布教（キリスト教）	197
笛	768.16	布教（宗教）	165.7
フェーディング（通信工学）	547.19	布教（神道）	177
フェニキア語	829.72	布教（道教）	166.7
フェノール樹脂	578.432	布教（仏教）	187
フェノール類（化学工業）	574.83	布教（ユダヤ教）	199.7
フェビアン社会主義	309.4	舞曲（管弦楽）	764.37
フェヒナー（哲学）	134.7	舞曲（吹奏楽）	764.67
フェヒナーの法則（心理学）	141.28	福井	*144
笛吹	*151	福井県	*144
フェミニズム（理論）	367.1	復員（国防政策）	393.6
フェミニズム（歴史）	367.2	幅員（道路工学）	514.13
フェリーボート（造船学）	556.73	福音書［聖書］	193.6
フェルト	586.9	福岡	*191
プエルトリコ	*596	福岡県	*191
フェルマーの問題	412.2	複化合鉱物	459.6
フェレット（畜産業）	645.8	副業（農業経営）	611.74
フェロアロイ（金属工学）	564.8	複屈折（光学）	425.4
フェロー諸島	*3895	腹腔（解剖学）	491.195
フェンシング	789.39	副交感神経（解剖学）	491.173
フォイエルバハ（哲学）	134.5	複合競技（スキー）	784.35
フォークダンス	799.2	複合材料	501.49
フォークランド諸島	*659	副詞	8□5
フォードシステム（生産工学）	509.61	副詞（英語）	835.62
フォービズム（絵画）	723.07	副詞（中国語）	825.6
フォント（情報学）	007.6355	副詞（朝鮮語）	829.156
孵化（蚕糸業）	634.5	副詞（日本語）	815.6
孵化（水産増殖）	666.12	複視	496.47
フーガ（音楽）	761.6	福祉機器	369.18
深川	*115	福祉行政	369.11
舞楽	768.21	福祉国家論	364
深絞り加工（金属加工）	566.4	福祉財政	369.11
不可知論（哲学）	115.8	福祉産業	673.95
付加反応（化学）	434.4	福祉車両	369.18
深谷	*134	福祉従事者	369.17
武鑑	281.035	福祉政策	369.11
武漢政府（中国史）	222.073	福祉法規	369.12
不乾性油	576.175	福祉法令	369.12
不完全菌類（植物学）	474.89	福島	*126

福島県	*126	袋物（染織工芸）	753.4
福島事件	210.635	袋物細工（手芸）	594.7
複写技術	745	武家家訓	156.4
複写サービス（図書館）	015.12	武家家憲	156.4
復習（各科教育）	375.16	武家住宅	521.853
福州方言	828.3	武家法制（近世法制史）	322.15
服色	210.098	武家法制（中世法制史）	322.14
服飾史	383.1	ブーゲンビル	*732
副腎（解剖学）	491.149	フーコー（哲学）	135.57
副腎（生理学）	491.349	フサシダ科	476.82
腹水	493.48	節（木材学）	657.2
復水器（蒸気工学）	533.36	ふじ（花卉園芸）	627.79
服制（神道）	175.7	ふじ（植物学）	479.78
複製（書誌学）	022.4	富士	*154
服装（家政学）	593	藤井寺	*163
服装（民俗）	383.1	藤枝	*154
複素環式化合物（化学）	438.9	藤岡	*133
複素関数論	413.52	藤沢	*137
腹足類（古生物学）	457.84	藤田東湖（日本思想）	121.58
腹足類（動物学）	484.6	藤田幽谷（日本思想）	121.58
複素多様体（幾何学）	414.73	ふじつぼ（動物学）	485.3
福知山	*162	武士道	156
復調回路（通信）	547.16	富士宮	*154
復調回路（電子工学）	549.36	富士見	*134
福津	*191	ふじみ野	*134
副鼻腔（解剖学）	491.134	浮腫（病理学）	491.62
腹部（解剖学）	491.195	諷誦（仏教）	186.5
腹部外科	494.65	不就学（教育）	373.1
腹部検査法	492.14	不熟練労働者	366.8
腹膜（解剖学）	491.148	巫術（宗教）	163.9
腹膜炎	493.48	武術	789
腹膜疾患	493.48	武将（彫刻）	718.1
服務（公務員）	317.38	不食（心理学）	145.72
腹毛類（動物学）	483.65	富士吉田	*151
福山	*176	節類（水産加工）	667.2
福利厚生（経営学）	336.48	藤原時代	210.37
福利厚生（労働問題）	366.36	藤原時代美術	702.137
福利施設（経営学）	336.48	藤原惺窩（日本思想）	121.54
福利施設（労働問題）	366.366	婦人衛生（婦人科学）	495.3
フグ類	487.768	婦人科学	495
ブーグレ（社会学）	361.235	婦人科看護	492.928
袋井	*154	婦人科手術	495.24
フクロウ目	488.75	婦人生理	495.13

婦人病	495.4		普通煉瓦	573.36
婦人服（家政学）	593.36		仏会	186
婦人服（製造工業）	589.215		物価	337.8
婦人服（民俗）	383.15		仏画	721.1
不正金融	338.32		仏画（絵画画法）	724.51
腐生植物	471.76		物価行政	337.83
父性推定（民法）	324.63		物価史	337.82
不正操作（情報学）	007.375		物価指数	337.85
不正取引（商業政策）	671.3		物価政策	337.83
不整脈（診断学）	492.125		復活（キリスト教）	191.2
不整脈（内科学）	493.23		復活（キリスト教史）	192.8
敷設艦（軍艦）	556.98		物価統計	337.85
伏樋（鉄道工学）	516.15		物価統制	337.83
伏樋（土木工学）	513.6		物価法令	337.83
豊前	*191		物価問題	337.83
豊前国	*191		物価理論	337.81
扶桑教	178.5		服忌（日本史）	210.094
武相地方	*137		服忌（民俗）	385.6
付属装置（自動車工学）	537.28		復仇（国際紛争）	329.58
付属部品（自動車）	537.5		仏教	180
斧足類（動物学）	484.4		仏教音楽（音楽）	768.28
ぶた（畜産業）	645.5		仏教音楽（仏教）	186.5
ぶた（動物学）	489.83		仏教教育事業	187.7
舞台衣裳	771.8		仏教教理	181
舞台監督	771.6		仏教芸術	702.098
舞台芸術	770		仏教史	182
部隊史（陸軍）	396.59		仏教説話	184.9
舞台照明	771.55		仏教哲学	181
舞台照明（電気工学）	545.67		仏教道徳	181.6
舞台装置	771.5		仏教日曜学校	187.7
舞台装置（歌舞伎）	774.5		仏教美術（美術）	702.098
部隊編成（海軍）	397.1		仏教美術（仏教）	186.7
部隊編成（陸軍）	396.1		仏具	186.4
豚肉（畜産加工）	648.26		ブックデザイン	022.57
ブタノール（化学工業）	574.83		ブックモビル（図書館サービス）	015.5
ブータン	*2588		ブックモビル（図書館設備）	012.89
賦値体（代数学）	411.73		物権（国際民法）	329.84
府中（東京都）	*1365		福建省	*2231
府中（広島県）	*176		物権法（民法）	324.2
ブチル	437.3		覆工（トンネル工学）	514.97
普通銀行	338.61		復興金融銀行	338.67
普通心理学	141		復興庁	317.21
普通預金	338.53		覆刻（書誌学）	022.4

復古神道	171.8	物理地震学	453.12
復古大和絵派	721.2	物理実験法	420.75
福生	*1365	物理数学	421.5
フッサール（哲学）	134.95	物理探査（土木工学）	511.27
物産誌	602	物理的試験（工業材料）	501.52
物質代謝（植物学）	471.3	物理的操作（化学）	432.2
物質代謝（生化学）	491.47	物理表面硬化法	566.73
物質代謝（生理学）	491.341	物理冶金学	563.6
物質代謝（内科）	493.12	仏領ギアナ	*612
物質論（哲学）	112	仏領ポリネシア	*75
プッシュボール	783.49	物理療法	492.5
仏性	181.8	筆（書道）	728.3
仏身	181.8	不定詞（英語）	835.59
物性物理学	428	不適応（心理学）	146.2
仏跡	182.9	埠頭（港湾工学）	517.85
フッ素（化学）	435.33	ぶどう（果樹栽培）	625.61
フッ素（化学工業）	574.73	ぶどう（植物学）	479.83
仏像（美術）	718	不登校	371.42
仏像（仏教）	186.8	不動産（物権法）	324.2
仏像測定法	718.9	不動産（民法総則）	324.13
フッ素化合物（化学工業）	574.73	不動産鑑定評価	673.99
仏陀論	181.8	不動産業	673.99
富津	*135	不動産銀行	338.65
仏弟子（仏教）	182.8	不動産金融	338.65
仏土	181.8	不動産登記法	324.86
沸騰（物理学）	426.4	不動産投資	673.99
仏塔（仏教）	185.5	不動点定理（位相幾何学）	415.7
フットサル	783.47	ぶどう糖（食品工業）	588.17
フットボール	783.4	舞踏病	493.74
物品運送（商法）	325.37	不当利得（民法）	324.54
物品会計（財政）	343.95	不当労働行為	366.14
物品会計（図書館）	013.4	風土記（地誌）	291
物品管理法	343.95	風土記（日本文学）	913.2
物品税（財政）	345.7	蒲団（家政学）	593.18
物品税（税務会計）	336.987	蒲団（製造工業）	589.29
ブッポウソウ目	488.9	ふな（漁労）	664.693
物理化学	431	ふな（動物学）	487.67
物理化学実験（化学）	432.4	ぶな（植物学）	479.565
物理学	420	ぶな（造林）	653.7
物理学教育	420.7	船下し（民俗）	384.39
物理教育（各科教育）	375.424	ブナ科	479.565
物理計算法	421.5	船火事	557.84
物理光学	425.4	船食虫（造船学）	555.5

船食虫（動物学）	484.4	プラークリット	829.89
船積書類（海運）	683.6	ブラシ（製造工業）	589.5
船積法（航海学）	557.14	ブラシ（電気工学）	542.16
船荷証券（海運）	683.6	ブラジル	*62
船荷証券（商法）	325.53	ブラジル語	869
船橋	*135	プラスチック工芸	751.9
ブナ目	479.56	プラスチック工事（建築）	525.57
不妊手術	495.52	プラスチックス	578.4
不妊症	495.48	プラスチックス（建材）	524.21
不燃構造	524.94	プラスチックス（電気材料）	541.65
不能犯（刑法）	326.15	プラスチック製品	578.47
部派（仏教）	181.02	ブラスバンド	764.6
腐敗性感染症	494.44	プラズマ（物理学）	427.6
ブハーリン（哲学）	138	プラトン（哲学）	131.3
浮標（航海学）	557.5	プラネタリウム	440.76
吹雪（気象学）	451.66	富良野	*114
普仏戦争（フランス史）	235.067	フラマン語	849.2
扶壁	524.45	プラム（果樹栽培）	625.51
不変化詞（英語）	835.6	フラワーデザイン	793
不変式論（代数学）	411.66	扶欄	524.45
不法行為（国際法）	329.47	フランク王国（イタリア史）	237.03
不法行為（民法）	324.55	フランク王国（西洋史）	230.4
夫木和歌抄［書名］	911.1473	フランク王国（ドイツ史）	234.03
踏切（鉄道工学）	516.25	フランク王国（フランス史）	235.03
踏切警報装置	516.64	プランクトン（水産学）	663.68
ブーメラン	786.9	プランクトン（生物学）	468.6
浮遊生物（生物学）	468.6	ぶらんこ（造園）	629.66
浮遊選鉱	561.84	フランコ体制（スペイン史）	236.07
浮遊動物	481.73	フランシス水車	534.35
浮遊粉塵（公害）	519.3	フランス	*35
扶養（民法）	324.66	フランス革命	235.06
舞踊	769	フランス語	850
舞踊（民俗）	386.8	フランス語（学校教育）	375.895
付庸国	313.1	フランス史	235
フライス（機械工作）	532.6	フランス社会学	361.235
フライス盤	532.4	フランス哲学	135
プライバシー	316.1	フランス文学	950
フライングディスク	786.9	フランス法制史	322.35
ブラウ（社会学）	361.253	フランス領スーダン	*4414
ブラウン管	549.53	フランス領赤道アフリカ	*447
部落解放	361.86	フランス領西アフリカ	*441
フラクタル	421.4	プランタジネット王朝	233.04
プラグマティズム（哲学）	113.6	フランチェスコ会	198.25

フランチャイズ契約	673.32	ブルネイ	*2437
フランチャイズチェーン	673.32	ブルーノ（哲学）	132.5
ブランデー（酒類工業）	588.57	ブルーベリー（果樹栽培）	625.64
ぶり（漁労）	664.64	ブルーベリー（植物学）	479.91
ぶり（動物学）	487.761	古本	024.8
フリーアルバイター	366.8	ブルボン王朝	235.05
フーリエ（社会思想）	309.2	古本展目録	025.9
フーリエ級数（解析学）	413.59	古本販売目録	025.9
フーリエ変換（解析学）	413.66	ブルーマー（社会学）	361.253
ブリキ印刷	749.9	ブルンジ	*4556
ブリキ工事（建築）	525.56	ブレーキ（自動車工学）	537.4
ブリキ製品	581.3	プレス加工	566.5
フリークライミング	786.16	フレスコ画（絵画技法）	724.6
振り子（物理学）	423.6	プレスコード	070.15
プリザーブドフラワー	594.85	プレストレストコンクリート	
フリジア語	849.1	（土木材料）	511.77
プリズム（光学機械）	535.87	プレゼンテーション（ソフトウェア）	007.6383
プリズム（物理学）	425.3	プレートガーダー橋	515.51
フリースランド語	849.1	プレートテクトニクス	455.8
フリーター	366.8	フレーベル（教育学）	371.234
振出（手形法）	325.61	ブレンターノ（経済学）	331.5
ブリティッシュコロンビア州	*517	ブレンターノ（哲学）	134.9
ブリヤート共和国	*293	フロイト（精神分析学）	146.13
ブリヤート語	829.55	浮浪者（社会病理）	368.2
ブリュメール18日のクーデター	235.06	ブローカー	673.6
浮力（物理学）	423.83	ブログ	007.353
プリンスエドワードアイランド州	*5131	プログラミング	007.64
プリンター（コンピュータ）	548.251	プログラミング（ゲーム）	798.507
フリント	573.56	プログラミング言語	007.64
プリント回路（通信工学）	547.36	プロジェクター（コンピュータ）	548.252
プリントガラス	573.56	プロスタグランジン（医化学）	491.457
ブルガリア	*392	プロセス制御（化学工学）	571.1
ブルガリア語	889.1	プロタゴラス（哲学）	131.2
ブルキナファソ	*4413	ブローチ（工具）	532.6
ブルジョアジー（社会学）	361.83	ブローチ盤	532.4
ブール代数	411.73	ブロック構造	524.4
ブルデュー（社会学）	361.235	ブロック舗装	514.46
フルート	763.72	ブロッコリー（蔬菜園芸）	626.6
ブルドーザー（土木工学）	513.8	プロッター（コンピュータ）	548.251
プルトニウム（化学）	436.34	フロッピーディスク（コンピュータ）	548.235
プルトニウム（核工学）	539.45	プロディコス（哲学）	131.2
プルトニウム炉	539.35	プロティノス（哲学）	131.9
ブルトン語	893.3	プロテスタント	198.3

プロデューサー（映画）	778.28	文化的国際協力	329.39
プロパン（化学）	437.2	文化哲学	118
プロバンス語	859	文化変容（社会学）	361.5
プロバンス文学	959	分岐函（送電）	544.17
プロペラ（航空学）	538.1	分岐器（鉄道工学）	516.3
プロペラ（航空機）	538.3	分業（経済学）	331.81
プロペラ機	538.63	分家（民俗）	384.4
プロペラタービン	534.36	文芸学	901.01
プロボクシング	788.3	分限（行政）	317.36
フロム（社会学）	361.253	分光化学	431.51
フロラ	472.8	分光学（化学）	431.51
フロリダ州	*5339	分光学（天文学）	442.6
プロレス	788.2	分光学（物理学）	425.5
プロレタリアート（社会学）	361.85	分光分析（化学）	433.57
フロン（公害）	519.3	豊後大野	*195
不渡手形（商法）	325.61	豊後高田	*195
文永の役	210.43	豊後国	*195
噴火（火山学）	453.8	文庫本目録	025.9
噴火（森林保護）	654.6	粉砕（化学工学）	571.2
文化（社会学）	361.5	分散（光学）	425.4
文化（哲学）	118	分散相（化学）	431.81
分解法（石油工業）	575.52	分散媒（化学）	431.81
分芽菌（細菌学）	491.74	分詞（英語）	835.59
文学	900	分子遺伝学	467.21
文学教育（各科教育）	375.8	分子運動論（物理学）	428.2
文学教育（文学）	907	分子構造（化学）	431.1
文学作法	901	分子構造（物理学）	428.1
文学思想	901.01	分子生物学	464.1
文学思想史	902	分子熱（化学）	431.62
文学理論	901	分子熱（物理学）	426.1
文化交流機関	063	分子物理学	428.1
文化財	709	噴射式送風機	534.88
文化財指定	709.1	噴出物（火山学）	453.8
文化財保護	709	文書（行政）	317.6
文化史（世界史）	209	文書（図書館）	014.71
文化史（中国史）	222.01	文章	8□6
文化史（朝鮮史）	221.01	文正草紙［書名］	913.49
文化史（日本史）	210.12	文章論	801.6
文化社会学	361.5	文書館	018.09
文化人類学	389	文書館管理	018.093
文化政策	709	文書館行政	018.091
文化大革命	222.077	文書館経営	018.093
文化庁	317.273	文書館建築	018.092

文書館財政	018.091	分布定数回路（電気工学）	541.15
文書館収蔵文書目録	018.099	糞便（生理学）	491.346
文書館職員	018.093	分娩（産科学）	495.7
文書館設備	018.092	分娩（生理学）	491.354
文書館法令	018.091	分娩（法医学）	498.96
文書管理政策	018.091	文法	8□5
文書収集（文書館）	018.094	文法教育（各科教育）	375.86
文書整理（経営学）	336.55	文房具（製造工業）	589.73
文書整理（文書館）	018.094	文法論	801.5
文書組織化（文書館）	018.094	フンボルト（哲学）	134.3
文書展示（文書館）	018.095	粉末冶金	566.8
文書保存（文書館）	018.094	分離（化学工学）	571.4
文書利用（文書館）	018.095	分離（原子力工学）	539.63
分子量（化学）	431.11	分離（実験化学）	432.2
分子論（物理学）	428.1	分離分析（化学）	433.4
粉塵（労働衛生）	498.82	噴流（物理学）	423.84
文人画（絵画技法）	724.1	分溜（化学）	432.2
文人画（日本画）	721.7	噴流ポンプ	534.48
噴水（造園）	629.62	分類学（科学方法論）	116.5
分水界（地形学）	454.54	分類規程	014.47
噴水装置（流体工学）	534.66	分類作業	014.47
分水路（河川工学）	517.56	分類処遇（行刑）	326.53
分数（数学）	411.1	分類法（図書館）	014.4
分析化学	433	文例集（英語）	836.8
分析化学実験法	433.075	文例集（中国語）	826.8
分析哲学	116.3	文例集（朝鮮語）	829.168
分節法	8□5	文例集（日本語）	816.8
分節法（英語）	831.5	分裂植物	473.2
文選	749.42	文禄の役	210.49
扮装（演劇）	771.8		
文体	8□6	【へ】	
粉体工学	571.2		
文体論	801.6	塀（建築）	524.89
ぶんちょう（家禽）	646.8	平安後期	210.38
ぶんちょう（動物学）	488.99	平安時代	210.36
分配（経済学）	331.85	平安初期	210.36
文範（英語）	836.8	平安中期	210.37
文範（中国語）	826.8	平安朝文学	910.23
文範（朝鮮語）	829.168	平安道	*212
文範（日本語）	816.8	米価	611.33
分泌（植物学）	471.3	米菓	588.37
分泌（生理学）	491.348	平価切下げ	337.37
分泌（動物学）	481.34	平滑筋（生理学）	491.363

兵器	559	米領サモア	*75
兵器行政	559.09	兵力配備	393.5
兵器工業	559.09	ベイル（哲学）	135.2
平胸目	488.3	平炉法	564.23
平曲（日本文学）	911.64	平和（国際問題）	319.8
平曲（邦楽）	768.3	平和問題	319.8
平均台	781.5	ペインクリニック	494.24
平家琵琶	768.3	ペイント	576.84
平家物語［書名］	913.434	壁画（絵画技法）	724.6
平原（地形学）	454.6	壁画（日本画法）	724.19
平衡（物理学）	423.3	壁体（建築）	524.82
平衡（流体力学）	423.83	壁体（鉄筋コンクリート構造）	524.7
平衡感覚（心理学）	141.25	壁体（ブロック構造）	524.42
平衡感覚（生理学）	491.375	壁体（木構造）	524.52
平衡感覚器（解剖学）	491.175	僻地教育	371.31
併合犯（刑法）	326.17	碧南	*155
平行棒	781.5	北京	*2211
閉鎖装置（造船学）	552.17	北京原人（人類学）	469.2
平氏時代	210.39	北京語	828.1
平治の乱	210.38	北京方言	828.1
平治物語［書名］	913.433	ベクトル（幾何学）	414.7
米寿（民俗）	385.5	ベクトル（物理学）	421.5
兵食	394	ヘーゲル（哲学）	134.4
幣制改革	337.3	ヘーゲル派	134.5
平成時代	210.77	ヘゴ科	476.85
米西戦争（アメリカ合衆国史）	253.065	ベーコン（畜産加工）	648.24
米西戦争（スペイン史）	236.06	ベーコン, F（哲学）	133.2
平成文学	910.265	ベーコン, R（哲学）	132.2
閉塞装置（鉄道）	516.3	ページェント（演劇）	775.5
兵站	395.9	ページェント（民俗）	386
平中物語［書名］	913.33	ペスタロッチ（教育学）	371.2345
幣帛（神道）	176.5	ペスト	493.84
平版印刷	749.5	ベーダ［聖典］	126.2
平板測量	512.2	ベータ関数	413.5
兵法	399	ベーダ語	829.88
平面（図学）	414.62	ベータ線（物理学）	429.4
平面（立体幾何学）	414.13	ベータトロン（電子工学）	549.98
平面解析幾何学	414.52	ベータトロン（物理学）	429.5
平面幾何学	414.12	ベーダーンタ学派（インド哲学）	126.6
平面交差（鉄道工学）	516.25	ベーチェット病	493.11
平面三角法	414.32	へちま（作物栽培）	618.9
平面板（機械工学）	531.14	へちま（植物学）	479.98
兵要地誌	391.9	へちま（蔬菜園芸）	626.25

ベチュアナランド	*484	ベラルーシ語	889.4
ベッカー（社会学）	361.253	ヘリウム（化学）	435.23
べっ甲（水産物利用）	668.8	ペリクレス時代	231.3
べっ甲細工	755.7	ヘリコプター	538.64
ベッセマー法（製鋼法）	564.22	ベリーズ	*574
ベッセル関数（解析学）	413.57	ペリパトス派（哲学）	131.4
別荘（建築）	527.7	ペリー来航	210.58
ペット	645.9	ベリリウム（化学）	436.21
ペットビジネス	645.9	ベリリウム（金属工学）	565.55
ペットフード	645.93	ベリリウム中毒	493.152
ペット用品	645.9	ベーリング海	**21
別府	*195	ベル（楽器）	763.86
ペティ（経済学）	331.34	ペルー	*68
ペディキュア（化学工業）	576.76	ベルギー	*358
ペテルブルク時代	238.05	ベルギー文学	950
ペテロの手紙［聖書］	193.77	ベルクソン（哲学）	135.4
ベトナム	*231	ペルー史	268
ベトナム語	829.37	ペルシア	*272
ベトナム戦争	223.107	ペルシア絵画	722.7
ペトロケミカルズ	575.6	ペルシア語	829.93
ペトロラタム（石油）	575.58	ペルシア戦争	231.2
へなぶり（日本文学）	911.19	ペルシア湾	**45
ベナン	*4447	ベルジャーエフ（哲学）	138
ペニシリン療法	492.31	ベルト（機械工学）	531.71
ベニヤ板（木材学）	657.6	ベルト（製造工業）	589.22
紅類	576.75	ベルト伝動	531.71
ベネズエラ	*613	ペルトン水車	534.34
ベネチテス類	478.4	ヘルニア	494.656
ベネディクト（社会学）	361.253	ヘルバルト（教育学）	371.234
ベネディクト会	198.25	ヘルバルト（哲学）	134.6
ベネルックス	*358	ベルベル諸語	894.3
ペーパークラフト	754.9	ペルム紀	456.38
ペーパークロマトグラフィー（化学）	433.45	ベルリン	*343
ヘビ目	487.94	ベルンシュタイン（社会思想）	309.49
ペプチド（生化学）	464.25	ヘレニズム	231.8
ヘブライ語	829.73	ヘレニズム時代	231.8
ヘブライ人への手紙［聖書］	193.74	ペロタ	783.5
ヘブル人への手紙［聖書］	193.74	ペロポネソス戦争	231.4
ベーメ（哲学）	132.4	ペーロン（スポーツ）	785.5
ヘモグロビン（生理学）	491.322	ペーロン（民俗）	386
ヘラクレイトス（哲学）	131.1	弁（流体工学）	534.6
ベラ類	487.769	変圧器	542.7
ベラルーシ	*385	変異（植物学）	471.3

変異（生物学）	467.4	変速機（自動車工学）	537.3
変異（動物学）	481.39	変態（動物学）	481.2
ペン画	725.6	ペンタテューク	193.21
ベンガル語	829.85	ペンタブレット（コンピュータ）	548.211
ベンガル湾	**41	ベンチ（造園）	629.64
弁韓	221.034	変調回路（通信工学）	547.16
変換群（代数学）	411.65	変調回路（電子工学）	549.36
ペンギン目	488.66	変調器（無線工学）	547.546
変形菌類（植物学）	473.3	変電（電気工学）	544.3
扁形動物	483.4	変電所（鉄道）	516.57
偏光（物理学）	425.4	変電所（電気工学）	544.3
偏光計分析（化学）	433.57	弁当（料理）	596.4
変光星（天文学）	443.5	扁桃腺（咽喉科学）	496.8
弁護技術	327.14	扁桃腺（生理学）	491.135
弁護士制度	327.14	ベンド語	889.7
弁護士法	327.14	ベントナイト（鉱山工学）	569.7
弁護人（刑事訴訟法）	327.61	弁内侍日記［書名］	915.49
弁鰓類（古生物学）	457.84	便秘	493.46
弁鰓類（動物学）	484.4	偏微分方程式	413.63
ペン先（金属製品）	581.9	変復調回路（電子工学）	549.36
ベンサム（哲学）	133.4	変分法	413.9
編纂	021.4	変貌（キリスト教）	192.8
変死（法医学）	498.95	ペンマンシップ	728.93
編集（新聞）	070.163	鞭毛植物	473.4
編集（図書）	021.4	鞭毛藻類	473.4
ペン習字	728.9	鞭毛虫類（動物学）	483.13
編集者	021.43	鞭毛類	473.43
偏執病	493.76	弁理士	507.29
便所（建築設備）	528.1	弁論（刑事訴訟法）	327.64
便所（住宅建築）	527.6	弁論（民事訴訟法）	327.21
便所（都市衛生）	518.51		
弁証法	116	【ホ】	
弁証法神学	191.9		
弁証法的唯物論	116.4	ボアギュベール（経済学）	331.35
ペンション	689.8	帆足万里（日本思想）	121.54
ペンシルバニア州	*5323	保安警察	317.74
変性（病理学）	491.68	保安処分（刑法）	326.48
編成（目録法）	014.33	保安装置（鉄道）	516.6
変成岩（岩石学）	458.8	保安林	653.9
変成器（通信工学）	547.36	保育（育児）	599
ベンゼン（工業薬品）	574.82	保育（教育）	376.1
変奏曲（管弦楽）	764.34	保育（社会福祉）	369.42
変速機（機械工学）	531.38	保育園（教育）	376.1

保育士（児童福祉）	369.42	望遠鏡（光学機械）	535.82
保育士（幼児教育）	376.14	望遠鏡（天文学）	442.3
保育所（社会福祉）	369.42	望遠鏡写真	746.4
保育内容	376.15	法王庁（カトリック）	198.2
ボイコット（政治運動）	316.4	法王庁（国際法）	329.18
ボイコット（貿易）	678.18	防音構造（建築）	524.96
ボーイスカウト	379.33	防音材（建材）	524.296
ホイスト（運搬機械）	536.71	防音装置（船舶設備）	553.3
ボイラー（蒸気工学）	533.33	放火（刑法）	326.22
ボイラーターボセット保険	339.9	法家（中国思想）	124.5
ボイル油（油脂工業）	576.83	砲架	559.13
母音	801.1	防火（行政）	317.79
母音（英語）	831.2	防火（図書館）	012.29
法（英語）	835.5	法解釈学	321
方位（相法）	148.5	方解石（鉱物学）	459.61
法医解剖学	498.91	崩壊地	656.7
法医学	498.9	法学	321
法医学的検査	498.93	邦楽	768
法医精神医学	498.99	法学史	321.2
法医毒物学	498.98	法学方法論	321.16
方位暦	557.38	防火工学	524.94
防衛施設庁	317.293	蜂窩織炎	494.43
防衛省	317.291	邦楽器	768.1
防衛大学校	390.7	砲艦（造船学）	556.95
防衛庁	317.291	幇間（民俗）	384.9
貿易	678	砲丸投げ	782.5
防疫	498.6	箒（製造工業）	589.5
貿易会計	678.4	伯耆国	*172
貿易管理	678.15	ホウキムシ類	484.87
貿易行政	678.1	忘却（心理学）	141.36
貿易金融（経済）	338.62	紡脚目	486.33
貿易金融（商業）	678.4	防御兵器	559.8
貿易組合	678.6	防空	391.38
貿易史	678.2	防空技術	559.8
貿易思想（国際経済）	333.6	防空壕（建築）	524.95
貿易実務	678.4	防空構造（建築）	524.95
貿易政策	678.1	方言	8□8
貿易統計	678.9	法源（国際法）	329.01
貿易統制	678.15	方言学	801.8
貿易品	678.5	封建制（経済史）	332.04
貿易法令	678.1	封建制（社会史）	362.04
貿易保険	678.14	封建制（政治）	313.5
貿易理論（国際経済）	333.6	封建制社会	362.04

封建制度（西洋史）	230.4	放射性同位元素（核工学）	539.6
封建制度（法制史）	322.15	放射性同位元素（物理学）	429.4
保元物語［書名］	913.432	放射性廃棄物	539.69
膀胱（解剖学）	491.153	放射線（工学）	539.6
膀胱（生理学）	491.348	放射線（物理学）	427.5
膀胱炎	494.95	放射線医学	492.4
膀胱疾患	494.95	放射線化学（化学）	431.59
芳香族化合物（化学）	438.1	放射線看護	492.9169
方向探知器（通信工学）	547.65	放射線障害（工学）	539.68
芳香物質（生化学）	464.7	放射線障害（内科学）	493.195
方向無線（工学）	547.65	放射線生物学	464.1
防護設備（鉄道工学）	516.25	放射線測定	539.62
澎湖列島	*2248	放射線損傷（医学）	494.35
防災	369.3	放射線損傷（原子力工学）	539.68
防災（消防）	317.79	放射線探鉱	561.38
防災（倉庫業）	688.5	放射線防御	539.68
防災科学	519.9	放射線療法	492.4
防災行政	369.3	放射線療法（外科学）	494.54
防災行政（消防）	317.79	放射能（物理学）	429.4
防災計画（都市計画）	518.87	放射能汚染	369.36
防災工学	519.9	放射能被曝者	369.36
防災構造（建築）	524.9	防黴（織物工業）	586.76
防災林	653.9	法獣医学	649.89
ホウ酸（化学工業）	574.78	包種茶（農産加工）	619.8
ホウ酸塩（化学工業）	574.78	法術（道教）	166.6
ホウ酸塩ガラス	573.56	砲術	559.1
放散虫目	483.144	棒術（武術）	789.43
胞子（微生物学）	465.1	褒章（行政）	317.5
帽子（製造工業）	589.26	方杖	524.52
帽子（民俗）	383.2	法帖（書道）	728.8
法史学	322	方丈記［書名］	914.42
法思想史	321.2	報償契約（電気事業）	540.94
胞子虫類（動物学）	483.15	宝生流能	773.8
亡失（図書館）	014.67	宝生流謡曲	768.4
防湿工事（建築）	525.55	防食技術（金属加工）	566.76
防湿構造（建築）	524.93	砲身（兵器）	559.12
防湿材（建材）	524.293	法人（国際私法）	329.81
法社会学	321.3	法人（民法）	324.12
放射化分析（化学）	433.59	法人格（民法）	324.12
放射菌（細菌学）	491.74	法人税（財政）	345.35
宝積部	183.5	法人税（税務会計）	336.983
放射性金属（金属工業）	565.7	法心理学	321.4
放射性同位元素（医学）	492.48	防水（織物工業）	586.76

防水（図書館）	012.29	放送ドラマ（演劇）	778.8
防水（トンネル工学）	514.92	放送ドラマ（日本文学）	912.7
放水器（流体工学）	534.66	放送ドラマ（文学）	9□2
防水工事（建築）	525.55	放送番組	699.6
防水構造	524.93	放送法	699.1
防水材（建材）	524.293	放送無線	547.7
防水装置（船舶設備）	553.3	放送網	547.73
防水地域（都市計画）	518.83	包装用紙（紙工業）	585.54
放水路（河川工学）	517.56	ホウ素化合物（化学薬品）	574.78
ほうづきがい	484.85	包帯法	494.25
法制局（衆議院）	314.148	棒高跳	782.4
法制史	322	防弾構造（建築）	524.95
宝石（鉱山工学）	569.9	防虫（木材学）	657.5
宝石（鉱物学）	459.7	奉直戦争（中国史）	222.073
紡績機械	586.28	法廷	327.125
紡績業	586.2	法廷技術	327.125
紡績工程（化繊工業）	586.65	方程式（代数学）	411.2
宝石細工	755.3	方程式論	411.4
防雪工（鉄道工学）	516.25	法廷秩序	327.125
防雪林	653.9	法哲学	321.1
ほうせんか（花卉園芸）	627.4	放電（物理学）	427.5
ほうせんか（植物学）	479.82	放電化学工業	572.5
ホウ素（化学）	435.8	放電管（電子工学）	549.52
包装	675.18	放電灯	545.2
包装（花卉園芸）	627.19	報道	070
包装（作物学）	615.95	暴動（社会心理学）	361.44
法曹	322.8	報道写真（撮影技術）	743.8
放送演芸	779.9	報道写真（ジャーナリズム）	070.17
法曹界	327.02	報道の自由	070.13
放送機	547.74	報道の倫理	070.15
包装機械	536.79	報道番組	699.64
放送教育（学習指導）	375.19	報徳教（報徳仕法）	157.2
放送行政	699.1	報徳講（報徳仕法）	157.2
放送業務	699.3	報徳仕法	157.2
放送劇（演劇）	778.8	防波設備（鉄道工学）	516.25
放送劇（日本文学）	912.7	防波堤（河海工学）	517.83
放送劇（放送事業）	699.67	防犯（行政）	317.78
放送史	699.2	防府	*177
放送事業	699	防風工事	656.55
放送事業経営	699.3	防風林	653.9
放送所（無線工学）	547.74	報復（国際紛争）	329.58
放送政策	699.1	防腐材（建材）	524.292
放送大学	377	放物線（幾何学）	414.4

砲兵	396.6	北魏	222.046
方法論（哲学）	116	墨子（中国思想）	124.3
法務	327.1	牧師（キリスト教）	195.7
法務省	317.23	牧師（プロテスタント）	198.35
防霧林	653.9	北周	222.046
紡毛紡績	586.55	牧場経営	641.7
訪問介護	369.261	ボクシング	788.3
訪問介護員	369.17	北清事変（日本史）	210.66
訪問看護	492.993	北斉	222.046
訪問販売	673.34	北西地方（カナダ）	*511
法要（民俗）	385.7	北西辺境州（パキスタン）	*257
法理学	321.1	北宋	222.053
法律	320	北朝（中国史）	222.046
法律家	322.8	墨翟（中国思想）	124.3
法律学	321	北斗	*118
法律学者	322.8	北杜	*151
法律行為（国際私法）	329.81	北伐（中国史）	222.073
法律行為（民法）	324.14	北部諸国（南アメリカ）	*61
法律相談	320	北部地方（オーストラリア）	*712
暴力行為等処罰法	326.81	北米インディアン諸語	895.2
暴力団	368.51	北豊	*195
ボウリング（スポーツ）	783.9	牧野（畜産業）	643.5
ボウルズ	786.9	牧野経営	641.7
法例（商法）	325.11	北洋漁業	664.35
法令集	320.9	北陸地方	*14
ほうれんそう（植物学）	479.65	ぼけ（花卉園芸）	627.79
ほうれんそう（蔬菜園芸）	626.53	ぼけ（植物学）	479.75
ほうろう製品	573.7	捕鯨	664.9
法話（仏教）	184	保型関数（代数学）	411.66
ポエニ戦争	232.4	捕鯨船	665.29
ベェーム・バヴェルク（経済学）	331.71	法華経［経典］	183.3
墓苑（造園）	629.8	ポケットコンピュータ	548.295
墓苑（都市計画）	518.85	保健（医学）	498
ホーエンシュタウフェン家（ドイツ史）	234.04	保健（各科教育）	375.49
保温材（建材）	524.295	保険	339
捕獲審検（国際法）	329.69	保険業史	339.2
補間法（数学）	418.2	保険行政	339.3
保管料（倉庫業）	688.6	保険業務	339.35
簿記	336.91	保険経営	339.35
ボーキサイト（鉱物学）	459.5	保険契約（商法）	325.41
ボーキサイト鉱（鉱山工学）	562.5	保健師	498.14
北欧学派（経済学）	331.75	保健師試験	498.079
北欧語	849.4	保健所	498.16

保健食	498.583	保守主義（政治学）	311.4
保険数学	339.1	戊戌政変	222.068
保険政策	339.3	保証保険	339.9
保健体育科	375.49	補助貨幣	337.33
保健体育科（高等学校）	375.494	母子寮	369.41
保健体育科（小学校）	375.492	戊申詔書	155
保健体育科（中学校）	375.493	戊辰戦争	210.61
保元の乱	210.38	ホース（流体輸送）	534.6
保険法（商法）	325.4	ポスター（広告）	674.7
保険法令	339.32	ポスター（図案）	727.6
保険約款（生命保険）	339.43	ポスターカラー	724.4
保険料（生命保険）	339.44	ホステリング	786.3
保険理論	339.1	ボスニア語	889.2
保護預（銀行）	338.58	ボスニア・ヘルツェゴビナ	*3934
歩行異常	494.73	ホスピスケア（看護学）	492.918
保護観察	326.56	母性（栄養学）	498.59
保護国（国際法）	329.14	母性看護	492.924
保護国（政治体制）	313.1	保税倉庫	678.3
保護色（動物学）	481.78	保線（鉄道工学）	516.4
鉾田	*131	保全会社	335.56
保護貿易	678.12	保線作業（鉄道工学）	516.4
保佐（民法）	324.65	保全処分（民事訴訟法）	327.34
菩薩（彫刻）	718.1	保全訴訟（民事訴訟法）	327.34
菩薩（仏教）	186.8	墓相	148.5
菩薩論（仏教）	181.5	補装具	369.18
補佐人（刑事訴訟法）	327.61	補装具（医学）	494.72
星（天文学）	443	舗装工学	514.4
墓誌	280.2	保存（被服管理）	593.5
墓誌（日本）	281.02	保存図書館	014.68
母子衛生	498.7	保存容器（図書館）	014.614
干柿（園芸加工）	628.2	ほたてがい（漁労）	664.75
母子看護	492.921	ほたてがい（動物学）	484.4
ホジキン病	493.29	ボタニカルアート（洋画法）	724.578
ホシクサ科	479.361	ほたる（動物学）	486.6
ホシクサ目	479.36	蛍石（鉱山工学）	569.2
干海苔（水産加工）	667.7	蛍石（鉱物学）	459.45
母子福祉	369.41	ぼたん（花卉園芸）	627.79
干ぶどう（園芸加工）	628.2	ぼたん（植物学）	479.71
母子保護	369.41	ボタン（製造工業）	589.28
ホシミドリ目	473.85	墨家（中国思想）	124.3
保釈（刑事訴訟法）	327.62	北海	**52
保守（原子力）	539.9	牧会書簡［聖書］	193.72
補修（図書館）	014.614	北海道開発庁	317.267

北海道地方	*11	骨疾患	494.77
北極	*78	ホバークラフト	536.9
北極海	**7	墓碑（彫刻）	711.7
法句経［経典］	183.19	ボブスレー	784.8
ホッケー	783.88	ホブ盤	532.48
法華部	183.3	ポプラ（植物学）	479.53
法式（仏教）	186.1	ポプラ（造林）	653.7
没収（刑法）	326.43	歩兵	396.5
法性（仏教）	181.3	ボヘミア語	889.5
発心集［書名］	913.47	ポーム	783.5
法相宗	188.21	ホームステイ	376.489
ポツダム宣言（国際法）	329.66	ホームページ（ソフトウェア）	007.645
北氷洋	**7	ホームヘルパー	369.17
ホップ（作物栽培）	617.6	ホームルーム（教育）	375.18
ホップ（植物学）	479.575	ホームレス（社会病理）	368.2
ポップアート	702.07	墓銘	280.2
ホッブス（哲学）	133.2	ホモセクシャル	367.97
北方語	828.1	ホモロジー代数	411.76
北方四島	*119	ほや（動物学）	485.95
ボツワナ	*484	ほらがい（動物学）	484.6
ボディビル（体操）	781.5	ボラピューク	899.3
ホテル	689.8	ボラ類	487.769
ポテンシャル（解析学）	413.54	ポーラログラフ分析（化学）	433.66
ポテンシャル（物理学）	421.5	ボランティア活動	369.7
ポテンシャル論（解析学）	413.54	ポーランド	*349
ボート（スポーツ）	785.5	ポーランド語	889.8
ボート（造船学）	556.79	ポリアミド系繊維	578.73
ボードー（経済学）	331.35	ポリアミド樹脂	578.445
歩道	514.15	ポリエステル樹脂	578.435
歩道橋	514.7	ポリエチレン樹脂	578.446
ボードセーリング	785.3	ポリネシア	*75
ホトトギス目	488.84	ポリネシア諸語	829.45
ポートボール	783.1	堀麦水（日本文学）	911.34
ボートレース	788.8	ボリビア	*67
ボナヴェントゥラ（哲学）	132.2	ポリビニール系繊維	578.74
ボナペ	*743	捕虜（国際法）	329.62
哺乳類（古生物学）	457.89	ボール紙（製造工業）	585.56
哺乳類（動物学）	489	ホルクハイマー（社会学）	361.234
ホーニング	532.5	ボルト（機械工学）	531.44
骨（解剖学）	491.16	ポルトガル	*369
骨（生理学）	491.366	ポルトガル語	869
骨（畜産加工）	648.9	ポルトガル哲学	136
骨（内科学）	493.6	ポルトガル文学	969

ポルトガル法制史	322.36			
ボルネオ	*243		【マ】	
ボール盤（機械工学）	532.2			
ボルボックス目	474.23	マイクロ写真法	745
ホルモン（医化学）	491.457	マイクロ資料	014.76
ホルモン（栄養学）	498.55	マイクロ資料目録	027.97
ホルモン（生化学）	464.55	マイクロバス（自動車工学）	537.92
ホルモン（生理学）	491.349	マイクロフォン（通信工学）	547.31
ホルモン剤（化学療法）	492.38	マイクロプロセッサ（コンピュータ）	548.22
ホルン	763.62	マイクロメーター（機械工作）	532.8
ポロ（スポーツ）	783.88	舞鶴	*162
ポロニウム（化学）	436.64	舞の本（日本文学）	912.2
ぼろパルプ（紙工学）	585.38	米原	*161
ほろほろちょう（家禽）	646.2	マウス（コンピュータ）	548.21
ほろほろちょう（動物学）	488.4	マウリヤ朝	225.03
ホワイトヘッド（哲学）	133.5	前句付（日本文学）	911.49
本縁部	183.19	前橋	*133
盆景	793.9	マオウ科	478.73
梵語	829.88	マオウ類	478.7
ホンゴウソウ科	479.337	マオリ語	829.45
ホンゴウソウ目	479.337	マカオ	*2238
翻刻（書誌学）	022.4	摩訶僧祇律［書名］	183.84
香港	*2239	マカダム道	514.3
盆栽	627.8	マーガリン	576.167
ホンジュラス	*573	マカロック（経済学）	331.46
本庄	*134	マカロニ（農産加工）	619.39
梵鐘（工芸）	756.4	まき（植物学）	478.62
梵鐘（仏教）	185.5	まき（造林）	653.6
本生経［経典］	183.19	まき網漁業	664.46
盆石	793.9	蒔絵（漆工芸）	752.6
本草学	499.9	マキ科	478.62
盆地（地形学）	454.55	巻貝（動物学）	484.6
ボンド（鉄道工学）	516.23	巻掛伝動装置	531.7
本能（心理学）	141.74	牧之原	*154
ポンプ（土木工学）	513.8	マークアップ言語	007.645
ポンプ（流体工学）	534.4	膜翅目（動物学）	486.7
ボンベ（流体工学）	534.94	マグネサイト（鉱山工学）	569.3
梵網経［経典］	183.86	マグネシウム（化学）	436.22
翻訳権	021.2	マグネシウム（冶金）	565.53
翻訳書目録	027.34	マグネシウム煉瓦	573.4
翻訳法	801.7	マグネトロン（電子工学）	549.48
奔流（地学）	452.94	枕木（鉄道工学）	516.22
		枕詞	816.3

枕崎	*197	まつ（植物学）	478.65
枕草子［書名］	914.3	まつ（造林）	653.6
マグレブ諸国	*43	松浦	*193
まぐろ（漁労）	664.63	松江	*173
まぐろ（動物学）	487.763	松尾芭蕉（日本文学）	911.32
まくわうり（植物学）	479.98	マツ科	478.65
まくわうり（蔬菜園芸）	626.24	マッキーヴァー（社会学）	361.253
曲げ試験（材料工学）	501.53	松阪	*156
マーケティング	675	マッサージ	492.7
マケドニア	*3933	マッシュルーム（蔬菜園芸）	626.7
マケドニア語	889.1	末梢神経（解剖学）	491.172
マケドニア時代	231.6	末梢神経（生理学）	491.372
マケドニア戦争	232.4	末梢神経系（解剖学）	491.172
マサチューセッツ州	*5314	マッチ	575.8
摩擦（物理学）	423.5	松戸	*135
摩擦車	531.69	松永貞徳（日本文学）	911.31
摩擦伝動装置	531.69	マッハ（哲学）	134.7
まじない（神道）	176.8	松原	*163
マーシャル（経済学）	331.74	マツバラン類	476.5
マーシャル語	829.47	マツモ科	479.713
マジャル語	893.7	松本	*152
マーシャル諸島	*745	松脂（化学工業）	578.36
麻雀	797.5	松脂（林産製造）	658.7
麻疹（内科学）	493.87	松山	*183
マシンエクササイズ	781.4	松浦宮物語［書名］	913.41
ます（漁労）	664.61	マディヤプラデシュ州	*253
ます（動物学）	487.61	窓（建築）	524.89
麻酔（外科学）	494.24	窓（ブロック構造）	524.44
麻酔看護	492.9165	窓ガラス	573.573
麻酔薬取締	498.12	的屋（民俗）	384.38
増鏡［書名］	913.426	間取	527.1
マスゲーム（体育）	781.8	マトリックス計算法	541.27
マスコミュニケーション	361.453	マトリックス力学	421.3
マスコミュニケーション 　（ジャーナリズム）	070	マートン（社会学）	361.253
		マトン（畜産加工）	648.28
マスコミュニケーションと教育	371.37	マニエリスム（絵画）	723.05
益田	*173	マニエリスム（美術）	702.05
マスメディア	361.453	マニキュア（化学工業）	576.76
マタイによる福音書［聖書］	193.61	マニキュア（美容）	595.4
マダガスカル	*491	マニ教	168.9
マダガスカル語	829.43	マニトバ州	*5161
またぎ（民俗）	384.35	マニプル州	*251
町田	*1365	マニュファクチュア（経営史）	335.205

マニラ	*2481	マリエル共和国	*381
マニラあさ（作物栽培）	618.2	マリタン（哲学）	135.5
マニラあさ（植物学）	479.381	マリンバ	763.82
マニラあさ（繊維工業）	586.33	マルウェア	007.375
真庭	*175	丸亀	*182
マヌ法典	322.25	マルク	*245
マハラシュトラ州	*255	マルクス（経済学）	331.6
麻痺	494.77	マルクス（社会思想）	309.3
間引（果樹園芸）	625.16	マルクス（哲学）	134.53
間引（作物学）	615.6	マルクス・アウレリウス（哲学）	131.5
間引（蔬菜園芸）	626.16	マルクス経済学派	331.6
マフィア	368.53	マルクス主義	309.3
魔方陣	410.79	マルクス主義哲学	116.4
マホメット	167.28	マルクーゼ（社会学）	361.234
マムルーク朝（エジプト史）	242.04	マルコによる福音書［聖書］	193.62
豆本目録	026.7	マルコフ過程（確率論）	417.1
マメ目	479.78	マルサス（経済学）	331.43
まめ類（作物栽培）	616.7	マルサス主義（経済学）	334.1
まめ類（植物学）	479.78	マルセル（哲学）	135.53
まめ類（蔬菜園芸）	626.3	マルタ	*379
豆類製品	619.6	マルタ語	829.769
摩耗試験（材料工学）	501.53	マルチ商法	673.34
麻薬（衛生）	498.12	マルビナス諸島	*659
麻薬（社会病理）	368.83	マルブランシュ（哲学）	135.2
麻薬（薬学）	499.15	マールブルク学派（哲学）	134.8
麻薬中毒（医学）	493.155	丸彫	711.7
麻薬中毒（社会病理）	368.83	マルメロ（果樹栽培）	625.23
麻薬中毒者	368.83	マルメロ（植物学）	479.75
麻薬密売（社会病理）	368.83	円山派（日本画）	721.6
マヤ文明	256.03	マレー群島	*24
まゆ（絹工業）	586.43	マレー語	829.42
まゆ（蚕糸業）	638	マレーシア	*239
眉墨（化粧品）	576.75	マン（経済学）	331.34
繭取引所（商業）	676.4	漫画	726.1
マライ語	829.42	漫画（読書）	019.53
マライ半島	*239	漫画映画	778.77
マライ・ポリネシア諸語	829.4	漫画技法	726.107
マラウイ	*481	漫画論	726.101
マラガシ語	829.43	マンガン（化学）	436.71
マラソン競技	782.3	マンガン（金属工学）	565.42
マラーティー語	829.81	マンガン鉱	562.4
マラリア	493.88	マンガン族	436.7
マリ	*4414	マンガン電池	572.11

マングース（動物学）	489.54	三木	*164
マンゴー（果樹栽培）	625.84	三木清（日本思想）	121.67
マンゴー（植物学）	479.822	神籬（神道）	176.8
漫才	779.14	ミクリ科	479.325
まんさく（植物学）	479.75	ミクロネシア	*74
満州建国（中国史）	222.074	ミクロネシア諸語	829.47
満州語	829.53	ミクロネシア連邦	*743
満州国	222.5	ミケーネ文明	209.36
満州事変（日本史）	210.7	ミサ（音楽）	765.3
マンション	365.35	ミサ（キリスト教）	196.1
マンション（建築）	527.8	ミサイル艦艇（造船学）	556.99
慢性炎（病理学）	491.64	岬（地形学）	454.7
慢性期疾患看護	492.917	三郷	*134
曼陀羅（仏教）	186.81	三沢	*121
漫談	779.14	ミシガン州	*5344
マン島	*336	ミシシッピー州	*5364
マンドラ	763.53	三島	*154
マンドリン	763.53	未熟児	493.96
マンドリン合奏	764.83	ミシュテカ文明	256.03
マンハイム（社会学）	361.234	ミシュナ（ユダヤ教）	199.3
マンホール（衛生工学）	518.23	ミシン（裁縫）	593.48
マンホール（電気工学）	544.17	ミシン（製造工業）	582.1
マンホール（道路工学）	514.29	みじんこ（動物学）	485.3
万葉仮名	811.4	水（衛生学）	498.41
万葉集［書名］	911.12	水（化学）	435.44
		水（河川工学）	517.1
【ミ】		水（自然崇拝）	163.1
		水（植物学）	471.71
見合い（民俗）	385.4	水（生態学）	468.2
三浦	*137	水（茶道）	791.3
三浦梅園（日本思想）	121.59	水（動物学）	481.77
三重県	*156	水（陸水学）	452.9
未開芸術	702.02	ミズアオイ科	479.367
未開時代絵画（洋画史）	723.02	未遂犯（刑法）	326.15
味覚（心理学）	141.23	水祝（民俗）	385.4
味覚（生理学）	491.377	水鏡［書名］	913.425
味覚器（解剖学）	491.177	ミズカビ	474.63
未確認飛行物体	440.9	ミズキ科	479.887
三笠	*115	ミズゴケ類	475.7
三河国	*155	水先案内	557.6
みかん（果樹栽培）	625.32	水先人	557.6
みかん（植物学）	479.812	水資源	517
ミカン科	479.812	水タービン	534.3

水電解	572.24	南アジア	*25
水鳥	488.6	南足柄	*137
みずな（蔬菜園芸）	626.51	南アフリカ	*48
瑞浪	*153	南アフリカ共和国	*487
ミズニラ類	476.6	南アメリカ	*6
瑞穂	*153	南アメリカ史	260
ミズーリ州	*5353	南アルプス	*151
ミズワラビ科	476.87	南あわじ	*164
店（民俗）	384.37	南イエメン	*2786
ミーゼス（経済学）	331.72	南インド	*256
見世物	779.4	南魚沼	*141
味噌（食品工業）	588.6	南オーストラリア州	*714
溝（鉄道工学）	516.15	南九州	*197
溝（土木施工法）	513.6	南コーカサス	*299
禊教	178.49	南さつま	*197
ミゾラム州	*251	南シナ海	**26
みぞれ（気象学）	451.65	南島原	*193
三鷹	*1365	南スーダン	*4292
御岳教	178.59	南相馬	*126
密教	188.5	南大西洋	**57
見附	*141	南太平洋	**3
ミッチェル（経済学）	331.76	南房総	*135
ミッドウェー諸島	*769	見習工（労働問題）	366.8
みつば（植物学）	479.885	美祢	*177
みつば（蔬菜園芸）	626.57	ミネソタ州	*5351
みつばち（動物学）	486.7	美濃	*153
みつばち（養蜂）	646.9	箕面	*163
密貿易	678.13	美濃加茂	*153
みつまた（作物栽培）	618.7	ミノス文明	209.36
みつまた（植物学）	479.873	美濃国	*153
水戸	*131	身の回り品（製造工業）	589.22
ミード，GH（社会学）	361.253	三原	*176
ミード，M（社会学）	361.253	身振り	809.2
水戸学（日本思想）	121.58	身振語	801.9
三豊	*182	身分（社会学）	361.8
ミトラ教	168.9	身分法	324.6
みどり	*133	未亡人（女性問題）	367.4
ミドリケ目	474.26	見本市	606.9
ミトリダテス戦争	232.4	美馬	*181
みどりむし（動物学）	483.13	美作	*175
ミドリムシ類	473.45	美作国	*175
ミドルウェア	007.63	任那	221.036
水俣	*194	ミーマンサー学派（インド哲学）	126.6

耳（解剖学）	491.175	ミル，JS（経済学）	331.45
耳（耳科学）	496.6	ミル，JS（哲学）	133.4
みみず（動物学）	483.93	ミルズ（社会学）	361.253
みみずく（動物学）	488.75	ミル目	474.27
耳鳴	496.6	ミレトス派（哲学）	131.1
身元保証法	324.88	三輪執斎（日本思想）	121.55
ミャオ・ヤオ諸語	829.369	三輪神道	171.1
宮城県	*123	明	222.058
脈管系（解剖学）	491.12	民営化	335.7
脈翅目	486.76	民営職業紹介所	673.93
脈拍	491.326	民営鉄道	686.32
脈絡膜（眼科学）	496.33	民家（建築史）	521.86
三宅観瀾（日本思想）	121.58	民家（民俗）	383.91
土産店	689.59	民間国際機関	329.36
土産物	689.59	民間自治組織	318.8
宮古	*122	民間社会福祉事業	369.14
宮古島	*199	民間信仰（民俗）	387
都城	*196	民間伝承論	380.1
宮座（民俗）	384.1	民間文芸	901.8
宮崎	*196	民間防衛	393.6
宮崎県	*196	民間放送	699.38
宮津	*162	民間薬	499.7
みやま	*191	民間療法	492.79
宮参り（民俗）	385.2	ミンク（畜産業）	645.8
宮若	*191	ミンク（動物学）	489.58
ミャンマー	*238	民具（民俗）	383.93
ミャンマー語	829.35	民事再生法	327.37
ミャンマー史	223.8	民事執行法	327.3
ミュージカル	775.4	民事訴訟記録	327.209
ミュージックコンクレート	763.93	民事訴訟法	327.2
ミュルダール（経済学）	331.75	民事調停法	327.5
明王（彫刻）	718.1	民事特別法	324.8
妙高	*141	民事法	324
名字（民俗）	384.4	民事保全法	327.34
明ばん石（鉱山工学）	569.6	民宿	689.8
明ばん石（鉱物学）	459.67	民主主義（社会思想）	309.1
みよし	*155	民主主義（政治思想）	311.7
三好	*181	民主制	313.7
三次	*176	明清楽	768.13
未来派（絵画）	723.07	民数記［聖書］	193.214
ミラボー（経済学）	331.35	民生委員	369.17
味醂（酒類工業）	588.58	民族運動	316.8
ミル，J（経済学）	331.46	民族衛生	498.2

民俗学	380.1	無機塩素化合物（化学工業）	574.5
民族学	389	無機化学	435
民俗学者	382.8	無機化学実験法	435.075
民俗芸能	386.8	無機化合物	435
民俗誌	382	無機工業薬品	574.7
民族史（中国史）	222.01	無機酸（化学工業）	574.3
民族史（朝鮮史）	221.01	無機成分（医学）	491.46
民族誌	382	無機成分（生化学）	464.8
民族主義（政治思想）	311.3	無機繊維	578.68
民族心理学	143.9	無機分（栄養学）	498.55
民族性（社会学）	361.42	無機分析	433.8
民族政策	316.8	無機薬化学	499.35
民族大移動（西洋史）	230.4	無教会主義	198.99
民族地理学	290.14	無棘目	487.78
民俗舞踊	386.8	麦類（植物学）	479.343
民族問題	316.8	無筋コンクリート構造	524.79
ミンダナオ	*2484	無菌法（外科学）	494.23
明兆派（日本画）	721.3	無垢受胎（キリスト教）	192.85
明版（書誌学）	022.32	むくどり	488.99
民法	324	ムクロジ目	479.82
民法学	324.01	向日	*162
民法史	324.02	無効（民法）	324.14
民法総則	324.1	武蔵野	*1365
民法理論	324.01	武蔵国	*134
民謡（音楽）	767.5	武蔵村山	*1365
民謡（日本文学）	911.66	虫歯	497.24
民謡（民俗）	388.9	無翅類（動物学）	486.2
民話（民俗）	388	蓆（製造工業）	583.9
		無尽	338.76

【ム】

		無神論	161
		結紐（手芸）	594.4
ムーア（哲学）	133.5	無政府主義	309.7
無為（仏教）	181.3	無脊椎動物	483
無意識（心理学）	145.1	無線回路	547.51
無煙火薬	575.93	無線機器	547.54
向井去来（日本文学）	911.33	無線局（無線工学）	547.6
昔話（民俗）	388	無線工学	547.5
むかで（動物学）	485.8	無線従事者検定	547.5079
ムカデノリ目	474.54	無線数学	547.519
ムガール帝国	225.04	無線操縦	547.67
むぎ（作物栽培）	616.3	無線測定	547.518
むぎ（植物学）	479.343	無線通信	547.5
むぎ（農業経済）	611.34	無線通信士検定	547.5079

無線通信方式	547.52			
無線標識	547.66		【メ】	
無線妨害	547.517			
無足目	487.66	眼（解剖学）	491.174
無組織集団（社会学）	361.62	眼（形質人類学）	469.43
無体財産権（工学）	507.2	眼（生理学）	491.374
無体財産権（国際商法）	329.86	冥王星	445.9
無体財産法（国際商法）	329.86	名家（中国思想）	124.4
ムチモ目	474.42	明器（工芸）	751.4
霧中信号（航海学）	557.4	明器（中国史）	222.0025
無著者名著作目録	027.35	鳴禽類（動物学）	488.9
むつ	*121	名詞	8□5
無痛分娩	495.7	名詞（英語）	835.2
陸奥国	*121	名詞（中国語）	825.2
陸奥話記［書名］	913.399	名詞（朝鮮語）	829.152
無店舗販売	673.34	名詞（日本語）	815.2
宗像	*191	明治維新	210.61
棟（建築）	524.85	明治時代（日本史）	210.6
棟上式	525.5	明治文学	910.261
ムハンマド	167.28	名勝	29△02
無尾目	487.85	冥祥記［書名］	923.4
霧氷（気象学）	451.67	迷信（民俗）	387.9
無遊子目	473.35	名数（中国語）	032.5
夢遊病（心理学）	145.3	名数（日本語）	031.5
村上	*141	明正選挙	314.85
ムラサキ科	479.953	名僧伝（仏教）	182.88
紫式部日記［書名］	915.35	瞑想録（キリスト教）	194
村芝居	779.2	めいちゅう（稲作）	616.286
村山	*125	めいちゅう（動物学）	486.8
ムラユ語	829.42	名物裂	753.3
無量義経［経典］	183.3	名木	653.2
無量寿経［経典］	183.5	命名（民俗）	385.2
無梁板構造（建築）	524.7	名目論（哲学）	111.7
室鳩巣（日本思想）	121.54	名誉革命	233.054
室戸	*184	名誉毀損罪（刑法）	326.25
室町時代（日本史）	210.46	名誉刑	326.44
室町時代美術	702.146	迷路（解剖学）	491.175
室町文学	910.24	迷路（耳科学）	496.6
室蘭	*117	メイン州	*5311
ムンダー諸語	829.39	妾（民俗）	384.7
		めがね（眼科学）	496.42
		めがね（光学機器）	535.89
		メガラ派（哲学）	131.8

メガラヤ州	*251	メラミン樹脂	578.434
メギ科	479.717	メリヤス工業	586.8
メキシコ	*56	メリーランド州	*5332
メキシコ史	256	メリリャ	*434
メキシコ湾	**56	メルシェ・ド・ラ・リヴィエール	
メーザー（電子工学）	549.95	（経済学）	331.35
メシア（キリスト教）	191.2	メルロ・ポンティ（社会学）	361.235
眼疾患	496.3	メルロ・ポンティ（哲学）	135.55
めじろ（動物学）	488.99	メロディ（音楽）	761.4
メスバウアー効果（物理学）	429.4	メロン（植物学）	479.98
メソジスト教会	198.7	メロン（蔬菜園芸）	626.24
メゾソプラノ（声楽）	767.32	免疫学（医学）	491.8
メゾチント（版画）	735	綿織物	586.27
メソポタミア美術	702.03	綿花	618.1
メソポタミア文明	227.3	綿花（紡績業）	586.23
めだか（水産増殖）	666.9	メンガー（経済学）	331.71
めだか（動物学）	487.71	綿火薬	575.93
メダカ目	487.71	綿業	586.2
メタデータ（図書館）	014	綿糸（紡績業）	586.27
メタノール（化学）	437.3	綿糸紡績	586.25
メタノール（化学工業）	574.83	綿製品	586.27
メダル	739.9	面積計算（測量）	512.8
メタン（化学）	437.2	面接法（心理学）	146.3
メタン（工業薬品）	574.82	メンデルの法則	467.1
メタンガス（化学工業）	575.59	綿布（紡績業）	586.27
メタンガス（鉱山工学）	568.8	緬羊（畜産業）	645.4
メチル	437.3	緬羊（紡績工業）	586.53
鍍金（金工芸）	756.18	麺類（農産加工）	619.39
鍍金（鉱山工学）	566.78	麺類（料理）	596.38
滅菌	491.72		
メディアセンター	016.7	【モ】	
メドレー（管弦楽）	764.36		
メヌ・ド・ビラン（哲学）	135.4	モア（社会思想）	309.2
めのう（鉱山工学）	569.9	孟軻（中国思想）	124.16
メノ教	198.93	毛顎動物	483.8
めばる（漁労）	664.67	毛管現象（化学）	431.86
めばる（動物学）	487.762	毛管現象（力学）	423.86
めまい（耳科学）	496.6	毛管分析（化学）	433.4
めまい（生理学）	491.375	盲教育	378.1
めまい（内科学）	493.74	猛禽類（動物学）	488.7
メモリカード（コンピュータ）	548.232	蒙古	*226
メラネシア	*73	蒙古建築	522.26
メラネシア諸語	829.46	蒙古語	829.55

蒙古時代	222.057	木材取引所	676.4
蒙古連合自治政府	222.075	木材発酵	658.5
毛細血管（解剖学）	491.124	木材パルプ（紙工業）	585.3
毛細血管（生理学）	491.324	木材腐朽	657.5
孟子（中国思想）	124.16	木材分析	658.3
孟子［書名］	123.84	木材防腐	657.5
毛詩［書名］	123.3	木材保存	657.5
毛翅目	486.78	木材理学	657.2
モウセンゴケ科	479.745	木質材料	657.6
妄想（心理学）	145.6	木星	445.5
盲僧琵琶（邦楽）	768.3	木精（化学工業）	575.2
盲腸（解剖学）	491.146	モクセイソウ科	479.723
盲腸（生理学）	491.346	木製品（製造工業）	583
盲腸手術	494.656	モクセイ目	479.94
毛髪（解剖学）	491.185	木象嵌（工芸）	754.3
毛髪（人類学）	469.42	木造建築	524.5
毛髪（生理学）	491.369	木造船（造船学）	552.33
毛髪（法医学）	498.93	木造床	524.55
毛髪疾患	494.8	木タール（化学工業）	575.2
毛布（繊維工業）	586.57	木炭（林産製造）	658.2
網膜（眼科学）	496.34	木炭画	725.3
盲目（眼科学）	496.41	木竹工芸	754
毛様体（眼科学）	496.33	木柱（送電）	544.15
真岡	*132	木彫	713
木ガス（化学工業）	575.2	目的論（哲学）	112
木材（建材）	524.21	木鉄交造船（造船学）	552.33
木材（土木材料）	511.41	木版画	733
木材（林業）	657	モクマオウ科	479.515
木材運搬船	556.67	沐浴（衛生学）	498.37
木材化学	658.3	沐浴（民俗）	383.6
木材学	657	沐浴史	383.6
木材加工（木材学）	657.7	もぐら（動物学）	489.41
木材乾燥法	657.4	木理（木材学）	657.2
木材乾留（化学工業）	575.2	モクレン科	479.718
木材市場	651.4	目録規則	014.32
木材商業	651.4	目録室（図書館）	012.5
木材接着	657.7	目録法	014.3
木材繊維	658.4	目録用品（図書館）	014.39
木材組成	658.3	模型工作	507.9
木材炭化	658.2	模刻（書誌学）	022.4
木材着色	657.7	モザンビーク	*458
木材糖化	658.5	文字	8□1
木材塗装	657.7	文字コード	007.635

文字出力装置（コンピュータ）	548.251	物語（幼児教育）	376.158
文字セット（情報学）	007.635	物語文学（日本文学）	913.3
文字入力装置（コンピュータ）	548.211	ものぐさ太郎［書名］	913.49
模写（絵画）	724.9	モノグラム	727.8
模写説（哲学）	115.4	モノグリセリド	576.24
模写電送	547.457	物真似（演芸）	779.16
文字論	801.1	モノレール（工学）	516.85
モース（社会学）	361.235	モノレール（鉄道運輸）	686.9
もず（動物学）	488.99	物は付	911.49
モスク	167.5	茂原	*135
モスクワ	*381	モビル（彫刻）	711.6
モスクワ時代	238.04	モヘア（羊毛工業）	586.53
モーゼの五書［聖書］	193.21	木綿（織物）	586.27
モーター（電気工学）	542.13	木綿（染色加工）	587.62
モーター（農業工学）	614.824	モーメント（物理学）	423.3
モーターグライダー	538.62	もも（果樹栽培）	625.51
モーターボート（スポーツ）	785.6	もも（植物学）	479.75
モーターボート（造船学）	556.79	桃山美術	702.148
モダンバレエ	769.9	もや（気象学）	451.62
持株会社	335.56	モラトリアム（金融）	338.19
持分会社	325.22	モラビア教会	198.38
木管楽器	763.7	銛	665.5
木橋	515.41	盛上げ印刷	749.7
木琴	763.82	盛岡	*122
木工機器	583.8	森川許六（日本文学）	911.33
木工業	583	守口	*163
木工芸	754.3	モーリシャス	*492
木工事（建築）	525.54	モーリス（社会思想）	309.29
木構造（建築）	524.5	モーリタニア	*4415
木構造（土木）	511.6	盛土（土木工事）	513.3
木骨石造（建築）	524.59	盛花（花道）	793.8
木骨煉瓦造（建築）	524.59	モリブデン（化学）	436.62
モップ（社会学）	361.44	モリブデン（金属工学）	565.44
モデム	547.484	モリブデン鉱	562.4
モデル（絵画）	724.8	守谷	*131
本居宣長（日本思想）	121.52	守山	*161
モトクロス	786.6	モルタル（化学工業）	573.89
本巣	*153	モルタル（建材）	524.23
本宮	*126	モルタル（土木材料）	511.43
モナコ	*357	モルッカ	*245
モナド論（哲学）	111	モルディブ	*2597
物（民法）	324.13	モルドバ	*387
物語	9□3	モルドバ語	879.1

モルドビア共和国	*381	焼玉機関（内燃機関）	533.45
モルモット（畜産業）	645.8	焼付（写真）	744.6
モルモット（動物学）	489.473	焼流し精密鋳造	566.18
モルモン宗	198.979	焼なまし	566.3
もろこし（作物栽培）	616.62	焼ならし	566.3
もろこし（植物学）	479.343	焼乾	667.2
モロッコ	*434	焼戻し	566.3
門（建築）	524.89	野球	783.7
モン・クメール諸語	829.37	冶金	563
モン語	829.38	冶金炉	563.3
モンゴル型（人類学）	469.6	ヤク（畜産業）	645.39
モンゴル語	829.55	ヤク（動物学）	489.85
モンゴル国	*227	夜具（製造工業）	589.29
モンゴル諸語	829.55	役員録	28△035
モンゴル帝国	222.6	薬害（公害）	519.79
紋章	288.6	薬化学	499.3
文書館	018.09	薬化学実験法	499.32
問題行動	371.42	薬学	499
モンタナ州	*5381	薬学教育	499.07
モンテッソリー（教育学）	371.237	役柄（歌舞伎）	774.3
モンテーニュ（哲学）	132.7	薬業経済	499.09
モンテネグロ	*3932	薬工学	499.5
モンテネグロ語	889.2	やくざ	368.51
文部科学省	317.27	薬剤学	499.6
文部省	317.271	薬剤散布	615.87
紋別	*111	薬剤師	499.09
		薬剤師国家試験	499.079
【ヤ】		薬剤中毒者（社会病理）	368.81
		薬事行政	499.091
焼津	*154	薬事法（薬学）	499.091
矢板	*132	役者絵（日本画法）	724.15
矢板工（土木工学）	513.46	役者制度（歌舞伎）	774.36
八尾	*163	薬草園	499.87
野外劇	775.5	約束手形（商法）	325.61
野外料理	596.4	ヤクーチア共和国	*293
やがら	487.72	薬店	499.095
矢川徳光（教育学）	371.21	厄年（民俗）	385.5
やかん（製造工業）	581.6	薬品アレルギー	493.14
やぎ（畜産業）	645.4	薬品鑑定	499.33
やぎ（動物学）	489.85	薬品合成化学	499.34
焼入（金属加工）	566.3	薬品構造	499.31
焼入性（材料工学）	501.54	薬品試験	499.4
焼玉機関（造船学）	554.83	薬品処理（水道工学）	518.15

薬品製造	499.5	ヤドリギ科	479.625
薬品分析	499.33	柳井	*177
薬物学	491.5	柳川	*191
薬物中毒者	368.81	やなぎ（植物学）	479.53
薬物療法	492.3	やなぎ（造林）	653.7
八雲琴	768.12	柳細工（製造工業）	583.9
薬用鉱物	499.86	ヤナギ目	479.53
薬用植物（作物栽培）	617.7	夜尿症（泌尿器科学）	494.95
薬用植物（薬学）	499.87	屋根（建築）	524.85
薬用動物	499.88	屋根工事（建築）	525.55
薬用にんじん（作物栽培）	617.7	屋根材料（建材）	524.298
薬理学	491.5	養父	*164
家号（民俗）	384.4	流鏑馬	789.5
夜光虫（動物学）	483.13	山鹿	*194
ヤコービ（哲学）	134.1	山鹿素行（日本思想）	121.56
ヤコブの手紙［聖書］	193.76	山形	*125
野菜園芸	626	山県	*153
野菜料理	596.37	山形県	*125
野蚕	635.9	山崩れ	455.89
野蚕糸	639.8	山口	*177
香具師（民俗）	384.38	山口県	*177
八潮	*134	ヤマグルマ科	479.714
ヤシ科	479.351	ヤマゴボウ科	479.653
ヤシ目	479.35	山崎闇斎（日本思想）	121.54
野洲	*161	山崎宗鑑（日本文学）	911.31
安来	*173	山城国	*162
やすで（動物学）	485.8	邪馬台国	210.273
ヤスパース（哲学）	134.9	大和	*137
八街	*135	大和絵	721.2
八千代	*135	大和郡山	*165
家賃（住宅問題）	365.34	大和時代	210.32
薬価	499.093	大和高田	*165
薬価点数表	364.4	大和魂	156
薬莢	559.17	大和国	*165
薬局	499.095	大和舞（邦楽）	768.24
薬局方	499.12	大和物語［書名］	913.33
薬効学	499.2	山梨	*151
八代	*194	山梨県	*151
ヤップ	*743	やまのいも（植物学）	479.376
ヤツメウナギ目	487.45	やまのいも（蔬菜園芸）	626.42
野兎病（外科学）	494.45	ヤマノイモ科	479.376
野兎病（内科学）	493.84	やぶき（植物学）	479.75
弥富	*155	山伏	188.59

山伏（民俗）	384.38		有価証券（金融）	338.15
ヤマモガシ目	479.61		有価証券（商法）	325.6
ヤマモモ目	479.54		有価証券法	325.6
闇価格	337.83		結城	*131
やむし（動物学）	483.8		勇気（倫理）	158
八女	*191		遊戯	781.9
夜盲症	496.46		遊戯（学校教育）	374.98
やもり（動物学）	487.93		遊戯（民俗）	384.55
弥生時代	210.27		遊戯（幼児教育）	376.156
槍投げ	782.5		有機化学	437
八幡	*162		有機化学実験法	437.075
八幡浜	*183		有機化学分析	433.9
ヤングアダルト	367.68		有機化合物	437
ヤングアダルトサービス（図書館）	015.93		有機化合物（鉱物学）	459.68
			有機感覚（心理学）	141.25
【ユ】			有機顔料	576.95
			有機金属化合物（化学）	437.8
油圧機	534.5		有機工業薬品	574.8
遺教経［経典］	183.59		有機栽培	615.71
遺言（国際民法）	329.846		有機酸（化学工業）	574.85
遺言（民法）	324.77		遊戯施設（造園）	629.66
唯識宗	188.21		遊技場（サービス産業）	673.94
唯識論［書名］	183.94		有機農業	615.71
唯心論（哲学）	111.5		有機反応論	437.01
結納（民俗）	385.4		有機薬化学	499.37
唯美主義（文学）	902.06		疣脚動物	483.99
唯物史観	201.1		有給休暇	366.32
唯物弁証法	116.4		游禽類（動物学）	488.6
唯物論（哲学）	111.6		有限会社	325.28
唯物論者（ドイツ哲学）	134.7		有限群論（代数学）	411.63
維摩経［経典］	183.6		有限要素法	418.15
唯名論（哲学）	111.7		有孔虫（古生物学）	457.83
唯理論	115.3		有孔虫目	483.142
遊泳生物（水産学）	663.67		遊女（民俗）	384.9
遊園地（観光事業）	689.5		有翅類（動物学）	486.3
遊園地（造園）	629.35		有人衛星（宇宙工学）	538.95
遊園地事業	689.5		融通念仏宗	188.69
誘拐（社会病理）	368.62		優生学	498.2
融解（物理学）	426.4		郵政事業	693
有害ガス（労働衛生）	498.82		郵政省	317.264
誘拐罪（刑法）	326.24		郵政職員	693.3
ゆうがお（植物学）	479.98		優生保護法	498.25
ゆうがお（蔬菜園芸）	626.25		融接（金属加工）	566.6

遊仙窟［書名］	923.4	郵便法	693.1
友禅染	753.8	郵便料金	693.14
有線通信	547.4	有柄目	487.79
有線放送（通信工学）	547.47	遊歩道（道路工学）	514.15
有線放送（放送事業）	699.7	夕焼（気象学）	451.75
有線放送行政	699.1	遊里（民俗）	384.9
有線放送業務	699.73	遊里語	814.9
有線放送経営	699.73	遊猟	787.6
有線放送史	699.2	有鱗目	489.44
有線放送事業	699.73	幽霊（心霊研究）	147.6
有線放送政策	699.1	幽霊（民俗）	387
有線放送番組	699.76	誘惑（キリスト教）	192.8
有線放送法令	699.1	輸液（救急外科）	494.27
郵送料割引（図書館）	011.5	輸液（臨床医学）	492.26
有職故実	210.09	床（建築）	524.84
有袋目	489.3	床板（建築）	524.7
有畜農業	611.77	床運動	781.5
誘致計画（観光事業）	689.4	瑜伽学派	126.6
誘電材料（通信工学）	547.39	床組（橋梁工学）	515.3
誘電材料（電気工学）	541.65	床組（建築）	524.84
誘電体（電気工学）	541.65	床組（木構造）	524.55
誘電体（電磁気学）	427.3	床材料（建築）	524.297
誘電体（物性物理学）	428.8	床敷物（家政学）	597.1
誘導機（電気工学）	542.4	瑜伽部	183.94
誘導弾	559.22	雪（気象学）	451.66
誘導電動機	542.43	遊行宗	188.69
誘導発電機	542.42	遊行人（民俗）	384.38
誘導ミサイル	559.5	行橋	*191
誘導炉（製鋼）	564.24	ユークリッド幾何学	414.1
有毒植物	471.9	輸血（救急外科）	494.27
夕張	*115	輸血（臨床医学）	492.26
有尾目	487.84	ユーゴスラビア	*393
郵便	693	ユーコン地方	*511
郵便切手	693.8	湯沢	*124
郵便行政	693.1	油脂（化学工業）	576
郵便業務	693.3	油脂（林産製造）	658.6
郵便局	693.3	油脂化学	576.11
郵便史	693.2	油脂加工法	576.15
郵便条約	693.1	油脂硬化	576.3
郵便政策	693.1	油脂採取法	576.14
郵便送金	693.5	油脂試験	576.11
郵便貯金	338.72	油脂精製法	576.15
郵便年金	338.72	油脂分解工業	576.2

輸出検査	678.13	ユリウス暦	449.35
輸出取締	678.13	ユリ科	479.373
輸出入禁止	678.13	由利本荘	*124
輸出入奨励金	678.12	ユリ目	479.37
輸出入手続	678.4	油料作物	617.9
輸出入補助金	678.12	ユング（精神分析学）	146.15
輸出保険	678.14		
輸出補償	678.14	【ヨ】	
油脂類	576		
ユースホステル	689.8	予	*2214
油槽	552.15	酔（生理学）	491.375
輸送計画（鉄道貨物運輸）	686.62	養液栽培	615.73
輸送計画（鉄道旅客運輸）	686.52	用益物権（民法）	324.24
輸送統計（鉄道貨物運輸）	686.62	溶液論（物理学）	428.3
輸送統計（鉄道旅客運輸）	686.52	洋画（絵画）	723
輸送兵	396.7	洋画（絵画技法）	724.3
ユタ州	*5387	妖怪（心霊研究）	147.6
ユダの手紙［聖書］	193.79	妖怪（民俗）	388
ユダヤ教	199	溶解（金属加工）	566.14
ユダヤ教史	199.2	洋学	402.105
ユダヤ近代哲学	139.7	洋傘（製造工業）	589.4
ユダヤ人（イスラエル史）	227.9	洋菓子（食品工業）	588.35
ユダヤ人（人種問題）	316.88	溶岩	453.8
ユダヤ人問題	316.88	容器（実験化学）	432.1
ユダヤ中世哲学	132.29	容器（木工業）	583.5
ユダヤ哲学	139.7	容器ガラス	573.571
ユダヤ暦	449.34	楊弓	789.5
油田	568.1	洋弓	789.53
ユートピア思想	309.2	養魚	666.6
ユニテリアン協会	198.8	窯業	573
湯葉	619.6	窯業原料	573.1
指（解剖学）	491.197	謡曲（日本文学）	912.3
ユビキタスコンピューティング	007.3	謡曲（邦楽）	768.4
由布	*195	陽極線（物理学）	427.57
弓矢（武術）	789.5	養鶏業	646.1
弓矢神道	171.3	溶鉱炉（鉄鋼）	564.13
ゆむし類（動物学）	483.95	溶鉱炉製錬（銅）	565.23
夢（心理学）	145.2	養護学校	378
夢占い	148.9	養護教育	378
油溶性染料	577.92	用語索引	039
ユーラシア大陸	*2	洋菜（蔬菜園芸）	626.57
ゆり（花卉園芸）	627.6	洋裁	593.3
ゆり（植物学）	479.373	要塞（軍事工学）	559.9

要塞(国防)	391.38		洋服(家政学)	593.3
葉菜類(蔬菜園芸)	626.5		洋服(製造工業)	589.213
養蚕学	630.1		傭兵	393.25
陽子(物理学)	429.6		擁壁(鉄道工学)	516.15
養子(民法)	324.63		擁壁(土木工学)	511.33
幼児画	726.7		擁壁工(土木工学)	513.7
様式(写本)	022.2		養蜂	646.9
幼児教育	376.1		陽明学(中国思想)	125.5
幼児教育史	376.12		陽明学派(日本思想)	121.55
幼児教育方法	376.11		羊毛(染色加工)	587.65
幼児教育理論	376.11		羊毛工業	586.5
幼児誌(日本語)	051.8		羊毛製品(繊維工業)	586.57
幼児心理	376.11		揚雄(中国思想)	125.1
楊朱(中国思想)	124.24		溶融(化学工業)	573.54
葉状植物	473		溶融塩電解	572.23
養殖業	666		瓔珞律	183.87
養殖場	666.18		容量分析(化学)	433.2
養殖真珠	666.74		窯炉	573.1
揚水機(流体工学)	534.4		養老律令(法制史)	322.134
溶接(金属工学)	566.6		余暇	365.7
溶接機器	566.69		ヨガ(衛生学)	498.34
溶接橋	515.45		ヨーガ学派(インド哲学)	126.6
溶接工場	566.69		余暇指導(各科教育)	375.27
溶接材料	566.61		余暇利用	365.7
溶接性試験(材料工学)	501.54		夜着(家政学)	593.18
溶接設計	566.61		預金	338.53
傭船	683.3		預金市場(金融)	338.13
傭船契約(海運)	683.3		預金者保護制度	338.53
傭船契約(商法)	325.53		ヨーク家(イギリス史)	233.04
ヨウ素(化学)	435.36		浴室(建築)	527.6
ヨウ素化合物(化学工業)	574.73		翼手目	489.42
幼稚園(教育)	376.1		抑留(国際法)	329.62
幼稚園教諭	376.14		ヨーグルト	648.18
幼稚園誌	376.128		予言(超心理学)	147.4
幼稚園入試	376.81		預言(キリスト教)	191.17
幼虫(動物学)	481.2		預言書[聖書]	193.4
陽電気(物理学)	427.1		横井小楠(日本思想)	121.54
養豚業	645.5		横井也有(日本文学)	911.33
洋生菓子(食品工業)	588.35		横須賀	*137
羊肉(畜産加工)	648.28		横手	*124
腰部(解剖学)	491.195		横浜	*137
洋風画(日本画)	721.83		横笛	768.16
洋風構造	524.57		予後療法(結核症)	493.893

与謝蕪村（日本文学）	911.34		ヨーロッパロシア	*381
予算（財政）	344		世論（社会学）	361.47
予算統制（経営学）	336.86		夜半の寝覚［書名］	913.382
吉川	*134		四輪（運搬工学）	536.85
吉川神道	171.5			
吉田熊次（教育学）	371.21		【ラ】	
吉田神道	171.3			
吉野川	*181		ライオン	489.53
輿車	210.098		雷管	575.97
ヨシュア記［聖書］	193.22		礼記［書名］	123.4
予習（各科教育）	375.16		雷汞	575.95
寄席（演芸）	779.1		来住民政策	334.4
寄木細工（工芸）	754.3		来住民問題	334.4
ヨタカ目	488.97		来世（キリスト教）	191.6
予知（超心理学）	147.4		らいちょう（動物学）	488.4
四日市	*156		礼拝（宗教）	165.4
四街道	*135		礼拝堂（キリスト教）	195.3
欲求（心理学）	141.74		ライプニッツ（哲学）	134.1
四つ竹	768.19		ライプニッツ・ヴォルフ派（哲学）	134.1
ヨット	785.7		ライフル射撃	789.75
ヨット（造船学）	556.79		ライむぎ（作物栽培）	616.5
ヨットレース	785.7		ライむぎ（植物学）	479.343
米子	*172		礼類	123.4
米沢	*125		ライン組織（経営管理）	336.3
ヨハネによる福音書［聖書］	193.64		ライン連邦	234.061
ヨハネの手紙［聖書］	193.78		ラオ語	829.369
ヨハネの黙示録［聖書］	193.8		ラオス	*236
予備教育	376.8		ラオス語	829.369
ヨブ記［聖書］	193.32		老酒（酒類工業）	588.53
予防医学	498		羅漢（彫刻）	718.1
予防接種	493.82		落語	779.13
読方教育（各科教育）	375.85		落語本	913.7
読方教育（小学校）	375.852		落差（河川工学）	517.74
読方教育（中学校）	375.853		酪酸（化学）	437.5
読本	913.56		落石防護（鉄道工学）	516.25
嫁姑	367.3		らくだ（畜産業）	645.8
予約サービス（図書館）	015.1		らくだ（動物学）	489.88
ヨルダン	*277		落体（物理学）	423.6
鎧（工芸）	756.7		ラクダ科	489.88
よろず屋	673.7		楽天観（哲学）	113.1
ヨーロッパ	*3		酪農	641.7
ヨーロッパ型（人類学）	469.6		酪農学	640.1
ヨーロッパ史	230		落盤（鉱山工学）	561.94

ラグビー	783.48	ラテンアメリカ音楽	764.7
落葉	471.71	ラテンアメリカ文学	960.29
楽浪	221.032	ラテン語	892
楽浪郡	221.033	ラテン文学	992
ラクロス	783.58	ラトビア	*3883
ラサール（社会思想）	309.4	ラトビア語	889.9
ラジウム（化学）	436.26	ラドン（化学）	435.28
ラジウム（金属工学）	565.7	ラーナー（経済学）	331.74
ラジウム鉱	562.7	らば（畜産業）	645.29
ラジウム中毒	493.152	らば（動物学）	489.8
ラジウム療法	492.47	ラプラス変換（解析学）	413.56
ラジオ（放送事業）	699	ラベル	675.18
ラジオ（無線工学）	547.5	ラマ教	180.9
ラジオ広告	674.6	ラーマクリシュナ（インド哲学）	126.9
ラジオ受信機	547.76	ラマン効果（化学）	431.51
ラジオゾンデ（気象学）	451.25	ラマン線吸収（化学）	431.56
ラジオゾンデ（無線工学）	547.68	ラマン分光分析（化学）	433.57
ラジオ体操	781.4	ラミー（作物栽培）	618.2
ラジオ放送	699	ラム（酒類工業）	588.57
ラジカル反応（化学）	431.36	ラム（畜産加工）	648.28
裸子植物	478	ラムネ（食品工業）	588.4
ラジニーシ（インド哲学）	126.9	ラムネ（哲学）	135.4
ラージャスターン州	*255	ラ・メトリ（哲学）	135.3
羅針儀（航海学）	557.23	ラーメン（工学）	501.38
裸体画（洋画法）	724.552	ラーメン橋	515.56
裸体美	701.5	ラーメン構造（建築）	524.7
落下傘	538.89	ラリー	788.7
ラッカジブ諸島	*259	蘭（花卉園芸）	627.57
落款（書道）	728.7	蘭（植物学）	479.395
らっきょう（植物学）	479.373	ラン科	479.395
らっきょう（蔬菜園芸）	626.54	ランガー（哲学）	133.9
らっこ（水産業）	664.9	ランガー橋	515.55
らっこ（動物学）	489.58	蘭学（自然科学）	402.105
ラッセル（哲学）	133.5	ランカスター家（イギリス史）	233.04
ラッパ鼓隊	764.69	卵管（解剖学）	491.155
ラッピング（民俗）	385.97	卵管（生理学）	491.352
ラップ語	893.63	卵管疾患	495.43
ラップ盤	532.5	卵菌目	474.63
ラディシュ（蔬菜園芸）	626.44	ランゲ（哲学）	134.8
ラテックス（化学工業）	578.22	蘭語	849.3
ラテックス（林産製造）	658.7	乱視	496.42
ラテックス製品	578.27	卵生（動物学）	481.2
ラテンアメリカ	*55	卵製品	648.3

卵巣（解剖学）	491.155	陸九淵（中国思想）	125.4
卵巣（生理学）	491.352	陸軍	396
卵巣疾患	495.43	陸軍演習	396.4
藍藻類（植物学）	473.25	陸軍史	396.2
ランタノイド元素（化学）	436.33	陸軍生活	396.9
ランチ（造船学）	556.79	陸上競技	782
ランニング	782	陸上局（無線工学）	547.63
蘭方（医学）	490.9	陸上自衛隊	396.21
ラン目	479.39	陸上設備（港湾工学）	517.86
乱流（物理学）	423.84	陸水（水産学）	663.1
		陸水学	452.9
【リ】		陸棲動物	481.76
		陸戦	396.3
リウマチ	493.6	陸戦隊	397.6
李衛公問対［書名］	399.2	陸前高田	*122
利益管理（経営学）	336.87	陸前国	*123
利益計画	336.87	陸戦法規（国際法）	329.62
利益配当（商法）	325.244	陸中国	*122
利益分配制度（労働問題）	366.57	六朝史（中国史）	222.046
理科	375.42	陸稲（作物栽培）	616.2
理科（小学校）	375.422	六韜［書名］	399.2
理科（中学校）	375.423	リグニン（林産製造）	658.4
裏海	**68	リグリア海	**61
理化学ガラス	573.574	リー群（代数学）	411.68
理化学機器（精密工学）	535.4	リケッチア（医学）	491.76
理科教育	375.42	リケッチア（生物学）	465.8
理学神道	171.5	リケッチア症	493.86
理学療法（整形外科学）	494.78	俚諺（民俗）	388.8
理学療法（臨床医学）	492.5	利己主義（倫理）	151.4
リカード（経済学）	331.44	リコーダー	763.72
力学	423	リコール	314.9
力学的エネルギー	423.4	離婚（男性・女性問題）	367.4
利器工具（製造工業）	581.7	離婚（民法）	324.62
リキュール（酒類工業）	588.58	離婚（倫理）	152.2
力率改善（送電工学）	544.42	離婚問題	367.4
陸運	685	リサイクリング（衛生工学）	518.523
陸運行政	685.1	リサイクリング（化学工業）	570.99
陸運経営	685.15	リサイクリング（産業廃棄物）	519.7
陸運財政	685.14	利子（金融）	338.12
陸運史	685.2	利子（経済学）	331.85
陸運政策	685.1	李斯（中国思想）	124.57
陸運法令	685.1	李耳（中国思想）	124.22
リクエストサービス（図書館）	015.1	理趣経［経典］	183.7

利潤（経済学）	331.85	立法（議会）	314
利殖	338.18	立法（法律）	320
リス科	489.475	立法学	321
リース業	673.93	立法議会（フランス史）	235.06
リスト（経済学）	331.5	立法権（日本国憲法）	323.144
リズム（音楽）	761.3	律法書［聖書］	193.21
リズム（幼児教育）	376.156	立法資料（刑法）	326.02
リズム体操	781.4	立法資料（商法）	325.02
理性（哲学）	115.3	立法資料（民法）	324.02
理性論（哲学）	115.3	律令（法制史）	322.134
理想主義（哲学）	113.4	律令制（日本史）	210.35
利息制限法	324.84	里程石	514.29
離村（農村問題）	611.91	リード（哲学）	133.3
リーダー	837.7	リトアニア	*3884
リー代数	411.68	リトアニア語	889.9
リーダーシップ（社会学）	361.43	李侗（中国思想）	125.4
利他主義（倫理）	151.5	離島問題	318.6
利胆剤（治療法）	492.34	リードオルガン	763.3
リチウム（化学）	436.11	利得税（財政）	345.64
リチウムイオン電池	572.12	リトグラフ（版画）	734
李朝（朝鮮史）	221.05	リニアモーターカー	516.86
立花（花道）	793.6	離乳食	599.3
リッケルト（哲学）	134.8	利尿剤（治療法）	492.35
立憲君主主義	311.6	リノリウム（家政学）	597.1
立憲君主制	313.6	リノリウム（建材）	524.297
立后	210.093	リノリウム（油脂工業）	576.28
立候補（選挙）	314.84	リノリウム版画	736
律宗	188.1	リバーシ	795.8
立正佼成会	188.98	理髪	595.3
律疏	183.8	理髪店	673.96
立体（図学）	414.63	リハビリテーション（整形外科学）	494.78
立体解析幾何学	414.53	リハビリテーション看護	492.9179
立体回路（通信工学）	547.13	リビア	*431
立体化学	431.14	リヒテンシュタイン	*3469
立体幾何学	414.13	リフト（運搬機械）	536.73
立体交差（鉄道工学）	516.25	リフト（建築）	528.5
立太子	210.093	リープマン（哲学）	134.8
立体写真	746.8	リーフレット	014.73
立体派（絵画）	723.07	リベット（機械工学）	531.46
立地（生産工学）	509.62	リベット橋	515.45
リット（社会学）	361.234	リベット継手	531.46
栗東	*161	リベリア	*443
律部	183.8	離弁花類（植物学）	479.5

リポイド（生化学）	464.4	硫酸（化学）	435.46
リボンアート（手芸）	594.6	硫酸（化学工業）	574.31
リーマー（機械工作）	532.6	流産	495.6
リーマ盤	532.4	硫酸塩鉱物（鉱物学）	459.67
利回り（金融）	338.12	硫酸カリ	613.46
リーマン幾何学	414.81	硫酸カリウム（化学工業）	574.48
リーマン面（解析学）	413.53	硫酸カリウム（肥料学）	613.46
リモートセンシング	512.75	硫酸ナトリウム（化学工業）	574.48
リヤカー	536.87	硫酸パルプ	585.34
略語	8□4	粒子加速器（物理学）	429.2
略語（英語）	831.6	粒子加速装置（電子工学）	549.98
略語（中国語）	824.7	粒子説（光学）	425.1
略語（朝鮮語）	829.147	流出民問題	334.5
略語（日本語）	814.7	流星	447
略語辞典（英語）	831.6	流星群	447.3
略字（日本語）	811.27	流速（海洋学）	452.6
略式手続（刑事訴訟法）	327.66	流体運搬法（鉱山工学）	561.63
略取罪（刑法）	326.24	流体機械	534
略取誘拐（刑法）	326.24	流体工学	534
略測量	512.1	流体静力学	423.83
硫安肥料（肥料学）	613.44	流体動力学	423.84
留学案内	377.6	流体輸送（機械工学）	534.6
硫化鉱物	459.4	流体力学（機械工学）	534.1
龍ケ崎	*131	流体力学（工学）	501.23
硫化染法	587.687	流体力学（物理学）	423.8
硫化染料	577.7	留置権（民法）	324.31
硫化物（工業薬品）	574.74	流通（経済学）	331.84
竜眼（果樹栽培）	625.88	流通（マーケティング）	675.4
隆起（地質学）	455.8	流通産業	670
琉球語	818.99	流通税（財政）	345.6
琉球征服	210.52	流通税（税務会計）	336.986
琉球国	*199	流通政策	671
劉向（中国思想）	125.1	滝亭鯉丈（日本文学）	913.55
流行歌（音楽）	767.8	流紋岩（岩石学）	458.65
流行歌手	767.8	流量計（精密工学）	535.3
流行語	8□4	リュージュ	784.8
流行語（英語）	834.7	リュストウ（社会学）	361.234
流行語（中国語）	824.7	リュート	763.57
流行語（朝鮮語）	829.147	寮（建築）	527.9
流行語（日本語）	814.7	梁	222.046
流行語辞典（日本語）	813.7	遼	*2257
流行性脳炎	493.87	遼（中国史）	222.052
竜骨（造船学）	552.11	理容	595.3

寮歌	767.6	旅客(交通)	681.5
領海(国際法)	329.23	旅客(鉄道運輸)	686.5
楞伽経[経典]	183.6	旅客運送(商法)	325.37
両眼視	496.44	旅客運送(鉄道運輸)	686.52
利用規程(図書館)	013.9	旅客運賃(鉄道運輸)	686.51
両極地方	*77	旅客駅(鉄道工学)	516.52
両極地方史	277	旅客船(造船学)	556.4
猟具	659	旅客調査(鉄道運輸)	686.52
領空(国際法)	329.23	旅館	689.8
猟犬	659	緑藻植物	474.2
両江道	*211	緑地(造園)	629.3
聊斎志異[書名]	923.6	緑地(都市計画)	518.85
量詞(中国語)	825.2	緑地計画(造園)	629.3
領事(国際法)	329.27	緑地計画(都市工学)	518.85
量子化学	431.19	緑茶(農産加工)	619.8
領事裁判所(国際法)	329.28	緑内障	496.36
量子説(光学)	425.1	緑肥	613.43
利用者研究(図書館)	015	緑肥作物	616.9
猟銃	659	旅行(観光事業)	689
梁上側板(造船学)	552.12	旅行(地理学)	290.9
梁上帯板(造船学)	552.12	旅行(民俗)	384.37
量子力学	421.3	旅行幹旋業	689.6
量子論	421.3	旅行案内	29△093
良心(倫理)	151.3	旅費(公務員)	317.34
両親再教育	379.98	呂不韋(中国思想)	124.7
量水器(水道工学)	518.18	リリヤン編物(手芸)	594.3
両性愛	367.97	リレー競泳	785.23
両生類(古生物学)	457.87	リレー競走	782.3
両生類(水産増殖)	666.79	理論遺伝学	467.1
両生類(動物学)	487.8	理論化学	431
利用対象別サービス(図書館)	015.9	理論気象学	451.1
梁柱(造船学)	552.12	理論生物学	461
料亭(サービス産業)	673.971	理論造船学	551
領土(憲法)	323.01	理論的運動学	423.1
領土(国際法)	329.23	理論天文学	441
領土権(国際法)	329.12	理論物理学	421
遼寧省	*2257	リン(化学)	435.54
両部神道	171.1	リン(化学工業)	574.75
陵墓	288.46	燐安肥料(肥料学)	613.44
療養記	598.4	臨海学校(教育)	374.8
料理	596	燐灰石(鉱山工学)	569.5
旅客(海運)	683.5	燐灰石(鉱物学)	459.65
旅客(航空運輸)	687.5	輪郭(描画)	725.1

項目	分類番号
林学	650.1
林価算法	651.8
林間学校（教育）	374.8
稟議制度（経営管理）	336.3
林業	650
林業行政	651.1
林業儀礼	384.35
林業経営	651.7
林業経済	651
林業史	652
林業労働	651.7
リンク（機械工学）	531.67
林型（林業）	653.17
輪形動物	483.6
りんご（果樹栽培）	625.21
りんご（植物学）	479.75
燐光（化学）	431.54
燐光（物理学）	425.6
燐鉱（鉱山工学）	569.5
燐光体（化学工業）	572.7
臨港鉄道	516.59
りんご酒（酒類工業）	588.55
臨済宗	188.8
輪作（作物学）	615.3
輪作（農業経営）	611.73
リン酸（化学）	435.54
リン酸（化学工業）	574.34
燐酸塩鉱物（鉱物学）	459.65
林産製造	658
燐酸肥料（肥料学）	613.45
リン酸肥料工業	574.93
林産物	657
林産物価格	651.4
林産物市場	651.4
臨死期看護	492.918
臨時工（労働問題）	366.8
臨時職員	366.8
臨時政府（フランス史）	235.068
淋疾	494.99
鱗翅目（動物学）	486.8
臨床医学	492
臨床検査法	492.1
臨床診断法（心理学）	146.3
臨床心理学	146
臨床生化学	491.49
林政学	651.1
林政機関	651.17
林政史	651.2
輪生目	479.51
林相（林業）	653.17
輪藻植物	474.3
リンダール（経済学）	331.75
林地価	651.3
林地学	653.1
りんどう（花卉園芸）	627.58
りんどう（植物学）	479.94
林道	656.21
臨屯	221.032
輪廻（仏教）	181.4
リンパ（解剖学）	491.129
リンパ（生理学）	491.329
リンパ管（解剖学）	491.129
リンパ管（生理学）	491.329
リンパ系疾患	493.29
リンパ節	491.129
リンパ腺腫	493.29
燐肥	613.45
林木成長学	655.3
隣保事業	369.7
林野庁	317.253
倫理	150
倫理（学校教育）	375.31
倫理学	150
倫理学史	150.2
倫理各論	151
倫理思想史	150.2

【ル】

項目	分類番号
涙器（解剖学）	491.174
涙器（眼科学）	496.37
類句（万葉集）	911.121
類型学（心理学）	141.97
類語	8□4
類語（英語）	834.5
類語（中国語）	824.5

類語（朝鮮語）	829.145	ルーマニア語	879.1
類語（日本語）	814.5	ルミネッセンス（物理学）	425.6
類語辞典（英語）	833.5	留萌	*116
類語辞典（中国語）	823.5	留萌振興局	*116
類語辞典（朝鮮語）	829.135	ルーレット	797.6
類語辞典（日本語）	813.5	ルワンダ	*4555
ルイジアナ州	*5366		
類似ゴム	578.23		

【レ】

類書（中国語）	032.2		
類書（日本語）	031.2	霊園（造園）	629.8
類人猿科	489.97	レイオフ（労働問題）	366.32
累進制（行刑）	326.53	冷害（作物学）	615.884
類推法（論理学）	116.1	礼儀作法	385.9
ルイセンコ学説	467.1	冷却（化学）	432.2
類題（万葉集）	911.127	霊魂不滅（キリスト教）	191.6
類体論（数論）	412.2	零細農	611.74
累犯（刑法）	326.17	れいし（果樹栽培）	625.88
ルカーチ（哲学）	139.3	れいし（植物学）	479.82
ルカによる福音書［聖書］	193.63	冷水摩擦	498.33
ルクセンブルク	*3589	冷水浴	498.33
ルクセンブルク（経済学）	331.6	冷染染料	577.8
ルクセンブルク語	849	冷蔵船（造船学）	556.68
流刑	326.42	霊長目	489.9
ルソー（哲学）	135.34	礼典（キリスト教）	196.3
ルソン	*2481	礼典（宗教）	165.6
ルター派教会	198.385	冷凍運搬船	556.68
ルツ記［聖書］	193.23	冷凍機	533.8
坩堝法（製鋼）	564.27	冷凍魚（水産加工）	667.8
ルテニウム（化学）	436.84	冷凍工学	533.8
ル・トローヌ（経済学）	331.35	冷凍食品（食品工業）	588.95
ルネサンス（西洋史）	230.51	冷凍肉（畜産加工）	648.24
ルネサンス（ドイツ文学）	940.25	嶺南地方	*218
ルネサンス（フランス文学）	950.25	霊能者	147.8
ルネサンス音楽	762.05	礼拝（キリスト教）	196.1
ルネサンス絵画	723.05	礼拝（宗教）	165.4
ルネサンス建築	523.051	霊媒（超心理学）	147.3
ルネサンス時代（英米文学）	930.25	礼拝堂（キリスト教）	195.3
ルネサンス哲学	132.3	礼法（民俗）	385.9
ルネサンス美術	702.05	冷房（建築）	528.2
ルビジウム（化学）	436.14	冷房装置（建築）	528.2
ルベーグ積分	413.4	レヴィ・ストロース（社会学）	361.235
ルポルタージュ	9□6	レーヴィット（哲学）	134.9
ルーマニア	*391	レヴィ・ブリュール（社会学）	361.235

レウキッポス（哲学）	131.1	レーシングカー	537.96
レオロジー（工学）	501.33	レース（手芸）	594.3
レオロジー（物理学）	428.3	レース（繊維工業）	586.8
レガッタ	785.5	レストラン（サービス産業）	673.97
レーキ（化学工業）	576.95	レズビアン	367.97
暦学	449	レスリング	788.2
歴史	200	レセプト	364.4
歴史科（教科教育）	375.32	レソト	*489
歴史学	201	レーダー（気象学）	451.2
歴史学者	201.28	レーダー（航海学）	557.37
歴史学派（経済学）	331.5	レーダー（無線工学）	547.65
歴史教育（教科教育）	375.32	レタス（蔬菜園芸）	626.56
歴史教育（高等学校）	375.324	レタリング	727.8
歴史教育（小学校）	375.322	列王記［聖書］	193.25
歴史教育（中学校）	375.323	劣化（図書館）	014.612
歴史教育（歴史学）	207	列禦寇（中国思想）	124.23
歴史書［聖書］	193.2	列子（中国思想）	124.23
歴史地図（世界史）	203.8	列車運転	686.7
歴史地図（日本史）	210.038	列車航送船	556.73
歴史地理学	290.18	レット語	889.9
歴史哲学	201.1	レトルト食品（食品工業）	588.97
歴史補助学（世界史）	202	レト・ロマンス諸語	879.9
歴史補助学（中国史）	222.002	レニウム（化学）	436.73
歴史補助学（朝鮮史）	221.002	レーニン（経済学）	331.6
歴史補助学（日本史）	210.02	レーニン（哲学）	138
歴史物語（日本中世文学）	913.42	レバノン	*276
歴史物語（日本文学）	913.39	レビ記［聖書］	193.213
暦書	449.3	レビュー	775.4
歴史理論	201.1	レファレンスサービス	015.2
瀝青材料（建材）	524.25	レファレンダム	314.9
瀝青材料（土木材料）	511.45	レフェラルサービス	015.2
歴代志［聖書］	193.26	レムリア大陸	209.32
レクイエム（音楽）	765.3	レモン（果樹栽培）	625.37
レクリエーション（衛生）	498.35	レモン（植物学）	479.812
レコード（音響工学）	547.335	レユニオン島	*492
レコード（図書館）	014.77	レーヨン（化学工業）	578.6
レコンキスタ	236.04	レーヨン（繊維工業）	586.6
レーザー（電子工学）	549.95	レリーフ（彫刻）	711.8
レーザー化学	431.52	レール（鉄道工学）	516.23
レーザーディスク（図書館）	014.77	恋愛（心理学）	141.62
レジスター（製造工業）	582.4	恋愛（民俗）	384.7
レジャー産業（観光事業）	689	恋愛心理学	141.62
レジャー産業（サービス産業）	673.94	煉瓦（化学工業）	573.36

煉瓦（建材）	524.27			
煉瓦（道路工学）	514.46		**【ロ】**	
煉瓦（土木工学）	511.47			
連歌	911.2	魯	*2212	
煉瓦橋	515.42	ロイス（哲学）	133.9	
煉瓦工事	525.53	蝋（彫刻）	717	
煉瓦造	524.46	蝋（林産製造）	658.6	
煉瓦積工	511.5	隴	*2217	
連歌論	911.201	ろう唖（耳科学）	496.6	
連合国家	313.1	朗詠	768.9	
連合国家（国際法）	329.15	朗詠（雅楽）	768.27	
錬鋼製法	564.28	朗詠（日本文学）	911.63	
煉獄（キリスト教）	191.6	廊下（建築）	527.2	
れんこん（蔬菜園芸）	626.48	老化（生理学）	491.358	
連作（作物学）	615.3	臈画（絵画技法）	724.39	
連鎖反応（物理学）	429.55	聾教育	378.2	
連鎖販売取引	673.34	浪曲	779.15	
連詞（中国語）	825.6	ろうけち	753.8	
レンジ（電気工学）	545.88	労作教育	371.5	
れんじゃく	488.99	老子（中国思想）	124.22	
連珠	795.7	労使関係（経営学）	336.46	
練習（心理学）	141.33	労使関係（労働問題）	366.5	
練篠（繊維工学）	586.254	労使協議制	366.56	
レンズ（光学機器）	535.87	労資協調	366.5	
レンズ（写真）	742.6	老人	367.7	
レンズ（物理学）	425.3	老人栄養	498.59	
レンズ研磨	535.87	老人訓	159.79	
連星（天文学）	443.4	老人室	527.5	
連続橋	515.53	老人世帯	367.75	
連続群論（代数学）	411.67	老人福祉	369.26	
連続犯（刑法）	326.17	老人福祉施設	369.263	
連体詞（日本語）	815.4	老人ホーム	369.263	
レンタルビデオショップ	673.94	老人問題	367.7	
煉炭	575.14	蝋石	569.4	
錬鉄	564.1	鑞接	566.68	
レントゲン線（物理学）	427.55	老荘思想	124.2	
連分数（数論）	412.5	蝋燭	576.4	
連邦首都地区	*716	労働委員会	366.67	
連邦制	313.1	労働移動	366.2	
連絡運輸（鉄道運輸）	686.57	労働運動	366.6	
		労働衛生（医学）	498.8	
		労働衛生（労働問題）	366.99	
		労働栄養	498.59	

労働科学	366.9	櫓櫂船(造船学)	552.72
労働環境衛生	498.82	濾過性病原体(細菌学)	491.77
労働関係調整法	366.17	濾過沈澱(水道工学)	518.15
労働基準法	366.15	ローカルエリアネットワーク	547.4835
労働行政	366.12	炉器	573.25
労働協約	366.14	録音資料目録	027.95
労働金庫	338.75	録音テープ(図書館)	014.77
労働銀行	338.75	録画(無線工学)	547.88
労働組合	366.6	六重奏	764.26
労働組合法	366.16	六波羅時代	210.39
労働組合連合組織	366.629	肋板(造船学)	552.11
労働経済	366	六分儀(天文学)	442.4
労働刑法	326.86	ロケット(宇宙工学)	538.93
労働契約	366.51	ロケット(航空工学)	538.68
労働権	366.14	ロケット推進	538.3
労働災害(工業)	509.8	ロケット弾	559.22
労働時間(経営学)	336.44	ロケット兵器	559.5
労働時間(労働問題)	366.32	ロケット砲	559.14
労働市場	366.2	盧溝橋事件	210.74
労働者階級(社会学)	361.85	ロココ絵画	723.05
労働者教育	366.7	ロココ建築	523.052
労働者災害補償責任保険	339.9	ロココ美術	702.05
労働者生活	366.7	ロゴス(キリスト教)	191.2
労働者福祉	366.36	絽刺(手芸)	594.2
労働者保護	366.3	ローザンヌ学派(経済学)	331.73
労働省	317.285	ロシア	*38
労働条件	366.3	ロシア革命	238.07
労働心理学	366.94	ロシア語	880
労働政策	366.11	ロシア史	238
労働生理	498.84	ロシア正教会	198.19
労働争議	366.66	ロシア・ソビエト文学	980
労働判例	366.18	ロシア哲学	138
労働法	366.14	ロシア文学	980
労働問題	366	ロシア法制史	322.38
労働力	366.2	ロジウム(化学)	436.85
朗読	809.4	露出計(写真)	742.5
老年医学	493.185	ローゼ橋	515.55
老年学	367.7	ローター船(造船学)	552.73
老年看護	492.929	ロータリー(道路工学)	514.15
老年心理	143.7	ロータリークラブ	065
老年病	493.185	ロック(哲学)	133.2
労務管理(人事管理)	336.4	ロックアウト	366.66
濾過(化学工学)	571.4	ロックウール	578.68

ロック音楽	764.7	ロマネスク音楽	762.04
ロック歌手	767.8	ロマネスク絵画	723.04
ロッククライミング	786.16	ロマネスク建築	523.044
ロックバンド	764.7	ロマネスク美術	702.04
肋骨（解剖学）	491.164	ロマノフ王朝	238.05
肋骨（造船学）	552.11	ローマ美術	702.03
ロッシャー（経済学）	331.5	ローマ人への手紙［聖書］	193.71
ロッツェ（哲学）	134.7	ローマ法	322.32
六派哲学（インド哲学）	126.6	ロマン主義（英米文学）	930.26
六方礼経［経典］	183.1	ロマン主義（音楽）	762.06
ロデオ	789.6	ロマン主義（絵画）	723.05
ローデシア	*483	ロマン主義（建築）	523.054
露天採掘（鉱山工学）	561.47	ロマン主義（ドイツ文学）	940.26
露店商	673.79	ロマン主義（美術）	702.06
露天掘（炭業）	567.43	ロマン主義（フランス文学）	950.26
ロードアイランド州	*5315	ロマン主義（文学）	902.06
ロードス島	*2747	ロマンス諸語	879
ロードマップ	685.78	ロマンス文学	979
ろば（畜産業）	645.29	路面電車（鉄道運輸）	686.9
ろば（動物学）	489.8	ローヤルティ諸島	*735
ロバートソン（経済学）	331.74	ローラースケート	786.8
路盤（鉄道工学）	516.14	ロラン（無線工学）	547.65
ロビンズ（経済学）	331.74	ロールシャッハ検査	140.7
ロビンソン（経済学）	331.74	ロールプレイングゲーム	798.4
ロープ（機械工学）	531.77	ローレンツ群	421.2
ロープ（船舶設備）	553.7	ロロ語	829.35
ロープウェー	536.76	論語［書名］	123.83
ロープ伝動（機械工学）	531.77	論告（刑事訴訟法）	327.64
ロボット（情報工学）	548.3	論宗	188.2
ローマ演劇	772.32	論集部	183.95
ローマ音楽	762.03	論疏	183.9
ローマ絵画	723.03	ロンドン	*3333
ローマカトリック教	198.2	ロンドン学派（経済学）	331.74
ローマ建築	523.03	論部	183.9
ロマ語	829.81	論文（英語）	836.5
ローマ字教育（各科教育）	375.88	論文（中国語）	826.5
ローマ字国字論	811.98	論文（朝鮮語）	829.165
ローマ字綴字法	811.8	論文（日本語）	816.5
ローマ字表記法（中国語）	821.8	論孟	123.83
ローマ字表記法（日本語）	811.8	論理学	116
ローマ神話	164.32	論理計算（数学）	410.96
ローマ哲学	131	論理実証主義	116.3
ロマニー語	829.81		

【ワ】

ワイオミング州	*5383
ワイシャツ（製造工業）	589.22
矮人（形質人類学）	469.41
わいせつ（刑法）	326.22
わいせつ（社会病理）	368.64
わいせつ（法医学）	498.97
ワイドショー	699.64
ワイマール共和国	234.072
ワイル病	493.85
賄賂（刑法）	326.21
ワイン（酒類工業）	588.55
和英辞典	833.2
和歌	911.1
和解（民法）	324.52
和学（日本思想）	121.52
わかさぎ（漁労）	664.69
わかさぎ（動物学）	487.61
若狭国	*144
和菓子（食品工業）	588.36
若衆歌舞伎	774.22
分かち書き（日本語）	811.7
我身にたどる姫君［書名］	913.41
わかめ（漁労）	664.8
わかめ（植物学）	474.47
わかめ（水産加工）	667.7
わかめ（水産増殖）	666.8
若者	367.68
和歌山	*166
和歌山県	*166
和漢薬	499.8
和漢朗詠集［書名］	919.3
湧水（陸水学）	452.95
惑星	445
ワクチン（化学療法）	492.39
ワクチン（感染症）	493.82
和光	*134
和裁	593.1
わさび（植物学）	479.722
わさび（林産物）	657.86
和算	419.1
和讃（日本文学）	911.64
わし（動物学）	488.7
和紙	585.6
ワシタカ目	488.7
輪島	*143
ワシントン州	*5391
和声学	761.5
和装用小間物（製造工業）	589.22
わた（作物栽培）	618.1
わた（植物学）	479.84
わた（綿業）	586.24
綿入（家政学）	593.12
度会神道	171.2
稚内	*111
和辻哲郎（日本思想）	121.65
ワードプロセッサー（言語生活）	809.9
ワードプロセッサー（製造工業）	582.33
ワードプロセッサー（ソフトウェア）	007.6388
和生菓子（食品工業）	588.36
ワニス	576.84
ワニ目	487.96
和風構造（建築）	524.56
和服（家政学）	593.1
和服（製造工業）	589.211
ワープロ（言語生活）	809.9
ワープロ（ソフトウェア）	007.6388
和文英訳	837.4
和文韓訳（朝鮮語）	829.174
和文中訳	827.4
和文朝訳（朝鮮語）	829.174
輪虫類	483.63
ワラキア	*391
わら工品（製造工業）	583.9
わらび（植物学）	476.8
わらび（林産物）	657.86
蕨	*134
わらべ唄（民俗）	388.9
割引市場	338.13
割引政策	338.3
ワルラス（経済学）	331.73
湾（地形学）	454.7
湾岸戦争	227.307
腕足類（古生物学）	457.84

腕足類（動物学）	484.85	MARC（目録法）	014.37
ワンダーフォーゲル	786.1	MPU（コンピュータ）	548.22
		NATIS	007.3
【英字】		NATO	329.37
		NGO（国際経済）	333.8
CCD（電子工学）	549.84	NGO（国際法）	329.36
CCU 看護	492.916	NPO	335.89
CD（図書館）	014.77	OA 機器（製造工業）	582.3
CD-ROM（コンピュータ）	548.237	OECD	333.8
CIF（商法）	325.53	OECD（国際法）	329.35
CIS	*38	OJT	336.47
CMOS	549.84	OPAC	014.37
CPU（コンピュータ）	548.22	OS	007.634
DNA（生化学）	464.27	OTC 薬	499.7
DTM（器楽）	763.93	PAD（データ通信）	547.484
DTP	021.49	PDA	548.295
DVD（コンピュータ）	548.237	pH 測定法（化学）	431.72
DVD（図書館）	014.77	pH 測定法（生化学）	491.41
e スポーツ（ゲーム）	798.5	PKO（国際法）	329.48
EU	329.37	PKO（国際問題）	319.9
FM 放送	547.78	POP（広告）	674.53
GDP	331.86	PR	361.46
GHQ	329.66	PR（商業）	674
GIS	448.9	PR 誌	674.7
GNP	331.86	PS 橋	515.44
GPS（航法）	557.37	PTA	374.6
GPS（電気通信）	547.66	Q 熱（医学）	493.86
HTML	007.645	RAM（コンピュータ）	548.232
IC（電子工学）	549.7	RNA（生化学）	464.27
IC カード（コンピュータ）	548.232	RPG（ゲーム）	798.4
ICU 看護	492.916	SGML	007.645
IEA	329.35	SI	609
ILL	015.13	SNS	007.353
IOC（国際法）	329.38	TWI（経営学）	336.47
IOC（スポーツ）	780.69	UFO	440.9
ISBN	023	UNESCO	329.34
ISSN	050	UNISIST	007.3
LAN	547.4835	X 線（光学）	425.5
LD（図書館）	014.77	X 線（電子工学）	549.96
LED 照明	545.2	X 線（物理学）	427.55
LNG（化学工業）	575.46	X 線化学	431.58
LPG（化学工業）	575.46	X 線管（電子工学）	549.53
LSI（電子工学）	549.7	X 線技師	498.14

X線工学	549.96
X線撮影法（医学）	492.43
X線写真（写真）	746.3
X線診断学	492.43
X線天文学	440.14
X線読影法	492.43
X線発生装置	492.42
X線発生測定	492.42
X線分析（化学）	433.57
X線療法	492.44
XHTML	007.645
XML	007.645
YMCA	190.6
YWCA	190.6

この表を転載する場合は,必ず事前に本協会に申し出て,許可を受けてください.　　　　　　　　　　　　　　　日本図書館協会

EYE LOVE EYE

視覚障害者その他活字のままではこの本を利用できない人のために,日本図書館協会及び著者に届け出ることを条件に音声訳(録音図書)及び拡大写本,電子図書(パソコンなど利用して読む図書)の製作を認めます.ただし,営利を目的とする場合は除きます.

日本十進分類法　新訂10版簡易版

定価　3000円（本体価格）

1929年8月25日	初版発行
2018年10月5日	新訂10版簡易版第1刷発行
2025年5月21日	新訂10版簡易版第6刷発行

原編者	もり・きよし
改訂編集	日本図書館協会分類委員会
発行者	公益社団法人　日本図書館協会
	〒104-0033　東京都中央区新川1-11-14
	TEL：03-3523-0811　FAX：03-3523-0841
印刷所	平河工業社

JLA202502　Ⓒ 2018 The Japan Library Association, Printed in Japan
ISBN978-4-8204-1807-8